J. von Staudingers
Kommentar zum Bürgerlichen Gesetzbuch
mit Einführungsgesetz und Nebengesetzen
Buch 2 · Recht der Schuldverhältnisse
§§ 741–764
(Gemeinschaft, Leibrente, Spiel)

Kommentatorinnen und Kommentatoren

Dr. Karl-Dieter Albrecht
Vorsitzender Richter am Bayerischen Verwaltungsgerichtshof a. D., München

Dr. Christoph Althammer
Professor an der Universität Regensburg

Dr. Georg Annuß
Rechtsanwalt in München, Außerplanmäßiger Professor an der Universität Regensburg

Dr. Christian Armbrüster
Professor an der Freien Universität Berlin, Richter am Kammergericht a. D.

Dr. Arnd Arnold
Professor an der Universität Trier

Dr. Martin Avenarius
Professor an der Universität zu Köln

Dr. Christian Baldus
Professor an der Universität Heidelberg

Dr. Wolfgang Baumann
Notar in Wuppertal, Professor an der Bergischen Universität Wuppertal

Dr. Winfried Bausback
Professor a. D. an der Bergischen Universität Wuppertal, bayerischer Staatsminister der Justiz, Mitglied des Bayerischen Landtags

Dr. Roland Michael Beckmann
Professor an der Universität des Saarlandes, Saarbrücken

Dr. Dr. h. c. Detlev W. Belling, M.C.L.
Professor an der Universität Potsdam

Dr. Andreas Bergmann
Professor an der Fernuniversität Hagen

Dr. Falk Bernau
Richter am OLG Celle

Dr. Werner Bienwald
Professor an der Evangelischen Fachhochschule Hannover, Rechtsanwalt in Oldenburg

Dr. Claudia Bittner, LL.M.
Außerplanmäßige Professorin an der Universität Freiburg i. Br., Richterin am Hessischen Landessozialgericht

Dr. Reinhard Bork
Professor an der Universität Hamburg

Dr. Jan Busche
Professor an der Universität Düsseldorf

Dr. Georg Caspers
Professor an der Universität Erlangen-Nürnberg

Dr. Tiziana Chiusi
Professorin an der Universität des Saarlandes, Saarbrücken

Dr. Michael Coester, LL.M.
Professor an der Universität München

Dr. Dagmar Coester-Waltjen, LL.M.
Professorin an der Universität Göttingen

Dr. Thomas Diehn
Notar a. D. in Hamburg

Dr. Katrin Dobler
Referentin am Justizministerium Baden-Württemberg

Dr. Heinrich Dörner
Professor an der Universität Münster

Dr. Anatol Dutta
Professor an der Universität Regensburg

Dr. Christina Eberl-Borges
Professorin an der Universität Mainz

Dr. Dres. h. c. Werner F. Ebke, LL.M.
Professor an der Universität Heidelberg

Dr. Jan Eickelberg, LL.M.
Professor an der Hochschule für Wirtschaft und Recht, Berlin

Dr. Volker Emmerich
Professor an der Universität Bayreuth, Richter am Oberlandesgericht Nürnberg a. D.

Dipl.-Kfm. Dr. Norbert Engel
Ministerialdirigent a. D., Rechtsanwalt in Erfurt

Dr. Helmut Engler
Professor an der Universität Freiburg i. Br., Minister in Baden-Württemberg a. D.

Dr. Cornelia Feldmann
Rechtsanwältin in Freiburg i. Br.

Dr. Karl-Heinz Fezer
Professor an der Universität Konstanz, Honorarprofessor an der Universität Leipzig, Richter am Oberlandesgericht Stuttgart

Dr. Philipp S. Fischinger, LL.M.
Professor an der Universität Mannheim

Dr. Johann Frank
Notar in Amberg

Dr. Rainer Frank
Professor an der Universität Freiburg i. Br.

Dr. Robert Freitag, Maître en droit
Professor an der Universität Erlangen-Nürnberg

Dr. Jörg Fritzsche
Professor an der Universität Regensburg

Dr. Bernhard Großfeld, LL.M.
Professor an der Universität Münster

Dr. Beate Gsell, Maître en droit
Richterin am Oberlandesgericht München, Professorin an der Universität München

Dr. Karl-Heinz Gursky
Professor an der Universität Osnabrück

Dr. Thomas Gutmann, M. A.
Professor an der Universität Münster

Dr. Martin Gutzeit
Professor an der Universität Gießen

Dr. Martin Häublein
Professor an der Universität Innsbruck

Dr. Johannes Hager
Professor an der Universität München

Dr. Wolfgang Hau
Professor an der Universität Passau

Dr. Rainer Hausmann
Professor an der Universität Konstanz

Dr. Stefan Heilmann
Richter am OLG Frankfurt, Honorarprofessor an der Fachhochschule Frankfurt a. M.

Dr. Jan von Hein
Professor an der Universität Freiburg i. Br.

Dr. Christian Heinze
Professor an der Universität Hannover

Dr. Tobias Helms
Professor an der Universität Marburg

Dr. Dr. h. c. mult. Dieter Henrich
Professor an der Universität Regensburg

Dr. Reinhard Hepting †
Professor an der Universität Mainz

Dr. Carsten Herresthal, LL.M.
Professor an der Universität Regensburg

Christian Hertel, LL.M.
Notar in Weilheim i. OB.

Dr. Stephanie Herzog
Rechtsanwältin in Würselen

Dr. Katharina Hilbig-Lugani
Professorin an der Universität Düsseldorf

Joseph Hönle
Notar in München

Dr. Ulrich Hönle
Notarassessor in Amberg

Dr. Bernd von Hoffmann †
Professor an der Universität Trier

Dr. Heinrich Honsell
Professor an der Universität Zürich, Honorarprofessor an der Universität Salzburg

Dr. Norbert Horn
Professor an der Universität zu Köln, Vorstand des Arbitration Documentation and Information Center e.V., Köln

Dr. Peter Huber, LL.M.
Professor an der Universität Mainz

Dr. Rainer Hüttemann
Professor an der Universität Bonn

Dr. Florian Jacoby
Professor an der Universität Bielefeld

Dr. Rainer Jagmann
Vorsitzender Richter am Oberlandesgericht Karlsruhe

Dr. Ulrich von Jeinsen
Rechtsanwalt und Notar in Hannover, Honorarprofessor an der Universität Hannover

Dr. Joachim Jickeli
Professor an der Universität zu Kiel

Dr. Dagmar Kaiser
Professorin an der Universität Mainz

Dr. Bernd Kannowski
Professor an der Universität Bayreuth

Dr. Rainer Kanzleiter
Notar a. D. in Ulm, Honorarprofessor an der Universität Augsburg

Dr. Sibylle Kessal-Wulf
Richterin des Bundesverfassungsgerichts, Karlsruhe

Dr. Fabian Klinck
Professor an der Universität Bochum

Dr. Frank Klinkhammer
Richter am Bundesgerichtshof, Karlsruhe

Dr. Steffen Klumpp
Professor an der Universität Erlangen-Nürnberg

Dr. Hans-Georg Knothe
Professor an der Universität Greifswald

Dr. Jürgen Kohler
Professor an der Universität Greifswald

Dr. Stefan Koos
Professor an der Universität der Bundeswehr München

Dr. Rüdiger Krause
Professor an der Universität Göttingen

Dr. Heinrich Kreuzer
Notar in München

Dr. Hans-Dieter Kutter
Notar in Nürnberg

Dr. Gerd-Hinrich Langhein
Notar in Hamburg

Dr. Arnold Lehmann-Richter
Professor an der Hochschule für Wirtschaft und Recht Berlin

Stefan Leupertz
Richter a. D. am Bundesgerichtshof, Honorarprofessor an der TU Dortmund

Dr. Martin Löhnig
Professor an der Universität Regensburg

Dr. Dr. h. c. Manfred Löwisch
Professor an der Universität Freiburg i. Br., Rechtsanwalt in Lahr (Schw.), vorm. Richter am Oberlandesgericht Karlsruhe

Dr. Dirk Looschelders
Professor an der Universität Düsseldorf

Dr. Stephan Lorenz
Professor an der Universität München

Dr. Ulrich Magnus
Professor an der Universität Hamburg, Richter am Hanseatischen Oberlandesgericht zu Hamburg a. D.

Dr. Peter Mankowski
Professor an der Universität Hamburg

Dr. Heinz-Peter Mansel
Professor an der Universität zu Köln

Dr. Peter Marburger
Professor an der Universität Trier

Dr. Wolfgang Marotzke
Professor an der Universität Tübingen

Dr. Sebastian A. E. Martens
Professor am Max-Planck-Institut, Hamburg

Dr. Dr. Dr. h. c. mult. Michael Martinek, M.C.J.
Professor an der Universität des Saarlandes, Saarbrücken, Honorarprofessor an der Universität Johannesburg, Südafrika

Dr. Annemarie Matusche-Beckmann
Professorin an der Universität des Saarlandes, Saarbrücken

Dr. Jörg Mayer
Honorarprofessor an der Universität Erlangen-Nürnberg, Notar in Simbach am Inn

Dr. Dr. Detlef Merten
Professor an der Deutschen Universität für Verwaltungswissenschaften Speyer

Dr. Tanja Mešina
Richterin, Baden-Baden

Dr. Rudolf Meyer-Pritzl
Professor an der Universität zu Kiel, Richter am Schleswig-Holsteinischen Oberlandesgericht in Schleswig

Dr. Peter O. Mülbert
Professor an der Universität Mainz

Dr. Dirk Neumann
Vizepräsident des Bundesarbeitsgerichts a. D., Kassel, Präsident des Landesarbeitsgerichts Chemnitz a. D.

Dr. Hans-Heinrich Nöll
Rechtsanwalt in Hamburg

Dr. Jürgen Oechsler
Professor an der Universität Mainz

Dr. Hartmut Oetker
Professor an der Universität zu Kiel, Richter am Thüringer Oberlandesgericht in Jena

Wolfgang Olshausen
Notar in Rain am Lech

Dr. Dirk Olzen
Professor an der Universität Düsseldorf

Dr. Sebastian Omlor, LL.M., LL.M.
Privatdozent an der Universität des Saarlandes

Dr. Gerhard Otte
Professor an der Universität Bielefeld

Dr. Lore Maria Peschel-Gutzeit
Rechtsanwältin in Berlin, Senatorin für Justiz a. D. in Hamburg und Berlin, Vorsitzende Richterin am Hanseatischen Oberlandesgericht zu Hamburg i. R.

Dr. Frank Peters
Professor an der Universität Hamburg, Richter am Hanseatischen Oberlandesgericht zu Hamburg a. D.

Dr. Axel Pfeifer
Notar in Hamburg

Dr. Jörg Pirrung
Richter am Gericht erster Instanz der Europäischen Gemeinschaften i. R., Professor an der Universität Trier

Dr. Ulrich Preis
Professor an der Universität zu Köln

Dr. Maximilian Freiherr von Proff zu Irnich
Notar in Köln

Dr. Manfred Rapp
Notar in Landsberg am Lech a. D.

Dr. Thomas Rauscher
Professor an der Universität Leipzig, Dipl. Math.

Dr. Peter Rawert, LL.M.
Notar in Hamburg, Honorarprofessor an der Universität Kiel

Eckhard Rehme
Vorsitzender Richter am Oberlandesgericht Oldenburg i. R.

Dr. Wolfgang Reimann
Notar a. D., Honorarprofessor an der Universität Regensburg

Dr. Tilman Repgen
Professor an der Universität Hamburg

Dr. Dieter Reuter
Professor an der Universität zu Kiel, Richter am Schleswig-Holsteinischen Oberlandesgericht in Schleswig a. D.

Dr. Reinhard Richardi
Professor an der Universität Regensburg, Präsident des Kirchlichen Arbeitsgerichtshofs der Deutschen Bischofskonferenz, Bonn

Dr. Volker Rieble
Professor an der Universität München, Direktor des Zentrums für Arbeitsbeziehungen und Arbeitsrecht

Dr. Anne Röthel
Professorin an der Bucerius Law School, Hamburg

Dr. Christian Rolfs
Professor an der Universität zu Köln

Dr. Herbert Roth
Professor an der Universität Regensburg

Dr. Ludwig Salgo
Apl. Professor an der Universität Frankfurt a. M.

Dr. Renate Schaub, LL.M.
Professorin an der Universität Bochum

Dr. Martin Josef Schermaier
Professor an der Universität Bonn

Dr. Gottfried Schiemann
Professor an der Universität Tübingen

Dr. Eberhard Schilken
Professor an der Universität Bonn

Dr. Peter Schlosser
Professor an der Universität München

Dr. Martin Schmidt-Kessel
Professor an der Universität Bayreuth

Dr. Günther Schotten
Notar in Köln, Professor an der Universität Bielefeld

Dr. Robert Schumacher, LL.M.
Notar in Köln

Dr. Roland Schwarze
Professor an der Universität Hannover

Dr. Andreas Schwennicke
Notar und Rechtsanwalt in Berlin

Dr. Maximilian Seibl
Akad. Rat a. Z. an der Universität München

Dr. Hans Hermann Seiler
Professor an der Universität Hamburg, Richter am Hanseatischen Oberlandesgericht a. D.

Dr. Stephan Serr
Notarassessor in Würzburg

Dr. Reinhard Singer
Professor an der Humboldt-Universität Berlin, vorm. Richter am Oberlandesgericht Rostock

Dr. Dr. h. c. Ulrich Spellenberg
Professor an der Universität Bayreuth

Dr. Sebastian Spiegelberger
Notar in Rosenheim

Dr. Ansgar Staudinger
Professor an der Universität Bielefeld

Dr. Malte Stieper
Professor an der Universität Halle-Wittenberg

Dr. Markus Stoffels
Professor an der Universität Heidelberg

Dr. Dr. h. c. Fritz Sturm †
Professor an der Universität Lausanne

Dr. Gudrun Sturm
Assessorin, Wiss. Mitarbeiterin

Burkhard Thiele
Präsident des Oberlandesgerichts Rostock

Dr. Karsten Thorn
Professor an der Bucerius Law School, Hamburg

Dr. Gregor Thüsing, LL.M.
Professor an der Universität Bonn

Dr. Barbara Veit
Professorin an der Universität Göttingen

Dr. Bea Verschraegen, LL.M., M.E.M.
Professorin an der Universität Wien, adjunct professor an der Universität Macao

Dr. Klaus Vieweg
Professor an der Universität Erlangen-Nürnberg

Dr. Markus Voltz
Notar in Offenburg

Dr. Reinhard Voppel
Rechtsanwalt in Köln

Dr. Günter Weick
Professor an der Universität Gießen

Gerd Weinreich
Vorsitzender Richter am Oberlandesgericht Oldenburg

Dr. Birgit Weitemeyer
Professorin an der Bucerius Law School, Hamburg

Dr. Olaf Werner
Professor an der Universität Jena, Richter am Thüringer Oberlandesgericht Jena a. D.

Dr. Daniel Wiegand, LL.M.
Rechtsanwalt in München

Dr. Wolfgang Wiegand
Professor an der Universität Bern

Dr. Peter Winkler von Mohrenfels
Professor an der Universität Rostock, Richter am Oberlandesgericht Rostock a. D., Rechtsanwalt in Rostock

Dr. Hans Wolfsteiner
Notar a. D., Rechtsanwalt in München

Heinz Wöstmann
Richter am Bundesgerichtshof, Karlsruhe

Redaktorinnen und Redaktoren

Dr. Christian Baldus
Dr. Dr. h. c. mult. Christian von Bar, FBA
Dr. Michael Coester, LL.M.
Dr. Heinrich Dörner
Dr. Hans Christoph Grigoleit
Dr. Karl-Heinz Gursky
Dr. Johannes Hager
Dr. Dr. h. c. mult. Dieter Henrich
Sebastian Herrler
Dr. Dagmar Kaiser
Dr. Dr. h. c. Manfred Löwisch
Dr. Ulrich Magnus
Dr. Peter Mankowski
Dr. Heinz-Peter Mansel
Dr. Jörg Mayer
Dr. Jürgen Oechsler
Dr. Gerhard Otte
Dr. Lore Maria Peschel-Gutzeit
Dr. Manfred Rapp
Dr. Peter Rawert, LL.M.
Dr. Volker Rieble
Dr. Herbert Roth
Dr. Markus Stoffels
Dr. Wolfgang Wiegand

J. von Staudingers Kommentar zum Bürgerlichen Gesetzbuch mit Einführungsgesetz und Nebengesetzen

Buch 2
Recht der Schuldverhältnisse
§§ 741–764
(Gemeinschaft, Leibrente, Spiel)

Neubearbeitung 2015
von
Jan Eickelberg
Norbert Engel
Jörg Mayer
Maximilian Freiherr von Proff zu Irnich

Redaktor
Jörg Mayer

Sellier – de Gruyter · Berlin

Die Kommentatorinnen und Kommentatoren

Neubearbeitung 2015
§§ 741–744: MAXIMILIAN FREIHERR VON PROFF ZU IRNICH
§§ 745–758: JAN EICKELBERG
§§ 759–761: JÖRG MAYER
§§ 762–764: NORBERT ENGEL

Neubearbeitung 2008
§§ 741–758: GERD-HINRICH LANGHEIN
§§ 759–761: JÖRG MAYER
§§ 762–764: NORBERT ENGEL

Neubearbeitung 2002
§§ 741–758: GERD-HINRICH LANGHEIN
§§ 759–761: HERMANN AMANN
§§ 762–764: NORBERT ENGEL

Dreizehnte Bearbeitung 1996
§§ 741–758: GERD-HINRICH LANGHEIN
§§ 759–761: HERMANN AMANN
§§ 762–764: NORBERT ENGEL

12. Auflage
§§ 741–758: Professor Dr. ULRICH HUBER (1981)
§§ 759–761: HERMANN AMANN (1981)
§§ 762–764: NORBERT ENGEL (1981)

Sachregister

Rechtsanwältin Dr. MARTINA SCHULZ, Pohlheim

Zitierweise

STAUDINGER/vPROFF (2015) Vorbem 1 zu § 741 ff
STAUDINGER/MAYER (2015) § 759 Rn 1

Zitiert wird nach Paragraph bzw Artikel und Randnummer.

Hinweise

Das Abkürzungsverzeichnis befindet sich auf www.staudingerbgb.de.

Der Stand der Bearbeitung ist jeweils mit Monat und Jahr auf den linken Seiten unten angegeben.

Am Ende eines jeden Bandes befindet sich eine Übersicht über den aktuellen Stand des „Gesamtwerk STAUDINGER".

Die Deutsche Nationalbibliothek verzeichnet diese Publikation in der Deutschen Nationalbibliografie; detaillierte bibliografische Daten sind im Internet über http://dnb.dnb.de abrufbar.

ISBN 978-3-8059-1186-3

Satz: fidus Publikations-Service, Nördlingen.

Druck und Bindearbeiten: Hubert & Co., Göttingen.

Umschlaggestaltung: Bib Wies, München.

∞ Gedruckt auf säurefreiem Papier, das die DIN ISO 9706 über Haltbarkeit erfüllt.

Inhaltsübersicht

* Zitiert wird nicht nach Seiten, sondern nach Paragraph bzw Artikel und Randnummer; siehe dazu auch „Zitierweise“.

Allgemeines Schrifttum

Das Sonderschrifttum ist zu Beginn der einzelnen Kommentierungen bzw in Fußnoten innerhalb der Kommentierung aufgeführt.

BAMBERGER/ROTH, Kommentar zum Bürgerlichen Recht (3. Aufl 2012)

BAUR/STÜRNER, Sachenrecht (18. Aufl 2009)

BGB-RGRK/BEARBEITER, Das Bürgerliche Gesetzbuch mit besonderer Berücksichtigung der Rechtsprechung des Reichsgerichts und des Bundesgerichtshofs, Kommentar, Bd II, 4. Teil: §§ 631-811 (12. Aufl 1978)

DEMHARTER, Grundbuchordnung (29. Aufl 2014)

ERMAN, Handkommentar zum Bürgerlichen Gesetzbuch (14. Aufl 2014)

ESSER/WEYERS, Schuldrecht, Bd I A Tbd 2 (8. Aufl 2000)

FIKENTSCHER, Schuldrecht (10. Aufl 2006)

GERNHUBER/COESTER-WALTJEN, Familienrecht (6. Aufl 2009)

HECKSCHEN/HERRLER/STARKE (Hrsg), Beck'-sches Notar-Handbuch (6. Aufl 2015)

JAUERNIG, Bürgerliches Recht (15. Aufl 2013)

KUNTZE/ERTL/HERMANN, Grundbuchrecht (6. Aufl 2006)

LARENZ, Lehrbuch des Schuldrechts, BT, Bd II/1. Halbband (13. Aufl 1986)

MEIKEL, Grundbuchrecht (10. Aufl 2015)

Münchener Kommentar zum Bürgerlichen Gesetzbuch, SÄCKER/RIXECKER/OETKER (Hrsg), Band 5 (6. Aufl 2013) zit: MünchKomm/BEARBEITER

NomosKommentar, DAUNER-LIEB/LANGEN (Hrsg), BGB, Band 2/2: Schuldrecht (2012) zit: NK-BGB/BEARBEITER

PALANDT, Bürgerliches Gesetzbuch, Kommentar (74. Aufl 2015)

PRÜTTING/WEGEN/WEINREICH, BGB, Kommentar (9. Aufl 2014) zit: PWW/BEARBEITER

K SCHMIDT, Gesellschaftsrecht (4. Aufl 2002)

SCHÖNER/STÖBER, Grundbuchrecht (15. Aufl 2012)

SOERGEL, Bürgerliches Gesetzbuch, Kommentar, Schuldrecht Band 5/1 (12. Aufl 2007)

STÖBER, Zwangsversteigerungsgesetz (20. Aufl 2012)

ZÖLLER, Zivilprozessordnung (30. Aufl 2014).

Titel 17
Gemeinschaft

Vorbemerkungen zu §§ 741–758

Schrifttum

ADAMKIEWICZ, Der Nießbrauch am Bruchteil, ArchBürgR 31 (1908) 21
AMANN, Das im Grundbuch verlautbarte Gemeinschaftsverhältnis – eine Halbwahrheit?, in: FS Hagen (1999) 75
ders, Das Gemeinschaftsverhältnis mehrerer Nießbraucher, NotBZ 2009, 441
ders, Auf der Suche nach einem interessengerechten und grundbuchtauglichen Gemeinschaftsverhältnis, DNotZ 2008, 324
APP, Zugriff des Gläubigers beim als Oder-Konto geführten Girokonto des Schuldners, MDR 1990, 892
BÄRMANN, Wohnungseigentumsgesetz, Kommentar (12. Aufl 2013)
BÄRMANN/PICK, Wohnungseigentumsgesetz, Kommentar (19. Aufl 2010)
BÄRWALDT, Keine Dereliktion eines Miteigentumsanteils an einem Grundstück – KG OLGZ 1988, 355, JuS 1990, 788
BARTELS, Das geringste Gebot in der Teilungsversteigerung, ZfIR 2013, 609
BARTENSBACH/VOLZ, Arbeitnehmervergütung (5. Aufl 2009)
BARTHOLOMEYCZIK, Willensbildung, Willensverwirklichung und das Gesamthandsprinzip in der Miterbengemeinschaft, in: FS Reinhardt (1972) 13
BECKER, Rechtsvergleichendes Handwörterbuch, Bd 5 (1936)
BECKER/EBERHARD, Die Räumungsvollstreckung gegen Ehegatten und sonstige Hausgenossen, FamRZ 1994, 1296
BERGMANN/PAUGE/STEINMEYER, Gesamtes Medizinrecht (1. Aufl 2012)
BERNINGER, Vermögenszuordnung zwischen Gesellschaft und Gesellschafter bei der Einbringung quoad sortem (dem Werte nach), DStR 2010, 874
BEUERMANN, Wärmeschutzüberbau der Grenzwand ist künftig vom Nachbarn gegen „Überbaurente“ zu dulden, Grundeigentum 2010, 104
BINDER, Die Rechtsstellung des Erben nach dem deutschen Bürgerlichen Gesetzbuch, I. Teil (1901)
BLANK, Schnittstellen zwischen Familien- und Mietrecht in § 1568a BGB, NZFam 2014, 492
BLOMEYER, Die Vollstreckung in belastetes Fahrniseigentum, JZ 1955, 5
ders, Allgemeines Schuldrecht (4. Aufl 1969)
BOHLEN, Der Sicherheiten-Pool (1986)
BÖTTCHER, Der Ablauf eines Teilungsversteigerungsverfahrens, FPR 2013, 345
ders, ZVG (5. Aufl 2010)
BRACH, Die Funktionen der Gesellschaft bürgerlichen Rechts und der Bruchteilsgemeinschaft (Diss 2001)
Brockhaus Enzyklopädie, Bd 8, Stichwort „Gemeinschaft“ (20. Aufl 1997)
BRÖTEL, Die Eigentumsverhältnisse am ehelichen Hausrat, Jura 1992, 470
BRUDERMÜLLER, Wohnungszuweisung bei Beendigung einer nicht-ehelichen Lebensgemeinschaft?, FamRZ 1994, 207
BUCHWALD, Die Bruchteilsgemeinschaft als Form der Beteiligung an einem Handelsgewerbe, JR 1967, 367
BÜTE, Die Kontenplünderung – Der Streit um das Bankkonto nach Trennung und Scheidung, FuR 2007, 397, 455
CANARIS, Bankvertragsrecht, in: HGB/Großkommentar (4. Aufl 2005)
CARL, Haftung eines Gemeinschafters für Umsatzsteuer-Schulden der Gesellschaft, DStR 1990, 270

Coester-Waltjen, Die Eigentumsverhältnisse in der Ehe, Jura 2011, 341
Crome, Moderne Teilungsprobleme, SeuffBl 72, 1
Damrau, Die Wohnung des Erblassers: Herausgabe, Betreten, Nutzungsentschädigung, ZErb 2009, 322
ders, Druck bei der Erbauseinandersetzung durch Pfandverkauf, ZEV 2008, 216
Deckert, Wenn sie ausflippen – Störenfriede in der Wohnanlage, NZM 2011, 648
Dethloff, Familienrecht (30. Aufl 2012)
Diederichsen, Die nichteheliche Lebensgemeinschaft im Zivilrecht, NJW 1983, 1017
Döbler, Vereinbarungen nach § 1010 Abs 1 BGB in der notariellen Praxis, MittRhNotK 1983, 181
Dombert/Witt, Münchener Anwalts Handbuch Agrarrecht (1. Aufl 2011)
Drasdo, Rechte und Pflichten des Zwangsverwalters, NJW 2014, 1855
ders, Neues vom wohnungseigentumsrechtlichen Entziehungsverfahren, NJW-Spezial 2007, 433
Dreier/Schulze, Urheberrechtsgesetz Kommentar (4. Aufl 2013)
Drescher, Die Zwangsversteigerung zum Zweck der Aufhebung der Gemeinschaft an einem Grundstück (Diss Leipzig 1908)
Du Chesne, Die Vermutung des § 742 BGB und das Grundbuch, RheinZ 1909, 459
Einsele, Das Gemeinschaftskonto – Kontoinhaberschaft, Forderungsinhaberschaft, Verfügungsbefugnis, in FS Nobbe (2009) 27
Elden, Die Wohnungszuweisung nach neuem Recht, NJW-Spezial 2010, 516
Engländer, Die regelmäßige Rechtsgemeinschaft (1914)
Englert, Grundsätze des Rechtsschutzes der industriellen Formgebung (1978)
Erbarth, Das Verhältnis der §§ 741 ff BGB zu den miet- und pachtrechtlichen Vorschriften, NZM 1998, 740
ders, Der Anspruch des die Ehewohnung verlassenden Ehegatten auf Entrichtung einer Benutzungsvergütung für die Zeit des Getrenntlebens, NJW 2000, 1329 ff
A Esser, Rechtsprobleme der Gemeinschaftsteilung (1951)
Fabricius, Relativität der Rechtsfähigkeit (1963)
Feine, Gesellschaft mit beschränkter Haftung, Handbuch des gesamten Handelsrechts, Bd 3, 3. Abt (1929)
Finke, Der Wohnwert beim Ehegatten- und Kindesunterhalt unter besonderer Besichtigung unterschiedlicher Eigentumsverhältnisse am Familienheim, FPR 2008, 94
Fischer, Auseinandersetzung über Betriebsgrundstücke einer Personalgesellschaft nach Erbfällen, NJW 1957, 894
Fleitz, Erwerb durch Miteigentümer, BWNotZ 1977, 36
Flume, Gesellschaft und Gesamthand, ZHR 136 (1972) 177
Franck, Zwangsversteigerungsrecht – Probleme der Vertragsgestaltung (Teil I), MittBayNot 2012, 346
ders, Allgemeiner Teil des Bürgerlichen Rechts, Bd I Teil 1 (3. Aufl 1977)
Franck, Zwangsversteigerungsrecht – Probleme der Vertragsgestaltung (Teil II), MittBayNot 2012, 439
Frank, Anm zu OLG Frankfurt, MittBayNot 2012, 387
Furtner, Zwangsvollstreckung in Bruchteilsmiteigentum, NJW 1969, 871
Gaul, Die Arbeitnehmererfindungen im technischen, urheberrechtsfähigen und geschmacksmusterfähigen Bereich, RdA 1993, 90
Gennen, Auseinandersetzungen von Miturhebergemeinschaften, ITRB 2008, 13
vGerkan, Die Rechtsfolgen der eigenkapitalersetzenden Nutzungsüberlassung – Fragen und Zweifel, ZHR 158 (1994) 668
Gierke, Deutsches Privatrecht, Bd I (1895)
Götz, Die Ehewohnung nach der Scheidung, NZM 2010, 383
Götz/Brudermüller, Die gemeinsame Wohnung (2008)
dies, Wohnungszuweisung und Hausratsteilung, NJW 2008, 3025
dies, Schnittstellen zwischen Familien- und Mietrecht in § 1568a BGB, NJW 2010, 5
Gramentz, Die Aufhebung der Gemeinschaft nach Bruchteilen durch den Gläubiger eines Teilhabers (1989)

Gringel, Die Schließung und Abwicklung offener Immobilienfonds, ZBB 2012, 106
Grothus, Übernahme einer GmbH-Stammeinlage durch eine Gesellschaft bürgerlichen Rechts, GmbHRdsch 1958, 156
ders, Zur Abtretung von Anteilen an Apparate- und Maschinengemeinschaften, DB 1972, 1008
Grunewald, Das Beurkundungserfordernis nach § 313 BGB bei Gründung und Beitritt zu einer Personengesellschaft, in: FS Hagen (1999)
Grziwotz, Anm zu LG Flensburg, ZfIR 2000, 569
ders, Sicherung von Rücküberlassungsansprüchen für Ehegatten in Gütergemeinschaft – Zugleich Anmerkung zum Beschluss des Bayerischen Obersten Landesgerichtes v 14. 1. 1993, 2 Z BR 102/92, MittBayNot 1993, 74
Gutachten und Vorschläge zur Überarbeitung des Schuldrechts, Bd 3 (1983)
Habermeier, Schadensersatzanspruch und Eingriffskondiktion bei Berechtigung mehrerer am Gegenstand des Eingriffs, AcP 193 (1993) 365
Habersack, Grenzen der Mehrheitsherrschaft in Stimmrechtskonsortien, ZMR 164 (2000) 1
Hachenberg Gesamtschuld in Zugewinn und Gemeinschaft, NZFam 2014, 731
Hadding, Zur Abgrenzung von Gläubigermehrheiten und Bruchteilsgemeinschaften an einer Forderung, in: FS Canaris (2007)
Halfmeier, Ausgleichsansprüche bei Auflösung einer nichtehelichen Lebensgemeinschaft, JA 2008, 97
Hansen, Die Rechtsnatur von Gemeinschaftskonto und -depot (1967)
Haussleiter/Schulz, Vermögensauseinandersetzung bei Trennung und Scheidung (5. Aufl 2011)
Heckschen, Die Formbedürftigkeit mittelbarer Grundstücksgeschäfte (1987)
Heinemann, Vereinbarungen zur Entziehung des Wohnungseigentums, MietRB 2012, 29
Heiseke, Das nachbarliche Gemeinschaftsverhältnis und § 278 BGB, MDR 1961, 461
Heiss, Risikofaktor gemeinsames Bankkonto, FamFR 2013, 146
Hennecke, Das Sondervermögen der Gesamthand (1976)
Herold, Auseinandersetzung über gemeinschaftliche Mietrechte an Wohn- und Geschäftsräumen, BlGBW 1963, 12
Herr, Die Systematik des Nebengüterrechts, NJW 2012, 1847
Herzog/Lindner, Ausgewählte Folgeprobleme der Erbrechtsreform – Teil 1: Die Änderungen in der Verjährung, ZFE 2010, 302
Hess, Miteigentum des Vorbehaltslieferanten und Poolbildung (1985)
Heyn, Wohnungseigentumsgesetz (2012)
Hidien/Kirchner, Umsatzsteuerrechtliche Folgen der ertragssteuerlichen Realteilung eines Betriebs. und Unternehmensvermögens, StuB 2009, 96
Hilbrandt, Der Bruchteil bei der Bruchteilsgemeinschaft, AcP 202 (2002) 631
Hilger, Miteigentum des Vorbehaltslieferanten gleichartiger Ware (1983)
Hoffmann, Zwangsvollstreckung in Miteigentumsanteile an Grundstücken – OLG Köln, OLGZ 1969, 338, JuS 1971, 20
Holländer, Nutzungsrechte an freiwillig erstellter Software im Arbeitsverhältnis, CuR 1991, 614
Holtmeyer, Die Verjährung von Ansprüchen im Recht der Erbengemeinschaft, ZEV 2013, 53
Holzer, Das Verfahren in den weiteren Angelegenheiten der freiwilligen Gerichtsbarkeit nach dem FamFG, ZNotP 2012, 216
Hoppenz, Die Vergütung für die Benutzung der Ehewohnung ab Rechtskraft der Ehescheidung, NZFam 2014, 503
Horst, Grenzüberbau durch Wäremedämmung, NJW 2010, 122
Huber, Vermögensanteil, Kapitalanteil und Gesellschaftsanteil an Personengesellschaften des Handelsrechts (1970)
Hüffer, Aktuelle Rechtsfragen zum Bankkonto (4. Aufl 2000)
Hügel/Elzer, Das neue WEG-Recht (2007)
Hügel/Elzer, Sondernutzungsrechte am Sondereigentum – Zugleich Anmerkungen zum Beschl des BGH v 20. 2. 2014 – V ZB 116/13, DNotZ 2014, 403
Ihrig, Vermittlung der Auseinandersetzung des Nachlasses durch den Notar, MittBayNot 2012, 353
Ising, Grundstückserwerb in Gemeinschaften bei disquotalen Leistungen, ZfIR 2013, 41

Jacobs, Haftung der (studentischen) Wohngemeinschaft nach Anerkennung der Rechtsfähigkeit der Außen-GbR, NZM 2008, 111
Jacoby, Ahnung von Verstößen eines Mieters gegen Gebrauchsregelungen der Eigentümer, ZWE 2012, 70
Jaeger, Insolvenzordnung (1. Aufl 2004–2008)
Jaschke, Gesamthand und Grundbuchrecht (1997)
Jauernig, Zwangspool von Sicherungsgläubigern im Konkurs, ZIP 1980, 318
Jestaedt, Miterfinder im Unternehmen. Anmerkungen zur höchstrichterlichen Rechtsprechung, in: FS des Fachbereichs Rechtswissenschaft zum 400jährigen Gründungsjubiläum der Justus-Liebig-Universität Gießen (2007) 469
Jörges, Zur Lehre vom Miteigentum und der gesamten Hand nach deutschem Reichsrecht, ZHR 49, 140; ZHR 51, 47
Johannsen, Die Rechtsprechung des BGH auf dem Gebiete des Erbrechts – 6. Teil: Die Erbengemeinschaft, WM 1970, 573, 738; WM 1973, 543
Jülicher, Mehrheitsgrundsatz und Minderheitenschutz bei der Erbengemeinschaft, AcP 175 (1975) 143
Junker, Die Gesellschaft nach dem Wohnungseigentumsgesetz (1993)
Kahlen, Entziehung des Wohnungseigentums – gesetzlich möglich, faktisch kaum durchsetzbar, Grundeigentum 1988, 660;
Käppler, Familiäre Bedarfsdeckung im Spannungsfeld, AcP 179 (1979) 245
Keim, Erbauseinandersetzung und Erbanteilsübertragung, RNotZ 2003, 375
Kobusch, Der Hausrat als Streitobjekt zwischen getrennt lebenden Ehegatten (1995)
Koch, Erfindungen aus Rüstungsentwicklungen, BB 1989, 1138
Kogel, Die Erlösversteigerung bei der Teilungsversteigerung des Familienheimes, FPR 2012, 75
ders, Das juristische Labyrinth der Erlösverteilung bei der Teilungsversteigerung des Familienheims, FamRB 2012, 290
ders, Erlösverteilung und Zurückbehaltungsrechte – eine endlose juristische Auseinandersetzung mit Regresspotential, FPR 2013, 379
Köndgen, Die Entwicklung des privaten Bankrechts in den Jahren 1992–1995, NJW 1996, 558
Kohler, Gemeinschaften mit Zwangsteilung, AcP 91 (1901) 390
ders, Verfügungsnutznießung, Verfügungsgemeinschaften und Gesamthandgut, AcP 107 (1911) 258
J Kohler, Buchbesprechung: Gramentz, ZZP 104 (1991) 83
Köhler, WEG-Reform – Die Entziehung des Wohnungseigentums, MietRB 2007, 156
Koller, Der gutgläubige Erwerb bei der Übertragung von Miteigentumsanteilen, JZ 1972, 646
ders, Der gutgläubige Erwerb von Sammeldepotanteilen an Wertpapieren im Effektengiroverkehr, DB 1972, 1857, 1905
Korff, Gemeinschaftliches Sondereigentum innerhalb des Gemeinschaftseigentums?, WE 1980, 118
Kotzur, Die Rechtsprechung zum Gesamtschuldnerausgleich unter Ehegatten, NJW 1989, 817
Kranel, Die Anwendung der Vorschriften des Bürgerlichen Gesetzbuches über den Eigentumserwerb vom Nichtberechtigten beim Miteigentum (1907)
Krekel, Die digitale Datenbank – aktuelle Probleme im Recht des Datenbankherstellers, WRP 2011, 436
Kretzschmar, Teilungsversteigerung eines Nachlassgrundstücks auf Antrag eines Miterben oder des die Rechte eines solchen ausübenden Pfändungsgläubigers, DNotZ 1915, 143
ders, Das Wesen der Rechtsgemeinschaften, SächsArch 1915, 385
Krönig, Die Beweislastprobleme der §§ 752–754 BGB, MDR 1951, 602
Kümpel, Der Bestimmtheitsgrundsatz bei Verfügungen über Sammeldepotguthaben, WM 1980, 422
Kunz, Über die Rechtsnatur der Gemeinschaft zur gesamten Hand (1963)
Kurz, Historische Entwicklung des Arbeitnehmererfindungsrechts (1990)
Landfermann, Der Ablauf eines künftigen Insolvenzverfahrens, BB 1995, 1649
Lange, Erbengemeinschaft an einem GmbH-Geschäftsanteil, GmbHR 2013, 113

Lange, Mehrfacharbeitsverhältnisse – Nicht nur Fabelwesen, NZA 2012, 1121
Lange, Verwaltung, Verfügung und Auseinandersetzung bei der Erbengemeinschaft, BGH – FamRZ 1965, 267, JuS 1967, 453
Langhein, Das neue Vorkaufsrecht des Mieters bei Umwandlungen, DNotZ 1993, 650
ders, Buchbesprechung: Die Gesellschaft nach dem Wohnungseigentumsgesetz von M Junker, DNotZ 1995, 635
ders, Kollisionsrecht der Registerurkunden (1995)
ders, Das neue Umwandlungsverbot, ZNotP 1998, 346
ders, Die Entwicklung des Wohnungseigentumsrechtes im Jahr 2007, notar 2008, 18
Larenz, Zur Lehre von der Rechtsgemeinschaft, JherJb 83 (1933) 108
Laufs/Uhlenbruck, Handbuch des Arztrechts (4. Aufl 2010)
Leipold, Wirtschaftsgemeinschaft oder Güterindividualismus – Das Eigentum am Hausrat in Ehe und nichtehelicher Partnerschaft, in: FS Gernhuber (1993) 695
Leitzen, Lebensversicherungen im Erbrecht und Erbschaftsteuerrecht, RNotZ 2009, 129
Lejeune, Kooperationsverträge zur Entwicklung von Softwareprodukten: Vertragspflichten und Nutzungsrechte, ITRB 2012, 89
Lenkaitis/Messing, Nichts Neues zum Oder-Konto?, ZBB 2007, 364
Liedel, Dasselbe oder das gleiche: Sukzessivberechtigung angesichts neuerer Entscheidungen des BayObLG, DNotZ 1991, 855
Limmer, Personengesellschaft und Immobilien: Form-, Schutz- und ordnungspolitisches Defizit am Beispiel der geschlossenen Immobilienfonds, in: FS Hagen (1999)
Lindacher, Die Streitgenossenschaft, JuS 1986, 379
Lipp, Ausgleichsansprüche zwischen den Partnern einer nichtehelichen Lebensgemeinschaft – BGH NJW 1981, 1502, JuS 1982, 17
Lipps, Die Beteiligung an Personengesellschaften durch geschlossene Industriefonds nach BGB-Gemeinschaftsrecht, BB 1972, 860
Lorenz, Die Nutzungsbefugnisse mehrere Inhaber einer Marke bei Fehlen vertraglicher Vereinbarungen, WRP 2013, 31
Lothmann, Die mehrere Bruchteilsgemeinschaften überlagernde Ehegatten-Innengesellschaft, BB 1987, 1014
Lüdecke, Erfindungsgemeinschaften (1962)
Madaus, Die Bruchteilsgemeinschaft als Gemeinschaft von Vollrechten, AcP 212 (2012) 251
Mahlmann, Die Vertretung Minderjähriger in der Erbengemeinschaft bei der Veräußerung von Nachlassgegenständen, ZEV 2009, 320
Marbach, Rechtsgemeinschaft am Immaterialgüterrecht (1987)
Martinek/Ittenbach, Die Erbengemeinschaft und das Vorkaufsrecht in der Teilungsversteigerung, BB 1993, 519
Matthiessen, Stimmrecht und Interessenkollision im Aufsichtsrat (1989)
Maurer, Allgemeines Verwaltungsrecht (18. Aufl 2011)
Mayer, Das gerichtliche Teilungsverfahren, Rpfleger 2011, 245
Medicus/Lorenz, Schuldrecht II BT (17. Aufl 2014)
Meikel, Grundbuchordnung (10. Aufl 2009)
Milzer, Probleme bei Urkunden über bruchteilslose Miteigentumsanteile, BWNotZ 2008, 79
Meyer, Die Entziehung von Wohnungseigentum (§§ 18, 19, 53 ff)– Was kann die gesetzliche Regelung leisten, und wie könnte sie verbessert werden?, WEZ 87, 17
Münch, Der Wohnwert der eigengenutzen Immobilie bei Trennung und Scheidung, FamRB 2009, 149
Muscheler, Ausschluss der Erbauseinandersetzung durch den Erblasser, ZEV 2010, 340
Nickel, Die Teilungsversteigerung als Sonderfall der Zwangsversteigerung, FPR 2013, 370
vOlshausen, Fragen zu § 1011 BGB, in: FS Gerhardt (2004)
Panz, Benutzungsregelungen bei Nutzungsgemeinschaften, BWNotZ 1990, 67
Pause, Umwandlung von Altbauten: Bruchteilseigentum statt Wohnungseigentum?, NJW 1990, 807
Peters, Registerverfahrensbeschleunigungsgesetz und Familienrecht, FamRZ 1994, 673
Pfister, Rechtsverhältnisse zwischen den Teil-

nehmern sportlicher Wettbewerbe, in: FS Lorenz (2001)
PIKART, Die Rechtsprechung des Bundesgerichtshofs zum Miteigentum, WM 1975, 402
PINELES, Die communio pro diviso, GrünhutsZ 29, 689
POELZIG/VOLMER,„Der Bundesminister der Finanzen warnt" – Ein Überblick zum neuen Kapitalanlagegesetzbuch, DNotZ 2014, 483
vPROFF, Die eheähnliche Gemeinschaft im Einkommensteuerrecht (2007)
ders, Ende des Ausgleichsverbots bei gescheiterter nichtehelicher Lebensgemeinschaft, NJW 2008, 3266
PRIESTER, Die faktische Mitunternehmerschaft – Ein gesellschaftsrechtliches Problem, in: FS L Schmidt (1993) 331
RABE/PRÜSSMANN, Seehandelsrecht (4. Aufl 2000)
RASTÄTTER, Alternativ- und Sukzessivberechtigung bei der Auflassungsvormerkung, BWNotZ 1994, 27
REICHARD Der Verzicht auf einen Miteigentumsanteil, in: FS Otte, 265
REIMANN, Die steckengeblieben Erbauseinandersetzung, ZEV 2009, 120
REINELT, Zur Formbedürftigkeit des Gesellschafterbeitritts bei geschlossenen Immobilienfonds, NJW 1992, 2052
REINICKE/TIEDTKE, Anm zu BGH JZ 1985, 888
REISS, Bruchteilsgemeinschaften und gewerblicher Grundstückshandel, FR 1992, 364
REITHMANN, Neue Vertragstypen des Immobilienerwerbs, NJW 1992, 649
BGB-/RGRK/BEARBEITER, Das Bürgerliche Gesetzbuch mit besonderer Berücksichtigung der Rechtsprechung des Reichsgerichts und des Bundesgerichtshofs, Kommentar, Bd II, 4. Teil: §§ 631–811 (12. Aufl 1978)
RIPFEL, Übernahme einer Stammeinlage durch eine Personenmehrheit, GmbHRdsch 1956, 7
RÖLL, Das Verwaltungsvermögen der Wohnungseigentümergemeinschaft, NJW 1987, 1049
ROSSMANN, Die Entwicklung des Nebengüterrechts, Teil 4: Die Bruchteilsgemeinschaft mit Ehegattenteilhabern, FuR 2013, 137
ROTH, Die Zuweisung von Hausrat und Ehewohnung, FamRZ 2008, 1388
RÜTTEN, Mehrheit von Gläubigern (1990)
SACHS, Die Klage des Miterben auf Nutzungsentschädigung, ZEV 2011, 512
SAENGER, Gemeinschaft und Rechtsteilung (1913)
SARRES, Erbengemeinschaft und neues Verjährungsrecht, ZEV 2010, 292
SCHÄFER, Die Lehre vom fehlerhaften Verband (2002)
SCHALLHORN, Kann die ideelle Hälfte eines Grundstücks mit einem Wohnungsrecht belastet werden?, JurBüro 1970, 131, 138
SCHIFFHAUER, Besonderheiten der Teilungsversteigerung, ZIP 1982, 526
SCHLEGELBERGER/BEARBEITER, HGB-Großkommentar (5. Aufl 1986 ff)
J SCHMID, Das Vorkaufsrecht des Miteigentümers bei Teilungsversteigerung, MDR 1975, 191
K SCHMIDT, Die Kreditfunktion der stillen Einlage, ZHR 140 (1976) 475
ders, Prozess- und Vollstreckungsprobleme der Gemeinschaftsteilung, JR 1979, 317
ders, Die obligatorische Gruppenvertretung im Recht der Personengesellschaften und der GmbH, ZHR 146 (1982) 525
ders, Ehegatten-Miteigentum oder „Eigenheim-Gesellschaft"?, AcP 182 (1982) 481
ders, Die GmbH-Beteiligung von Gesellschaften bürgerlichen Rechts als Publizitätsproblem, BB 1983, 1697
ders, Zur Vermögensordnung der Gesamthands-BGB-Gesellschaft, JZ 1985, 909
ders, Eigentumsaufgabe durch Miteigentümer, JuS 1989, 574
ders, Personengesellschaften und Grundstücksrecht, ZIP 1998, 2
ders, Das Gemeinschaftskonto: Rechtsgemeinschaft am Rechtsverhältnis, in: FS Hadding (2004)
ders, Nichtigkeit oder Abwicklung kartellrechtswidriger Gemeinschaftsunternehmen, BB 2014, 515
ders, Nochmals: Fehlerhafte Gemeinschaftsunternehmen – Theorie für die Praxis, ZIP 2014, 863
ders, Nachdenken über das Oder-Konto – Ein neues Rechtsbild der Gemeinschaftskonten im rechtsdogmatischen und praktischen Test, in: FS Nobbe (2009) 187

SCHNORR, Die Gemeinschaft nach Bruchteilen (§§ 741–758 BGB) (2004)
SCHOLZ, Nochmals: Übernahme einer Stammeinlage durch eine Personenmehrheit, GmbHRdsch 1956, 17
SCHOOR, Miteigentum an Vermietungsobjekten, StBp 2010, 143
SCHOPP, Die Kündigung des Mietverhältnisses durch eine Erben- und Bruchteilsgemeinschaft, ZMR 1967, 193
SCHÖNER/STÖBER, Grundbuchrechts (15. Aufl 2012)
SCHÖRNIG, Die obligatorische Gruppenvertretung (Diss 2006)
SCHOTTEN/SCHMELLENKAMP, Das Internationale Privatrecht in der notariellen Praxis (2. Aufl 2007)
SCHÖTTLER, jurisPR-ITR 1/2010 Anm 5 zu OLG Frankfurt v 29. 7. 2009 – 22 U 228/07
SCHUBERT, Zur schuldrechtlichen Seite der Rechtsgemeinschaft, JR 1975, 363
SCHULTZ, Gemeinschaft und Miteigentum (1924)
SCHULZE-OSTERLOH, Das Prinzip der gesamthänderischen Bindung (1972)
SCHUMACHER, Zum gesetzlichen Regelungsbedarf für nichteheliche Lebensgemeinschaften, FamRZ 1994, 857
SCHUMACHER/JANZEN, Gewaltschutz in der Familie (2003)
vSEELER, Das Miteigentum nach dem Bürgerlichen Gesetzbuch für das Deutsche Reich (1899)
SEFZIG, Das Verwertungsrecht des einzelnen Miterfinders, GRUR 1995, 302
SMID, Entstehung und Geltendmachung konkurrierender Sicherheiten von finanzierender Bank und Lieferanten in der Insolvenz des Sicherungsgebers, ZInsO 2009, 2217
SOHM, Der Gegenstand (1905)
SONTAG, Das Miturheberrecht (Diss Tübingen 1972)
SIMON, Die Nutzungsvergütung nach § 1361b III BGB, NZFam 2014, 438
SPIRING/HACKER, Rechtsgeschäfte mit Unsichtbaren? Zu dogmatischen und praktischen Tücken im Umgang mit kartellrechtwidrigen Joint-Ventures, RNotZ 2014, 349
SPYNDAKIS, Zur Problematik des Sachbestandteils (1966)
STEINER, Sukzessivberechtigung bei dinglichen Rechten und Vormerkungen, Rpfleger 1994, 397
STEINERT, Vermögensrechtliche Fragen während des Zusammenlebens und nach Trennung Nichtverheirateter, NJW 1986, 683
STERZINGER, Vorsteuerabzug von Gemeinschaftern einer Bruchteilsgemeinschaft, UR 2012, 785
STÖBER, Forderungspfändung (16. Aufl 2013)
STORZ, Miterbenvereinbarungen und ihre Auswirkungen auf die Auseinandersetzungsvollstreckung, ZEV 2011, 18
STÜRNER, Aktuelle Probleme des Konkursrechts, ZZP 94 (1981) 263
THEUER, Zur Nichtigkeit von kartellrechtswidrigen Personengesellschaften, BB 2013, 137
THÜMMEL, Abschied vom Stockwerkseigentum, JZ 1980, 125
TIMM, Die Rechtsfähigkeit der Gesellschaft bürgerlichen Rechts und ihr Haftungsumfang, NJW 1995, 3209
TSCHON, Miteigentümervereinbarungen über Gemeinschaftsflächen, RNotZ 2006, 205
TZERMIAS, Zur Regelung des Gebrauchs an Miteigentum, AcP 157 (1958/59) 455
UECKER, Zuweisung der ehelichen Wohnung und Teilungsversteigerung, FPR 2013, 367
P ULMER, Rückbesinnung als Fortschritt, ZGR 1984, 313
ULMER/LÖBBE, Zur Anwendbarkeit des § 313 BGB im Personengesellschaftsrecht, DNotZ 1998, 711
VENJAKOB, Die Untergemeinschaft innerhalb der Erbengemeinschaft, Rpfleger 1993, 2
WAGNER, Interventionsrecht des Kontomitinhabers gegen Zwangsvollstreckung in Oder-Konten?, WM 1991, 1145
WALDENBERGER, Die Miturheberschaft im Rechtsvergleich (1991)
WALTER, Dingliche Schlüsselgewalt und Eigentumsvermutung – Enteignung kraft Eheschließung?, JZ 1981, 601
WALTHER, Eigentumserwerb in der Ehe (1981)
WARNECKE, Die Pflicht zur Duldung grenzüberschreitender Wärmedämmung bei Grenzwand, Nachbarwand und grenznaher Wand, DWW 2009, 366

WEBER-MONECKE, Ehewohnung während der Trennung, FPR 2010, 555
WEITNAUER, Streitfragen zum Wohnungseigentum, DNotZ 1960, 115
ders, Zivilrechtliche Grundstrukturen im Betriebsverfassungsrecht, in: FS Duden (1977) 705
ders, Einige Bemerkungen zu den Verwertungsgemeinschaften („Pools") der Sicherungsgläubiger im Unternehmenskonkurs, in: FS Baur (1981) 709
ders, Zur Dogmatik des Wohnungseigentums, WE 1994, 33
WEITNAUER/BOXBERGER/ANDERS, Kommentar zum Kapitalanlagegesetzbuch (2014)
WELTEKE, Rechtsformen landwirtschaftlicher Maschinengemeinschaften (1972)
WERNER, Rechtsfragen der Miturhebergemeinschaften, BB 1982, 280
WESSELS, Entflechtung kartellrechtswidriger Personengesellschaften, ZIP 2014, 101, 102
WESTERMANN, Die Gesellschaft bürgerlichen Rechts auf dem Wege in die Rechtsfähigkeit, WM 2013, 441
WEVER, Vermögensauseinandersetzung der Ehegatten außerhalb des Güterrechtes (6. Aufl 2014)
ders, Die Entwicklung der Rechtsprechung zur Vermögensauseinandersetzung der Ehegatten außerhalb des Güterrechts, FamRZ 2014, 1669; FamRZ 2013, 741, FamRZ 2012, 416; FamRZ 2011, 413, FamRZ 2010, 237
WIEBE, Der praktische Fall – Bürgerliches Recht: Streit um einen Teppich, JuS 1995, 227
WOELKI, Die Gesamtgläubigerschaft nach § 428 BGB im Sachen- und Grundbuchrecht, Rpfleger 1968, 208 ff
WOLFF/RAISER, Sachenrecht (10. Bearbeitung 1957)
WÜRDINGER, Theorie der schlichten Interessengemeinschaft (1934)
WÜST, Die Gemeinschaftsteilung als methodisches Problem (1956)
ders, Ausgleichspflichten auf der Grundlage gemeinsamer Interessen, JZ 1961, 71
ZELLER/STÖBER, Zwangsversteigerungsgesetz (20. Aufl 2012)
ZIMMERMMANN, Die Vermittlung der Erbauseinandersetzung durch den Notar, NotBZ 2013, 335.

Systematische Übersicht

I. Einleitung

1 Die Bruchteilsgemeinschaft nach §§ 741 ff ist systematisch den besonderen Schuldverhältnissen zuzurechnen. Tatsächlich überlagern sich in ihr aber vielfach schuld-, sachen- und mitgliedschaftsrechtliche Aspekte. Dies ist bei der Auslegung der §§ 741 ff zu berücksichtigen.

Zugleich wirft die Abgrenzung zur Gesellschaft gem §§ 705 ff BGB theoretisch und praktisch besondere Probleme auf. **2**

1. Begriff

3 „Gemeinschaft" – das ist schon umgangssprachlich ein relativ bedeutungsoffenes Wort, dessen *etymologische Wurzeln* sich von „gemeinsam" im Sinne einer positiv zu bewertenden besonderen Nähe, aber auch vom schlichten „mehreren abwechselnd zukommend" und, da solches wohl nicht wertvoll sein kann, „unheilig, alltäglich, gewöhnlich, roh, niederträchtig" herleiten (Duden, Herkunftswörterbuch [2. Aufl 1989]).

4 Die Brockhaus Enzyklopädie definiert „Gemeinschaft" im **umgangssprachlichen Sinne** wie folgt: „Vielschichtiger Begriff, bezeichnet das gegenseitige Verhältnis von Menschen, die auf einer historisch gewachsenen, religiös-weltanschaulichen, politisch-ideologischen, ideellen oder durch einen eng begrenzten Sachzweck verfolgten Grundlage verbunden sind: Volk, Nation, Staat, Kirche, (religiöse oder politische) Gemeinde, Ehe, Familie, Freundschaft, Interessenorganisation, Verein ua." *Politikwissenschaft* und *Soziologie* verstehen demgegenüber unter der Gemeinschaft eine von mehr oder minder stark entwickelter Homogenität und gemeinsamer Zielsetzung bestimmte Gruppe im Gegensatz zur eher heterogen verstandenen Gesellschaft. Die *Religionsgeschichte* schließlich sieht in der Gemeinschaft die eigentliche Trägerin der religiösen Tradition und des Kultus (zu allem Brockhaus).

5 Diese Definitionen haben mit dem heutigen **Rechtsbegriff** der Gemeinschaft auf den ersten Blick grundsätzlich *gar nichts* oder nur sehr wenig *zu tun.* Gemeinschaft iSd §§ 741 ff ist nach hM ausschließlich die **Innehabung eines Rechtes** durch **mehrere Rechtsträger** zu **ideellen Bruchteilen** (sog „Einheitstheorie", vgl MünchKomm/K Schmidt § 741 Rn 1 f). Sie ist Grundform sowie zugleich Auffangtatbestand, wenn ein Rechtsobjekt mehreren Personen gemeinschaftlich zusteht, und sofern sich aus dem Gesetz nicht ein anderes ergibt (§ 741 HS 2, vgl zum Vorstehenden statt aller Erman/Aderhold § 741 Rn 1; Soergel/Hadding Vorbem Rn 4).

2. Historische Grundlagen

a) Römisches und deutsches Recht

6 Das römische Recht kannte die Gemeinschaft nach Bruchteilen in der Form der communio pro indiviso im Gegensatz zur societas (Gesellschaft) und der universitas (Verein). Im Rahmen der communio pro indiviso wurde der Konflikt zwischen dem einzelnen und den Gemeinschaftsinteressen an dem Objekt grundsätzlich zugunsten der Einzelfreiheit entschieden (vgl Saenger, Gemeinschaft und Rechtsteilung 45: „Die Römer wichen ängstlich vor jeder vermeidbaren Bindung der Individualität zurück"; zum Ganzen auch Becker 744 f). Das römische Recht war von der Erkenntnis geprägt „dominium duorum in solidum esse non posse" (vgl Saenger 10). Demzufolge waren die Rechtsträger auf schnelle Beendigung dieses regelwidrigen Zustandes und alsbaldige Aufhebung angelegt. Das deutsche Recht wies demgegenüber ausgeprägtere kollektivistische Gemeinschaftsinstitute auf, und zwar zum einen in der Gesamthand, zum anderen in der Genossenschaft (dazu im Einzelnen Saenger 10 ff mwNw).

b) Entstehungsgeschichte der §§ 741 ff

7 Der Bruchteilsgemeinschaft iSd §§ 741 ff liegt mit gewissen Einschränkungen die römisch-rechtliche Konzeption zugrunde. Weder gibt es gesamthänderische Verbundenheit noch gar genossenschaftliches Zusammenwirken. Dieser Grundsatz wird allerdings in einzelne Richtungen aus praktischen Gründen gelockert, etwa insoweit als bestimmte Vereinbarungen zwischen den Teilhabern getroffen werden können, die auch für und gegen den Sonderrechtsnachfolger wirken (§ 746). Bewusste Abweichungen vom römisch-rechtlichen Standpunkt finden sich vor allem in den Regelungen über die Aufhebung und die Dauer der Gemeinschaft. Allerdings, das gilt es nicht zu verkennen, war das Wesen weder der Bruchteilsgemeinschaft noch der Gesamthand dem historischen Gesetzgeber randscharf bewusst (vgl den Überblick bei Jaschke 34 ff; Saenger 73 ff; zur Differenzierung zwischen deutschrechtlicher Gesamthand und römisch-rechtlicher „gewöhnlicher" Gemeinschaft vgl auch Denkschrift zum BGB 88; zur Vermischung beider Aspekte Larenz JherJb 83 [1933] 108).

3. Dogmengeschichtliche Entwicklung

8 Grundsätzlich kann die Relation der Zuständigkeit an einem Recht zu deren Inhabern wie folgt geordnet werden (vgl eingehend Madaus AcP 212 [2012] 251, 252 ff; Marbach 46 ff; Reichard, in: FS Otte 265, 269 ff): (1) **Objektgemeinschaft,** dh eine Vielzahl von Rechtssubjekten haben dieselbe Anzahl subjektiver Rechte inne (Konkurrenz mehrerer Vollrechte oder reale Sachteilung); dies war der Ausgangspunkt der älteren Lehren (vgl Marbach 48 f; Madaus AcP 212 [2012] 251, 253 ff) und ist als These der „Gemeinschaft von Vollrechtsinhabern" jüngst wieder von Madaus (AcP 212 [2012] 251, 262 ff) vertreten worden, wonach „jeder Mitberechtigte Inhaber desselben ungeteilten Vollrechts ist (echte Vervielfachung)" (Madaus AcP 212 [2012] 251, 262); (2) Einheitliche Zuständigkeit (Annäherung an die juristische Person, so Gierke I 660 ff; dies ist mit dem modernen Verständnis der Gesamthand nicht mehr vereinbar, dazu sogleich Rn 9) und (3) geteilt ist nicht das Objekt, sondern die **Zuständigkeit.** Das ist die Grundlage der heute hM (im Einzelnen ist manches strittig, vgl MünchKomm/K Schmidt § 741 Rn 2 mwNw; für die Einzelfalllösung ist dies aber kaum je von Belang). Sie wurde von Engländer entwickelt und später von Larenz (Rn 7 aE) ausdifferenziert. „Der eine Rechtsinhalt ist gemeinschaftlich zufolge der Mehrheit von Zuständigkeitsbeziehungen und daher sprechen wir, indem wir Rechtsinhalt und subjektives Recht gleichsetzen, von den gemeinschaftlichen subjektiven Rechten" (22 f).

II. Gesamthand und „Freihand"

1. Abgrenzung zur Gesamthand

9 Nach modernem Verständnis bestimmt nicht das Sondervermögen einer Gesellschaftermehrheit, sondern deren Zusammenfassung zu einem teilrechtsfähigen Personenverband das Wesen der Gesamthand. Die Gesamthandsgemeinschaft als solche – als „Gruppe" – ist Rechtssubjekt, dh Teilnehmer am Rechtsverkehr, Subjekt von Rechtshandlungen, Partei von Rechtsverhältnissen, Inhaber von Rechten und Schuldner von Verbindlichkeiten. Die Rechtszuständigkeit ist bei der Gesamthand ungeteilt; diese selbst ist verselbstständigter Träger von Rechten und Pflichten (BGH DB 2001, 423 mAnm Römermann; BGH NJW 2006, 3716 mwNw; statt aller Ulmer ZIP 2001, 585 ff; K Schmidt NJW 2001, 993 ff; näher § 741 Rn 204 ff, 239 ff). Die Gesellschaft bürger-

lichen Rechts ist rechtsfähige **Zweckförderungsgemeinschaft,** die idR ein mehr oder minder komplexes **Gesellschaftsvermögen** innehat, aber auch ohne jedes Gesellschaftsvermögen denkbar ist (Soergel/Hadding Vorbem Rn 2).

Die Bruchteilsgemeinschaft betrifft hingegen die ideell geteilte Innehabung *eines einzelnen* Rechts. 10

Beide Strukturen können sich zwar überlagern, aber niemals vermengen (MünchKomm/K Schmidt § 741 Rn 4). Weder ist die Bruchteilsgemeinschaft ein mitgliedschaftsrechtliches Rechtsverhältnis noch die Gesamthand eine modifizierte Bruchteilsgemeinschaft (teilw **aA** zB Schulze-Osterloh 131 f, dagegen zutr MünchKomm/K Schmidt § 741 Rn 6; Jaschke 25 mwNw; krit Überbl bei Fabricius 138 ff). Bei der Bruchteilsgemeinschaft gibt es im strengen Sinne weder Mitgliederwechsel noch Gemeinschaftsvermögen (vgl Medicus/Lorenz, SchuldR Rn 989 „keine Bündelungsinteressen"). Die Umwandlung von Gesamthandsvermögen in Bruchteilsvermögen und umgekehrt ist rechtsgeschäftliche Übertragung trotz voller Personenidentität (vgl nur Erman/Aderhold § 741 Rn 2; dies wurde ursprünglich anders gesehen, vgl Saenger 119 mwNw).

Das Problem liegt aber sehr häufig darin, ab wann über die bloße Rechtsinnehabung 11 hinaus eine gemeinsame Zweckverfolgung anzunehmen ist, welche die Rechtsbeziehungen zur Gesamthand verdichtet und zugleich in entscheidender Weise umqualifiziert. *Dabei ist mE der verbreiteten vorschnellen Annahme einer* (konkludent vereinbarten) gesamthänderisch verbundenen **Zweckförderungsgemeinschaft entgegenzutreten.** Allein bei den reinen Zufallsbruchteilsgemeinschaften handeln die Beteiligten (meist nur anfangs) ohne jeden bewussten Zweck, bei rechtsgeschäftlich begründeten hingegen niemals. So eng der Rechtsbegriff der Bruchteilsgemeinschaft auch ist, so darf er nicht darüber hinwegtäuschen, dass es eine Unzahl von Gemeinschaften gibt, bei denen sich die Gemeinschafter nicht wie beliebig fremde Dritte gegenüberstehen, sondern die Lebensverhältnisse auf die Verfolgung (sonstiger) gemeinsamer Zwecke hindeuten. Die eigentliche Frage ist, ob hier ein „gemeinsamer Zweck" iSd §§ 705 ff verfolgt wird **und** ob die Beteiligten eine rechtssubjektive Zweckgemeinschaft oder ideelle Bruchteilsberechtigung begründen wollen. Das unterliegt ausschließlich privatautonomer Gestaltung. Wenn gesagt wird, § 741 sei „Auffangtatbestand" (oben Rn 5), so ist dies nicht dahingehend zu verstehen, dass eine gesetzliche oder auch nur tatsächliche Vermutung gegen die Anwendung der §§ 741 ff bei der Verfolgung ähnlicher und im Einzelfall auch gemeinsamer Zwecke spricht. Das ist vielmehr eine Frage der Auslegung des einzelnen Rechtsgeschäftes.

2. Charakteristika der „Freihand"

Geteilt ist nicht der gemeinschaftliche Gegenstand, und zwar auch nicht ideell, 12 sondern lediglich die **Rechtszuständigkeit** (MünchKomm/K Schmidt Rn 2; Erman/Aderhold § 741 Rn 1). Jeder Teilhaber hat ein durch die Mitberechtigung des anderen beschränktes Recht an dem ganzen ungeteilten Gegenstand. Dieses Recht ist dem Vollrecht *wesensgleich;* der Miteigentumsbruchteil ist Eigentum (MünchKomm/K Schmidt Rn 2). Die ideellen und grundsätzlich selbstständigen Bruchteile sind *ebenso fungibel wie die Sache selbst* (§§ 747, 137). Plastisch ausgedrückt: Die Bruchteilsberechtigung ist *„Freihand"* im Gegensatz zur Gesamthand (der Begriff stammt von Becker 746 und trifft mE den Kern).

13 Die dogmatische Grundposition der Wesensgleichheit hat weitreichende Konsequenzen für Übertragbarkeit, Belastung, prozessuale Fragen und sachenrechtliche Detailprobleme (dazu bereits SAENGER 4 f). Nur auf dieser Grundlage gelten für die Veräußerung des Anteils ohne weiteres dieselben Vorschriften wie für den Gegenstand selbst (§§ 311b Abs 1 nF, 925, 929 ff, 873 – vgl RGZ 139, 117), grundbuchverfahrensrechtliche Vorschriften (dazu SCHÖNER/STÖBER, Grundbuchrecht Rn 258) sowie öffentlich-rechtliche Genehmigungsvorbehalte und Vorkaufsrechte (zum GrstVG vgl BayObLG NJW 1963, 1455; OLG Stuttgart RdL 1990, 155; AG Ellwangen BWNotZ 1998, 148; zu § 24 BBauG BGHZ 90, 174; OLG Frankfurt DNotZ 1996, 41), sofern das Gesetz nicht anderes anordnet (so zB § 24 Abs 2 BauGB für die Veräußerung von Wohnungseigentum).

3. Sachstrukturen

14 Dabei gilt allerdings auch: Rechtstatsächlich, rechtsvergleichend und rechtshistorisch fällt unter Berücksichtigung der beteiligten Lebensinteressen die Abgrenzung von Gesamthand und isolierter Bruchteilsberechtigung oft in den Bereich der Ideenspekulation (so zutr BECKER 746). Gleichzeitige – seien es gewollte oder zufällige – Beziehungen mehrerer Personen zu demselben Objekt oder einer Reihe von als zusammengehörig betrachteten Objekten rechnen zu den Grundtatbeständen des Lebens. Wo die Regelung tatsächlicher Gemeinschaftsverhältnisse als geboten erscheint, werden diese von allen Rechtsordnungen strukturiert (BECKER 743), mal eher als Gesamthand, mal eher als Bruchteilsberechtigung, und jede Normierung hat den Konflikt zwischen kollektiven und individuellen Interessen so oder so auszugleichen. Die tatsächlichen Übergangsbereiche beider Rechtsformen untereinander sind daher nicht immer randscharf voneinander abzugrenzen.

15 Ergibt sich aufgrund Gesetzes oder als Ergebnis der Auslegung des einzelnen Rechtsgeschäfts das Bestehen einer Bruchteilsgemeinschaft, so gilt ferner: Zwischen Interessenkonflikten bei Bruchteilsgemeinschaften, Gesamthandsgemeinschaften und auch juristischen Personen liegen bei materiell-problemorientierter Sichtweise keine völlig unüberbrückbaren Gegensätze. Sie alle sind Ausprägungen verschiedenartiger, gleichwohl ähnlicher Grundkonflikte sozialbezogenen menschlichen Seins. Mehr oder minder fragwürdige begrifflich-konstruktive Erwägungen sollten daher nicht maßgebend sein. Auch der Gemeinschaft iSd §§ 741 ff wohnen oft sozial- und personenrechtliche Elemente inne, die sich nicht nur als rein atomisierte obligatorische Rechtsbeziehungen verstehen lassen (dazu bereits LARENZ JherJb 83 [1933] 135 ff, insbes 137). Sie können im Einzelfall durchaus **gesellschaftsähnliche** Züge tragen. Dies ist bei der sachgemäßen Interpretation der §§ 741 ff zu berücksichtigen.

16 Auch **sachenrechtlich** ist bei natürlicher Betrachtung das Miteigentum kein bloßes Minus gegenüber dem Volleigentum. Der Volleigentümer kann nach seinem Belieben mit der Sache verfahren, und zwar unmittelbar. Der Miteigentümer hat, außer im Falle der Notgeschäftsführung, sein Belieben zunächst mit seinen Partnern zu koordinieren und nicht nur im Einzelfall kann es sein, dass seines sich eben nicht durchsetzt, sondern dasjenige der anderen. Wenn dennoch von Wesensgleichheit des Miteigentums gegenüber dem Volleigentum gesprochen wird, ist dies teleologisch zu rechtfertigen: Natürlich wäre das System der §§ 873 ff ad absurdum geführt, wenn durch Aufteilung des Volleigentums in Bruchteilsrechte eine Umgehung der §§ 311b

Abs 1 nF, 873, 925 etc möglich wäre. Im Übrigen gilt, dass „keine der im Eigentum gewöhnlich enthaltenen Befugnisse unter die Miteigentümer aufgeteilt ist" (LARENZ JherJb 83 [1933] 123).

Die Besonderheiten der Sachstrukturen erhellen sich deutlich bei den Bruchteils- **17**
gemeinschaften *besonderen* Rechts (zum Begriff § 741 Rn 5): Die Wohnungseigentümergemeinschaft, konzipiert als Bruchteilsgemeinschaft, wies schon immer aufgrund ihrer prinzipiellen Unaufhebbarkeit und des besonderen Näheverhältnisses der Gemeinschafter deutliche korporative bzw gesellschaftsähnliche Züge auf (näher § 741 Rn 178 ff). Genau dies hat die Rechtsprechung (BGH NJW 2005, 2061) und seit Inkrafttreten der WEG-Novelle auch der Gesetzgeber (§ 10 Abs 6 WEG nF) anerkannt (Teilrechtsfähigkeit sui generis). Eine ausschließlich schuld- oder sachenrechtliche Interpretation würde hier die tatsächlichen Lebensbedürfnisse missachten. Von den Lebensverhältnissen her kann es ebenso bei einer „normalen" Bruchteilsgemeinschaft liegen, so etwa wenn die Parteien auf eine Aufteilung nach WEG verzichtet haben und lediglich im Rahmen einer Mitbenutzungsordnung ein Haus getrennt nach Stockwerken benutzen.

Von Funktionsunterschieden im Sinne eines Gegensatzpaares zwischen Bruchteils- **18**
gemeinschaft und Gesamthand sollte schließlich nicht gesprochen werden (ebenso MünchKomm/K SCHMIDT § 741 Rn 4, 8). Es handelt sich um unterschiedliche Rechtsinstitute, die im Einzelfall je nach Parteiwillen Anwendung finden können (vgl ERMAN/ADERHOLD § 741 Rn 2). Beim Grundstückserwerb etwa durch mehrere besteht heute praktisch Wahlfreiheit zwischen Gesamthand und Bruchteilsgemeinschaft (§ 741 Rn 214 ff). Insofern können die verschiedenen Gemeinschaftsformen (fast) beliebig austauschbar sein.

III. Auslegungsgrundsätze

1. Keine „unerwünschte" Rechtsform

Zunächst ist im Auge zu behalten, dass die Bruchteilsgemeinschaft keine Rechts- **19**
form minderer Qualität ist. Es sind *keinerlei Gründe ersichtlich, die Bruchteilsgemeinschaft* aus Rechtsgründen als *ungeeignete oder gar unerwünschte Rechtsform einzustufen.* In der Rechtspraxis gibt es eine Vielzahl legitimer Gründe, nicht gesellschaftsrechtliche Organisationsformen zu wählen, obwohl die Sachstrukturen vielleicht sogar verbandsrechtliche Qualität aufweisen. Gerade nachdem die Gesellschaft bürgerlichen Rechts durch die Rechtsprechung haftungsrechtlich praktisch der offenen Handelsgesellschaft gleichgestellt ist (näher § 741 Rn 204 ff), könnte die Bruchteilsgemeinschaft insbes im Immobilienbereich die Rechtsform der Wahl sein, sofern sie kautelarjuristisch (Rn 22) maßgeschneidert wird.

2. Allgemeine Aspekte

a) §§ 741 ff

Der nach den zugrunde liegenden Lebensinteressen uU durchaus *unterschiedliche* **20**
Charakter der Bruchteilsgemeinschaften verbietet eine bloß schuldrechtliche und individualistische Interpretation der §§ 741 ff. Vielmehr ist stets der Blick dafür offen zu halten, ob im Sachenrecht, dem Recht der Gesamthand, der Bruchteilsge-

meinschaften besonderen Rechts und auch juristischer Personen Interessenkonflikte eine Regelung gefunden haben, die zur Lösung von Zweifelsfragen im Bereich der §§ 741 ff beitragen können. Insoweit jedenfalls ist vor strikten dogmatischen Trennungen zu warnen.

b) Rechtsgeschäft

21 §§ 741 ff sind nur anwendbar, „sofern sich nicht aus dem Gesetz ein anderes ergibt". Daraus folgt jedoch weder eine gesetzliche noch eine tatsächliche Vermutung für die Auslegung des einzelnen Rechtsgeschäfts (oben Rn 11). Einigen sich die Parteien ausdrücklich oder konkludent auf ideelle Bruchteilsberechtigung, so besteht weder hinsichtlich des Rechts selbst noch in der Regel hinsichtlich der hiermit zusammenhängenden Rechtsbeziehungen (zB Verwaltungsvermögen, Rechtsverhältnisse zu Dritten) Anlass, die Anwendbarkeit der §§ 741 ff zu verneinen. Nicht das Gesetz, sondern der Parteiwille entscheidet über das Vorliegen der einen oder anderen Rechtsform (MünchKomm/K Schmidt § 741 Rn 5). Ansonsten gelten die allgemeinen Regeln; es kommt jeweils auf die Gesamtumstände des Falles an.

c) Interessenabwägung und Gestaltung

22 Es geht dabei nicht um eine Vermengung der dogmatischen Grundstrukturen, sondern um Leitlinien der sachgerechten Interessenabwägung und, aus der Sicht der Kautelarjurisprudenz, um Gestaltungsaspekte. Beispiele: Bei vielen Gesamthandsgemeinschaften besteht ein unabweisbares Bedürfnis, die Fungibilität der Anteile zu erhöhen. Gesellschaftsvertraglich kann dies ohne weiteres ggf mit abgestuften Zustimmungsvorbehalten, Vorkaufsrechten oä vereinbart werden. Bei der freihänderisch angelegten Bruchteilsgemeinschaft (§ 747 S 1, § 137) gilt es, dem umgekehrten Bedürfnis zu begegnen. Möglich sind insoweit Vorkaufsrechte und schuldrechtliche Verfügungsunterlassungsverpflichtungen, gekoppelt etwa mit Auflassungsvormerkungen für den Fall ihrer Verletzung oder Sicherungsgrundschulden. Das Einstimmigkeitsprinzip der Gesamthand muss mindestens bei größeren Gesellschaften aus Praktikabilitätsgründen gelockert werden; umgekehrt steht bei der Bruchteilsgemeinschaft der obligatorischen Vereinbarung der Einstimmigkeitsnotwendigkeit nichts im Wege (vgl § 745 Rn 4). Zur Funktionsähnlichkeit der Gesellschaft bürgerlichen Rechts und der Bruchteilsgemeinschaft sowie der Gestaltungsmöglichkeiten bei beweglichen Sachen am Beispiel der Maschinengemeinschaften vgl ausf Brach 19 ff, 191 ff.

3. Sonstiges

23 Ferner ist die gesetzliche Konzeption der §§ 741 ff durchaus auch davon geprägt, für die Dauer der Gemeinschaft Vorkehrungen gegen Konflikte zu treffen und den wirtschaftlichen Wert der Sache zu erhalten (vgl BGB-RGRK/vGamm Rn 1; Rütten 81). Insoweit beinhalten §§ 741 ff eine deutliche Abkehr vom römisch-rechtlichen Vorbild (oben Rn 6, ferner Larenz JherJb 83 [1933] 109). Wie das Verbandsrecht befassen sich §§ 741 ff auch mit der Aufrechterhaltung der inneren Ordnung der Rechtsgemeinschaft (Larenz 143); diese sozialrechtlichen Erwägungen reichen über die bloße Anwendbarkeit des § 242 weit hinaus. Auch verfassungsrechtliche Überlegungen können gelegentlich eine Rolle spielen. So führt etwa der BGH aus: „Maßgebend ist der auch in Art 14 Abs 2 GG Ausdruck findende Gesichtspunkt, dass Nutzung und Verfügung in jedem Fall nicht lediglich innerhalb der Sphäre des Eigentümers

verbleiben, sondern Belange anderer Rechtsgenossen berühren, die auf die Nutzung des Eigentumsobjektes angewiesen sind. Dieses Gebot der Rücksichtnahme verstärkt sich noch, wenn die betroffenen Parteien in besonderen Rechtsbeziehungen stehen, die sie in bezug auf ein bestimmtes Eigentumsrecht verbinden. Eine solche besondere Rechtsbeziehung stellt die im bürgerlichen Recht geregelte Gemeinschaft nach Bruchteilen (§§ 741 ff BGB) dar. Dieses *Gebot der Rücksichtnahme kann so weit gehen, dass ein Teilhaber gehalten ist, im Interesse aller Teilhaber einer Verfügung über das (Mit-)Eigentumsrecht zuzustimmen*" (BGHZ 101, 27 f). Hierin liegen gewichtige Grenzen der freihänderischen Natur der Bruchteilsgemeinschaft.

IV. „Dingliche Einheitstheorie"?

Schnorr hat in seiner vorzüglichen Habilitationsschrift den breit angelegten Versuch unternommen, die Gemeinschaft und die aus ihr folgenden Befugnisse und Pflichten als rein dinglich zu interpretieren („dingliche Einheitstheorie"): „Die Teilhaberrechte sind auf die alte Selbstherrlichkeit des vorherigen Alleineigentümers zurückführbar, welche auch im Innenverhältnis der Miteigentümer nicht völlig untergeht, sondern lediglich modifiziert wird" (1). Insbesondere schuldrechtliche Verpflichtungen sollen sich demgemäß weder aus §§ 741 ff noch aus § 1010 ergeben (zB 10 f). Der ideelle Anteil ist danach eine bloße Erscheinungsform des Vollrechts mit der Besonderheit der Relativierung der Befugnisse im Innenverhältnis (90). Das dogmatische Modell von Schnorr ist in sich höchst konsistent und mag durchaus de lege ferenda bei einer Überarbeitung des Sachenrechts als Vorbild oder auch als Grundlage für ein gemeinsames europäisches Sachenrecht dienen (vgl Baldus ZRG 2006, 831, 835; vgl ferner die Rezensionen bei Rapp DNotZ 2005, 157; Krafka MitBayNot 2005, 14 f). De lege lata entspricht aber ein rein dingliches Verständnis der §§ 741 ff weder der historischen Ausgangslage (oben Rn 6 ff) noch der systematischen Stellung im Schuldrecht (ebenso Madaus AcP 212 [2012] 251, 287) und ist letztlich auch teleologisch nicht zu rechtfertigen: Zwar mögen sich auf der Grundlage eines rein dinglichen Verständnisses manche Probleme des Rechts der Bruchteilsgemeinschaft elegant lösen lassen. Damit wird in vielen Fällen aber lediglich ein Vakuum erzeugt, das sodann auf anderem Wege über schuldrechtliche Hilfskonstruktionen zu füllen wäre. Schnorr sieht dies durchaus, meint aber, dem sei durch die Möglichkeit ausdrücklicher schuldrechtlicher Abreden (zB 46) bzw konkludenter oder den Umständen nach anzunehmenden „Widmungen" (60 f, 111 f) bzw über § 242 (113) zu begegnen. Soweit er etwa bei der schuldhaften Verletzung von Hinweispflichten die Lösung über positive Forderungsverletzung sucht (186), wird die Sachproblematik lediglich in den Anwendungsbereich der §§ 241 Abs 2, 311 Abs 2 Ziff 3 verlagert. Damit ist de lege lata für die Rechtsfindung nichts gewonnen. Es verändert sich lediglich der Ausgangspunkt der Fragestellung: Ist die Gemeinschaft (auch) schuldrechtlicher Natur (so die hM) oder ist sie es nicht, liegen aber im Einzelfall schuldrechtliche Abreden oder Bindungen vor? Jedenfalls für die Wohnungseigentümergemeinschaft hat sich der Gesetzgeber nunmehr ausdrücklich gegen eine rein sachenrechtliche Struktur entschieden: Nach § 10 Abs 6 WEG nF handelt es sich bei ihr um einen teilrechtsfähigen Verband sui generis mit mitgliedschaftsrechtlicher Qualität (näher § 741 Rn 178 ff). Auch das spricht gegen eine isolierte dingliche Betrachtung (vgl bereits oben Rn 17). 24

V. Zusammenfassung

25 Die Unterscheidung von Gesellschaft (§ 705) und Gemeinschaft (§ 741) ist nach heutigem dogmatischen Verständnis randscharf und zwingend: Hier gesamthänderische, rechtssubjektive Zweckförderungsgemeinschaft mit mehr oder minder großem Gesellschaftsvermögen, dort freihänderische isolierte Bruchteilsberechtigung am Einzelgegenstand. In der Rechtswirklichkeit sind die Übergänge jedoch eher fließend. Trotz Verfolgung ähnlicher oder auch gemeinsamer Zwecke können sich die Parteien ausdrücklich oder konkludent auf ideelle Bruchteilsberechtigung verständigen. Weder besteht eine tatsächliche Vermutung in die eine noch in die andere Richtung. Die isolierte Bruchteilsberechtigung ist zwar dem Vollrecht äußerlich wesensgleich. Bei der Auslegung der §§ 741 ff sind jedoch der je nach Sachstruktur der betreffenden Gemeinschaft unterschiedliche und latente Konflikt zwischen schuld- und sachenrechtlichen Prinzipien sowie uU sogar verbandsrechtliche Erwägungen (oder, so LARENZ JherJb 83 [1933] 142: sozialrechtliche Elemente einer Personenverbindung bzw sozialrechtliche Normen) zu berücksichtigen. Zwischen der ad hoc-Gemeinschaft etwa an einem Bienenschwarm (§ 963) und einer rechtsgeschäftlich begründeten und auf Dauer angelegten Bruchteilsgemeinschaft an einer Immobilie liegen insoweit Welten, die die Rechtsanwendung – auf der Ebene der Urteilsfindung, aber *insbesondere auch in der Gestaltungspraxis* – respektieren muss.

§ 741
Gemeinschaft nach Bruchteilen

Steht ein Recht mehreren gemeinschaftlich zu, so finden, sofern sich nicht aus dem Gesetz ein anderes ergibt, die Vorschriften der §§ 742 bis 758 Anwendung (Gemeinschaft nach Bruchteilen).

Materialien: E I § 762; II § 677; III § 728; Mot II 873 f; Prot II 743 f; JAKOBS/SCHUBERT, Schuldverh III 366, 375 ff.

Systematische Übersicht

Alphabetische Übersicht

I. Gegenstand der Bestimmung

1. Definition der Bruchteilsgemeinschaft und Regelung des Anwendungsbereichs der §§ 742 ff

1 Die Bestimmung **definiert** den Begriff der „Gemeinschaft nach Bruchteilen" und regelt zugleich den **Anwendungsbereich** der §§ 742–758 in positiver wie auch negativer Hinsicht.

2 Die **Definition** besagt: Eine Gemeinschaft nach Bruchteilen ist das Rechtsverhältnis zwischen mehreren Personen, das dann besteht, wenn den Personen ein Recht gemeinschaftlich zusteht, und wenn die Anwendung der §§ 742–758 nicht durch Gesetz ausgeschlossen ist.

3 Die Regelung des **Anwendungsbereichs** der §§ 742–758 besagt: Die §§ 742–758 sind immer dann anwendbar, wenn ein Recht mehreren Personen gemeinschaftlich zusteht (positive Abgrenzung) und im Gesetz nichts anderes bestimmt ist (negative Abgrenzung).

4 Die Bruchteilsgemeinschaft setzt somit stets drei Tatbestandsmerkmale voraus: Erstens muss es sich um **ein Recht** handeln (Ausnahme s unten Rn 157); zweitens bedarf es mindestens **zweier Teilhaber** (zu den Konsequenzen s unten Rn 68 ff; dort auch zur „Ein-Mann-Bruchteilsgemeinschaft"), und drittens darf sich **kein gesetzlicher Ausschluss** der Anwendbarkeit der §§ 741 ff ergeben. Nur das letzte Tatbestandsmerkmal grenzt im Übrigen die Bruchteilsgemeinschaft von den Gesamthandsgemeinschaften zwingend ab. Jene setzen ebenfalls das Bestehen einer Personenmehrheit voraus und können sich im Einzelfall auf die Innehabung eines einzelnen Rechts beschränken. Anwendungsbereich und Definition gelten allerdings nur mit bestimmten Modifikationen (Rn 5 ff). Darüber hinaus verweist das Gesetz auch in Fällen anderer Personengemeinschaften auf §§ 741 ff (zB § 2038 Abs 2).

2. Bruchteilsgemeinschaften gem §§ 742 ff und Bruchteilsgemeinschaften besonderen Rechts

5 Es gibt Gemeinschaften nach Bruchteilen besonderen Rechts, bei denen die Anwendung der §§ 742–758 durch Sonderregeln weitgehend oder ganz verdrängt ist, die aber trotzdem, ihrer juristischen Struktur nach, Bruchteilsgemeinschaften sind. Beispiele sind die **Gemeinschaft der Wohnungseigentümer**, auf die die Vorschriften der §§ 742 ff subsidiär Anwendung finden (§ 10 Abs 1 S 1 WEG, dazu Rn 178 ff), und die Gemeinschaft der Depotkunden im Fall der *Sammelverwahrung* (§§ 5, 6 Abs 1 S 1 DepotG, dazu Rn 188 ff), bei der die Bestimmungen der §§ 742 ff durch die Vorschriften des Depotgesetzes, durch den Hinterlegungsvertrag und die praktische Handhabung so gut wie vollständig ausgeschlossen sind. Dass es sich bei dem „gemeinschaftlichen Eigentum" iS des *§ 1 Abs 5 WEG* (also bei dem Eigentum am Grundstück und an den Teilen, Anlagen und Einrichtungen des Gebäudes, die nicht im Sondereigentum oder im Eigentum eines Dritten stehen), um Eigentum „nach Bruchteilen" handelt, ergibt sich indirekt aus der Verweisung des § 10 Abs 1 S 1 WEG und aus anderen Bestimmungen des WEG (**aA** m ausf Überbl Junker 73 ff: Die Wohnungseigentümergemeinschaft sei in Wahrheit Gesamthand sui generis. – Das geht mE zu weit,

näher unten Rn 185 f; ähnl aber bereits SCHULZE-OSTERLOH 154 ff). Allerdings ordnet § 10 Abs 6 WEG nF (näher unten Rn 178) für die im Rahmen der gesamten Verwaltung des gemeinschaftlichen Eigentums erworbenen Rechte und Pflichten und das Verbandsvermögen Teilrechtsfähigkeit sui generis an. Dass am Wertpapierbestand in *Sammelverwahrung* Miteigentum „nach Bruchteilen" besteht, ist in § 6 Abs 1 S 1 DepotG ausdrücklich angeordnet. Es handelt sich also auch hier um Bruchteilsgemeinschaften, aber eben um Bruchteilsgemeinschaften besonderen Rechts, die mit der Bruchteilsgemeinschaft iS der §§ 741 ff etwa soviel und sowenig gemeinsam haben, wie die Aktiengesellschaft mit dem bürgerlichrechtlichen Verein. Somit gibt es zwei Arten von Bruchteilsgemeinschaften: Bruchteilsgemeinschaften im engeren Sinn, auf die die §§ 742–758 Anwendung finden, und Bruchteilsgemeinschaften, für die im Wesentlichen Sonderrecht gilt und auf die die §§ 742 ff allenfalls subsidiär anzuwenden sind (etwa so, wie auf die Aktiengesellschaft gelegentlich Vorschriften des Vereinsrechts subsidiär angewendet werden, zB § 31). „Besonderes Recht" gilt auch für die Gemeinschaft der Anleger an den Gegenständen des als Sondervermögen aufgelegten offenen inländischen Investmentvermögens oder offenen Publikumsinvestmentvermögens einer *Kapitalverwaltungsgesellschaft* (§§ 92 Abs 1, 162 Abs 2 Nr 3 KAGB, dazu Rn 196 f) und für die Gemeinschaft der Miteigentümer bei der *Misch- und Sammellagerung* (§ 469 HGB, dazu Rn 194 f). Zur Annahme, solche Bruchteilsgemeinschaften besonderen Rechts seien in Wirklichkeit Gesamthandsgemeinschaften (so SCHULZE-OSTERLOH 143 ff; JUNKER aaO), vgl Rn 185 f und 249 ff, zum Fall der seit dem 25. 4. 2013 abgeschafften *Partenreederei* vgl Rn 246 f.

3. Dispositiver und zwingender Charakter der §§ 742 ff

Die Bestimmung des Gesetzes, dass auf die Bruchteilsgemeinschaften, soweit sie nicht besonderem Recht unterliegen, die §§ 742 bis 758 Anwendung finden, ist nicht so zu verstehen, als wären die §§ 742 ff zwingendes Recht. Vielfach sehen die Vorschriften selbst vor, dass abweichende Vereinbarungen den Vorrang haben. So stehen nach § 742 den Teilhabern nur „im Zweifel" gleiche Anteile zu; nach § 745 Abs 2 gelten die gesetzlichen Bestimmungen über die Verwaltung und Benutzung des gemeinschaftlichen Gegenstands nur, sofern sie nicht durch Vereinbarung und Mehrheitsbeschluss geregelt ist; und der Aufhebungsanspruch (§ 749 Abs 1) kann durch Vereinbarung für immer oder auf Zeit ausgeschlossen werden (§ 749 Abs 2). Diese Bestimmungen, die die Abdingbarkeit einzelner Regelungen der §§ 742 ff vorsehen, dienen aber nur der Klärung von Grenzfällen. 6

Allgemein gilt das *Prinzip,* dass *alle* Vorschriften der §§ 742 ff, soweit sie schuldrechtliche Rechte und Pflichten der Parteien zum Gegenstand haben, nach dem Grundsatz der schuldrechtlichen Vertragsfreiheit *dispositives Recht* enthalten (BGB-RGRK/vGAMM Rn 10). *Nicht dispositiv* sind nur solche Regelungen, die entweder vom Gesetz ausdrücklich für unabdingbar erklärt sind (so das Recht, Aufhebung der Gemeinschaft aus wichtigem Grund zu verlangen, § 749 Abs 2, 3), oder deren Unabdingbarkeit aus allgemeinen Grundsätzen folgt. Die wichtigste Vorschrift dieser Art ist *§ 747 S 1.* Das Recht des Teilhabers, über seinen Anteil zu verfügen, kann nach der Grundregel des § 137 nicht mit dinglicher Wirkung ausgeschlossen werden (vgl § 747 Rn 4). Auch das Notgeschäftsführungsrecht nach § 744 Abs 2 kann nicht durch Vereinbarung mit Wirkung für künftige Fälle ausgeschlossen werden (vgl § 744 Rn 28). 7

8 § 741 selbst ist natürlich auch in dem Sinne zwingend, als Teilhaber einer Rechtsgemeinschaft nicht frei ihre dingliche Berechtigung gestalten, also etwa Gesamthandsvermögen ohne Gesellschaft bilden können (Soergel/Hadding Vorbem Rn 6). Aber zwischen Schuldrecht (§§ 305 ff aF bzw 311 ff nF) und Sachenrecht (§§ 1008 ff) sind selbstverständlich differenzierte Betrachtungen geboten. Sachenrechtlich gelten Spezialitätsgrundsatz (unten Rn 157), die allgemeinen Regeln und §§ 1008 ff; obligatorisch besteht weitgehende Vertragsfreiheit.

4. Unanwendbarkeit der §§ 742 ff auf Gesellschaften

a) Allgemeines Prinzip

9 Auf **Gesellschaften iS des § 705** (einschließlich der **OHG, KG, EWiV** und **Partnerschaftsgesellschaft)** finden die §§ 742 ff nach der grundsätzlichen Abgrenzung des § 741 keine Anwendung. Zwar stehen hier in aller Regel – außer im Fall der reinen „Innengesellschaft", vor allem der stillen Gesellschaft (§ 230 HGB) – „Rechte mehreren gemeinschaftlich zu". Die Anwendung der §§ 742 ff scheidet gleichwohl aus, weil sich aus dem Gesetz, nämlich den §§ 705 ff und den spezialgesetzlichen Regelungen, „ein anderes ergibt" (vgl Vorbem 9).

10 Regelmäßig ist das gemeinschaftliche Vermögen der Gesellschafter **Gesamthandsvermögen** (§§ 718, 719). In diesem Fall bilden die Bestimmungen der §§ 706 ff, ggf iVm den §§ 105 ff HGB, zusammen mit den Bestimmungen des Gesellschaftsvertrags eine abschließende Regelung, neben der *für eine Anwendung der §§ 742 ff kein Raum* ist. Eine *Ausnahme* gilt für diejenigen Fälle, in denen das Gesellschaftsrecht seinerseits *auf einzelne Regelungen des Gemeinschaftsrechts verweist* (so § 731 S 2, der für die Auseinandersetzung der bürgerlichrechtlichen Gesellschaft die subsidiäre Geltung der Vorschriften über die Gemeinschaftsteilung anordnet, dazu § 749 Rn 93 ff). Streitig ist, ob in Ausnahmefällen § 744 Abs 2 *(Notgeschäftsführungsrecht bei Erhaltungsmaßregeln)* auf die Gesellschaft analog angewendet werden kann, vgl dazu § 744 Rn 34. Zur Frage der Abgrenzung von Gesamthandsgemeinschaft und Bruchteilsgemeinschaft im Einzelfall vgl Rn 204 ff; zum begrifflichen Unterschied zwischen Gesamthandsberechtigung und Bruchteilsberechtigung Rn 239 ff und Vorbem 9 ff.

11 Ist die Gesellschaft als **„Innengesellschaft"** organisiert (wie insbesondere die *stille Gesellschaft,* § 230 HGB), scheidet eine Anwendung der §§ 741 ff schon deswegen aus, weil das für den Gesellschaftszweck eingesetzte Vermögen den Gesellschaftern nicht „gemeinschaftlich" zusteht.

b) Ausnahme: Anwendbarkeit der §§ 742 ff bei Bruchteilsvermögen der Gesellschafter

12 Eine wechselseitige **Überschneidung von Gesellschafts- und Gemeinschaftsrecht** kann in folgenden Fällen auftreten: Die Gesellschafter kommen überein, das Gesellschaftsvermögen, ganz oder teilweise, nicht als Gesamthandsvermögen (§§ 718 f) auszugestalten, sondern die Gegenstände in Bruchteilsgemeinschaft zu halten. Dass eine solche Gestaltung zulässig ist, steht außer Frage (MünchKomm/K Schmidt Rn 4). Zu denken ist etwa an den Fall: Zwei Ehegatten, die Miteigentümer eines Grundstücks sind, gründen eine OHG oder KG und bringen das Grundstück nicht quoad dominium in die Gesellschaft ein (das erforderte notarielle Beurkundung des Gesell-

schaftsvertrags und Eintragung des Eigentumsübergangs auf die Gesamthandsgemeinschaft im Grundbuch, vgl BGH WM 1965, 744; RGZ 56, 96; RG JW 1925, 1750), sondern sie überlassen das Grundstück der Gesellschaft nur dem Wert nach sowie zur Nutzung und zum Gebrauch (Einbringung „quoad usum") bzw nur zur Nutzung und zum Gebrauch (Einbringung „quoad sortem"; zum Vorstehenden BERNINGER DStR 2010, 874; BGB-RGRK/vGAMM § 705 Rn 3; BGH NZG 2009, 1107; WM 1965, 744; BB 1955, 203 = WM 1955, 298; vgl ferner OLG Düsseldorf NZG 2001, 746). Dann bilden sie hinsichtlich des Grundstücks eine Gemeinschaft nach Bruchteilen.

Insbesondere bei umfangreicherem Immobilienbesitz von Bruchteilsgemeinschaften 13
(Fondsmodelle, Investorengemeinschaften, auseinandergesetzte Erbengemeinschaften, Bruchteilsgemeinschaft aufgrund vorweggenommener Erbfolge oÄ) besteht oft das Bedürfnis nach umfassenden Verwaltungs- und Benutzungsregelungen, die – mit oder ohne ausdrückliche vertragliche Grundlage – deutliche gesellschaftsrechtliche Züge tragen. Diese gesellschaftsrechtlichen Strukturen können zur Annahme einer reinen Innengesellschaft führen (vgl OLG Schleswig FamRZ 2002, 96); denkbar ist im Einzelfall aber auch, dass der Immobilienbesitz als solcher zu Bruchteilen, das Verwaltungsvermögen hingegen gesellschaftsrechtlich gehalten wird (vgl OLG Karlsruhe NZG 1999, 249; zur ähnlichen Problematik im WEG unten Rn 180; vgl auch den insoweit instruktiven Fall BFH NJWE-MietR 1996, 22).

Besteht in dinglicher Hinsicht eine Bruchteilsgemeinschaft, so bedeutet das vor 14
allem, dass § 747 S 1 anzuwenden ist: Jeder Gesellschafter **kann über seinen Anteil verfügen**; Privatgläubiger können in den Anteil vollstrecken. Die Anwendung des § 747 S 1 lässt sich durch Parteivereinbarung nicht ausschließen, § 137 (vgl § 747 Rn 4). Nicht ausschließen lässt sich auch das Recht der einzelnen Teilhaber-Gesellschafter, Aufhebung der Gemeinschaft aus wichtigem Grund zu verlangen, § 749 Abs 2, 3.

Im Übrigen besteht **Parteiautonomie**; dh, die Regeln des Gemeinschaftsrechts kön- 15
nen ausgeschlossen werden, und die Frage ist nur, wieweit sich bei Fehlen ausdrücklicher Vereinbarungen aus dem Gesellschaftsvertrag ein *stillschweigender Ausschluss* entnehmen lässt (der früheren Finanzrechtsprechung, die aus fiskalischen Erwägungen häufig eine Innengesellschaft fingierte, war jedenfalls nicht zu folgen; vgl BFHE 141, 405 = BStBl II 1984, 751; vPROFF, Die eheähnliche Gemeinschaft im Einkommensteuerrecht 83 f; allg zur sog „faktischen Mitunternehmerschaft" PRIESTER, in: FS L Schmidt 331 ff und unten Rn 163). Die Frage ist relativ leicht beantwortet, wenn Einbringung *quoad sortem* vereinbart ist. Denn dann haben die Teilhaber vereinbart, das Grundstück im Innenverhältnis wie Gesellschaftsvermögen zu behandeln; das bedeutet: Ausschluss des Gemeinschaftsrechts, sofern nicht zwingende Vorschriften entgegenstehen (zB § 747 S 1 – Verstößt ein Teilhaber gegen diesbezügliche schuldrechtliche Vereinbarungen, kommen allerdings Schadensersatzansprüche der geschädigten Teilhaber in Betracht. In der Kautelarpraxis lässt sich § 747 S 1 im Übrigen durch wechselseitige Vorkaufsrechte, Sicherungsgrundschulden oder bedingte Auflassungsvormerkungen zT entschärfen).

Schwieriger ist die Lage bei Einbringung *quoad usum*, der in der Praxis gebräuch- 16
licheren, im Zweifelsfall anzunehmenden Form. Hier gilt: Verwaltung und Benutzung sind im Gesellschaftsvertrag – durch die Vereinbarung der Gebrauchsüberlassung – besonders geregelt; das hat vor den gesetzlichen Verwaltungs- und

Benutzungsregeln (§§ 744, 745) den Vorrang (vgl § 744 Rn 11 ff; nur das Notgeschäftsführungsrecht nach § 744 Abs 2 ist unentziehbar, vgl § 744 Rn 28). Der Aufhebungsanspruch (§ 749 Abs 1) ist durch die Vereinbarung der Gebrauchsüberlassung auf Zeit, im Zweifel für die Dauer der Zugehörigkeit der Teilhaber zur Gesellschaft, ausgeschlossen; er lebt im Zweifel wieder auf, wenn auch nur ein Teilhaber aus der Gesellschaft ausscheidet. Nicht ausgeschlossen werden kann, wie gesagt, der Aufhebungsanspruch aus wichtigem Grund (§ 749 Abs 2, 3), und das Ausscheiden eines Teilhabers aus der Gesellschaft wird im Zweifel als wichtiger Grund anzusehen sein (R Fischer NJW 1957, 894, 895). Ist für die Gebrauchsüberlassung ein besonderes Entgelt festgesetzt, gilt § 743 Abs 1. Was die Lasten des Grundstücks betrifft, ist es Frage der vertraglichen Vereinbarung, ob sie von der Gesellschaft oder aus dem Privatvermögen der Teilhaber zu bestreiten sind; im zweiten Fall gilt § 748. Genaue vertragliche Vereinbarungen empfehlen sich unter allen Umständen.

17 Eine Überschneidung von Gesellschafts- und Gemeinschaftsrecht kann infolge der Verweisungen der §§ 2038 Abs 2, 2042 Abs 2 auch bei der **Erbengemeinschaft** eintreten, wenn die Miterben das Grundstück quoad usum oder quoad sortem einer personengleichen Gesellschaft überlassen (dazu R Fischer NJW 1957, 894). Hier gilt das eben Dargelegte entsprechend.

5. Die Verweisung auf das Gemeinschaftsrecht im Recht der Erbengemeinschaft (§§ 2038 Abs 2, 2042 Abs 2)

18 Eine besondere gesetzliche Regelung hat die Mitberechtigung der Miterben in den §§ 2033 ff erfahren. Damit ist die Anwendbarkeit des Rechts der Bruchteilsgemeinschaft im Prinzip ausgeschlossen. Aber die Verweisungen der §§ 2038 Abs 2 und 2042 Abs 2 erklären das Gemeinschaftsrecht in weitem Umfang (§§ 743–746, 748, 749 Abs 2, 3 und 750–758) für anwendbar. *Unanwendbar* sind hiernach nur die §§ 742 (die Höhe der Anteile bestimmt sich nach dem Erbrecht), 747 (der Erbe kann nur über seinen Anteil am Nachlass im Ganzen, nicht am einzelnen Nachlassgegenstand verfügen, § 2033; eine Verfügung aller Miterben über einzelne Nachlassgegenstände ist nach § 2040 Abs 1, der § 747 S 2 entspricht, zulässig), und 749 Abs 1 (nach § 2042 Abs 1 kann der Miterbe nur Auseinandersetzung des Nachlasses im Ganzen, nicht Aufhebung der Erbengemeinschaft an einzelnen Nachlassgegenständen verlangen).

6. Eheliches Gesamtgut

19 Eine Sonderregelung für das aufgrund ehevertraglicher Gütergemeinschaft entstehende Gesamtgut (§§ 1415 f) enthalten die §§ 1419 ff. Die Anwendung der §§ 742 ff ist hierdurch ausgeschlossen. Nur im Fall der Auseinandersetzung sind die Aufhebungs- und Teilungsregeln der §§ 752 ff entsprechend anzuwenden (§ 1477 Abs 1, der das allerdings nur für die Teilung des nach Schuldentilgung verbleibenden „Überschusses" ausdrücklich anordnet, dazu § 749 Rn 101).

7. Zusammenfassung

20 Eine Gemeinschaft iS der §§ 741 ff entsteht demnach, wenn mehrere, sei es kraft Gesetzes, sei es kraft Rechtsgeschäfts, ein Recht gemeinsam erwerben und wenn der

gemeinschaftliche Erwerb nicht auf einer Gesellschaft, einer Gütergemeinschaft oder auf Erbfall beruht. Eine besondere Lage besteht, wenn Gesellschafter zweckgebundenes Vermögen in Bruchteilsgemeinschaft halten (Rn 12 ff). Ausnahmen gelten für die Gemeinschaften „besonderen Rechts", so besonders beim Wohnungseigentum, beim Sammeldepot und bei Kapitalverwaltungsgesellschaften (Rn 178 ff).

II. Praktische Bedeutung der Gemeinschaft

1. Allgemeine Entstehungs- und Beendigungsgründe

Bruchteilsgemeinschaften kommen in der Rechtspraxis außerordentlich häufig vor. 21
Sie entstehen infolge Rechtsgeschäfts (Rn 22 ff) oder kraft Gesetzes (Rn 49 ff; aufgrund eines Zufalls, eines Vorfalls tatsächlicher Art oder willentlicher Tathandlungen, vgl BGB-RGRK/vGamm Rn 3; Palandt/Sprau Rn 2), in Einzelfällen auch aufgrund staatlichen Hoheitsaktes (Rn 154 ff). Bei rechtsgeschäftlichem Erwerb ist grundsätzlich gemeinschaftliches Handeln oder diesbezügliche Vertretung notwendig (MünchKomm/K Schmidt Rn 28); die gesetzlichen Entstehungsgründe sind sehr unterschiedlicher Natur (Rn 49). Bruchteilsvermögen entsteht nicht bei einer ggf erforderlichen Nachtragsliquidation einer Gesamthand oder einer juristischen Person (MünchKomm/K Schmidt Rn 29). Die Bruchteilsgemeinschaft endet, sobald die gemeinsame Rechtsinhaberschaft kraft Gesetzes oder Rechtsgeschäfts aufgehoben wird (Soergel/Hadding § 741 Rn 2a).

2. Gemeinsamer rechtsgeschäftlicher Erwerb

a) Die Ehegatten-Grundstücksgemeinschaft einschl LPartG
aa) Überblick

Es ist ganz überwiegend üblich, dass Ehepaare – die nachfolgenden Ausführungen 22
gelten sinngemäß für die Lebenspartnerschaft nach dem LPartG (vgl im Einzelnen Götz/Brudermüller Rn 190 ff) –, die im gesetzlichen Güterstand oder in Gütertrennung leben, Haus- oder Baugrundstücke gemeinschaftlich erwerben, und zwar **erklärtermaßen und im Grundbuch ausgewiesen als Bruchteilsgemeinschaft** – fast immer in Miteigentum zur Hälfte –, nicht als Gesellschaft bürgerlichen Rechts (ihre Zulässigkeit als Rechtsform war in solchen Fällen umstritten, Rn 212 ff, ihre Zweckmäßigkeit ist in vielen Fällen sehr zweifelhaft, Rn 220 ff). Nicht nur Grundstücke, die den Eheleuten persönlich zur Wohnung dienen, werden in dieser Form gehalten, sondern auch gewerblich oder beruflich genutzte Grundstücke und Grundstücke, die der Vermögensanlage durch Vermietung dienen. Insoweit hatte zwar insbes seit BGH NJW 1982, 170 (näher unten Rn 234 ff) die Gesellschaft bürgerlichen Rechts vorübergehend die Vertragsgestaltung vor allem in Norddeutschland dominiert. Mittlerweile kehrt die notarielle Praxis angesichts der damit verbundenen Folgeprobleme (unten Rn 220) mehr und mehr wieder zur Bruchteilsgemeinschaft zurück. Das ist vernünftig.

Praktisch begründen die Ehegatten auf diese Weise eine Art **„kleine Gütergemeinschaft"**. Wird die Anschaffung aus Erwerb während der Ehe finanziert und leben die 23
Eheleute im nicht modifizierten gesetzlichen Güterstand, so wird durch die Begründung von hälftigem Miteigentum der *Zugewinnausgleich vorweggenommen.* Die vermögensrechtliche Stellung des überlebenden Ehegatten wird verstärkt: nur die

andere Hälfte fällt in den Nachlass (und nur sie unterliegt der Erbschaftsteuer). Die Regelung ist sowohl bei Einverdienerehen wie auch bei Doppelverdienerehen praktisch und angemessen: bei Einverdienerehen, indem der nichtverdienende Ehegatte schon zu Lebzeiten am Zugewinn beteiligt wird, bei Doppelverdienerehen, indem die Ehegatten sich mühsame Berechnungen ersparen, wer wie viel zum gemeinsamen Erwerb beigetragen hat. Die Schwierigkeiten im Fall des Scheiterns der Ehe sind, aufs Ganze gesehen, nicht größer als wenn die Eheleute eine andere Gestaltung gewählt hätten (was hilft es dem alleinverdienenden Ehemann, der das während der Ehe angeschaffte Grundstück zu Alleineigentum erworben hat und nun den halben Wert an die Ehefrau ausbezahlen muss, § 1378 Abs 1? Allenfalls kann er beim Familiengericht Stundung gem § 1382 beantragen; dafür bekommt seine Frau eine Hypothek, § 1382 Abs 3, 4: so zeigt sich, dass ihr virtuell das Grundstück schon ohnedies zur Hälfte zusteht). Abrechnungsstreitigkeiten können entstehen, wenn ein Ehegatte „Anfangsvermögen" (§ 1374 Abs 1 und 2) für den gemeinschaftlichen Erwerb eingesetzt hat und die Ehe geschieden wird (vgl dazu § 749 Rn 43; allgemeiner Überblick zur Vermögensauseinandersetzung bei Miteigentum von Ehegatten bei WEVER FamRZ 2000, 993 ff; die hiermit zusammenhängenden Fragen haben in der jüngeren Zeit Rechtsprechung und Schrifttum außerordentlich stark beschäftigt, vgl § 745 Rn 60 ff, § 749 Rn 65 ff; eingehend GÖTZ/BRUDERMÜLLER Rn 109 ff, 126 ff). – Die hierdurch aufgeworfenen Fragen sind allerdings kein spezifisches Problem der §§ 741 ff, sondern stellen sich auch bei allen anderen Gestaltungen (Alleineigentum, Gesellschaft bürgerlichen Rechts).

24 Die Möglichkeit, **über den Miteigentumsanteil zu verfügen** (§ 747 S 1) oder **Aufhebung der Gemeinschaft zu verlangen** (§ 749 Abs 1), hat auch vor endgültigem Scheitern der Ehe nicht nur theoretische Bedeutung, sondern beschäftigt zunehmend die Gerichte. Der Aufhebungsanspruch ist zwar, soweit es um die eheliche Wohnung geht, durch die eheliche Pflichtenbindung ausgeschlossen (§ 749 Rn 38 ff), grundsätzlich aber nicht das Verfügungsrecht und die gemeinschaftlichen Verwaltungs- und Benutzungsregelungen. IE besteht wohl weitgehende Einigkeit, dass eherechtliche Erwägungen zu berücksichtigen sind und im Einzelfall die Regelungen der Bruchteilsgemeinschaft überlagern können. Teils wird mit § 1365 geholfen (BGH NJW 2007, 3124 [näher unten Rn 25]; BayObLG NJW-RR 1996, 962; AG Freiburg FamRZ 1988, 950; diff LG Bielefeld Rpfleger 1989, 518; zur Versagung einer Nutzungsentschädigung wegen aufgedrängter Alleinnutzung LG Itzehoe FamRZ 1990, 630; zu Mieterträgen und Nutzungsentschädigung für eigengenutzte Wohnung OLG Koblenz FamRZ 1989, 85 sowie BGH FamRZ 1982, 355 f; BGH DB 1993, 533). Verlangen nach Teilungsversteigerung ist jedenfalls nach Scheidung nur ausnahmsweise rechtsmissbräuchlich (OLG Frankfurt FamRZ 1998, 641; OLG München FamRZ 1989, 980; LG Berlin Rpfleger 1993, 297). Ein Anspruch auf Übertragung des anderen Anteils oder Zuweisung des Anwesens auf Zeit kommt nach Beendigung der Ehe nicht in Betracht, vgl auch § 180 Abs 3 ZVG: Nach Scheidung Einstellung des Verfahrens nur zur Abwendung einer ernsthaften Gefährdung des Wohles eines gemeinschaftlichen Kindes. (Zur Verteilung von Nutzungen während und nach Beendigung der Ehe vgl näher § 745 Rn 60 ff.)

25 Überträgt ein getrenntlebender Ehegatte seinen Anteil auf seinen neuen Lebensgefährten, um die Teilungsversteigerung zu ermöglichen und die Räumung der Wohnung durchzusetzen, soll das dingliche Rechtsgeschäft nach OLG Schleswig (NJW-RR 1995, 900) gem § 138 nichtig sein; mE zweifelhaft: Sofern nicht schon gegen die Übertragung § 1365 bzw § 6 LPartG hilft (vgl BGH NJW 2007, 3124; OLG Hamm

NJW-RR 2005, 104; OLG Köln NJW-RR 2005, 4; Zimmer/Pieper NJW 2007, 3104), käme uU eine ausdehnende Anwendung des § 180 Abs 3 ZVG oder Rechtsmissbrauch (in Fortführung von OLG München FamRZ 1989, 980) in Betracht. Jedenfalls nach Scheidung kann der andere Ehegatte die Teilungsversteigerung nur noch unter sehr engen Voraussetzungen verhindern, sodass die Annahme der Nichtigkeit insbes auch des dinglichen Rechtsgeschäfts kaum gerechtfertigt ist (zum Ganzen auch unten § 749 Rn 65 ff; BGHZ 199, 71; BGHZ 175, 297). Wurde im Rahmen einer Scheidungsfolgenvereinbarung bestimmt, die gemeinschaftliche Immobilie verkaufen zu wollen, kann dies einer Teilungsversteigerung entgegenstehen (OLG Brandenburg 9 U 4/05 v 25. 1. 2007). Zur Anwendbarkeit des § 765a ZPO Götz/Brudermüller Rn 141 ff; Überbl zur Teilungsversteigerung bei Clemente ZfIR 2008, 206 und Kogel FPR 2012, 75. Der Gläubiger eines Ehegatten kann den Aufhebungsanspruch (§ 749) pfänden; § 1365 greift dann nicht (dazu BGH FamRZ 2006, 410; OLG Karlsruhe Rpfleger 2004, 235; Götz/Brudermüller Rn 129).

Insbesondere bei der Ehegattenbruchteilsgemeinschaft beschäftigen unwirksame Klauseln in den **Sicherungszweckerklärungen** der Grundschuldgläubiger zunehmend die Gerichte. Wenn Ehegatten an dem gemeinschaftlichen Grundstück aus Anlass der Sicherung einer bestimmten gemeinsamen Verbindlichkeit eine Grundschuld bestellen, kann die formularmäßige Sicherungsabrede, nach der die Grundschuld auch alle künftigen Verbindlichkeiten gegen den anderen Ehegatten sichert, unter das Verbot überraschender Klauseln fallen (BGH EWiR 1999, 693 mAnm Clemente; BGH NJW 1989, 831; BGH NJW 1992, 1822; zum Ganzen Everts, Beck'sches Notarhandbuch Rn A VI 50 ff. Zu *schenkungsteuerrechtlichen Folgen* der Begründung einer Ehegattenbruchteilsgemeinschaft und zu Anteilübertragungen vgl Schwedhelm/Olbing BB 1995, 1717 ff m zahlr Gestaltungshinweisen; allg zur steuerlichen Veranlagung FG Bad-Würt EFG 1995, 1057). 26

Grundsätzlich ist die Ehegattenbruchteilsgemeinschaft bei im nicht modifizierten gesetzlichen Güterstand lebenden Ehegatten auch ohne umfangreiche vertragliche Ausgestaltung dennoch die adäquate Rechtsform insbes bei Familienheimen und gemeinsamen Altersvorsorgeobjekten. Sicher gibt es Fälle, in denen es aus den verschiedensten Gründen – haftungsrechtlichen, steuerrechtlichen und sonstigen – zweckmäßig sein kann, die Eigentumsverhältnisse anders zu ordnen. Dies gilt insbesondere dann, wenn die Eheleute ehevertraglich den Zugewinnausgleich im Scheidungsfall ausgeschlossen haben (modifizierte Zugewinngemeinschaft) oder Gütertrennung vereinbart haben. Hier würde ein schematischer Erwerb in Miteigentum zu gleichen Teilen den Ehegatten benachteiligen, der das höhere Eigenkapital einbringt. Aber für den gewöhnlichen Fall ist der Miteigentumserwerb zu gleichen Teilen eine ebenso naheliegende wie beliebte und praktische Lösung. Gegen die vorstehend geschilderten und offenbar zunehmenden Konflikte sind kautelarjuristisch häufig weniger sachenrechtliche Vereinbarungen als vielmehr *umfassende ehevertragliche Regelungen ein geeignetes Gestaltungsmittel* der vorsorgenden Rechtspflege. 27

bb) Sonderfall: Ausländisches Güterrecht

Bei der insbesondere in Großstädten verstärkt auftretenden Beteiligung von **ausländischen Ehegatten** ist in der Praxis der Notare und Grundbuchämter immer wieder zweifelhaft, ob sie überhaupt in Bruchteilsgemeinschaft inländische Immobilien erwerben können, sofern nicht eine ausdrückliche Rechtswahl deutschen 28

Güterrechtsstatuts getroffen wird (Art 15 Abs 2 EGBGB; näher SCHÖNER/STÖBER, Grundbuchrecht Rn 3409 ff; SCHOTTEN/SCHMELLENKAMP Rn 157 ff). Eine vorsorgliche Güterrechtswahl ist jedenfalls nicht stets ratsam, da sie im Falle der Beendigung der Ehe zu hochkomplizierten Überlagerungen verschiedener Gemeinschaftsverhältnisse führen kann (zur Auslegung einer allgemeinen Rechtswahlklausel LG Augsburg MittBayNotK 1995, 233). Im Einzelfall bleibt nur die Prüfung des jeweiligen ausländischen Güterrechtsstatuts, sofern nicht mit direkter oder analoger Anwendung des Art 16 EGBGB gearbeitet werden kann (dazu SCHOTTEN/SCHMELLENKAMP Rn 213 ff). Zum Umfang der Prüfung des Güterrechts im Grundbuchverfahren vgl OLG Hamm DNotI-Rep 1996, 31. Die derzeit im Entwurfsstadium befindliche EU-Verordnung über die Zuständigkeit, das anzuwendende Recht, die Anerkennung und die Vollstreckung von Entscheidungen im Bereich des Ehegüterrechts (KOM [2011] 126 endg) sieht einen einheitlichen Güterstand (Art 15) mit Wahlmöglichkeit (Art 16, 18 ff) vor und hätte das Ende der Güterrechtsspaltung aufgrund Rechtswahl zur Folge. Parallel dazu sieht der Entwurf einer EU-Verordnung über die Zuständigkeit, das anzuwendende Recht, die Anerkennung und die Vollstreckung von Entscheidungen im Bereich des Güterrechts eingetragener Partnerschaften (KOM [2011] 127 endg) ebenfalls einen einheitlichen Güterstand vor (Art 16), jedoch ohne Wahlmöglichkeit.

b) Miteigentum von Ehegatten an beweglichen Sachen

29 Bewegliche Sachen, die Ehegatten zum Zweck der gemeinschaftlichen Lebensführung erwerben, werden **in aller Regel Miteigentum nach Bruchteilen**. Dabei spielt es keine Rolle, wer nach außen hin als Erwerber aufgetreten ist (OLG Köln NJW-RR 1996, 904). Fragen der Rechtskonstruktion des Eigentumserwerbs (Vertretung? Geschäft für wen es angeht? Antizipiertes Konstitut?) haben allenfalls akademisches Interesse (dazu eingehend COESTER-WALTJEN Jura 2011, 341; BRÖTEL Jura 1992, 470 ff; KOBUSCH 1 ff). Sobald der Ehegatte den Gegenstand in den gemeinsamen Haushalt eingefügt hat, begründet er Mitbesitz zugunsten des anderen Ehegatten. Nach §§ 133, 157 ist anzunehmen, dass spätestens hierdurch gem § 929 Miteigentum des anderen Ehegatten entsteht. Für Miteigentum spricht in einem solchen Fall überdies die Vermutung des § 1006. Die Vorschrift des § 1362 dagegen (Vermutung zugunsten der Gläubiger, dass die im Besitz eines Ehegatten befindlichen beweglichen Sachen gerade dem Ehegatten gehören, der Schuldner ist) dient nur dazu, den Gläubiger vor Beweisnot zu schützen (die Ehegatten haben Zugang zu den Beweismitteln und Beweistatsachen, er nicht); weitergehende Rückschlüsse auf die Eigentumslage lässt sie nicht zu. Wer die *Mittel* aufgebracht hat, aus denen der Erwerb finanziert wird, ist *im Zweifel unerheblich.* Die Gegenansicht (HANISCH FamRZ 1977, 832, 833 für den Erwerb kraft Schlüsselgewalt) läuft auf ein unserem Recht sonst unbekanntes Surrogationsprinzip hinaus; sie führt in Doppelverdienerehen zu unlösbaren Beweisschwierigkeiten und in Einverdienerehen zu einer ungerechtfertigten Bevorzugung des verdienenden vor dem nicht verdienenden Ehegatten; im Zweifel widerspricht sie dem Parteiwillen (BGHZ 87, 269; 114, 74; BGH NJW 1984, 796; OLG Koblenz FamRZ 1992, 1303; gegen die Gegenansicht spricht auch die Entscheidung BGH WM 1966, 679, betr ein gemeinsames Sparkonto, auf das weit überwiegend der Mann Einzahlungen geleistet hatte). Im Zweifel besteht also an gemeinsam benutzten Sachen der Ehegatten Miteigentum und eine Bruchteilsgemeinschaft gem §§ 741 ff. Wie hier STAUDINGER/THIELE (2007) § 1363 Rn 6 mwNw; ERMAN/KROLL-LUDWIGS § 1357 Rn 21; ERMAN/HECKELMANN § 1363 Rn 4; vgl auch OLG München NJW 1972, 542 f mit zutreffender Berufung auf das heutige

Eheverständnis (nur die Annahme von Gesamthandseigentum ist mit dem Gesetz unvereinbar).

Da im Zweifel Ehegatten durch gemeinschaftlichen Besitzerwerb an beweglichen Sachen Miteigentum erwerben, ist die früher viel erörterte Streitfrage, **ob Geschäfte im Rahmen der sog „Schlüsselgewalt"** nach § 1357 **kraft Gesetzes zu Miteigentumserwerb** führen, von nur untergeordneter Bedeutung. In der Literatur bestand weitgehende Einigkeit darüber, dass nach § 1357 der Ehegatte, der Gegenstände zur angemessenen Deckung des Lebensbedarfs der Familie anschaffte, dem anderen Ehegatten nicht nur eine schuldrechtliche, sondern auch eine dingliche Mitberechtigung verschaffte; er handelt nach früher hM auch beim dinglichen Rechtserwerb kraft Gesetzes als mittelbarer Stellvertreter des anderen (Nachw s Staudinger/Huber[12] Rn 22). Das führte hinsichtlich aller iR des § 1357 Abs 1 S 1 angeschafften beweglichen Sachen zur Bruchteilsgemeinschaft (§ 741). 30

Seit BGHZ 114, 74 ist diese umstrittene Frage jedoch dahingehend erledigt, dass § 1357 keine dingliche Wirkung entfaltet, sondern dass die allgemeinen Erwerbstatbestände (§§ 929 ff) herangezogen werden müssen (heute hM: OLG Koblenz NJOZ 2002, 1280; 1282; Staudinger/Thiele [2007] § 1363 Rn 6; Erman/Kroll-Ludwigs § 1357 Rn 4, 21; MünchKomm/Roth § 1357 Rn 42; Gernhuber/Coester-Waltjen, Familienrecht 203; Dethloff, Familienrecht 76 f; Käppler AcP 179, 257 ff; Walter JZ 1981, 601 ff; Brötel Jura 1992, 470). Dabei ist im Zweifel bei zusammenlebenden Ehegatten mit gemeinsamem Hausstand davon auszugehen, dass die dingliche Einigung auf Miteigentum beider Ehegatten gerichtet ist (BGHZ 114, 74; OLG Koblenz FamRZ 1992, 1303; Staudinger/Thiele [2007] § 1363 Rn 6; Palandt/Brudermüller § 1357 Rn 20; Dethloff, Familienrecht 77; krit dazu aber Lüke JR 1992, 287; Kick JZ 1992, 219 und Kobusch 43 ff, der zwischen Verbrauchs- und Gebrauchsgegenständen differenziert). Schließt man sich dem an, so gelten die oben in Rn 29 dargelegten Grundsätze, dh an die Stelle des gesetzlichen Miteigentumserwerbs tritt im Zweifel rechtsgeschäftlicher Miteigentumserwerb. Es ist jedoch darauf hinzuweisen, dass ein solcher rechtsgeschäftlich begründeter Erwerb nicht generell und jederzeit kurzerhand unterstellt werden kann. Es häufen sich Doppelverdienerehen und Ehen, bei denen die Ehegatten sogar unterschiedliche Wohnsitze beibehalten. Teils entspricht eine vermögensmäßige Trennung der Ehegattensphären auch modernem Selbstverständnis. Hier ist im Zweifel rechtsgeschäftlich begründetes Miteigentum nach Bruchteilen natürlich nicht anzunehmen. Zum Ganzen auch: Leipold, in: FS Gernhuber 695 ff. 31

Miteigentum besteht daher, nach den Rn 29 ff dargestellten Regeln, im Allgemeinen an den während der Ehe angeschafften Autos, Wohnwagen, Möbeln, Teppichen und sonstigen Einrichtungsgegenständen, Fernsehgeräten, Rundfunk- und Stereoanlagen u dgl. Die Tatsache, dass *ein Auto auf den Namen eines Ehegatten zugelassen ist* und infolgedessen nur sein Name in der Zulassungsbescheinigung Teil II (früher Fahrzeugbrief, §§ 23, 25 StVZO aF) vermerkt ist (vgl § 12 FZV), ist unerheblich (vgl OLGReport KG 2008, 51). Eingetragen wird im Brief nicht der Eigentümer, sondern der „Verfügungsberechtigte", der die Zulassung beantragt und erhalten hat. Die Zulassungsbehörde entscheidet keine privatrechtlichen Sachverhalte, § 12 Abs 6 S 1 FZV. Die Zulassung auf beide Ehegatten ist zwar möglich (und bildet dann ein Indiz für Miteigentum), aber doch nicht so üblich, dass bei Zulassung nur für einen Ehegatten ein Gegenschluss gerechtfertigt wäre. Allerdings ist bei der konkreten 32

Auslegung des einzelnen Rechtsgeschäfts stets darauf zu achten, dass das gegenseitige traditionelle Bild der Ehe einem steten soziologischen Wandel unterliegt. Was gestern im Zweifel anzunehmen war, kann heute und erst recht morgen anders liegen (oben Rn 31).

33 **Kein Miteigentum** entsteht im Zweifel an solchen Gegenständen, die dem *persönlichen oder beruflichen Gebrauch nur eines Ehegatten* dienen. Selbst wenn die Anschaffung – was denkbar ist – unter die Schlüsselgewalt (§ 1357) fällt, ist anzunehmen, dass die Ehegatten rechtsgeschäftlich Eigentum für denjenigen begründen, der die Sache allein benutzt, insbes bei Schenkungen zum persönlichen Gebrauch oder Gegenständen, die typischerweise nur der Lebenssphäre eines Partners zu dienen bestimmt sind. Kein Miteigentum entsteht ferner bei Anschaffungen, die der *Anlage von Vermögen eines Ehegatten* dienen, besonders von ererbtem und eingebrachtem Vermögen. Die Abgrenzung zwischen gemeinsamem und alleinigem Gebrauch kann im Einzelfall schwierig sein, zB bei Büchern, Schallplatten, Kunstwerken, Compactdisketten, Computern, Videoaufzeichnungen, Hobbywerkzeug, Bildern, Gold und Edelsteinen. Soweit nach der tatsächlichen Gestaltung Mitbesitz besteht, ist Miteigentum zu vermuten (§ 1006).

c) Gemeinsame Bankkonten von Ehegatten

34 Eine praktisch bedeutende Rolle spielen außerdem gemeinschaftliche Bankkonten – Giro- und Sparkonten – von Ehegatten. Sie liegen jedenfalls dann vor, wenn die Ehegatten das Konto so eröffnet haben, dass es auf **beider Namen** lautet (Gemeinschaftskonto, dazu näher Rn 87 ff).

35 Gemeinschaftliche Zuständigkeit eines Kontos kann aber auch dann vorliegen, wenn **ein Ehegatte** das Konto **nur auf seinen Namen** eröffnet hat (OLG Schleswig BeckRS 2014, 11977); zur Differenzierung zwischen Außen- und Innenverhältnis bei der Kontovollmacht BGH NJW-RR 1989, 834; dort auch zum Verlust der Verfügungsbefugnis nach Trennung, ebenso BGH NJW 1988, 1208; OLG Bremen NJW 2014, 2129. Vgl ferner BGH ZIP 2002, 2165; OLG Naumburg FamRZ 2007, 1105.

36 **Vertragspartner** der Bank und ursprünglicher Gläubiger der Guthabenforderung ist in einem solchen Fall allerdings *in aller Regel* nur derjenige Ehegatte, auf dessen Namen das Konto lautet (OLG Schleswig BeckRS 2014, 11977). Eine *abweichende Vereinbarung* – beide Ehegatten sollen Vertragspartner sein, obwohl nur einer als Kontoinhaber genannt ist – ist zwar denkbar, aber selten und im Zweifel nicht anzunehmen. Sie setzt voraus, dass der dahingehende Wille des das Konto eröffnenden Ehegatten für die Bank eindeutig erkennbar ist (Canaris, in: Großkomm HGB Anh § 357 Rn 77; s dazu auch BGH NJW 1994, 931 f; BGH ZIP 1994, 218). Die bloße Kenntnis der Bank davon, dass der das Konto Eröffnende verheiratet ist, reicht hierfür nicht aus, ebenso wenig die Erteilung einer Bankvollmacht für den anderen Ehegatten. Praktisch bedeutet das vor allem: Ist das Konto nur auf den Namen eines Ehegatten eröffnet, so haftet in aller Regel nur dieser Ehegatte, als Vertragspartner der Bank, für Überziehungskredite (so auch OLG Frankfurt WM 1985, 1199). Das gilt auch dann, wenn der andere Ehegatte mit Hilfe seiner Bankvollmacht die Abhebung vorgenommen hat, durch die das Konto überzogen worden ist (unrichtig daher LG Hannover FamRZ 1984, 480).

Ohne weiteres möglich ist aber, dass der Ehegatte, auf dessen Namen das Konto eröffnet wurde und der daher regelmäßig Vertragspartner der Bank ist, den anderen Ehegatten durch **Abtretung** an der Kontoforderung beteiligt (OLG Schleswig BeckRS 2014, 11977; OLGReport Celle 2008, 944; CANARIS, in: Großkomm HGB Anh § 357 Rn 76). Das kann auch in der Weise geschehen, dass er dem anderen Ehegatten eine *Bruchteilsberechtigung* an der Kontoforderung einräumt. Eine solche Abtretung kann auch *konkludent* erfolgen; sie braucht der Bank *nicht mitgeteilt* zu werden (OLG Schleswig BeckRS 2014, 11977; CANARIS Rn 76 f); sie begründet *keine Haftung* des anderen Ehegatten gegenüber der Bank für Überziehungskredite. Im Verhältnis zur Bank gilt, solange keine gehörige Anzeige erfolgt ist, nur der Ehegatte als Gläubiger, auf dessen Namen das Konto eröffnet ist und der infolgedessen als Vertragspartner anzusehen ist (§ 407 Abs 1). Auch nach Anzeige haftet der Abtretungsempfänger ohne Abschluss eines ausdrücklichen oder konkludenten – ohne besondere Anhaltspunkte idR zu verneinenden – Änderungsvertrages nicht für Überziehungen (so wohl auch CANARIS, BankvertragsR Rn 149). Praktische Bedeutung hat deshalb die durch konkludente Abtretung begründete gemeinschaftliche Rechtszuständigkeit vor allem im Verhältnis der Ehegatten zueinander (vgl BGH WM 1966, 679: gerichtliches Verbot an den Kontoinhaber, über das Guthaben zu verfügen, auf Antrag des durch konkludente Abtretung mitberechtigten anderen Ehegatten) sowie im Verhältnis zu Dritten (Vollstreckungsgläubigern!). 37

Unter welchen Voraussetzungen eine **konkludente Abtretung** der Kontoforderung an den anderen Ehegatten als Bruchteils-Mitberechtigten anzunehmen ist, ist Frage des Einzelfalls. Die *Beweislast* trifft denjenigen, der sich auf die Abtretung beruft (OLG Schleswig BeckRS 2014, 11977; CANARIS, in: Großkomm HGB Anh § 357 Rn 77; BankvertragsR Rn 153). Leisten beide Ehegatten Einzahlungen auf ein Sparkonto und besteht Einvernehmen, dass die Ersparnisse beiden zugute kommen sollen, so ist Bruchteilsgemeinschaft anzunehmen, und zwar zu gleichen Teilen, auch dann, wenn der eine wesentlich mehr gezahlt hat als der andere (BGH WM 1966, 679; NJW 2000, 2348). Bei Girokonten ist mE die gemeinsame „Benutzung" ein entscheidendes Indiz für Bruchteilsgemeinschaft: Erteilt der eine Ehegatte dem anderen Vollmacht für „sein" Konto und erledigt auch der andere Ehegatte ständig Zahlungsverkehr über das Konto, so spricht das dafür, dass die Ehegatten das Konto als „gemeinsames" ansehen, und dies auch dann, wenn die Gutschriften auf dem Konto ganz oder überwiegend aus dem Einkommen nur des Ehegatten bestritten werden, der das Konto eröffnet hat. Das gilt umso mehr, wenn beide Ehegatten Einzahlungen auf dem Konto „vermischen" (krit hierzu CANARIS, BankvertragsR Rn 224 Fn 63). Anderes gilt iZw, wenn ein Konto eines Ehegatten im Wesentlichen der Verwaltung von Vermögen dient, das der Ehegatte in die Ehe eingebracht oder ererbt hat. Im Ganzen ist aber davon auszugehen, dass ein guter Teil der Giro- und Sparguthaben von Ehegatten, auch wenn kein „Gemeinschaftskonto" geführt wird, in Bruchteilsgemeinschaft stehen (weitergehend CANARIS, BankvertragsR Rn 224: gemeinschaftliche Berechtigung als reine „Innengemeinschaft"; wie hier BGH NJW 2000, 2348; ebenso zum alleinigen Sparkonto eines Ehegatten BGH ZIP 2002, 2165; OLG Brandenburg FamRZ 2011, 114; OLG Bremen NJW-RR 2005, 1667; zurückhaltend OLG Karlsruhe NJW-RR 2003, 361). Erbschaftsteuerrechtlich können Zahlungen eines Ehegatten auf ein Gemeinschaftskonto (Oder-Konto) beider Ehegatten eine Zuwendung iS von § 7 Abs 1 Nr 1 ErbStG an den anderen Ehegatten sein. Eine Bereicherung des anderen Ehegatten liegt jedoch nur vor, wenn und soweit dieser im Verhältnis zum einzahlenden Ehegatten tatsächlich und rechtlich 38 frei über das eingezahlte Guthaben verfügen kann und die Zuwendung unentgeltlich ist (BFHE 237, 179 = BStBl II 2012, 473 Rn 21).

39 Auf **Wertpapierdepots** von Ehegatten sind die gleichen Grundsätze anzuwenden (vgl hierzu aber auch BGH NJW 1997, 1434; OLG Karlsruhe ZErb 2007, 457; § 742 Rn 14). Die Umwandlung des Einzeldepots eines Ehegatten in ein Oder-Depot beider Ehegatten ändert grds nichts an der Eigentumslage der darin verwahrten Wertpapiere und ist daher nicht ohne weiteres als Übereignung eines hälftigen Miteigentums einzuordnen (BGH NJW 1997, 1434, 1435). Die dargestellten Grundsätze für Bankkonten können im Einzelfall auch auf **Lebensversicherungen** übertragbar sein. Dies gilt dann, wenn die Eheleute bei der Erbringung ihrer Beiträge zur Lebensversicherung, bei der nur einer der Eheleute Versicherungsnehmer ist, ausdrücklich oder auch stillschweigend davon ausgingen, dass die Zahlungen beiden Ehegatten zugute kommen sollten, zB weil mit der Versicherungsleistung ein Darlehen für die Finanzierung eines gemeinsamen Hauses getilgt werden soll (OLG Hamm BeckRS 2011, 11603; OLG Bremen FamRZ 2009, 779 mAnm Floeth).

d) Sonstige Erwerbsgemeinschaften

aa) Gemeinschaftlicher Erwerb und Gesellschaft

40 In allen Fällen, in denen sich mehrere zum gemeinschaftlichen Erwerb eines Rechts zusammentun, stellt sich die Frage, ob sie eine Bruchteilsgemeinschaft oder eine Gesamthandsgemeinschaft gem §§ 705 ff bilden. Für den praktisch wichtigsten Fall, den gemeinsamen Grundstückserwerb, ist die Grundbucheintragung maßgeblich (Rn 225). Vgl im Übrigen Rn 212 ff. Folgende praktische Fälle der Bruchteilsgemeinschaft sind hervorzuheben:

bb) Lebens- und Wohngemeinschaften

41 Auch unter nicht verheirateten Personen ist gemeinsamer rechtsgeschäftlicher Erwerb zu Bruchteilen keine Seltenheit. So bei **außerehelichen Lebensgemeinschaften**: Hier besteht hinsichtlich der für den gemeinsamen Haushalt oder die Lebensgestaltung (zB Wohnmobil, s dazu OLG Hamm FamRZ 2003, 529) angeschafften Gegenstände oft im Zweifel ebenfalls eine Bruchteilsgemeinschaft. Auf die Absicht künftiger Eheschließung kommt es nicht an (**aA** LG Berlin JR 1952, 243; offen MünchKomm/K Schmidt Rn 40 aE). Im Falle des gemeinsamen *Immobilienerwerbs* kann bei Scheitern der Gemeinschaft Wegfall der Geschäftsgrundlage (§ 313) oder Rückforderung wegen Nichterreichung des mit der Leistung verfolgten Zwecks (§ 812 Abs 1 S 2 Alt 2) in Betracht kommen (vgl näher BGHZ 177, 193); ggf kann ein Ausgleichsanspruch nach den Vorschriften der §§ 705 ff bestehen (BGH NJW 2008, 443 mAnm v Proff). Ein gemeinsames Haustier ist ggf gegen Zahlung einer Entschädigung zuzueignen (AG Walsrode NJW-RR 2004, 365). Näher Rn 164. Bei **Wohngemeinschaften** ist Gemeinschaftserwerb idR wohl nur bei Finanzierung aus gemeinsamer Kasse anzunehmen. Die Mitglieder einer (studentischen) Wohngemeinschaft bilden als Mietermehrheit im Innenverhältnis regelmäßig eine Innen-GbR (§§ 705 ff), idR dagegen nicht im Außenverhältnis zum Vermieter (Jacobs NZM 2008, 111; Streyl: Mietermehrheiten NZM 2011, 377, 381; **aA** – vor Anerkennung der Teilrechtsfähigkeit der GbR – LG Saarbrücken NJW-RR 1992, 781: Wohnungsgemeinschaft sei Außen-GbR). Zur **eingetragenen Lebenspartnerschaft** oben Rn 22 ff.

cc) Grundstücksgemeinschaften und Gemeinschaftsflächen

42 Vor allem in der Nachkriegszeit wurden von den Gemeinden oft große Areale parzelliert und an Bauwillige veräußert. Dabei wurden an den Gemeinschaftsflächen (Straßen, Stellplätzen, Kinderspielplätzen, Altensitzen etc, teils auch Parkanlagen und Grünflächen) Miteigentumsbruchteile begründet und entsprechend dem Flächenanteil der Bauparzelle auf die Erwerber übertragen. Heute finden sich solche Gestaltungen fast nur noch bei der Veräußerung von Bauland durch Private (vgl zB den Sachverhalt von BGHZ 101, 24 – Privatstraße; ähnl KG NJW 1989, 42). Von den an sich hierfür bestens geeigneten Buchungsmöglichkeiten gem § 3 Abs 4–6 GBO (Buchung als dienendes Grundstück, s dazu auch Rn 70 aE) oder wenigstens § 6 GBO (Bestandteilszuschreibung) wird und wurde dabei kaum Gebrauch gemacht (eingehend zu Gestaltungsfragen von Miteigentümervereinbarungen über Gemeinschaftsflächen Tschon RNotZ 2006, 205). Miteigentumsordnungen gem § 1010 oder wenigstens wechselseitige Dienstbarkeiten nebst Bestandsvermerk (§ 9 GBO) fehlen meistens.

43 Die Folgen sind oft katastrophal: Bei späteren Veräußerungen des Baugrundstücks wird der Gemeinschaftsanteil mangels transparenter Grundbuchlage „vergessen“, sodass nach und nach durch Erbfälle riesige Bruchteilsgemeinschaften an wertlosen, lediglich Kosten verursachenden Grundstücken entstehen (Beispiel aus der Praxis: 384 Beteiligte an einem Spielplatzgrundstück von 180 m²; bei ca 50 Eigentümern waren weder der Wohnsitz noch Erbfolgen ohne weiteres nachzuweisen). Sind die Gemeinschaftsflächen ausnahmsweise werthaltig, so droht jederzeitige Teilungsversteigerung durch Teilhaber (sofern keine Aufhebungsausschluss vorgesehen worden ist, s dazu OLG Hamm OLG-Rep 1995, 263) oder deren Gläubiger. Die Aufgabe des Miteigentums gem § 928 kommt nach zutreffender hM nicht in Betracht (BGH NJW 2007, 2254; BGHZ 115, 1; KG NJW 1989, 42; K Schmidt JuS 1989, 574; Bärwaldt JuS 1990, 788; zum Wohnungseigentum BGH aaO; BayObLG WuM 1991, 298 mwNw; krit Kanzleiter NJW 1996, 905; Madaus AcP 212 [2012] 251, 278 f). Aufgabe durch alle Eigentümer gemeinsam (§ 747 S 2) wäre zwar zulässig, ist aber praktisch oft nicht durchführbar. Zu § 927 vgl § 758 Rn 6 mwNw.

dd) Ersatzlösung für Aufteilung nach dem WEG

44 Im Gefolge der Entscheidung des BVerwG zur Versagung von Abgeschlossenheitsbescheinigungen gem § 7 WEG bei Altbauten (DNotZ 1988, 702) erlebte die Bruchteilsgemeinschaft eine vorübergehende Renaissance als Instrument zur Aufteilung und Vermarktung von Altbauten, die allerdings seit dem abschließenden Beschluss des Gemeinsamen Senats der Obersten Bundesgerichtshöfe (NJW 1992, 3290) erledigt ist (zum Ganzen Pause NJW 1990, 807; Reithmann NJW 1992, 649 ff). Der wesentliche Schwachpunkt der Konstruktion lag in der Aufhebbarkeit der Bruchteilsgemeinschaft (Staudinger/Gursky [2012] § 1008 Rn 3; allg unten § 749 Rn 1 ff), sodass sich stattdessen in der Praxis sog „Keller“- bzw „Garagenmodelle“ durchsetzten (dh Aufteilung nach WEG; mit dem Sondereigentum an einem Nebenraum wird das Sondernutzungsrecht an einer Wohnung verbunden, vgl Weitnauer § 3 WEG Rn 60). Die Bruchteilsgemeinschaft spielt insoweit heute nur noch eine Rolle bei Kleinstaufteilungen oder in Gebieten, in denen die Aufteilung nach dem WEG genehmigungsbedürftig ist (§ 22 BauGB, s dazu auch Staudinger/J Mayer [2012] Art 119 EGBGB Rn 64 ff; BGH DNotZ 1995, 606; krit Prahl Rpfleger 2008, 411 mwNw). Die vertragliche Begründung einer Miteigentümergemeinschaft statt der Bildung von Wohnungseigentum stellt in diesen Fällen mangels ausdrücklicher gesetzlicher Anordnung

kein verbotenes Umgehungsgeschäft dar und unterliegt nicht den Genehmigungsvorbehalten (OLG Schleswig ZfIR 2000, 642; Grziwotz ZfIR 2000, 569; **aA** mit beachtlichen, letztlich wegen beschränkter Analogiemöglichkeit im öffentlichen Recht nicht überzeugenden Gründen Prahl Rpfleger 2008, 411).

45 Allerdings könnte sich aufgrund der politischen Diskussion um die soziale Vertretbarkeit von Aufteilungen nach dem WEG (dazu Langhein DNotZ 1993, 650 ff; ZNotP 1998, 346 mwNw) eine erneute Einschränkung von Aufteilungen ergeben. Dann würden die seinerzeitigen Streitfragen wiederum relevant. Das „Kellermodell", obschon konstruktiv-begrifflich zulässig (vgl BayObLG NJW 1992, 700; OLG Hamm WE 1993, 249; **aA** Schäfer Rpfleger 1991, 307), ist teleologisch mE schwer mit den grundlegenden Zielen des WEG vereinbar (vgl auch Weitnauer[9] § 3 WEG Rn 60: „sich anbahnende Fehlentwicklung") und könnte demzufolge im Falle einer legislativen Neuorientierung gleichfalls untersagt werden (so explizit § 172 Abs 1 S 4 BauGB; s dazu Langhein ZNotP 1998, 347). Als Ausweg käme dann nur noch die Anwendung der §§ 705 ff oder der §§ 741 ff in Betracht, und zwar mit allen Defiziten – aber das läge in der Tendenz einer gewollten präventiven Abschreckung. Im Hinblick auf §§ 705 ff sollte dann aber zumindest auch der Schutz des rechtsuchenden Publikums gem § 311b Abs 1 nF gewährleistet sein (dazu unten Rn 220 ff).

ee) Geschlossene Immobilienfonds

46 Sog geschlossene Immobilienfonds unterliegen unter Geltung des KAGB – anders als nach früherer Rechtslage – grundsätzlich den Vorschriften des KAGB (BT-Drucks 17/12294, 188; Poelzig/Volmer DNotZ 2014, 483, 487; dazu unten Rn 196 ff). Sie werden häufig als Personengesellschaften oder als Treuhandmodelle – ggf mit Unterbeteiligungen – organisiert (Überbl bei Limmer 324 f). Es gibt aber auch ältere Fonds in der Form der Bruchteilsgemeinschaft (sog „Berliner Modell"; zum steuerlichen Hintergrund Erlass des nds Finanzministeriums DB 1985, 312; Beisp aus der Praxis: BGH DNotZ 1995, 604 – „Aparthotel"). Solche Bruchteilsgemeinschaften fanden sich daneben bei „Modellen" für Kleinanleger zur Verwendung von Bausparfördermitteln und waren dort idR für Anleger mindestens hochgefährlich, wenn nicht gar betrügerisch (s dazu Veröffentlichung der Notarkammern Hamburg ua 1992). Das „Mini"-Bruchteilswohnungseigentum (Beispiel aus der Praxis: 1/20 Bruchteil an einer 24 m^2-Wohnung!) etwa an einer Eigentumswohnung ist von vornherein wirtschaftlich nicht fungibel; durch die Aufhebbarkeit der Gemeinschaft (§ 749) droht jederzeitiges Fehlschlagen des Investments, wenn nicht aufgrund der vertraglichen Gestaltungen sogar gesamtschuldnerische Haftung.

ff) Sonstiges

47 Relativ häufig ist, auch außerhalb der Ehe und eheähnlicher Verbindungen, der gemeinschaftliche Miteigentumserwerb **an Grundstücken**. So zB wenn mehrere Parteien ein Haus erwerben und die Wohnungen untereinander aufteilen, ohne sich die Umstände der Begründung von Wohnungseigentum zu machen; oder wenn Mutter und Sohn gemeinsam ein Grundstück kaufen (BGH WM 1972, 1122), oder wenn bei einer Erbauseinandersetzung einige der Erben, die untereinander nicht real teilen wollen, bestimmte Grundstücke aus dem Nachlass zu Miteigentum erwerben (BGHZ 58, 146). Gelegentlich kommt es auch vor, dass alle Miterben bei der Auseinandersetzung übereinkommen, bestimmte Gegenstände – vor allem Grundstücke – gemeinsam, aber nicht als Miterben, sondern als Bruchteilsberechtigte, zu behalten. Praktisch bringt eine solche „Umwandlung" der Erben- in eine Bruchteilsgemeinschaft (sie ist Verfügung, eintragungsbedürftig und §§ 311b Abs 1 nF, 925 sind zu beachten) allerdings selten Vorteile und überdies für die Zukunft den Verlust der Befreiung von der Grunderwerbsteuer (Privilegierung des Erwerbs eines zum Nachlass gehörigen Grundstücks durch Miterben zur Teilung des Nachlasses gemäß § 3 Nr 3 S 1 GrEStG) und von den Grundbuchkosten (Nr 14110 Kostenverzeichnis, Anlage 1 zum GNotKG).

Alte **nicht rechtsfähige Genossenschaften** halten ihr gemeinschaftliches Eigentum häufig in der Form der Rechtsgemeinschaft: so finden sich gemeinschaftliche Wälder, Weiden, Wege, Gewerbekanäle, Deiche uam (hier sind die landesrechtlichen Vorbehalte des EGBGB zu beachten [dazu unten Rn 276]). – Relativ häufig begegnet man auch dem **gemeinsamen Konto** in Verbindung mit der Austragung von *Rechtsstreitigkeiten:* Der streitige Betrag wird von beiden Parteien auf ein gemeinsames Bank- oder Notaranderkonto (in der Form des „Und-Kontos", unten Rn 102) eingezahlt („hinterlegt"). – Auch landwirtschaftliche **Maschinengemeinschaften** und **Gefrierhausgemeinschaften** werden offenbar nicht selten in der Form der schlichten Rechtsgemeinschaft geführt (vgl Reinhardt Rn 21, 388; dazu Glas, in: Dombert/Witt, Münchener Anwaltshandbuch Agrarrecht § 7 Rn 133 ff; Welteke, Rechtsformen landwirtschaftlicher Maschinengemeinschaften [1972] sowie Grothus DB 1972, 1008, insbes auch zu **ärztlichen Apparategemeinschaften**; ausf Brach 19 ff; zu ärztlichen Apparategemeinschaften auch Wallhäuser, in: Bergmann/Pauge/Steinmeye, Gesamtes Medizinrecht, Vorbem vor §§ 705 ff Rn 20 ff sowie Steinhilper, in: Laufs/Uhlenbruck, Handbuch des Arztrechts § 31 Rn 44 f). Zwischen den Mitveranstaltern bei gemeinsamen **Fernsehübertragungsrechten** kann eine Gemeinschaft vorliegen (Jänich GRUR 1998, 438). Näherliegend kann hier oft die Annahme einer Gesellschaft bürgerlichen Rechts sein. Zur Rechtsnatur einer **„Deichpoldergemeinschaft"** LG Aurich NJW-RR 1994, 1170. Schaffen die Eigentümer mehrerer benachbarter Grundstücke eine auf allen Grundstücken verlaufende Entwässerungsanlage, sind sie Mitinhaber der gesamten Rohrleitungsanlage und damit Gemeinschaft nach Bruchteilen (OLG Hamm BeckRS 2013, 03837; OLG Hamm BeckRS 2012, 06501). Bei Aufteilung eines Mietshauses gem §§ 3, 8 WEG in **Wohnungseigentum** kann es zu einer komplizierten Überlagerung von Sachen- und Mietrecht kommen. Insbes hinsichtlich der gemeinschaftlichen Flächen (Abstellräume, Stellplätze etc) könnten die Sondereigentümer nämlich gemeinschaftlich (§§ 741 ff) zu Vermietern werden (vgl dazu den instruktiven Fall OLG Celle NJW-E MietR 1996, 27 f, sowie Sternel MDR 1997, 315; Weitemeyer NZM 1998, 169, die damit einhergehenden Probleme sind durch BGH NZM 1999, 553 nur zum Teil gelöst, vgl Langhein notar 2008, 18; Drasdo NZM 2001, 18). 48

3. Gemeinschaftlicher Erwerb kraft Gesetzes

Die gemeinschaftliche Rechtszuständigkeit kann auch ohne rechtsgeschäftliches Zusammenwirken der Teilhaber „zufällig" entstehen („communio incidens"). Der wichtigste Fall ist die Verbindung, Vermischung und Vermengung beweglicher Sachen, §§ 947 Abs 1, 948. Praktische Bedeutung haben derartige Fälle vor allem **als Folge der Kreditsicherung durch Eigentumsvorbehalt und Sicherungsübereignung** (hierzu Hilger 7 ff; Hess 47 ff). 49

Rechtsgemeinschaften zwischen Kreditgebern infolge Verbindung ergeben sich, wenn mehrere Lieferanten Rohstoffe oder Halbzeug unter Eigentumsvorbehalt geliefert und den Eigentumsvorbehalt durch eine Verarbeitungsklausel verlängert haben 50 (dazu Serick IV 190 ff; Pikart WM 1974, 650, 655). Miteigentum entsteht in solchen Fällen sowohl dann, wenn die Lieferanten jeweils beschränkte Verarbeitungsklauseln vereinbart haben (zB: „Der Vorbehaltslieferant erwirbt das Miteigentum an dem Fertigprodukt zu dem Anteil, der sich aus dem Verhältnis des Werts der von ihm gelieferten Vorbehaltsware zum Wert des Fertigfabrikats ergibt", vgl Serick IV 194; BGHZ 46, 117), als auch dann, wenn sie unbeschränkte Verarbeitungsklauseln vereinbart haben, die miteinander in Kollision treten (dazu Serick IV 230 ff). Da zwischen den Lieferanten vertragliche Beziehungen nicht bestehen, bilden sie keine Gesellschaft gem § 705, sondern eine Gemeinschaft gem § 741 (Serick IV 192 f).

51 Rechtsgemeinschaften zwischen Kreditgebern kraft Vermengung entstehen, wenn Sachen, die verschiedenen Kreditgebern (Vorbehaltslieferanten oder Sicherungseigentümern) gehören, oder Sachen, die Sicherungsgut sind, und eigene Sachen des Kreditnehmers ununterscheidbar miteinander vermengt werden (vgl BGH BB 1958, 721 = NJW 1958, 1534: Vermengung von Stahlstangen, die Eigentum des Lieferanten bleiben, mit eigenen Stahlstangen einer Maschinenfabrik). Solche Fälle liegen aufgrund der üblichen Sicherungstechniken sehr nahe. Die eigentliche Schwierigkeit bei derartigen Gemeinschaften entsteht auf *beweisrechtlichem Gebiet:* Der Kreditgeber wird idR Probleme mit dem Nachweis haben, wieviel von seinem Sicherungsgut in das Verarbeitungsprodukt oder den Mischbestand eingegangen ist, welcher Anteil ihm also zusteht (so auch im Fall BGH BB 1958, 721 = NJW 1958, 1534). Vgl dazu § 742 Rn 18 ff.

52 Von den Fällen bloß zufälligen Entstehens einer Bruchteilsgemeinschaft sind bei allen Tatbeständen gesetzlichen Erwerbs diejenigen zu unterscheiden, bei denen willentliche Tathandlungen (oben Rn 21) eine Rolle spielen, so etwa beim bewussten Zusammenführen und langjährigem gemeinsamen Hüten verschiedener Schafherden (§ 948, vgl dazu den instruktiven Fall OLG Düsseldorf AgrarR 1988, 234). Dies kann uU für die Entstehung wechselseitiger Schutzpflichten von Belang sein (unten Rn 260 ff).

4. Bruchteilsgemeinschaft und öffentliches Recht

53 Eine Gemeinschaft zwischen mehreren Teilhabern kann im Einzelfall auch kraft staatlichen Hoheitsaktes entstehen; insofern können die zivilrechtlichen Regelungen der §§ 741 ff sowohl im Außen- als auch Innenverhältnis aber durch öffentliches Recht überlagert oder verdrängt werden (näher unten Rn 154 ff).

5. Gesamtwürdigung

54 Insgesamt hat die Gemeinschaft iS der §§ 741 ff ihre größte Bedeutung in den Fällen **gemeinschaftlichen rechtsgeschäftlichen Erwerbs**, vor allem von Ehegatten. Es ist unrichtig, wenn oft gesagt wird, der hauptsächliche Anwendungsfall der Gemeinschaft sei der kraft Gesetzes – etwa durch Vermengung – eintretende Erwerb (so zB Larenz II § 61 I). Ebenso unrichtig ist es, wenn oft gesagt wird, bei gemeinschaftlichem rechtsgeschäftlichen Erwerb liege idR eine Gesellschaft, keine Gemeinschaft vor (so zB Larenz; vgl dazu Vorbem 11). Die praktische Hauptbedeutung der §§ 741 ff liegt sicher darin, dass die Gemeinschaft sich aufgrund gemeinschaftlichen rechtsgeschäftlichen Erwerbs als „kleine Gütergemeinschaft" etabliert hat. Grundstücke, Haushaltsgegenstände, Autos und Bankkonten sind die häufigsten Gegenstände solcher Gemeinschaften. Die praktische Verbreitung der Gemeinschaft im Rahmen außerehelicher Lebensgemeinschaften lässt sich nicht abschätzen, dürfte aber nicht gering sein.

55 Im Bereich der gesetzlichen Entstehungsgründe dürfte die hauptsächliche Bedeutung im Bereich **vermischter oder verbundener Kreditsicherheiten** liegen (soweit diese nicht in Form eines „Sicherungspools" auf eine bürgerlichrechtliche Gesellschaft übertragen sind, Rn 231 ff).

56 Große Bedeutung hat das Gemeinschaftsrecht schließlich, kraft der Verweisungen der §§ 2038 Abs 2, 2042 Abs 2, als **Rechtsform für die Verwaltung und Abwicklung von Erbengemeinschaften**.

57 Im Übrigen fungieren die §§ 741 ff als *Auffangregelung* für alle Fälle gemeinschaftlichen Rechtserwerbs, die nicht besonders gesetzlich geordnet sind (vgl Rn 47).

58 Große wirtschaftliche Bedeutung hat die Mitberechtigung nach Bruchteilen zwar auch im Recht des **Wohnungseigentums**, im **Depotrecht** (Sammelverwahrung von Wertpapieren) und im **Investmentrecht**, wenn die Kapitalverwaltungsgesellschaft, wie wohl üblich, die „Miteigentumslösung" wählt. Praktisch sind hier aber die §§ 742 ff durch **Sonderregelungen ausgeschlossen** (Rn 177 ff).

III. Die Regelung der §§ 742 ff

59 Jedem Teilhaber steht ein **in einer bestimmten Quote ausgedrückter bestimmter Anteil** am gemeinschaftlichen Gegenstand zu (vgl § 742). Er ist Maßstab für seine Rechte (seinen Anteil *an den Früchten,* § 743 Abs 1, sein *Stimmrecht,* § 745 Abs 1 S 2, seinen *Anteil bei der Teilung,* §§ 752 S 1, 753 Abs 1 S 1) und für seine Pflichten (seinen Anteil an den *Kosten* und den *Lasten,* § 748). Die Anteile sind im Zweifel gleich (§ 742); allerdings hat im Fall der Verbindung, Vermischung und Vermengung die Vorschrift des § 947 Abs 1 (Bestimmung nach dem Verhältnis des Werts der verbundenen, vermischten, vermengten Sachen), im Fall gemeinschaftlichen Erwerbs das beim Erwerb festgelegte Anteilsverhältnis Vorrang.

60 Der Anteil bildet für sich einen besonderen, **selbstständigen Vermögensgegenstand**. Der Teilhaber kann über ihn verfügen, ihn veräußern und selbstständig belasten (§ 747 S 1); dieses Recht kann mit Wirkung gegenüber dem Erwerber nicht ausgeschlossen werden (vgl § 137). Der Anteil unterliegt daher auch dem Zugriff der Gläubiger des Teilhabers in *Zwangsvollstreckung* und *Insolvenz.* Ein gesetzliches *Vorkaufsrecht* zugunsten der übrigen Teilhaber besteht nicht. Über den gemeinschaftlichen Gegenstand im Ganzen können die Teilhaber nur gemeinsam verfügen (§ 747 S 2).

61 Die **Verwaltung**, zu der vor allem auch die Regelung der Nutzung gehört, steht den Teilhabern gemeinschaftlich zu (§ 744 Abs 1). Sie können sie *einvernehmlich* regeln. Kommt eine Vereinbarung nicht zustande, entscheidet die *Mehrheit,* berechnet nach der Größe der Anteile (§ 745 Abs 1). Kommen weder eine Vereinbarung noch ein Mehrheitsbeschluss zustande, hat jeder Teilhaber gegen die übrigen einen gerichtlich durchsetzbaren *Anspruch auf eine dem Interesse aller Teilhaber nach billigem Ermessen entsprechende Regelung* (§ 745 Abs 2).

62 Wesentliche Veränderungen des gemeinschaftlichen Gegenstands können nur einvernehmlich vorgenommen, also nicht durch die Mehrheit beschlossen oder gem § 745 Abs 2 einseitig durchgesetzt werden (§ 745 Abs 3 S 1). Die Regelungen – seien sie einvernehmlich erfolgt, mit Mehrheit beschlossen oder gem § 745 Abs 2 erzwungen – wirken auch gegen den Sondernachfolger (§ 746); bei Grundstücken ist hierfür allerdings Grundbucheintragung erforderlich (§ 1010). *Notwendige Erhaltungsmaßregeln* darf jeder Teilhaber ohne Zustimmung der übrigen auf eigene Faust treffen (§ 744 Abs 1). Die *Kosten* der Erhaltung, Verwaltung und gemeinschaftlichen Benutzung und die *Lasten* des Gegenstands müssen die Teilhaber nach dem Verhältnis ihrer Anteile aufbringen (§ 748).

63 Jeder Teilhaber hat gegen die übrigen einen Anspruch darauf, an den **Früchten** des Gegenstands (zB natürlichen Früchten, Mietzinsen u dgl) nach seinem Anteil beteiligt zu werden (§ 743 Abs 1). In dieses Recht kann nicht ohne seine Zustimmung, vor allem nicht durch einen gegen seinen Willen getroffenen Mehrheitsbeschluss, eingegriffen werden (§ 745 Abs 3 S 2, dazu BGH NJW-RR 2008, 984). Zum **Gebrauch** des gemeinschaftlichen Gegenstands ist der Teilhaber nur berechtigt, soweit er dadurch den Mitgebrauch der übrigen Teilhaber nicht beeinträchtigt (§ 743 Abs 2), und soweit die Nutzung nicht durch Vereinbarung, Mehrheitsbeschluss oder einseitig durchgesetzte Verwaltungs- und Benutzungsregelung (§ 745 Abs 2) anders geordnet ist.

64 Jeder Teilhaber hat das unverjährbare Recht, jederzeit die **Aufhebung** der Gemeinschaft zu verlangen (§§ 749 Abs 1, 758). Dieses Recht kann durch Vereinbarung (nicht durch Mehrheitsbeschluss) auf Zeit und sogar für immer ausgeschlossen oder von einer Kündigungsfrist abhängig gemacht werden (§ 749 Abs 2; ein zeitlicher – nicht ein dauernder! – Ausschluss endet im Zweifel mit dem Tod des Teilhabers, § 750). Solche Vereinbarungen wirken auch gegen Sondernachfolger des Teilhabers (§ 751 S 1), bei Grundstücken aber nur, wenn sie eingetragen sind (§ 1010). Gegenüber Vollstreckungsgläubigern, die einen nicht nur vorläufig vollstreckbaren Titel haben, und im Insolvenzverfahren des Teilhabers sind sie unwirksam (§§ 751 S 2, 84 Abs 2 InsO). Aus *wichtigem Grund* kann jeder Teilhaber jederzeit und fristlos, ohne Rücksicht auf entgegenstehende Vereinbarungen, die Aufhebung verlangen (§ 749 Abs 2); dieses Recht kann vertraglich im Voraus nicht ausgeschlossen werden (§ 749 Abs 3).

65 In dieser jederzeitigen Aufhebbarkeit liegt eine **wesentliche Schwäche** der Bruchteilsgemeinschaft, die sich auch durch Mitbenutzungsvereinbarungen, Vorkaufsrechte, Sicherungsgrundschulden oder bedingte Auflassungsvormerkungen nicht endgültig ausschließen lässt. Ein Aufhebungsverbot auch für den Fall zwingender wirtschaftlicher Notwendigkeit (gemeinsame Einfahrten, Brunnen oÄ) wurde vom Gesetzgeber ausdrücklich abgelehnt (Prot III 278 sowie Staudinger/Gursky [2012] § 1010 Rn 5) und lässt sich de lege lata nicht begründen.

66 Die Aufhebung erfolgt, wenn die Teilhaber nichts anderes vereinbaren, regelmäßig durch **Versteigerung und Teilung des Erlöses**: bei Grundstücken durch Zwangsversteigerung, bei beweglichen Sachen durch Verkauf nach den Regeln des Pfandverkaufs (§ 753). Ausnahmen gelten für Sachen, die sich ohne Wertverlust in anteilsgemäße Teile zerlegen lassen: sie werden in Natur geteilt (§ 752). Gemeinschaftliche

Forderungen sind idR einzuziehen; die Leistung wird gem § 752 f geteilt (§ 754). Aus der Verteilungsmasse sind vorweg die für die Gemeinschaft eingegangenen Schulden zu bezahlen, für die die Teilhaber gesamtschuldnerisch haften (§ 755), und die Ansprüche zu befriedigen, die einem Teilhaber gegen seine Mitteilhaber aufgrund des Gemeinschaftsverhältnisses zustehen (§ 756). Im Insolvenzverfahren eines Teilhabers haben die übrigen Teilhaber in solchen Fällen Anspruch auf abgesonderte Befriedigung aus der Teilungsmasse (§ 84 Abs 1 InsO). Übernimmt im Zug der Aufhebung ein Teilhaber den gemeinschaftlichen Gegenstand, so haften die übrigen Teilhaber für Rechts- und Sachmängel nach Kaufrecht, und zwar anteilsmäßig (nicht gesamtschuldnerisch), § 757.

In der Teilungsversteigerung fallen im Übrigen die von den Teilhabern an ihren Bruchteilen bestellten Rechte nicht in das geringste Gebot und erlöschen mit Zuschlag (vgl schon Larenz JherJb 83 [1933] 122; § 1066 Abs 3 – zur Teilungsversteigerung vgl Zeller/Stöber § 180 ZVG Rn 7. 17). In der Praxis ist daher von Nießbrauchsrechten oÄ an Bruchteilen eher zu warnen. Sicher für den Berechtigten ist nur ein Quotennießbrauch am Gesamtgegenstand, der durch alle Beteiligten zu bestellen wäre. 67

IV. Mehrheit von Teilhabern

1. Personenmehrheit

§ 741 setzt voraus, dass ein Recht „mehreren" gemeinschaftlich zusteht. **Teilhaber** können *natürliche* und *juristische Personen, Gesamthandsgemeinschaften* und sonstige rechtlich verselbstständigte *Sondervermögen* sein (MünchKomm/K Schmidt Rn 9). Bestand zB die Gemeinschaft ursprünglich aus A, B und C und wird C von A und B beerbt, so sind Teilhaber A, B und die aus A und B bestehende *Erbengemeinschaft.* Besteht die Gemeinschaft aus X und Y, und setzt X den Y als Erben mit *Testamentsvollstreckung* ein, so besteht nach dem Tod des X, solange die Testamentsvollstreckung dauert, weiterhin eine Gemeinschaft zwischen dem *Nachlass* und Y persönlich (vgl für den ähnlichen Fall der Vorerbschaft BayObLG DNotZ 1968, 626). Fällt der Eigentümer E in *Insolvenz* und werden Sachen, die zur Insolvenzmasse gehören, mit insolvenzfreiem Neuerwerb vermengt, so entsteht eine Bruchteilsgemeinschaft zwischen der Insolvenzmasse und dem Privatvermögen des Gemeinschuldners. Hierzu bedarf es nicht der Hilfskonstruktion, den „Nachlass" oder die „Insolvenzmasse" für die Dauer der Sonderverwaltung als juristische Person oder jedenfalls als teilrechtsfähig anzusehen. Es genügt, dass es sich um zwei getrennt verwaltete Sondervermögen handelt. Für die in diesem Fall bei gemeinschaftlichem Erwerb der Sondervermögen auftretenden Probleme enthalten die §§ 742 ff die passende Regelung. 68

Schließlich ist, entgegen dem Wortlaut des § 741, eine Gemeinschaft nach Bruchteilen auch anzunehmen, wenn sich *mehrere Bruchteile in einer Hand vereinigen, die unterschiedlich belastet sind* (der Inhaber eines unbelasteten Miteigentumsanteils erwirbt den mit einer Hypothek belasteten zweiten Miteigentumsanteil dazu). In diesem Fall haben die Bruchteile, solange die Belastung besteht, einen unterschiedlichen Inhalt, und wir haben den eigenartigen Fall vor uns, dass einer Person ein Recht nach Bruchteilen zusteht. Die §§ 742 ff sind entsprechend anwendbar, soweit sie passen (vgl auch MünchKomm/K Schmidt Rn 31). Nach BGH ZIP 1985, 373 ist auch im Falle insolvenzrechtlich anfechtbaren Erwerbes davon auszugehen, dass der hin- 69 zuerworbene Bruchteil fortbesteht. Ähnliche Konstellationen: Vorerbschaft des letzten Miteigentümers (BayObLG DNotZ 1968, 626; ähnlich für Erbbaurecht BGH NJW-RR 2004, 1513); Eintragung einer Sicherungshypothek gem § 128 ZVG auf dem von einem Miteigentümer ersteigerten Anteil (dazu ALFF Rpfleger 2003, 285); Vorerbschaft eines erbenden Miteigentümers (BayObLG NJW-RR 2002, 1237); Erwerb eines mit einer Vormerkung zu belastenden Anteils (BayObLG MittBayNot 2005, 144); Vereinigung aller Miteigentumsanteile an einem in der Zwangsversteigerung befindlichen Grundstück (LG Gießen BeckRS 2010, 07204). Vgl ferner BGH ZIP 2002, 934; BGHZ 106, 19 (Gesamtsicherungsgrundschuld und nachträglich entstehendes Alleineigentum).

70 Dagegen ist es, von den zuletzt erwähnten Ausnahmefällen abgesehen, grundsätzlich nicht möglich, dass **eine Person**, die nicht über mehrere institutionell getrennte Sondervermögen verfügt, ein einheitliches Recht zu Bruchteilen iS der §§ 741 ff innehat. Es gibt keine „Einmannbruchteilsgemeinschaft" (MünchKomm/K SCHMIDT Rn 31). Zwischen dem „Betriebsvermögen" und dem „Privatvermögen" eines Einzelkaufmanns kann daher kein Bruchteilseigentum entstehen. Auch eine „Vorratsteilung" in der Hand eines Eigentümers, der die Bruchteile getrennt zu veräußern beabsichtigt, ist nicht möglich, soweit sie nicht, wie im Recht des Wohnungseigentums (§ 8 WEG), gesetzlich besonders vorgesehen ist (vgl BGHZ 49, 250, 253 f), vgl § 1114. Die Kautelarpraxis behilft sich notfalls mit der Zwischenschaltung von Treuhändern; ein Bedürfnis hierfür ist allerdings selten erkennbar. *Grundbuchverfahrensrechtlich* ist bei Grundstücken eine entsprechende Buchung auch vor Übertragung an verschiedene Eigentümer zulässig (§ 3 Abs 6 GBO sowie dazu DEMHARTER § 3 GBO Rn 32 f – früher str; vgl DEMHARTER Rn 34 mwNw). Dabei handelte es sich aber nur um eine formale grundbuchliche Erleichterung. Materiellrechtlich entsteht eine Bruchteilsgemeinschaft erst mit Veräußerung oder Belastung der Bruchteile.

71 Zur Frage, ob eine **Bruchteilsgemeinschaft als solche** Inhaberin eines Anteils an einer Bruchteilsgemeinschaft sein kann („Untergemeinschaft"), vgl unten Rn 145 ff.

2. Gleichheitsgrundsatz

72 Im Verhältnis der Teilhaber untereinander gilt prinzipiell der Gleichheitsgrundsatz (MünchKomm/K SCHMIDT Rn 36 mwNw; BGB-RGRK/vGAMM Rn 2; FABRICIUS 140). Die gesetzliche Regelung begnügt sich allerdings mit dürftigen Ansätzen einer Ausprägung des Gleichheitsgrundsatzes (§§ 742, 743, 745, 747). Zum Minderheitenschutz über § 745 Abs 2 vgl dort, ebenso § 744. Da die Bruchteilsgemeinschaft nach der Konzeption des BGB (Vorbem 19) keine Rechtsform minderer Qualität darstellt, ist es mE nicht grundsätzlich ausgeschlossen, auf im Gesellschaftsrecht entwickelte Gleichbehandlungskriterien zurückzugreifen, sofern die Vorschriften der §§ 741 ff nicht entgegenstehen. Jedenfalls bei der Wohnungseigentümergemeinschaft gilt prinzipiell der Gleichbehandlungsgrundsatz (vgl BÄRMANN/MERLE § 25 WEG Rn 201; eingehend JUNKER 227 ff mwNw) – auch hieran kann bei entsprechenden Strukturen der jeweiligen Bruchteilsgemeinschaft eine vorsichtige Orientierung möglich sein.

3. Rechtsgeschäftliche Beziehungen zwischen der Gemeinschaft und einzelnen Teilhabern

Grundsätzlich sind gesonderte rechtsgeschäftliche, insbes vertragliche Beziehungen zwischen der Bruchteilsgemeinschaft und einzelnen Teilhabern nicht anzunehmen. Die Bruchteilsberechtigung bezieht sich nur auf den einzelnen Rechtsgegenstand und nicht auf ein Bündel von Rechten und Pflichten des Vertragsverhältnisses; die Bruchteilsgemeinschaft als solche ist weder rechtsfähig noch teilrechtsfähig. Dennoch sind rechtsgeschäftliche Beziehungen im weiteren Sinne zwischen den Teilhabern und der Gemeinschaft schuldrechtlich durchaus möglich (§ 311 Abs 1 nF). 73

Die Problematik rechtsgeschäftlicher Beziehungen zwischen der Gemeinschaft und einzelnen Teilhabern wird allerdings bisher mit Ausnahme von Erbarth NZM 1998, 740 ff, der sich mit den nachfolgenden Thesen (vgl Staudinger/Langhein [1996] Rn 74 ff) kritisch auseinandersetzt, kaum erörtert. Sie kann insbes bei der Überlassung eines gemeinschaftlichen Gegenstandes an einen Teilhaber zur ausschließlichen Nutzung gegen Entgelt entstehen, sofern sich die Parteien nicht ausdrücklich auf eine ausschließlich gemeinschaftsrechtliche Behandlung (§§ 743–745) verständigt haben. Hier ist in erster Linie sorgfältig zu differenzieren, ob die Gemeinschafter lediglich die gesetzliche Regelung modifizieren oder ob sie schuldrechtliche Sondervereinbarungen in Gestalt eines Pacht- oder Mietvertrages treffen wollten (vgl Erbarth NZM 1998, 742). In der Rechtspraxis sind derartige Gestaltungen aus steuerlichen Gründen sehr häufig (so wenn eine Bruchteilsgemeinschaft, bestehend aus Ehegatten, ausdrücklich einen Mietvertrag über ein Betriebsgrundstück mit einem der Teilhaber abschließt, zu den steuerlichen Auswirkungen näher unten Rn 163). 74

Die hM hält in diesen Fällen ohne nähere Begründung ein Pacht- oder Mietverhältnis zwischen Gemeinschaft und Teilhabern für gegeben (BGH NJW 1998, 372; NZG 2001, 73; NJW 1974, 364; Staudinger/Emmerich [2014] Vorbem 73a mwNw zu § 535; vgl auch BFH NJWE-MietR 1996, 22). Die Ausgangsentscheidung BGH NJW 1974, 364 ist indes wenig ergiebig. Sie nimmt zur Begründung Bezug auf BGH LM Nr 42 zu § 535. Dort handelte es sich aber um eine Gesamthands-Erbengemeinschaft. Bedenken gegen das Bestehen eines Mietverhältnisses zwischen der Bruchteilsgemeinschaft und einzelnen Teilhabern lassen sich etwa aus Folgendem herleiten: Der Bruchteilsgemeinschaft kann grundsätzlich nur ein einzelnes Recht, nicht aber ein Rechtsverhältnis, zustehen (dazu Vorbem 10; zur mE nicht stets gebotenen Annahme eines Gesamthandsverhältnisses bereits Vorbem 11; abweichend Sternel III 73 unter unzutr Berufung auf BGH JZ 1958, 505 und BGH WM 1983, 604; vgl auch BGH NJW 1969, 839; sowie LG Landau WuM 1990, 487). Das Schuldverhältnis setzt des weiteren prinzipiell voraus, dass Gläubiger und Schuldner verschiedene Personen sind (BGHZ 115, 122 mwNw). Wirken Teilhaber aber auf beiden Seiten des Rechtsgeschäfts mit, liegt Teilidentität der Parteien vor. Demnach könnte diese partielle Personengleichheit als „ursprüngliche Konfusion" dem Abschluss eines Mietvertrages entgegenstehen (§ 425 Abs 2). Damit wäre ein echtes Mietverhältnis zwischen der Gemeinschaft und einzelnen Teilhabern rechtlich unmöglich; das Ganze ließe sich allenfalls als ein Geflecht von verschiedenartigen Rechtsbeziehungen zwischen den Teilhabern untereinander begreifen. 75

Eine solche begrifflich konstruktive Argumentation ist jedoch mE im Ergebnis abzulehnen: Zunächst einmal ist nicht einzusehen, warum die Gemeinschafter zwin- 76 gend auf eine bloße Ausgestaltung der Benutzung verwiesen sein sollten (§ 311 Abs 1 nF). Auch wenn die Gemeinschaft als solche nicht rechtsfähig ist, so bestehen keine Bedenken, dass die Gemeinschafter untereinander ihre Rechtsbeziehungen hinsichtlich des Gegenstandes nach Maßgabe etwa der mietvertraglichen Vorschriften regeln. Gerade aus steuerlichen Gründen und zur gemeinsamen Lasten- und Kostentragung besteht hierfür oft Anlass. Die Rechtsfolge der Konfusion ist ferner weder gesetzlich vorgeschrieben noch logisch zwingend; insbes kann die Interessenlage Abweichungen als geboten erscheinen lassen (BGH NJW 1995, 2288; vgl auch Schulze-Osterloh 124; sowie §§ 1976, 1991 Abs 2, 2143, 2175, 2377 Abs 1). Ebenso, wie im Falle zweier voneinander getrennt zu verwaltender Sondervermögen (dazu Rn 68) die Anwendung der §§ 742 ff sachgerecht ist, sollte daher in diesen Fällen Konfusion nicht angenommen werden. Konfusion tritt ebenfalls nicht ein, wenn ein Mieter nachträglich einen Miteigentumsanteil an der gemieteten Sache erwirbt (dazu RGZ 49, 286; BGH NJW 1953, 1593 sowie BGH LM Nr 22 zu § 538). Sachenrechtlich folgt im Übrigen schon aus §§ 889, 1063, 1163 und 1177, dass Konsolidation keineswegs die Regel ist. Die Interessenlage spricht insbes unter Berücksichtigung der Wertung des § 1009 (dazu Staudinger/Gursky [2012] § 1009 Rn 5) auch schuldrechtlich dagegen (zust zur Konfusion Erbarth NZM 1998, 741 f, der allerdings die Annahme, die Gemeinschaft sei Partei des Mietverhältnisses, ablehnt und für „inkonsistent" hält – mE handelt es sich dabei eher um eine terminologische Frage). IE bestehen daher keine Bedenken, rechtsgeschäftliche Beziehungen zwischen Bruchteilsgemeinschaft (oder präziser in der Terminologie von Erbarth NZM 1998, 741: den Gemeinschaften im Rahmen eines schuldrechtlichen Sonderrechtsverhältnisses) und einzelnen Teilhabern anzuerkennen. Man muss sich nur bewusst bleiben, dass die Bruchteilsgemeinschaft als solche mangels Rechtsfähigkeit nicht Vermieter im eigentlichen Sinne sein kann (MünchKomm/K Schmidt Rn 21). Problematisch bleibt dann allerdings das Konkurrenzverhältnis der §§ 741 ff zu den miet- und pachtrechtlichen Vorschriften, insbes zu §§ 557, 584b. Der BGH (NJW 1998, 373) vertritt die Auffassung, dass letztere Vorschriften hier durch die speziellen und in erster Linie anzuwendenden Regeln des Gemeinschaftsrechts überlagert seien, ohne sich allerdings mit der Problematik der Rn 74 f auseinanderzusetzen. Richtigerweise ergibt sich die Lösung aus der Art der Abrede: Handelte es sich um ergänzendes schuldrechtliches Gemeinschaftsrecht, gelten §§ 741 ff. Haben die Parteien explizit ein Pacht- oder Mietvertrag begründen wollen, gelten daneben auch §§ 557, 584 f (so auch Gerber ZIP 1998, 1197; DNotI-Gutachten v 30. 4. 2002, FAX-Dok 11256; eingehend Erbarth NZM 1998, 741 ff – so lag es entgegen Erbarth aaO in dem Falle des BGH NJW 1998, 372 aber eher nicht). Zur Problematik der kapitalersetzenden Nutzungsüberlassung bei Vermietung an eine GmbH, deren Mitgesellschafter zugleich einer der Gemeinschafter ist, BGH DB 1997, 1662 (Eigenkapitalersatz in Höhe der internen Berechtigung).

V. Gemeinschaftliche Rechte

1. Eigentum

77 Den wichtigsten Fall des § 741 bildet das Miteigentum (dazu Pikart WM 1975, 402 ff; eingeh Staudinger/Gursky [2012] §§ 1008–1011; zum Verhältnis siehe Erl § 1008 Rn 6). Möglich ist Miteigentum an beweglichen Sachen, Grundstücken, Seeschiffen, gleichgültig ob eingetragen oder nicht (Soergel/Hadding Rn 9 mwNw). Die §§ 742 ff werden hier ergänzt durch die Sonderregeln der §§ 1008–1011, 1066, 1114, 1258. Miteigentum kann kraft Gesetzes entstehen durch Verbindung (§ 947 Abs 1), Vermischung und

Vermengung (§ 948 iVm § 947 Abs 1), durch Erwerb von Früchten durch Bruchteilsberechtigte (zB Miteigentümer) gem §§ 953 ff; durch Vereinigung von Bienenschwärmen (§ 963), durch Schatzfund (§ 984). Miteigentum kann ferner durch gemeinschaftlichen rechtsgeschäftlichen Erwerb begründet werden (oben Rn 22 ff). Zur Abgrenzung gegenüber der Gesellschaft, bei der regelmäßig Gesamthandseigentum (§§ 718 f) entsteht, vgl Rn 204 ff; zu den Miteigentumsgemeinschaften „besonderen Rechts" Rn 5 und Rn 177 ff.

2. Forderungen

a) Allgemeines

Forderungen sind „Rechte" und können deshalb mehreren Gläubigern in Gemeinschaft nach Bruchteilen zustehen (unstr, vgl BGB-RGRK/vGamm Rn 8; Soergel/Hadding Rn 13; MünchKomm/K Schmidt Rn 11, 42). Das wird in § 754 als selbstverständlich vorausgesetzt. Allerdings ist die echte Bruchteilsgläubigerschaft als Forderungs**gemeinschaft** zu Bruchteilen (zum Begriff MünchKomm/K Schmidt Rn 42) nicht ohne weiteres von Gesamthandsforderungen, Teilgläubigerschaft iS des § 420 und den Mitberechtigungen gem §§ 428, 432 abzugrenzen: 78

b) Forderungen von Gesamthandsgemeinschaften

Forderungen, die mehreren zur gesamten Hand zustehen (Gesellschaftern, Ehegatten in der Gütergemeinschaft, Miterben, soweit es sich um Nachlassforderungen handelt, vgl dazu § 2041 S 1), stehen den Gläubigern nicht in Bruchteilsgemeinschaft zu, weil sich insoweit „aus dem Gesetz ein anderes ergibt" (Gesamthandsforderungen im engeren Sinn). Auch sonst kann die Auslegung des Rechtsgeschäfts ergeben, dass „gemeinschaftliche" Forderungen in Wahrheit Gesamthandsforderungen sind (vgl MünchKomm/K Schmidt Rn 43 ff). Aus dinglichen Bruchteilsgemeinschaften können demgemäß Gesamthandsforderungsgemeinschaften hervorgehen (Beispiel: Grundstücksbruchteilsgemeinschaft, die von einer Verwaltungsgesellschaft überlagert wird, verkauft Grundstücksteil mit der Abrede, den Erlös für Zwecke der Verwaltung zu verwenden oder sonst gesamthänderisch zu halten), sofern sich aus dem konkreten Rechtsgeschäft hinreichende Anhaltspunkte ergeben (dazu auch Rütten 84 f). Allerdings ist der verbreiteten Annahme konkludent vereinbarter Gesamthandsforderungen mE entgegenzutreten (vgl Vorbem 11), hierfür bedarf es idR besonderer Anhaltspunkte, sofern die Beteiligten bereits durch ein Rechtsverhältnis nach §§ 741 ff miteinander verbunden sind. 79

c) Geteilte Forderungen

Forderungen, die mehreren zu bereits geteilten **realen Bruchteilen** zustehen, begründen keine Bruchteilsgemeinschaft der Gläubiger iSv § 741, weil sie ihnen nicht „gemeinschaftlich" zustehen. Hat zB A gegen X eine Forderung über 100 000 und tritt er eine Teilforderung in Höhe von 20 000 an B, eine weitere Teilforderung in Höhe von 30 000 an C ab, so bilden A, B und C keine Bruchteilsgemeinschaft; sie haben nicht gemeinschaftlich eine Forderung über 100 000 inne, sondern A hat (allein) eine Forderung über 50 000, B eine über 20 000, C eine über 30 000. Dass solche Teilzessionen möglich sind, wird von der ganz hM anerkannt; auch die Gegenmeinung lässt sie jedenfalls dann zu, wenn der Schuldner zustimmt (MünchKomm/Roth § 398 Rn 47). Wegen der weiteren Fragen – Zulässigkeit, Voraussetzungen, Erfordernisse im Einzelnen – vgl die Erl zu § 398. 80

81 Aus den gleichen Gründen besteht auch dann keine Gemeinschaft iSv § 741, wenn mehrere Gläubiger von vornherein eine **teilbare Leistung** zu fordern haben und wenn deshalb nach der **Vermutung des § 420** „jeder Gläubiger nur zu einem gleichen Anteil berechtigt ist". Auch hier hat jeder Gläubiger (wie bei der Teilabtretung) eine selbstständige Teilforderung inne. Praktisch scheint der Fall ganz selten vorzukommen; die Vermutung des § 420 („im Zweifel") ist bei teilbaren Forderungen aufgrund des Entstehungstatbestands der Forderung regelmäßig zu widerlegen (Beispiel für Teilforderung: in einer notariellen vollstreckbaren Urkunde wird der vom Schuldner an drei Kinder zu zahlende Unterhaltsbetrag in einer einheitlichen Summe festgelegt, KG OLGZ 1971, 386).

d) Die verbleibenden Fälle

82 Es verbleiben die Fälle, in denen mehreren Gläubigern ein einheitlicher Anspruch zusteht und weder die Gläubiger eine Gesamthandsgemeinschaft bilden, noch der Anspruch nach der Vermutung des § 420 ipso iure aufgespalten ist. Das Gesetz regelt unmittelbar zwei derartige Fälle (Gesamtgläubigerschaft, § 428, Forderung auf unteilbare Leistung, § 432), den dritten, vielleicht häufigsten (Forderung auf teilbare Leistung, die „aus rechtlichen Gründen" unteilbar ist), lässt es eher offen und unklar.

e) Gesamtgläubigerschaft gem § 428, insbes Gemeinschaftskonten und -depots

aa) Allgemeines

83 Gesamtgläubigerschaft besteht, wenn mehrere Gläubiger eine Leistung in der Weise zu fordern berechtigt sind, dass jeder die ganze Leistung fordern kann und der Schuldner nur einmal leisten muss (§ 428). Das Gesetz sagt nicht, unter welchen Voraussetzungen eine Gesamtgläubigerschaft entsteht. Nur in einem – äußerst seltenen – Fall ist Gesamtgläubigerschaft gesetzlich angeordnet, § 2151 Abs 3 (Vermächtnis für mehrere mit Auswahlrecht des Beschwerten oder eines Dritten; der Beschwerte oder der Dritte kann oder will sein Wahlrecht nicht ausüben; der Fall ist insofern für die Gesamtgläubigerschaft atypisch, als der Glückliche, der die Leistung erlangt, entgegen § 430 „im Zweifel" nicht zur Teilung verpflichtet ist, § 2151 Abs 3 S 3). Kraft Gesetzes entsteht Gesamtgläubigerschaft nach der Rspr ferner, wenn ein Schadensersatzanspruch durch cessio legis auf mehrere Versicherungsträger übergeht und nicht ausreicht, sie alle zu befriedigen (Schädiger und Verletzter sind zB im Verhältnis 1:2 mitschuldig; der Verletzte erhält Zahlungen von der LVA und von der Berufsgenossenschaft in Höhe von je 1/2; die Forderung des Verletzten gegen den Schädiger in Höhe von 1/3 des Schadens geht gem §§ 116 f SGB X [früher § 1542 RVO] auf beide Versicherer über: dann sind sie Gesamtgläubiger gem § 428; vgl BGHZ 28, 68; 40, 108, 111; LM Nr 45a zu § 1542 RVO; BGH NJW 1969, 1901). Schließlich kommt es vor, dass Gesamtgläubigerschaft vertraglich vereinbart wird, vgl zB BGH NJW 1979, 2038 (Ehegatten-Miteigentümer verkaufen Grundstück gegen Leibrente mit ausdrücklicher Vereinbarung von Gesamtgläubigerschaft und Zusatzabrede, dass, wenn der Anspruch bei dem einen gepfändet wird, nurmehr an den anderen zu zahlen ist).

bb) Grundstücksrecht

84 Im **Grundstücksrecht** findet § 428 wegen § 47 Abs 1 GBO sehr oft Anwendung. Die Berechtigungsform ist bei Hypothek oder Grundschuld (KG Rpfleger 1965, 366; BGH

Rpfleger 1975, 84; OLG Frankfurt Rpfleger 1976, 403) und Nießbrauch zulässig (BGH Rpfleger 1980, 464; FRANK MittBayNot 2012, 387, 388); ebenso bei der beschränkten persönlichen Dienstbarkeit (KG JW 1935, 3564); dinglichem Wohnungsrecht (BGHZ 46, 253; krit REINICKE JZ 1967, 415 sowie Rn 128); Reallast (OLG München JFG 18, 132); Erbbaurecht (LG Hagen DNotZ 1950, 381); Grunddienstbarkeit (BayObLGZ 1965, 267; KG Rpfleger 1970, 283; OLG Frankfurt NJW 1969, 469; OLG Schleswig SchlHA 1975, 490); zum Vorkaufsrecht vgl BGH ZfIR 1997, 656; krit DEMHARTER MittBayNotK 1998, 16; OLG Frankfurt ZfIR 1998, 562; anders noch OLG Frankfurt DNotZ 1986, 239; zur Vormerkung BayObLGZ 1963, 128; OLG Köln MittRhNotK 1974, 255; OLG Zweibrücken Rpfleger 1985, 284; BayObLG DNotZ 1987, 213 – zum Ganzen mwNw DEMHARTER § 47 GBO Rn 11 ff; SCHÖNER/STÖBER, Grundbuchrecht Rn 260 ff; AMANN 92 f.

So beliebt und einfach für Grundbuchverfahrenszwecke die Mitberechtigung nach **85** § 428 ist, so ist doch vor übereilter Anwendung in der Kautelarpraxis nachhaltig zu warnen (eingehend AMANN DNotZ 2008, 324 ff). Das Innenverhältnis der Beteiligten wird oft genug unzureichend geregelt. Zugleich hat derjenige Gläubiger, an den nicht geleistet wird, uU einen sehr viel geringeren Schutz als im Falle des § 432 (vgl dazu etwa WOELKI Rpfleger 1968, 208; zum „Verteilungsrisiko“ auch RÜTTEN 184 f, 280 ff; SELB, Mehrheit 244). Zu denken ist in erster Linie stattdessen an präzise Alternativ- und/oder Sukzessivberechtigungen (dazu näher AMANN aaO; ders MittBayNotK 1990, 225; LIEDEL DNotZ 1991, 855; STREUER Rpfleger 1994, 397; RASTEDTER BWNotZ 1994, 27; SCHÖNER/STÖBER, Grundbuchrecht Rn 261a ff) oder § 432 (zulässig und meistens sachgerechter als § 428, vgl AMANN 91; einschränkend SCHÖNER/STÖBER Rn 261c; LG Bochum Rpfleger 1981, 148 mAnm MEYER-STOLTE; BGH DNotZ 1979, 490; **aA** KG Rpfleger 1985, 435. Zur Grundbuchbehandlung vgl auch BayObLG DNotZ 1987, 213; DNotI-Rep 1995, 89 sowie 14/95, 121 ff).

Für den Grundfall (Ehegatten sind zu je einhalb Miteigentümer eines Grundstücks **86** und übertragen dieses auf ihre Kinder im Wege der vorweggenommenen Erbfolge; die Eltern behalten sich die Rückübertragung zugunsten beider und des Längstlebenden von ihnen bei abredewidrigen Verfügungen vor; dieser Anspruch soll vorgemerkt werden, vgl dazu BGH DNotZ 1997, 155) war in Kautelar- und Grundbuchpraxis in jüngerer Zeit die Frage nach interessengerechter Gestaltung und richtiger Grundbucheintragung (eine oder mehrere Vormerkungen?) str; vgl im Einzelnen DNotI-Rep 1995, 121 ff. Nunmehr (BayObLG DNotI-Rep 1995, 89) wird davon auszugehen sein, dass ein einheitlicher materiellrechtlicher Anspruch gegeben ist, der auch durch eine Vormerkung gesichert werden kann (zur Vormerkung bei Abänderungsbefugnis im Falle des § 328 vgl auch BayObLG DNotI-Rep 1995, 128 f); krit aber SCHÖNER/STÖBER, Grundbuchrecht Rn 261c mwNw.

cc) Das Oder-Konto

Der **praktisch wohl häufigste Fall der Gesamtgläubigerschaft** ist das – vor allem von **87** Eheleuten unterhaltene – Gemeinschaftskonto (Spar- oder Girokonto) sowie das Gemeinschaftsdepot bei einem Kreditinstitut, wenn es in Form des sog „Oder-Kontos“ geführt wird (BGH NJW 1997, 1435; ZIP 1990, 1538; BGHZ 95, 187; OLG Düsseldorf WuB I C3.-1. 98 mAnm HERTEL; OLG Karlsruhe NJW-RR 1990, 1285; OLG Koblenz NJW-RR 1990, 1385 f; OLG Zweibrücken NJW 1991, 1835; OLG-Rep Hamm 1992, 333; KG BankArch 37/38, 434; BVerwG WM 1958, 1510; OLG Nürnberg NJW 1961, 510; BFH NJW 1974, 1727, 1728; KG NJW 1976, 807; CANARIS Großkomm HGB § 357 Anh Rn 99; EINSELE, in: FS Nobbe 27, 41 f; HANSEN 11; HADDING, in: SCHIMANSKY ua, Bankrechts-Handbuch I § 35; ESSER/SCHMIDT Teilb 2 § 39 IV;

BGB-RGRK/Weber § 428 Rn 7; Soergel/Wolf § 428 Rn 6; Palandt/Grüneberg § 428 Rn 3; **aA** MünchKomm/K Schmidt³ Rn 50, der annimmt, dem Parteiwillen entspreche eher die Annahme gesamthänderischer Bindung; krit dazu zutr mE Schebasta WM 1985, 1330; Hansen 105 f; K Schmidt verfolgt nun einen modifizierten Ansatz, vgl in: FS Nobbe 187 ff; in: FS Hadding 1093 ff; MünchKomm/K Schmidt Rn 54 ff). Eine Besonderheit besteht allerdings darin, dass die Bank nicht leisten kann, an wen sie will, sondern an denjenigen leisten muss, der die Leistung verlangt; nur wenn beide gleichzeitig Leistung fordern, ist die Bank gem § 428 frei darin zu leisten, an wen sie will (Hansen 56 f). Die Form des Oder-Kontos (Gegensatz: das Und-Konto, bei dem die Inhaber nur gemeinsam verfügen können, unten Rn 102) war nach Nr 2 Abs 3 Banken-AGB aF die Regel: wenn die Kontoinhaber keine gegenteilige Weisung erteilten, konnte jeder Inhaber allein verfügen, also vor allem das Guthaben einziehen. Bei Neufassung der AGB-Banken wurde diese Regelung zwar gestrichen, dafür aber überwiegend in die Kontoeröffnungsformulare aufgenommen (vgl auch Köndgen NJW 1996, 561). Ob im Übrigen bei Eröffnung eines Gemeinschaftskontos ein Und- oder Oder-Konto entsteht, ist durch Auslegung zu ermitteln. Oder-Konto wird idR gewollt sein, wenn beide als Kontoinhaber und einzeln Zeichnungsbefugte eingesetzt worden sind.

88 Praktische Konsequenzen hat die von der hM vorgenommene Einstufung der Berechtigung aus dem Oder-Konto als Gesamtgläubigerschaft (oder „gesamtgläubigerähnliches Verhältnis") vor allem im Fall der **Pfändung** durch den Gläubiger eines Kontoinhabers. Der Pfändungsgläubiger kann den gesamten Betrag des Guthabens einziehen; die Bank wird hierdurch dem anderen Kontoinhaber gegenüber frei (BGH ZIP 1993, 315; Wagner WM 1991, 1145; KG BankArch 37/38, 434; OLG Nürnberg NJW 1961, 510; **aA** K Schmidt, in: FS Nobbe 187, 208: nur der Bruchteil des Pfändungsschuldners könne gepfändet werden). Andererseits kann der andere Kontoinhaber dem Pfändungsgläubiger zuvorkommen, indem er das Guthaben abhebt; hierdurch wird die Bank gegenüber dem Pfändungsgläubiger frei (vgl, in anderem Zusammenhang, BGH NJW 1979, 2038; ebenso Hansen 55 ff; Liesecke WM 1975, 314, 317; App MDR 1990, 892; Wagner aaO; **aA** MünchKomm/Selb § 428 Rn 2 mit allerdings unzutreffendem Hinweis auf OLG Nürnberg NJW 1961, 510). Zahlt die Bank an den Pfändungsgläubiger, so richtet der Ausgleichsanspruch des anderen Bankkunden (§ 430) sich gegen den Pfändungsschuldner als den Mitinhaber des Kontos, nicht gegen den Pfändungsgläubiger (Hansen 57 f); die Lage ist keine andere, als wenn der Pfändungsschuldner das ganze Guthaben abgehoben und seine Schulden damit bezahlt hätte. Aus § 428 folgt im Übrigen zugleich, dass nur ein Vollstreckungstitel gegen einen Kontoinhaber erforderlich ist (Wagner WM 1991, 1146).

89 Dass der andere Kontoinhaber weiterhin über das Konto verfügen und die Bank an ihn leisten kann, bis der gepfändete Betrag an den Pfandgläubiger ausbezahlt ist (App MDR 1990, 892; Wagner WM 1991, 1145, 1146; Baumbach/Hopt, BankGesch A/39; BGHZ 93, 315, 321 insofern offen) folgt aus der Einzelwirkung der Pfändung. Das Verfügungsverbot des § 829 Abs 1 S 2 ZPO ergeht nur an den Vollstreckungsschuldner, das Zahlungsverbot an den Drittschuldner nach § 829 Abs 1 S 1 ZPO betrifft dementsprechend nur Zahlungen an den Titelschuldner. Die Pfändung allein vermag daher nicht zu verhindern, dass die Bank weiterhin mit befreiender Wirkung an den anderen Kontoinhaber leistet (Wagner WM 1991, 1145, 1146). Um zu vermeiden, dass die Pfändung leerläuft, weil der andere Kontoinhaber das Konto „abräumt", werden verschiedene Lösungen vorgeschlagen. App (MDR 1990, 892) empfiehlt, zugleich den Ausgleichsanspruch gegen den Kontomitinhaber zu pfänden. Diese Lösung stößt dann auf Schwierigkeiten, wenn der Ausgleich ausgeschlossen ist. Auch vermag APP nicht überzeugend zu erklären, warum bei „aus dem Rahmen fallenden Abhebungen" ein Ausgleich ausnahmsweise doch stattfinden soll.

Einen überzeugenderen Lösungsansatz dagegen vertritt WAGNER (WM 1991, 1145, 1145). Ihm zufolge kann der Pfändende eine Verfügung durch den Kontomitberechtigten verhindern, indem er mit dem Pfändungs- zugleich einen Überweisungsbeschluss – so der Regelfall – zustellt. Bei Überweisung an Zahlungs statt (§ 835 Abs 1 Alt 2 ZPO) wird der Vollstreckungsgläubiger hierdurch Gläubiger der gepfändeten Forderung; bei Überweisung zur Einziehung (§ 835 Abs 1 Alt 1 ZPO, dem Regelfall) erhält er ein selbstständiges Einziehungsrecht. Dies müsse nicht noch ausgeübt werden, vielmehr enthalte bereits die Zustellung des Pfändungs- und Überweisungsbeschlusses ein entsprechendes Leistungsverlangen (**aA** RIEDER WM 1987, 29, 31; jedenfalls Beifügung eines Überweisungsauftrags erforderlich). Da die kontoführende Bank beim Oder-Konto entgegen § 428 S 1 kein Wahlrecht habe, sondern an denjenigen leisten müsse, welcher die Leistung zuerst verlange, sei sie verpflichtet, an den pfändenden Gläubiger zu leisten. Eine Leistung an den Vollstreckungsschuldner oder Kontomitinhaber habe also keine dem Titelgläubiger gegenüber schuldbefreiende Wirkung (§ 829 Abs 1 ZPO iVm §§ 135 Abs 1, 136). **90**

Der andere Inhaber hat allerdings mE ein Interventionsrecht gegen die Pfändung (**aA** BAUMBACH/HOPT, BankGesch A/39; wohl auch BEHR JurBüro 1995, 183). OLG Koblenz (NJW-RR 1990, 1385, 1386) begründet diese zutr Ansicht damit, dass für die Intervention auch das Innenverhältnis zwischen den Gesamtgläubigern zu berücksichtigen sei. Im Innenverhältnis aber sei die Forderung mit einer Ausgleichspflicht belastet (§ 430). Der Vollstreckungsgläubiger könne sie daher auch nur belastet mit der Ausgleichspflicht erwerben. Gleiches ergebe sich für die Abtretung aus § 429 Abs 3 S 2, wonach auch der Zessionar des Gesamtgläubigers die Forderung nur belastet mit der Ausgleichspflicht erwerben könne. IE dürfe daher nur der Anteil des Vollstreckungsschuldners bei dem Vollstreckungsgläubiger verbleiben. Diese Auffassung, ggf verbunden mit Beweislastumkehr im Hinblick auf § 430 (OLG Koblenz NJW-RR 1990, 1385, 1386), schafft im praktischen Ergebnis einen billigerweise gebotenen Zugriff auf das Vermögen des Schuldners, aber nicht mehr. Die dagegen erhobenen begrifflich-konstruktiven Bedenken von WAGNER (WM 1991, 1147 ff) vermögen mE nicht zu überzeugen, zumindest wird die auch von WAGNER 1149 für möglich gehaltene Unterlassungsabrede oft konkludent getroffen sein. **91**

Die Frage, ob die hM das Oder-Konto als Gesamtgläubigerschaft richtig einordnet, soll nach STAUDINGER/HUBER[12] (Rn 56) entscheidend von der Ausgestaltung der **Widerrufsbefugnis** abhängen. Kann jeder der Kontoinhaber die „Oder"-Berechtigung des anderen einseitig widerrufen, so habe der andere keine selbstständige Forderung iSv § 428 inne, sondern beide Kontoinhaber eine gemeinschaftliche Forderung, zu deren Einziehung sie sich wechselseitig ermächtigt haben. Eine Verwandlung des Oder-Kontos in ein Und-Konto sei aber nach dem unzweideutigen Wortlaut von Nr 2 Abs 3 AGB aF der Banken („es sei denn, dass die Kontoinhaber der Bank schriftlich eine gegenteilige Weisung erteilt haben") mangels besonderer Abrede nur *aufgrund einvernehmlichen Handelns beider Kontoinhaber* möglich (LG Hannover WM 1972, 638; im Grundsatz auch AG Leonberg WM 1978, 1306, mit der fragwürdigen Annahme, dass bei Scheitern der Ehe im Verhältnis der Kunden zur Bank die „Geschäftsgrundlage" **92** für die Errichtung eines Oder-Kontos weggefallen sei und ein „Und-Konto" entstehe; vgl auch OLG Karlsruhe NJW 1986, 63). Sei nichts Abweichendes vereinbart, so sei daher die hM mit ihrer Annahme einer Gesamtgläubigerschaft und den daraus abgeleiteten Folgerungen im Recht. In den *Bankformularen* für Oderkonten- und -depots ist aber häufig – nicht immer – jedem Kontoinhaber ein *einseitiges Widerrufsrecht* eingeräumt. Bei dieser Ausgestaltung sei das gemeinschaftliche Guthaben mit MünchKomm/K Schmidt Rn 55 und entgegen der hM nicht als Gesamtforderung, sondern als gemeinschaftliche Forderung (unten Rn 102) mit wechselseitiger widerruflicher Einziehungs- und Verfügungsermächtigung anzusehen.

93 Für den Fall der **Pfändung** bedeutete wechselseitige Ermächtigung, sofern sie gegeben wäre, dass der Gläubiger eines Kontoinhabers bei Bestehen eines einseitigen Widerrufsrechts nicht die Forderung des Kontoinhabers, sondern nur seinen Anteil an der gemeinschaftlichen Forderung pfänden könnte; die Pfändung der „Forderung" aus dem Gemeinschaftskonto sei in diesem Sinn zu verstehen. Zur Wirksamkeit der Pfändung bedürfe es nicht der Zustellung an den anderen Kontoinhaber (der Gläubiger wird aber zweckmäßigerweise doppelte Zustellung veranlassen) vgl § 747 Rn 55; **aA** MünchKomm/K Schmidt Rn 56; Liesecke WM 1975, 314, 317. Die Bank sei nicht berechtigt, das Guthaben an den Pfändungsgläubiger auszubezahlen – schon deshalb nicht, da sie nach § 242 davon ausgehen müsse, dass der andere Kontoinhaber bei Kenntnis der Sachlage von seinem Widerrufsrecht Gebrauch machen würde. Dagegen hindere die Pfändung den anderen Kontoinhaber nicht, das Guthaben einzuziehen; denn seine Ermächtigung sei nicht widerrufen und der Pfändungsgläubiger könne sie auch nicht widerrufen. Allerdings habe der Pfändungsgläubiger, weil die Pfändung des Anteils auch den Anspruch auf Teilung des Erlöses entspr § 752 (dazu § 747 Rn 64) mitumfasse, nunmehr einen Anspruch gegen den anderen Kontoinhaber auf Herausgabe des auf den Schuldner entfallenden Anteils, im Zweifel (§ 742) auf die Hälfte (**aA** MünchKomm/K Schmidt Rn 56).

94 ME ist die oben (Rn 92) referierte, eher von Pfändungsaspekten inspirierte Auffassung im Ergebnis gekünstelt und daher abzulehnen; insbes kann die Pfändung nicht von der oft zufälligen Wahl des jeweiligen Formulars abhängig gemacht werden (zur Neufassung der AGB bereits oben Rn 87). Im Innenverhältnis kann ohnehin die gemeinsame Berechtigung mindestens aus wichtigem Grund aufgehoben werden (§ 749), im Außenverhältnis wird die Bank von sich aus aufgrund naheliegender Gründe den einseitigen Widerruf zumindest vorläufig beachten. Der Pfändungsgläubiger wird die Details dieser Vereinbarungen kaum jeweils zuverlässig kennen. Steht die Höhe des Anteils des Pfändungsschuldners nicht fest, gibt die Mindermeinung Steine statt Brot. Flexibler und interessengerechter erscheint daher die hM, soweit sie mit einem Interventionsrecht und ggf Beweislastumkehr arbeitet (oben Rn 91). Anders liegt es nur bei der ausdrücklichen und klaren Vereinbarung wechselseitiger Ermächtigungen. Welche Schwierigkeiten die Differenzierung nach der Art der jeweiligen Widerrufsbefugnis hervorruft, illustriert auch eindrucksvoll die zur Umwandlung von Oder- in Und-Konten ergangene Entscheidung BGH ZIP 1990, 1538 ff.

95 Für die Behandlung **widersprechender Weisungen** ist zunächst von der allgemeinen Prämisse auszugehen, dass das Wahlrecht der Bank gem § 428 beim Oder-Konto abbedungen ist. Die Bank muss grundsätzlich nach dem Willen der Parteien an denjenigen leisten, der die Leistung verlangt. Ansonsten ist die Rechtslage strittig.

Wer bei einseitigem Widerrufsrecht wechselseitig widerrufliche Einziehungs- und Verfügungsermächtigung annimmt, müsste im Fall der Erteilung einer widersprechenden Weisung einen konkludenten Widerruf der Verfügungsmacht sehen, sodass die Bank warten muss und darf, bis sie übereinstimmende Weisungen erhält (so Staudinger/Huber[12] Rn 58; iE ebenso LG Hannover WM 1972, 639). Nach der hier vertretenen Auffassung sind wechselseitige Einziehungs- und Verfügungsermächtigungen jedoch idR nicht anzunehmen (oben Rn 94). Nach anderer Meinung hat bei widersprechenden Weisungen die Bank jeweils die letzte durchzuführen (Canaris BankvertragsR Rn 226; Rieder WM 1987, 29, 32), da die zweite Weisung einen Widerruf iS des § 130 Abs 1 S 2 enthalte. Nach wiederum **aA** soll vertraglich aber gerade die Durchführung der ersten Weisung gewollt sein (Prioritätsprinzip, so Wagner WM 1991, 1146 f). Dem widerspricht LG Hannover WM 1972, 639 (keine Weisung ist zu befolgen).

96 Im Grunde handelt es sich bei der Streitfrage mE um ein nur differenziert lösbares logisches Dilemma: Sicher liegt es in der Konsequenz des § 428, das Prioritätsprinzip anzuwenden (so Wagner WM 1991, 1146 f). Da aber die Oder-Berechtigung iE dazu führen soll, dass jeder wie ein Alleininhaber verfügen kann und ein Alleininhaber seine Weisung vor deren Ausführung selbstverständlich widerrufen könnte, liegt es ebenso nahe, die zweite Weisung für maßgeblich zu halten (so Canaris, BankvertragsR Rn 226;; allerdings bis zur Grenze des § 826). Freies Belieben der Bank entspricht bei gleichzeitiger Forderung aller Gläubiger zwar § 428; forderte ein alleiniger Gläubiger allerdings gleichzeitig Zahlung an X wie auch an Y, wären seine entsprechenden Erklärungen zweifelsohne infolge Perplexität unbeachtlich. ME verbieten sich daher schematische Lösungen.

97 Zunächst wird man davon ausgehen müssen, dass die Bank berechtigt, aber nicht unbedingt verpflichtet ist, durch Rückfrage bei dem anderen Kontoinhaber Klarheit herbeizuführen und ggf den Guthabenbetrag unter Verzicht auf die Rücknahme zu hinterlegen (Riederer WM 1987, 32; zur Rückfrage auch Canaris, BankvertragsR Rn 226; zum Gemeinschaftsdepot LG Frankfurt aM WuB I C 3, 651 mit Anm Hadding).

98 Sodann wird man Fälle auszugrenzen haben, bei denen die Bank ohne weiteres auch bei einem Alleininhaber nur die *erste* Weisung beachten würde (Beispiel: A überweist Euro 1.000 an X, B sodann Euro 1.000 an Y; das Guthaben beträgt jedoch nur Euro 1.000). Hier gilt das Prioritätsprinzip, sofern der Bank nichts Gegenteiliges bekannt ist. Es läge in der Verantwortung der Kontoinhaber, der Bank einen ausdrücklichen Widerruf kundzutun, genauso wie dies dem Alleininhaber obläge, wenn er trotz beschränkten Guthabens die Ausführung der zweiten Überweisung wünschte. Ebenso gibt es Fälle, bei denen die Bank ohne weiteres auch bei einem Alleininhaber nur die *zweite* Weisung zu beachten hätte (Beispiel: A überweist einen „normalen" Betrag zur Begleichung einer Rechnung an X; B widerruft diesen Auftrag ausdrücklich unter Erteilung eines gleichlautenden Überweisungsauftrages für Y bei gleicher Rechnungsnummer). Hier besteht für die Bank keinerlei Anlass, anders zu verfahren als im Falle eines Alleininhabers. Genauso mag es liegen, wenn – ohne dass der Bank Anhaltspunkte für einen Streit über die Guthabenberechtigung vorliegen – A Überweisung des Guthabens auf sein Konto verlangt, B danach unter Widerruf des ersten Überweisungsauftrages Überweisung des Guthabens auf das

seinige. Verfügungen über Guthaben liegen grundsätzlich in der Verantwortung der Berechtigten.

99 Von den Fällen bloßer Verfügung über ein Kontoguthaben oder auch einen entsprechenden Kreditrahmen ist jedoch das Begehren nach **Änderung der Verfügungsbefugnis** insgesamt abzugrenzen (dazu eingehend WAGNER NJW 1991, 1791 ff). Beispiel: Ein Ehegatte verlangt einseitig die Umwandlung des Oder-Kontos in ein Und-Konto („Sperrung") oder Führung als alleiniges Konto, der andere Ehegatte verlangt sodann Zahlung des Guthabens an sich (vgl dazu OLG Hamm BeckRS 2010, 08045).

Enthalten die jeweiligen AGB oder die konkreten Kontoeröffnungsvereinbarungen eine entsprechende Befugnis zur Umwandlung (ausdrücklich, als Minus oder ggf konkludent), besteht für die Maßgeblichkeit der zweiten Weisung kein Raum: Mit Zugang der ersten Weisung entsteht ein Und-Konto (BGH ZIP 1990, 1540 mwNw zum Meinungsstand, insbes wann eine solche Befugnis anzunehmen ist; OLG Hamm BeckRS 2010, 08045); ein späteres diesbezügliches Verlangen des zweiten Kontoinhabers geht ohne Einverständnis des ersten in die Leere (diff insbes unter AGB-Aspekten WAGNER NJW 1991, 1790 ff). Fehlt eine solche Umwandlungsbefugnis, so ist zweifelhaft, ob allein aus der Oder-Berechtigung die einseitige Möglichkeit zur Umwandlung in ein Und-Konto oder Einzelverfügungsbefugnis folgt (vgl BGH ZIP 1990, 1539; BGM WM 1993, 141 mwNw; **aA** OLG Köln WM 1989, 1888; vgl ferner OLG Celle WM 1995, 1871 sowie KÖNDGEN NJW 1996, 561, der einstweiligen Rechtsschutz für den richtigen Weg hält). An wen aber soll die Bank im Beispielsfall Auszahlungen vornehmen? Was hätten die Parteien vereinbart, wenn sie diesen Fall vorausbedacht hätten (§§ 133, 157, 242)? ME regelmäßig Zahlung an keinen Einzelnen, denn dies hält den potenziellen Schaden am geringsten, und daran haben alle Parteien gleichermaßen ein offensichtliches Interesse, jedenfalls solange niemand weiß, wen er trifft. – Zu Recht weist allerdings WAGNER (NJW 1991, 1795) darauf hin, dass Banken und Sparkassen angesichts des gegenwärtigen Erkenntnisstandes durchaus in der Lage wären, dem Massengeschäft weitgehend formularmäßig gerecht zu werden und dass sie als AGB-Verwender durchaus die Verpflichtung haben, Rechte und Pflichten ihrer Kunden möglichst klar und überschaubar darzustellen (vgl dazu auch KÖNDGEN NJW 1996, 561; HADDING WM Sonderheft 1994, 4 f; eingehend zur AGB-Thematik OLG Hamm BeckRS 2010, 08045).

100 Die **Ausgleichspflicht** zwischen Ehegatten ist während intakter Ehe idR ausgeschlossen (BGH WM 1990, 239, 240; BAUMBACH/HOPT, BankGesch A/39; MünchKomm/SELB § 430 Rn 1; LENKAITIS/MESSING ZBB 2007, 364, 365 f). Das folgt allerdings nicht aus dem Bestehen der Ehe, sondern aus der Vereinbarung der Berechtigten eines Oder-Kontos, die insoweit eine Regelung im Innenverhältnis getroffen haben (OLG Düsseldorf NJW-RR 1999, 1095; OLG Karlsruhe NJW-RR 1990, 1295). Es *kann* daher auch bei intakter Ehe ein Ausgleichsanspruch bestehen. Auch hier muss daher von demjenigen, der mehr als die Hälfte des Guthabens für sich verwendet hat, der Beweis geführt werden, dass, abweichend von § 430, keine Ausgleichung stattfinden sollte (BGH WM 1990, 239, 240; BGH WM 1993, 1005). Das wird ihm jedoch idR gelingen, da bei intakter Ehe aus ausdrücklichen oder stillschweigenden Vereinbarungen sowie Zweck und Handhabung des Kontos oder den Vorschriften über die eheliche Lebensgemeinschaft (§ 1357) zu folgern ist, dass „etwas anderes" iS des § 430 bestimmt sein soll (BGH WM 1990, 239, 240, WEVER FamRZ 2000, 1001; zutr einschränkend aber für missbräuchliche Entnahmen OLGR Saarbrücken 2003, 5). Nach der Trennung dagegen fallen die Vereinbarun-

gen über das Innenverhältnis meist weg; die Zweckbestimmung des Oder-Kontos liegt in der Finanzierung der gemeinsamen Lebensführung. Die Vereinbarung im Innenverhältnis ist daher so auszulegen, dass auf Ausgleichsansprüche nur insoweit verzichtet wird, als Abhebungen während des Zusammenlebens erfolgen (OLG Karlsruhe NJW-RR 1990, 1285). Für Verfügungen nach der Trennung bleibt es daher bei der Ausgleichspflicht (BGH WM 1990, 239, 240; NJW 2000, 2348; OLG BremenNJW 2014, 2129; Baumbach/Hopt, BankGesch A/39; MünchKomm/Selb § 430 Rn 1; Büte FuR 2007, 397 ff, 455 ff). Dies kann auch für ungewöhnliche eigenmächtige Verfügungen, insbesondere kurz vor Trennung, gelten (OLG Düsseldorf NJW-RR 1999, 1090; Wever FamRZ 2000, 1001). Beim Oder-Depot ist zwischen der Eigentumslage an den verwalteten Wertpapieren und den Rechten aus der Depotverwahrung zu unterscheiden (BGH NJW 1997, 1435); zur Eigentumslage vgl § 742 Rn 14.

101 Die Insolvenz des einen berührt den Fortbestand des Giro- und Kontokorrentverhältnisses mit dem anderen nicht; die Bank kann auch nach Insolvenzeröffnung auf das Konto eingezahlte Beträge wirksam mit dem Schuldsaldo verrechnen, und der Mitinhaber haftet weiter gesamtschuldnerisch auf Ausgleich eines Debet-Saldos (BGHZ 95, 185, 186; Riedler WM 1987, 29, 31; Baumbach/Hopt, BankGesch A/39). Auch das ist Folge der rechtlichen Selbstständigkeit der Forderungen (§ 428).

dd) Abgrenzung: Und-Konto

102 Kraft Vereinbarung entsteht demgegenüber ein sog Und-Konto, wenn mehrere Personen, für die Bank erkennbar, zu Mitgläubigern der Guthabenforderung gemacht werden sollen (Canaris, BankvertragsR Rn 231; HansOLG Hamburg NZG 2000, 784). Unzureichend ist allerdings die Einräumung der Zeichnungsbefugnis, auch wenn die Mitwirkung des Zeichnungsbefugten bei allen Verfügungen über das Konto erforderlich ist (Canaris, BankvertragsR Rn 231; BGHZ 61, 72, 76).

103 Kraft Gesetzes kann das Und-Konto als Konto mehrerer **Miterben** entstehen: „Das Konto steht den Miterben zur gesamten Hand zu. Da die Bank nach § 2039 nur an alle Erben gemeinschaftlich leisten kann und diese nach § 2040 Abs 1 nur gemeinschaftlich über die Einlagenforderung verfügen können, ist das Gemeinschaftskonto ipso iure ein Und-Konto" (Canaris, BankvertragsR Rn 231, 204). Nach hM ist die Rechtsnatur des Und-Kontos nach dem zwischen den Kontoinhabern bestehenden Verhältnis zu beurteilen. Liegt Gesamthandsgemeinschaft vor, so handelt es sich um eine Gesamthandsforderung, ansonsten um Bruchteilsgemeinschaft (Canaris, BankvertragsR Rn 232; Schebesta WM 1985, 1329, 1330; Hansen 118 ff). Daneben liegt kein Fall des § 432 vor, weil die Befugnis eines jeden Kontoinhabers, Leistung an alle zu verlangen, nicht dem mit der Einrichtung eines Und-Kontos verbundenen Sicherungs- und Kontrollzweck und damit nicht dem mutmaßlichen Parteiwillen entspricht (Canaris, BankvertragsR Rn 232; Hansen 114 ff; MünchKomm/K Schmidt § 741 Rn 55; Schebesta WM 1985, 1329, 1330; HansOLG Hamburg NZG 2000, 784; **aA** Rieder WM 1987, 29, 33 ohne Begr). Die Kontoinhaber können gem § 747 S 2 nur gemeinschaftlich über die Einlageforderung verfügen (Canaris, BankvertragsR Rn 232). Etwas anderes gilt nur, wenn die Kontoinhaber es ausdrücklich mit der Bank vereinbart haben. Bei einem Und-Konto kann der Anteil des Einzelnen *gepfändet* werden, da insofern keine selbstständigen Rechte der Mitinhaber an der ganzen Forderung bestehen (Wagner WM 1991, 1145, 1150; Schebesta WM 1985, 1329, 1331).

104 Bei *Insolvenz* eines Kontoinhabers eines Und-Kontos verliert der Gemeinschuldner seine Mitverfügungsbefugnis; an seine Stelle tritt der Insolvenzverwalter, der nunmehr zusammen mit den übrigen Kontoinhabern verfügen kann. Die Bruchteilsgemeinschaft wird durch die Insolvenz eines Mitkontoinhabers nicht berührt. Allerdings kann der Insolvenzverwalter Aufhebung der Gemeinschaft nach § 749 verlangen (Schebesta WM 1985, 1329, 1332).

ee) Anwendbarkeit des Gemeinschaftsrechts

105 Gesamtgläubigerschaft iSv § 428 begründet zwischen den Gesamtgläubigern mE ein Gemeinschaftsverhältnis (krit K Schmidt, in: FS Hadding [2004] 1108; der dort erhobene Vorwurf gegenüber der Neubearb 2002 – ebenso wohl Hadding, in: FS Canaris [2007] 385 Fn 30 – betrifft die Formulierung, nicht aber den Inhalt. Es wurde nicht behauptet, nach „hM" bestehe eine „Bruchteilsgemeinschaft" gem §§ 741 ff; auch was in Abweichung von § 430 „first come, first serve" gilt, besteht eine Art von Rechtsgemeinschaft, nämlich Korrealberechtigung, und deren Grundlagen sowie Rechtsfolgen sind im Einzelfall festzustellen. Zum allgemeinen Begriff „Gemeinschaft" vgl Vorbem 3 f). Konstruktionsfragen (haben alle Gläubiger nur eine gemeinschaftliche Forderung mit der Besonderheit, dass jeder für sich Einziehungsbefugnis und Empfangszuständigkeit hat? Oder hat jeder Gläubiger eine eigene Forderung, mit der Eigenart, dass sie erlischt, wenn die des anderen Gesamtgläubigers befriedigt wird? Besteht also „Korrealberechtigung" oder „Solidarberechtigung"?) sind beiseite zu lassen. Ausschlaggebend ist die *Ausgleichspflicht nach § 430* (beim Fehlen einer Ausgleichspflicht, wie im Fall des § 2151 Abs 3, besteht deshalb keine Gemeinschaft). § 430 zeigt, dass die Gläubiger im Verhältnis untereinander mitberechtigt sind (zu gleichen oder zu den sich aus dem besonderen Entstehungsgrund der Gesamtforderung ergebenden unterschiedlichen Teilen); nur dem Schuldner gegenüber ist jeder Gläubiger berechtigt, die Forderung selbstständig einzuziehen. Im Verhältnis der Gesamtgläubiger untereinander gilt die Verwaltungsregelung der §§ 744 f und die Kostenregelung des § 748. Die Gesamtgläubiger können deshalb zB mit Mehrheit beschließen, einen Vergleich abzuschließen oder einen Anwalt mit der Prüfung der Rechtslage zu beauftragen. Das erscheint als eine passende Regelung, wenn man sich Fälle wie die Gesamtgläubigerschaft mehrerer Sozialversicherungsträger (vgl dazu § 117 SGB X; Erman/Böttcher § 428 Rn 12) oder auch den Fall der mit dem Schuldner vertraglich vereinbarten Ehegattengesamtgläubigerschaft (oben Rn 83) vorstellt.

106 Im Innenverhältnis können §§ 742 ff neben § 428 anwendbar sein. Die Befugnis des einzelnen, Leistung an sich zu fordern, widerspricht jedenfalls nicht dem Wesen der Bruchteilsgemeinschaft, da die Teilhaber abweichend von § 744 und § 747 S 2 Einzelne mit der Verwaltung betrauen und diese zur Verfügung über den Gesamtgegenstand ermächtigen können (Palandt/Sprau § 744 Rn 2; § 747 Rn 4). Vor allem ist Gemeinschaftsrecht die passende Regelung, wenn *Ehegatten ein gemeinschaftliches Konto* innehaben. Es ist nicht sinnvoll, die Anwendung des Gemeinschaftsrechts davon abhängen zu lassen, in welcher Form sie das gemeinschaftliche Konto führen: als Oder-Konto ohne Widerrufsrecht oder mit Widerrufsrecht, oben Rn 87 ff, als Und-Konto, oder als Konto nur eines Ehegatten mit stiller Zession eines Bruchteils an den anderen (wie im Fall BGH WM 1966, 679, dazu Rn 37). Zuzugeben ist, dass die durch § 428 begründete Selbstständigkeit des einzelnen Gläubigers – vor allem die Möglichkeit, durch Erlassvertrag mit dem Schuldner aus der Gemeinschaft auszuscheiden – im Gemeinschaftsrecht ungewöhnlich ist. Das hindert aber nicht,

Gemeinschaftsrecht anzuwenden, soweit es passt. Zum Verhältnis Zugewinnausgleich und Ausgleichspflicht gem § 430 zutr mE OLG Zweibrücken NJW 1991, 1835: keine Identität der Streitgegenstände. Während intakter Ehe ist allerdings im Zweifel eine Ausgleichung gem § 430 ausgeschlossen (BGH NJW 1990, 705; OLG Zweibrücken aaO).

Zu warnen ist indes vor generalisierender Anwendung des Gemeinschaftsrechts. 107
Genau wie im Fall des § 432 (unten Rn 112 ff) kann die stets erforderliche Auslegung des konkreten Rechtsgeschäfts Abweichendes ergeben. Im Übrigen scheint allerdings die Konstellation des § 428 – mit Ausnahme des § 47 Abs 1 GBO und des Oder-Kontos – relativ wenig Bedeutung zu haben (so SELB, Mehrheit 245).

AA zur Anwendbarkeit der §§ 741 ff im Fall des § 428 RÜTTEN 184 ff: Auch bei einer 108
Ausgleichungspflicht fehlte es an einer Gemeinschaft, weil die Gesamtgläubiger keine identischen oder gleichgerichteten Interessen verfolgten. Zutreffend ist, dass die konkrete Auslegung ein anderes Gemeinschaftsverhältnis oder auch echte Gläubigerkonkurrenz ergeben kann – fehlt es hieran, so ist nicht ersichtlich, was gegen die Anwendung der §§ 741 ff sprechen sollte.

f) Verhältnis § 432 zu §§ 741 ff und unteilbare Leistungen

aa) Allgemeines

Forderungen auf *unteilbare Leistungen,* die mehreren Gläubigern zustehen, begrün- 109
den nach hM Bruchteilsgemeinschaft, wenn die Gläubiger keine Gesamthandsgemeinschaft (Gesellschaft, Gütergemeinschaft, Erbengemeinschaft) bilden (STAUDINGER/LOOSCHELDERS [2012] § 432 Rn 12 ff) und wenn nicht ausnahmsweise § 428 anwendbar ist (Rn 83 ff). Das folge prinzipiell aus § 432: Jeder Gläubiger kann nur Leistung an alle fordern und der Schuldner sich nur durch Leistung an alle befreien, dh die Gläubiger sind gemeinsame Inhaber des ungeteilten Rechts. Das grundsätzliche und konkrete Verhältnis des § 432 zur Gemeinschaft und umgekehrt ist allerdings dogmatisch weitgehend ungeklärt (vgl HADDING, in: FS E Wolf 108: „Probleme der Gläubigermehrheit eher stiefmütterlich behandelt"; ausf ders, in: FS Canaris [2007] 379).

Überwiegend wird ohne allzu nähere Begründung einerseits davon ausgegangen, 110
dass Forderungen der Gemeinschaft solche iS des § 432, also im „rechtlichen Sinne" unteilbar seien. Andererseits wird unterstellt, dass bei Anwendbarkeit des § 432 das Innenverhältnis der Gläubiger sich grundsätzlich nach §§ 741 ff richte (vgl STAUDINGER/LOOSCHELDERS [2012] § 432 Rn 24). Dabei werden verschiedene Probleme mE nicht hinreichend klar auseinandergehalten.

Zunächst geht es um die Frage, wie die „Bruchteilsgläubigerschaft" iS der §§ 741 ff (so der Begriff bei RÜTTEN 75 ff) *im Außenverhältnis* wirkt: Entstehen real geteilte Forderungen (§ 420) bzw Mitberechtigungen nach § 428 oder nach § 432? Davon zu unterscheiden ist der umgekehrte Fall, ob bei „Gesamtleistungsgläubigerschaft" (so der Begriff von HADDING, in: FS E Wolf 111, oder in der Terminologie der Rspr „Mitberechtigung nach § 432") *im Innenverhältnis* §§ 741 ff anwendbar sind (oder präziser: im Verhältnis der Rechtszuständigkeit der Teilhaber untereinander, im Außenverhältnis besteht *ein Recht).* Zu unterscheiden sind demnach im Wesentlichen zwei Problemkreise:

(1) Ist für Forderungen, die im Zusammenhang mit Bruchteilsgemeinschaften entstehen, eine eigenständige Gläubigerschaft zu fordern oder sind diese jedenfalls „unteilbar" iS des § 432?

(2) Finden auf eine im natürlichen oder sonstigen Sinne unteilbare Forderung, die mehreren Mitgläubigern gem § 432 zusteht, §§ 741 ff Anwendung?

111 Die dabei auftretenden begrifflichen und dogmatischen Schwierigkeiten dürften ihre Ursache zum einen in der historisch wenig durchdachten Konzeption der §§ 420 ff (dazu Rütten 79) und zum anderen darin haben, dass die Lehre von der ideellen Mitberechtigung an dinglichen Rechten entwickelt wurde und sich nicht ohne weiteres auf Forderungen übertragen lässt (Rütten 62). Früher wurde die Bruchteilsgemeinschaft an Forderungen grundsätzlich abgelehnt, was im Wesentlichen auf der Teilungstheorie beruhte. Da damals das Recht selbst als geteilt gedacht wurde, schloss man, dass auch die Forderung stets von Rechts wegen (nach § 420) geteilt sein müsse. Dies verhinderte die Annahme einer Gemeinschaft, deren Voraussetzung ja das Vorhandensein eines gemeinsamen Rechts ist (dazu Rütten 62 ff, insbes 63, Fn 64, und Hansen 122 ff mwNw). Nach der Fortentwicklung der Lehre von der ideellen Mitberechtigung besteht dieser Widerspruch zu §§ 420 ff grundsätzlich nicht mehr. Der heute überwiegend vertretenen Einheitstheorie zufolge ist nicht das Recht selbst geteilt, sondern die Rechtszuständigkeit, sodass den Gemeinschaftern keine selbstständigen Teilrechte zustehen. Im Verhältnis zu §§ 420 ff bleibt jedoch ein grundlegendes systematisches Problem. Während diese (nach hM) *mehrere selbstständige Rechte* voraussetzen, steht den Teilhabern einer Gemeinschaft *ein Recht* gemeinsam zu (**aA** neuerdings Madaus AcP 212 [2012] 251, 271: jeder Teilhaber habe ein eigenes Vollrecht).

bb) Meinungsstand

112 **(1)** Nach hM ist § 432 auch auf Forderungen anwendbar, die der Gemeinschaft zustehen, während umgekehrt §§ 741 ff sich auf das Verhältnis der Gemeinschafter gem § 432 beziehen (im Einzelnen Staudinger/Looschelders [2012] § 432 Rn 24 ff). Die Mitgläubigerschaft iS des § 432 kann demnach auf natürlicher oder rechtlicher Unteilbarkeit einer Leistung beruhen. Die Forderung einer Gemeinschaft ist nach dieser Auffassung infolge ihrer Zweckbindung idR rechtlich unteilbar, weil die Verwaltung des gemeinschaftlichen Rechts nur den Teilhabern gemeinschaftlich zusteht und über den gemeinschaftlichen Gegenstand im Ganzen auch nur gemeinschaftlich verfügt werden kann (vgl BGH NJW 1983, 2020; BGH NJW 1958, 1723; KG BeckRS 2013, 396 unter B.I. 2.c; Madaus AcP 212 [2012] 251, 272). Die Vermutung des § 420 sei durch Entstehungsgrund und Zweck der Leistung widerlegt. Daneben sei im Einzelfall entspr § 747 S 2 die Geltendmachung der Forderung durch alle möglich. § 754 S 2 gebe hierzu einen Anspruch auf gemeinschaftliche Einziehung, was aber die Anwendung des § 432 nicht ausschließen soll. Einzelfälle aus der Rspr: Schadensersatzansprüche einer Wohnungseigentümergemeinschaft gegen den Verwalter (BGHZ 106, 226); Schadensersatzansprüche der Gemeinschaft gegen Dritte (BGHZ 121, 25), anders bei individuellen Schäden (BGH NJW 1992, 182 f); Anspruch von Ehegatten auf Übereignung eines Grundstücks zu Miteigentum (BayObLGZ 1992, 136); Schadensersatzanspruch statt der Leistung (§ 280 Abs 3) nach Abschluss eines Grundstückskaufvertrages (BGH NJW 1984, 796); Rückübertragung einer von Miteigentümern gemeinsam bestellten Grundschuld (BGHZ 187, 169; BGH DNotZ 1985, 551; KG

BeckRS 2013, 396; OLGReport Frankfurt 2008, 654); Vorschuss zur Mängelbeseitigung bei gemeinsamem Hauskauf durch Eheleute (BGHZ 94, 119 f); Pachtzinsforderungen einer Bruchteilsgemeinschaft (BGH NJW 1983, 2020; OLG Hamm RNotZ 2013, 365); Mietzinsanspruch mehrerer Eigentümer (BGH WM 1983, 604; BGH NJW 1958, 1723; BGH NJW-RR 1994, 855; OLG München NZM 1998, 474; auch nach Realteilung OLG Brandenburg WuM 2006, 272); Ansprüche mehrerer Mieter gegen Untermieter (BGH NJW 1969, 869); Schadensersatzanspruch, soweit aus Verletzung von gemeinschaftlichen Hausratgegenständen hervorgehend (BGH NJW 1984, 796; OLG Koblenz NJW-RR 1992, 707). – Im deutlichen Gegensatz dazu wird nach mittlerweile ganz hM § 432 bei der *Gesamthand durch die Regelung der Verwaltung verdrängt* (statt aller Palandt/Grüneberg § 432 Rn 4 ff; Staudinger/Looschelders [2012] § 432 Rn 13 ff).

(2) Nach der Gegenansicht schließen sich §§ 432 und 741 wechselseitig bereits tatbestandlich aus (so Soergel/Hadding § 741 Rn 13; Hadding, in: FS E Wolf 107 ff; ders, in: FS Canaris [2007] 379 ff). Rechtssystematisch unterscheide sich die Bruchteilsgemeinschaft hinsichtlich einer Forderung von den Gläubigermehrheiten bereits dadurch, dass bei Letzteren mehrere Forderungen bestehen; „so viele Forderungen als Gläubiger", während bei § 741 nur ein Recht mehreren zustehe (s auch Enneccerus/Lehmann § 96 I 2 und Esser/Schmidt § 38 III 2 zur Mehrheit der Forderungen im Falle des § 432). § 432 setze im Übrigen den individuellen Leistungsanspruch schon voraus, begründe also nicht etwa einen Anspruch für einen Gläubiger aus einer engeren Bindung, die eine gesetzliche oder vertragliche Regelung der Geschäftsführung enthält (Hadding, in: FS E Wolf 113 f, 120). **113**

(3) Für erweiternde Auslegung tritt ein MünchKomm/K Schmidt (Rn 47: „Korrektur des Gesetzeswortlauts"), für analoge Anwendung des § 432 im Falle der Bruchteilsgemeinschaft Staudinger/Huber[12] (Rn 63). Zwar sei dem Wortlaut nach § 432 nicht anwendbar, wenn die Leistung (Forderung) an sich im natürlichen Sinne teilbar sei. Unteilbarkeit folge grundsätzlich auch nicht aus der Tatsache, dass das Recht mehreren gemeinschaftlich zustehe. § 432 meine ersichtlich einen anderen Fall, sodass nicht auf das „fragwürdige Argument" (Staudinger/Huber[12]) einer rechtlich unteilbaren Leistung zurückzugreifen sei. Allerdings sei iE die Interessenlage weitgehend die gleiche, wenn das Schuldverhältnis inhaltlich so ausgestaltet sei, dass die Leistungen nur an alle Gläubiger gemeinschaftlich erfolgen könne. Die Anwendung des § 432 auf alle Bruchteilsgläubiger entspreche daher dem *Gebot der Sachgerechtigkeit* (MünchKomm/K Schmidt Rn 48). **114**

(4) Vermittelnde Ansichten stellen eher auf die Art des Rechtsverhältnisses ab (Larenz I § 36 I b; ders JherJb 83 [1933] 171 ff; ähnl Selb § 17 I 2, 264 f: § 432 ist nur auf bestimmte Bruchteilsgemeinschaften anwendbar). § 432 setze mehrere selbstständige Forderungen voraus; hieran fehle es, wenn durch eine bestehende Bruchteilsgemeinschaft ein Recht erworben werde. Begründeten mehrere dagegen eine unteilbare Forderung, sei § 432 neben den §§ 741 ff anwendbar. In diesem Falle habe aber jeder eine „bis zu einem gewissen Grade selbstständige Forderung" (so Larenz § 36 I b). **115**

(5) Grundlegend Rütten, Mehrheit von Gläubigern (1989) 78 f: Die Gesamtleistungsgläubigerschaft nach § 432 könne zugleich ein Fall der Gemeinschaft bzw Bruchteilsgläubigerschaft und umgekehrt sein; entscheidend sei in jedem Fall *die Auslegung des konkreten Rechtsgeschäfts.* Unschädlich sei zunächst, dass § 432 an **116**

sich mehrere Forderungsrechte voraussetze, die Gemeinschaft aber auf der Vorstellung eines geteilten Rechts beruhe. Historisch sei die Rechtsfigur der Mitgläubigerschaft im Verhältnis zur Bruchteilsberechtigung von Anfang an unklar gewesen. Entscheidend sei allein, dass die Gläubiger einer unteilbaren Leistung „etwas gemeinsam" haben, nämlich gemeinsam fordern können und niemand die Leistung an sich selbst verlangen dürfe. Die Unteilbarkeit folge nicht zwingend aus Geschäften einer Gemeinschaft, sondern jeweils nur aus der Auslegung des Geschäfts. Ergebe diese, dass die Leistung ungeteilt erbracht werden soll, liege „rechtliche Unteilbarkeit" vor (15, 86 ff).

cc) Stellungnahme

117 ME ist Rütten weithin zu folgen. Im Grundsatz führt weder das Vorliegen der Tatbestandsvoraussetzungen der §§ 741 ff zur Anwendbarkeit des § 432 im Außenverhältnis noch umgekehrt § 432 zur Gesamtleistungsgläubigerschaft iS des § 741. Entscheidend sind vielmehr in erster Linie die Umstände des konkreten Rechtsgeschäfts unter Berücksichtigung der beteiligten Interessen. Man muss sich mE deutlich klarmachen, dass es sich regelmäßig um Interessenkonflikte im Drei-Personen-Verhältnis handelt: Verhältnis des Schuldners zum fordernden Gläubiger, Verhältnis zwischen den Gläubigern insgesamt und schließlich der übrigen Gläubiger im Verhältnis zum Schuldner. Insbesondere überzeugt die hM mit der gegebenen formelhaften Begründung nicht, wenngleich ihre Ergebnisse wohl regelmäßig der hier vertretenen Auffassung entsprechen. Folgende Überlegungen sind maßgebend:

(1) Historisch sind weder die Bestimmungen der §§ 420 ff in sich noch gar deren Verhältnis zu §§ 741 ff und umgekehrt geklärt (dazu mwNw Rütten 79; Hadding, in: FS E Wolf 108 ff).

(2) Der Wortlaut des § 432, aber auch der §§ 741 ff ist begrifflich unergiebig. Versuche, den begrifflichen Widerspruch zwischen der Gemeinschaft und der Mehrheit von Forderungen dadurch zu klären, dass es sich bei Forderungen nach § 432 nicht um materiellrechtliche, sondern nur prozessrechtliche iS einer Prozessstandschaft zur Geltendmachung eines gemeinschaftlichen Rechts handele (Nachw bei Roth FamRZ 1979, 361 ff) überzeugen als begrifflich-konstruktive Aspekte letztlich nicht.

(3) Das systematische Verhältnis zwischen § 432 und §§ 741 ff lässt sich im Grunde nicht überzeugend klären, der konkrete Telos der Vorschriften liegt insoweit im Dunkeln. § 754 S 2 steht jedenfalls einer unbeschränkten Anwendung des § 432 entgegen (**aA** MünchKomm/K Schmidt Rn 48).

(4) Was die Teilbarkeit einer Leistung anbetrifft, kann man nicht bei der Teilbarkeit im natürlichen Sinne oder einer wie auch immer gearteten rechtlich-subjektiven Teilbarkeit verharren. Bei vertraglich begründeten Forderungen entscheidet stets der Parteiwille, ob eine bestimmte Leistung von mehreren gemeinsam oder auf mehrere verteilt erbracht werden soll oder nicht. Maßgebend sind die „erkennbar gewordenen Vorstellungen der Parteien bei Vertragsschluß" (Rütten 15). Der Vertrag als privatautonom gestaltetes, wechselseitig interdependentes System von Rechten und Pflichten macht es stets erforderlich, die einzelnen Leistungshandlungen der einen Vertragspartei in Relation zu der von der anderen Partei versprochenen

Gegenleistung zu sehen (Langhein ZIP 1985, 388); zudem sind die besonderen Probleme des unter den Gläubigern bestehenden Gemeinschaftsverhältnisses zu berücksichtigen.

118 Sowohl der Schuldner als auch die Teilhaber können im Einzelfall ein äußerst gewichtiges Interesse daran haben, dass zunächst der Weg des § 754 beschritten wird. § 432 kann ferner unzweckmäßig sein, wenn die Teilhaber sich über die Verwaltung verständigt und dies zusätzlich mit dem Schuldner vereinbart oder ihm jedenfalls mitgeteilt haben. Ebenso wie bei der Gesamthand nach heutiger Erkenntnis die Anwendung des § 432 nicht angemessen ist, kann dies grundsätzlich aus ganz ähnlichen Gründen auch bei der Bruchteilsgemeinschaft der Fall sein (beispielhaft auch BGHZ 94, 123: Trotz Vorliegen der Voraussetzungen des § 432 könne es sach- und interessengerecht sein, dass ein Bruchteilsgläubiger Gesamtleistung an sich verlangt; BGHZ 106, 226: Die Sonderregeln der WEG können gegen einen Rückgriff auf § 432 sprechen; ähnlich wohl BGH NJW-RR 1994, 854 f; BGB-RGRK/Weber § 432 Rn 3; Hadding, in: FS E Wolf 120: „ begegnet allen Bedenken die gegen diese zweifelhafte Kategorie schon bei Personalgesellschaften vorgebracht worden sind").

119 Bei **kraft Gesetzes entstehenden Forderungen** ergibt sich allerdings in der Tat das Problem, dass diese nicht ohne weiteres mit rechtsgeschäftlich begründeten gleichzusetzen sind (Rütten 92). Geteiltheit, Ungeteiltheit und Art der Bruchteilsberechtigung ergeben sich hier nicht durch Auslegung. Der BGH (zB BGHZ 121, 24) und die hM wenden weitgehend § 1011 auf diese Ansprüche an, mit der Folge, dass jeder die in Frage stehenden Ansprüche in Hinsicht auf die ganze Sache geltend machen kann, allerdings nur gem § 432. Die Vermutung des § 420 sei durch den besonderen Entstehungsgrund der Schadensersatzforderung widerlegt, oder kraft Surrogation trete der entsprechende Anspruch an die Stelle der Sache (vgl Rütten 92 f mwNw).

120 Andere halten eine extensive Interpretation des § 1011 für sachgerecht (Staudinger/Gursky [2012] § 1011 Rn 2). Nach der Gegenposition (Flume, Personengesellschaft § 8, 113 f) steht bei Verletzung von Miteigentum jedem Teilhaber ein eigener Anspruch auf Schadensersatz zu, dessen Höhe sich nach dem Anteil bemesse, den die Verletzung im Vermögen des einzelnen Teilhabers verursacht hat. Rütten (94 f) differenziert demgegenüber zutreffend die Frage der Berechnung des Schadensersatzanspruchs, die individuell zu erfolgen habe, einerseits, und andererseits, ob der errechnete Ersatzanspruch nur oder auch gemeinsam eingezogen werden kann. Im Prinzip habe jeder der Miteigentümer einen eigenen Schaden und demzufolge auch einen eigenen Schadensersatzanspruch (96). Allenfalls bei Ansprüchen auf Ersatz für Nutzungen oder bei Ansprüchen auf Ersatz im Rahmen des Eigentümer-Besitzer-Verhältnisses könne – iE von Rütten abgelehnt – eine Analogie zu § 1011 in Betracht kommen. – ME ist der Differenzierung von Rütten im Ansatz, nicht ohne weiteres aber iE zu folgen. Der bezifferbare individuelle Schaden eines Bruchteilsgläubigers ist unzweifelhaft unmittelbar zu errechnen und kann idR ohne Bedenken direkt und unmittelbar zu ersetzen sein. Direkter Ersatz von Schäden an der gemeinschaftlichen Sache selbst gerät allerdings in Konflikt mit der gemeinschaftlichen Verwaltung sowie Lasten- und Nutzentragung. Im Grundsatz ist daher auch hier eine Einzelfallabwägung unter Berücksichtigung aller beachtlichen Interessen erforderlich, die zwar nicht auf die Auslegung des konkreten Rechtsgeschäfts, wohl aber auf Sinn und Zweck der jeweiligen Schadensersatzpflicht unter Berücksichtigung des konkreten

Gemeinschaftsverhältnisses abstellen kann (so auch BGHZ 121, 26 f). Im Zweifel mag dabei eine analoge Anwendung des § 1011 geboten sein. Das Entscheidungsmaterial berücksichtigt zumeist in der Begründung, nicht aber im dogmatischen Ansatz diese bei gesetzlichen Ansprüchen (eher objektive) Interessenabwägung.

g) Gemeinschaftliche Forderungen auf teilbare Leistungen

121 Begründen mehrere Personen rechtsgeschäftlich eine gemeinschaftliche Forderung auf eine teilbare Leistung, so ist fast durchweg die **Auslegungsregel des § 420**, dass reale Teilforderungen entstehen, **durch Inhalt und Sinn der Vereinbarung widerlegt** (vgl auch Rn 51). Das gilt vor allem für *Forderungen, die bei Verwaltung oder Verwertung von Bruchteilsvermögen* begründet werden. So stehen, wenn *Miteigentümer ein gemeinschaftliches Haus gemeinsam verkaufen oder vermieten,* Kaufpreisanspruch und Mietanspruch in voller Höhe den Teilhabern gemeinsam zu (vgl zum gemeinschaftlichen Verkauf OLG Düsseldorf WM 1998, 1879; MünchKomm/K Schmidt § 747 Rn 29; Palandt/Grüneberg Vorbem 12 vor § 420; zur gemeinschaftlichen Vermietung § 743 Rn 5 ff mwNw). Gelegentlich kommt es vor, dass *Ehegatten gemeinschaftlich vermieten,* auch *wenn das Haus nur einem von ihnen gehört;* auch dann steht der Mietanspruch idR in Bruchteilsgemeinschaft. Das Gleiche gilt, wenn *mehrere Mieter gemeinsam untervermieten* (BGH NJW 1969, 839). *Guthaben auf gemeinschaftlichen Bankkonten* und *gemeinschaftliche Wertpapierdepots* stehen den Inhabern in Bruchteilsgemeinschaft zu, wenn sie als „Und-Konten" (mit gemeinsamer Verfügungsbefugnis) errichtet sind (dazu oben Rn 102). Beim Oder-Depot ist zwischen der Eigentumslage an den Wertpapieren, für welche die Vermutung des § 1006 gilt, und den Rechten aus der Depotverwahrung zu unterscheiden (BGH NJW 1997, 1435; OLG Karlsruhe ZErb 2007, 457). Auch *Versicherungsforderungen* können in ungeteilter Bruchteilsgemeinschaft erworben werden, so zB wenn Bruchteilsberechtigte den gemeinschaftlichen Gegenstand gemeinsam versichern (vgl OLG Frankfurt NJW-RR 1996, 102). Eine Sonderform ist die Lebensversicherung verbundener Leben (dazu Leitzen RNotZ 2009, 129, 133; Sasse VersR 1956, 752). Sie begründet jedenfalls dann eine Gemeinschaft nach Bruchteilen, wenn es sich um eine Erlebensfall- oder um eine kombinierte Todes- und Erlebensfallversicherung handelt und beide Versicherungsnehmer bezugsberechtigt sind (oder wenn ein Versicherungsnehmer in widerruflicher Weise bezugsberechtigt ist). Die Rechtslage ist dann ähnlich wie beim Und- bzw wie beim einseitig widerruflichen Oder-Konto. Vgl OLG Dresden JW 1938, 1660; **aA** (Gesellschaft) AG München VersR 1956, 751; MünchKomm/K Schmidt Rn 22.

122 Auch **kraft Gesetzes** können **Bruchteilsforderungen** entstehen, die sich auf **teilbare Leistungen** richten, und zwar dann, wenn die Forderung *als Ersatz für die Entziehung, Zerstörung oder Beschädigung* eines Gegenstandes erworben wird, der seinerseits in Bruchteilsvermögen stand, zur Surrogation unten Rn 258. Das gilt etwa, wenn ein *Nichtberechtigter wirksam über den gemeinschaftlichen Gegenstand verfügt,* für den Anspruch auf Herausgabe des Erlöses (§ 816; vgl MünchKomm/K Schmidt Rn 43), wenn ein *unrechtmäßiger und verklagter, unentgeltlicher oder unredlicher Besitzer die gemeinschaftliche Sache nutzt,* für den Anspruch auf Herausgabe der Nutzungen (§§ 987, 988, 990; dazu BGH NJW 1953, 58, 59; K Schmidt aaO), oder wenn jemand *die gemeinschaftliche Sache beschädigt,* für den Anspruch aus § 823 (Larenz II § 61 I 378 Fn 1; RG LZ 1916, 326). Dasselbe gilt für den Schadensersatzanspruch bei *Zerstörung der gemeinschaftlichen Sache* (K Schmidt aaO; **aA** BGB-RGRK/vGamm Rn 8; Soergel/Hadding Rn 13; Larenz II § 61 I 378 Fn 1; ders JherJb 83 [1933] 108, 113; Esser II § 97

I 2, der die §§ 741 ff hier immerhin „im Innenverhältnis" anwenden will). Das Argument, in einem solchen Fall sei die Gemeinschaft „beendigt", ist ein Zirkelschluss, oben Rn 120. Die bisherigen Bruchteilsberechtigten sind gemeinsam geschädigt, und die Vermutung des § 420, nach der im Zweifel eine Teilforderung entsteht, ist idR durch den besonderen Entstehungsgrund der Schadensersatzforderung widerlegt. Nicht einzusehen ist, weshalb im Fall der Zerstörung etwas anderes gelten soll als im Fall der Beschädigung. Praktische Vorteile bietet die Annahme einer Bruchteilsgemeinschaft am Ersatzanspruch vor allem, wenn aus dem eingezogenen Betrag zunächst noch Kosten und Lasten (§ 748), gemeinschaftliche Schulden (§ 755) oder Ausgleichsansprüche (§ 756) zu befriedigen sind, ehe geteilt werden kann. Allerdings kann die Interessenabwägung im Einzelfall anderes ergeben (Rn 120 aE).

h) Verbindlichkeiten

Verbindlichkeiten sind keine Rechte; sie können nicht iS der §§ 741 ff in Bruchteils- **123**
gemeinschaft stehen (Fikentscher § 63 I 2; MünchKomm/K Schmidt Rn 23). Regelmäßig sind die Mitglieder einer Bruchteilsgemeinschaft, wenn sie sich im Zug der Begründung oder Verwaltung der Gemeinschaft gemeinsam verpflichten, gem § 427 Gesamtschuldner; von diesem Regelfall geht auch § 755 aus. Kaufen zB Ehegatten gemeinsam ein Grundstück, sind sie hinsichtlich der Forderung auf Übereignung und Übergabe Bruchteilsberechtigte, hinsichtlich der Kaufpreisschuld idR bei Fehlen anderweitiger Abreden Gesamtschuldner. Vermieten sie das Grundstück gemeinsam, sind sie hinsichtlich der Rechte aus dem Mietvertrag Bruchteilsberechtigte, hinsichtlich der Pflichten gem §§ 427, 431 Gesamtschuldner. Für die Rechte gilt § 432, für die Pflichten § 421 (vgl Palandt/Grüneberg Vorbem 12 vor § 420). Zu Ausnahmen aufgrund besonderer Interessenlage BGHZ 75, 27; 76, 90; OLG Karlsruhe BauR 1985, 697; Wolfensberger/Langhein BauR 1980, 498 ff – Bauherrenmodell, anders bei Bauherrengemeinschaft BGH NJW-RR 1989, 465. – Weil die Gemeinschaft iS der §§ 741 ff eine Rechtsgemeinschaft ist, keine Pflichtengemeinschaft, passen die Bestimmungen zB nicht auf die „Zählergemeinschaft" beim gemeinsamen Bezug von Energie (MünchKomm/K Schmidt Rn 26; ausf zur Zählergemeinschaft Staudinger/Vogel[10/11] Rn 2 g). Die Anwendung der §§ 278, 831 für eine Haftung der Teilhaber scheidet in aller Regel aus; § 31 greift nicht (MünchKomm/K Schmidt Rn 23).

i) Die Rechtsstellung als Partei des Schuldverhältnisses im Ganzen

Die Rechtsstellung, die die Bruchteilsgläubiger einer Forderung als Partei des **124**
Schuldverhältnisses im Ganzen einnehmen, ist kein „Recht" und kein Gegenstand des Rechtsverkehrs. § 741 ist daher nicht unmittelbar anwendbar (im Ausgangspunkt zutr Flume I 1, 114; **aA** MünchKomm/K Schmidt Rn 18). Begründen mehrere Personen, die keine Gesellschaft, Gütergemeinschaft oder Erbengemeinschaft bilden, gemeinsam ein Schuldverhältnis in der Weise, dass sie hinsichtlich der Rechte Bruchteilsberechtigte werden (dazu Rn 121), hinsichtlich der Pflichten Gesamtschuldner (Rn 123), so lässt sich hinsichtlich des Schuldverhältnisses nicht mehr sagen, als dass die Beteiligten gemeinsam Partei des Schuldverhältnisses sind. Kraft ihrer gemeinsamen Berechtigung aus dem Schuldverhältnis bilden sie eine Bruchteilsgemeinschaft. Für die Verwaltung der Rechte aus dem Schuldverhältnis gelten die §§ 744, 745. Für Verfügungen über die Rechte, die das Schuldverhältnis im Ganzen berühren und die deshalb nicht unterschiedlich getroffen werden können, ist § 747 S 1 gegenstandslos; solche Verfügungen können nach § 747 S 2 nur gemeinschaftlich vorgenommen werden (§ 747 Rn 14, 67, 69). Die Annahme, die Gläubiger bildeten, soweit es

um ihre Stellung als Partei des Schuldverhältnisses gehe, ipso iure eine „Gesamthandsgemeinschaft" (so Flume), verwendet einen Begriff der Gesamthandsgemeinschaft, der vom üblichen Sprachgebrauch abweicht und dem Gesetz fremd ist. Gesamthandsgemeinschaften im Sinn des Gesetzes sind nur die gesetzlich zugelassenen Gemeinschaften gem §§ 718 f, §§ 1416, 1419, §§ 2032 f (vgl Rn 239 ff; vgl auch Vorbem 10).

k) Parallelforderungen

125 Keine Gemeinschaft besteht, wenn mehrere Beteiligte parallele Forderungen haben, die sich auf einen einheitlichen Gegenstand richten, aber nicht durch gemeinschaftliche Begründung verbunden sind. So bilden *mehrere Mieter verschiedener Wohnungen in einem Haus* keine Gemeinschaft (RGZ 64, 182; vgl auch KG OLGE 25, 14; HansOLG Hamburg OLGE 41, 115; MünchKomm/K Schmidt Rn 21).

126 Fraglich kann nur sein, ob hinsichtlich *einzelner gemeinsam benutzter Gegenstände* eine Gemeinschaft besteht. Das ist zu bejahen, soweit zwischen den Mietern Mitbesitz vorliegt (vgl BGHZ 62, 243, 245 für gemeinsam benutzten Lastenaufzug, dazu Rn 133, 271; andererseits KG JW 1928, 525 Nr 5: keine Gemeinschaft an Warmwasserversorgung und Sammelheizung); vgl auch OLG Hamm BeckRS 2013, 03837; OLG Hamm BeckRS 2012, 06501; OLG-Rep Hamm 1994, 35 f, 251 f zur Anwendung der §§ 741 ff bei gemeinschaftlichen Entwässerungsanlagen.

3. Beschränkte dingliche Rechte

a) Mitberechtigung nach Bruchteilen

127 Sind beschränkte dingliche Rechte **akzessorisch**, so richtet sich die Rechtszuständigkeit nach der zugrunde liegenden Forderung. Das Recht steht den Inhabern in Bruchteilsgemeinschaft zu, wenn die Forderung ihnen in Bruchteilsgemeinschaft zusteht (zur Hypothek vgl KGJ 31 Nr 64; KG HRR 1928 Nr 518; OLG Darmstadt JW 1934, 2485 f).

128 **Nichtakzessorische Rechte** können grundsätzlich zu Bruchteilen bestellt oder später durch Übertragung in Bruchteilsberechtigung überführt werden. Das gilt insbesondere für die *Grundschuld,* auch die *Eigentümergrundschuld* (BGH NJW-RR 1986, 233; RG JW 1938, 3236; KG JW 1938, 230; BayObLGZ 1962, 184, 188; Soergel/Hadding Rn 8 mwNw; MünchKomm/K Schmidt Rn 12; **aA** Wolff/Raiser § 148 VII 1 a). Bruchteilsgemeinschaften sind ferner möglich: an *Grunddienstbarkeiten* (BayObLG NJW 1966, 56); an *beschränkt persönlichen Dienstbarkeiten* (**aA**, aber nicht überzeugend, KG JW 1935, 3564, wenn Gegenstand der Dienstbarkeit eine Unterlassung ist; die hM differenziert nach Teilbarkeit der Ausübung, s BeckOK BGB/Wegmann § 1018 Rn 18); am *Nießbrauch* (KG JW 1936, 2747; RG SeuffA 91 Nr 148; BGH NJW 1981, 176; Frank MittBayNot 2012, 387, 388); an *Reallasten* (OLG Karlsruhe NJW-RR 1992, 722); an *Erbbaurechten;* am *dinglichen Vorkaufsrecht* (str, wie hier Amann 92 f; Schulze-Osterloh 38, 133; Staudinger/Schermaier [2009] § 1094 Rn 14; MünchKomm/K Schmidt Rn 12; Demharter MittBayNotK 1998, 16; Streuer Rpfleger 1998, 154; KG ZfiR 1997, 439 [Vorlagebeschluss]; LG Mönchengladbach MitRhNotK 1992, 273; **aA** BGH ZfiR 1997, 656; OLG Frankfurt ZFiR 1998, 562; KG HRR 1929 Nr 1212; BeckOK BGB/Wegmann § 1094 Rn 9; weitere Nachw bei Schulze-Osterloh 38 Fn 47 u bei BeckOK BGB/Wegmann § 1018 Rn 18 aaO; nur durch Verlautbarung kann so das „Verteilungsrisiko" der Berechtigten sicher begrenzt werden. § 428 genügt hierfür nicht, oben Rn 85). Ein Wohnungsrecht gem § 1093 soll nach OLG

Köln DNotZ 1965, 686 mehreren Personen nicht in Bruchteilsgemeinschaft zustehen können (zust BADER DNotZ 1965, 673, 681 f; **aA** MünchKomm/K SCHMIDT Rn 12; zweifelnd FASSBENDER DNotZ 1965, 662). Das überzeugt nicht. Bei allen unveräußerlichen Rechten sind allerdings die Bestimmungen der §§ 742 ff insoweit unanwendbar, als sie Übertragbarkeit voraussetzen (so besonders §§ 747, 753, vgl dazu § 753 Rn 19). Das ändert aber nichts daran, dass an solchen Rechten Bruchteilsgemeinschaften möglich sind; für das Wohnungsrecht gilt insoweit nichts anderes als zB für den Nießbrauch, zumal nach ganz hM auch Mitberechtigung gem § 428 möglich und über § 430 dasselbe Ergebnis erzielbar wäre (BGHZ 46, 253; LG Lüneburg Rpfleger 1998, 110; NIEDER BWNotZ 1982, 37; **aA** OLG Hamm DNotZ 1966, 372; WOELKI Rpfleger 1968, 208). Zur Eintragung eines Altenteils (Wohnungsrecht und Reallast) s BGH DNotZ 1979, 499. Ein Wohnungsrecht kann auch zugunsten einzelner oder aller Teilhaber bestellt werden (LG Lüneburg Rpfleger 1998, 110). Damit lassen sich die Schwächen der §§ 741 ff bei gemeinsam gehaltenen Grundbesitz ggf abmildern (vgl Rn 63 ff).

Grundbuchverfahrensrechtlich genügt die Bezeichnung „als Gesamtberechtigte" **129**
nicht den Anforderungen der §§ 47, 49 GBO, weil sie das Vorhandensein einer Gemeinschaft weder kenntlich macht noch ausdrücklich ausschließt (BGH NJW 1981, 176; MünchKomm/K SCHMIDT Rn 12; SCHÖNER/STÖBER, Grundbuchrecht Rn 260).

Eigentümergrundschulden stehen mehreren gemeinschaftlich zu, wenn mehrere Grundstücke zugunsten ihrer Eigentümer belastet werden (LG Nürnberg-Fürth Rpfleger 1960, 156), ebenso wenn mehrere Miteigentümer ihr Grundstück mit einer Eigentümergrundschuld belasten (MünchKomm/K SCHMIDT Rn 12; SOERGEL/HADDING Rn 8; eingeh SCHÖNER/STÖBER, Grundbuchrecht Rn 2355; **aA** – Gesamthandszuständigkeit – WOLFF/RAISER § 148 VII 1 a).

Befriedigen mehrere Miteigentümer gemeinsam den Gläubiger einer Gesamthypo- **130**
thek an den Miteigentumsanteilen, sind nicht die Vorschriften des § 1173, sondern der §§ 1163 Abs 1 S 2, 1172 Abs 1 anzuwenden. Folglich entsteht eine Eigentümergesamtgrundschuld (BGH ZIP 1986, 89 ff; anders bei Befriedigung durch einen Miteigentümer OLG Düsseldorf DNotI-Rep 1995, 168). Diese bleibt in der Teilungsversteigerung bestehen, wird Fremdgrundschuld und ist ggf vom Ersteher zu berichtigen; Zahlungsansprüche oder gemeinschaftliche Berechtigungen am Versteigerungserlös bestehen hingegen mit Rücksicht auf § 1147 nicht (**aA** die Vorinstanz zu BGH ZIP 1986, 89, nach der durch Rückzahlung eine Eigentümergrundschuld auf dem eigenen Anteil entstanden, im Übrigen aber gem § 1173 Abs 1 erloschen sein soll). Die entstandene Bruchteilsgemeinschaft an der Grundschuld ist in Gemäßheit der §§ 749 ff auseinanderzusetzen, und zwar durch anteilmäßige Zerlegung mit gleichem Rang (§ 752; vgl BGHZ 187, 169; KG BeckRS 2013, 396; im Übrigen STAUDINGER/GURSKY [2012] § 1009 Rn 3).

Zur Bestellung eines Rechts zugunsten eines Miteigentümers vgl § 1009 sowie STAUDINGER/GURSKY (2012) Rn 1 aE; BayObLG Rpfleger 1992, 191; zur Bestellung eines Rechts zugunsten aller LG Frankfurt aM Rpfleger 1992, 246; LG Lüneburg Rpfleger 1998, 110.

b) Mitberechtigung nach § 428

Nach hM können beschränkte dingliche Rechte für mehrere auch so bestellt werden, **131**
dass *jeder Berechtigte entsprechend § 428 unabhängig vom anderen zur Ausübung*

berechtigt ist (vgl dazu die Erl zu § 428 und MünchKomm/Selb § 428 Rn 4 mwNw und oben Rn 84 f). Das ist *unproblematisch* für *akzessorische* Rechte, wenn die Forderung den Gläubigern gem § 428 zusteht (BGHZ 29, 363, 364 betr Hypothek; für Zulässigkeit nur in solchen Fällen: MünchKomm/K Schmidt Rn 12: § 428 scheine nur bei akzessorischen Rechten angezeigt – soweit damit gemeint ist, dass aus Sicht der Beteiligten regelmäßig gewichtige Gründe gegen die Vereinbarung einer Mitgläubigerschaft gem § 428 sprechen, ist dem beizupflichten, vgl oben Rn 85, nicht aber in dem Sinne, dass § 428 nicht auch sonst vereinbart werden könnte). Keine Bedenken bestehen ferner, wenn das dingliche Recht sich auf „Leistung aus dem Grundstück" richtet, wie die *Grundschuld* (dazu BGH NJW 1975, 445 betr Eintragung einer Grundschuld für die Miteigentümer des Grundstücks zu Gesamtgläubigerschaft) oder die *Reallast* (dazu BayObLG Rpfleger 1975, 300). In solchen Fällen spricht nichts dagegen, jedem Mitberechtigten das Recht einzuräumen, die Leistung ohne Zuziehung der übrigen in Empfang zu nehmen. Im Innenverhältnis muss er gem § 430 teilen.

132 Die Praxis lässt aber Eintragung zur Berechtigung nach § 428 auch bei solchen Rechten zu, die sich *auf Nutzung,* also auf ständige gemeinschaftliche Ausübung richten, wie *Nießbrauch* (KG JW 1933, 702; BayObLGZ 1955, 155; Frank MittBayNot 2012, 387), *Grunddienstbarkeit* (BayObLGZ 1965, 267, 270; BayObLG NJW 1966, 56; BGH DB 1980, 2338), *beschränkte persönliche Dienstbarkeit* (KG JW 1935, 3564) und *Wohnungsrecht* (BGHZ 46, 253; vgl auch oben Rn 128 mwNw). Solche Gestaltungen können sinnvoll sein; man sollte sie nicht an – gewiss naheliegenden – begrifflichen Bedenken scheitern lassen. Sie haben den Vorteil, dass das Ausscheiden eines Berechtigten durch Verzicht ohne Beeinträchtigung der übrigen Teilhaber möglich ist, § 429 Abs 3 iVm § 423. Im Innenverhältnis ist Gemeinschaftsrecht, zumindest analog, anzuwenden, insbesondere gelten die §§ 743–745, 748; zur Aufhebung vgl § 753 Rn 19. Eine andere, in den praktischen Auswirkungen sehr ähnliche Möglichkeit besteht darin, *den Beteiligten die Rechte* – zB einen Nießbrauch oder eine Grunddienstbarkeit oder ein Wohnungsrecht – *unverbunden gleichrangig nebeneinander einzuräumen;* dann stehen sie hinsichtlich der Ausübung in Rechtsgemeinschaft (Rn 125). Zu den Vor- und Nachteilen beider Gestaltungsformen vgl Frank MittBayNot 2012, 387; Fassbender DNotZ 1965, 662 ff u Bader DNotZ 1965, 673 f sowie die Nachw oben Rn 85.

4. Besitz

133 Auch Besitz kann mehreren in Bruchteilsgemeinschaft zustehen (hM, BGH ZfIR 2005, 357; BGHZ 62, 243; Mot II 874; HansOLG Hamburg OLGE 43, 208; Soergel/Hadding Rn 10; BGB-RGRK/vGamm Rn 7; Palandt/Sprau Rn 3; Enneccerus/Lehmann § 183 III; Schubert JR 1975, 365; **aA** MünchKomm/K Schmidt Rn 17; Larenz II § 61 I, 414 Fn 1; dagegen sagen RGZ 13, 172, 179 – zum gemeinen Recht – und RG JW 1936, 251 nur, dass ein auf den ideellen Teil einer Sache beschränkter Besitz unmöglich ist; der Mitbesitz bezieht sich notwendigerweise auf die ganze Sache oder einen realen Teil der Sache). Dabei spielt es keine Rolle, ob man den Besitz als „Recht" auffasst oder nur als einen „Tatbestand". Entscheidend ist, dass der Mitbesitz – und zwar sowohl der *rechtmäßige* als auch der *redliche unrechtmäßige* Mitbesitz – den Mitbesitzern rechtliche Vorteile bringt, hinsichtlich derer die Anwendung der §§ 741 ff sinnvoll ist. So ist es, wenn *mehreren Mietern* verschiedener gewerblich genutzter Räume eines Gebäudes ein Lastenaufzug zur gemeinsamen Benutzung überlassen ist (vgl BGHZ 62, 243), sinnvoll, auf die Benutzung die §§ 743 Abs 2, 745 anzuwenden. Haben sie sich im Mietvertrag zur gemeinsamen Instandhaltung verpflichtet, passt § 748. Haben zwei *Teilhaber ein Grundstück aufgrund* *nichtigen Vertrags zu vermeintlichem Bruchteilseigentum erworben,* so sind sie, solange sie redlich und nicht verklagt sind, berechtigt, die gewöhnlichen Nutzungen zu behalten und verpflichtet, die gewöhnlichen Lasten zu tragen (§§ 993, 995). Die Verteilung von Nutzungen und Lasten erfolgt nach §§ 742, 743, 748; es gibt nichts Besseres. Ebenso gelten für die Verwaltung die §§ 744, 745. Werden mehreren Personen *unverbundene gleichrangige Rechte an einer Sache eingeräumt,* die zum Mitbesitz berechtigen – zB Nießbräuche, oder Wohnungsrechte hinsichtlich derselben Wohnung –, so ist das Besitzrecht nicht gemeinschaftlich, wohl aber der Besitz; insoweit muss Gemeinschaftsrecht gelten (zust BGH NJW 1993, 3327). Zwischen dem Nießbraucher und dem Alleineigentümer besteht eine Nutzungs- und Verwaltungsgemeinschaft, auf die die Rechtsprechung §§ 741 ff BGB entsprechend anwendet (BGH FamRZ 2007, 135). Gleiches gilt für das Verhältnis zwischen dem Alleineigentümer und einem dinglich durch beschränkt persönliche Dienstbarkeit (§ 1090) gesicherten Mitnutzungsberechtigten (BGHZ 186, 372 Rn 19). Richtig ist, dass die §§ 747, 749 ff nicht passen. Das gilt aber immer, wenn unveräußerliche Rechte in Bruchteilsgemeinschaft stehen, und ist keine Besonderheit des Besitzes.

Einen besonderen Fall der Gemeinschaft von rechtmäßigen Mitbenutzern regeln die **134**
§§ 921, 922. Nachbarn sind berechtigt, **Grenzeinrichtungen** gemeinsam zu benutzen, sofern nicht äußere Anzeichen darauf hinweisen, dass die Einrichtung einem von ihnen allein gehört (§ 921). Gemeint sind vor allem solche Mauern, Hecken, Gräben, „Zwischenräume" u dgl (§ 921), die über der Grenze stehen oder liegen. Gemeinschaftliches Eigentum besteht nicht; Bäume, Mauer, Hecke, Graben, „Zwischenraum" sind hinsichtlich des Eigentums über der Grenze vertikal geteilt (BGH NJW 2004, 3328; Erman/Lorenz § 921 Rn 4; Palandt/Bassenge § 921 Rn 4; Soergel/Baur § 921 Rn 8; OLG-Report München 1994, 197 f; **aA** Staudinger/Seufert[11] § 921 Rn 12: Miteigentum). Die Nachbarn haben kein gemeinsames Eigentum, nur ein gemeinsames Benutzungsrecht. Hierauf erklärt § 922 S 4 die Regeln über die Gemeinschaft für entsprechend anwendbar. Für andere Fälle der Mitbenutzung, auch soweit auf schlichtem Mitbesitz beruhend, kann nichts anderes gelten. Zur Anwendung der §§ 741 ff auf gemeinschaftliche Entwässerungsanlagen OLG Hamm BeckRS 2013, 03837; OLG Hamm BeckRS 2012, 06501; OLG Hamm OLGZ 1994, 62; OLG-Rep Hamm 1994, 35 f; 251 f.

5. Immaterialgüterrechte

a) Urhebergemeinschaften

Miturhebern (dh Urhebern, die ein Werk gemeinsam geschaffen haben, ohne dass **135**
sich ihre Anteile gesondert verwerten lassen, § 8 Abs 1 UrhG) steht das Recht zur Veröffentlichung und Verwertung „zur gesamten Hand" zu (§ 8 Abs 2 UrhG, unter bewusster Abkehr vom früheren bis 1965 geltenden Rechtszustand nach §§ 6 LitUrhG, 8 KunstUrhG). Erklärter Sinn der gesetzlichen Regelung ist, die Anwendung der §§ 742 ff auf Miturhebergemeinschaften auszuschließen (BT-Drucks IV/270, 41; Sontag, Das Miturheberrecht [1972] 1 ff; vgl ferner Werner BB 1982, 280 sowie das Spezialschrifttum). Eine Gemeinschaft iSv § 741 besteht nicht (BGH NJW 1982, 641; Dreier/Schulze, UrhG § 8 Rn 12: Gesamthandsgemeinschaft kraft Gesetzes; **aA** Schöttler jurisPR-ITR 1/2010 Anm 5). Die §§ 742 ff sind durch § 8 UrhG ausgeschlossen (nicht nur „modifiziert"; **aA** MünchKomm/K Schmidt Rn 64 f). Die Frage, ob der Gesetzgeber mit seiner Regelung das Prinzip der Gesamthand verkannt hat (so Schulze-Osterloh 33, 133), ist akade-

mischer Natur. Der Gesetzgeber wollte vor allem sicherstellen, dass die Miturheber über Veröffentlichung, Verwertung und Änderung des Werks nur gemeinsam entscheiden können (§ 8 Abs 2 UrhG), und dass jeder Miturheber auf seine Berechtigung zugunsten der übrigen verzichten kann (§ 8 Abs 4 UrhG). Das sind Regeln, die mit den Grundsätzen, die für die herkömmlichen Gesamthandsgemeinschaften gelten, jedenfalls nicht unvereinbar sind, und es kann dahinstehen, ob der Gesetzgeber dasselbe Ergebnis auch bei Zugrundelegung einer Bruchteilsgemeinschaft hätte erreichen können. Insbesondere bei Softwareentwicklungsteams außerhalb von Großunternehmen fehlen häufig genaue vertragliche Festlegungen zu den Rechten und Pflichten der einzelnen Mitglieder, was im Streifall erhebliche negative Folgen zeitigen kann (dazu instruktiv OLG Frankfurt CR 2010, 355 mit Anm Schöttler jurisPR-ITR 1/2010). Zum Erfordernis gemeinschaftlicher Kündigung eines Verlagsvertrages vgl BGH NJW 1982, 641; zu Kooperationsverträgen zur Entwicklung von Software Lejeune ITRB 2012, 89; eingeh im Übrigen MünchKomm/K Schmidt Rn 64 ff; zur Miturheberschaft bei Computerprogrammen BGH GRUR 1994, 39; aus rechtsvergleichender Sicht Waldenberger 1 ff; Marbach 29 ff (insbes zum schweizerischen Recht). Zu Datenbankurheberrechten vgl BGH GRUR 2007, 685, 688; Ehmann GRUR 2008, 474. Zur Auseinandersetzung Gennen ITBR 2008, 13.

b) Erfindergemeinschaften

136 Haben mehrere eine Erfindung gemeinsam gemacht oder eine neue Gestaltung, Anordnung oder Vorrichtung für Arbeitsgerätschaften oder Gebrauchsgegenstände gemeinsam entwickelt, so steht ihnen das Recht auf das Patent „gemeinschaftlich" zu (§ 6 S 2 PatG). Ebenso steht ihnen nach der Eintragung das Patent gemeinschaftlich zu. Zwischen unabhängigen Erfindern besteht keine Gemeinschaft, vielmehr gilt das Präventionsprinzip (§ 6 S 3 PatG); jedoch können sie ihre Erfindung dadurch zu einer gemeinschaftlichen verschmelzen, dass sie sich zu gemeinsamer Anmeldung zusammenschließen (RG JW 1939, 239). Ob es sich bei der Erfindergemeinschaft um eine Gesamthandsgemeinschaft oder Bruchteilsgemeinschaft handelt, ist durch § 6 S 2 PatG nicht entschieden; infolgedessen gelten die allgemeinen Regeln (dazu Rn 204 ff). Im Zweifel ist wegen fehlenden rechtsgeschäftlichen Bindungswillens der Miterfinder Bruchteilsgemeinschaft anzunehmen (vgl dazu BGHZ 162, 342 = NJW-RR 2005, 1200 – gummielastische Masse II; RGZ 117, 47, 49; 118, 46, 47; RG JW 1937, 28; GRUR 1938, 256, 258; Sefzig GRUR 1995, 5; ders GRUR 1995, 302; Hövelmann MittdschPatAnw 1999, 129; Villinger CR 1996, 393; Venrooy aaO 2000, 26 ff; Jestaedt, 469, 480 ff). Haben die Erfinder durch einen den Erfordernissen des § 705 entsprechenden Vertrag sich zur Entwicklung und Auswertung der Erfindung zusammengeschlossen (dazu Lüdecke 105 ff), so entsteht eine Gesamthandsberechtigung an der Erfindung (mE originär, so auch Lüdecke 101, 117; **aA** MünchKomm/K Schmidt Rn 63: originärer Erwerb immer nur zu Bruchteilen; gesamthänderische Zuständigkeit nur aufgrund besonderer Übertragung, die allerdings schon im Voraus verabredet, dh versprochen werden kann). Wird einem der Mitberechtigten das Patent erteilt, können die übrigen Beteiligten entspr § 5 S 3 PatG Einräumung einer dinglichen Mitberechtigung verlangen (BGH NJW 1979, 1505). Machen mehrere *Arbeitnehmer* eine Diensterfindung (§ 4 Abs 2 ArbNErfG) und nimmt der Arbeitgeber die Erfindung in Anspruch (§§ 6, 7 ArbNErfG), so ist die Vergütung für jeden Arbeitnehmer gesondert festzustellen (§ 12 Abs 2 ArbNErfG; vgl dazu auch OLG Düsseldorf GRUR 2006, 118; Jestaedt 469, 476). Hinsichtlich des Vergütungsanspruchs besteht daher keine Gemeinschaft; dazu Kurz, Historische Entwicklung des Arbeitnehmererfindungsrechts (1990); Holländer CuR 1991, 614. Zur mehrbetrieblichen

Erfindungs- und Schutzgemeinschaft, insbes bei Rüstungsentwicklungen, Koch BB 1989, 1138 ff; zur Doppelerfindung bei Arbeitnehmern OLG München GRUR 1993, 691 ff. Zum Ausgleich gezogener Gebrauchsvorteile (§§ 743, 745) vgl BGHZ 162, 342 = NJW-RR 2005, 1200 – gummielastische Masse II; dazu Henke GRUR 2007, 89.

c) Sonstiges

Zu Gemeinschaftsverhältnissen im Gebrauchsmuster-, Marken- und Pflanzenrecht vgl Marbach 42 ff mwNw; Englert 96 ff mwNw; Lorenz WRP 2013, 31. An den dabei relevanten Fragen hat sich, soweit ersichtlich, auch durch Inkrafttreten des Markengesetzes (BGBl 1994 I 3082) nichts geändert. § 7 MarkenG schloss nach früher hM (vgl BGH NJW-RR 2001, 114) die Inhaberschaft einer Marke durch eine Gesellschaft bürgerlichen Rechts aus. Mit der Anerkennung der Rechtsfähigkeit der Gesellschaft bürgerlichen Rechts ist nunmehr aber auch insofern eine Bruchteilsgemeinschaft nicht zwingend (vgl BPatG GRUR 2004, 685, 1030; Hildebrandt NJW 11/2005 Editorial). In Ermangelung näherer Angaben zu einer bestimmten Rechtsform ist davon auszugehen, dass die Markeninhaber die Marke gemeinsam halten und insoweit das Recht der Gemeinschaft nach Bruchteilen gemäß §§ 741 ff BGB zur Anwendung kommt (BGH GRUR 2014, 1024 Rn 9). Zu Nutzungsbefugnissen und Ausgleichspflichten im Fall der Anwendbarkeit der §§ 742 ff Haedicke GRUR 2007, 23 ff. 137

6. Gesellschaftsanteile, Erbteile, Anteile an Bruchteilsgemeinschaften

a) Anteile an Kapitalgesellschaften

Aktien und **GmbH-Anteile** können in Bruchteilsgemeinschaft gehalten werden (MünchKomm/K Schmidt Rn 14 mwNw; ders BB 1983, 1700). §§ 69 AktG, 18 GmbHG bestimmen für diesen Fall, dass die Rechte aus der Mitgliedschaft nur gemeinschaftlich ausgeübt werden können und dass die Teilhaber gegenüber der Gesellschaft gesamtschuldnerisch haften (vgl RGZ 135, 70, 74 zur Bruchteilsgemeinschaft am Geschäftsanteil einer GmbH); näher dürfte im Regelfall allerdings reale Teilung liegen. Zur Haftung für kapitalersetzende Nutzungsüberlassung, sofern nur einer der Gemeinschafter zugleich Gesellschafter ist, vgl Rn 76 aE. 138

Str ist die Behandlung von sog Vertreterklauseln im Gesellschaftsvertrag: Sie zwingt mehrere Gesellschafter zur einheitlichen Repräsentation und wird in der Kautelarpraxis durchgehend verwandt, um eine Zersplitterung der Verwaltung zu vermeiden. Nach BGHZ 46, 295 handelt es sich um ein gesellschaftsähnliches Verhältnis (Konsequenz: Einstimmigkeitsprinzip); K Schmidt hält §§ 741 ff für anwendbar (MünchKomm Rn 76). Folge: Es gilt das Mehrheitsprinzip des § 745 (näher mwNw K Schmidt ZHR 146 [1982] 525 ff). ME ist K Schmidt zuzustimmen (zust auch OLG Düsseldorf NJW-RR 1995, 171; OLG Jena NZG 2012, 782). Ebenso mit ausführlicher Darstellung Schörnig, Die obligatorische Gruppenvertretung (Diss 2006); dazu Schmitz-Valckenberg DNotZ 2006, 156. Unterbleibt eine ausdrückliche Regelung und stehen die Beteiligten auch in keinem anderen Rechtsverhältnis (zB Erbengemeinschaft), entspricht es allgemeinen Grundsätzen und Bedürfnissen eher, von der Anwendbarkeit der §§ 741 ff auszugehen, solange die Beteiligten keine anderweitige Absprache treffen. Der Einstimmigkeit bedarf es somit nur im Falle wesentlicher 139

Änderungen (§ 745 Abs 3), vgl hierzu MünchKomm/K Schmidt § 745 Rn 10; Habersack ZHR 164 (2000) 18 ff.

140 Bei der **Gründung einer Kapitalgesellschaft** können mE Anteile durch eine Bruchteilsgemeinschaft übernommen werden (MünchKommGmbH/Reichert/Weller § 18 Rn 15; Scholz/Winter/Seibt § 18 GmbHG Rn 5; **aA** Staudinger/Langhein [2008] Rn 140; Scholz GmbHRdsch 1956, 17; Grothus GmbHRdsch 1958, 158; gegen Ripfel GmbHRdsch 1956, 8). Wie die Regelung des § 18 GmbHG zeigt, steht die fehlende Rechtsfähigkeit dem Anteilserwerb in Bruchteilsgemeinschaft nicht entgegen. Gleiches gilt bei der späteren Kapitalbeteiligung (oben Rn 138). Zur Anwendbarkeit des § 69 AktG bei Globalurkunden Habersack/Mayer WM 2000, 1678 ff.

b) Anteile an Personengesellschaften

141 Eine Bruchteilsgemeinschaft am Anteil an einer Personengesellschaft – **OHG, KG, Gesellschaft bürgerlichen Rechts**, jedenfalls wenn sie als „Außengesellschaft" organisiert ist – ist nicht möglich (iE hM: Soergel/Hadding Rn 12; BGB-RGRK/vGamm Rn 9 – unzutr allerdings der Hinweis auf BGHZ 50, 318, 319 –; MünchKomm/K Schmidt Rn 14; Flume I 1, 99; Buchwald JR 1967, 368). Die Gemeinschaft kann als solche keine Verträge schließen und ist als Organisationsform ungeeignet, die Rechte auszuüben (Geschäftsführungsrecht, Kündigungsrecht) und die Risiken zu tragen (persönliche Haftung), die mit der Mitgliedschaft verbunden sind. Möglich ist nur eine schuldrechtliche Unterbeteiligung mehrerer an der Beteiligung an einer Personengesellschaft. Die Unterbeteiligten sind keine Gesellschafter; das ist nur der Hauptbeteiligte, der die Rechte für die Unterbeteiligten treuhänderisch ausübt. Die Unterbeteiligten können untereinander hinsichtlich der Unterbeteiligung zu einer Bruchteilsgemeinschaft zusammengefasst sein (vgl Buchwald JR 1967, 369; Lipps BB 1972, 860; dazu Rn 149 ff; zur Anwendung der §§ 741 ff auf das Verhältnis der Treugeber untereinander im Falle eines Treuhandkommanditisten OLG Frankfurt NZG 1999, 819). Bei der **stillen Gesellschaft** bestehen dagegen Bedenken, dass die stille Einlage einer Bruchteilsgemeinschaft zusteht (MünchKomm/K Schmidt Rn 14; **aA** Staudinger/Huber[12] Rn 75). Die stille Einlage als Forderung ist zwar bruchteilsfähig, nicht aber das Schuldverhältnis der stillen Gesellschaft als solches (vgl auch K Schmidt ZHR 140 [1976] 473). Freilich können sich die Beteiligten schuldrechtlich so behandeln, als sei die Bruchteilsgemeinschaft stille Teilhaberin (dazu bereits oben zur ähnlichen Problematik rechtsgeschäftlicher Beziehungen der Teilhaber zur Gemeinschaft Rn 73 ff).

142 Dagegen können solche Rechte des Gesellschafters einer Personengesellschaft, **die selbstständig abgetreten werden können**, wie der Anspruch auf Auszahlung des Gewinns oder des Auseinandersetzungsguthabens (§ 717 S 2), einer Bruchteilsgemeinschaft zustehen. So erklärt sich, dass das RG eine Bruchteilsgemeinschaft an einer *Kartellquote* anerkannt hat (RGZ 169, 332, 334 f) – denn Kartellquoten sind, jedenfalls mit Zustimmung des Kartells, unter den Kartellmitgliedern übertragbar.

c) Erbteile

143 Der Anteil an einer Erbengemeinschaft kann mehreren Teilhabern in Bruchteilsgemeinschaft zustehen; vgl MünchKomm/K Schmidt Rn 15. Er entsteht bei Teilveräußerung eines Erbteils, der keine Vermehrung der Erbteile, sondern Bruchteilszuständigkeit hinsichtlich des ungeteilten Erbteils zur Folge hat oder im Falle der Bruchteilsabtretung des gesamten Erbteils an mehrere Personen (Palandt/Weidlich

§ 2033 Rn 2; OLG Köln Rpfleger 1974, 109; LG Berlin Rpfleger 1996, 472 m zust Anm BESTELMEYER; **aA** JASCHKE 86 ff; VENJAKOB Rpfleger 1993, 2 mwNw). Dies ist entsprechend im Grundbuch zu verlautbaren (OLG Düsseldorf Rpfleger 1968, 188; OLG Köln Rpfleger 1974, 109; jetzt BayObLGZ 1990, 188; MünchKomm/K SCHMIDT Rn 15; **aA** BayObLGZ 1967, 405). Bruchteilsgemeinschaft an einzelnen Nachlassgegenständen entsteht hingegen erst mit (Teil-)Auseinandersetzung des Nachlasses (MünchKomm/K SCHMIDT Rn 15 mwNw; unrichtig daher BFH NJW 1975, 2119: automatische Umwandlung bei Übertragung aller Anteile zu Bruchteilen auf mehrere Erwerber; zum Ganzen auch VENJAKOB aaO mwNw). Jeder Teilhaber der Gemeinschaft kann die Auseinandersetzung verlangen (LG Berlin Rpfleger 1996, 472).

Wird ein Erbteil an alle anderen Miterben übertragen, so ist im Zweifel Anwachsung gewollt. Möglich wäre aber auch das Entstehen einer zusätzlichen Bruchteilsgemeinschaft (BayObLG NJW 1981, 830; krit MünchKomm/K SCHMIDT Rn 15; JASCHKE 86 ff). Überträgt ein Miterbe einen Bruchteil seines Anteils auf einen anderen Miterben, vergrößert sich idR dessen Anteil im Wege der Anwachsung. Auch wenn der Veräußernde einen Bruchteil seines Anteils zurückbehält, entsteht keine Untergemeinschaft mit dem Erwerber (BayObLG Rpfleger 1991, 315). 144

d) Anteile an Bruchteilsgemeinschaften

Die Frage, ob Bruchteilsgemeinschaften an Anteilen an Bruchteilsgemeinschaften („Untergemeinschaften") zulässig sind, ist nach praktischen Gesichtspunkten zu entscheiden. Man muss vor allem die **sachenrechtliche** und die **schuldrechtliche** Seite unterscheiden (vgl auch MünchKomm/K SCHMIDT Rn 16; WEITNAUER DNotZ 1960, 115, 116). 145

Sachenrechtlich ist ein ideeller Bruchteil am ideellen Bruchteil eines Rechts idR ohne Sinn; er ist ein ideeller Bruchteil am Recht selbst. Überträgt also ein Miteigentümer zu 1/2 seinen Anteil auf zwei Erwerber zu je 1/2, so werden die beiden Erwerber Miteigentümer zu je 1/4 (BGHZ 13, 133, 140 f mwNw; MünchKomm/K SCHMIDT Rn 16). Anders ist es, wenn es sich um Anteile an einer Bruchteilsgemeinschaft „besonderen Rechts" handelt. *Wohnungseigentum* kann zu Bruchteilen übertragen werden, mit der Folge, dass die Erwerber hinsichtlich des bisherigen Miteigentumsanteils des Veräußerers eine „Untergemeinschaft" bilden (BGHZ 49, 250, 252; OLG Neustadt NJW 1960, 295; vgl auch § 25 Abs 2 WEG). Denn das Sondereigentum und der ihm zugeordnete Miteigentumsanteil lassen sich nicht trennen. Ebenso entstehen Untergemeinschaften am *Wertpapiersammelbestand* oder am *Sondervermögen einer Kapitalverwaltungsgesellschaft,* wenn das einzelne Depot oder der Anteilschein einer Bruchteilsgemeinschaft zusteht. Der Satz „Eine Bruchteilsgemeinschaft am Bruchteil gibt es nicht" (MünchKomm/K SCHMIDT Rn 16) lässt sich daher in dieser allgemeinen Form nicht aufrechterhalten. Zur Grundbuchbehandlung BayObLG DNotZ 1980, 99 f; anders noch BayObLGZ 1958, 200 f. 146

Schuldrechtlich gesehen, steht der Bildung von Untergemeinschaften nichts im Wege. Sind A und B Miteigentümer eines Hauses zur Hälfte und haben sie die Benutzung (mit Grundbucheintragung, § 1011) so geregelt, dass A das Erdgeschoss und B den ersten Stock benutzen soll und dass jeder seinen Teil instandzuhalten hat, so führt die Übertragung des Anteils durch B an C, D und E gemeinsam zwar sachenrechtlich dazu, dass C, D und E Miteigentümer zu 1/6 werden. Schuldrechtlich sind sie nach § 746 aber an die getroffene Regelung gebunden, dh, sie können den ersten 147

Stock gemeinsam benutzen und müssen ihn gemeinsam instandhalten. Im Innenverhältnis bilden sie eine „Untergemeinschaft", für die die §§ 743 bis 745, 748 gesondert gelten. Gegenstand der Untergemeinschaft ist nicht eigentlich der Miteigentumsanteil, sondern der durch die Benutzungsregelung übertragene Besitz am ersten Stock. Zur Bildung von Untergemeinschaften allg Weitnauer DNotZ 1960, 115 f; speziell im WEG Weitnauer § 3 WEG Rn 33, 120 ff; § 8 WEG Rn 3; krit zum Ganzen MünchKomm/K Schmidt Rn 16.

e) Bruchteilsberechtigung gem § 131 Abs 3 UmwG

148 Bei der Aufspaltung von Unternehmen auf der Grundlage der §§ 123 ff UmwG kann es vorkommen, dass der Spaltungsplan bestimmte Aktiva nicht zuteilt (§ 126 Abs 1 Ziff 9, 126 Abs 2 UmwG). Für diesen Fall ordnet § 131 Abs 3 UmwG den Übergang des vergessenen Gegenstandes auf alle Rechtsträger in dem Verhältnis an, welches sich aus dem Vertrag für die Aufteilung des Überschusses der Aktivseite der Schlussbilanz über die Passivseite ergibt; ist eine Zuteilung an mehrere Rechtsträger nicht möglich, so ist sein Gegenwert in dem bezeichneten Verhältnis zu verteilen. Im ersteren Falle entsteht mE eine Bruchteilsgemeinschaft gem §§ 741 ff (ebenso Schmitt/Hörtnagl/Stratz § 131 UmwG Rn 120), da eine gesamthänderische Bindung ausdrücklich gesetzlicher Anordnung bedurft hätte. Die Vorschrift wirft erhebliche, bisher nicht geklärte Zweifelsfragen auf (Realteilung, Aufhebung, Verfahren bei Unmöglichkeit der Zuteilung, Aufteilung von Forderungen, „Gegenwertverteilung" – im Einzelnen muss auf das Spezialschrifttum zu § 131 UmwG verwiesen werden; vgl Schmitt/Hörtnagl/Stratz § 131 UmwG Rn 116–123.

f) Unterbeteiligung

149 Keine Bruchteilsgemeinschaft entsteht bei der Unterbeteiligung. Der Unterbeteiligte steht regelmäßig nur in schuldrechtlichen Beziehungen zum Hauptbeteiligten. Zwischen mehreren Unterbeteiligten an demselben Rechtsgegenstand kann allerdings wiederum Bruchteilsgemeinschaft nach allg Regeln bestehen (näher MünchKomm/K Schmidt Rn 14 mwNw).

7. Gemeinschaftliche Treuhandberechtigungen

150 Es kommt vor, dass Treuhänder ein bestimmtes Treugut für eine **Vielzahl von Treuhandbegünstigten** innehaben: so bei als Sondervermögen aufgelegten offenen inländischen Investmentvermögen oder offenen Publikumsinvestmentvermögen (§§ 92 Abs 1, 162 Abs 2 Nr 3 KAGB) einer *Kapitalverwaltungsgesellschaft,* wenn anstelle der – wohl üblichen (Weitnauer/Boxberger/Anders § 92 KAGB Rn 7) – Miteigentumslösung die „Treuhandlösung" gewählt wird, so bei *Immobiliensondervermögen,* die gemäß § 245 KAGB zwingend nach dem Treuhandprinzip organisiert sind (OLG Frankfurt NZG 1999, 819 f; vgl dazu zB Martini, Rechtliche Probleme eines Immobilienzertifikats [1967] 28 ff; Lipps BB 1972, 860), so bei *Anleihen,* die durch eine von einem Treuhänder gehaltene Grundschuld zugunsten der Obligationäre gesichert sind (vgl dazu zB U Huber, Die Sicherungsgrundschuld [1965] 72 ff), so bei *Publikumskommanditgesellschaften,* wenn die Kommanditbeteiligung für die Anleger durch einen Treuhandkommanditisten gehalten wird (dazu zB Bälz ZGR 1980, 1 ff).

151 Für die **Rechtsposition der Treuhandbegünstigten** ist in solchen Fällen in erster Linie die individuelle Ausgestaltung maßgeblich.

152 Im Fall der **Kapitalverwaltungsgesellschaft** werden die Rechte der Treuhandbegünstigten (Drittwiderspruchsklage, Ansprüche der Anleger wegen Verletzung der Vorschriften des KAGB oder der Anlagebedingungen gegen die Kapitalverwaltungsgesellschaft) durch die *Verwahrstelle* ausgeübt (§§ 78 Abs 1, 89 Abs 1 KAGB). Praktisch besteht also eine Doppeltreuhand. Bei Versagen der Verwahrstelle kann die Bundesanstalt eingreifen (§ 69 Abs 2 KAGB). Die Anleger bilden in ihrer Eigenschaft als Treuhandbegünstigte keine Rechtsgemeinschaft: sie haben nur individuelle, wenn auch parallel gerichtete Ansprüche gegen die Gesellschaft und die Verwahrstelle inne.

153 In den übrigen, **gesetzlich nicht geregelten Fällen** kommt es auf den Inhalt des einzelnen Vertrags an. Unbeschadet abweichender Vertragsregelungen lässt sich allgemein Folgendes sagen: Die Treuhandverpflichtung, die der Treuhänder, sei es unmittelbar, sei es durch Vertrag zugunsten Dritter gegenüber den Anlegern eingeht, hat den Sinn, dass *der Treuhänder das Treugut zugunsten aller Anleger gemeinsam verwaltet.* Endet das Treuhandverhältnis und ist für diesen Fall nichts Besonderes vorgesehen, so richtet sich deshalb der Herausgabeanspruch (§ 667) auf Herausgabe an alle Anleger gemeinsam. Für sonstige Rechte aus dem Treuhandverhältnis gilt entsprechendes. Dabei kann es keinen Unterschied machen, ob das Treuhandverhältnis rechtlich als *Geschäftsbesorgungsverhältnis* (§ 675 iVm Auftragsrecht) oder als *Unterbeteiligung* (§ 705, 713 iVm Auftragsrecht) ausgestaltet ist (zur praktischen Gleichwertigkeit beider Konstruktionen auch Bälz ZGR 1980, 1, 85). Das Treuhandverhältnis begründet also für die Anleger gegenüber dem Treuhänder Forderungen iS des § 432, und die Anleger bilden, hinsichtlich der ihnen gegenüber dem Treuhänder zustehenden Rechte, eine *Rechtsgemeinschaft* (ebenso Lipps BB 1972, 860; Beuthien ZGR 1974, 26, 36; dagegen Kindermann WM 1975, 782, 785 ff; Bälz ZGR 1980, 1, 30; vgl auch OLG Frankfurt NZG 1999, 820). Selbstverständlich können den Anlegern daneben auch Individualrechte gegen den Treuhänder zustehen (zB Dividendenansprüche, Rechte zur Erteilung individueller Weisungen hinsichtlich des Abstimmungsverhaltens in der KG u dgl). Im Übrigen erscheint es aber immer noch als die am ehesten interessengerechte Deutung der Zusammenhänge, dass die Treuhandbegünstigten, soweit sich aus dem Vertragswerk nichts Abweichendes ergibt, nach Gemeinschaftsrecht vorgehen können (und so zB gem § 745 einen Beschluss über die Abberufung des Treuhänders fassen können). Wo sich nach dem Vertragswerk überhaupt noch die Auslegungsfrage stellt, ob die Treuhandbegünstigten gegenüber dem Treuhänder gemeinschaftlich berechtigt sind oder mit ihren Rechten unverbunden nebeneinander stehen, sollte man deshalb in ihrem Interesse im Sinn gemeinschaftlicher Berechtigung entscheiden.

8. Öffentliches Recht

a) Die Bruchteilsgemeinschaft im Verwaltungsrecht

154 Der Bruchteilsgemeinschaft stehen grundsätzlich im Verwaltungsrecht weder gemeinsam auszuübende Rechte noch Pflichten zu. Die Bruchteilsgemeinschaft ist prinzipiell nicht beteiligtenfähig iSv § 11 Nr 2 VwVfG, § 61 Nr 2 VwGO (BayVGH VRspr 30 [1979] 249 f; OVG Münster NVwZ 1983, 492; OVG Lüneburg BeckRS 2012, 56413 zur Erbengemeinschaft; zum FGO-Verfahren vgl aber BFH DStR 2004, 1333). Sie kann daher weder als Antragsteller oder -gegner, Adressat eines Verwaltungsakts noch als Kläger, Beklagter, Beigeladener oder sonstiger Beteiligter eines Verwaltungsprozesses

auftreten. Derartiges Subjekt des Verwaltungsverfahrens oder -prozesses kann nur jeder einzelne Teilhaber der Bruchteilsgemeinschaft sein.

Demnach ist ein Verwaltungsakt, der die Bruchteilsgemeinschaft betrifft, allen Teilhabern der Gemeinschaft einzeln bekannt zu geben, sofern keine abweichende (landes-)rechtliche Regelung besteht. Er wird für den Einzelnen erst dann wirksam, wenn er diesem bekannt gegeben ist. Ein Verwaltungsakt kann also zu unterschiedlichen Zeitpunkten und sogar nur für einen Teil der Teilhaber einer Bruchteilsgemeinschaft wirksam werden (vgl Maurer, VwR AT[18] § 9 Rn 65).

b) Beispiele

155 Subjektive öffentliche Rechte können Gegenstand einer Bruchteilsgemeinschaft sein; § 741 beschränkt sich nicht auf private Rechte (ebenso MünchKomm/K Schmidt Rn 13). Ein Beispiel ist die *gemeinschaftliche Grabstelle,* HansOLG Hamburg HansRZ 1926, 676 und OLG Oldenburg NJW-RR 1996, 136 zur privatrechtlichen Seite; s auch zum öffentlichen Recht AG Hamburg HansRGZ 1930 B, 729. Zur Mitberechtigung an öffentlich-rechtlichen Gewerbekonzessionen vgl Esser/Schmidt SchR I 2 § 38 IV; zur Haftung für Erschließungsbeiträge § 134 BauGB (verfassungsrechtlich zulässig; BVerfG NJW 1996, 713); zu den Wirkungen einer Baulast, die auf einem Miteigentumsanteil beruht, VGH Mannheim NJW 1995, 1373; zur Widmung einer Gemeinschaftsfläche als öffentlicher Weg BGHZ 101, 24; zum Anspruch auf Bewilligung einer Zufahrtsbaulast BGHR § 743 Abs 2 Nr 1; OLG Düsseldorf vom 29. 10. 1993 – 7 U 104/92; zur Anwendung der §§ 741 ff im Bereich der öffentlichen Fürsorge BVerwG NJW 1954, 1541. Die landesgesetzlichen Vorschriften bestimmen in unterschiedlicher Form, wie subjektiv-öffentliche Rechte geltend zu machen sind oder wie sie dem Berechtigten zustehen. Gleiches gilt für öffentlich-rechtliche Pflichten. Zur öffentlich-rechtlichen Streupflicht bei Gemeinschaftsgrundstücken OLG Stuttgart NJW-RR 1986, 958; zu öffentlich-rechtlichen Zwangsmaßnahmen gegen einzelne Teilhaber OVG Münster NJW 1985, 2491; VGH Kassel NJW 1985, 2492. Zum Anschluss- und Benutzungszwang OVG Sachsen-Anhalt NJ 2007, 41.

156 Öffentliches Recht kann im Übrigen der Bildung von Bruchteilsgemeinschaften entgegenstehen (vgl OLG Stuttgart RdL 1990, 155 zur Versagung einer Genehmigung nach § 9 GrdstVG wegen Unwirtschaftlichkeit allein aufgrund ideeller Teilung und ihr innewohnender Tendenz zur Realteilung). Werden Miteigentumsanteile an landwirtschaftlich genutztem Grundbesitz übertragen, so kann die Genehmigungsbehörde idR nicht verlangen, dass eine Gesellschaft bürgerlichen Rechts gegründet wird (AG Ellwangen BwNotZ 1998, 148). Steht ein Hinterliegergrundstück im Alleineigentum eines von mehreren Miteigentümern des Anliegergrundstücks (im entschiedenen Fall: der Ehefrau) und erfüllt es nicht die baurechtlichen Erreichbarkeitsanforderungen, so ist nach der Rechtsprechung des BVerwG regelmäßig davon auszugehen, dass es nicht iSd § 133 Abs 1 BauGB erschlossen ist und damit auch nicht beitragspflichtig ist, weil der Eigentümer des Hinterliegergrundstücks es nicht allein in der Hand hat, die Erreichbarkeit zu gewährleisten (BVerwGE 136, 126). Vgl weiter die Nachw Vorbem 13.

9. Spezialitätsgrundsatz und Mehrheit von Gegenständen

157 Das Sachenrecht kennt nur Berechtigungen an einzelnen Sachen (sog Spezialitäts-

grundsatz, vgl MünchKomm/K Schmidt Rn 33). Es gibt kein Eigentum und folglich auch kein Miteigentum an Sachgesamtheiten (wohl aber an „Gesamt-“ oder „Mengesachen“, die nach der Verkehrsanschauung nur in ihrer Zusammenfassung zu größeren Quantitäten einen Wert repräsentieren, dazu MünchKomm/Stresemann § 90 Rn 15– zB *Getreide, Schrott, Kohlen, Bienenschwärme* –; deshalb ist hier die irgendwie abgetrennte Menge als solche die Sache, an der Eigentum besteht). Für Sachgesamtheiten gilt: soviel Sachen, soviel Rechte. Stehen Sachgesamtheiten (zB ein Haus mit Inventar oder mehrere Grundstücke) den gleichen Personen gemeinschaftlich zu, gibt es deshalb soviel Miteigentumsrechte wie Sachen. Daraus hat man geschlossen, es bestünden nebeneinander soviel Bruchteilsgemeinschaften wie dingliche Mitberechtigungen; die *Gemeinschaft habe notwendigerweise immer nur einen einzigen Gegenstand* (Saenger 8; Fabricius, Relativität der Rechtsfähigkeit [1963] 143; Fikentscher § 89 I 2; Schulze-Osterloh 131 f, 163 ff, 207 ff; vgl auch Kümpel WM 1980, 424). Dieser Schluss ist *nicht zwingend* (so vor allem Flume I 1, 112 f; MünchKomm/P Ulmer Rn 10, 100 vor § 705; iE wohl auch MünchKomm/K Schmidt Rn 33; vgl auch BGHZ 140, 63). Die §§ 742 ff regeln im Wesentlichen die schuldrechtlichen Rechte und Pflichten der Parteien (ebenso Madaus AcP 212 [2012] 251, 285 f); eine Ausnahme bildet nur § 747. Schuldverhältnisse können aber auch im Hinblick auf Sachgesamtheiten bestehen. § 752 setzt als selbstverständlich voraus, dass „mehrere Gegenstände gemeinschaftlich“, also das Objekt ein und derselben Rechtsgemeinschaft sein können. Schulbeispiel ist die Vermengung mehrerer selbstständiger Sachen – zB mehrerer Goldbarren oder Münzen verschiedener Eigentümer – zu einem einheitlichen Bestand (die Ansicht von Schulze-Osterloh 207 ff, in einem solchen Fall entstehe Gesamthandseigentum, beruht auf einer frei gewählten, mit dem Gesetz unvereinbaren Definition von Bruchteils- und Gesamthandsgemeinschaft).

Ob an mehreren Gegenständen eine **einheitliche Gemeinschaft** oder ob **getrennte Gemeinschaften** bestehen, ist nach dem *Entstehungsgrund der gemeinsamen Berechtigungen* zu entscheiden (vgl auch BGHZ 140, 63; **aA** Madaus AcP 212 (2012) 251, 294: das Kriterium des einheitlichen Entstehungsgrundes sei überflüssig). Beruhen sie auf einem einheitlichen Entstehungsgrund, existiert idR nur eine Gemeinschaft; verschiedene Entstehungsgründe schaffen verschiedene Gemeinschaften. Erwerben zB Ehegatten ein Haus mit Inventar, oder erwerben mehrere Vorbehaltslieferanten durch Vermischung Miteigentum an einer Vielzahl gleichartiger Gegenstände, so liegt zwar mehrfaches Miteigentum, aber iS der §§ 741 ff nur eine einzige Gemeinschaft vor. Auch nachträglicher Hinzuerwerb zu bestehendem Miteigentum (Kauf eines angrenzenden Grundstücks) ist im Allgemeinen als Erwerb zur bereits bestehenden Gemeinschaft, nicht als Begründung einer neuen Gemeinschaft anzusehen. In Zweifelsfällen müssen Verkehrsanschauung und wirtschaftliche Vernunft entscheiden. Grundstück, Zubehör und Früchte muss man danach stets als Gegenstand einer einheitlichen Gemeinschaft ansehen. Insoweit ist zumindest schuldrechtlich eine vorsichtige Lockerung des sachenrechtlichen Spezialitätsgrundsatzes durchaus geboten und vertretbar. Zum ganzen BGHZ 140, 63 (verschiedene Grundstücke, die zu einem einheitlichen Forstbetrieb gehören); BGH WM 1984, 873; Rütten 82 Fn 24; MünchKomm/K Schmidt Rn 33. 158

Die praktischen Folgen der Zusammenfassung mehrerer Gegenstände zu einer einheitlichen Gemeinschaft sind vor allem: Der Teilhaber kann nach § 743 Abs 1 nur einen Anteil *an den Früchten des Gesamtbestands,* nicht jeder einzelnen Sache verlangen (wichtig, weil vor der Verteilung der Früchte erst die Kosten gedeckt werden 159 müssen! § 743 Rn 14). Die Verwaltung (§§ 744, 745) bezieht sich auf den gesamten Bestand. Vor allem richtet der Anspruch auf Teilung sich auf Teilung des ganzen gemeinschaftlichen Bestandes, nicht von Einzelstücken (§ 749 Rn 51). Ebenso MünchKomm/K Schmidt Rn 33. Zu den Rechten des Eigentümers einzelner Teile einer zusammengesetzten Sache (corpora connexa) vgl Staudinger/Gursky (2012) § 1011 Rn 13 mwNw.

10. Gemeinschaftliche Unternehmen?

160 Die Gemeinschaft gem §§ 741 ff kann zivilrechtlich **nicht Trägerin eines Unternehmens** sein. Zwar können einzelne Rechte, die dem Unternehmenszweck gewidmet sind, in Bruchteilsgemeinschaft stehen. Die Unternehmensgemeinschaft scheitert auch nicht daran, dass zu einem Unternehmen idR ein Inbegriff verschiedener Sachen und Rechte gehört; denn auch insoweit ist eine einheitliche Gemeinschaft möglich (Rn 157 ff). Aber die Verbindung zur unternehmerischen Tätigkeit wird durch § 741 nicht erfasst, und erst diese Tätigkeit macht das Unternehmen aus (vgl jetzt auch die Legaldefinition in § 14; Palandt/Ellenberger § 14 BGB Rn 2). Auch eine *entsprechende Anwendung* der §§ 741 ff kommt nicht in Betracht (anders, aber überholt RG Gruchot 53, 982 = WarnR 1909, Nr 139; zust noch Soergel/Hadding Rn 14; Staudinger/Vogel[10/11] Rn 2 c; wie hier MünchKomm/K Schmidt Rn 24; Buchwald JR 1967, 368; ders BB 1968, 1181, 1183; iE auch RGZ 115, 358, 362; BGB-RGRK/vGamm Rn 7). Wollen mehrere Personen sich zur Führung eines Unternehmens zusammenschließen, müssen sie notwendigerweise eine Handelsgesellschaft oder zumindest – bei nichtkaufmännischen Unternehmen – eine Gesellschaft bürgerlichen Rechts errichten. Die Gemeinschaft kommt als Rechtsform nicht in Betracht; sie bezieht sich auf Rechte, nicht auf Tätigkeiten. Deswegen ist Gemeinschaftsrecht insbesondere dann unanwendbar, wenn mehrere Personen faktisch ein Unternehmen (ein gewerbliches Unternehmen, eine freiberufliche Praxis) gemeinschaftlich führen, dessen Träger nach außen hin nur einer von ihnen ist. „Faktische" Gesellschaften ohne vertragliche Grundlage sind also keine Gemeinschaften. Zur Lösung der Probleme, die die Mitarbeit von Ehegatten oder nicht verheirateten Lebensgefährten im Unternehmen des Partners mit sich bringt, ist daher das Gemeinschaftsrecht jedenfalls ungeeignet (vgl auch BGH NJW 1981, 1502).

161 Auch die **Zusammenfassung mehrerer Unternehmen** zu einer wirtschaftlichen Einheit (also einem Konzern) begründet zwischen den Trägern der Unternehmen keine Gemeinschaft. Dass man den Gleichordnungskonzern (§ 18 Abs 2 AktG) mit Ergebnisausgleich (§ 292 Abs 1 Nr 1 AktG) als „Interessengemeinschaft" bezeichnet (vgl Fikentscher, Die Interessengemeinschaft [1966]), ist sprachlicher Zufall; es handelt sich um Gesellschaften, nicht um Gemeinschaften, auch nicht im Sinn der Lehre von der „schlichten Interessengemeinschaft", die sich auf ganz andere Sachverhalte bezieht (unten Rn 167 ff; vgl auch MünchKomm/K Schmidt Rn 71).

162 Das **Umwandlungsrecht** behandelt konsequenterweise Bruchteilsgemeinschaften nicht als umwandlungsfähige Rechtsträger, vgl §§ 3, 124, 191 UmwG.

163 **Steuerrechtlich** gelten je nach Steuerart ganz andere Kriterien. So kann im Bereich der Umsatzsteuer eine Bruchteilsgemeinschaft als Unternehmer iS des § 2 UStG anzusehen sein (hM, vgl eingeh Sterzinger UR 2012, 785; Carl DStR 1990, 270 ff; BFHE 227,

218 = BStBl II 2010, 243; FG München EFG 1992, 56; BFH BStBl II 1993, 734; BFH NV 1994, 589; BFH NJWE-MietR 1996, 22; BFH NV 1999, 1646 f). Zur Bruchteilsgemeinschaft und Betriebsaufspaltung vgl WEBER FR 2006, 572; BARTH DStR 1987, 211 ff (zivilrechtlich dazu auch BGH NJW 1989, 1030; zur Vermietung BFH DStR 2004, 1333; FG Rheinland-Pfalz EFG 1997, 1436; FG Düsseldorf DStRE 2004, 810; SCHOOR StBp 2010, 143; zur Zurechnung von Oder-Konten FG Düsseldorf EFG 1996, 242; zur Zuwendung von Einkünften bei gemeinschaftlicher Vermietung BFH DStR 1999, 1763); zum gewerblichen Grundstückshandel einer Bruchteilsgemeinschaft REISS FR 1992, 364 ff mit dem zutr Hinweis, BFH und BMF seien augenscheinlich der Unterschied zwischen §§ 705 ff und §§ 741 ff nicht mehr geläufig; zur bilanziellen Behandlung KRONTHALER DB 1988, 676 ff; zur Gewerbesteuer FG Berlin EFG 1992, 353; zum – höchst problematischen – Begriff der sog „faktischen bzw verdeckten Mitunternehmerstellung" im Rahmen des § 15 EStG L SCHMIDT § 15 EStG Rn 257 ff, 280 ff mwNw; PRIESTER, in: FS L Schmidt 331 ff. Zur Beteiligtenfähigkeit im finanzgerichtlichen Verfahren BFH DStR 2004, 1333.

11. Nichteheliche Lebensgemeinschaften

Die verbreiteten Formen nichtehelicher Lebensgemeinschaften bilden grundsätzlich keine Gemeinschaft im Rechtssinne. Der Zusammenschluss zweier Personen zu einer nichtehelichen Lebensgemeinschaft ist vielmehr ein rein tatsächlicher Vorgang. Auch eine Analogie zum Recht des Zugewinnausgleichs zwischen Ehegatten (§§ 1371 ff) kommt nicht in Betracht (LG Aachen NJW-RR 1988, 450). Jedoch kommt hinsichtlich einzelner konkreter Vermögensgegenstände eine Anwendung der §§ 741 ff in Betracht, wenn die Lebensgefährten zB gemeinsam Vermögen erwerben. Dass nichteheliche Lebensgefährten zu Bruchteilen Eigentum erwerben können, ist heute höchstrichterlich unbestritten (BGHZ 177, 193). Praktisch relevant werden insbesondere Fragen der Vermögensauseinandersetzung nach Trennung (dazu grundlegend BGHZ 177, 193; hierzu vPROFF NJW 2008, 3266). Vereinzelt hat die Rechtsprechung hinter dem Erwerbsbeteiligungsverhältnis der Bruchteilsgemeinschaft zu gleichen Teilen an einer gemeinsam genutzten Immobilie eine konkludent begründete Innengesellschaft bürgerlichen Rechts erkannt (OLG Schleswig FamRZ 2002, 96). Eine Innengesellschaft zwischen Lebensgefährten wird jedoch richtigerweise nur konkludent begründet, soweit Vermögensgegenstände betroffen sind, die zur Erzielung von Einkünften dienen (zB Mietobjekte, Unternehmen, Freiberuflerpraxen), nicht dagegen wenn es um das Familienwohnhaus geht (vgl BGHZ 177, 193 Rn 22). Trägt ein Partner wesentlich mehr zur Finanzierung oder Wertsteigerung bei als seiner Bruchteilsquote entspricht, so kann hierin eine „gemeinschaftsbezogene Zuwendung" oder, wenn es um Arbeitsleistungen geht, ein Kooperationsvertrag liegen, und ihm nach Trennung gegen den anderen ein Ausgleichsanspruch nach den Grundsätzen über den Wegfall der Geschäftsgrundlage (§ 313) zustehen (BGHZ 177, 193). 164

Zur Nutzung einer gemeinschaftlich gemieteten Wohnung nach Beendigung der Lebensgemeinschaft AG Offenbach FamRZ 1992, 1427; LG Berlin NJW-RR 1995, 463; NJW-RR 1999, 1389; zur Lastentragung OLG Düsseldorf NJW-RR 1998, 658; OLG Schleswig OLG-Rep 1998, 357. Zum Anspruch auf Beendigung und Aufhebung des Mietverhältnisses untereinander BGH NJW 2005, 1715; OLG Köln NZM 1999, 998; LG Karlsruhe FamRZ 1995, 94; AG Hannover NJW-MietR 1997, 128; zur Vereinbarung eines „Wohnrechts" durch einen Mieter LG Berlin MDR 1990, 1116. Zum vorläufigen Rechtsschutz SCHUSCHKE NZM 1999, 481 ff; zu § 1006 bei gemeinschaftlichem Besitz und Erwerb OLG Düsseldorf MDR 1999, 233; OLG Köln JMBl NW 1995, 274. Zur Haftung im Falle einer Gesellschaft bürgerlichen Rechts JACOBS NZM 2008, 111.

12. Die Belegschaft eines Betriebes als Rechtsgemeinschaft

165 Die Belegschaft eines Betriebes bildet nach vereinzelt vertretener Ansicht (HUECK/NIPPERDEY, Lehrbuch des Arbeitsrechts [6. Aufl 1957] Bd II, 687; WEITNAUER, in: FS Duden [1977] 705, 706 ff; JACOBI, Grundlehren des Arbeitsrechts [1927] 296 m Fn 16) eine Gemeinschaft iS der §§ 741 ff im Hinblick auf die **betriebsverfassungsrechtlichen Beteiligungsrechte**. Das ist abzulehnen. Praktisch hat der Meinungsstreit (näher STAUDINGER/LANGHEIN [2001] Rn 165 mwNw) keine Bedeutung.

13. Sonstiges

166 Das **nachbarschaftliche Gemeinschaftsverhältnis** begründet keine Bruchteilsgemeinschaft, § 922 S 4 ist lediglich Rechtsfolgenverweisung (vgl näher BGHZ 42, 380; diff HEISCHE MDR 1961, 461 ff). **Metageschäfte** (näher MünchKomm/K SCHMIDT Rn 26) begründen idR eine Gesellschaft bürgerlichen Rechts, und zwar auch, wenn der Erwerb von Miteigentum bezweckt ist. Das **partiarische Rechtsverhältnis** ist weder Gesellschaft noch Bruchteilsgemeinschaft, sondern allenfalls gesellschaftsähnlich (näher mwNw PALANDT/SPRAU § 705 Rn 9). Zur **Akkordkolonne** MünchKomm/K SCHMIDT Rn 26, dort auch zu §§ 75 ZPO und 65 WG (**Prätendenten, konkurrierende Konnossementinhaber, mehrere Wechselausfertigungen**). Nach **Realteilung** ist auch der Gegenstand endgültig geteilt, für eine Bruchteilsgemeinschaft bleibt allenfalls das Abwicklungsvermögen. **Erbeinsetzung zu Bruchteilen** führt zur Gesamthand (MünchKomm/K SCHMIDT Rn 26, dort auch zur Rechtslage beim **Überbau**). UU können einzelne schuldrechtliche Vorschriften der §§ 742 ff analoge Anwendung finden. Zu altrechtlichen Gemeinschaften vgl etwa LG Aurich NJW-RR 1994, 1170 (**Deichpoldergemeinschaft**); OLG Frankfurt NJW-RR 2000, 538; LG Kassel NJW-RR 1992, 1368 (**Markgenossenschaft**). Observanz kann uU zu Bruchteilsbildung führen (so jedenfalls LG Aurich aaO). Provisionsteilungsabreden mehrerer Vorkäufergruppen (sog **„Topfvereinbarung“**) begründen idR weder ein gesellschafts- noch gemeinschaftsrechtliches Verhältnis (vgl BAG DB 1999, 587); anders ggf bei Teilungsabrede zwischen Maklern (OLG Oldenburg NJW-RR 1999, 579). Eine **Kabelfernsehanlage** nebst Ringleitung, Verstärkern und Anschlüssen auf mehreren Grundstücken kann eine Gemeinschaft begründen, s dazu und zur eingeschränkten Aufhebbarkeit (zw) AG Winsen/Luhe NZM 2000, 717; ebenso eine gemeinsame **Heizhausanlage** mehrerer Grundstückseigentümer, OLG Celle NJW-RR 2000, 227; ähnlich gemeinsame Telefonanlage OLG Hamm NJW-RR 2001, 245; Anteilsbuchungen in den Grundbüchern der fünf neuen Bundesländer sind als Bruchteilsgemeinschaft einzuordnen, OLG Brandenburg NJ 1998, 543 f. Zur Rechtslage bei *altrechtlichen Anliegerwegen* vgl DNotI-Rep 2003, 139; zur ähnlichen Problematik altrechtlicher *bruchteilsloser Anteile* in Baden-Württemberg MILZER BWNotZ 2008, 79 f. Beim sog *Grenzbau* entsteht vertikales Eigentum (BGH NJW 2004, 3328). Zum bayerischen *Koppelfischereirecht* vgl DNotI-Gutachten v 16. 3. 2006 FAX-Dok 11437. Bei Persönlichkeitsrechtsverletzungen der *Teilnehmer sportlicher Veranstaltungen* kann eine Bruchteilsgemeinschaft hinsichtlich der daraus resultierenden Forderungen und Ansprüche entstehen (PFISTER, in: FS Lorenz [2001] 259).

VI. Interessengemeinschaften

1. Die Lehre von der Interessengemeinschaft

§ 741 setzt voraus, dass ein *Recht* mehreren gemeinschaftlich zusteht. Der Anteil am gemeinschaftlichen Recht bedeutet, dass der Teilhaber an den Vorteilen, die das Recht bietet – den Nutzungen, dem Veräußerungserlös, im Fall der Realteilung der Verteilungsmasse – in Höhe seines Anteils partizipiert (vgl auch Rn 260). Dem entspricht es, dass er an den Nachteilen, den Kosten, den Lasten und vor allem am Wertverlust durch Beschädigung oder schlechte wirtschaftliche Entwicklung nach dem Maß seines Anteils beteiligt ist. Die Teilhaber bilden also ua auch eine Kosten- und Gefahrengemeinschaft. In Weiterführung dieses Gedankens ist wiederholt die Ansicht vertreten worden, dass Gemeinschaftsrecht überall dort ergänzend heranzuziehen ist, wo die Beteiligten sich zwar nicht in *einer Rechtsgemeinschaft,* aber doch in einer *Not- und Gefahrengemeinschaft* befinden und deshalb gleichgerichtete Interessen haben (s näher Staudinger/Langhein [1996] Rn 167 ff). 167

Würdinger (Interessengemeinschaft 16, 70) hat versucht, dies näher zu begründen. Die gesetzliche Ausgestaltung der §§ 741 ff beruhe weniger auf der Gemeinschaftlichkeit des Rechts als auf der Gleichrichtung der Interessen. Die Bruchteilsgemeinschaft sei nur ein Sonderfall des gesetzlich nicht geregelten allgemeinen Tatbestands der „schlichten Interessengemeinschaft" (16). 168

2. Anwendungsfälle

Die praktische Schwierigkeit besteht darin anzugeben, welche Struktur und Intensität eine Interessenverflechtung haben muss, um zur „Interessengemeinschaft" zu werden und die Anwendung der §§ 741 ff zu rechtfertigen. Folgende Fälle werden angeführt: 169

a) Sammelsendung

Werden Waren der gleichen Gattung an mehrere Käufer ohne Trennung der einzelnen Anteile versandt (Sammelsendung) und ist der Verkäufer aufgrund des Vertrags oder Handelsbrauchs zur Sammelsendung berechtigt, so beschränkt sich seine Schuld gem § 243 Abs 2 auf die abgesendete Gesamtmenge, und mit der Absendung geht gem § 447 die Gefahr auf die beteiligten Käufer über. Ist durch Übertragung des Konnossements bzw von Teilkonnossementen u dgl Miteigentum der Käufer begründet worden, so bilden sie eine Gemeinschaft nach § 741, und es ergibt sich schon aus § 752, dass sie einen teilweisen Verlust nach dem Maß ihrer Anteile zu tragen haben. Aber auch wenn kein Miteigentum der Käufer besteht, soll die zwischen ihnen bestehende Gefahrtragungsgemeinschaft ihnen die rücksichtslose Durchsetzung ihrer Einzelinteressen verbieten; sie seien verpflichtet, den teilweisen Verlust oder Verderb pro rata zu tragen (Würdinger, Interessengemeinschaft 34 ff, 45 ff; ebenso Soergel/Hadding Vorbem 13 zu § 741; Esser II § 97 III 1 a; Esser/Schmidt § 38 IV 3.a). 170

b) Nicht zu vertretende Teilunmöglichkeit bei beschränkter Gattungsschuld

Seit RGZ 84, 125 (Zuckerrübensamen) ist im Fall nicht zu vertretender Teilunmöglichkeit bei beschränkter Gattungsschuld anerkannt, dass der Schuldner berechtigt 171 und verpflichtet ist, den Restvorrat pro rata aufzuteilen (**aA**, aber vereinzelt, E Wolf JuS 1962, 101, 103). Auch das gilt als Folge des Rechtsgedankens der Interessengemeinschaft (Würdinger, Interessengemeinschaft 68 ff, 78; Wüst, Interessengemeinschaft 98 ff, 105; Esser/Schmidt § 38 IV 3.c; iE ebenso, ohne Rückgriff auf den Gedanken der Interessengemeinschaft, de Boor, Die Kollision von Forderungsrechten [1928] 23 f, 140 ff; Larenz I § 10 I u § 11 I).

c) Geschäftsführung in gemeinschaftlicher Notlage

172 Die Rechtsprechung hat gelegentlich ähnliche Gedanken im Fall der Geschäftsführung ohne Auftrag bei gemeinschaftlicher Notlage verwendet. Im Fall RGZ 143, 382 war die Werft Eigentümerin des Schiffsrumpfs, die auftraggebende Reederei Eigentümerin der von ihr beschafften Ausrüstung; das Eigentum am Schiff war also real geteilt. Auf einer Probefahrt hatte das Schiff einen Unfall. Die Werft besorgte die Schlepphilfe. Das RG ist der Ansicht, die Werft sei dabei sowohl im eigenen Interesse als auch in Geschäftsführung ohne Auftrag für die Reederei tätig geworden; beide müssten den Schlepplohn entsprechend § 748 gemeinsam tragen. BGHZ 38, 270, 277 f hat in der Grundsatzentscheidung zur *Selbstaufopferung im Straßenverkehr* dem sich aufopfernden Kraftfahrer nur den halben Schaden zugesprochen, weil beide, der Fahrer und der gerettete Radfahrer, sich in einer unverschuldeten Gefahrenlage befunden hätten, und hierfür auf den Rechtsgedanken der großen Haverei verwiesen; das kommt dem Gedanken der „Interessengemeinschaft" sehr nahe.

d) Keine allgemeine Anerkennung des Prinzips der Interessengemeinschaft

173 Allerdings hat die Rechtsprechung den Gedanken der Interessengemeinschaft bisher nicht zu einem allgemeinen Rechtsprinzip verallgemeinert. Gegen das Vorliegen einer Interessengemeinschaft zwischen Kutterfischern, die in einer Genossenschaft organisiert waren, hat der BGH sich in JZ 1961, 91, 93 ausgesprochen. Ohne sich mit der Lehre von der Interessengemeinschaft im Einzelnen auseinanderzusetzen, hat er festgestellt, der Zusammenschluss mehrerer zu einer Einkaufs- und Absatzgenossenschaft, der Zusammenschluss mehrerer solcher Genossenschaften zu einer Dachgenossenschaft und die Tatsache, dass alle Genossen einem gefährlichen Beruf nachgingen und gleichgerichteten Gefahren ausgesetzt seien, führten nicht dazu, dass der aus der Verwirklichung dieser Gefahren für einen Genossen entstehende Schaden auf alle Genossen umzulegen sei (**aA** Wüst JZ 1961, 78).

3. Stellungnahme

174 Die Lehre von der Interessengemeinschaft und insbesondere die analoge Anwendung der §§ 741 ff ist **abzulehnen** (zurückhaltend auch MünchKomm/K Schmidt Rn 71 ff; Soergel/Hadding Vorbem § 741 Rn 14), näher Staudinger/Langhein (1996) Rn 174.

175 Die sehr speziell gelagerten Fälle, um die es der Lehre von der Interessengemeinschaft geht, sind anders zu lösen, vgl Staudinger/Langhein (1996) Rn 175.

4. Analoge Anwendbarkeit des Gemeinschaftsrechts bei gemeinschaftlichen Gegenständen mit real geteilten Berechtigungen

176 Dagegen hat RGZ 143, 382 (oben Rn 172) das Gemeinschaftsrecht (§ 748) zutreffend angewandt. Schon die Mehrheit der 2. Kommission hielt eine analoge Anwendung der §§ 741 ff für zulässig, wenn zwar nicht ein „Recht", wohl aber ein „Gegenstand" mehreren gemeinschaftlich zusteht (Prot II 744). Eben das ist der Fall, wenn ein Schiff mehreren zu realen Anteilen gehört. – Auch § 922 S 4 (dazu oben Rn 134) lässt sich in dieser Weise erklären. Darüber hinaus können §§ 741 ff auf sonstige Nutzungsgemeinschaften vorsichtig analog angewandt werden (MünchKomm/K Schmidt Rn 75). Beispiele: Nutzungs- und Verwaltungsgemeinschaft zwischen dem Nießbraucher und dem Alleineigentümer (BGH FamRZ 2007, 135; dazu oben Rn 133) oder zwischen dem Alleineigentümer und einem dinglich durch beschränkt persönliche Dienstbarkeit (§ 1090) gesicherten Mitnutzungsberechtigten (BGHZ 186, 372 Rn 19; dazu oben Rn 133); gemeinsame Nutzung von Parkplätzen (BGH NJW 2008, 3703) oder einer Zufahrt durch Grunddienstbarkeitsberechtigte und Eigentümer (OLG Köln MDR 1990, 1013 f; ebenso LG Zweibrücken v 21. 11. 1995 – 3 S 118/95); gemeinsame Wasserversorgung (AG Bonn v 16. 3. 1995 – 18 C 563/94); ferner Rn 48, 166.

VII. Gemeinschaften besonderen Rechts

Auf Gemeinschaften „besonderen Rechts" (oben Rn 5) sind die Vorschriften der §§ 742 ff nicht oder nur mit erheblichen Abweichungen anwendbar. Die wichtigsten Besonderheiten dieser Gemeinschaften sind die folgenden: **177**

1. Wohnungseigentum

a) Überblick

Im Fall des Wohnungseigentums (und des „Teileigentums" an nicht zu Wohnzwecken dienenden Räumen des Gebäudes) nach § 1 WEG steht, zumindest wirtschaftlich gesehen, das **Sondereigentum** an der Wohnung (oder den sonstigen Räumen) im Vordergrund. Das Sondereigentum ist Eigentum an einem realen Teil des Gebäudes, kein Miteigentum iSv § 741. Miteigentum besteht am Grundstück selbst und an den Teilen, Einrichtungen und Anlagen des Gebäudes, die nicht zum Sondereigentum gehören (§ 1 Abs 5 WEG). Insoweit finden §§ 741 ff nur subsidiär Anwendung, § 10 Abs 1 S 1 WEG. Nach der grundlegenden Entscheidung des BFH v 2. 6. 2005 (BGH NJW 2005, 2061) zur „Teilrechtsfähigkeit sui generis", der sich der Gesetzgeber in § 10 Abs 6 der WEG-Novelle ausdrücklich angeschlossen hat, ist nunmehr von einer dritten, verbandsrechtlich zu beurteilenden Ebene auszugehen (s dazu und zur Reformgeschichte ausf Hügel/Elzer 2 ff; Langhein notar 2008, 18 ff). **178**

Zur unmittelbaren Anwendbarkeit der §§ 741 ff auf gemeinschaftlich Sondernutzungsberechtigte BayObLG WE 1994, 17 ff; diese Konstruktion kommt insbes auch bei Sondereigentum an Stellplätzen oder sog Duplex-Garagen in Betracht, vgl BGH NJW 2014, 1879; BGH NZM 2012, 422; Hügel/Elzer DNotZ 2014, 403; Schöner/Stöber, Grundbuchrecht Rn 2836 f; näher OLG München ZWE 2012, 92; BayObLG MittBayNotK 1994, 438; F Schmidt MittBayNotK 1995, 115. **179**

Str war des Weiteren die Anwendung der §§ 741 ff auf das Verwaltungsvermögen insgesamt und/oder einzelne Zubehörgegenstände der Gemeinschaft (eingeh Röll NJW 1987, 1049). ME kam hier eine gesonderte Anwendung der §§ 741 ff vernünftigerweise nicht in Betracht (so Röll aaO). Die Streitfrage hat sich durch § 10 Abs 6 S 2 WEG nF erledigt: Das Verwaltungsvermögen ist Verbandsvermögen. **180**

181 Das Miteigentum („gemeinschaftliches Eigentum", § 1 Abs 5 WEG) ist – anders als der „Anteil" iS der §§ 742 ff – **kein selbstständiges Recht**. Es kann nur zusammen mit dem Sondereigentum veräußert und belastet werden (§ 6 WEG, entgegen § 747). Das **Recht zur Veräußerung des Sondereigentums** – und damit des Miteigentumsanteils – kann (wieder im Gegensatz zu § 747) beschränkt, nämlich an die Zustimmung anderer Wohnungseigentümer oder eines Dritten gebunden werden (§ 12 Abs 1 WEG). Die Zustimmung darf nur aus wichtigem Grund oder aus bestimmten vorher festgelegten Gründen versagt werden (§ 12 Abs 2 WEG). Die Verfügungsbeschränkung wirkt auch gegen Vollstreckungsgläubiger und bei Insolvenz des Wohnungseigentümers (§ 12 Abs 3 WEG). In der Kautelarpraxis werden letztere Fälle daher fast stets ausgenommen, da das Wohnungseigentum sonst praktisch nicht beleihbar wäre. Nach § 12 Abs 4 WEG nF kann jetzt eine solche Beschränkung mit einfacher Mehrheit aufgehoben werden.

182 Soweit aufgrund fehlerhafter Sondereigentumsbegründung ein **„isolierter Miteigentumsanteil"** entstanden ist (BGHZ 109, 179; BGH NJW 1995, 2851; dagegen WEITNAUER § 3 WEG Rn 22 ff), ist dieser nicht als Bruchteil nach allgemeinem Recht verkehrsfähig, sondern im Zweifel anteilig gegen Wertausgleich auf die übrigen Miteigentümer zu übertragen (vgl auch OLG Hamm WE 1991, 136; näher LANGHEIN notar 2008, 18).

183 Die **Verwaltung, Kosten** und **Lasten, Gebrauch** und **Nutzung** des gemeinschaftlichen Eigentums sind in den Grundzügen übereinstimmend mit den §§ 743–745, 748, aber wesentlich eingehender und mit zahlreichen Abweichungen im Detail, geregelt; vgl besonders §§ 13 Abs 2, 15–17, 20 ff WEG.

184 Ein **Anspruch auf Aufhebung des gemeinschaftlichen Eigentums** besteht nicht, auch nicht zugunsten des Vollstreckungsgläubigers und des Insolvenzverwalters und auch nicht bei Vorliegen eines wichtigen Grundes. Selbst durch Vereinbarung kann ein solches Recht nur für den Fall der Zerstörung des Gebäudes eingeführt werden (§ 11 WEG, im Gegensatz zu §§ 749, 751, § 84 Abs 2 InsO). Dafür kennt § 18 WEG eine Art Ausschließungsrecht aus wichtigem Grund durch Versteigerung (§ 19 WEG) des Wohnungseigentums (mit dem dazugehörigen Miteigentumsanteil), eine Regelung, die dem Gemeinschaftsrecht unbekannt ist. Für eine **Miteigentümergemeinschaft an einem Wohnungseigentum** gilt § 11 WEG nicht, ebenso bleibt die Verfügungsbefugnis jeden Miteigentümers über seinen Anteil (§ 747 S 1) erhalten (BGH NZM 2000, 1064). Die nach der Entscheidung des BGH v 2. 6. 2005 (oben Rn 178) ausführlich geführte Diskussion über die Insolvenzfähigkeit des Verbandes der Wohnungseigentümer hat der Gesetzgeber mit § 11 Abs 2 WEG nF abschließend beantwortet: Er ist *nicht insolvenzfähig.*

b) **„Gesellschaft nach dem Wohnungseigentumsgesetz"?**

185 Einen anderen Ansatz verfolgt JUNKER: „Der umbaute geometrische Raum ist mangels Sacheigenschaft nicht eigentumsfähig", so lautet sein zentrales Postulat (6 ff, 280). Wohnungseigentum sei jedenfalls kein Eigentum im herkömmlichen bürgerlich-rechtlichen Sinne. Dies führe allerdings nicht zur Unwirksamkeit der Bestimmungen des WEG (71 f). Notwendig sei vielmehr eine neue systematische Interpretation. Teils in Anknüpfung, teils in bewusster Fortentwicklung des in Literatur und Rechtsprechung bereits verbreiteten körperschaftsrechtlichen Verständnisses der Wohnungseigentümergemeinschaft versteht JUNKER sodann die Wohnungseigen-

tümergemeinschaft als Gesamthandsgesellschaft sui generis (ähnl bereits Schulze-Osterloh 154 ff), deren „dingliche Gesellschaftsanteile" den Gesellschaftern zusätzlich das „Einzelhandvermögen" an einer Wohnung zuweisen (75 ff, 281 f). Der Gesetzgeber habe gewissermaßen, ohne es zu wollen, und trotz scheinbar entgegenstehenden Wortlauts des WEG eine neue Gesellschaftsform geschaffen: die „GWEG" (75). Es gehe daher im Falle des WEG nicht um sachenrechtliche Zuordnungen, sondern um typische gesellschaftsrechtliche Fragen des wechselseitigen Ausgleichs der Interessen einer Zweckgemeinschaft.

Auf der so gewonnenen Basis untersucht Junker eine Reihe von Problemfeldern des WEG, wie ua die fehlerhafte GWEG (132 ff), die Haftung für Wohngeldrückstände (178 ff) und Mehrheits-/Minderheitskonflikte (201 ff). Obschon Junker dabei ohne ganz klar erkennbare Linie mal im AktG, mal im GmbHG, im Recht des Vereins wie auch demjenigen der Personengesellschaften Analogien „entdeckt", verdienen seine Ergebnisse gelegentlich grundsätzlich Zustimmung. Natürlich ist es mit den sachenrechtlichen Prinzipien des BGB im herkömmlichen Sinne unvereinbar, dass die Innenseite einer Tür Sonder-, die Außenseite aber Gemeinschaftseigentum sein kann. Junker hebt völlig zutreffend hervor, dass nicht einmal im Wege der – nirgends angeordneten – Fiktion die dingliche Wirkung von Vereinbarungen gem § 10 WEG in Übereinstimmung mit dem Sach- und Eigentumsbegriff des BGB gebracht werden kann (33 ff). Und selbstverständlich sind kautelarjuristisch und rechtssoziologisch die klassischen Konfliktfelder der Wohnungseigentümergemeinschaft typologisch eher gesellschaftsrechtlichen Konstellationen verwandt. Teilungserklärung und Gemeinschaftsordnung müssen wie ein Gesellschaftsvertrag Standardkonflikte einer Personenmehrheit lösen. Der offener Interessenabwägung zugängliche gesellschaftsrechtliche Ansatz von Junker weist daher in die richtige Richtung (dazu Vorbem 14 ff). Allerdings blendet er gelegentlich das Sachenrecht zu sehr aus: So sieht Junker zwar, dass Wohnungs- wie Grundstückseigentum gleichermaßen verkehrsfähig und unkompliziert belastbar sein müssen (94 f). §§ 311b Abs 1 nF, 873 ff sind auch nach seiner Meinung auf den „dinglichen Gesellschaftsanteil" anzuwenden. Im internationalen Vergleich (den Junker leider nicht anstellt, hierzu Langhein, Kollisionsrecht 87 ff) sind gerade die vorstehenden Vorschriften in Verbindung mit dem formellen Liegenschaftsrecht der GBO von außerordentlicher Höhe und Effizienz. Dass das WEG – sei es sachen-, schuld- oder gesellschaftsrechtlich zu interpretieren – dieses Buchsystem fruchtbar gemacht hat, kann für die Sicherheit und Verlässlichkeit des Rechtsverkehrs gar nicht hoch genug geschätzt werden. Auf dieser Grundlage scheint es wenig sachgerecht, ein gesellschaftsrechtliches Prinzip der umfassenden Haftung für rückständige Verbindlichkeiten des „dinglichen Gesellschaftsanteils" anzunehmen (so 252). Hier entstehen unsichtbare Grundbuchbelastungen, die die Regelungen der §§ 873 ff und des ZVG entwerten. Ferner soll in Analogie zu § 16 Abs 3 GmbHG im Falle einer Veräußerung des Wohnungseigentums der Anteil als übergegangen gelten, sobald die Eigentumsumschreibung beim Grundbuchamt beantragt worden ist (265). Das ist mit Eintragungsgrundsatz und Publizitätsprinzip kaum zu vereinbaren. Die Analogie zu § 16 GmbHG trägt schon deshalb nicht, weil es dort kein konstitutiv wirkendes Register gibt, man also zu Hilfslösungen greifen musste. Da auch das Wohnungseigentum dem Buchungszwang unterliegt, hätte allenfalls eine Analogie zur Rechtslage bei Namensaktien näher gelegen (§ 67 Abs 2 AktG). Praxisfern und wenig hilfreich sind auch seine Schlussfolgerungen zur Rechtslage während der Bauerrichtung (153 f). Zwar komme es für 186 die „Gesellschaftsgründung“ nur auf die vertragliche Einräumung des Sondereigentums an. Mit Beurkundung bzw Beglaubigung der Teilungserklärung sei also die „GWEG“ entstanden. Vor vollständiger Errichtung des Bauwerks sei allerdings die Anlegung von Wohnungsgrundbüchern unzulässig (so ausdr 154)! Wie soll auf dieser Grundlage das Sicherungssystem des § 3 MaBV funktionieren? Setzte sich diese Auffassung durch, wären große Teile des Neubaugeschäfts mangels Kreditunterlage undurchführbar oder sehr viel teurer. Wenn die Gesellschaft schon mit der Gründung entsteht, warum soll sie dann nicht in das dafür vorgesehene Register eingetragen werden können? Wie soll die Bauerrichtung in der Form des § 29 GBO nachgewiesen werden?

187 ME sind die Thesen Junkers allenfalls von heuristischem Wert. Natürlich ist bei der Konzeption und Auslegung von Teilungserklärungen, insbes großer Wohnungseigentümergemeinschaften, auf die besondere Enge der Rechtsbeziehungen Rücksicht zu nehmen und damit nähert man sich gesellschaftsrechtlichen Überlegungen. Aber das ist kein Spezifikum des WEG; vielmehr ist generell im Recht der Bruchteilsgemeinschaft gelegentlich die Berücksichtigung verbandsrechtlicher Sachstrukturen geboten (Vorbem 14 ff, 24). Aus der Sicht der Praxis stellt das WEG allenfalls einen notdürftigen und wenig überzeugenden Regelungsrahmen dar; dogmatisch ist es mit den sachenrechtlichen Prinzipien des BGB kaum vereinbar. Die Annahme einer Gesamthand, sei es auch sui generis, welche sowohl Bruchteile, Sondereigentum und Gemeinschaftsvermögen umfasst, ist jedoch abzulehnen. Sie verstößt gegen den Numerus clausus der Gesamthandsgesellschaften und bietet allenfalls ein Pseudogerüst für die Lösung der von Junker relativ beliebig herausgegriffenen Probleme; Folgefriktionen sind in jeder Hinsicht absehbar. Eingehend gegen Junker auch Weitnauer Vorbem § 1 WEG Rn 47 ff mwNw („systemwidrig und überflüssig“, Rn 56), vgl ferner die Rezensionen von Weitnauer WE 1994, 33; Pick NJW 1994, 3339; Langhein DNotZ 1995, 635. Im Übrigen hat sich das Konstrukt von Junker de lege lata durch die WEG-Novelle (so Rn 178) erledigt. Der Gesetzgeber hat in § 10 Abs 6 WEG nF die Teilrechtsfähigkeit ausdrückl auf das gemeinschaftliche Vermögen begrenzt.

2. Sammelverwahrung

188 Wertpapiere in Sammelverwahrung (§ 5 DepotG) stehen im **Miteigentum der Hinterleger**, die Wertpapiere der gleichen Art in den Sammelbestand eingebracht haben (§ 6 Abs 1 S 1 DepotG). Die Anteile der Hinterleger richten sich nach dem Nennbetrag der von ihnen eingebrachten Papiere, bei Papieren ohne Nennbetrag nach der Stückzahl (§ 6 Abs 1 S 2 DepotG). § 742 ist hierdurch ausgeschlossen. Ein Anspruch auf Einräumung von Mitbesitz steht dem Hinterleger nicht zu; er ist durch § 7 DepotG ausgeschlossen: hiernach hat der Hinterleger nur Anspruch auf Auslieferung, Übereignung und Übergabe irgendwelcher gleichartiger Wertpapiere in Höhe des Nennbetrages bzw der Stückzahl der hinterlegten Wertpapiere. Selbst dieser Anspruch kann bei Rechten, die in einer Sammelurkunde verbrieft sind, durch die Emissionsbedingungen abbedungen werden (§ 9a Abs 3 S 2 DepotG). Für den Eigentümer, der nicht Hinterleger ist (der Hinterleger hat zB die Papiere gestohlen und in Sammelverwahrung hinterlegt) gilt Entsprechendes (§ 8 DepotG).

189 Eine **Verfügung über den Miteigentumsanteil am Sammelbestand** iSv § 747 S 1 ist nur in der Weise möglich, dass der Hinterleger-Eigentümer über seinen Anspruch gegen den Sammelverwahrer auf Auslieferung effektiver Stücke bzw auf Bereithaltung der Sammelurkunde verfügt, sei es in Form der Abtretung, der Anweisung oder des Verzichts. Ein Erwerb des Anteils am Bestand ist nur möglich durch Erwerb eines entsprechenden Anspruchs gegen den Sammelverwahrer, idR durch Gutschrift (vgl § 24 Abs 2 S 1 DepotG). Gegenstand des Rechtsverkehrs ist also praktisch der Anspruch gegen den Sammelverwahrer auf Aushändigung effektiver Stücke bzw Bereithaltung der Sammelurkunde, nicht der Miteigentumsanteil als solcher, der nur Sicherungszwecken dient. *Die rechtliche Möglichkeit, über den Anspruch zu verfügen und ihn zu erwerben, ergibt sich aus der schuldrechtlichen Vertragsfreiheit, dem darauf beruhenden Depotvertrag und den ergänzenden Bestimmungen des DepotG, nicht aus § 747 S 1.* Ebenso ist Zugriffsobjekt für die Gläubiger des Depotkunden der Depotanspruch, nicht der Miteigentumsanteil als solcher. Eine Verfügung aller Eigentümer des Sammelbestands – die ohnehin nur eine theoretische Möglichkeit bildet – ist ebenfalls nur auf dem Umweg über die depotrechtlichen Ansprüche möglich; § 747 S 2 ist im Fall der Sammelverwahrung gegenstandslos. Zur Zwangsvollstreckung aus einem Titel, der auf die Übertragung sammelverwahrter Aktien gerichtet ist, vgl BFH BB 2004, 1763.

Die Bestimmungen über die **Verwaltung, Nutzung, Kosten- und Lastentragung** 190
(§§ 743–746, 748) sind durch die Sonderregeln des Depotvertrags und DepotG ausgeschlossen. Die Depotbank und die von ihr zugezogene Wertpapiersammelstelle verwalten den Sammelbestand; sie decken die Kosten über ihre Gebühren. „Lasten“ (zB Vermögenssteuern) ruhen idR nicht auf dem Sammelbestand, sondern auf dem Depotguthaben des einzelnen Kunden. Ebenso werden die Nutzungen (Zinsen und Dividenden) nicht durch die Gemeinschaft der Miteigentümer mit Hilfe des Sammelbestands, sondern durch den Depotkunden mit Hilfe der Depotbank aufgrund des Depotguthabens gezogen.

Ein Anspruch auf **Aufhebung** des Sammelbestands gem §§ 749 ff besteht nicht; er ist 191
durch §§ 7, 8 DepotG ausgeschlossen. Die §§ 750 ff sind gegenstandslos.

Das Problem des **Fehlbestands** (der Wertpapierbesitz der Bank deckt die Guthaben 192
der Kunden nicht) ist im Gemeinschaftsrecht nicht unmittelbar geregelt. Nur mittelbar folgt aus den Auseinandersetzungsregeln der §§ 752, 753, dass Wertverluste am gemeinschaftlichen Gegenstand die Teilhaber im Verhältnis ihrer Anteile treffen. Da gerade diese Bestimmungen durch §§ 7, 8 DepotG ausgeschlossen sind (oben Rn 188), sind sie zur Lösung des Problems des Fehlbestands ungeeignet. Es handelt sich dabei um ein schuldrechtliches Problem, das die Beziehungen des Hinterlegers zur Depotbank betrifft; die Lösung ergibt sich aus dem Verwahrungsvertrag. Die Verpflichtung der Bank zur Auslieferung effektiver Stücke ist nach der gesetzlichen Ausgestaltung der Sammelverwahrung Gattungsschuld, und zwar beschränkte Gattungsschuld. Hat die Bank den Fehlbestand zu vertreten, so steht jedem Kunden der Anspruch auf Auslieferung der seinem Depotguthaben entsprechenden Stücke unverkürzt zu. Hat die Bank den Fehlbestand nicht zu vertreten, so ist sie nach den allgemeinen Grundsätzen über die beschränkte Gattungsschuld (oben Rn 171, 175) berechtigt, die Auslieferungsansprüche ihrer Kunden entsprechend zu kürzen. § 7 Abs 2 DepotG hat diese Rechtsfolgen, die sich auch ohnedies aus allgemeinen

schuldrechtlichen Prinzipien ergeben, nur positiv klargestellt. Das Recht der Gemeinschaft ergibt für die Lösung nichts.

193 Nach dem institutionellen **Sinn der Sammelverwahrung** ist die Depotbank gegenüber dem Hinterleger-Eigentümer aufgrund des Wertpapierverwahrungsvertrags und der ihn ergänzenden Bestimmungen des DepotG verpflichtet, den Hinterleger-Eigentümer in allen rechtlich erheblichen Beziehungen so zu behandeln und zu stellen, als ob sie effektive Stücke, die in seinem Eigentum stehen, für ihn in gesonderte Verwahrung genommen hätte und zur jederzeitigen Herausgabe und Verfügung für ihn bereithielte. Die §§ 742 ff sind hierdurch vollkommen ausgeschaltet. Zwischen den Miteigentümern am Sammelbestand besteht keine Gemeinschaft, kein Rechtsverhältnis iS der §§ 741–758.

3. Misch- und Sammellagerung

194 Im Fall der Misch- und Sammellagerung (§§ 469 HGB) vertretbarer Sachen werden die Einlagerer **Miteigentümer des Misch- oder Sammelbestandes**. Der Lagerhalter ist berechtigt, jedem Einlagerer den auf ihn entfallenden Anteil auszuliefern und zu übereignen, ohne dass es hierzu noch besonderer Gestattung durch die übrigen Berechtigten bedarf (allerdings ist die Misch- und Sammellagerung als solche genehmigungspflichtig). Die Lage ist – wenn auch in rechtlich und rechtstechnisch nicht ganz so verfeinerter Form – derjenigen beim Wertpapiersammeldepot (oben Rn 188 ff) nicht unähnlich. Die §§ 742–758 sind praktisch gegenstandslos. § 742 ist durch § 947 Abs 1, §§ 469 HGB verdrängt und allenfalls subsidiär anwendbar (str, anders, zum Fall der Vermischung und Vermengung im Allgemeinen, die hM, vgl § 742 Rn 18). Die §§ 743 ff setzen praktisch voraus, dass die Einlagerer unmittelbaren Zugriff zum Gut haben. Diese Voraussetzung ist normalerweise nicht gegeben, weil der Lagerhalter nach § 469 Abs 3 HGB jedem Einlagerer den ihm gebührenden Anteil ausliefern kann; im Übrigen hat er aufgrund des Lagervertrags und der Gestattung der Misch- oder Sammellagerung jedem Einlagerer gegenüber ein Recht zum Besitz am Gesamtbestand.

195 Auch wenn der Lagerhalter in Insolvenz fällt und der Verwalter die Fortsetzung des Vertrags gem § 103 InsO ablehnt, hat jeder Einlagerer gem § 47 InsO einen Anspruch auf Aussonderung der auf ihn entfallenden realen Quote (MünchKommHGB/Frantzioch § 469 Rn 13); zu einer gemeinsamen Verwaltung gem §§ 744 f und einer Aufhebung der Gemeinschaft gem §§ 749 ff kommt es also nicht. Ausnahmefälle außerhalb der Insolvenz mögen denkbar sein, in denen die Einlagerer den gesamten Bestand an sich nehmen, weil der Lagerhalter versagt. Dann sind die Vorschriften über die Gemeinschaft wieder anwendbar.

4. Sondervermögen von Kapitalverwaltungsgesellschaften

196 Wählt die Kapitalverwaltungsgesellschaft eines als Sondervermögen aufgelegten offenen inländischen Investmentvermögens oder offenen Publikumsinvestmentvermögens (§§ 92 Abs 1, 162 Abs 2 Nr 3 KAGB), wie üblich, für das ihr anvertraute Sondervermögen die „Miteigentumskonstruktion" (nicht die wahlweise eröffnete „Treuhandkonstruktion"), so entsteht an den Gegenständen des Sondervermögens

Miteigentum der Anleger (zur Miteigentümergemeinschaft der Anteilseigner: SCHULZE-OSTERLOH 143 ff).

Verfügungen nach § 747 kommen nicht in Betracht (§ 95 Abs 2 S 3, dazu BAUR § 18 Anm VII Rn 30–33 mwNw). Eine Verfügung ist nach § 95 Abs 2 S 1, 3 KAGB nur in der Weise möglich, dass die „in dem Anteilschein verbrieften Ansprüche" übertragen werden; dann gehen die Miteigentumsanteile auf den Erwerber mit über. Die „Ansprüche" sind in den Anteilscheinen wertpapierrechtlich verkörpert (§ 95 Abs 1 S 1 KAGB) und werden, je nach Ausgestaltung des Anteilscheins als Inhaber- oder Orderpapier, durch Einigung und Übergabe oder durch Einigung, Übergabe und Indossament übertragen. Unter den „Ansprüchen" ist, genau genommen, die *Beteiligung des Anlegers am Sondervermögen überhaupt* zu verstehen (vCAEMMERER JZ 1958, 48 Fn 57). Diese Beteiligung ist im Anteilschein verbrieft, und mit ihrer Übertragung geht das Miteigentum an den einzelnen Gegenständen auf den Erwerber über. Zahlt die Gesellschaft über die Verwahrstelle den Anteil auf Verlangen des Anlegers gem § 98 Abs 1 S 2 KAGB gegen Rückgabe des Anteils aus, so verliert dieser kraft Gesetzes sein Miteigentum (denn nur die „Anleger" sind nach § 92 Abs 1 S 1 KAGB Miteigentümer, und wer sich auszahlen lässt, hört auf, Anleger zu sein; vgl SCHULZE-OSTERLOH 145; **aA** BAUR § 18 Anm VII Rn 35: es sei eine Rückübertragung des Miteigentumsanteils erforderlich). Jeder Anleger kann mindestens zweimal im Monat verlangen, dass ihm gegen Rückgabe des Anteils sein Anteil an dem Sondervermögen aus diesem ausgezahlt wird (§ 98 Abs 1 KAGB). Andere Verfügungen über die Gegenstände des Sondervermögens oder die Anteile daran sind durch § 95 Abs 2 S 3 KAGB ausgeschlossen; verfügungsbefugt ist allein die Gesellschaft (§ 93 Abs 1 KAGB). § 747 findet keine Anwendung. **197**

Die **Verwaltung der Rechte am Sondervermögen** liegt ausschließlich bei der *Kapitalverwaltungsgesellschaft* im Zusammenwirken mit der *Verwahrstelle* (§ 93 KAGB). Im Fall der *Pfändung* von Gegenständen des Sondervermögens übt die Verwahrstelle das Recht zur Drittwiderspruchsklage aus (§§ 78 Abs 1 S 2 Nr 2, 89 Abs 1 S 1 Nr 3 KAGB). Erlischt das Verwaltungsrecht der Kapitalverwaltungsgesellschaft (vor allem infolge von *Insolvenz* oder *Ablehnung der Insolvenzeröffnung,* § 99 Abs 3 S 1 KAGB), geht das Verfügungsrecht auf die Verwahrstelle über, die das Sondervermögen abzuwickeln oder, mit Genehmigung der Bankaufsichtsbehörde, auf eine andere Kapitalverwaltungsgesellschaft zu übertragen hat (§ 100 KAGB). Zu einer gemeinsamen Verwaltung des Sondervermögens durch die Anleger kann es also nicht kommen; die §§ 744 ff sind unanwendbar. **198**

Ein **Anspruch auf Aufhebung der Gemeinschaft** gem §§ 749 ff besteht nicht (§ 99 Abs 5 KAGB). Auch wenn wegen *Insolvenz* die Verfügungsmacht auf die Verwahrstelle übergeht, hat diese das Sondervermögen nicht gem §§ 753 ff zu teilen, sondern gem § 99 Abs 3 S 1 KAGG „abzuwickeln". Eine nähere gesetzliche Ausgestaltung fehlt; sie erschien dem Gesetzgeber wohl entbehrlich (vgl BAUR § 14 Anm II Rn 3 mwNw; **aA** KLENK 103 mwNw: Anwendung der §§ 752 ff). **199**

Die Bestimmungen der §§ 742 ff sind nach alledem auf das Sondervermögen von Kapitalverwaltungsgesellschaften niemals anzuwenden. **200**

5. Time-sharing

201 Time-sharing-Modelle, also Verträge, mit denen der Kunde ein auf bestimmte Zeit im Jahr beschränktes Nutzungsrecht an einer Ferienimmobilie erwirbt, sind in den letzten Jahrzehnten in den verschiedensten Gestaltungsformen aufgetreten, ua auch in Varianten der Bruchteilsgemeinschaft (zum Ganzen mwNw Hildenbrandt NJW 1994, 1992; Tönner/Tönner WM 1998, 313 ff). Veranlasst durch EG-Recht trat zum 1. 1. 1997 das Teilzeit-Wohnrechtegesetz (TzWrG) in Kraft (vgl Martinek NJW 1997, 1393; Mäsch DNotZ 1997, 180), das freilich durch Informationspflichten und ein Widerrufsrecht nur einen Teil der Probleme löst, vgl im Einzelnen Drasdo TzWrG, Komm (1997); Hildenbrandt/Kappens/Mäsch, Time-Sharing und TzWrG (1997); Palandt/Weidenkaff § 481 BGB Rn 1 ff. Das TzWrG wurde durch die Schuldrechtsreform im Wesentlichen unverändert in das BGB integriert, vgl jetzt §§ 481 ff nF. Erfasst werden alle Arten dinglicher, mitgliedschaftsrechtlicher oder schuldrechtlicher Nutzungsrechte. Interne verbandsrechtliche Regelungen sieht das Gesetz nicht vor, sodass im Falle der Konstruktion als Bruchteilsgemeinschaft die allgemeinen Regeln der §§ 741 ff gelten (vgl Tönner/Tönner WM 1998, 313 ff).

202 Soweit dem Kunden durch die konkrete Vertragsausgestaltung suggeriert wird, er erwerbe ein Dauerwohnrecht iSv § 31 WEG (dies ist die zumeist praktizierte Variante, vgl Tönner/Tönner WM 1998, 313), während stattdessen tatsächlich ein Dritter (zB der Treuhänder oder der Verein) im Grundbuch eingetragen bleibt und der Kunde nicht ins Grundbuch eingetragen werden soll, kann eine derartige Klausel oder auch der gesamte Vertrag gem § 307 nF unwirksam sein (vgl zum Treuhand-Modell: BGH NJW 1995, 2637 f; LG Köln NJW-RR 1992, 1333 f; LG Lübeck VuR 1994, 35; zum Vereins-Modell: OLG Köln NJW 1994, 59 f).

Umstritten ist, ob die Bestellung mehrerer (meist 52 auf eine Woche befristeter) gleichrangiger Dauerwohnrechte an einer Teileigentumseinheit iS des § 31 WEG zulässig ist (Nachw s BGH NJW 1995, 2637, 2639; Tönner/Tönner WM 1998, 319 f; abl auch Erman/Aderhold Rn 6). Nach hM ist jedoch die Begründung und Eintragung von Bruchteilen an einem Dauerwohnrecht iS des § 31 WEG möglich (BGH NJW 1995, 2637, 2639; Weitnauer § 31 Rn 7 und § 3 Rn 123), sodass die Nutzungsberechtigten an einer einzelnen Ferienimmobilie somit eine Bruchteilsgemeinschaft iSv §§ 741 ff bilden (sei es in unmittelbarer Anwendung der §§ 741 ff oder, bei Eintragung im gleichen Range, in entsprechender). Im Wege einer Gebrauchsregelung nach § 746 können sodann die Teilhaber der Bruchteilsgemeinschaft festlegen, welchem Teilhaber zu welcher Zeit der tatsächliche Gebrauch der Ferienimmobilie zustehen soll. Nachteilig ist hier insbesondere, dass das Aufhebungsrecht nach § 751 nicht ausgeschlossen werden kann; krit daher zu Recht Habetha ZMR 1996, 590; Tönner/Tönner WM 1998, 316. – Befristetes Wohnungseigentum „auf Zeit“ kann es wegen §§ 925 Abs 2 und 4 Abs 2 WEG nicht geben (Weitnauer § 3 WEG Rn 123).

203 National und international (vgl zum EG-Rechtszustand Schomerus NJW 1995, 359) wird das Time-sharing in seiner Verbreitung kaum aufzuhalten sein, obschon die verwandten „Modelle“ und auch die vom BGH aufgezeigte Lösung iE wenig befriedigen und von einem echten „Teilzeit“-Eigentum weit entfernt sind. Die Kautelarpraxis bleibt aufgerufen, einigermaßen sichere Vertragsbündel nebst dinglicher Absicherung zu

entwerfen. Ist wirkliches Eigentum gewollt, bedarf es **neuer Strukturen einer echten Gemeinschaft besonderen Rechts** (zum Begriff Rn 5).

VIII. Die Abgrenzung der Bruchteilsgemeinschaft von der Gesellschaft im Fall gemeinschaftlichen Erwerbs

1. Allgemeines

Erwerben **mehrere Personen ein Recht durch Rechtsgeschäft gemeinschaftlich**, kann die Abgrenzung der Gemeinschaft zur Gesellschaft große Schwierigkeiten bereiten, sofern nicht das Rechtsverhältnis von vornherein infolge zwingender gesetzlicher Vorschrift anzugeben ist (zB § 47 Abs 1 GBO). 204

Die **Gesellschaft** setzt nach § 705 voraus, dass die Beteiligten einen Vertrag geschlossen haben (zumindest einen „fehlerhaften" Vertrag), und dass sie in diesem Vertrag die schuldrechtliche Verpflichtung übernommen haben, einen gemeinsamen Zweck in der durch den Vertrag bestimmten Weise, insbesondere durch Beitragsleistung, zu fördern. Abschluss eines *Vertrags,* Übernahme einer schuldrechtlichen *Förderungs-, insbesondere Beitragspflicht* und Festsetzung eines *gemeinsamen Zwecks* sind also die drei Voraussetzungen der Gesellschaft. Fehlt eine von ihnen, entsteht durch den gemeinschaftlichen Erwerb kraft Gesetzes eine Gemeinschaft. Gesamthandsvermögen kann ohne Abschluss eines Gesellschaftsvertrages, durch gemeinschaftlichen Erwerb allein, niemals begründet werden. 205

Ist ein Gesellschaftsvertrag abgeschlossen, so wird der gemeinschaftliche Erwerb der Gesellschafter – sei es Erwerb durch Beitragsleistung, sei es Erwerb von Dritten – idR Gesellschaftsvermögen (§ 718), also **Gesamthandsvermögen** gem § 719. Nur wenn die Gesellschafter besonders bestimmen, dass der Erwerb zu Bruchteilseigentum erfolgen soll, gilt etwas anderes. Grundsätzlich muss diese Bestimmung *beim Erwerb selbst* getroffen werden (Flume I 1, 11). Bei Gegenständen, die formfrei übertragen werden, genügt praktisch allerdings auch eine Bestimmung im Gesellschaftsvertrag. Die Gesellschafter bilden dann in dinglicher Hinsicht eine Bruchteilsgemeinschaft, in schuldrechtlicher eine Gesellschaft (dazu Rn 12 ff). 206

2. Vertrag

Für die Abgrenzung von Gesellschaft und Gemeinschaft kommt es vor allem darauf an, ob dem gemeinschaftlichen Erwerb ein **zwischen den Erwerbern geschlossener Vertrag** zugrundeliegt (zutr MünchKomm/P Ulmer Rn 101 vor § 705). Das ist keinesfalls selbstverständlich oder auch nur die Regel. Bloßes einvernehmliches Handeln ist kein Vertrag. Ein Vertrag ist in aller Regel dann nicht anzunehmen, wenn, wie häufig, die Abrede über den gemeinschaftlichen Erwerb im *familiären, freundschaftlichen oder gesellschaftlichen Bereich* getroffen wird. Die Tatsache allein, dass Vereinbarungen in diesem Bereich „Vermögensinteressen" betreffen und einen „vermögensmäßigen Inhalt" haben, macht sie nicht zu rechtlich verbindlichen und erzwingbaren, rechtsgeschäftlichen Vereinbarungen (vgl Flume II § 7, 2, 83 f). Hierin, und nicht im Fehlen eines „gemeinsamen Zwecks", liegt der eigentliche Grund dafür, dass gemeinschaftlicher Erwerb von Ehegatten regelmäßig in der Form der Gemeinschaft, nicht der Gesellschaft erfolgt. Die Grundsätze der Rechtsprechung 207 zur stillschweigend abgeschlossenen „Ehegatteninnengesellschaft" (grundlegend BGHZ 8, 249) beziehen sich auf gemeinschaftliche gewerbliche oder freiberufliche Betätigung der Ehegatten; sie können – problematisch wie sie ohnehin sind – auf den Fall des einfachen gemeinschaftlichen Erwerbs nicht übertragen werden. Entsprechend gilt bei Eigentumserwerb durch Partner einer nichtehelichen Lebensgemeinschaft, die mit dem Vermögensgegenstand lediglich „die nichteheliche Lebensgemeinschaft verwirklichen" wollen, zB mit einem Eigenheim (vgl BGHZ 177, 193 Rn 22).

208 Andererseits steht es auch **Ehegatten** frei, ihre vermögensrechtlichen Beziehungen, wenn sie es wollen, vertraglich zu ordnen. Insoweit sind die Äußerungen der Rechtsprechung, mit denen iE zu Recht das Vorliegen einer Gesellschaft bei gemeinschaftlichen Konten u dgl von Ehegatten verneint wird, manchmal missverständlich (vgl zB BFH WM 1960, 79; BGH WM 1966, 679). Wollen zB Ehegatten gemeinsam ein Grundstück kaufen, um darauf ein Haus zu bauen, oder ein Sparkonto errichten, um eine Weltreise zu finanzieren, oder ein Wertpapierkonto anlegen, um durch Spekulation den familiären Lebensstandard zu erhöhen, so können sie dafür die Form der Gesellschaft wählen. Nur ist im Zweifel im hier berührten Bereich der privaten Lebensführung nicht davon auszugehen, dass sie von diesem Instrument Gebrauch machen wollen. Für nichteheliche Lebensgemeinschaften gilt dasselbe (vgl BGHZ 177, 193 Rn 22; BGH NJW 2008, 443 mAnm vProff). Es verhält sich hier anders als bei Parteien, die von vornherein auf wirtschaftlicher, geschäftlicher Ebene einander gegenübertreten.

3. Beitragspflicht

209 Liegt ein Vertrag zwischen den gemeinschaftlichen Erwerbern vor, wird es regelmäßig an der Vereinbarung von Beiträgen iSv § 705 nicht fehlen. Sie bestehen in den Mitteln, die die Erwerber zur Finanzierung beisteuern. Im Zweifel sind gleiche Beiträge zu leisten (§ 706 Abs 1). Leisten die Gesellschafter unterschiedliche Beiträge, so ist die Mehrleistung bei der Auseinandersetzung vorweg zu berücksichtigen, da hierbei zunächst die Einlagen zurückzugewähren sind (§§ 733 Abs 2, 735 S 1). Hierin liegt praktisch eine der wichtigsten Rechtsfolgen, wenn der Erwerb auf gesellschaftsrechtliche Grundlage gestellt wird; das Gemeinschaftsrecht kennt eine derartige Ausgleichspflicht nicht. Trägt einer der Beteiligten die Kosten allein, so ist zu beachten, dass eine beitragsfreie Gesellschaft nach § 705 nicht möglich ist. Möglich ist allerdings, dass ein Gesellschafter dem anderen Gesellschafter dessen Einlage im Weg der Schenkung zuwendet (vgl U Huber 202 ff). Das muss besonders vereinbart werden, sonst kommt eine Gesellschaft nicht zustande. Gemeinschaftlicher Erwerb ohne ausdrückliche Regelung der Beitragsfrage ist im Ganzen eher ein Indiz dagegen, dass ein Gesellschaftsvertrag abgeschlossen werden sollte (vgl etwa den Fall BGH WM 1972, 1122); so vor allem, wenn ein Beteiligter die Kosten allein trägt.

4. Gemeinsamer Zweck

a) Meinungsstand

210 Welche Anforderungen an das Merkmal des „gemeinsamen Zwecks" iSv § 705 zu stellen sind, ist streitig. Die Frage tritt vor allem dann auf, wenn die Parteien ausdrücklich einen „Gesellschaftsvertrag" abschließen wollen und wenn der Zweck

des Vertrags der Erwerb eines Grundstücks ist. Ein ähnliches Problem entsteht, wenn Miteigentümer nach Bruchteilen die Gemeinschaft in eine Gesellschaft und das bisherige Bruchteilseigentum in Gesamthandseigentum umwandeln wollen.

Die Gesellschaft bürgerlichen Rechts galt dabei manchen als Rechtsform erster Wahl und wurde vielfältig verwandt, von der Ehegatten-Eigenheim-Gesellschaft über die Grundbesitzgesellschaft bei der Betriebsaufspaltung bis hin zu großen Immobilienfonds, ggf in der Variante der Publikumsgesellschaft. Dabei waren im Wesentlichen drei Motive maßgebend: (1) gesamthänderische Bindung im Gegensatz zu § 747, (2) Sonderrechtserbfolge außerhalb der §§ 1922 ff und, vor allem, (3) vereinfachte (§§ 311b Abs 1 nF, 925) und ggf steuerfreie Übertragung von Beteiligungen. Alle drei Motive begegnen gerade nach Anerkennung der Rechtsfähigkeit der Gesellschaft bürgerlichen Rechts dogmatisch wie praktisch erheblichen Bedenken und werfen in ihrer Konsequenz zahlreiche Zweifelsfragen auf (dazu näher unten Rn 220 f). Dies gilt erst recht mit Blick auf die hierdurch praktisch eröffnete Möglichkeit der Gläubigerbenachteiligung, unten Rn 222. 211

Außer Streit steht, dass der **gemeinschaftliche Erwerb eines Grundstücks oder eines sonstigen Gegenstands zum Zweck der Gewinnerzielung** (zB durch Errichtung eines Betriebs auf dem Grundstück, aber auch durch Bebauung, Parzellierung und Weiterverkauf oder Vermietung) ein „gemeinsamer Zweck" ist (vgl OLG Düsseldorf DNotZ 1973, 91 und BB 1973, 1325). Nicht bezweifelt wird ferner, dass der gemeinsame Zweck sich im gemeinsamen Erwerb eines Gegenstands erschöpfen kann. Die Verpflichtung, zu den Erwerbskosten beizutragen, ist dann Beitragspflicht, der gemeinschaftliche Erwerb Gesellschaftszweck (vgl Ballerstedt JuS 1963, 253, 260; OLG Düsseldorf BB 1973, 1325). Denkbar ist deshalb auch, dass die Beteiligten sich zum Zweck des Erwerbs zu einer Gesellschaft zusammenschließen und ihre künftigen Rechtsbeziehungen dem Gemeinschaftsrecht unterstellen. Allerdings kann der gemeinschaftliche Erwerb, wie gesagt, auch ohne Zusammenschluss zu einer Gesellschaft durchgeführt werden (oben Rn 204 ff; BGH NJW 1951, 352, 353; BGB-RGRK/vGamm Rn 5). 212

Auf der anderen Seite ist sicher, dass bei bestehender Bruchteilsgemeinschaft **vertragliche Vereinbarungen** über die **Verwaltung**, über die **Benutzung** und über den **Ausschluss der Aufhebung** (auf Zeit oder auf Dauer) die Gemeinschaft *nicht ipso iure* in eine Gesellschaft iSv §§ 705 ff, auch nicht in eine „Innengesellschaft", umwandeln (BGB-RGRK/vGamm Rn 5). Denn die Möglichkeit solcher Vereinbarungen im Rahmen der Gemeinschaft ist in den §§ 745 Abs 2, 750 Abs 2 ausdrücklich vorgesehen. 213

Streitig war, ob die bloße **gemeinsame Verwaltung und Benutzung** (das gemeinsame „Halten") eines Gegenstands, insbes eines Familienheimes, einen „gemeinsamen Zweck" iSv § 705 bilden kann (*verneinend:* OLG Düsseldorf DNotZ 1973, 91 [deshalb Ablehnung des Antrags von Bruchteilseigentümern, in Zukunft als Gesellschaft als Eigentümer des gemeinschaftlichen Grundstücks eingetragen zu werden]; OLG Düsseldorf BB 1973, 1325; Enneccerus/Lehmann § 183 I; wohl auch Ballerstedt JuS 1963, 253, 260 [allerdings nur für den ungewöhnlichen Fall, dass nicht gemeinsame, sondern abwechselnde Benutzung vereinbart ist]. *Bejahend:* BGH NJW 2008, 1378; 2006, 765; 1982, 170; Flume I 1, 45 ff; MünchKomm/K Schmidt Rn 5; MünchKomm/P Ulmer § 705 Rn 112; Palandt/Sprau § 705 Rn 20; Petzoldt BB 1973, 1332; zur Innehabung eines Gesellschaftsanteils K Schmidt BB 1983, 1697; BGH NJW-RR 2008, 773). 214

215 Die Ansicht des OLG Düsseldorf führte bei reinen „Erwerbsgesellschaften" (bei denen der gemeinsame Zweck sich im Erwerb erschöpft) zu Schwierigkeiten. Das OLG nimmt an, in einem solchen Fall entstehe zunächst gem § 718 Gesamthandseigentum; anschließend trete die Gesellschaft wegen Zweckerreichung (§ 726 Fall 1) in Liquidation (BB 1973, 1325; ebenso Ballerstedt JuS 1963, 253, 260, der – bei beweglichen Sachen – Umwandlung in Bruchteilseigentum annimmt; bei unbeweglichen Sachen ist eine solche Umwandlung ohne Auflassung und Eintragung, §§ 925, 873, nicht möglich). Bis zur Auseinandersetzung besteht die Gesellschaft als Gesamthandsgemeinschaft fort (§ 730 Abs 2). Da die Gesellschafter zur Auseinandersetzung nicht gezwungen sind, kommt man zu dem paradoxen Ergebnis, dass es möglich ist, ein Grundstück für dauernd in der Rechtsform der bürgerlichrechtlichen Gesellschaft „in Liquidation" zu verwalten und zu nutzen. Allerdings nur, wenn die Beteiligten sich schon vor dem Erwerb zur Gesellschaft zusammengeschlossen haben. Besteht erst einmal eine Bruchteilsgemeinschaft, so kann sie nicht in eine Gesellschaft mit Gesamthandsvermögen umgewandelt werden, wenn die Parteien keinen über die gemeinsame Verwaltung und Benutzung hinausgehenden Zweck verfolgen (OLG Düsseldorf DNotZ 1973, 91). Diese Auffassung erscheint inkonsequent und unrichtig. Nimmt man an, das gemeinsame „Halten" eines Gegenstands sei kein gemeinsamer Zweck, dann kann im Fall einer nur auf den „Erwerbszweck" beschränkten Gesellschaft der erworbene Gegenstand nicht Gesamthandseigentum werden. Denn er selbst dient keinem gemeinsamen Zweck mehr; es handelt sich weder um einen „Beitrag" noch um einen „für die Gesellschaft" erworbenen Gegenstand, wie das § 718 Abs 1 voraussetzt (so BGB-RGRK/vGamm Rn 4: Gesamthandsvermögen nur bei einem gemeinschaftlichen Erwerb zu einem gemeinschaftlichen Zweck, „der über den Erwerbsakt hinausreicht").

216 Die heute ganz hM (BGH NJW 2006, 765 mwNw) führt praktisch dazu, dass die gemeinschaftlichen Erwerber ein *Wahlrecht* haben.

b) Eigener Standpunkt

aa) Rechtslage

217 Grundsätzlich dürfte der praktisch hochrelevante Streit heute iE erledigt sein. Die Gesellschaft bürgerlichen Rechts hat sich sowohl im Grundbuchverkehr als auch im Gesellschaftsrecht in vielfältiger Weise durchgesetzt. Mit der Anerkennung der GbR als tauglicher Inhaberin dinglicher Rechte im Grundbuch durch den BGH (BGHZ 179, 102) und der Einfügung der §§ 899a BGB, 47 Abs 2 GBO durch das Gesetz zur Einführung des elektronischen Rechtsverkehrs und der elektronischen Akte im Grundbuchverfahren sowie zur Änderung weiterer grundbuch-, register- und kostenrechtlicher Vorschriften v 11. 8. 2009 (ERVGBG, BGBl I 2009, 2713) sind die letzten praktischen Hindernisse beseitigt worden. Dahinter wird nicht mehr zurückzugehen sein (vgl bereits Ulmer ZGR 1984, 338 „keine Erfolgsaussichten"; „Widerstand ist zwecklos", Bielicke Rpfleger 2007, 441).

218 Die Gegenmeinung führt in der Tat zu willkürlichen Abgrenzungen. Vor allem will die Differenzierung nach verschiedenen Arten von Vorteilen, die die Beteiligten erstreben, nicht einleuchten.

219 Maßgeblich ist in den Fällen des Erwerbs zur gemeinschaftlichen Verwaltung und Nutzung daher der **Parteiwille**. Was die Beteiligten wollen, gilt. Sie können sich für schlichten Bruchteilserwerb, für Bruchteilserwerb mit Gesellschaft im Innenverhält-

nis oder für Erwerb in Form der Gesamthandsgesellschaft entscheiden. Sie können Gesellschaft und Bruchteilsgemeinschaft auch in der Weise kombinieren, dass sie zum Zweck des Erwerbs eine Gesellschaft (mit vertraglich festgelegten Beiträgen) bilden und anschließend den gemeinschaftlichen Gegenstand in der Form der Bruchteilsgemeinschaft halten, verwalten und nutzen. Sie können, unter Beachtung der sachenrechtlichen Formen, von einer Beteiligungsform zur anderen überwechseln. Vor allem der Grundbuchrichter darf sie in ihrer Wahl nicht bevormunden. Die Wahl der Gesellschaftsform setzt selbstverständlich voraus, dass die Parteien einen Vertrag iSv § 705, also eine rechtsverbindliche Übereinkunft mit Übernahme von Beitragspflichten, abschließen.

bb) Rechtspolitischer Ausblick

In der Praxis ist sowohl im nichtunternehmerischen als auch im unternehmerischen **220**
Bereich vor der zunehmenden Verbreitung der Gesellschaft bürgerlichen Rechts, insbes im Grundbuchverkehr (zur GmbH K Schmidt BB 1983, 1697; BGH NJW-RR 2008, 773), eindringlich zu warnen. Unklarheit, Unsicherheit und Unzweckmäßigkeit der Gestaltung sind sehr oft die Folge einer in erster Linie aus vordergründigen Kosten- und Steuerersparnisgründen gewählten Rechtsform. Hinzu kommen erhebliche Haftungsgefahren.

Nach hM (BGH ZIP 1996, 547; WM 1997, 2220; OLG Frankfurt NJW-RR 1996, 1123; Grunewald 287) bedarf die Anteilübertragung bei der Gesellschaft bürgerlichen Rechts, **221**
welche ein Grundstück hält (diff zur Formfrage, insbes im Fall des Beitritts zur Gesellschaft sowie zur Anteilübertragung *vor Eintragung* der betreffenden Gesellschaft im Grundbuch, etwa Reinelt NJW 1992, 2052; Heckschen, Formbedürftigkeit 156; vgl auch MünchKomm/Ulmer § 719 Rn 27 ff; Ulmer/Löbbe DNotZ 1998, 713 ff; K Schmidt AcP 182 [1982] 508 ff; ders NJW 1996, 3325 f; ders ZIP 1998, 6 f; zur Auflassung Jaschke 76 f; LG Aachen Rpfleger 1987, 104) nicht der Form der §§ 311b Abs 1 nF, 925 (ebenso, aber krit zu § 15 GmbHG MünchKomm/K Schmidt Rn 5; vgl ferner K Schmidt AcP 182 aaO). Deren Warn- und Schutzfunktionen, die auch im öffentlichen Interesse liegen, werden somit ausgehöhlt. Ferner vollzieht sich die Anteilübertragung nach ganz hM bei Grundstücken außerhalb des Grundbuchs. Freilich bedingt die Vermutungs- und Gutglaubenswirkung hinsichtlich des eingetragenen Gesellschafterkreises einen mittelbaren Druck zur Grundbucheintragung in der Form des § 29 S 1 GBO.

Der durchschnittliche Rechtsgenosse ist zudem kaum in der Lage, die erbrechtlichen **222**
Folgen der Gesellschaftsgründung bzw des Gesellschaftsbeitritts zu übersehen (Sonderrechtsnachfolge!). Vollends unentwirrbar kann die sachenrechtliche Situation werden, wenn eine „XY-GbR" den Fehler begeht, mehrere Grundstücke gleichzeitig zu halten. Nur zu gern werden in der Praxis hinterher einzelne „Anteile" an dem einen oder anderen Grundstück veräußert, obwohl dies rechtlich gar nicht möglich ist, wenn sich überhaupt klären lässt, ob eine oder mehrere Gesellschaften bürgerlichen Rechts bestanden. Besteht weder ein beurkundeter, beglaubigter oder gar noch nicht einmal schriftlich abgefasster Gesellschaftsvertrag, können demgemäß Grundbuchveränderungen zu außerordentlichen Schwierigkeiten führen (zu den daraus folgenden Ungereimtheiten etwa BayObLG Rpfleger 1993, 105; OLG Zweibrücken MittBayNotK 1995, 210; Bielicke Rpfleger 2007, 441). Vollstreckungsrechtlich schließlich ist die BGB-Gesellschaft das Instrument zur Ermöglichung der Vollstreckungsvereitelung durch rückdatierte Anteilsübertragungen. Anders als im Falle der Beurkundung

oder wenigstens Beglaubigung fehlt jedwede Kontrollmöglichkeit (dazu K Schmidt AcP 182 [1982] 499 f). Die (oft vermeintliche) grunderwerbssteuerliche Privilegierung der Anteilsübertragung an einer Gesellschaft bürgerlichen Rechts im Gegensatz zur Grundstücksbruchteilsübertragung ist kaum plausibel und führt gelegentlich zu zivilrechtlich absurden Konstruktionen aus steuerlichen Motiven. Durch die von der Rechtsprechung (BGH NJW 2006, 765) auch auf Immobiliengesellschaften erstreckte analoge Anwendung der §§ 128, 130 HGB handelt es sich schlussendlich für alle Beteiligten um eine höchst riskante Rechtsform. In der Praxis ist beim Neuerwerb daher dringend anzuraten, haftungsbeschränkte Rechtsformen (insbes KG oder eben auch Bruchteilsgemeinschaft) zu wählen.

223 Man wird zwar angesichts all dieser Ungereimtheiten kein Verbot der reinen BGB-Grundstücksgesellschaft vorschlagen können. Ernsthaft zu erwägen ist aber eine Ausdehnung des Formzwanges der §§ 311b Abs 1 nF, 873, 925 (mE schon de lege lata für § 311b Abs 1 nF im Wege der Analogie, vgl näher K Schmidt AcP 182 [1982] 510 ff; MünchKomm/Ulmer § 719 Rn 27 ff; Limmer 333 ff; noch anders – Anwendung des § 2033 Abs 1 – Jaschke 58 f; vgl auch oben bei Rn 221; eingehende Übersicht bei Ulmer/Löbbe DNotZ 1998, 712 ff; Mock, in: FS Bezzenberger [2000] 529 ff. Auch für den Fall des § 15 GmbHG bejaht BGH NJW-RR 2008, 773, immerhin Formzwang bei Umgehungsabsicht, vgl dazu Heckschen NotBZ 2008, 304 f). Kennzeichnend etwa Tewes, Praxishandbuch Immobilienkapitalanlagen[3] 5/3. 2. 1, 4: „ Die mit der notariellen Beurkundung verbundenen selbstständigen Belehrungspflichten des Notars (die manchen Kapitalanleger in letzter Minute beeindrucken könnten) werden in der Praxis, vor allem vom Vertrieb, nicht geschätzt“ – genau dies zu verhindern ist Sinn und Zweck des § 311b Abs 1 nF! Und die Wahl einer gefährlichen Rechtsform würde in vielen Fällen durch notarielle Belehrung vermieden.

c) Auslegungs- und Beweisfragen

224 Schwierigkeiten entstehen, wenn die Parteien nicht ausdrücklich sagen, was sie wollen (im Grundbuchrecht stellt sich diese Frage wegen § 47 GBO nicht, unten Rn 225). Hier greifen Beweislast- und Auslegungsregeln ein. Ausgangspunkt ist, dass gemeinschaftlicher Erwerb nicht ipso facto eine Gesellschaft begründet, auch nicht, wenn er in der Absicht gemeinschaftlicher Verwaltung, Nutzung und Gewinnerzielung erfolgt. Das ergibt sich aus §§ 741, 743, 745 und 749 und § 705. Die Gesellschaft verlangt gegenüber der Gemeinschaft ein hinzutretendes Element, einen Vertrag. Wer sich auf Bestimmungen des Gesellschaftsrechts beruft, muss deshalb den Abschluss eines Vertrags beweisen. Gemeinschaftlicher Erwerb zur gemeinsamen Innehabung, Verwaltung und Benutzung ist kein ausreichendes Indiz. Anders ist es, wenn ein darüber hinausgehender Zweck, vor allem die gemeinschaftliche Ausübung eines Berufs oder Gewerbes, hinzukommt. Für die Auslegung ist überdies zu beachten, dass Abreden im Bereich von Ehe, Freundschaft und Familie im Zweifel keinen rechtsgeschäftlichen Charakter haben – anders im Fall der Regelung von Trennung oder Scheidung (oben Rn 207). Daraus folgt, dass gemeinschaftlichem Erwerb – vor allem von Ehepaaren, sonstigen Lebensgemeinschaften, Verwandten und Freunden – idR kein Gesellschaftsverhältnis zugrundeliegt, soweit nicht weitergehende berufliche oder gewerbliche Zwecke verfolgt werden (ebenso BGB-RGRK/vGamm Rn 5; MünchKomm/K Schmidt Rn 4; zur Ehegatteninnengesellschaft BGH NJW 1995, 3383 mwNw; in dem von Ballerstedt JuS 1960, 253, 260 behandelten Fall des Autokaufs von zwei

Freunden ist ebenfalls im Zweifel Gemeinschaft, nicht Gesellschaft, auch nicht „Erwerbsgesellschaft“ anzunehmen).

5. Bedeutung des Eintrags nach § 47 GBO

Im praktisch wichtigsten Fall, dem **gemeinschaftlichen Erwerb eines Grundstücks**, wird die Entscheidung dadurch erleichtert, dass das zugrunde liegende Rechtsverhältnis gem § 47 Abs 1 GBO im Grundbuch anzugeben und beim Erwerb durch eine GbR gem § 47 Abs 2 GBO sowohl die GbR als auch (die Eintragung nur der GbR zB unter ihrer Firma genügt mithin nicht, vgl BGHZ 189, 274 Rn 12) deren Gesellschafter einzutragen sind („Gesellschaft bürgerlichen Rechts, bestehend aus A und B“). Danach sind im Falle der Eintragung eines gemeinschaftlichen Rechts für mehrere stets die Anteile der Berechtigten in Bruchteilen oder das für die Gemeinschaft maßgebliche Rechtsverhältnis zu bezeichnen. Einzutragen sind damit Art und Inhalt des Gemeinschaftsverhältnisses (grundlegend AMANN 75 ff mwNw). Wird gem § 47 Abs 2 GBO ein Recht für eine GbR im Grundbuch eingetragen, so sind natürliche Personen als Gesellschafter mit Namen (Vorname und Familienname), Wohnort, Beruf und – soweit bekannt – Geburtsdatum (§ 15 Abs 1 Buchst a und c GBV) sind und juristische Personen, Handels- und Partnerschaftsgesellschaften mit Namen oder Firma und Sitz zu bezeichnen (§ 15 Abs 1 Buchst b und c GBV). Hat die GbR Name und Sitz, können diese zur Bezeichnung der Gesellschaft zusätzlich angegeben werden (§ 15 Abs 1 Buchst c HS 2 GBV). 225

Werden die Erwerber antragsgemäß **als Gemeinschaft zu Bruchteilen eingetragen**, so erwerben sie *notwendigerweise zu Bruchteilen* (ebenso BGB-RGRK/vGAMM Rn 4; SOERGEL/HADDING Rn 2). Das gilt selbst dann, wenn zwischen ihnen eine Gesellschaft besteht. Denn auch in diesem Fall ist Erwerb zu Bruchteilen möglich (oben Rn 206). 226

Ist eine Eintragung zu Bruchteilen erfolgt, dann spricht, neben den oben Rn 224 angeführten Gründen, eine *zusätzliche Vermutung* dafür, dass es sich *auch im Innenverhältnis* um eine Gemeinschaft iSv §§ 741 ff, nicht um eine Gesellschaft handelt. Denn bei Rechtserwerb zu Bruchteilen ist nach § 741 die Geltung der §§ 742 ff der Regelfall, die Abdingung dieser Bestimmungen die zu beweisende Ausnahme. 227

Erfolgt die Eintragung als **„Gesellschafter des bürgerlichen Rechts bestehend aus A und B“**, so wird nach § 892 jedenfalls in dinglicher Hinsicht, nach der Lebenserfahrung auch in schuldrechtlicher Hinsicht vermutet, dass eine solche Gesellschaft besteht. Ist eine GbR als Eigentümerin im Grundbuch eingetragen, so wird nicht nur nach § 891 Abs 1 vermutet, dass sie Eigentümerin ist, sondern nach § 899a S 1 auch, dass die eingetragenen Gesellschafter dies sind und dass darüber hinaus keine weiteren Gesellschafter vorhanden sind. Besteht sie ausnahmsweise nicht (auch nicht als „fehlerhafte“ Gesellschaft), so ist das Grundbuch unrichtig und str, ob die Existenz der GbR vermutet wird (hierfür BT-Drucks 16/13437, 30 f; **aA** PALANDT/BASSENGE § 899a Rn 7). Die Eintragung allein kann die nicht existierende Gesellschaft nicht zur Entstehung bringen. Allerdings sind solche Fälle kaum denkbar, weil die beim Grundstückserwerb für eine GbR Auftretenden diese in diesem Moment jedenfalls konkludent gründen. 228

Beantragt die GbR unter einer den Anforderungen des § 15 Abs 1 GBV genügenden 229

Benennung ihrer Gesellschafter, in der Rechtsform der **Gesellschaft bürgerlichen Rechts** eingetragen zu werden, und liegen die übrigen förmlichen Eintragungsvoraussetzungen (Einigung und Voreintragung) vor, so ist das GBA ohne weitere Prüfung verpflichtet, die Eintragung wie beantragt vorzunehmen (BGHZ 189, 274). Es ist weder verpflichtet noch berechtigt, Angaben zu Namen oder Sitz der GbR oder diesbezügliche Nachweise, etwa die Vorlage des Gesellschaftsvertrags (der ja auch mündlich abgeschlossen sein kann) zu verlangen (vgl BGHZ 189, 274 Rn 13). Anders ist es, wenn konkreten Anhaltspunkte für das Vorhandensein einer anderen GbR mit identischen Gesellschaftern vorliegen (BGHZ 189, 274 Rn 13) oder die Erwerber den Vertrag von sich aus vorlegen und daraus zur Überzeugung des GBA hervorgeht, dass eine Gesellschaft nicht besteht. Denn das GBA darf nicht bewusst unrichtige Eintragungen vornehmen (vgl BGHZ 35, 135, 139). Nach hM ist das GBA zur weiteren Aufklärung nur dann berechtigt und verpflichtet, wenn es „über konkrete Anhaltspunkte verfügt, dass das Grundbuch durch die beantragte Eintragung unrichtig würde" (BGHZ 189, 274 Rn 25). Ohne besondere Anhaltspunkte ist aber das GBA zu Nachforschungen im Hinblick auf die materielle Rechtslage keinesfalls befugt. Zur Form des Nachw bei späteren Veränderungen §§ 742 Rn 5 ff; zu *ausländischen Ehegatten* oben Rn 28. Zu § 892 oben Rn 221 sowie Bielicke Rpfleger 2007, 441.

230 Auf *Veräußerer*seite ist § 47 GBO nicht anzuwenden. Gibt also die Eintragungsbewilligung das Gemeinschaftsverhältnis der Veräußerer unrichtig an, handelten aber alle Berechtigten, hat das Grundbuchamt die Eintragung vorzunehmen. Zwischenverfügung (§ 18 GBO) oder Berichtigungsbewilligung bzw notaramtliche Klarstellung sind weder notwendig noch zweckmäßig. Zur Rechtslage bei der Gesellschaft bürgerlichen Rechts Rn 221 (**aA** Bielicke aaO).

6. Sicherungspool

a) Ausgangslage

231 Bruchteilseigentum entsteht häufig dadurch, dass das Sicherungsgut eines Vorbehaltslieferanten oder Sicherungseigentümers beim Kreditnehmer mit dem Sicherungsgut anderer Kreditgeber oder mit Eigengut des Kreditnehmers untrennbar oder ununterscheidbar verbunden oder vermengt wird (oben Rn 49 f). Fällt der Kreditnehmer in Insolvenz, so kommt es oft vor, dass die Kreditgeber ihre Miteigentumsanteile zusammen mit den gesicherten Forderungen in einen „Sicherheitenpool" einbringen (dazu BGH BB 2005, 2148; Burgermeister, Sicherheitenpool im Insolvenzrecht [2. Aufl 1996]; zum früheren Konkursrecht Bohlen, Sicherheiten-Pool [1984]; Hess, Miteigentum [1985]; Hilger, Miteigentum [1984]; Jauernig ZIP 1980, 318; Weitnauer, in: FS Baur [1981] 709; Reinicke/Tiedtke WM 1979, 186 ff; zur InsO Peters ZIP 2000, 2238 ff mwNw). Der Pool soll die Rechte der Kreditgeber gegenüber dem Insolvenzverwalter durchsetzen, das Sicherungsgut verwerten und den Erlös an die Kreditgeber verteilen. Rechtliche Vorteile sind hiermit unmittelbar zwar nicht verbunden. In tatsächlicher Hinsicht bietet die Poolbildung allerdings evidente Vorteile: Sie verhindert das Chaos eigenmächtiger „Aussonderung", steigert die Verwertungschancen und erspart zeit- und kostenintensive Aufteilungen (vgl Hess 151 f). Steht die Höhe der Miteigentumsanteile nicht fest, wird regelmäßig nach der Höhe der offenen Forderungen der Poolbeteiligten oder nach Vereinbarung geteilt. Als Rechtsform für den Pool wird offenbar die Gesellschaft bürgerlichen Rechts bevorzugt, in der Weise, dass die Forderungen und

Miteigentumsanteile in Gesamthandseigentum der Poolbeteiligten überführt werden (Erman/Aderhold Vorbem § 705 Rn 41; Reinicke/Tiedtke aaO; Bohlen 10 f; Hess 31 ff; Peters ZIP 2000, 2238 ff; vgl auch OLG Oldenburg NZP 2000, 21; Holzer EWiR 1998, 1095 f). Gegen die Annahme einer bürgerlichrechtlichen Gesellschaft bestehen keine Bedenken; die gemeinsame Durchsetzung der Rechte im Insolvenzverfahren und die gemeinsame Verwertung des Sicherungsguts ist jedenfalls dann ein gemeinsamer Zweck iSv § 705, wenn man „Vermögensverwaltung" als gemeinsamen Zweck anerkennt (vgl oben Rn 210 ff), und das Beispiel zeigt deutlich, dass die bürgerlichrechtliche Gesellschaft für solche Fälle eine geeignete Organisationsform ist. Eine „Zwangsgemeinschaft" der Gläubiger in der Insolvenz gibt es naturgemäß allerdings nicht (MünchKomm/K Schmidt Rn 69 aE; Jauernig ZIP 1980, 324). Die Umwandlung einer ursprünglich entstandenen Bruchteilsgemeinschaft in eine Gesellschaft bürgerlichen Rechts setzt stets rechtsgeschäftliche Übertragungsakte voraus (Hess 62 ff), die im Einzelfall nicht ohne weiteres konkludent anzunehmen sind (zB Abtretung von brieflosen Grundpfandrechten; unzutr mE Hilger 65 f, der den Bruchteil als Mitgliedschaftsrecht begreift, der durch Abtretung gem §§ 398, 413 übertragen werden könne). Vermögens- und Verwaltungsstruktur können auch verschiedenen Rechtsverhältnissen folgen (MünchKomm/K Schmidt Rn 60; Peters ZIP 2000, 2239).

Allerdings ließe sich das Ziel der Beteiligten auch in der Form der Rechtsgemein- 232
schaft verwirklichen (MünchKomm/K Schmidt Rn 69; Stürner ZZP 94 [1981] 275 f). Denn die Einbringung in den Pool verleiht den Beteiligten keine Rechte – insbesondere nicht gegenüber dem Insolvenzverwalter –, die ihnen nicht schon zuvor in ihrer Eigenschaft als Bruchteilseigentümer zustehen. Im Innenverhältnis lässt sich im Rahmen des Gemeinschaftsrechts ebenso viel regeln wie im Gesellschaftsvertrag. Über das eigentliche Problem – die ungeklärte Höhe der Miteigentumsanteile – müssen die Beteiligten sich ohnehin vergleichen. Vgl im Übrigen § 742 Rn 18 ff.

b) Sicherheitenpool und InsO

Mit dem 1. 1. 1999 ist die neue Insolvenzordnung (InsO) in Kraft getreten (BGBl I 233
1994, 2866 ff). Die Neugestaltung des Insolvenzrechts bezieht dinglich gesicherte Gläubiger in das Insolvenzverfahren ein (zB §§ 51, 107, 165 ff InsO; Schmidt-Räntsch, InsO E Rn 75 ff; Landfermann BB 1995, 1649 ff). Unabhängig von den technischen Unterschieden bei der Einbeziehung der verschiedenen Sicherungsformen in das Verfahren hat sich Grundlegendes für den Sicherheitenpool nicht geändert (vgl Überbl bei Peters ZIP 2000, 2238 ff). Eine spezielle Regelung wurde nicht getroffen. Allerdings fand die Poolbildung in den verschiedenen Entwürfen der InsO Berücksichtigung (vgl Staudinger/Langhein [1996] Rn 233).

7. Zur Wahl der Rechtsform

Zur Frage, ob die gemeinschaftlichen Erwerber eines Gegenstands – soweit ihnen 234
die **Wahl zwischen Gemeinschaft und Gesellschaft** offensteht (oben Rn 204 f) – das eine oder das andere bevorzugen sollten, ist zu sagen:

Geht es um den **Erwerb eines einzelnen Gegenstands**, wird sich idR der Abschluss 235
eines Gesellschaftsvertrags nicht lohnen. Zwar hat die Gesellschaft den Vorzug, dass *unerwünschte Verfügungen* eines Gesellschafters durch § 719 ausgeschlossen sind, während die Verfügungsbefugnis des Teilhabers nach § 747 S 1 unabdingbar ist.

Aber praktisch wichtiger ist die Frage, ob der Mitberechtigte die gemeinsame Berechtigung *aufheben*, also Versilberung und Auszahlung verlangen kann. Dieses Recht lässt sich bei der Gemeinschaft leichter ausschließen als bei der Gesellschaft: bei der Gemeinschaft für immer (§ 749 Abs 2), bei der Gesellschaft nur auf bestimmte Zeit (§§ 723, 724; dazu BGB-RGRK/vGamm § 723 Rn 14 f; Soergel/Hadding/Kiessling § 723 Rn 23 f; MünchKomm/P Ulmer § 723 Rn 51; Staudinger/Habermeier [2003] § 723 Rn 41 ff). Der Ausschluss der Aufhebung wirkt auch gegen Dritte (§ 751), bei Grundstücken allerdings nur nach Eintragung (§ 1010 Abs 1; aber das Bestehen einer Gesamthandsgemeinschaft muss ja ebenfalls eingetragen werden). Ist die Gemeinschaft unaufhebbar, werden Außenstehende mit ziemlicher Sicherheit vom Erwerb abgeschreckt. Das Auflösungsrecht aus wichtigem Grund und zugunsten von Gläubigern lässt sich in beiden Fällen nicht ausschließen (§§ 723 Abs 3, 749 Abs 2; §§ 725 Abs 1, 751 S 2). Ein Vorteil der Gesellschaft scheint darin zu liegen, dass die Gesellschafter für den Fall der *Pfändung* durch den Gläubiger eines Gesellschafters vereinbaren können, dass der andere Gesellschafter den Anteil ausbezahlt und übernimmt (§ 736; das gilt auch in der Zwei-Personengesellschaft; vgl BGHZ 32, 317; BGH NJW 1966, 827; BGB-RGRK/vGamm § 736 Rn 6; U Huber 65 ff). Aber ein solches Ablösungsrecht besteht für den anderen Teilhaber auch bei der Gemeinschaft (§ 268; vgl § 751 Rn 11), wenn auch uU zu anderen Abfindungswerten. Ein Vorteil der Gemeinschaft besteht dagegen darin, dass das einzelne Mitglied mit seinem Privatvermögen nur für *Kosten und Lasten* haftet (§ 748), nicht für *Verluste* (vgl dagegen bei der Gesellschaft § 735 und den lehrreichen Fall BGH WM 1972, 1122: Mutter und Sohn erwerben gemeinsam ein Grundstück, der Sohn bebaut es, ersteigert es in der Auseinandersetzung billig und verlangt anschließend gem § 735 von der Mutter Erstattung der halben Baukosten).

236 Dagegen hat in **komplexeren Fällen** die gesamthänderische Gesellschaft vor der Gemeinschaft Vorzüge, vor allem wenn es um die Verwaltung eines ganzen Vermögens geht und wenn mehrere Beteiligte vorhanden sind (vgl Flume I 1, 47). Hier ist die Bindung des ganzen Vermögens an den Gesellschaftszweck (§§ 729, 730) und die Möglichkeit des Ausscheidens und des Neueintritts einzelner Mitglieder ein offensichtlicher Vorzug. Bei ererbtem Vermögen erscheint auch insoweit die Erbengemeinschaft als im Ganzen gleichwertig, wenn nicht überlegen.

237 Besonderheiten gelten für **gewerblich oder beruflich genutzte Grundstücke**, speziell im Fall der Ehe. Benutzt ein Ehegatte das gemeinschaftliche Grundstück gewerblich oder beruflich (zB für einen Handwerksbetrieb, ein Einzelhandelsgeschäft, eine Praxis), so muss er sich darüber im Klaren sein, dass der andere Ehegatte im Fall einer Trennung oder Scheidung gem §§ 749, 750 die Zwangsversteigerung beantragen kann und dass er selbst möglicherweise nicht in der Lage sein wird, das Grundstück in der Versteigerung zu erstehen. Die Gerichte helfen zwar gelegentlich mit § 242 (BGHZ 68, 299; dazu § 749 Rn 35 ff). Aber darauf ist kein Verlass. Deshalb ist in solchen Fällen zu erwägen, ob nicht rechtsgeschäftliche Vorsorge zu treffen ist. In Frage kommen: entweder Einbringung des Grundstücks in eine Gesellschaft (zB eine BGB-Gesellschaft, die das Grundstück an den Berufstätigen vermietet; erforderlich ist Grundbucheintragung!), mit Vereinbarung eines Übernahmerechts gem §§ 736, 738 im Fall der Kündigung; oder, bei Aufrechterhaltung der Rechtsform der Gemeinschaft, Vereinbarung eines Übernahmerechts gegen Zahlung des halben Schätzwerts (vgl dazu § 749 Rn 24; erforderlich ist, wegen § 311b Abs 1 nF, notarielle

Beurkundung, § 749 Rn 28). Insbesondere steuerrechtliche Überlegungen können für die eine oder andere Gestaltung sprechen, vgl dazu die Hinw bei Rn 163.

Überhaupt keinen Vorteil bringt es idR, über die Verwaltung und Benutzung eines Gegenstands eine **Innengesellschaft** abzuschließen und ihn **im Außenverhältnis in Form der Bruchteilsgemeinschaft** zu halten. Den zwingenden Vorschriften des Gemeinschaftsrechts (§ 747 S 1 und vor allem § 749 Abs 2) kann man hierdurch nicht entgehen; und gerade sie sind im Streitfall gefährlich. Auf der anderen Seite bringt, gerade bei beruflicher Nutzung durch nur einen Ehegatten, die Vorschrift des § 735 für den anderen Ehegatten die Gefahr mit sich, dass er im Fall des Scheiterns der Ehe und der darauf folgenden Kündigung der Gesellschaft über § 735 rückwirkend zur Finanzierung von Investitionen herangezogen wird. Die Innengesellschaft mit Bruchteilseigentum läuft also nur zu leicht darauf hinaus, dass die Nachteile beider Rechtsformen, nicht ihre Vorteile kombiniert werden. Vertretbar – aber keinesfalls ideal – ist die Kombination von Bruchteilseigentum und Gesellschaft nur dann, wenn beide Ehegatten sich zu einer Handelsgesellschaft oder einer Berufspraxis zusammenschließen und dieser Gesellschaft (die dann keine reine Innengesellschaft mehr ist) das in Bruchteilsgemeinschaft gehaltene Grundstück zur Verfügung stellen (zu den Gefahren derartiger Gestaltungen vgl – mit Bezug auf den gleichliegenden Fall der Erbengemeinschaft – R Fischer NJW 1957, 894; U Huber 75 f). 238

IX. Die Bruchteilsberechtigung als dingliches Recht

1. Bruchteilsberechtigung und Gesamthandsberechtigung

a) Allgemeines

Der Vorbehalt des § 741 („sofern sich nicht aus dem Gesetz ein anderes ergibt") hat vor allem den Sinn, die **Mitberechtigung nach Bruchteilen** von der **Mitberechtigung zur gesamten Hand** abzugrenzen. Das BGB kennt drei solche Gesamthandsgemeinschaften: die der Gesellschafter der bürgerlichrechtlichen Gesellschaft (§§ 718, 719); die der im Güterstand der Gütergemeinschaft lebenden Ehegatten (§§ 1416, 1419) und ggf (§ 1483) der Abkömmlinge des zuerst verstorbenen Ehegatten; die der Miterben (§§ 2032, 2033). Gesamthandsgemeinschaften sind ferner, kraft der Verweisung der §§ 105 HGB und 54 auf das Recht der bürgerlichrechtlichen Gesellschaft, die OHG und KG und der nichtrechtsfähige Verein. Für die EWiV vgl § 1 EWiVG iVm § 105 HGB, für die Partnerschaft § 1 Abs 4 PartGG. Zum modernen Verständnis der Gesamthand vgl Vorbem 9. 239

Den Gesamthandsgemeinschaften sind – bei allen Unterschieden im Übrigen – zwei Merkmale gemeinsam. 240

Erstens: Die Gesamthänder können über ihren **Anteil an den einzelnen Gegenständen** nicht verfügen (§§ 719 Abs 1 HS 1 Fall 2; 1419 Abs 1 HS 1 Fall 2; § 2033 Abs 2). Dies ist zwingendes Recht; auch wenn alle anderen Beteiligten damit einverstanden sind, ist eine Verfügung über den Anteil nicht möglich. 241

Zweitens: Alle Gesamthänder gemeinsam können über **jeden einzelnen Gegenstand des Gesamthandsvermögens** verfügen. Das ist für die Erbengemeinschaft in § 2040 Abs 1 ausdrücklich bestimmt; für die Gütergemeinschaft ergibt es sich, als allgemei- 242 nes Prinzip, aus §§ 1422–1425, 1450. Im Gesellschaftsrecht wird die gemeinsame Verfügungsbefugnis der Gesellschafter vom Gesetz als selbstverständlich vorausgesetzt.

243 Dagegen hat die Frage, ob die Gesamthänder über ihren **Anteil am Gesamthandsvermögen im Ganzen** verfügen können, mit dem Begriff der Gesamthand nichts zu tun. Sie ist unterschiedlich geregelt. In der Erbengemeinschaft ist eine solche Verfügung möglich (§ 2033 Abs 1 S 1), in der ehelichen Gütergemeinschaft nicht (§ 1419 Abs 1), auch nicht mit Zustimmung des anderen Ehegatten. In der Gesellschaft ist eine Verfügung über den Anteil am Gesellschaftsvermögen im Ganzen zwar ebenfalls ausgeschlossen (§ 719 Abs 1). Das gilt uneingeschränkt aber nur für Verfügungen, durch die der Anteil am Gesellschaftsvermögen auf einen Nichtgesellschafter übertragen werden soll. Dagegen ist es möglich, dass der Gesellschafter, mit Zustimmung der übrigen Gesellschafter, seine Mitgliedschaft in der Gesellschaft überträgt, mit der Folge, dass der Rechtsnachfolger auch seinen Anteil am Gesellschaftsvermögen erwirbt (Staudinger/Habermeier [2003] § 719 Rn 14; MünchKomm/P Ulmer § 719 Rn 3, 15 ff).

244 Die Mitberechtigung nach Bruchteilen unterscheidet sich somit von der Mitberechtigung zur gesamten Hand dadurch, dass Bruchteilsberechtigte über ihren **Anteil am einzelnen Gegenstand** verfügen können (§ 747 S 1), Gesamthandsberechtigte nicht. Dagegen stimmen beide Formen der Mitberechtigung darin überein, dass alle Mitberechtigten zusammen über den gemeinschaftlichen Gegenstand im Ganzen verfügen können (vgl § 747 S 2).

245 Der gewichtigste Unterschied dürfte indes nach vordringender zutreffender Auffassung in der **Rechtssubjektivität der Gesamthand** liegen: Sie selbst ist Trägerin von Rechten und Pflichten, während sich die Bruchteilsgemeinschaft in der Bruchteilszuständigkeit am einzelnen Gegenstand erschöpft (dazu Vorbem 9).

b) Die Partenreederei

246 Das Gesetz zur Reform des Seehandelsrechts (BGBl 2013 I 831) hat die Partenreederei mit Wirkung ab dem 25. 4. 2013 abgeschafft. Für die vor dem 25. 4. 2013 entstandenen Partenreedereien bleiben die §§ 489 ff HGB in der bis dahin geltenden Fassung weiterhin maßgebend (Art 71 Abs 1 EG-HGB). Zur Qualifikation der Partenreederei als Gesamthandsgemeinschaft vgl Staudinger/Langhein (2008) Rn 246.

c) Bruchteilsgemeinschaften besonderen Rechts

247 Die Bruchteilsgemeinschaften „besonderen Rechts“ (oben Rn 5, 177 ff) unterscheiden sich von der Bruchteilsgemeinschaft nach §§ 741 ff in dinglicher Hinsicht dadurch, dass für sie § 747 S 2 nicht gilt. So können die Mitglieder einer *Wohnungseigentümergemeinschaft,* auch wenn sie alle zusammenwirken, über das Eigentum am Grundstück nicht verfügen, wohl aber über Teile des Gemeinschaftsgrundstücks (Schöner/Stöber, Grundbuchrecht Rn 2982). Soll das Gesamtgrundstück veräußert werden, so sind entweder alle Einheiten einzeln zu übertragen oder vorab die Wohnungsgrundbücher mit der Folge der Wiederanlegung eines Stammgrundbuches zu schließen (§ 9 WEG). Sodann gilt wiederum § 747 S 2. Verfügungen über ihre Anteile am Grundeigentum können sie ansonsten nur in Verbindung mit Verfügungen

über das Wohnungseigentum treffen (§ 6 WEG). Insoweit ist aber nur jeder Wohnungseigentümer individuell verfügungsberechtigt (vgl oben Rn 181).

Die Depotinhaber, die Wertpapiere einer bestimmten Art in *Sammelverwahrung* halten, können über den Sammelbestand im Ganzen nicht verfügen, auch wenn sie sich – was ohnehin nur theoretisch denkbar ist – alle zusammenschließen. Der Hinterleger/Miteigentümer kann dem Erwerber nur das Recht verschaffen, das er selber hat: einen Anspruch auf Auslieferung einer bestimmten Anzahl von Wertpapieren der hinterlegten Art (§§ 7, 8 DepotG). Daran ändert sich durch ein Zusammenwirken aller Hinterleger nichts (oben Rn 189). Für *Misch- und Sammellagerung* gilt Entsprechendes (oben Rn 194). Der Anleger einer *Kapitalverwaltungsgesellschaft* kann nur durch „Übertragung der in dem Anteilsschein verbrieften Ansprüche" über seinen Anteil an den zum Sondervermögen gehörenden Gegenständen verfügen, nicht „in anderer Weise" (§ 95 Abs 2 S 1 KAGB). Daran können auch alle Anleger gemeinsam nichts ändern (oben Rn 197).

Der Unterschied zwischen der Gemeinschaft gem §§ 741 ff und den Gemeinschaften **248**
„besonderen Rechts" besteht also in dinglicher Hinsicht darin, dass die Teilhaber einer Gemeinschaft gem § 741 zusammen über das gemeinschaftliche Recht verfügen können, die Teilhaber der Gemeinschaften besonderen Rechts nicht. Sie können nur über ihren Anteil an den Gegenständen des gemeinschaftlichen Vermögens verfügen, und dies nur zusammen mit dem Individualrecht, in dem die Miteigentumsanteile ihre eigentliche Grundlage haben. Das Gesetz hat bei der Regelung dieser Gemeinschaften dingliche Mitberechtigungen neuen und eigenen Typs geschaffen, die sich in die hergebrachte Einteilung Gesamthandsgemeinschaft-Bruchteilsgemeinschaft nicht ohne weiteres einfügen lassen (vgl zum Sammeldepot auch Kümpel WM 1980, 422, 433); zur Wohnungseigentümergemeinschaft oben Rn 185 ff.

d) Abweichende Bestimmungen des Unterschieds

Eine abweichende Begriffsbestimmung der Gesamthands- und der Bruchteilsbe- **249**
rechtigten hat Schulze-Osterloh entwickelt (dazu krit Blaurock ZHR 137, 433 ff). Er formuliert (173 f): Gesamthandsgemeinschaften entstehen, „wenn hinsichtlich mehrerer Gegenstände eine gleichförmige Mitzuständigkeit mehrerer Teilhaber besteht und wenn die Gegenstände entweder durch Vertrag der Teilhaber, durch das Gesetz, durch voneinander unabhängige Entscheidungen der Teilhaber oder auch nur durch den ihnen eigenen wirtschaftlichen Zweck selbst einem übereinstimmenden Zweck gewidmet sind", oder kürzer (179): „Eine Gesamthandsgemeinschaft entsteht, wenn mehrere einem übereinstimmenden Zweck gewidmete Gegenstände verschiedenen Personen gleichförmig gemeinschaftlich zustehen." Der Ausschluss der Verfügung über den Anteil am einzelnen Gegenstand soll nur die Rechtsfolge sein, die überall gelten soll, wo derartige Gesamthandsgemeinschaften bestehen, auch wenn das im Gesetz nicht ausdrücklich angeordnet ist.

Diese Begriffsbestimmung ist mit dem Gesetz in mehrfacher Hinsicht unvereinbar **250**
(vgl Staudinger/Langhein [1996] Rn 250).

Nicht zu folgen ist Schulze-Osterloh auch darin, dass er die Bruchteilsgemein- **251**
schaften „besonderen Rechts" – die Gemeinschaften der Anleger von Kapitalverwaltungsgesellschaften, der Hinterleger bei der Sammelverwahrung, der Einlagerer

bei Misch- und Sammellagerung, der Wohnungseigentümer – als „Gesamthandsgemeinschaften" einordnet (143 ff). Bei ihnen fehlt gerade das für die Gesamthandsgemeinschaften konstitutive Merkmal, dass alle Berechtigten gemeinsam über die einzelnen Gegenstände des Gesamthandsvermögens verfügen können (zum WEG vgl bereits oben Rn 185 ff).

252 Zur Rechtssubjektivität der Gesamthand vgl Vorbem 9; oben Rn 245.

e) Numerus clausus der Gesamthandsgemeinschaften

253 Der Vorbehalt, dass im Fall mehrheitlicher Rechtszuständigkeit eine Gemeinschaft nach Bruchteilen besteht, „sofern sich nicht aus dem Gesetz ein anderes ergibt", bedeutet, dass durch Vertrag eine Gesamthandsgemeinschaft – außerhalb der vom Gesetz anerkannten Typen – nicht begründet werden kann (ganz hM).

2. Inhalt der Bruchteilsberechtigung

254 Der Teilhaber der Bruchteilsgemeinschaft hat kraft seiner Mitberechtigung einen „ideellen", nicht einen realen Anteil am Recht (vgl Vorbem 10). Allerdings führt die Vorstellung ideeller (dh gedachter) Anteile leicht zu Missverständnissen. Die wesentlichen Befugnisse, die ein gemeinschaftliches Recht verleiht, sind unteilbar. Das ist im wichtigsten Fall der Bruchteilsgemeinschaft, dem Miteigentum, besonders deutlich. Das Recht, mit der Sache „nach Belieben zu verfahren", können die Miteigentümer nur gemeinsam ausüben; keinem einzelnen Miteigentümer steht ein solches Recht zu. Das Recht, „andere von jeder Einwirkung auszuschließen", steht den Teilhabern nur kollektiv gegenüber Dritten zu; es gilt nicht für das Verhältnis der Teilhaber untereinander. Das Recht, vom Besitzer Herausgabe zu verlangen, richtet sich unbeschadet der gesetzlichen Prozessstandschaft, die § 1011 jedem einzelnen Teilhaber verleiht, auf Herausgabe an alle Teilhaber. Auch Verfügungen über das Eigentum als solches können die Teilhaber nur gemeinsam treffen (§ 747 S 2). Die Miteigentümer sind also Inhaber eines ungeteilten Rechts, das sie nur gemeinsam ausüben können (vgl Engländer 105; Larenz II § 61 I, 415 f; U Huber 121 f).

255 Die Anteile sind untereinander qualitativ gleichartig. Dagegen hat es nur beschränkt Sinn zu sagen, der „Anteil" des einzelnen Teilhabers sei dem Vollrecht „wesensgleich", von „derselben Art wie das Vollrecht" (MünchKomm/K Schmidt Rn 2; Larenz II § 61 I, 416 f; **aA** Saenger 118). Die Begriffe „Wesen" und „Art" sind vieldeutig. Der soziale, wirtschaftliche und rechtliche Sachverhalt ist aber offenbar falsch beschrieben, wenn man sagt, der Bauer, dem der Acker zu 1/3 oder neben den anderen Anrainern der Feldweg zu 1/60 gehört, habe ein Recht, das dem Eigentum „wesensgleich" sei. Richtig ist, dass auf den Anteil, soweit es um die Übertragung, Belastung oder Pfändung geht, im Allgemeinen die Regeln über das Vollrecht entsprechend anzuwenden sind (vgl dazu § 747 Rn 20, 34 ff) – was übrigens für die Pfändung des Miteigentumsanteils an beweglichen Sachen nicht gilt (§ 747 Rn 52) –, weil dies praktisch und interessengerecht ist. Vor allem besteht ein Interesse daran, die Übertragung nicht gem §§ 413, 398 durch schlichte Einigung zuzulassen (**aA** wohl Hilger 65 f auf der Basis eines mE nicht haltbaren mitgliedschaftsrechtlichen Verständnisses), weil sonst die Teilhaber, wenn sie über ihre Anteile gemeinschaftlich verfügen, von Förmlichkeiten (Grundbucheintragung, Übergabe) freigestellt wären, die zur Übertragung des

Rechts im Ganzen erforderlich sind; das erschiene nicht als sachgemäß. Vgl dazu bereits Vorbem 16.

256 Der Anteil hat nach dem Gesetz quantitativ eine bestimmte Größe. Er kann gleich groß sein wie der des anderen Teilhabers (§ 742), aber auch größer oder kleiner; insofern lässt er sich als „Bruchteil" des gesamten Rechts darstellen. Da das „Recht" als solches unteilbar ist, ebenso die „Zuständigkeit" des Rechts, bleibt die Frage, worauf der Bruchteil, die Quote des Teilhabers sich bezieht. Praktisch kommt es auf die Quote immer dann an, wenn real geteilt werden muss. Bei der Aufhebung der Gemeinschaft ist der Gegenstand oder der Verkaufserlös nach den Quoten aufzuteilen (§§ 752, 753); bei der Bewirtschaftung sind die Früchte (vor allem die Einkünfte aus Vermietung, Verpachtung, Lizenzvergabe) zu teilen (§ 743 Abs 1); auch die Gebrauchsvorteile sind zu teilen, wenn ein gemeinsamer Gebrauch iSv § 743 Abs 2 nicht in Betracht kommt. Die Quote zielt also auf die Beteiligung am Wert des gemeinschaftlichen Gegenstands ab (so Wieland, Handelsrecht I [1921] 607; Würdinger, Personengesellschaften 15; vgl auch U Huber 121 f). Wann und wie immer dieser Wert realisiert wird – durch Realteilung, Veräußerung oder durch Nutzung – ist der Teilhaber mit seiner Quote am Resultat beteiligt. Damit stimmt die Regelung des § 748 überein. Kosten und Lasten vermindern den Wert des Gegenstands; jeder Teilhaber ist nach Maßgabe seiner Wertbeteiligung auch an den Kosten und Lasten beteiligt. Der „Anteil" hat also den Inhalt, dass dem Teilhaber das ungeteilte Recht gemeinschaftlich mit den anderen Teilhabern zusteht und dass ihm im Fall der Realisierung des Werts des Gegenstands eine bestimmte Quote am Verwertungsergebnis zusteht.

3. Anwachsung und Surrogation

257 An- und Abwachsung sind bei der Bruchteilsgemeinschaft im Gegensatz zur Gesellschaft bürgerlichen Rechts nicht anzuerkennen (MünchKomm/K Schmidt Rn 37), ebenso wenig Anteilsverzicht mit Anwachsungsfolge (oben Rn 43). Zur Surrogation analog § 718 Abs 2 und im Übrigen MünchKomm/K Schmidt Rn 38; zur Surrogation bei Versicherungsforderungen OLG Frankfurt NJW-RR 1996, 102; OLG Düsseldorf NJW-RR 1997, 604; bei Verkauf OLG Düsseldorf WM 1998, 1079; iE allerdings auch zutr OLG Oldenburg NJW-RR 1998, 433 (keine weitere Surrogation hinsichtlich des mit dem Erlös erworbenen Gutes).

258 **Surrogation** kommt insbesondere bei **schadensersatz- und deliktsrechtlichen Ansprüchen** als Folge eines Eingriffs in den Gegenstand in Betracht. Hierzu Habermeier AcP 193 (1993) 364 ff: Entgegen der hM (vgl Rütten 94 ff; Flume AT I 1, 113) sei grundsätzlich § 718 Abs 2 entsprechend anzuwenden. Zunächst sei die hM schon deshalb kurzschlüssig, weil Delikts- und Bereicherungsansprüche primär auf unteilbare Leistungen gerichtet sein könnten (Reparatur, Herausgabe; 370). Widersprüchlich sei zudem, dass nach hM etwa bei Mietzinsforderungen aus dem Gesichtspunkt der vorab erforderlichen Lasten- und Kostentragung gemeinschaftliche Berechtigung angenommen werde. Zur Begrenzung des Insolvenzrisikos hinsichtlich einzelner Mitberechtigter sei es prinzipiell sachgerecht, die Gemeinschaft insoweit als ein einheitliches Gefüge anzusehen. Das aber bedeute zwingend Surrogation (372 f). ME ist dem weithin zu folgen, vgl bereits oben Rn 117 ff zu § 428 und § 432; ähnl schon Larenz JherJb 83 (1933) 118 f. Letztlich dient dies dem Schutz der Teilhaber und

auch des Gläubigers, der nicht Gefahr läuft, die Bruchteile falsch einzuschätzen (so zutr OLG Düsseldorf AgrarR 1988, 234 f – Vermischung zweier Schafherden gem § 948).

4. Grundbucheintragung

259 Mehrere Eigentümer eines Grundstücks sind nach § 9 Grundbuchverfügung unter einer lfd Nr einzutragen; jeder Beteiligte wird unter einem besonderen Buchstaben gebucht (näher Schöner/Stöber, Grundbuchrecht Rn 754 f). Die Bruchteilsangabe erfolgt nach dem Ermessen des Grundbuchamtes einzeln pro Miteigentümer oder als Gesamtangabe in Gestalt eines Zusatzes, der sich zusammenfassend auf alle Eigentümer bezieht (Meikel/Böttcher § 9 GBV Rn 17).

X. Die Gemeinschaft als Schuldverhältnis

1. Rechte und Pflichten der Teilhaber untereinander

260 Die Bruchteilsgemeinschaft selbst ist nach hM kein Schuldverhältnis (BGHZ 62, 243 mAnm Schubert JR 1975, 363; Erman/Aderhold § 741 Rn 3; Herr NJW 2012, 1847, 1848; **aA** OLG Hamm BeckRS 2012, 06501 unter II. 3.a: „Richtig ist zwar, dass zwischen den Parteien ein Schuldverhältnis im Sinne des § 280 Abs 1 BGB besteht. Denn die Parteien sind in einer Gemeinschaft nach § 741 BGB verbunden"), wohl aber Grundlage gesetzlicher Schuldverhältnisse zwischen den Berechtigten (zutr diff MünchKomm/K Schmidt Rn 35: Die bloße anteilige Berechtigung begründe kein Schuldverhältnis mit primären Leistungspflichten, mit ihr könnten aber besondere Schuldverhältnisse einhergehen und *sie kann selbst Grundlage gesetzlicher Sonderverbindungen sein*). Insgesamt **aA** Schnorr („dingliche Eintrittstheorie", s dazu Vorbem 24).

Die meisten Bestimmungen des Gemeinschaftsrechts begründen **schuldrechtliche Rechte und Pflichten der Teilhaber** untereinander. Das gilt vor allem für die §§ 743, 748 und 749 ff. Der Teilhaber hat einen schuldrechtlichen Anspruch gegen die anderen Teilhaber auf Teilung der Früchte (§ 743 Abs 1, dazu § 743 Rn 11 ff). Er hat – wenn die Teilhaber den Gegenstand im Eigengebrauch nutzen – einen schuldrechtlichen Anspruch gegen die anderen Teilhaber, dass sie ihm den Mitgebrauch insoweit gestatten, als ihr eigener Mitgebrauch dadurch nicht beeinträchtigt wird (§ 743 Abs 2, dazu § 743 Rn 33 f). Er hat einen Anspruch gegen die übrigen Teilhaber darauf, dass sie sich an den Kosten und Lasten nach Maßgabe ihres Anteils beteiligen (dazu § 748 Rn 1, 20). Er hat nach §§ 749 ff einen schuldrechtlichen Anspruch gegen die übrigen Teilhaber darauf, dass sie an der Aufhebung der Gemeinschaft durch Realteilung, Veräußerung und Erlösteilung, oder Einziehung und Teilung mitwirken (§ 749 Rn 7 ff).

261 Wesentlich schuldrechtlichen Charakter haben auch die **Verwaltungsvorschriften** der §§ 744 f. Der Teilhaber hat einen schuldrechtlichen Anspruch darauf, dass die übrigen Teilhaber bei der Verwaltung mitwirken (§ 744 Abs 1, dazu § 744 Rn 18), dass sie notwendige Erhaltungsmaßnahmen dulden (§ 744 Abs 2, dazu § 744 Rn 23), dass sie Mehrheitsbeschlüsse respektieren und durchführen (§ 745 Abs 1, dazu § 745 Rn 27 ff), und notfalls, dass sie in eine von ihm vorgeschlagene, billigem Ermessen entsprechende Verwaltung und Benutzung einwilligen (§ 745 Abs 2, dazu § 745 Rn 50). Ob §§ 744 Abs 2, 745 Abs 1 dem Teilhaber oder der Mehrheit auch bestimmte Befugnisse im Außenverhältnis verleihen, ist streitig; der Streit ändert nichts daran, dass

die dort geregelten Befugnisse sich zunächst einmal als schuldrechtliche Ansprüche gegen die anderen Teilhaber richten. LARENZ spricht in diesem Zusammenhang von einem „personenrechtlichen" oder „sozialrechtlichen" Element der Mitgliedschaft (II § 61 I, 415, § 61 II, 417). Diese Kennzeichnung legt in die Bestimmungen zuviel hinein. Mehr als individuelle Beziehungen der Teilhaber untereinander sieht das Gesetz nicht vor.

Die in den §§ 743 ff geregelten schuldrechtlichen Rechte und Pflichten der Teilhaber entstehen als Folge des gemeinschaftlichen Rechtserwerbs kraft Gesetzes. Es handelt sich also um ein **gesetzliches Schuldverhältnis** (vgl Rn 275). Das Schuldverhältnis beruht auf der „mehrfachen Zuordnung eines Gegenstandes". Bezeichnet man mit WESTERMANN (§ 2 III) die so begründeten Ansprüche als „dingliche Ansprüche", so sind auch die Ansprüche aus den §§ 743 ff dingliche Ansprüche. 262

2. Ergänzende Vereinbarungen und Sondervereinbarungen

Zusätzliche schuldrechtliche Rechte und Pflichten können durch Parteivereinbarung begründet werden (vgl auch BGHZ 62, 243, 246). Häufig sind Vereinbarungen, durch die die Teilhaber die Nutzung regeln (vgl § 745 Abs 2), zB in dem Sinn, dass sie sich gegenseitig ein Benutzungsrecht an bestimmten Teilen eines Gebäudes einräumen; Vereinbarungen, durch die die Teilhaber sich verpflichten, den Gegenstand einem bestimmten wirtschaftlichen Zweck zur Verfügung zu stellen (zB gemeinsame Vermietung, gemeinsames Unternehmen); Vereinbarungen, durch die sie sich verpflichten, ihren Anteil nicht zu veräußern (vgl § 137 Abs 2); Vereinbarungen, durch die sie sich verpflichten, zur Erhaltung oder zum Ausbau bestimmte Mittel zur Verfügung zu stellen (über die in § 748 geregelten „Lasten" und „Kosten" hinaus); und Vereinbarungen über eine bestimmte Art der Aufhebung. Solche Vereinbarungen dienen der Modifikation und Ergänzung der gesetzlichen Regelung; sie schaffen ergänzendes Gemeinschaftsrecht *(ergänzende Vereinbarungen)*. 263

Außerdem können zwischen den Teilhabern schuldrechtliche **Sondervereinbarungen** getroffen werden, die neben dem Gemeinschaftsverhältnis ein zusätzliches Schuldverhältnis begründen. Sie beziehen sich nicht auf das Gemeinschaftsverhältnis als solches; sie könnten ebenso mit einem außerhalb der Gemeinschaft stehenden Dritten geschlossen werden. So können zB die Teilhaber mit einem von ihnen einen *Mietvertrag* abschließen, oder einen *Geschäftsbesorgungsvertrag* (§§ 611, 675) oder einen *Auftragsvertrag* (§ 662) über die Verwaltung des gemeinschaftlichen Gegenstands vereinbaren (dazu allg oben Rn 73), oder eine *Gesellschaft* gründen, in die sie den gemeinschaftlichen Gegenstand quoad usum einbringen. Solche Sondervereinbarungen sind vom eigentlichen Gemeinschaftsverhältnis zu unterscheiden. Beschließen zB die Teilhaber, den Teilhaber A mit der Verwaltung zu beauftragen oder dem Teilhaber B die gemeinschaftliche Sache zu vermieten, so sind zu unterscheiden: Die Verwaltungsregelung iSv § 745 Abs 2, die zum Recht der Gemeinschaft gehört und besagt, dass die Sache durch A verwaltet werden oder durch Vermietung an B genutzt werden soll, und das Auftragsverhältnis mit A, das Mietverhältnis mit B. 264

Für das Zustandekommen solcher ergänzender Vereinbarungen und Sondervereinbarungen gelten die **allgemeinen Regeln und Erfordernisse**: rechtlicher Bindungs- 265 wille, Freiheit von Willensmängeln, ggf Formvorschriften (besonders zu beachten: § 311 Abs 1 nF). Die Grundsätze über die fehlerhafte Gesellschaft sind nicht anzuwenden (BGH NJW 1961, 1299 = Betrieb 1961, 705, betr Anfechtung einer Verwaltungsvereinbarung; vgl Soergel/Hadding Vorbem § 741 Rn 9). Ist die Vereinbarung nichtig, bewendet es bei den gesetzlichen Regeln, die für eine geordnete Abwicklung der Gemeinschaft ausreichen. Zur Rechtslage bei der Wohnungseigentümergemeinschaft Junker 132 ff; mit iE, nicht aber der dogmatischen Begründung überwiegend zutr Folgerungen; s dazu bereits Rn 185 ff.

3. Haftung

266 Soweit den Teilhabern durch Gesetz (§§ 743 ff) oder ergänzende Vereinbarungen (Rn 264) Pflichten auferlegt sind, haften sie nach den allgemeinen Bestimmungen, also für positive Forderungsverletzung nach den gewohnheitsrechtlichen Regeln bzw jetzt gem §§ 241 Abs 2, 280 ff nF, für Verzug nach §§ 286 ff nF, für Unmöglichkeit nach §§ 275, 280 ff nF. Insoweit gilt das Prinzip der Verschuldenshaftung (§ 276 nF) und der Gehilfenhaftung (§ 278). Eine Beschränkung der Haftung auf eigenübliche Sorgfalt wie im Gesellschaftsrecht (§ 708) hat der Gesetzgeber bewusst verworfen (Prot II 768; vgl auch BGHZ 62, 243, 245; Erman/Aderhold Rn 3); § 708 darf daher auch nicht im Weg der Analogie angewendet werden. Allerdings kann sich eine Haftungsbeschränkung aus anderen Gründen ergeben (zB § 1359, dazu Palandt/Brudermüller § 1359 Rn 2 f). Alle schuldrechtlichen Rechte und Pflichten unterliegen dem Prinzip des § 242.

267 Die Vorschriften über **gegenseitige Verträge** (§§ 320 ff) sind nicht anzuwenden. Für die gesetzlichen Pflichten folgt das schon daraus, dass sie nicht, wie §§ 320 ff voraussetzen, auf Vertrag beruhen. Auch eine analoge Anwendung wäre verfehlt, weil die gesetzlichen Pflichten der Teilhaber nicht in einem Austauschverhältnis (Leistung und Entgelt) bestehen. Auch bei ergänzenden vertraglichen Vereinbarungen (Rn 264) fehlt es idR an einem Austauschverhältnis. Vereinbaren A, B und C zB, jeder zur Verschönerung des gemeinsamen Hauses 10. 000 Euro beizusteuern, so ist die Leistung des A nicht das Entgelt für die Leistung des B und des C.

268 **Zurückbehaltungsrechte** gem § 273 können bestehen, wenn ein Teilhaber seine gesetzlichen oder vertraglichen Pflichten nicht erfüllt. Allerdings ist bei Gemeinschaften mit mehr als zwei Teilhabern zu beachten, dass ein Zurückbehaltungsrecht nur gegen denjenigen ausgeübt werden darf, der seine Pflicht nicht erfüllt, nicht gegen den rechtstreuen Teilhaber. Haben A, B und C gem § 748 oder aufgrund ergänzender Vereinbarung jeder 10. 000 Euro zu zahlen, so kann A nicht zurückbehalten, weil B nicht zahlt, wenn C bereits gezahlt hat. Dazu ist er dem C gegenüber nicht berechtigt; C (wenn auch nicht B) kann Erfüllung verlangen.

269 Äußerstes Mittel bei gravierenden Pflichtverletzungen eines Teilhabers ist die **Aufhebung** der Gemeinschaft. Die Pflichtverletzung kann, auch wenn die Aufhebung vertraglich ausgeschlossen ist, einen wichtigen Grund gem § 749 Abs 2, 3 darstellen.

270 Für **Sondervereinbarungen** (Rn 264) gelten die Regeln, denen das betreffende Rechtsverhältnis unterliegt. Der Teilhaber, der zB von den übrigen Teilhabern den gemein-

schaftlichen Gegenstand kauft oder mietet, hat die Rechte und Pflichten eines Käufers oder Mieters. Hinsichtlich der Haftung der übrigen Teilhaber ist § 757 zu beachten (Haftung beim Kauf nur nach Bruchteilen). Im Fall der Miete ist zu beachten, dass der mietende Teilhaber zugleich auf der Vermieterseite am Vertrag beteiligt ist (vgl oben Rn 73). Für Ersatzansprüche (zB aus § 538) gilt deshalb die Regelung des § 426 Abs 1. Alle Teilhaber, auch der Mieter, sind als Gesamtschuldner anzusehen. Jeder hat gem § 748 nach Maßgabe seines Anteils zum Schadensersatz beizutragen (sofern ihn nicht eine besondere persönliche Alleinverantwortlichkeit trifft). Der Mieter kann gem § 426 Abs 1 von jedem Teilhaber nur die auf ihn entfallende Quote verlangen; fällt ein Teilhaber aus, ist seine Quote auf die übrigen Teilhaber (einschließlich des Mieters) aufzuteilen.

4. Allgemeine Schutz- und Erhaltungspflicht?

Die hM steht im Anschluss an BGHZ 62, 243 auf dem Standpunkt, dass sich aus der **271**
Gemeinschaft *keine* allgemeine schuldrechtliche Pflicht der Teilhaber ergebe, den Teilhaber bei der Ausübung des gemeinschaftlichen Rechts nicht zu schädigen, insbesondere den gemeinschaftlichen Gegenstand nicht zu beschädigen. Im Fall des BGH handelte es sich um einen von zwei Mietern gewerblicher Räume gemeinsam benutzten Lastenaufzug; einer der Leute des einen Mieters beschädigte den Aufzug und der andere Mieter erlitt, weil er den Aufzug nicht benutzen konnte, einen Einnahmeausfall. Es ging um die Frage, ob der Mieter, dessen Mann den Schaden angerichtet hatte, nach § 278 oder nach § 831 haftete; der BGH verneinte eine Haftung nach § 278 und bejahte eine Haftung aus § 831 (falls die besonderen Voraussetzungen dieser Haftung vorlagen, was nicht feststand); **aA** OLG Düsseldorf NJW 1959, 580 (Haftung des Grundeigentümers gegenüber dem Nachbarn für den Bauleiter bei Anbau an gemeinschaftliche Giebelmauer gem §§ 921, 922, 741 ff, 278).

Zur Begründung hat der BGH sich mit der hM darauf berufen, die Gemeinschaft **272**
„sei kein gesetzliches Schuldverhältnis", sondern bloß „vorgegebene Tatsache" und „Quelle gesetzlicher Schuldverhältnisse" (BGHZ 62, 243, 246; OLG Köln NJWE-MietR 1996, 113; ebenso Soergel/Hadding Vorbem 7 zu § 741; Palandt/Sprau § 741 Rn 8; MünchKomm/K Schmidt Rn 35; LG Köln NJW 1963, 1831; abweichend BGB-RGRK/vGamm Rn 12; OLG Düsseldorf NJW 1959, 580, 581; krit Schubert JR 1975, 363 ff). Darauf kommt es nicht an. Entscheidend ist, ob sich aus der gemeinschaftlichen Berechtigung eine allgemeine Schutzpflicht ergibt, für deren Verletzung die Teilhaber einander aus positiver Forderungsverletzung bzw jetzt §§ 241 Abs 2, 280 Abs 1 nF gem §§ 276, 278 haften. Bekanntlich nimmt die Rechtsprechung bei vertraglichen Schuldverhältnissen solche Pflichten in weitem Umfang an, und zwar auch schon im Stadium des vorvertraglichen Kontakts. Die Rechtsprechung stützt diese Haftung darauf, dass „der Geschädigte sich zum Zwecke der Vertragsverhandlungen in den Einflussbereich des anderen Teils begeben hat und damit redlicherweise auf eine gesteigerte Sorgfalt seines Vertragspartners vertrauen kann" (BGHZ 66, 51, 54; vgl dazu jetzt § 311 Abs 2 nF). Dies gilt im Stadium der Vertragsverhandlungen und erst recht nach Abschluss des Vertrags. Praktisch bedeutet das, dass für die Verletzung von Verkehrspflichten im Zusammenhang mit Vertragsverhandlungen und Vertragsverhältnissen nach denselben Maßstäben gehaftet wird wie für die Verletzung der eigentlichen Vertragspflichten. Die dafür angeführten Gründe treffen auf gesetzliche Schuldverhältnisse idR nicht zu. Das gilt grundsätzlich, speziell für Gemeinschaftsverhältnisse, auch

dann, wenn die Parteien sich zum gemeinschaftlichen rechtsgeschäftlichen Erwerb freiwillig zusammengefunden haben. Denn das Gesetz unterscheidet nicht zwischen „zufälligen" und „freiwilligen" Rechtsgemeinschaften, und die besondere rechtliche Bindung, die den Vertrag auszeichnet, wird von den Beteiligten oft gerade nicht angestrebt. Im Ergebnis und wohl für den entschiedenen Fall ist deshalb prinzipiell BGHZ 62, 243 zuzustimmen. Die Haftung der Beteiligten beschränkt sich auf die Haftung wegen Verletzung der gesetzlichen und der zusätzlich übernommenen vertraglichen Pflichten; im Übrigen hat es bei den allgemeinen Regeln des Deliktsrechts sein Bewenden.

273 Allerdings sind im erheblichen Umfang Ausnahmen denkbar (anders wohl Staudinger/Huber[12] Rn 174). Wie oben ausgeführt, ist die Wahl zwischen Gesellschaft bürgerlichen Rechts und Bruchteilsgemeinschaft oft zufällig (Rn 204 ff); denkbar ist insbesondere auch die Überlagerung beider Rechtsverhältnisse (oben Rn 12). Von hier bis hin zu besonderen Verkehrspflichten ist es aber in der Rechtstatsächlichkeit oft nur ein kurzer Schritt, sei es aufgrund von Vertrauen begründeter Schutzpflichten oder gar konkludenter oder ausdrücklicher Mitbenutzungsvereinbarungen (zu „gesellschaftsähnlichen" Sonderrechtsverbindungen MünchKomm/K Schmidt Rn 35). Jedenfalls bei der Wohnungseigentümergemeinschaft sind gesteigerte Schutz- und Treuepflichten allgemein anerkannt (Weitnauer § 10 WEG Rn 12) – sollte es bei dem Erwerb eines Zweifamilienhauses in Bruchteilsgemeinschaft zur Nutzung durch zwei Familien ohne Teilung gem §§ 3, 8 WEG (oben Rn 44) wirklich anders liegen? ME nein. Dies gilt vor allem auch dann, wenn dem rechtsgeschäftlichen Bruchteilserwerb umfassende Vertragsverhandlungen und ggf sogar Verträge zugrunde liegen – dies kommt in der Rechtspraxis durchaus vor. Zutr daher MünchKomm/K Schmidt Rn 35 aE: Wenn schon die gemeinschaftliche Anbahnung eines Rechtsverhältnisses Schutzpflichten begründen kann (BGH NJW 1980, 2464), kann für die Gemeinschaft nicht stets anderes gelten. Zur positiven Forderungsverletzung bei Verletzung der Mitwirkungspflichten aus § 745 vgl OLG Düsseldorf DB 1998, 2159. Problematisch mE OLG Köln NJWE-MietR 1996, 113 – hier hätte nach dem Entstehungsgrund der Gemeinschaft differenziert werden können; das „Anschwärzen" des gemeinsam gehaltenen Objekts mag sich im Rahmen einer Teilungsversteigerung ohne weiteres als Wahrnehmung berechtigter Interessen darstellen – so OLG Köln aaO –, bei rechtsgeschäftlichem Erwerb mit anschließender freihändiger Veräußerung wird dies idR anders liegen. Unrichtig daher mE auch AG Aachen FamRZ 1999, 848: Im Rahmen einer Teilungsversteigerung bestehe ein Anspruch aus §§ 745, 242 auf Besichtigung für potenzielle Bieter; wer die Auflösung der Gemeinschaft betreibt, muss hinnehmen, dass die anderen Gemeinschafter ihre eigenen Erwerbschancen konsequent wahrnehmen, so auch Reinecke FPR 2000, 210; Kogel Anm zu AG Aachen aaO. Vgl im Übrigen Vorbem 14 ff.

274 Allerdings bedarf die Begründung von Schutz- und Treuepflichten angesichts des eher lockeren Bruchteilsgemeinschaftsverhältnisses im Einzelfall sorgfältiger Begründung (diff etwa auch Schubert JR 1975, 364). Hierauf beruhende Schutzpflichten sind insbesondere, aber nicht ausschließlich, beim freiwilligen rechtsgeschäftlichen Erwerb anzunehmen, seltener beim Erwerb aufgrund Zufalls oder gar wider Willens. Aber auch im letzteren Falle kommen Schutzpflichten in Betracht, wenn die Beteiligten etwa aufgrund der entstandenen Situation über die Bildung eines Sicherheitenpools (oben Rn 231) verhandeln oder sonst ein zufällig entstandenes Näheverhältnis hinnehmen oder gar intensivieren (so etwa im Falle OLG Düsseldorf AgrarR 1988, 234: Zwei Schafherden hatten sich zufällig vermischt. Die beiden Schäfer nahmen dies ohne besondere vertragliche Abreden hin; die Herde pflanzte sich über Jahre munter fort und die ursprünglich vorhandenen Schafe waren schließlich überwiegend geschlachtet, während die jetzige Herde aus deren diverser Nachkommenschaft bestand – hier dürfen sich die Schäfer und ihre Hilfspersonen selbstverständlich nicht wie völlig fremde Dritte behandeln). Zweifelhaft daher auch OLG Hamm MDR 2002, 337: keine Verkehrssicherungspflicht (Streupflicht) gegenüber den Mitberechtigten eines Privatweges. Überzeugend ist es, mit dem BGH (NJW 2012, 2343: durch Riss am Durchlauferhitzer drang Wasser in die darunterliegende Wohnung und beschädigte dort Hausratsgegenstände) im Verhältnis von Bruchteilseigentümern eines Hausgrundstücks, die sich im Rahmen einer Nutzungsregelung (§ 745 Abs 2) jeweils eine Wohnung zur alleinigen Nutzung zugewiesen haben, die Grundsätze zum verschuldensunabhängigen nachbarrechtlichen Ausgleichsanspruch analog § 906 Abs 2 S 2 BGB nicht zur Anwendung zu bringen. Für den BGH „handelt es sich um einen Konflikt im Innenverhältnis zwischen den Eigentümern desselben Grundstücks". Es fehlt daher an der erforderlichen Grenzüberschreitung (BGH NJW 2012, 2343 Rn 12),

5. Die Gemeinschaft als gesetzliches Schuldverhältnis

Behält man das grundsätzliche Fehlen allgemeiner Schutz- und Erhaltungspflichten 275
(Rn 271 f) im Auge, so besteht allerdings kein Bedenken dagegen, die Gemeinschaft insgesamt als „gesetzliches Schuldverhältnis" zu qualifizieren (so auch BGB-RGRK/vGamm Rn 12; zutr diff zwischen Sach- und Terminologiefragen MünchKomm/K Schmidt Rn 34; vgl auch Schubert JR 1975, 363, insbes Fn 2; zu § 242 auch BGHZ 115, 10; grundlegend **aA** Schnorr, s dazu Vorbem 24). Versteht man mit Larenz (I § 2 V) als „Schuldverhältnis" nicht nur die „einzelne Leistungsbeziehung (Forderung und Leistungspflicht)", sondern das „gesamte Rechtsverhältnis, das durch einen bestimmten Tatbestand begründet wird und sich als eine rechtliche Sonderverbindung zwischen den Beteiligten darstellt", so ist auch die Gemeinschaft ein solches Rechtsverhältnis. Sie ist nicht nur eine juristische Tatsache (wie nach hM zB die Tatsache, dass mehrere Grundstücke benachbart sind, die, solange die Nachbarn einander nicht stören, keine weiteren Rechtsfolgen hat), sondern eine „Sonderverbindung", die unmittelbar zu Ansprüchen und Verpflichtungen zwischen den Teilhabern führt (nämlich mindestens dem Anspruch auf billigem Ermessen entsprechende Verwaltung und Benutzung, § 745 Abs 2, und auf Aufhebung, § 749 Abs 1), und die insgesamt dem Prinzip von Treu und Glauben (§ 242) unterliegt. Zu den sich daraus ergebenden rechtsschutzversicherungsrechtlichen Fragen LG Mannheim ZfS 1987, 369: kein Vertragsrechtsschutz, da bloßes Schuldverhältnis ohne rechtsgeschäftliche Grundlage.

XI. Landesrechtliche Vorbehalte; zeitlicher Anwendungsbereich; IPR

Vorbehalte zugunsten von Landesrecht enthält das EGBGB in Art 66 (Deich- und 276
Sielrecht), 67 (Bergrecht), 83 (Waldgenossenschaften), 113 (Gemeinheitsteilung), 119 (Teilung von Grundstücken), 120 Abs 2 Nr 1, 121 (Teilung von mit Reallasten belasteten Grundstücken, vgl auch § 1109), 131 iVm 182 (Stockwerkseigentum), 164 (Realgemeinden und ähnliche Verbände; dazu Thümmel JZ 1980, 125; ders BWNotZ 1987, 76, wegen deren Überleitung auch Staudinger/Gursky [2012] § 1008 Rn 3, 5 [Realverbände, wie gemeinschaftliche Mühlen und Kommunbrauereien]. Vgl dazu H Westermann, Bestimmung des Rechtssubjekts 21 ff).

277 Die §§ 741 ff gelten ab 1. 1. 1900 auch für die früher begründeten Bruchteilsgemeinschaften (§ 173 EGBGB). Solche Gemeinschaften bestehen noch, vgl etwa BGHZ 25, 311. Zur altrechtlichen Personen-(Gesamthands-)gemeinschaft in ehemals preußischen Gebieten näher MEIKEL/BÖHRINGER, Sonderband C (1995), Rn 1335. Zum deutschen internationalen Privatrecht bei Miteigentum und zur kollisionsrechtlichen Behandlung BGH NJW 1999, 1321.

XII. Recht der früheren DDR

278 Das Recht der DDR regelte sowohl Fälle, in denen gemeinschaftliches Eigentum im Miteigentum als auch im Gesamteigentum der Gemeinschaftsmitglieder stand. Zu den Einzelheiten vgl STAUDINGER/LANGHEIN (1996) Rn 278 ff; zur Überleitung EGBGB Art 232 § 9.

§ 742
Gleiche Anteile

Im Zweifel ist anzunehmen, dass den Teilhabern gleiche Anteile zustehen.

Materialien: E I § 764; II § 678; III § 729; Mot II 875; Prot II 746; JAKOBS/SCHUBERT, Schuldverh III 366, 369 ff.

Systematische Übersicht

Alphabetische Übersicht

I. Bedeutung der Anteilsgröße

1 Die Größe des Anteils ist maßgeblich: (1) für den *Bruchteil der Früchte,* der dem Teilhaber gebührt, § 743 Abs 1; (2) für das *Stimmrecht* des Teilhabers bei Beschlüssen über die ordnungsmäßige Verwaltung und Benutzung, § 745 Abs 1 S 2; (3) für das Verhältnis, in dem der Teilhaber an den *Lasten* des gemeinschaftlichen Gegenstands und an den *Kosten* der Verwaltung, Erhaltung und gemeinschaftlichen Benutzung beteiligt ist, § 748; (4) für den Teil, der auf den Teilhaber bei Aufhebung der Gemeinschaft *durch Teilung in Natur* entfällt, § 752 S 1; (5) für den Teil des Erlöses, der auf den Teilhaber bei einer Aufhebung der Gemeinschaft *durch Verkauf* entfällt, § 753 Abs 1 S 1 iVm § 752 S 1. Der Anteil ist also **Maßstab für die schuldrechtlichen Rechte und Pflichten der Teilhaber** untereinander im Rahmen des zwischen ihnen bestehenden gesetzlichen Schuldverhältnisses (§ 741 Rn 260 ff), der „Gemeinschaft".

2 Zugleich ist die Größe des Anteils **Inhalt der Rechtszuständigkeit** des Teilhabers im Verhältnis zu Dritten. Ist Gegenstand der Gemeinschaft das Recht an einer Sache, so ist die Anteilsgröße **Inhalt der dinglichen Berechtigung**. Miteigentum nach Bruchteilen hat einen doppelten Inhalt (§ 741 Rn 254 ff). Die Sachherrschaft steht allen Miteigentümern gemeinsam und ungeteilt zu (§ 741 Rn 254). Zugleich steht jedem einzelnen Miteigentümer eine Quote am Wert der gemeinsamen Sache zu, die er durch Früchteteilung und Sachteilung oder Teilung des Veräußerungserlöses realisiert (§ 741 Rn 256). Die *praktische Bedeutung* der dinglichen Rechtsnatur der Quote zeigt sich in verschiedenen Zusammenhängen: so ist die Begründung und Änderung der Quote „Verfügung" (dazu § 747 Rn 25), und der Erwerber eines Miteigentumsanteils wird unter bestimmten Voraussetzungen in seinem guten Glauben an eine bestimmte Höhe der Quote geschützt (§ 747 Rn 27 ff).

II. Rechtsnatur der Regel; ratio legis

3 Die Regel des § 742 hat eine unterschiedliche Rechtsnatur, je nachdem, ob die Bruchteilsgemeinschaft durch gemeinschaftlichen Erwerb entstanden ist oder – als communio incidens – durch nicht auf Rechtsgeschäft beruhenden gemeinschaftlichen Erwerb (BGB-RGRK/vGAMM Rn 1; MünchKomm/K SCHMIDT Rn 1; PALANDT/SPRAU Rn 1; ERMAN/ADERHOLD Rn 1; SOERGEL/HADDING Rn 1). Im Fall *gemeinschaftlichen rechtsgeschäftlichen Erwerbs* ist § 742 *Auslegungsregel,* im Fall der *communio incidens* widerlegbare *gesetzliche Vermutung* für die Quote der Beteiligung. In beiden Fällen gilt § 742 nur, soweit abweichende rechtsgeschäftliche oder gesetzliche Bestimmungen fehlen. Das Gesetz verfährt hier, wie auch sonst öfter, nach dem Prinzip des unzureichenden Grundes: Wo bessere Gründe fehlen, wird nach Köpfen geteilt. Mit Recht sagen die Mot 875, diese Regel entspreche „der Natur der Dinge". Soweit dem Anteilsverhältnis Außenwirkung beikommt, können sich auch Dritte auf die Bestimmung berufen (str, MünchKomm/K SCHMIDT Rn 1 mwNw).

III. Gemeinschaftlicher rechtsgeschäftlicher Erwerb

1. Grundsatz

4 Erwerben mehrere – ohne Verbindung zur Gesamthand (§ 741 Rn 204 ff) – ein Recht gemeinschaftlich, so erwerben sie es im Zweifel zu gleichen Teilen. *Abweichende Vereinbarungen* haben Vorrang. Eine solche Vereinbarung muss in dem *Verfügungsgeschäft,* das der Veräußerer mit den gemeinschaftlichen Erwerbern abgeschlossen hat, ausdrücklich oder konkludent enthalten sein; sonst gilt § 742. Denn die Höhe des Anteils bestimmt nicht nur das schuldrechtliche Innenverhältnis der Erwerber, sondern ist Inhalt der dinglichen Berechtigung, die durch die Verfügung auf die Erwerber übertragen wird (Rn 2). Erwerben daher zB Eheleute gemeinsam ein Grundstück und errichten sie darauf ein Haus, so entscheidet sich die Frage, zu welchen Quoten sie das Grundeigentum erworben haben, nur nach dem Auflassungsvertrag, und das Eigentum am Haus richtet sich gem § 946 nach den Quoten des Grundeigentums; wer den Grundstückserwerb und den Hausbau finanziert hat, ist gleichgültig (zu Ausgleichsansprüchen für den Teil, der Mehrleistungen erbringt, bei nichtehelichen Lebensgemeinschaften oder Gütertrennungsehen vgl näher BGHZ 177, 193 und § 741 Rn 41). Im Einzelfall mag allerdings das schuldrechtliche Rechtsgeschäft andere Bestimmungen als die Verfügung vorsehen. Die Auslegung kann dann ergeben, dass die Teilhaber zur Angleichung der dinglichen Berechtigung verpflichtet sind.

2. Rechte an Grundstücken

5 Erwerben mehrere **Eigentum an einem Grundstück** zu Bruchteilen, so sind die Bruchteile im Grundbuch anzugeben (§ 47 Abs 1 GBO). Maßgeblich ist die *Auflassungsurkunde* (§ 925), die gem § 20 GBO die Grundlage der Eintragung des Eigentumswechsels bildet (DEMHARTER § 47 GBO Rn 13; BeckOK/REETZ GBO § 47 Rn 73). *Fehlt* in der Auflassung die *Angabe der Bruchteile* und ergibt sie sich nicht wenigstens bei unzweideutiger Auslegung (zu weitgehend ERMAN/ADERHOLD Rn 4: § 742 sei stets zur Anteilsbestimmung ausreichend), *so darf* das Grundbuchamt *nicht eintragen.* Es darf den Antrag aber auch nicht sofort zurückweisen, sondern muss Zwischenverfügung gem

§ 18 Abs 1 GBO erlassen (OLG Rostock NotBZ 2011, 30; OLG Oldenburg Rpfleger 1991, 412; DEMHARTER § 47 GBO Rn 14; BeckOK/REETZ GBO § 47 Rn 73). Keinesfalls darf es die Eintragung vornehmen und die Bruchteile eigenmächtig nach § 742 festsetzen. Das verstieße zwar nicht gegen § 925 (insoweit greift bei Schweigen des Vertrags die Auslegungsregel des § 742 ein), wohl aber gegen § 20 GBO. Infolgedessen muss die Auflassung gem § 20 GBO ergänzt werden.

Str ist insoweit die Form der Bewilligung. Die früher wohl hM verlangte Wiederholung der Auflassung unter Mitwirkung von Veräußerer und Erwerber in der Form der §§ 925, 20 GBO (BayObLG Rpfleger 1959, 128). Die heute hM lässt wegen der in der Auflassung liegenden Ermächtigung des Veräußerers (§ 185 Abs 1) einseitige Berichtigung durch die Erwerber zu, und zwar gem §§ 925, 29 GBO (LG Lüneburg Rpfleger 1994, 206; BeckOK/REETZ GBO § 47 Rn 73; SCHÖNER/STÖBER, Grundbuchrecht Rn 3312; MEIKEL/BÖTTCHER § 20 GBO Rn 126 – differenzierend demgegenüber MünchKomm/KANZLEITER § 925 Rn 23). Noch weitergehend KUNTZE ua § 20 GBO[4] Rn 97: Bewilligung gem §§ 19, 29 GBO. 6

Ist das Anteilsverhältnis wegen anderweitiger Gründe unrichtig eingetragen worden (zB bei ausländischen Ehegatten, § 741 Rn 28 oder bei in Gütergemeinschaft lebenden Eheleuten) führt dies nicht zur Unwirksamkeit der Eintragung. Das Grundbuchamt hat allerdings von Amts wegen Berichtigung zu veranlassen (DEMHARTER § 47 GBO Rn 26 f; speziell zu Güterstandsfragen BGH DNotZ 1982, 692, 696; SCHÖNER/STÖBER, Grundbuchrecht Rn 3409 ff). Zur Form in diesem Falle BayObLG Rpfleger 1983, 346: Bewilligungsantrag der Eingetragenen in der Form des § 29 GBO bzw § 22 GBO (BGH DNotZ 1982, 696). Dies gilt mE nur, wenn der Unrichtigkeitsnachweis in der Form des § 29 GBO geführt wird – so im Falle BGH DNotZ 1982, 692, 696: notarieller Ehevertrag –, sonst ist für die Bewilligungsform Rn 6 entsprechend anzuwenden. Differenzierend MEIKEL/BÖHRINGER § 47 GBO Rn 257 ff: Eine Berichtigung von Amts wegen ist unzulässig; allerdings bei vom Grundbuchamt versehentlich weggelassenen Eintragungen, kann die Eintragung nachgeholt werden, wenn die notwendigen Unterlagen vorliegen und kein Grund besteht anzunehmen, das Rechtsverhältnis hätte sich geändert. Zur Eintragung einer Gesellschaft bürgerlichen Rechts vgl § 741 Rn 217. 7

In **anderen Fällen des Erwerbs von Grundstücksrechten** zu Bruchteilen müssen die Bruchteile im *Antrag* und in der *Eintragungsbewilligung* angegeben sein, §§ 13, 19 GBO; vgl auch DEMHARTER § 47 GBO Rn 13. 8

Unterbleibt beim Erwerb durch mehrere Teilhaber die nach § 47 Abs 1 GBO erforderliche **Eintragung der Bruchteile**, so ist der Erwerb deshalb *nicht prinzipiell unwirksam;* § 47 Abs 1 GBO ist „Soll"-Vorschrift (DEMHARTER § 47 GBO Rn 26). Das Grundbuch ist unrichtig (RGZ 54, 85, 86; OLG Hamm DNotZ 1965, 408). Zur *Berichtigung* genügt, dass die ohne Angabe der Bruchteile als Eigentümer Eingetragenen übereinstimmend die Berichtigung unter Angabe der Bruchteile bewilligen (§ 19 GBO), bei fehlerhafter Auflassung ist mE aber die Form der §§ 925, 29 GBO zu beachten (wie oben Rn 6). 9

Nach noch hM kann allerdings grundsätzlich die fehlerhafte Angabe des Gemeinschaftsverhältnisses auch zur Unwirksamkeit der Auflassung in materiell-rechtlicher 10

Hinsicht führen (Überblick bei Schöner/Stöber, Grundbuchrecht Rn 3312; MünchKomm/Kanzleiter § 925 Rn 23). Mindestens im Auslegungswege wird eine solche Folge nur im Ausnahmefall eintreten können; der Wille des Veräußerers ist jedenfalls im Zweifel schlechthin auf die Übertragung des Eigentums gerichtet (Schöner/Stöber aaO; MünchKomm/Kanzleiter § 925 Rn 23; Meikel/Böttcher § 20 GBO Rn 126 jeweils mwNw – in dieser Richtung auch BGH DNotZ 1982, 696; zur Form Rn 6).

11 Jeder Teilhaber hat gegen den anderen einen Anspruch auf Abgabe einer entsprechenden Berichtigungsbewilligung (§ 894), sofern nicht Unrichtigkeitsnachweis gem § 22 Abs 1 GBO genügt (Demharter § 47 GBO Rn 26). Der Anspruch aus § 894 steht auch dem Gläubiger zu, der eine Hypothek an dem unrichtig eingetragenen Anteil erworben hat (RGZ 54, 86). Ist zwischen den Beteiligten streitig, zu welchen Anteilen die Teilhaber das Eigentum erworben haben, kann auf die Auslegungsregel des § 742 zurückgegriffen werden. Ergeben sich die Bruchteile in gehöriger Form aus den Eintragungsunterlagen, kommt auch eine Berichtigung gem § 22 Abs 1 GBO auf einfachen Antrag eines Berechtigten, ohne Bewilligung der übrigen Teilhaber, in Betracht; bei Bewilligung einer Eigentumseintragung ist § 22 Abs 2 GBO zu beachten (Demharter aaO; OLG Hamm DNotZ 1965, 408).

12 Im Falle **unrichtiger Eintragung der Bruchteile** gilt Entsprechendes wie im Fall fehlender Eintragung.

13 Wollen die gemeinschaftlichen Erwerber des Grundstückseigentums die **Quoten**, so wie sie sich aus der Auflassung ergeben, einverständlich *abändern,* so ist dies eine Verfügung über ihre Miteigentumsanteile, die den §§ 873, 925 unterliegt (§ 747 Rn 25). Grundbuchrechtlich ist § 39 GBO zu beachten: erst sind die ursprünglichen, dann die geänderten Quoten einzutragen. Voreintragung ist ausnahmsweise nicht notwendig, wenn ein Teilhaber das gesamte Recht erwirbt oder alle dessen Löschung bzw Übertragung bewilligen (näher Demharter § 47 GBO Rn 27).

3. Sonstige Rechte

14 Auch beim anteiligen Erwerb des Eigentums an beweglichen Sachen durch mehrere und in sonstigen Fällen, in denen der Rechtserwerb nicht an besondere Formen geknüpft ist, hängt die Höhe der Quoten nur vom *Inhalt des mit dem Veräußerer geschlossenen Vertrags* ab. Für die Auslegung dieses Vertrags sind die internen Verhältnisse der Teilhaber (etwa die interne Verteilung von Kosten und Lasten) unerheblich. Allerdings können in solchen Fällen die Teilhaber die Quoten durch *formlose Verfügung abändern* (§ 747 Rn 25), und eine solche Vereinbarung kann sich auch aus den Umständen ergeben. Im Streitfall trifft denjenigen Teilhaber die *Beweislast,* der sich auf eine von § 742 abweichende Quotenregelung beruft (vgl BGH NJW-RR 1991, 947; zu Sparguthaben von Eheleuten vgl OLG Brandenburg FamRZ 2011, 114). Ungleiche Verteilung von Kosten und Lasten reicht zum Nachweis nicht aus, weil die Parteien deren Verteilung in Abweichung von den Beteiligungsquoten regeln können (BGB-RGRK/vGamm Rn 1 mit Hinweis auf RG 11. 12. 1907 – V 100/07). Zur „schwachen Ausprägung“ der Vermutung des § 742 bei der Einrichtung von Oder-Depots BGH NJW 1997, 1455 (krit Kohler WuB I 63 Depotgeschäft 1. 97; abl zutr auch Rehbein EWiR 1998, 112).

4. Besondere Fälle

§ 742 gilt auch dann als Auslegungsregel, wenn Alleineigentum oder eine sonstige Alleinberechtigung so übertragen wird, dass **zwischen dem bisherigen Alleinberechtigten und dem Erwerber eine Mitberechtigung in Form einer Bruchteilsgemeinschaft** entsteht, oder wenn infolge entsprechender Verfügungen der bisherigen Teilhaber ein neuer Teilhaber in die bisherige Bruchteilsgemeinschaft „eintritt". Demgemäß haben der Eigentümer und ein Dienstbarkeitsberechtigter an einem gemeinsamen Zugangsweg im Zweifel im selben Umfang zur Unterhaltung des Weges beizutragen (BGH MittBayNot 2006, 495). Zum Sonderfall der „bruchteilslosen" Miteigentumsanteile bei altrechtlichen Gemeinschaftsgrundstücken in Baden-Württemberg MILZER BWNotZ 2008, 79 f. 15

Steht nach dem Inhalt des Geschäfts, auf dem der Anteilserwerb beruht, oder nach dem Inhalt einer nachträglichen abändernden Vereinbarung zwischen den Teilhabern fest, dass die Anteile sich nicht nach Köpfen, sondern nach **anderen Kriterien** bemessen sollen, dann darf auf § 742 nicht mehr zurückgegriffen werden, und zwar auch dann nicht, wenn eine exakte Ermittlung anhand der den Parteien vorschwebenden Kriterien auf Schwierigkeiten stößt (RGZ 169, 232, 239, betr den Erwerb des Anteils an einer Kartellquote, die ursprünglich für zwei Betriebe desselben Inhabers einheitlich festgesetzt war, durch den Erwerber des größeren der beiden Betriebe; hier bleibe nur „Raum für eine der Billigkeit entsprechende Schätzung"). 16

IV. Nicht auf Rechtsgeschäft beruhender gemeinschaftlicher Erwerb

Für die meisten und wichtigsten Fälle, in denen eine Bruchteilsberechtigung nicht aufgrund rechtsgeschäftlichen Erwerbs, sondern aufgrund Gesetzes entsteht, gelten gesetzliche **Sonderregeln**, die § 742 vorgehen. 17

1. Verbindung, Vermischung, Vermengung

Entsteht Miteigentum durch Verbindung, Vermischung oder Vermengung von Sachen, so bestimmen die Anteile sich nach dem **Verhältnis des Werts**, den die Sachen zum Zeitpunkt der Verbindung, Vermischung, Vermengung hatten, §§ 947 Abs 1, 948 Abs 1. Umstritten ist, ob § 742 in solchen Fällen **subsidiär** eingreift, wenn das Wertverhältnis sich nachträglich aus tatsächlichen Gründen nicht mehr ermitteln lässt. Die hM lehnt das unter Hinweis auf den *Spezialcharakter der Regelung der §§ 947, 948* ab (RGZ 112, 102, 104; BGH NJW 1958, 1534 = LM Nr 1 zu § 82 KO = WM 1958, 899; BGB-RGRK/vGAMM Rn 2; SOERGEL/HADDING Rn 5; SOERGEL/MÜHL § 948 Rn 4; JAEGER/HENCKEL § 15 Rn 76; MünchKomm/K SCHMIDT Rn 11; HOCHE NJW 1958, 1534; differenzierend REINICKE/TIEDTKE WM 1979, 186, 189 f). Die *Gegenmeinung* will § 742 subsidiär anwenden, weil Teilung nach Köpfen immer noch gerechter sei, als den Teilhaber, der seinen Wertanteil nicht nachweisen kann, überhaupt leer ausgehen zu lassen (RAAPE JW 1926, 799; WESTERMANN § 52 III a; WOLFF/RAISER § 72 Fn 13; BAUR § 53a II 3; FLUME NJW 1959, 913, 922; SPYRIDAKIS, Zur Problematik der Sachbestandteile [1966] 104, 110; WEITNAUER, in: FS Baur [1981] 709 ff; MünchKomm/FÜLLER § 948 Rn 5; PALANDT/BASSENGE § 948 Rn 3). *Praktische Bedeutung* hat die Frage vor allem bei der Verbindung und Vermengung von Waren, die unter *Eigentumsvorbehalt* geliefert oder *zur Sicherung übereignet* sind (§ 741 Rn 49 ff), zum Meinungsstand insgesamt eingehend HESS 82 ff; HILGER 9 ff. 18

19 Es handelt sich um ein **Beweislastproblem** (zutreffend BGH NJW 2010, 3578 Rn 13; BGH NJW 1958, 1534, 1535; Soergel/Hadding Rn 6), das verschiedene Streitpunkte betreffen kann.

20 Der Prätendent, der **behauptet, Miteigentümer geworden zu sein**, muss beweisen, dass *überhaupt Sachen von ihm in den streitigen Bestand gelangt sind.* Dieser Beweis wird ihm durch § 1006 erleichtert, wenn er Allein- oder Mitbesitzer ist, und erschwert, wenn sich der Bestand im Besitz eines Dritten befindet.

21 Steht fest, dass **Sachen des Prätendenten in den Bestand gelangt sind**, so steht auch fest, dass *irgendwie geteilt werden muss.* Der Prätendent kann nicht deshalb mit seinen Ansprüchen abgewiesen werden, weil er seine Quote nicht exakt nachweisen kann, auch dann nicht, wenn der Bestand sich im Besitz eines Dritten befindet (zutreffend BGH NJW 1958, 1534; Smid ZInsO 2009, 2217, 2220; **aA** RGZ 112, 102; Leiss JZ 1959, 24). Die Berufung auf § 1006 (so Leiss aaO) ist verfehlt, weil bereits feststeht, dass der Besitzer nicht Alleineigentümer ist (Westermann § 52 II a). Der Prätendent kann als mindestes verlangen, dass der Bestand *an ihn und die übrigen Teilhaber gemeinsam herausgegeben wird.* Hierzu braucht er seine Quote nicht nachzuweisen. Das gilt auch, wenn erwiesen ist, dass sich eigene Sachen des Besitzers im Mischbestand befinden (Soergel/Stürner § 1011 Rn 3; **aA** Reinicke/Tiedtke WM 1979, 186, 189). Steht zB fest, dass A, B und der Besitzer C irgendwie am Mischbestand beteiligt sind, so kann A gem § 1011 verlangen, dass C ihm und B Mitbesitz einräumt. Macht C geltend, es seien außerdem Sachen des D im Mischbestand, sodass nur Herausgabe an A, B und D in Betracht komme, so trifft die Beweislast den C (**aA** Reinicke/Tiedtke WM 1979, 186, 187). Denn wenn sich nicht feststellen lässt, dass überhaupt Sachen des D im Bestand sind, ist bei der Entscheidung davon auszugehen, dass D nicht Miteigentümer ist. Das gilt sowohl, wenn D sich auf sein angebliches Miteigentum beruft, als auch dann, wenn C sich darauf beruft. Steht fest, dass außer A, B und dem Besitzer C unbekannte Dritte an dem Bestand beteiligt sind (etwa weil der Bestand zu groß ist, als dass er allein aus den Beiträgen des A, B und C stammen könnte), so können A und B von C immer noch Einräumung des Mitbesitzes verlangen. Denn es steht fest, dass A und B gegenüber C zum Mitbesitz berechtigt sind. – Hat der Besitzer über den Gesamtbestand *widerrechtlich verfügt* (wie im Fall BGH WM 1958, 899), so steht der Anspruch auf Herausgabe des Erlöses (§§ 687 Abs 2, 681 S 2, 667, oder § 816 Abs 1 S 1) oder auf Schadensersatz (§ 823 Abs 1) den Miteigentümern gemeinsam zu (vgl § 741 Rn 258), und jeder, dessen Miteigentum nur überhaupt besteht, kann Leistung an alle Teilhaber verlangen (§ 432 analog), ohne dass er hierfür seine Quote nachweisen müsste.

22 Steht fest, dass der Prätendent überhaupt **irgendwie am gemeinsamen Bestand beteiligt** ist, kann seine Quote gleichwohl ungewiss sein. Streitig kann zunächst Menge und Wert der von ihm zum gemeinsamen Bestand beigesteuerten Sachen sein. Die *Beweislast trifft den Teilhaber, der bei der Aufhebung der Gemeinschaft eine bestimmte Quote beansprucht.* Das gilt auch für einen Teilhaber (zB den Vorbehaltskäufer, Sicherungsgeber), der sich im Alleinbesitz befindet. Denn aus dem Besitz ergibt sich nichts dafür, dass dem Besitzer – von dem feststeht, dass er nur Miteigentümer, nicht Alleineigentümer ist – eine bestimmte Quote zusteht (**aA** Reinicke/Tiedtke WM 1979, 186, 188 ff). Was die *Beweisführung* betrifft, hat das Gericht alle Möglichkeiten *freier*

Beweiswürdigung auszuschöpfen; § 287 ZPO ist analog anzuwenden (Hoche NJW 1958, 1534; MünchKomm/K Schmidt Rn 11; Soergel/Hadding Rn 6).

Sind allerdings **alle Teilhaber in der gleichen Beweisschwierigkeit**, so kann es vorkommen, dass sich der Bestand nach der Regel des § 947 Abs 1 nicht vollständig verteilen lässt. In diesem Fall entspricht § 742 einem so elementaren Gerechtigkeitsprinzip (Mot 875: „der Natur der Dinge"), dass nicht einzusehen ist, weshalb die Bestimmung nicht jedenfalls hinsichtlich desjenigen Teils des Bestandes anwendbar sein soll, von dem sich zwar mit hinreichender Sicherheit sagen lässt, dass er irgendwie aus Beiträgen der Teilhaber stammt, aber nicht, wieviel die einzelnen Teilhaber dazu beigetragen haben. Es ist immer noch richtiger, den Teil des Bestandes, hinsichtlich dessen sich keine Feststellungen treffen lassen, so zu verteilen als überhaupt nicht. Man muss also versuchen, für jeden Teilhaber eine Mindestquote zu ermitteln, und den Rest nach § 742 gleichmäßig verteilen. Lässt sich nachweisen, dass auf diese Weise ein Teilhaber mehr bekommen würde, als er höchstens (zB nach seiner eigenen Behauptung) beigesteuert hat, so ist dieser Teilhaber, sobald er seine Höchstquote erreicht hat, von der weiteren Verteilung auszunehmen. Der Einwand, § 742 sei durch §§ 947 Abs 1, 948 kraft Spezialität ausgeschlossen, trifft nicht zu. § 742 enthält eine Beweisregel („im Zweifel"), §§ 947, 948 eine materielle Regelung; die beiden Regelungen stehen miteinander nicht im Widerspruch (ebenso die Rn 22 aE genannten Autoren; MünchKomm/Füller § 948 Rn 5; Hess 91 f). 23

Häufig wird der Teilhaber zwar in der Lage sein nachzuweisen, was er beigesteuert hat. Aber der Gesamtbestand hat sich durch Abgänge so verändert, dass er zum Ausgleich aller Beiträge nicht mehr ausreicht, und die **Veränderungen** lassen sich im Einzelnen **nicht mehr rekonstruieren** (so im Fall RGZ 112, 102). Hier spricht bei der Beweiswürdigung analog § 287 ZPO viel dafür, die Teilhaber (Vorbehaltslieferanten) nach dem Verhältnis ihrer noch offenen Rechnungen, hilfsweise nach dem Verhältnis der von ihnen beigesteuerten Gesamtmenge zu beteiligen. Ist ungewiss, ob außer den feststehenden Teilhabern noch unbekannte Dritte etwas eingebracht haben, so müssen die möglichen Teilhaber, deren Beteiligung nicht nachgewiesen ist, bei der Verteilung außer Betracht bleiben (vgl oben Rn 21; **aA** RGZ 112, 102, 104). Subsidiär ist auch in einem solchen Fall § 742 anzuwenden. 24

2. Sammelverwahrung

Eine gesetzliche Sonderregelung der Anteilsberechnung enthält § 6 Abs 1 DepotG für die Sammelverwahrung. Werden Wertpapiere in Sammelverwahrung genommen, so entsteht mit dem Zeitpunkt des Eingangs beim Sammelverwahrer für die bisherigen Eigentümer Miteigentum an den zum Sammelbestand des Verwahrers gehörenden Wertpapieren derselben Art. Für die Bestimmung des Bruchteils ist der Wertpapiernennbetrag maßgebend, bei Wertpapieren ohne Nennbetrag die Stückzahl. Die Bestimmung ist § 947 Abs 1 nachgebildet. Denn Wertpapiere gleicher Art sind immer gleichwertig, sodass eine Ermittlung des wirklichen Werts zum Zeitpunkt der Vermischung überflüssig ist und stattdessen der Nennwert bzw die Stückzahl eingesetzt werden kann (vgl MünchKommHGB/Einsele Depotgeschäft Rn 5; Opitz, Depotgesetz [2. Aufl 1955] §§ 6, 7, 8 Anm 12). Bei korrekter Verwahrung (Auslieferung von Einzelstücken nur an die Hinterleger, an niemand sonst, § 6 Abs 2 DepotG) ist sichergestellt, dass der Bestand immer ausreicht, um den Auslieferungsanspruch 25 des Hinterlegers zu befriedigen. Verluste tragen die Hinterleger nach Maßgabe ihrer nach § 6 Abs 1 DepotG berechneten Anteile (§ 7 Abs 2 DepotG). § 742 ist unanwendbar (vgl Ebenroth/Boujong/Joost/Strohn/Scherer, HGB § 7 DepotG Rn VI 479; Heinsius/Horn/Than, Depotgesetz [1975] § 6 Rn 19; Opitz aaO). Diejenigen Konstellationen, die in sonstigen Fällen der Vermengung ausnahmsweise zur subsidiären Anwendung des § 742 führen können (oben Rn 18–24), treten infolge der Rechtstechnik der Sammelverwahrung nicht auf. Denn es geht dort um Beweisprobleme. Das einzige Beweisproblem, das für den Hinterleger auftreten kann, ist, nicht beweisen zu können, was er hinterlegt hat; dann hilft ihm aber § 742 auch nicht weiter.

3. Sonstige Fälle

26 Weitere **Sonderregeln** für die communio incidens enthalten § 963 (Vereinigung ausgezogener, von den Eigentümern verfolgter *Bienenschwärme;* Anteilsbestimmung nach der Zahl der Schwärme); § 984 *(Schatzfund;* Beteiligung des Eigentümers und des Finders je zur Hälfte); § 1109 Abs 1 (Teilung des aus einer *Reallast* berechtigten Grundstücks; Anteilsberechnung nach der Größe der Grundstücksteile). Haben die Miteigentümer eines Grundstücks eine *Hypothek* bestellt, die sich gem §§ 1163, 1177 in eine *Eigentümergrundschuld* verwandelt hat, richtet sich die Beteiligung aus der Grundschuld nach der Beteiligung am Grundeigentum (RG JW 1938, 3236, 3237; Argument aus § 1172 Abs 2; vgl ferner OLG Frankfurt DNotZ 1961, 411 f; vgl zum Rückforderungsanspruch an einer Grundschuld nach Tilgung durch die Miteigentümer BGHZ 187, 169; KG BeckRS 2013, 396; OLGReport Frankfurt 2008, 654).

Beim **Wohnungseigentum** bedarf es neben exakter Festlegung des Sondereigentums auch genauer Angabe des Miteigentumsanteils in der Teilungsurkunde (§§ 3, 8 WEG), eine bestimmte Relation ist dabei nicht einzuhalten. § 742 gilt insoweit nicht.

27 Im Ganzen bilden demnach die Fälle, in denen die Berechnung der Anteile sich nach § 742 richtet, beim nicht rechtsgeschäftlichen gemeinsamen Erwerb die **Ausnahme**. Beispielsweise sind *Miterfinder,* soweit sie nichts Abweichendes vereinbart haben, an den gewerblichen Schutzrechten gem § 742 zu gleichen Anteilen beteiligt (RG GRUR 1938, 256, 262). Nach dem RG soll es allerdings, bei Fehlen von Vereinbarungen, zunächst noch auf „das Maß der schöpferischen Mitarbeit der Beteiligten" ankommen (vgl auch MünchKomm/K Schmidt Rn 4). Das scheint weder praktikabel noch gerecht. Wenn der Kluge zur Arbeit einen Dummen zuzieht und nichts anderes vereinbart, kann er sich, wenn es ums Teilen geht, nicht seiner entledigen (skeptisch auch RGZ 118, 46, 48).

§ 743
Früchteanteil; Gebrauchsbefugnis

(1) Jedem Teilhaber gebührt ein seinem Anteil entsprechender Bruchteil der Früchte.

(2) Jeder Teilhaber ist zum Gebrauch des gemeinschaftlichen Gegenstands insoweit befugt, als nicht der Mitgebrauch der übrigen Teilhaber beeinträchtigt wird.

Materialien: E I § 765 Abs 2; II § 679; III § 730; Mot II 877; Prot II 743 ff; JAKOBS/SCHUBERT, Schuldverh III 366, 369 ff.

Systematische Übersicht

Alphabetische Übersicht

I. Regelungsgegenstand

1 Die Vorschrift bestimmt, wie die Nutzungen des gemeinschaftlichen Rechts, nämlich die Früchte und die Gebrauchsvorteile, *im Innenverhältnis zu* verteilen sind. Sie hat *schuldrechtlichen Charakter* und begründet Rechte und Pflichten der Teilhaber untereinander (MünchKomm/K Schmidt Rn 1; Soergel/Hadding Rn 1). Allerdings hat die Regelung ihre Grundlage in der dinglichen Mitberechtigung der Teilhaber an der gemeinsamen Sache bzw in der gemeinschaftlichen Zuständigkeit des gemeinsamen Rechts. Ausgangspunkt ist, dass die Früchte und die Gebrauchsvorteile den Teilhabern aufgrund ihrer Mitberechtigung gemeinsam zustehen (vgl Rn 2 ff). Dies ist in § 743 nicht geregelt, sondern vorausgesetzt. Die Vorschrift kann auch auf Nutzungs- und Verwaltungsgemeinschaften zwischen dem Nießbraucher und dem Alleineigentümer (BGH FamRZ 2007, 135; dazu § 741 Rn 133 und 176) oder zwischen dem Alleineigentümer und einem dinglich durch beschränkt persönliche Dienstbarkeit (§ 1090) gesicherten Mitnutzungsberechtigten zur Anwendung kommen (BGHZ 186, 372 Rn 19; dazu § 741 Rn 133 und 176).

II. Gemeinschaftliche Rechtszuständigkeit der Teilhaber hinsichtlich der Früchte

1. Überblick

2 Früchte (Abs 1) sind die *natürlichen* („unmittelbaren“) *Früchte* der gemeinschaftlichen Sache oder des gemeinschaftlichen Rechts (§ 99 Abs 1, 2) und die Erträge, die die gemeinschaftliche Sache oder das Recht aufgrund eines Rechtsverhältnisses gewährt *(„Zivilfrüchte“* oder „mittelbare Früchte“, § 99 Abs 3), also insbesondere die Einkünfte aus Vermietung, Verpachtung und Lizenzvergabe. Keine „Frucht“ ist der Ertrag aus dem Verkauf des gemeinschaftlichen Gegenstandes selbst. Keine Früchte (sondern nur „Nutzungen“) sind an sich die *Gebrauchsvorteile* der Sache oder des Rechts (§ 100). Die ganz hM erklärt Abs 1 allerdings auch hinsichtlich der Gebrauchsvorteile für anwendbar (BGHZ 162, 342 = NJW-RR 2005, 1200 – gummielastische Masse II; BGH NJW 1966, 1707, 1708; Soergel/Hadding Rn 5; BGB-RGRK/vGamm Rn 2; MünchKomm/K Schmidt Rn 3; Palandt/Sprau Rn 2; Erman/Aderhold Rn 2). Allerdings

enthält insoweit Abs 2 eine *Spezialregelung* (zutreffend BGH NJW 1966, 1707, 1708: zum gemeinschaftlichen Gebrauch sind die Teilhaber, solange sie den Mitgebrauch der anderen nicht stören oder vereiteln, ohne Rücksicht auf die Höhe ihrer Anteile berechtigt; dazu Rn 38 f). Soweit dagegen ein gemeinschaftlicher Gebrauch nach der Natur der Sache nicht möglich ist, ist bei der Aufteilung *des Gebrauchs* Abs 1, als Ausdruck eines das Gemeinschaftsrecht beherrschenden allgemeinen Rechtsprinzips, *analog anzuwenden* (Rn 36). – Keine Früchte stellen Surrogate, insbesondere Sachversicherungsleistungen dar (zur Brandversicherung OLG Düsseldorf NJW-RR 1997, 604; vgl insofern auch § 745 Rn 9).

2. Natürliche Früchte

Natürliche Früchte einer in *Miteigentum* stehenden Sache gehören nach der Trennung „dem Eigentümer" der Sache, § 953; sie fallen ohne weiteres wieder ins Miteigentum. Für natürliche Früchte eines *gemeinschaftlichen dinglichen Rechts* (etwa einer mehreren Berechtigten in Bruchteilsgemeinschaft zustehenden Dienstbarkeit, einen Steinbruch oder eine Kiesgrube zu betreiben) gilt gem § 954, für natürliche Früchte einer mit Sachbesitz verbundenen *gemeinschaftlichen schuldrechtlichen Berechtigung* (zB bei gemeinschaftlicher Pacht eines Grundstücks) gem § 956 das gleiche. Zwischen den Teilhabern besteht hinsichtlich der Früchte ohne weiteres das gesetzliche Rechtsverhältnis der Gemeinschaft nach Bruchteilen. Dabei handelt es sich um ein einheitliches, schuldrechtliches Gemeinschaftsverhältnis, das sich sowohl auf die Muttersache als auch auf die Früchte erstreckt (vgl § 741 Rn 157 ff). **3**

„Natürliche" Früchte sind auch die vertraglichen *Zinsansprüche* im Verhältnis zur Hauptforderung (Staudinger/Jickeli/Stieper [2011] § 99 Rn 17; Soergel/Marly § 99 Rn 15; **aA** MünchKomm/Stresemann § 99 Rn 6: mittelbare Sachfrucht). Soweit die Teilhaber nicht anderweit darüber verfügt haben, richtet die Rechtszuständigkeit sich nach der Hauptforderung. Das Gleiche gilt für *Dividendenansprüche,* wenn eine Aktie mehreren in Bruchteilsgemeinschaft zusteht; das Bezugsrecht ist durch den gemeinschaftlichen Vertreter (§ 69 Abs 1 AktG) auszuüben. Zur Frage, ob die Deponiekapazität eines Grundstücks als natürliche Frucht einzuordnen ist vgl OLG Koblenz NJW 1994, 463, 464. **4**

3. Zivilfrüchte

Bei den Zivilfrüchten geht es vor allem um die **Vermietung** der gemeinschaftlichen Sache. Die Frage, wie die Rechtszuständigkeit hinsichtlich der Mietforderung zu beurteilen ist, ist im Gesetz nicht geregelt (anders für die Erbengemeinschaft, § 2041 S 1). Da die Miete ohne weiteres teilbar ist, liegt es auf den ersten Blick nahe, mangels besonderer Vereinbarung mit dem Mieter jedem Teilhaber einen eigenen Anspruch auf einen Teil der Miete zuzusprechen, § 420. Die Anteile wären nach § 420 mangels anderweitiger Abrede im Mietvertrag gleich groß, ohne Rücksicht darauf, wie groß die Anteile der Teilhaber am vermieteten Gegenstand sind. Das wäre aber eine offensichtlich unpraktische und interessenwidrige, den Parteiabsichten und den Gepflogenheiten der Praxis zuwiderlaufende Regelung. Die Anwendung des § 420 auf den vorliegenden Fall wird deshalb nach ganz hM abgelehnt. Sowohl den Bedürfnissen einer geordneten Abwicklung des Schuldverhältnisses zwischen den Mietparteien, als auch den Bedürfnissen der auf der Vermieterseite **5** stehenden Teilhaber in ihrem Verhältnis untereinander entspreche nur die Lösung, dass *die Ansprüche aus dem Mietverhältnis den Teilhabern gemeinsam zustehen, wobei sich deren Geltendmachung nach § 432 richte* (RG DR 1940, 2169; BGH NZG 2001, 73; NJW 1958, 1723 = LM Nr 1 zu § 743; BGH NJW 1969, 839; BGHZ 106, 222, 226; Soergel/Hadding Rn 3; BGB-RGRK/vGamm Rn 2; Erman/Aderhold Rn 3; Palandt/Sprau Rn 3; Staudinger/Emmerich [2014] Vorbem 75 zu § 535; Schulze-Osterloh 52 ff).

6 Zur Begründung wird angeführt: Die Forderung aus Vermietung der im Bruchteilseigentum stehenden Sache sei nach dem Wesen der Bruchteilsgemeinschaft auf eine (rechtlich) *unteilbare* Leistung iS des § 432 gerichtet. Denn die Vermietung sei Teil der Verwaltung und stehe den Teilhabern deshalb nur gemeinschaftlich zu (RG DR 1940, 2169 = WarnR 1940 Nr 150; BGH NJW 1958, 1723; BGH NJW 1969, 839; Staudinger/Emmerich [2014] Vorbem 74 zu § 535; Soergel/Wolf Vorbem 5 zu § 420; ausf zum Meinungsstand § 741 Rn 109 ff).

7 Der hM ist in der Begründung nicht zu folgen, wenn auch die Ergebnisse weithin mit denen der hier vertretenen Meinung übereinstimmen werden. Die Rechtszuständigkeit hinsichtlich der Mietzinsforderung ergibt sich nicht schon aus dem Wesen der Bruchteilsgemeinschaft; das Innenverhältnis der Teilhaber berührt das Verhältnis zum Mieter nicht. Sie ist ausschließlich aus dem Inhalt des Mietvertrages zu ermitteln. Vermietet zB ein Teilhaber die gemeinschaftliche Sache allein und in eigenem Namen, so ist nach dem Vertragsinhalt nur er allein Gläubiger und zur Einziehung berechtigt (Erman/Aderhold Rn 3; Palandt/Sprau Rn 3; **aA** Staudinger/Emmerich [2014] Vorbem 73a zu § 535: Vermietung nur mit Zustimmung aller möglich). Vermieten alle Teilhaber gemeinsam, wie es überwiegend der Fall sein wird, wird die Vertragsauslegung regelmäßig ergeben, dass auch die Mietzinszahlungen an alle Teilhaber gemeinsam (etwa auf ein Gemeinschaftskonto) zu erfolgen haben und jeder Einzelne diese Leistung zu fordern berechtigt ist. Insofern entspricht die hier vertretene Ansicht im Ergebnis der hM. Die Teilhaber können aber auch abweichende Vereinbarungen mit dem Mieter treffen, etwa einem Teilhaber allein die Einziehung überlassen (dazu Rn 9). Sie könnten selbst (entsprechend § 420) die Zahlung eines dem jeweiligen Anteil entsprechenden Betrages an jeden Teilhaber vereinbaren. Im Zweifel ist diese Regelung von den Teilhabern aber nicht gewollt, weil sie den vorherigen Abzug von Lasten und Kosten (§ 748, dazu Rn 14) verhindert. Zur Rechtslage bei Vermietung an einen der Teilhaber BGH NZG 2001, 73.

8 Noch anders (dazu bereits § 741 Rn 124) Flume II 1 116, ders ZHR 136, 203 ff: Die Miteigentümer würden zur „Gruppe“ und damit zur Gesamthand. Gegen diese Annahme ist einzuwenden, dass „gemeinsames Handeln“ nach unserem Recht eine Gesamthandsgemeinschaft nicht entstehen lässt; dass die gemeinsam Handelnden eine „Gruppe“ bilden, ist eine soziologische, keine juristische Aussage. Eine Gesamthandsgemeinschaft kann, außer im Fall der Gütergemeinschaft und der Miterbengemeinschaft, nur durch Abschluss eines Gesellschaftsvertrags entstehen. Die Annahme eines solchen Vertrags wäre im vorliegenden Fall eine bloße Fiktion. Die Lösung Flumes ist auch im Ergebnis unangemessen, wie sich daran zeigt, dass Flume für das Innenverhältnis der „Gruppe“ doch wieder Gemeinschaftsrecht, nicht Gesellschaftsrecht gelten lassen will (I 1, 118). Vgl auch Vorbem 11.

9 **Vermietet ein Teilhaber** die gemeinschaftliche Sache oder einen Teil davon **allein** und

im eigenen Namen, so werden die übrigen Teilhaber nicht dadurch zu Mitvermietern und Mitgläubigern, dass sie der Vermietung „zustimmen“ oder sie nachträglich „genehmigen“ (so aber Roquette DR 1940, 2170; ders MietR § 535 Rn 98; zu Recht krit MünchKomm/K Schmidt § 747 Rn 2: „vertragsrechtlich unkonventionell“). Diese Ansicht ist mit dem Gesetz unvereinbar (§ 311 Abs 1 nF); sie käme einem einseitigen Vertragsbeitritt gleich. Zur Begründung der Vermieterstellung bedarf es vielmehr einer Änderung des Mietvertrages (die natürlich auch konkludent erfolgen kann). Allerdings hat die Zustimmung zur Folge, dass auch die übrigen Miteigentümer den Vertragsinhalt gegen sich gelten lassen müssen. Die Vertragswirkungen lasten dann materiell auch auf den nicht unmittelbar am Vertrag beteiligten Miteigentümern (ausf RGZ 80, 395 ff, insb 399; BGH WM 1984, 1296, 1298; OLG Karlsruhe NJW 1981, 1278). Wird die von einem Teilhaber vermietete Sache veräußert, greift § 566 nF nur ein, wenn die übrigen Miteigentümer dem Mietvertrag zugestimmt haben. Anderenfalls würde sich die Rechtsstellung des Mieters, der ohne Zustimmung kein Recht zum Besitz gegenüber den anderen Miteigentümern hat, durch die Veräußerung verbessern (OLG Karlsruhe aaO).

In der Regel ist der allein vermietende Teilhaber zur *Abrechnung* und *Herausgabe* **10**
des Erlangten an die Teilhabergesamtheit gem §§ 662, 666, 667 oder gem §§ 681, 687 Abs 2 iVm 666, 667 verpflichtet (BGHZ 186, 372 Rn 34; Palandt/Sprau Rn 3; vgl auch BGB-RGRK/vGamm Rn 3; anders nur, wenn dem betreffenden Teilhaber ausdrücklich die Vermietung für eigene Rechnung gestattet ist). Maßgeblich ist dabei das tatsächlich Erlangte, nicht aber das, was der Teilhaber bei ordnungsgemäßer Ausführung hätte erlangen oder an Nutzungen ziehen müssen (BGHZ 186, 372 Rn 34). Durch die Herausgabe entsteht wiederum eine Bruchteilsgemeinschaft, § 741. Der einzelne Teilhaber kann mangels abweichender Vereinbarung vom vermietenden Teilhaber nicht ohne weiteres Herausgabe seines Anteils verlangen (missverständlich vGamm aaO); anders ist es aber, wenn die Teilhaber den Vermieter mit der Verwaltung beauftragt haben, weil der Verwaltungsauftrag im Zweifel auch den Auftrag zu verteilen umfasst. Zieht ein Teilhaber nach *gemeinschaftlicher Vermietung* den Mietzins *allein* ein, so ist er nach § 666 rechenschafts- und nach § 667 herausgabepflichtig. Im Streitfall muss er beweisen, wo die Einnahmen verblieben sind; es ist nicht Sache der übrigen Teilhaber zu beweisen, dass der Einziehende mehr erhalten hat als den ihm zustehenden Bruchteil (BGH WM 1972, 1121, 1122; zur Beweislast vgl auch RG JW 1937, 28).

III. Mitwirkung bei der Fruchtziehung

Die Ziehung der Früchte – sei es natürlicher, sei es ziviler – gehört zur *Verwaltung* **11**
des gemeinschaftlichen Gegenstands iS der §§ 744, 745. Jeder Teilhaber ist also nach § 744 Abs 1 berechtigt und nach Maßgabe des § 745 Abs 2 auch verpflichtet, an der gemeinsamen Fruchtziehung mitzuwirken, zB einen gemeinschaftlichen Acker gemeinsam abzuernten oder ein gemeinschaftliches Haus gemeinsam zu vermieten (wenn Vermietung die „dem Interesse aller Teilhaber nach billigem Ermessen entsprechende Verwaltung“ ist; vgl Palandt/Sprau Rn 2). Dagegen ist, mangels abweichender Verständigung oder vertraglicher Vereinbarung, kein Teilhaber berechtigt, einen seinem Anteil entsprechenden *realen Bruchteil* des gemeinschaftlichen Gegenstands für sich abzugrenzen und für sich selbst zu nutzen, und er kann von den anderen Teilhabern auch nicht verlangen, dass sie einem solchen Vorgehen zustimmen (vgl Palandt/Sprau Rn 2). Denn die Bruchteilsgemeinschaft ist eine Gemeinschaft

zu ideellen, nicht zu realen Anteilen. Infolgedessen hat auch kein Teilhaber das Recht, einen realen Bruchteil des Gegenstands für sich allein zu nutzen (speziell zum Gebrauch vgl unten Rn 33 ff).

12 Der BGH hat allerdings im Sonderfall der im Miteigentum der Grundstücksnachbarn stehenden **Grenzmauer** anders entschieden (BGHZ 43, 127, 133 ff). Das Haus des einen Nachbarn war durch Bomben zerstört; er vermietete die Mauer zu Reklamezwecken. Der BGH hielt ihn für berechtigt, die Früchte auf „seiner" Seite der Mauer allein zu ziehen und zu behalten. Es entspreche sowohl der „objektiven Beschaffenheit" der Giebelmauer als auch der „von den Nachbarn (beim Bau und Anbau) verfolgten Zweckrichtung", dass jeder der beiden Nachbarn die Mauer allein benutzen dürfe. „Dementsprechend" sollen auch die Früchte, die ein Nachbar „in Richtung auf sein Grundstück" zieht, dem Nachbarn allein gebühren. Der Entscheidung ist mE nicht zuzustimmen; nach § 743 hätten die Einnahmen geteilt werden müssen. Aber auch wenn man dem BGH folgt, ist zu beachten, dass die Entscheidung allein mit der Eigentümlichkeit der gemeinschaftlichen Grenzmauer begründet ist. Für sonstige Gemeinschaften besagt sie nichts.

IV. Der Anspruch auf vorzeitige Verteilung nach Abs 1

13 Abs 1 verleiht den Teilhabern einen schuldrechtlichen Anspruch auf **vorweggenommene Teilung** der ihnen gemeinsam zustehenden Früchte, auch wenn die Gemeinschaft im Übrigen ungeteilt bleibt. Für die Teilung gelten deshalb die §§ 752 ff. Wo möglich ist in Natur, sonst ist durch Verkauf, notfalls im Weg der Zwangsversteigerung zu teilen; Forderungen sind einzuziehen und der Erlös ist zu teilen. Der Anspruch kann nur durch Vereinbarung, nicht durch Mehrheitsbeschluss ausgeschlossen werden, also nur mit Zustimmung des betroffenen Teilhabers (§ 745 Abs 3 S 1).

14 Vor der Verteilung sind zunächst die entstandenen Lasten der Sache und die entstandenen Kosten der Erhaltung und Verwaltung (§ 748) abzuziehen. Zu verteilen ist also nur der **Nettoerlös** der Fruchtziehung (vgl RGZ 89, 176, 180; BGH NJW 1958, 1723; BGHZ 40, 326, 330; KGBl 1909, 34). Das ergibt sich zwar aus Abs 1 nicht unmittelbar, wohl aber indirekt aus § 748 und § 745 Abs 2. Nach § 748 hat jeder Teilhaber gegen jeden anderen einen Anspruch auf verhältnismäßige Beteiligung an den Lasten und Kosten. Durch dieses Recht ist der Anspruch auf Vorwegverteilung nach Abs 1 begrenzt. Überdies verlangt die ordnungsmäßige, dem Interesse aller Teilhaber nach billigem Ermessen entsprechende Verwaltung der gemeinschaftlichen Sache, dass aus den Nutzungen zunächst die Lasten und Kosten bestritten werden, ehe eine Verteilung erfolgt.

15 Dagegen braucht kein Teilhaber darin einzuwilligen, dass aus den Nutzungen ein echter **Reservefonds** für spätere Instandsetzungsarbeiten gebildet und unterhalten wird (RG JW 1927, 1855; anders aber bei der Wohnungseigentümergemeinschaft, § 21 Abs 5 Ziff 4 WEG); kein Teilhaber braucht sich darauf einzulassen, durch Mehrheitsbeschluss zu einem Hausgeld herangezogen zu werden (vgl LG Aachen ZMR 2011, 819). Im Einzelfall ergibt sich die Abgrenzung aus dem Grundsatz der ordnungsmäßigen Verwaltung (§ 745 Abs 2) und der gemeinsamen Kostentragung. Übernimmt, wie häufig, ein Teilhaber die Führung der laufenden Verwaltungsgeschäfte,

so kann er für die *laufenden Ausgaben* und für *mit Sicherheit demnächst anfallende einmalige Ausgaben* Vorschuss verlangen (§ 669 iVm § 662). Diesen Vorschuss kann er vor der Verteilung eingezogener Nutzungen abziehen. Führen alle Teilhaber die Geschäfte gemeinsam, so gilt nichts anderes. Keinem Teilhaber ist es zuzumuten, beispielsweise an der Vergabe eines Reparaturauftrags mitzuwirken und so die persönliche Haftung für die Bezahlung der Reparaturrechnung zu übernehmen (§§ 421, 427), und gleichzeitig zu dulden, dass die gemeinschaftlichen Mittel ohne Rücksicht auf die demnächst auf die Gemeinschaft zukommende Belastung verteilt werden. Dabei ist den Besonderheiten der jeweiligen Gemeinschaft Rechnung zu tragen; je größer die mit der Verwaltung verbundenen Risiken sind, um so eher haben die Teilhaber zur Vermeidung fruchtloser Hin- und Herzahlungen die Bildung von Rückstellungen bzw Rücklagen hinzunehmen (BGHZ 140, 63: zulässige Bildung einer Rückstellung für Prozesskosten und einer Rücklage für Forstausgleichsschäden gem § 13 EStG). Dagegen kann die Anlage einer Reserve für *mögliche künftige Fälle,* für Reparaturen, die nicht unmittelbar anstehen u dgl nicht verlangt werden. Das wäre ein Eingriff in das Recht des Teilhabers aus Abs 1, der ohne Zustimmung des Teilhabers unzulässig ist (§ 745 Abs 3 S 2).

Die Bestreitung der **Lasten** und **Kosten** aus den Früchten ist nur dann ohne weiteres **16**
möglich, wenn die Früchte in Geldeinnahmen bestehen, wenn es sich also um Zivilfrüchte handelt. Bei natürlichen Früchten kommt es auf den einzelnen Fall an, ob die Verwendung der Früchte zur Bestreitung der Lasten durch die Grundsätze einer dem Interesse aller Teilhaber entsprechenden Verwaltung (§ 745 Abs 2) gefordert wird. Erfolgt die Bewirtschaftung vorwiegend unter ökonomischen Gesichtspunkten, so werden die Teilhaber idR vereinbaren, dass die Früchte verkauft werden. Dann sind aus dem Erlös in erster Linie Lasten und Kosten zu bestreiten. Erfolgt die Fruchtziehung vorwiegend zum persönlichen Verbrauch (zB bei einem gemeinschaftlichen Garten), sind die Früchte idR in Natur zu teilen, und die Lasten und Kosten sind unabhängig davon zu bestreiten.

Da es sich bei dem Anspruch aus Abs 1 um einen vorweggenommenen Teilungs- **17**
anspruch handelt (oben Rn 13), richtet der **Inhalt des Anspruchs** sich nach §§ 752, 753. Gläubiger des Anspruchs ist der einzelne Teilhaber, Schuldner sind die übrigen Teilhaber. Häufiger als in Fällen, in denen die Gemeinschaft im Ganzen aufgehoben wird, wird der Anspruch sich auf Teilung in Natur richten (§ 752), so insbesondere, wenn es sich bei den Früchten um Einkünfte aus Vermietung, Verpachtung, Lizenzvergabe handelt, also *Geld* zu verteilen ist. Ist das Geld zB auf ein *gemeinsames Konto* der Teilhaber einbezahlt, richtet der Anspruch sich darauf, dass die übrigen Teilhaber die Bank anweisen, denjenigen Betrag an den anspruchsberechtigten Teilhaber auszubezahlen, der seinem Anteil am Reinerlös entspricht. Ist das Geld von einem Teilhaber auf *eigenes Konto* eingezogen worden, so richtet der Anspruch sich in erster Linie gegen diesen Teilhaber; er hat den Betrag, der dem Anteil des anspruchsberechtigten Teilhabers am Reinerlös entspricht, an den anspruchsberechtigten Gläubiger auszubezahlen (Abs 1 iVm § 667; hinzu kommt ggf ein Anspruch auf Rechnungslegung nach § 666). Außerdem hat in diesem Fall der anspruchsberechtigte Gläubiger aus Abs 1 gegen die übrigen Teilhaber einen Anspruch darauf, dass sie in die Auszahlung des Betrags an ihn einwilligen (BGH NJW 1985, 1159, 1161). Das ist praktisch dann wichtig, wenn die Auszahlung durch den Teilhaber, der das Geld eingezogen hat, daran scheitert, dass zwischen den übrigen Teilhabern, etwa

über die Höhe des Anteils oder über die Höhe der vorweg abzusetzenden Lasten und Kosten, Streit besteht. Befindet das Geld sich *in der Hand eines Dritten,* der den Gegenstand für die Gemeinschaft verwaltet, so besteht ein Anspruch gegen den Dritten auf Zahlung, erforderlichenfalls auf Abrechnung (Grundlage: §§ 667, 666) und gegen die übrigen Teilhaber auf Einwilligung in die Zahlung (Grundlage: Abs 1). Haben die Teilhaber – ein wohl eher seltener Fall – *gemeinsam Besitz am gemeinsam eingezogenen Geld,* so richtet der Anspruch sich gegen die übrigen Teilhaber und zwar darauf, dass sie aus dem gemeinsam verwahrten Bestand an den anspruchsberechtigten Teilhaber denjenigen Betrag ausbezahlen, der seinem Anteil am Reinerlös entspricht.

18 **Prozessual** ist der Anspruch aus Abs 1 im Weg der Leistungsklage durchzusetzen. Klageantrag und Passivlegitimation ergeben sich aus dem oben Rn 17 Ausgeführten. Der Anspruch unterliegt der *Regelverjährung* (OLGR Celle 2002, 88).

V. Abtretung und Pfändung des Rechts auf die Früchte

19 Die Frage, ob der Anspruch aus Abs 1 auf Beteiligung an den Früchten selbstständig abgetreten und daher auch gepfändet werden kann, spielt praktisch vor allem eine Rolle bei den **Zivilfrüchten** (Mietforderungen u ähnlichen Ansprüchen auf Nutzungsvergütungen).

1. Keine Abtretung und Pfändung des Anspruchs auf Zahlung einer Teilvergütung

20 Haben die Teilhaber den gemeinschaftlichen Gegenstand gemeinsam vermietet, so steht außer Zweifel, dass der Teilhaber *nicht seinen Anspruch gegen den Mieter auf Zahlung eines seinem Anteil entsprechenden Teils der Miete* abtreten kann. Ebenso wenig ist eine Pfändung des Anspruchs auf einen dem Anteil entsprechenden Teil der Miete möglich (RGZ 89, 176, 180; RG WarnR 1940 Nr 150 = RG DR 1940, 2169; OLG Köln JW 1932, 3013; BGH NJW 1969, 839; Palandt/Sprau Rn 3; BGB-RGRK/vGamm Rn 2; Soergel/Hadding Rn 2; MünchKomm/K Schmidt Rn 5; anders früher KG OLGE 12, 66). Denn ein individueller Anspruch des Teilhabers auf einen Teil der Miete existiert idR nicht (oben Rn 5). Die Pfändung ist zwar verfahrensrechtlich *nicht unzulässig.* Denn für den Pfändungsbeschluss nach § 829 ZPO genügt die Behauptung des Gläubigers, dass dem Schuldner eine bestimmte Forderung zusteht, und das Vollstreckungsgericht ist nicht dafür zuständig, diese Behauptung zu überprüfen, auch nicht im Sinn einer und sei es nur summarischen Schlüssigkeitsprüfung (BGH NJW-RR 2008, 733 Rn 9; Musielak/Becker, ZPO § 829 Rn 8a; das Rechtsschutzinteresse fehle nur, wenn dem Schuldner die angebliche Forderung gegenüber dem Drittschuldner nach keiner vertretbaren Rechtsansicht zustehen kann). Aber die Pfändung des bruchteilsmäßigen Anteils an der Forderung fällt, da dem Schuldner ein solcher Anteil nicht zusteht, *ins Leere;* sie entfaltet keinerlei Rechtswirkungen (instruktiv: RGZ 89, 176); insbesondere hindert die Pfändung die Teilhaber, einschließlich des Pfändungsschuldners, nicht, die gemeinschaftliche Mietforderung gemeinsam einzuziehen, und den Drittschuldner nicht, mit befreiender Wirkung an die Teilhaber gemeinsam zu leisten. Trotz Wirkungslosigkeit der Pfändung können aber die übrigen Teilhaber gegen den Gläubiger, der die angebliche Teilforderung gepfändet hat, *Drittwiderspruchsklage* (§ 771 ZPO) erheben. Denn ihr Recht ist auch durch die nur „scheinbare" Pfändung gefährdet. Es verhält sich nicht anders

als im Fall der Pfändung der abgetretenen Forderung durch Gläubiger des Zedenten, die ebenfalls „ins Leere" fällt und trotzdem für den Zessionar das Recht zur Drittwiderspruchsklage begründet (vgl MUSIELAK/BECKER, ZPO § 771 Rn 20). – Nimmt man einen Verfahrensverstoß an, so steht dem Vollstreckungsschuldner und den übrigen Teilhabern auch der Rechtsbehelf der Erinnerung (§ 766 ZPO) zur Verfügung.

2. Abtretung und Pfändung des ideellen Anteils am Vergütungsanspruch

Im Fall gemeinsamer Vermietung steht die Mietforderung den Teilhabern gemein- 21
schaftlich zu. Zulässig ist deshalb, dass der einzelne Teilhaber seinen ideellen Anteil an der Mietforderung abtritt (§ 747 S 1). Möglich ist infolgedessen (§ 851 Abs 1 ZPO) auch die *Pfändung des Anteils* an der gemeinschaftlichen Mietforderung durch den Gläubiger des Teilhabers (vgl dazu § 747 Rn 55; MUSIELAK/BECKER, ZPO § 857 Rn 10; erforderlich: Pfändungs- u zweckmäßigerweise zugleich Überweisungsbeschluss; Zustellung an den Mieter als Drittschuldner). Der Mieter muss dann, statt wie bisher an den Pfändungsschuldner und die übrigen Teilhaber, an den Pfändungsgläubiger und die übrigen Teilhaber gemeinsam leisten, und dieser kann von den übrigen Teilhabern Auszahlung desjenigen Anteils verlangen, der normalerweise gem Abs 1 auf den Pfändungsschuldner entfallen wäre (vgl § 747 Rn 64). Eine besondere Pfändung des Anspruchs aus Abs 1 ist hierfür jedenfalls nicht erforderlich (vgl STÖBER Rn 1549). Soweit die Miete bereits auf ein *gemeinsames Konto* der Teilhaber eingezogen ist, kann der Gläubiger nach denselben Regeln den Anteil am gemeinschaftlichen Bankkonto pfänden.

3. Abtretung und Pfändung des Anspruchs aus Abs 1

Nach **hM** soll es außerdem möglich sein, dass der Gläubiger den durch Abs 1 22
begründeten Anspruch gegen die übrigen Teilhaber auf Teilung der eingezogenen Miete abtritt. Infolgedessen soll auch eine *Pfändung* dieses Anspruchs zulässig sein (RGZ 89, 176, 180 f; OLG Frankfurt NJW 1958, 65; vgl auch KG NJW 1964, 1808, 1809 für den Fall des Nießbrauchs am Anteil; SOERGEL/HADDING Rn 4; BGB-RGRK/vGAMM Rn 2; MünchKomm/K SCHMIDT Rn 6). In der Literatur werden die Dinge häufig so dargestellt, als ob das überhaupt die einzige mögliche Form der Pfändung hinsichtlich der Zivilfrüchte wäre; das trifft, solange die Mietforderung allen Teilhabern gemeinschaftlich zusteht, sicher nicht zu. – Die *Rechtsstellung als Teilhaber* wird durch die Abtretung oder Pfändung des Anspruchs aus Abs 1 nicht berührt. Der Teilhaber bleibt berechtigt, durch Verwaltungsmaßnahmen anders über die Früchte zu disponieren (zB an einem einstimmigen Beschluss mitzuwirken, durch den die künftig zu ziehenden Früchte einem Reservefonds zugeführt werden) oder seinen Anteil an der Muttersache zu übertragen (mit der Folge, dass der Anspruch aus Abs 1 dem neuen Teilhaber zusteht und Abtretung oder Pfändung ins Leere gehen). Dem Gläubiger ist daher zumindest daneben eine Pfändung des Anteils an der Mietzinsforderung selbst zu empfehlen.

Dagegen STAUDINGER/HUBER[12] Rn 21: Zu unterscheiden sei zwischen dem An- 23
spruch auf *bereits gezogene* und *künftig zu ziehende Früchte:* Sei die Miete bereits eingezogen, befinde sie sich also bar in der Hand der Teilhaber, so bestehe gegen eine Abtretung oder Pfändung des Anspruchs aus Abs 1 keine Bedenken. Das Gleiche gelte, wenn die Miete auf Bankkonto eingezogen sei, obwohl es hier zweck-

mäßiger sein dürfte, nicht den Anspruch gegen die übrigen Teilhaber zu pfänden, sondern den Anteil am Guthaben selbst. Aber in der Praxis werde es nicht um die Abtretung oder Pfändung der bereits eingezogenen, sondern *der noch ausstehenden Mieten* (oder Ansprüche auf sonstiges Nutzungsentgelt) gehen. Insoweit hänge die künftige Entstehung des Anspruchs aus Abs 1 davon ab, dass der Teilhaber bei Einziehung der Miete der Gemeinschaft noch angehöre. Anderenfalls fehle der anspruchsbegründende Tatbestand. Das spreche dagegen, eine gesonderte Abtretung oder Pfändung des Anspruchs auf den Anteil an den künftigen Früchten zuzulassen. Der Anspruch auf Teilung der künftig zu ziehenden Früchte sei nichts anderes als ein vorweggenommener Aufhebungsanspruch; er sei so wenig zur selbstständigen Abtretung und Pfändung geeignet wie der Anspruch auf Aufhebung der Gemeinschaft und auf Teilung des künftigen Erlöses.

24 Das ist mE nicht überzeugend. Die Gefahr, dass die Pfändung des künftigen Anspruchs ins Leere geht, vermag nicht die Unzulässigkeit der Pfändung zu begründen. Es ist Sache des Gläubigers zu entscheiden, ob er dieses Risiko eingehen will. Im Übrigen ist auch die von Huber stattdessen vorgeschlagene Pfändung des Anteils an der künftigen gemeinschaftlichen Mietforderung nicht ohne Risiko, weil das Mietverhältnis als solches von der Forderungspfändung unberührt bleibt, die Gemeinschafter es also trotz bestehender Pfändung kündigen können (Zöller § 829 Rn 18). Der Vergleich zu dem Aufhebungsanspruch überzeugt nicht, weil es bei dem Anspruch aus § 743 nur um die Teilung einzelner Ansprüche, nicht der Gemeinschaft selbst geht. Durch ihre Abtretung verliert die Gemeinschaft nicht ihr Wesen. Daher ist mE der Anspruch aus § 743 anders als der Aufhebungsanspruch nicht untrennbar mit der Beteiligung an der Gemeinschaft verbunden und folglich isoliert pfändbar.

25 **Praktisch** empfiehlt sich angesichts des wenig klaren Meinungsstands ein doppeltes Vorgehen. Der Gläubiger des Teilhabers sollte sowohl den Anteil des Teilhabers an der Mietforderung und am Mietkonto als auch – im Weg der „Hilfspfändung" – den Anspruch aus Abs 1 pfänden (vgl dazu auch § 747 Rn 57).

4. Folgen der Abtretung oder Pfändung des Anteils an der Muttersache für die Zivilfrüchte

26 Überträgt der Teilhaber seinen Anteil an der Muttersache, so geht sein *Anspruch auf Ausschüttung seines Anteils an den bereits gezogenen Früchten* nicht ohne weiteres auf den Erwerber mit über. Dagegen entsteht der Anspruch, soweit es um die *zukünftigen Früchte* geht, in der Person des Erwerbers. Was die *Pfändung* betrifft, ist zu unterscheiden. Ist die Muttersache ein *Grundstück*, so kann der Gläubiger die Zwangsverwaltung beantragen (§§ 864 Abs 2, 866 Abs 1 ZPO, dazu § 747 Rn 51); der Anteil des Schuldners an der noch nicht eingezogenen Mietforderung ist damit zugunsten des Vollstreckungsgläubigers beschlagnahmt (§ 1123 Abs 1, § 865 ZPO, § 148 Abs 1 iVm § 21 Abs 2 ZVG). Hiervon abgesehen, hat die Pfändung des Anteils an der Muttersache hinsichtlich der Zivilfrüchte keine unmittelbaren Auswirkungen. Zweckmäßigerweise wird der Gläubiger deshalb den Anteil an der Muttersache und an den Zivilfrüchten zusammen pfänden.

5. Besondere Gestaltungen

27 Haben die Teilhaber einen von ihnen oder einen Dritten mit der **Einziehung der Miete beauftragt**, so führt die Pfändung des Anteils an der Mietforderung dazu, dass der Beauftragte nurmehr gemeinsam mit dem Gläubiger zur Einziehung berechtigt ist. Haben die Teilhaber einen von ihnen oder einen Dritten beauftragt, die Sache im eigenen Namen zu vermieten und den Erlös zu verteilen, ist eine Abtretung und Pfändung des Anspruchs des Teilhabers gegen den Beauftragten auf Auszahlung des Erlösanteils möglich.

28 Der Gläubiger eines Teilhabers oder eines Dritten, der die Sache **im Auftrag** der (übrigen) Teilhaber, aber **im eigenen Namen vermietet** hat, kann auf die Mietforderung ohne weiteres zugreifen. Ob den übrigen Teilhabern in einem solchen Fall die *Drittwiderspruchsklage* offensteht, ist zweifelhaft; das hängt davon ab, ob zur Wirksamkeit des zwischen den Teilhabern und dem Vermieter geschlossenen Treuhandvertrags gegenüber den Vollstreckungsgläubigern entgegen der früher hA auch ein „mittelbarer" Rechtserwerb des Treuhänders genügt (vgl dazu Palandt/Bassenge § 903 Rn 41; Serick, Eigentumsvorbehalt und Sicherungsübertragung II [1965] 81 ff; U Huber, in: FS zum fünfzigjährigen Bestehen des Instituts für ausländisches u internationales Privat- u Wirtschaftsrecht der Universität Heidelberg: Rechtsvergleichung und Rechtsvereinheitlichung [1967] 399 ff). Die besseren Gründe sprechen – Abschluss einer Treuhandvereinbarung vorausgesetzt – für Zulassung der Drittwiderspruchsklage, weil die übrigen Teilhaber dem Vermieter zwar nicht die Mietforderung, wohl aber den Besitz der vermieteten Sache „anvertraut" haben. Dementsprechend ist mE eine Drittwiderspruchsklage auch dann möglich, wenn der beauftragte Teilhaber oder Dritte die Miete auf ein eigenes Konto eingezogen hat, vorausgesetzt, er wickelt über dieses Konto nur Treuhandgeschäfte und keine eigenen Geschäfte ab, sodass das eingezogene Geld als Treugut vom eigenen Vermögen des Treuhänders zu unterscheiden ist (U Huber 418).

6. Natürliche Früchte

29 Sind natürliche Früchte *getrennt,* so kann der Teilhaber seinen Anspruch aus Abs 1 abtreten; seine Gläubiger können ihn pfänden. Die §§ 1120 f, 865 ZPO, 21, 148 ZVG sind zu beachten. Analog § 810 ZPO wird man auch die Pfändung des Anspruchs auf den Anteil an *auf dem Halm stehenden Früchten* zulassen.

VI. Vertragliche Regelungen des Fruchtbezugsrechts

30 Von Abs 1 **abweichende vertragliche Vereinbarungen** haben zwischen den Teilhabern unbedingten Vorrang. So kann vereinbart werden, dass die Teilung der Früchte ganz oder zT ausgeschlossen sein soll (etwa indem Zuführung der Früchte an einen Reservefonds vorgesehen wird), oder dass anders als in Abs 1 vorgesehen geteilt wird (so, wenn zwei Teilhaber eines Hauses mit zwei Wohnungen vereinbaren, dass jeder von ihnen eine bestimmte Wohnung nach Belieben nutzen und für eigene Rechnung vermieten darf; instruktives Beispiel: BGHZ 40, 326).

31 Es handelt sich hierbei um eine **Regelung der „Verwaltung und Benutzung"** des gemeinschaftlichen Gegenstands, die allerdings, entgegen der Regel des § 745 Abs 2, nicht durch Mehrheit beschlossen werden kann, sondern mit dem betroffenen Teil-

haber vereinbart werden muss, § 745 Abs 3 S 2 (RG JW 1927, 1854, 1855; BGH NJW-RR 2008, 984; MünchKomm/K Schmidt Rn 8). Die Vereinbarung ist auch *Dritten* gegenüber wirksam, die den Anteil (oder den isolierten Anspruch aus Abs 1) durch Übertragung oder Pfändung erwerben (§ 746). Bei *Grundstücken* ist allerdings die Vereinbarung gegenüber einem Sondernachfolger des Miteigentümers nur wirksam, wenn sie *im Grundbuch eingetragen* ist (kritisch de lege ferenda R Fischer LM Nr 1 zu § 1010). Grundlage der Eintragung sind die §§ 873, 877. Unterbleibt die Eintragung, so ist die Vereinbarung gegenüber dem Rechtsnachfolger unwirksam. Infolgedessen kann der Rechtsnachfolger Verwaltung und Benutzung nach den gesetzlichen Regeln verlangen und Teilung der Früchte gem Abs 1 fordern (vgl BGHZ 40, 326, 331). Entsprechendes gilt gegenüber dem *Pfändungsgläubiger* (OLG Frankfurt NJW 1958, 65; MünchKomm/K Schmidt Rn 8) und, wenn ein Teilhaber in Insolvenz fällt, gegenüber dem *Insolvenzverwalter.* – Dagegen ist § 1010 *unanwendbar,* wenn der Teilhaber nur den *schuldrechtlichen Anspruch aus Abs 1* abtritt oder soweit dieser Anspruch gepfändet wird. Denn hier handelt es sich nicht, wie § 1010 voraussetzt, um Sondernachfolge ins Miteigentum (MünchKomm/K Schmidt Rn 8 u § 1010 Rn 3; **aA** OLG Frankfurt NJW 1958, 65). Ebenso muss ein Gläubiger, der den Anteil des Teilhabers an der Forderung aus Vermietung des gemeinschaftlichen Grundstücks pfändet, sich die von Abs 1 abweichende Vereinbarung auch bei fehlender Eintragung entgegenhalten lassen.

32 Der Teilhaber, dessen **Rechtsnachfolger sich über die nicht eingetragene Vereinbarung hinwegsetzt**, soll den übrigen Teilhabern wegen zu vertretender nachträglicher Unmöglichkeit (§ 280 Abs 1 aF – durch die Neufassung des § 280 ergeben sich insofern keine Unterschiede) schadensersatzpflichtig sein (BGHZ 40, 326, 332). Voraussetzung ist, dass der Teilhaber die Unmöglichkeit *zu vertreten* hat. Zu vertreten hat er jedenfalls Vorsatz und Fahrlässigkeit (§ 276), Gehilfenverschulden (§ 278) und darüber hinaus finanzielles Unvermögen (vgl § 275 Abs 2 nF). Die weitergehende Ansicht des BGH (aaO 331; vgl auch R Fischer LM Nr 1 zu § 1010), der Teilhaber habe im vorliegenden Fall die „Nichterreichung des Erfolges" zu vertreten, ohne dass es darauf ankäme, ob ihn daran ein Verschulden träfe, ist nicht verallgemeinerungsfähig (vgl dazu auch MünchKomm/K Schmidt Rn 14); sie wird auch durch die vom BGH als Beleg angeführte Stelle bei Larenz (SchuldR I[5] § 2 I 8) nicht bestätigt. Im Fall des BGH hatte der Teilhaber einen Nießbrauch an seinem Grundstücksanteil bestellt und dabei irrigerweise angenommen, die mit den Teilhabern über die Art der Nutzung getroffene Vereinbarung, auf die der Nießbraucher eigens hingewiesen worden war, binde auch den Nießbraucher. Das konnte den Teilhaber nicht entlasten (im Ergebnis ist daher dem BGH zuzustimmen). Denn wenn der Teilhaber eine Vereinbarung über die Nutzung trifft und dann den Anteil überträgt, ist er nach dem Sinn der Vereinbarung verpflichtet, den Erwerber verbindlich auf ihre Einhaltung festzulegen. Unterlässt er dies, haftet er wegen Vertragsverletzung; einen Irrtum über den Inhalt seiner Vertragspflicht hat er zu vertreten (vgl Jacobs, Unmöglichkeit [1969] 87 ff). Eine weitergehende Haftung für seinen Nachfolger trifft ihn dagegen nicht.

VII. Gemeinschaftlicher Gebrauch (Abs 2)

33 Auch Abs 2 regelt nur die *schuldrechtliche,* nicht die dingliche Rechtslage. Grundlage des gemeinschaftlichen Gebrauchs ist der **Mitbesitz** am gemeinschaftlichen Gegenstand. Befindet sich die Sache im Besitz eines Dritten, so kann jeder Teilhaber gem § 1011 iVm § 432 von dem Dritten verlangen, dass er die Sache an alle Teilhaber gemeinsam herausgibt, soweit kein Recht des Dritten zum Besitz entgegensteht. Befindet die Sache sich im Besitz eines Teilhabers, so ist dieser den anderen Teilhabern gegenüber aufgrund des Abs 2 verpflichtet, ihnen den Mitbesitz an der Sache einzuräumen und ihnen so den Gebrauch iSv Abs 2 zu ermöglichen.

Wie der Gegenstand überhaupt zu nutzen ist (Vermietung oder Eigengebrauch?), 34 müssen die Teilhaber durch Vereinbarung oder Mehrheitsbeschluss (§ 745 Abs 1) regeln. Kommt eine Vereinbarung oder ein Mehrheitsbeschluss nicht zustande, so kann jeder Teilhaber eine „dem Interesse aller Teilhaber nach billigem Ermessen entsprechende Benutzung" verlangen (§ 745 Abs 2) und notfalls gerichtlich durchsetzen (§ 745 Rn 50 ff). Was „billigem Ermessen" entspricht, kann sich im Lauf der Zeit ändern; das Auftreten neuer Bedürfnisse kann einen vermehrten Gebrauch rechtfertigen (OLG Celle SeuffA 62, Nr 207). Billigem Ermessen kann uU auch die entgeltliche Überlassung an einen Teilhaber entsprechen, so zB bei Gemeinschaftserfindungen (so iE auch MünchKomm/K Schmidt Rn 18). Hiermit beschäftigt sich Abs 2 nicht; er verleiht dem Teilhaber *kein Recht zum Eigengebrauch,* das ihm gegen seinen Willen nicht entzogen werden kann, sondern regelt nur *das Ausmaß des jedem Teilhaber zustehenden Gebrauchsrechts,* wenn durch Vereinbarung, Mehrheitsbeschluss oder durch gerichtliche Entscheidung gem § 745 Abs 2 die Entscheidung für Eigengebrauch gefallen ist (HansOLG Hamburg SeuffA 57, Nr 34). In diesem Fall erstreckt sich das Gebrauchsrecht des Teilhabers auf den ganzen Gegenstand; es wird durch die konkurrierenden Gebrauchsrechte der übrigen Teilhaber beschränkt (BGH NJW 1966, 1707, 1708). Jedem Teilhaber steht also ein gleichartiges Gebrauchsrecht zu, das so bemessen ist, dass er sich zu Lasten der übrigen Teilhaber keinen Vorteil verschaffen darf und dass er die anderen Teilhaber bei der Benutzung nicht stört. Auf die *Größe der Anteile* kommt es *nicht* an. Zulässig ist der Gebrauch, der den Mitgebrauch der übrigen Teilhaber für vorübergehende unbedeutende Zeit ausschließt; das liegt in der Natur des Mitgebrauchs. So darf zB ein gemeinschaftlicher Gang zwischen zwei Häusern zum Durchschieben von Wagen genutzt werden, auch wenn währenddessen eine Benutzung des Gangs durch die übrigen Teilhaber nicht möglich ist (OLG Celle SeuffA 62, Nr 207). Ist zur bestimmungsgemäßen Nutzung eines Grundstücks die Bestellung einer Baulast erforderlich, besteht ggf ein Mitwirkungsanspruch (BGH ZfIR 2004, 474).

Ein schmaler Weg darf befahren werden, auch wenn die Nutzung nur durch ein 35 Fahrzeug zur Zeit möglich ist (BGH MDR 1991, 638 = WM 1991, 821). Bei einer gemeinsamen Hausmauer dürfen Stufen in die Mauer eingelegt werden (RG SeuffA 66, Nr 189). Zur gemeinsamen Nutzung einer Grundstücksentwässerung OLG Hamm BeckRS 2013, 03837; OLG Hamm BeckRS 2012, 06501; OLG Hamm OLGZ 1994, 62; einer Heizungszentrale OLG Karlsruhe NJW-RR 1992, 722; einer gemeinsamen Wasserversorgung AG Bonn 18 C 563/94 v 16. 3. 1995. Bei der Ablagerung von Baugrund, Schutt uä in eine im Miteigentum stehende Deponiegrube handelt es sich um zulässigen Gebrauch, nicht um Verbrauch der gemeinschaftlichen Sache. Gegenstand der Gemeinschaft ist nicht der Deponieraum, sondern das Grundstück; dieses bleibt den Miteigentümern selbst bei vollständiger Verfüllung erhalten, wenn auch mit geänderter wirtschaftlicher Nutzbarkeit (OLG Koblenz NJW 1994, 463, 464; OLG Karlsruhe OLGE 34, 71).

36 **Nehmen einzelne Teilhaber an der gemeinsamen Benutzung nicht teil**, so können sie nicht übervorteilt oder gestört werden; das zulässige Maß der Benutzung durch die übrigen Teilhaber vergrößert sich dementsprechend. Denn *unzulässig* ist nur eine *Störung des tatsächlichen Mitgebrauchs* der anderen Teilhaber; ein Gebrauchsrecht, das sie nicht ausüben wollen, braucht nicht beachtet zu werden (BGH NJW 1966, 1707, 1708; BGH ZIP 1997, 2049; ZEV 1999, 233; OLG Stuttgart Recht 1913, Nr 1731). In einem solchen Fall sind die gebrauchenden Teilhaber *nicht* auf Kosten der nichtgebrauchenden Teilhaber *ungerechtfertigt bereichert* (BGH aaO; BGH WM 1993, 849, 851; OLG Karlsruhe OLGE 34, 71). Denn der Teilhaber, der seinen Mitteilhaber nicht stört und nicht verdrängt, bleibt im Rahmen seiner schuldrechtlichen Befugnisse; er erlangt die Gebrauchsvorteile nicht durch rechtswidrigen Eingriff, sondern cum causa. Ein Ausgleich für ungleich verteilten Gebrauch kann nur verlangt werden, wenn entweder eine entsprechende Benutzungsvereinbarung vorliegt, Antrag auf gerichtliche Entscheidung nach § 745 Abs 2 gestellt war oder der Mitgebrauch hartnäckig verweigert worden war (BGH NJW 1966, 1707, 1708 f; OLG Koblenz NJW 1994, 463, 464; MünchKomm/K Schmidt Rn 10). Solange die Mitinhaber eines gemeinschaftlichen Patents hierüber weder eine Vereinbarung noch einen Beschluss getroffen haben und auch ein nach § 745 Abs 2 BGB insoweit bestehender Anspruch nicht geltend gemacht ist, kann der das Patent nicht nutzende von dem anderen, die Erfindung im Rahmen des § 743 Abs 2 BGB benutzenden Mitinhaber einen anteiligen Ausgleich für gezogene Gebrauchsvorteile nicht verlangen (BGHZ 162, 342 = NJW-RR 2005, 1200 – gummielastische Masse II).

37 Ist ein Teilhaber **vorübergehend am Gebrauch gehindert**, so müssen ihm die anderen Teilhaber nach Wegfall des Hindernisses den Abs 2 entsprechenden Gebrauch wieder ermöglichen (so auch KG NJW 1968, 160, 161). Der Teilhaber hat das Recht, das der Ausübung des Gebrauchsrechts entgegenstehende Hindernis zu beseitigen, sofern nicht hierdurch zugleich der Mitgebrauch der anderen Teilhaber in unzulässiger Weise beschränkt wird (OLG Celle SeuffA 62, Nr 207). Die anderen Teilhaber sind gem §§ 743 Abs 2, 745 Abs 2 zur Mitwirkung an deren Beseitigung verpflichtet, wenn nur so ein gleichmäßiger Mitgebrauch zu ermöglichen ist und ihnen selbst hieraus keine erheblichen Nachteile entstehen. Aus diesem Grunde kann der Miteigentümer einer Wegeparzelle einen Anspruch auf Bewilligung einer Baulast haben, wenn er ohne die Baulast den Weg nicht bestimmungsgemäß und in gleicher Weise wie die anderen Miteigentümer nutzen kann (§ 741 Rn 157).

VIII. Abweichende Regelungen des Gebrauchs

38 Abs 2 setzt voraus, dass die gemeinschaftliche Sache sich ihrer Natur nach für einen störungsfreien Mitgebrauch eignet. Diese Voraussetzung fehlt immer dann, **wenn der Gebrauch durch einen Teilhaber den Gebrauch durch den anderen Teilhaber** (für eine nicht nur unbedeutende, vorübergehende Zeitspanne) **ausschließt**. Sind zB mehrere Parteien an einem Ferienhaus beteiligt, das nur für eine Partei Platz bietet, so ist Abs 2 unanwendbar. Die Parteien müssen eine *einvernehmliche Regelung* über die Verteilung des Gebrauchs in zeitlicher oder räumlicher Hinsicht treffen (dazu Tzermias AcP 157, 455; zum Time-Sharing bereits § 741 Rn 201 mwNw). Gelingt ihnen das nicht, entscheidet die *Mehrheit* (§ 745 Abs 1). Dabei muss die Mehrheit jedem Teilhaber, der nicht einer abweichenden Regelung zustimmt, eine seinem Anteil entsprechende Beteiligung am Gebrauch der Sache einräumen (§ 745 Abs 3 S 2 iVm § 100). *Un-*

terschiedliche Größe der Anteile führt also in diesem Fall – anders als im Fall des einfachen Mitgebrauchs nach Abs 2 (oben Rn 34) – zu *unterschiedlichen Gebrauchsrechten* (vgl auch oben Rn 2). Kommt auch ein Mehrheitsbeschluss nicht zustande, bleibt dem Teilhaber nur der Anspruch auf Regelung des Gebrauchs nach billigem Ermessen gem § 745 Abs 2 (vgl § 745 Rn 50 ff). Auch hierbei muss eine unterschiedliche Größe der Anteile berücksichtigt werden. Haben Bruchteilseigentümer vereinbart, dass sie räumlich abgegrenzte Teile eines Grundstücks allein als Garten nutzen dürfen, können allgemeine nachbarrechtliche Normen entsprechend angewendet werden (BGH ZMR 2007, 976; s dazu Roth LMK 2008, 251, 353).

Die bloße Regelung von Verwaltung und Benutzung des gemeinschaftlichen Gegenstandes verwandelt die Gemeinschaft nicht in eine Gesellschaft, denn die Möglichkeit solcher Vereinbarungen ist in §§ 745 Abs 2, 750 Abs 2 ausdrücklich vorgesehen (OLG Karlsruhe DB 1992, 886 f = NJW-RR 1992, 722, 723). Vgl auch Vorbem Rn 11, 21. 39

Vertragliche Vereinbarungen haben in jedem Fall den Vorrang. So können durch Vertrag einzelne Teilhaber oder alle vom eigenen Gebrauch *ausgeschlossen* werden (BGH NJW 1953, 1427). Ist einem Teilhaber (konkludent) die Alleinnutzung überlassen, so hat er im Zweifel auch allein Kosten und Lasten zu tragen (so OLG Schleswig NJW-RR 2007, 892). Auch kann vereinbart werden, dass der einzelne Teilhaber für den ihm zugewiesenen Gebrauch eine *Vergütung* an die übrigen Teilhaber zu zahlen hat (BGH NJW 1966, 1707, 1708). Haben sich die Bruchteilseigentümer eines Hausgrundstücks im Rahmen einer Nutzungsregelung (§ 745 Abs 2) jeweils eine Wohnung zur alleinigen Nutzung zugewiesen, kommen die Grundsätze zum verschuldensunabhängigen nachbarrechtlichen Ausgleichsanspruch analog § 906 Abs 2 S 2 nicht zur Anwendung, wenn von der einen Wohnung ein Wasserschaden der anderen ausgeht (BGH NJW 2012, 2343; vgl § 741 Rn 274). 40

Im Regelfall ist eine solche Vereinbarung als *Mietvertrag* zwischen dem nutzenden und den übrigen Teilhabern zu qualifizieren. Soweit hierin ein Mietvertrag zwischen der Gemeinschaft und dem Teilhaber gesehen wird (BGH MDR 1969, 658; OLG Karlsruhe JW 1932, 3013; Staudinger/Emmerich [2014] Vorbem 73a zu § 535), ist das sprachlich ungenau. Die Bruchteilsgemeinschaft ist nicht rechtsfähig und kann deshalb auch als solche nicht Partei eines Mietverhältnisses sein (§ 741 Rn 73 ff). Auf das Mietverhältnis unter den Teilhabern finden mietrechtliche Vorschriften, einschließlich der Schutzvorschriften, zwar grundsätzlich Anwendung (KG NJW 1953, 1592, 1593; MünchKomm/K Schmidt Rn 15; Erman/Aderhold Rn 9). Im Einzelfall ist jedoch zu prüfen, ob die gleichzeitige Bindung der Mietvertragsparteien als Gemeinschafter der Anwendung einer mietrechtlichen oder allgemeinen Vorschrift entgegensteht (zum Ganzen bereits § 741 Rn 74 ff mwNw). Mieterschützende Vorschriften dürfen jedenfalls nicht im Widerspruch zur Verpflichtung aus dem Gemeinschaftsverhältnis zum Schaden der anderen Teilhaber ausgeübt werden (KG NJW 1953, 1592, 1593). Einzelne Vorschriften können von den Teilhabern ausdrücklich oder auch stillschweigend abbedungen (MünchKomm/K Schmidt aaO; Erman/Aderhold aaO) oder von den Regeln der Gemeinschaft überlagert werden (vgl § 741 Rn 77). Schließen die Teilhaber etwa untereinander einen Mietvertrag, ohne eine Abrede über die Höhe des Mietzinses zu treffen, so erfolgt dessen Bestimmung nicht nach allgemeinen Regeln (durch ergänzende Vertragsauslegung, entsprechend §§ 612 Abs 2, 632 Abs 2 oder §§ 315 f, dazu Staudinger/ 41

Emmerich [2014] Vorbem 73a zu § 535), sondern ist gem § 745 Abs 2 nach billigem Ermessen dem Interesse aller Teilhaber entsprechend festzusetzen (BGH NJW 1974, 364). Wird der vereinbarte Mietzins im Laufe der Zeit objektiv unangemessen, so ist der mietende Teilhaber aus dem Gemeinschaftsverhältnis verpflichtet, entweder einer Anpassung des Mietzinses zuzustimmen oder die Nutzung aufzugeben und damit eine anderweitige, der ordnungsgemäßen Verwaltung entsprechende Verwertung zu ermöglichen (BGH NJW 1953, 1592, 1593; MünchKomm/K Schmidt Rn 16). Darüber hinaus steht es den Teilhabern frei, die entgeltliche Überlassung nicht als Mietvertrag, sondern als bloße Nutzungsregelung auszugestalten (MünchKomm/K Schmidt Rn 15; Erman/Aderhold Rn 9), auf die Mietrecht grundsätzlich keine Anwendung findet.

42 Als Mietvertrag ist es nicht anzusehen, wenn die Teilhaber bloße Ausgleichszahlungen vereinbaren, um einem unterschiedlichen Gebrauch Rechnung zu tragen (MünchKomm/K Schmidt Rn 16), oder wenn sie nur die laufenden Kosten nach dem Ausmaß des Gebrauchs jedes einzelnen umlegen. Wird einem Teilhaber durch Vereinbarung die ausschließliche Befugnis eingeräumt, einen bestimmten Teil des gemeinschaftlichen Gebäudes zu nutzen, so ist er im Zweifel auch zur Vermietung berechtigt (LG Mannheim ZMR 1965, 303); anders allerdings, wenn ihm der Gebäudeteil von den übrigen Teilhabern vermietet ist (dann gilt § 549).

43 Regelungen des Gebrauchs, die durch Vereinbarung oder zulässigen Mehrheitsbeschluss geschaffen sind, wirken gem § 746 auch gegen **Rechtsnachfolger** des Teilhabers. Bei Grundstücken ist für die Wirkung gegen Dritte *Eintragung* nach § 1010 erforderlich. Das gilt allerdings nur für solche Regelungen, die das Benutzungsrecht nach Abs 2 in irgendeiner Weise einschränken, nicht für Regelungen, die sich nur auf die Art der Ausübung der gleichmäßigen Benutzung beziehen (vgl § 746 Rn 8). Hat die Gemeinschaft das Grundstück oder einen Grundstücksteil an einen Teilhaber vermietet, so wirkt der Mietvertrag gem § 566 auch gegen den Rechtsnachfolger eines auf der Vermieterseite beteiligten Teilhabers. Eine Eintragung des Mietvertrags gem § 1010 kommt nicht in Betracht; zu den eintragungsfähigen Vereinbarungen näher § 746 Rn 17 ff.

IX. Wohnungseigentümergemeinschaft

44 Für die **Nutzungen** des gemeinschaftlichen Eigentums der Wohnungseigentümer (§ 1 Abs 5 WEG, vor allem des Grundstücks, der Außenwände usw) enthält § 16 Abs 1 WEG eine **Sonderregelung**, die Abs 1 verdrängt, sachlich allerdings weitgehend übereinstimmt: Jedem Eigentümer gebührt ein dem im Grundbuch eingetragenen Miteigentumsanteil entsprechender Bruchteil der Nutzungen. Der Verteilungsschlüssel ist abdingbar (allg Meinung); zweckmäßig ist idR Verteilung nach Wohnbzw Nutzflächen. Zu denken ist etwa an die Vermietung von Reklameflächen an den Außenmauern oder von Garagenplätzen in der gemeinsamen Tiefgarage (soweit sie nicht Teileigentum gem §§ 1 Abs 3, 3 Abs 2 S 2 WEG sind) oder diesbezügliche Sondernutzungsrechte bestellt wurden. § 16 bezieht sich seinem Wortlaut nach („Nutzungen") auch auf Gebrauchsvorteile (vgl § 100), ist aber insoweit durch die speziellere Regelung des § 15 WEG praktisch verdrängt.

45 Nach § 15 Abs 1 WEG können die Wohnungseigentümer den **Gebrauch** des gemeinschaftlichen Eigentums durch Vereinbarungen oder Mehrheitsbeschluss regeln.

Üblich sind in der Praxis insbes ausschließliche Sondernutzungsrechte an Abstellflächen, Spitzböden, Garten uvm. Kommt es nicht dazu, kann jeder Wohnungseigentümer verlangen, dass derjenige Gebrauch gemacht wird, der dem Interesse der Wohnungseigentümer nach billigem Ermessen entspricht (§ 15 Abs 2 WEG). Soweit nach Vereinbarung, Beschluss oder billigem Ermessen Teile des Grundstücks gemeinschaftlich gebraucht werden und nichts besonderes bestimmt ist, gilt kraft Verweisung des § 10 Abs 1 S 1 WEG die Vorschrift des § 743 Abs 2.

X. Miterbengemeinschaft

Für die Miterbengemeinschaft verweist § 2038 Abs 2 S 1 grundsätzlich auf § 743. **46**
Hinsichtlich der **Früchte** enthalten aber § 2038 Abs 2 S 2, 3 eine Sonderregelung, die § 743 Abs 1 vorgeht.

§ 744
Gemeinschaftliche Verwaltung

(1) Die Verwaltung des gemeinschaftlichen Gegenstands steht den Teilhabern gemeinschaftlich zu.

(2) Jeder Teilhaber ist berechtigt, die zur Erhaltung des Gegenstands notwendigen Maßregeln ohne Zustimmung der anderen Teilhaber zu treffen; er kann verlangen, dass diese ihre Einwilligung zu einer solchen Maßregel im Voraus erteilen.

Materialien: E I §§ 765 Abs 1, 766 S 3; II § 680; III § 731; Mot II 875, 878; Prot II 746 ff; Jakobs/Schubert, Schuldverh III 367 ff.

Systematische Übersicht

Alphabetische Übersicht

I. Überblick

Die §§ 744, 745 regeln die **Verwaltung** des gemeinschaftlichen Gegenstands **während des Bestehens der Gemeinschaft**. Für die *Miterbengemeinschaft* enthält § 2038 Abs 1 eine mit § 744 weitgehend übereinstimmende Regelung. § 745 ist auf die Miterbengemeinschaft kraft der Verweisung des § 2038 Abs 2 S 1 anwendbar. 1

Das **Prinzip** ist in § 744 Abs 1 ausgesprochen: Die Verwaltung erfolgt *gemeinschaftlich,* durch alle Teilhaber zusammen. 2

Dieses Prinzip wird **modifiziert** durch § 745 Abs 1. Eine ordnungsmäßige Verwaltung und Benutzung, die der Beschaffenheit des Gegenstands entspricht, kann mit *Stimmenmehrheit* beschlossen werden. Die Entscheidung über eine wesentliche Veränderung des gemeinschaftlichen Gegenstands kann allerdings durch Mehrheitsbeschluss nicht getroffen werden (§ 745 Abs 3 S 1); insoweit bleibt Einstimmigkeit erforderlich. In das Recht des einzelnen Teilhabers auf Beteiligung an den Nutzungen kann nicht ohne seine Zustimmung durch Mehrheitsbeschluss eingegriffen werden (§ 745 Abs 3 S 2; dazu BGH NJW-RR 2008, 984). 3

Soweit die Verwaltung und Benutzung **nicht durch Vereinbarung oder Mehrheitsbeschluss** geregelt ist, kann jeder Teilhaber eine *billigem Ermessen* entsprechende Verwaltung und Benutzung verlangen und notfalls durch Klage gegen die anderen Teilhaber eine gerichtliche Entscheidung hierüber herbeiführen (§ 745 Abs 2). Auch hier kann eine wesentliche Veränderung des Gegenstands nicht verlangt und das Recht des einzelnen Teilhabers auf Beteiligung an den Nutzungen nicht beeinträchtigt werden (§ 745 Abs 3). 4

Maßnahmen, die zur Erhaltung des gemeinschaftlichen Gegenstands **notwendig** sind, kann jeder Teilhaber eigenmächtig treffen, ohne dass die anderen mitwirken müssen (§ 744 Abs 2). Der betreffende Teilhaber muss in einem solchen Fall weder versuchen, einen Mehrheitsbeschluss herbeizuführen, noch braucht er die anderen Teilhaber auf Zustimmung oder Mitwirkung zu verklagen. 5

II. Begriff der Verwaltung

6 Den **Begriff der Verwaltung** hat das Gesetz nicht näher umschrieben. Zu unterscheiden ist die Verwaltung vom „Gebrauch“ (§ 743 Abs 2) und der „Benutzung“ (§ 745 Abs 1 u 2, § 746).

7 Verwaltung ist jede Maßnahme rechtlicher oder tatsächlicher Natur, die der Erhaltung oder Verbesserung des gemeinschaftlichen Gegenstands oder der Ziehung und Verwertung der Früchte und sonstigen Vorteile der Sache dienen soll, soweit sie nicht im unmittelbaren Gebrauch oder Verbrauch der Sache besteht (vgl auch BGH FamRZ 1965, 267 zu § 2038 Abs 1: alle rechtlichen und tatsächlichen Maßnahmen, die auf Erhaltung, Nutzung und Mehrung des Nachlassvermögens gerichtet sind; vgl auch OLG Schleswig NZG 2010, 103: „Maßnahmen, die das gemeinschaftliche Interesse aller Teilhaber innerhalb der ungeteilten Gemeinschaft, insbesondere die Erhaltung bzw Veränderung des gemeinschaftlichen Gegenstands oder seine Verwendung betreffen; hierunter fällt jede Bestimmung über die Art der Nutzung und Benutzung“). Vielfach wird die Verwaltung stattdessen dadurch definiert, dass es sich um *Maßnahmen* handele, *die dem Interesse aller Teilhaber dienen* (BGB-RGRK/vGamm Rn 2; Soergel/Hadding Rn 2; MünchKomm/K Schmidt Rn 4; Palandt/Sprau Rn 2). Dass die Maßnahme dem objektiven Interesse aller Teilhaber dient, kann aber nicht begriffsnotwendig sein: Es gibt auch objektiv nutzlose oder sogar schädliche Verwaltungsmaßnahmen; es können Verwaltungsmaßnahmen getroffen werden (insbes bei unterschiedlichem Gebrauch des Gegenstands durch die einzelnen Teilhaber), die nur bestimmten Teilhabern zugute kommen; schließlich sind auch altruistische oder gar unvernünftige Verwaltungsmaßnahmen möglich (zB das Verleihen der gemeinschaftlichen Sache ggf für lange Zeit).

8 Im Zweifelsfall ist der Begriff der Verwaltung *weit auszulegen:* Auch *luxuriöse Maßnahmen* und *wesentliche Veränderungen* der gemeinschaftlichen Sache fallen darunter. Da grundsätzlich alle Teilhaber an Verwaltungsmaßnahmen mitwirken müssen, besteht zu einer restriktiven Auslegung kein Anlass. Dass durch Mehrheitsbeschluss nicht jede beliebige Verwaltungsmaßnahme durchgesetzt werden kann, ergibt sich aus § 745; hiernach sind kraft Mehrheitsbeschlusses nur Maßnahmen der „ordnungsmäßigen“, der Beschaffenheit des Gegenstands entsprechenden Verwaltung zulässig (§ 745 Abs 1), und wesentliche Veränderungen des Gegenstands können nicht beschlossen werden (§ 745 Abs 3). Der Begriff der Verwaltung als solcher bleibt in allen Fällen gleich (**aA** Soergel/Hadding Rn 2).

9 **Beispiele** für Verwaltungsmaßnahmen *tatsächlicher Art* sind: Reparatur; Umbau eines Hauses (OLG Düsseldorf MDR 1970, 416); Abbruch; Umwandlung von Ackerland in einen Park; Bewirtschaftung eines Guts (RGZ 160, 122, 125); Errichtung eines Behelfsheims (BGH NJW 1953, 1427); überhaupt Baumaßnahmen auf einem Grundstück (OLG Düsseldorf MDR 1947, 289); Bestreiten der laufenden Verbindlichkeiten (BGH FamRZ 1965, 267). Beispiele für Verwaltungsmaßnahmen *rechtlicher Art* sind: Vermietung (RGZ 89, 176 ff); Verpachtung; Lizenzvergabe; Anlage von Geld (OLG Posen OLGE 18, 328); Einziehung gemeinschaftlicher Forderungen (BGH NJW 1958, 1723; KG OLGE 20, 107: Mietzinsen); Ausübung von Gestaltungsrechten, zB Kündigung (BGH NJW-RR 2010, 1312 Rn 3; OLG Schleswig NZG 2010, 103); Angabe einer Zahlstelle (BGH NJW 1983, 2021 f). Zur Verwaltung zählen auch Verfügungen, etwa über die Früchte aus dem gemeinschaftlichen Gegenstand (RG DR 1944, 572; Palandt/Sprau Rn 2), der

Vergleich über eine bestrittene gemeinschaftliche Forderung oder die Bestellung einer Hypothek am gemeinschaftlichen Grundstück, sei es für Zwecke des Grundstücks selbst, sei es für private Zwecke; Beschlüsse über periodisch wiederkehrende Benutzungsrechte (Time-sharing, dazu § 741 Rn 201 und BGH DNotZ 1995, 604 f; OLG Hamm DB 1985, 2400 f). Verwaltung ist schließlich auch die Prozessführung (vgl dazu Rn 43 f).

Nicht mehr zur Verwaltung gehören Maßnahmen, die zur *Aufhebung* der Gemeinschaft führen, zB Teilungsabreden über ein im Miteigentum stehendes Grundstück (OLG Köln OLGZ 1970, 276) oder der Verkauf und die Veräußerung des gemeinschaftlichen Gegenstands (vgl auch Staudinger/Werner [2010] § 2038 Rn 7). Insoweit sind deshalb Mehrheitsbeschlüsse (§ 745 Abs 1) unzulässig, und es besteht kein Mitwirkungsanspruch nach § 745 Abs 2; der Teilhaber, der die Aufhebung durchsetzen will, muss nach §§ 749 ff vorgehen. Nicht mehr zur Verwaltung gehören auch der *Gebrauch* bzw die *Benutzung* der Sache. „Gebrauch" und „Benutzung" sind synonym; sie bestehen darin, dass die Teilhaber oder Einzelne von ihnen, sich die tatsächlichen Vorteile zunutze machen, die der Besitz der Sache ermöglicht. 10

III. Verwaltung durch alle Teilhaber gemeinschaftlich (Abs 1)

1. Vereinbarungen, einstimmige Beschlüsse

Die **Verwaltung durch alle Teilhaber gemeinsam** erfolgt entweder im Weg *schlichten gemeinschaftlichen Handelns* oder in der Weise, dass die Teilhaber die Verwaltung durch *Vereinbarung* oder, was hier (anders § 10 Abs 2 und 3 WEG) dasselbe ist, durch *einstimmigen Beschluss* regeln. Soweit erforderlich, sind die Gemeinschafter verpflichtet, bei der Durchführung der Vereinbarungen (Beschlüsse) mitzuwirken. Vereinbarungen (einstimmige Beschlüsse) unterliegen nur *den allgemeinen Schranken der Vertragsfreiheit* (insbes §§ 134, 138). Die *Schranken des § 745 Abs* 3 gelten nur für Mehrheitsbeschlüsse. Durch einstimmigen Beschluss kann deshalb auch eine wesentliche Veränderung des gemeinschaftlichen Gegenstands vorgesehen und in die Rechte der Teilhaber auf Beteiligung an den Nutzungen eingegriffen werden. 11

2. Übertragung der Verwaltung

Durch **einstimmigen Beschluss** kann die Verwaltung einem einzelnen Gesellschafter oder einem Dritten zur alleinigen Ausübung übertragen werden (BGH NJW 1983, 449; BGHZ 34, 367, 372). Ein solcher Beschluss kann auch durch dauernde Übung stillschweigend gefasst werden (LG Mannheim ZMR 1965, 218 f für die Erbengemeinschaft). Im Innenverhältnis zum Verwalter liegt dann regelmäßig ein Auftrag (RGZ 160, 122, 125) oder ein Dienstvertrag (Geschäftsbesorgungsvertrag) vor (Mot II 876). Möglich ist auch die Übertragung der Verwaltungsaufgaben in Zusammenhang mit einem Pachtvertrag (BGH WM 1963, 697). Die Übertragung der Verwaltung auf einen Teilhaber ist nicht vergleichbar mit der Bestellung eines Gesellschafters zum Geschäftsführer (Mot II 876). Die *Haftung* bestimmt sich nach § 276; § 708 ist nicht, auch nicht analog, anwendbar (§ 741 Rn 266). Die Teilhaber können *bestimmte Verwaltungsmaßnahmen* von der Übertragung *ausnehmen,* so beispielsweise die Befugnis zu wesentlichen Änderungen des Gegenstands oder zu Verfügungen über den Gegenstand; auch kann für die zulässigen Verwaltungsgeschäfte eine Wertgrenze eingeführt wer- 12 den (BGH NJW 1961, 1299). Im Zweifelsfall ist anzunehmen, dass der Einzelverwalter auf eine *der Beschaffenheit des Gegenstands entsprechende, ordnungsgemäße Verwaltung* beschränkt ist. Als Beauftragter hat er die Interessen der übrigen Teilhaber zu wahren und in zweifelhaften Fällen Weisungen einzuholen (mit dem Recht, unter den Voraussetzungen des § 665 abzuweichen). Das Erlangte muss er an alle Teilhaber gemeinsam herausgeben (§ 667; vgl zu Unterlagen und Kontoauszügen OLG Celle OLG-Rep 1997, 12); dafür hat er Anspruch auf Ersatz seiner Aufwendungen (§ 670).

13 Ob mit dem Verwaltungsauftrag die Erteilung von **Vertretungsmacht** verbunden ist, ist Frage des Einzelfalls. Im Zweifel ist anzunehmen, dass die Auftragserteilung konkludent eine entsprechende Bevollmächtigung enthält (BGB-RGRK/vGamm Rn 2). Allerdings hängt die Vollmacht dann, als „interne Vollmacht", davon ab, dass der Beauftragte sich im Rahmen der ihm übertragenen Befugnisse hält und die ihm erteilten Weisungen beachtet (vgl dazu Flume II § 50, 2).

14 Die Gemeinschaft kann sich durch Vereinbarung eine **korporative Verwaltungsorganisation** nach dem Vorbild des nichtrechtsfähigen Vereins geben (BGHZ 25, 311 ff betr eine Waldinteressengemeinschaft, die aus den Personen besteht, die als Bruchteilseigentümer einer Holzung im Grundbuch eingetragen sind). In diesem Fall sind die Regeln über den nichtrechtsfähigen Verein, soweit sie passen, analog anzuwenden (vgl BGH aaO: passive Parteifähigkeit der Waldinteressengemeinschaft analog § 50 Abs 2 ZPO). Trotzdem bleibt der Personenverband seiner Rechtsnatur nach Gemeinschaft; er wandelt sich nicht in einen nichtrechtsfähigen Verein um. Denn die „Mitgliedschaft" beruht auf der dinglichen Rechtsstellung des Bruchteilseigentümers; wer Bruchteilseigentum erwirbt, wird Mitglied. Die Binnenstruktur ist allerdings bei der Beurteilung des Innenverhältnisses zu berücksichtigen (Vorbem 17, 24).

3. Bindungswirkung von Vereinbarungen und einstimmigen Beschlüssen

a) Prinzip der Bindungswirkung

15 Die durch Vereinbarung oder – gleichbedeutend – durch einstimmigen Beschluss getroffene Verwaltungsregelung hat *Bindungswirkung*. Voraussetzung ist selbstverständlich, dass wirklich ein Beschluss (eine Vereinbarung) mit Bindungswillen getroffen ist und nicht nur ein unverbindlicher Meinungsaustausch stattgefunden hat; das ist Tatfrage. Die Bindungswirkung kann grundsätzlich *nur durch einstimmigen Beschluss, nicht durch Mehrheitsbeschluss* wieder aufgehoben werden. Der einzelne Teilhaber kann sich ihr nur entziehen, indem er Auflösung der Gemeinschaft verlangt, § 749. Die Auslegung der Vereinbarung bzw des Beschlusses kann aber ergeben, dass dies nicht dem Willen der Teilhaber entspricht und daher später ein ändernder Beschluss der Mehrheit möglich ist (in diese Richtung, wohl weitergehend MünchKomm/K Schmidt Rn 17; **aA** Staudinger/Huber[12] Rn 14). Dies liegt insbes bei einem einstimmigen Beschluss nahe, der auch durch Mehrheitsentscheidung getroffen und aufgehoben werden könnte. Einseitige Widerrufs- bzw Abänderungsbefugnis kann auch konkludent vereinbart sein (MünchKomm/K Schmidt Rn 17). Zur Bindung an Mehrheitsbeschlüsse § 745 Rn 30 f.

b) Grenzen der Bindungswirkung

16 Die Bindungswirkung endet allerdings, wenn die **tatsächlichen Verhältnisse** sich derart **ändern**, dass ein Festhalten an der getroffenen Regelung dem einzelnen Teilhaber

nicht mehr zuzumuten ist. In einem solchen Fall hat jeder Teilhaber das Recht zu verlangen, dass die Verwaltung anders als bisher geregelt wird. Zunächst kann – wenn eine Veränderung der Verhältnisse ein Abgehen von der bisherigen Regelung rechtfertigt – durch *Mehrheitsbeschluss* gem § 745 Abs 1 eine neue Regelung getroffen werden. Kommt ein Mehrheitsbeschluss, der den Anforderungen des § 745 Abs 1, 3 genügt, nicht zustande, so kann jeder einzelne Teilhaber die übrigen Teilhaber gem § 745 Abs 2 auf *Zustimmung zu einer angemessenen Neuregelung* nach billigem Ermessen verklagen (BGH NJW 1982, 1753 f; BGHZ 34, 367, 369 f; **aA** anscheinend R Fischer, Anm zu BGH LM Nr 4 zu § 745). Passivlegitimiert sind alle Teilhaber, die sich der Neuregelung widersetzen. Es genügt, so viele Teilhaber zu verklagen, dass eine Mehrheit gem § 745 Abs 1 erreicht wird (Soergel/Hadding § 745 Rn 8).

Ist die Verwaltung einem Teilhaber übertragen worden, so kann die Übertragung der Verwaltung aus **wichtigem Grund** gekündigt werden (BGH NJW 1983, 449, 450; BGH NJW 1961, 1299; BGH WM 1963, 697; anders noch RGZ 160, 122, 128: nur Aufhebung der Gemeinschaft möglich). Zur Kündigung ist ein *Mehrheitsbeschluss* gem § 745 Abs 1 erforderlich. Kommt keine Mehrheit zustande, so kann jeder Teilhaber die übrigen Teilhaber – soviele zur Mehrheit erforderlich sind – gem § 745 Abs 2 *auf Mitwirkung verklagen* (BGHZ 34, 367, 370 f; RG HRR 1928, Nr 607). Der Teilhaber, dem die Verwaltung entzogen werden soll, ist nicht stimmberechtigt (§ 745 Rn 21); Gleiches gilt für Verwalter (zB Testamentsvollstrecker) eines Bruchteils (BGH NJW 1983, 449, 450). Daraus ergibt sich eine *Besonderheit im Fall der aus nur zwei Teilhabern bestehenden Gemeinschaft,* bei der einem Teilhaber die Verwaltung durch Vereinbarung übertragen ist. Dieser Teilhaber hat bei der Frage, ob ihm die Verwaltung aus wichtigem Grund zu entziehen ist, kein Stimmrecht. Infolgedessen ist der andere Teilhaber ohne weiteres berechtigt, die Kündigung aus wichtigem Grund auszusprechen (BGHZ 34, 367, 371; BGH WM 1963, 697). Ein Streit über die Wirksamkeit der Kündigung (also über das Vorliegen eines wichtigen Grundes) kann hier im Weg der Feststellungsklage ausgetragen werden. 17

Hinsichtlich der Frage, ob ein *wichtiger Grund* gegeben ist, kommt eine Orientierung an gesellschaftsrechtlichen oder dienstvertraglichen Grundsätzen im Allgemeinen nicht in Betracht (BGH NJW 1983, 449, 450; BGH WM 1981, 1136; zust MünchKomm/K Schmidt Rn 8; mE sind Ausnahmen denkbar, vgl Vorbem 14 ff). Auf ein persönliches Vertrauensverhältnis und dessen Erschütterung kann die Kündigung demgemäß nicht gestützt werden. Sie kommt vielmehr erst dann in Betracht, wenn der Teilhaber die Verwaltung nicht ordnungsgemäß ausübt oder anhand konkreter Tatsachen zu befürchten ist, dass er von den Grundsätzen einer ordnungsgemäßen Verwaltung abweichen werde (BGH NJW 1983, 449, 450). 18

Ist die Verwaltung durch einstimmigen Beschluss einem **Dritten** übertragen, so kann dem Dritten die Verwaltung im *Einverständnis aller Teilhaber* jederzeit entzogen werden. Aufgrund eines *Mehrheitsbeschlusses* kann sie dem Dritten entzogen werden, wenn ein wichtiger Grund für die Entziehung vorliegt. In diesem Fall hat jeder Teilhaber gegen die übrigen Teilhaber einen Anspruch darauf, dass sie beim Widerruf des Auftrags oder der Kündigung des Dienstvertrags mitwirken (vgl § 745 Rn 27). 19

4. Mitwirkungspflicht

20 Nach § 2038 Abs 1 S 2 HS 1 ist jeder Miterbe den anderen Miterben gegenüber verpflichtet, an Maßregeln mitzuwirken, die zur ordnungsmäßigen Verwaltung erforderlich sind. Im Recht der Gemeinschaft fehlt eine entsprechende Vorschrift. Hier gilt Folgendes: Haben die Teilhaber eine *bestimmte Maßnahme verbindlich vereinbart* (oder, gleichbedeutend, einstimmig beschlossen), so ergibt sich die Mitwirkungspflicht der Teilhaber bei der Durchführung aus der Vereinbarung (dem Beschluss) selbst. Haben die Teilhaber gem § 745 Abs 1 und unter Beachtung der Grenzen des § 745 Abs 3 einen *Mehrheitsbeschluss* über die „der Beschaffenheit des gemeinschaftlichen Gegenstandes entsprechende ordnungsmäßige Verwaltung" gefasst, so ergibt sich die Pflicht aller Teilhaber, an der Durchführung der beschlossenen Maßnahme mitzuwirken, unmittelbar aus § 745 Abs 1 (vgl § 745 Rn 27). Ist keine Vereinbarung getroffen und auch kein Mehrheitsbeschluss gefasst, so kann jeder Teilhaber, der an einer bestimmten Verwaltungsmaßnahme interessiert ist, gem § 745 Abs 2 von den übrigen Teilhabern Mitwirkung bei der Maßnahme verlangen, soweit sie „eine dem Interesse aller Teilhaber *nach billigem Ermessen* entsprechende Verwaltung" darstellt (vgl § 745 Rn 50 ff). Hiermit sind alle denkbaren Fälle einer Mitwirkungspflicht erfasst. Einer zusätzlichen Generalklausel, wie sie § 2038 Abs 1 S 2 HS 1 für die Erbengemeinschaft enthält, bedarf es danach nicht, um die Mitwirkung aller Teilhaber an der ordnungsmäßigen Verwaltung sicherzustellen (anders wohl MünchKomm/K Schmidt Rn 2).

IV. Werterhaltende Maßnahmen durch einzelne Teilhaber (Abs 2)

1. Befugnisse des Teilhabers im Innenverhältnis

a) Zur Erhaltung notwendige Maßnahmen

21 Jeder Teilhaber kann die zur Erhaltung des Gegenstands notwendigen Maßnahmen **ohne Zustimmung der anderen Teilhaber** treffen, Abs 2 HS 1. Der Begriff der *Notwendigkeit* hat denselben Inhalt wie in den §§ 547, 994, 2381. Notwendig sind Maßnahmen, die die Substanz, und Maßnahmen, die den Wert des Gegenstands erhalten. Nur nützliche (wertsteigernde) Maßnahmen sind von Abs 2 nicht gedeckt (BGH NZM 2008, 319 Rn 11; LG Essen MDR 1966, 420; Soergel/Hadding Rn 4; MünchKomm/K Schmidt Rn 42). Gegenüber dem Begriff der *Ordnungsmäßigkeit* in § 745 Abs 1 ist der Begriff der *Notwendigkeit* enger: notwendige Erhaltungsmaßnahmen sind immer ordnungsmäßige Verwaltung; aber nicht jede Maßregel, die ordnungsmäßiger Verwaltung entspricht, ist auch notwendig. Nicht ausreichend ist, dass der handelnde Teilhaber die Maßnahme subjektiv für notwendig hält. Notwendig ist eine Maßnahme nur dann, wenn sie vom Standpunkt eines vernünftigen Eigentümers oder sonst wie Berechtigten aus als zur Erhaltung des Gegenstands notwendig erscheint (BGHZ 6, 76, 81 zu § 2038; OLG Brandenburg BeckRS 2008, 12217; ähnlich Soergel/Hadding Rn 4; zu eng Planck/Lobe Anm 4: objektiv notwendig). Maßgeblich ist grundsätzlich ein wirtschaftlicher Maßstab. Ein vernünftiger Berechtigter wird nur solche Aufwendungen zur Erhaltung der Sache machen, die durch Nutzung oder jedenfalls Veräußerung wieder realisiert werden können (BGHZ 6, 76, 81 zu § 2038 betr Aufnahme einer Hypothek über 13 000 Mark, um ein altes Fachwerkhaus vom Hausschwamm zu befreien und zu renovieren; allerdings wird aus dem Urteil nicht deutlich, ob es nicht doch möglich war, bei einer Veräußerung des Hauses den aufgewendeten Betrag wieder hereinzubekommen). Wirtschaftlich nicht vertret-

bare Maßnahmen sind also prinzipiell nicht notwendig (OLG Hamm NZG 2000, 643; vgl auch BVerfG NJW 1999, 1387).

Insgesamt ist jedoch eine rein kurzfristige betriebswirtschaftliche Kosten/Nutzen- 22
rechnung zu vermeiden. Der Wortlaut stellt auf die gegenständliche Erhaltung des ggf gemeinschaftlich genutzten (§ 743 Abs 2) Rechtes ab (enger Staudinger/Huber[12] Rn 19). Damit können uU auch Affektionsinteressen, öffentliche Belange oder die Sozialpflichtigkeit des Eigentums in die Betrachtung einzustellen sein. Der Satz „§ 744 Abs 2 bezweckt die Werterhaltung" (so MünchKomm/K Schmidt Rn 41; BGH NJW 1985, 1826, 1827) verkürzt die Bedeutung der Vorschrift mE unnötig auf rein vermögensmäßige Aspekte.

Regelmäßig werden notwendige Erhaltungsmaßregeln **keinen Aufschub** dulden. **Be-** 23
griffsnotwendig ist das aber **nicht**. Ist das gemeinschaftliche Haus reparaturbedürftig und führt das Unterlassen der Reparatur dazu, dass das Haus auf lange Sicht an Wert verliert, so ist der Teilhaber nach Abs 2 berechtigt, die erforderlichen Reparaturen auch gegen den Widerstand der anderen Teilhaber durchzuführen. Er braucht es nicht hinzunehmen, dass die anderen Teilhaber aus Unkenntnis, mangelndem Urteilsvermögen, Kurzsichtigkeit, Geiz oder Desinteresse die Sache verkommen lassen und auf diese Weise seinen Anteil an der Sache entwerten. *Keinesfalls* sind durch das Erhaltungsrecht des Abs 2 nur solche Maßnahmen gedeckt, die so dringend sind, dass sie nicht aufgeschoben werden können, *bis die Zustimmung der anderen Teilhaber vorliegt* (zumindest sehr missverständlich BGHZ 6, 76, 84 zu § 2038; **aA** auch Staudinger/Werner [2010] § 2038 Rn 27 mwNw). Deshalb ist auch nicht zu verlangen, dass die Maßnahme so dringend ist, dass ohne ihre Vornahme der Bestand der Sache „unmittelbar" gefährdet wird (**aA** BGH aaO; möglicherweise handelte es sich aber bei den dort behandelten Instandsetzungsarbeiten an einem jahrhundertealten Fachwerkhaus – soweit sie nicht der Beseitigung von Hausschwamm dienten – nicht um „notwendige" werterhaltende, sondern um „nützliche" wertsteigernde Maßnahmen, sodass die Entscheidung aus diesem Grund zutrifft). Es genügt, dass ohne die Maßnahme der Bestand der Sache auf längere Sicht bedroht ist und dass es wirtschaftlich vernünftig ist, die Maßnahme, die auf Dauer doch nicht unterbleiben kann, hier und jetzt vorzunehmen. Die Tendenz, das Erhaltungsrecht auf Eilmaßnahmen zu beschränken, beruht auf einem Missverständnis der Rechtsstellung des Teilhabers und des Erhaltungsrechts nach Abs 2 (vgl dazu auch Rn 29). Auch die Annahme, das Erhaltungsrecht des Teilhabers sei „eng auszulegen" (so für den Miterben Staudinger/Werner [2010] § 2038 Rn 26), trifft in dieser allgemeinen Form nicht zu.

Beispiele für notwendige Erhaltungsmaßnahmen sind: Reparatur eines Hauses (so- 24
weit zur Erhaltung notwendig; OLG Brandenburg BeckRS 2008, 12217); Bestellen eines Ackers; Bezahlung von Schulden zur Abwendung der Zwangsvollstreckung; Klage auf Löschungsbewilligung (RGZ 60, 269, 270; vgl dazu aber auch unten Rn 43 ff); die Geltendmachung von Zinsen aus der Grundschuld, jedenfalls bei drohender Verjährung (OLG Köln NJW 2011, 451); Feststellungsklage zur Erhaltung der gemeinsam begründeten Mitgliedschaft an einer Publikumsgesellschaft (BGH NJW 2011, 1667 Rn 12); Widerspruch im Verteilungsverfahren der Zwangsversteigerung (RG WarnR 1908 Nr 307); bei Miterfindern: Anmeldung eines Schutzrechtes durch einen Miterfinder im Falle der Gefahr einer Veröffentlichung oder Benennung eines gemeinsamen Zustellungsbevollmächtigten im Erteilungsverfahren, wenn wegen des Fehlens eines

solchen Bevollmächtigten Zurückweisung der Anmeldung droht (Jestaedt 469, 481) oder Klage im eigenen Namen auf Unterlassung, auf Schadensersatz oder Herausgabe der Bereicherung an alle Miterfinder (actio pro socio, BGH GRUR 2006, 754, 755 – Haftetikett). Geltendmachung eines Unterlassungsanspruchs aus einem Patent (RGZ 112, 361, 367; vgl dazu aber auch unten Rn 43); Beschwerde gegen Verlängerung eines Pachtvertrags (BGH LM Nr 2 zu § 2038); Kündigung eines Untermietvertrags (Anm Breetzke zu LG Berlin NJW 1961, 1406 ff, dazu unten Rn 44); Einbau einer Heizung in einem Wohnhaus (BVerfG NJW 1999, 1387). Als werterhaltende Maßnahme kann auch die Verwertung, insbes die Veräußerung verderblicher Sachen, durch Abs 2 gedeckt sein. Wegen weiterer Beispiele vgl Staudinger/Werner (2010) § 2038 Rn 28.

25 **Keine notwendigen Maßnahmen** sind zB: der Wiederaufbau eines im Krieg zerstörten Gebäudes (BGH LM Nr 14 zu § 1004); die Renovierung eines Hauses, soweit sie nicht der Abwehr von Schäden, sondern der Wertsteigerung dient (wie wohl der überwiegende Teil der Aufwendungen im Fall BGHZ 6, 76; OLG Hamm NZG 2000, 643); der Abschluss eines Versicherungsvertrags über zehn Jahre (OLG Düsseldorf VersR 1963, 56, 57); der erstmalige Einbau einer Zentralen Heizungs- und Wasserversorgungsanlage (OLG München WuM 2002, 519). Zur Wiederherstellung einer Gemeinschaftsantenne LG Bochum MDR 1982, 407; zutr differenzierend insoweit MünchKomm/K Schmidt Rn 42; die Aufhebung eines gemeinschaftlichen Rechts (BGH NJW 1982, 641). Wegen weiterer Beispiele vgl Staudinger/Werner (2010) § 2038 Rn 30. Zu einem Mieterhöhungsverlangen durch einen Miterben BGH NJW-RR 2008, 759.

b) Bedeutung von Abs 2 für das Innenverhältnis der Teilhaber

26 Abs 2 bezieht sich in erster Linie – wenn auch nicht ausschließlich – auf das Innenverhältnis der Teilhaber (Soergel/Hadding Rn 5; MünchKomm/K Schmidt Rn 44; zum Außenverhältnis vgl Rn 45 ff). Der einzelne Teilhaber ist den *übrigen Teilhabern gegenüber berechtigt,* die Erhaltungsmaßnahmen zu treffen. Die übrigen Teilhaber dürfen sich solchen Maßnahmen nicht widersetzen. Ist der handelnde Teilhaber mit der Verwaltung beauftragt, so kann die Durchführung einer durch Abs 2 gedeckten Erhaltungsmaßnahme – auch gegen den Widerspruch der übrigen Teilhaber – kein wichtiger Grund sein, der es rechtfertigen würde, ihm die Verwaltungsmacht zu entziehen. Vor allem sind die übrigen Teilhaber nach § 748 verpflichtet, dem handelnden Teilhaber, nach Maßgabe ihrer Anteile, die *Kosten der Erhaltungsmaßnahme zu ersetzen.* Der erstattungsberechtigte Teilhaber kann auch Leistung eines *Vorschusses* verlangen (BGB-RGRK/vGamm Rn 13; Soergel/Hadding § 748 Rn 2; Palandt/Sprau Rn 3; MünchKomm/K Schmidt Rn 44). Andererseits ist der Teilhaber entsprechend § 667 verpflichtet, *das Erlangte* an die Gemeinschaft *herauszugeben.*

c) Anspruch auf Einwilligung (Abs 2 HS 2)

27 Der Teilhaber kann die Erhaltungsmaßregeln ohne Zustimmung der anderen Teilhaber treffen. Trotzdem kann er von den anderen Teilhabern verlangen, dass sie ihm im Voraus ihre Einwilligung erteilen, Abs 2 HS 2. Der Anspruch kann im Klageweg durchgesetzt und die Einwilligung kann durch rechtskräftiges Urteil ersetzt werden, § 894 ZPO. Dieser Anspruch hat den Zweck, den handelnden Teilhaber davor zu schützen, dass die anderen Teilhaber nachträglich die Notwendigkeit der Maßnahme bestreiten (Mot II 878). Die Einwilligung stellt klar, dass der handelnde Teilhaber berechtigt ist, gem § 748 Kostenersatz (auch Vorschuss, Rn 26) zu verlangen. Dritten gegenüber verschafft sie dem handelnden Teilhaber den Nachweis seiner Verfü-

gungsmacht für die Gemeinschaft (vgl dazu unten Rn 39). Die *praktische Bedeutung* des Anspruchs auf Einwilligung dürfte *gering* sein. Denn zweckmäßigerweise wird der Teilhaber, wenn er schon die Mitwirkung der übrigen Teilhaber fordert, nach § 745 Abs 2, nicht nach Abs 2 HS 2 vorgehen. § 745 Abs 2 ist der weitere Tatbestand, und die nach dieser Vorschrift erzwungene Mitwirkung hat weitergehende Rechtsfolgen als die Einwilligung nach Abs 2 HS 2 (dazu § 745 Rn 50 ff).

d) Unentziehbarkeit des Erhaltungsrechts

Das Erhaltungsrecht ist ein aus der Mitberechtigung hervorgehendes *Individualrecht* **28** (Soergel/Hadding Rn 5; BGB-RGRK/vGamm Rn 13; MünchKomm/K Schmidt Rn 41). Durch *Mehrheitsbeschluss* kann es dem einzelnen Teilhaber nicht entzogen werden (Mot II 878; BGB-RGRK/vGamm Rn 13; der Ansicht von Staudinger/Werner [2010] § 2038 Rn 27, ein Mehrheitsbeschluss könne nicht durch ein Notverwaltungsrecht umgestoßen werden, ist daher nicht zu folgen). Ein solcher Mehrheitsbeschluss wäre ein nach dem Grundgedanken des § 745 Abs 3 der Mehrheit nicht zustehender Eingriff in die Rechtsposition des betroffenen Teilhabers: die Mehrheit kann nicht gegen den Willen eines Teilhabers beschließen, den gemeinschaftlichen Gegenstand der Zerstörung zu überlassen. Von manchen wird darüber hinaus angenommen, dass das Erhaltungsrecht dem einzelnen Teilhaber auch nicht durch *allseitige Vereinbarung* oder – sachlich gleichbedeutend – durch *einstimmigen Beschluss* entzogen werden könne. Hier ist aber zu *unterscheiden.* Wenn alle Teilhaber einstimmig beschließen, die beschädigte Sache nicht mehr zu reparieren, dann kann der Teilhaber, der es sich später anders überlegt, nicht mehr nach Abs 2 vorgehen (einem bloßen Mehrheitsbeschluss müsste er sich dagegen, wie gesagt, nicht beugen). Der Teilhaber kann also im *Einzelfall* auf sein Erhaltungsrecht verzichten. Ein *genereller Verzicht* auf das Erhaltungsrecht ist dagegen unwirksam (so auch MünchKomm/K Schmidt Rn 41). Der Teilhaber kann die Entscheidung darüber, ob der gemeinschaftliche Gegenstand untergehen oder erhalten werden soll, nicht ein für alle Mal aus der Hand geben; eine solche Unterwerfung unter den Willen der übrigen Teilhaber wäre durch die schuldrechtliche Vertragsfreiheit (Verpflichtungsfreiheit) nicht gedeckt. Deswegen steht das Recht, Erhaltungsmaßnahmen zu treffen, jedem Teilhaber auch dann zu, wenn die Verwaltung durch einstimmigen Beschluss einem einzelnen Dritten übertragen ist. Selbst wenn die Gemeinschaft sich eine korporative Organisation gegeben hat (vgl Rn 14), steht das Erhaltungsrecht jedem Teilhaber zu.

e) Erhaltungsrecht und Geschäftsführung ohne Auftrag

Der Teilhaber, der gem Abs 2 für die Erhaltung des Gegenstands sorgt, wahrt sein **29** eigenes Recht an diesem Gegenstand. Durch diesen eigennützigen und unentziehbaren Charakter unterscheidet sich das Recht aus Abs 2 scharf von der Befugnis eines Geschäftsführers ohne Auftrag gem § 677. Der Teilhaber darf zur Erhaltung des Gegenstands auch *gegen den wirklichen oder mutmaßlichen Willen* der übrigen Teilhaber tätig werden. Es ist *nicht* einmal erforderlich, dass die Erhaltung im *Interesse* der übrigen Teilhaber liegt (**aA** BGB-RGRK/vGamm Rn 13). Es ist denkbar, dass sie an der Erhaltung des gemeinschaftlichen Gegenstands desinteressiert sind (zB weil sie aus tatsächlichen Gründen zur Nutzung des gemeinschaftlichen Gegenstands nicht in der Lage sind). Sie mögen dann die Aufhebung der Gemeinschaft betreiben; solange die Gemeinschaft besteht, können sie den an der Erhaltung interessierten Teilhaber nicht daran hindern, die notwendigen Maßnahmen zu ergreifen. Aus BGHZ 39, 14, 20 ergibt sich nichts Gegenteiliges (**aA** vGamm aaO). Dort ging es um die Befugnis eines Gesellschafters, eine Gesellschaftsforderung gegen den Willen seiner Mitgesellschafter einzuklagen; der Teilhaber der Gemeinschaft hat eine andere Rechtsposition als der Gesellschafter (vgl Rn 31).

30 Im Regelfall werden unaufschiebbare Erhaltungsmaßnahmen allerdings *zugleich dem wirklichen oder dem mutmaßlichen Willen und dem Interesse der anderen Teilhaber entsprechen.* Auch in diesem Fall ist aber *eine Anwendung der Vorschriften über die Geschäftsführung unangebracht.* Zwar steht die Tatsache, dass der Handelnde eigene Interessen und eigene Pflichten erfüllt, nach hM einer gleichzeitigen Tätigkeit als Geschäftsführer ohne Auftrag im Interesse eines Dritten nicht entgegen. Die Annahme eines Geschäftsführungsverhältnisses verbietet sich aber aus einem anderen Grund. Der Teilhaber, der eine Maßnahme nach Abs 2 ergreift, wird aufgrund eines zwischen ihm und den übrigen Teilhabern bestehenden gesetzlichen Schuldverhältnisses (§ 741 Rn 260 ff) tätig, aus dem sich sein Recht und ggf auch seine Pflicht zum Handeln ergibt. Voraussetzungen und Folgen seines Handelns sind deshalb allein nach Gemeinschaftsrecht zu beurteilen; für eine Anwendung der Regeln der Geschäftsführung ohne Auftrag ist daneben kein Raum (**aA** BGB-RGRK/vGamm Rn 15; MünchKomm/K Schmidt Rn 14; die hierfür zitierte Entscheidung RGZ 63, 280, 283 betrifft keine Erhaltungsmaßnahme iSv Abs 2).

f) Anwendbarkeit von Abs 2 bei anderen Personenzusammenschlüssen, insbesondere Gesellschaften

31 Abs 2 ist eine *auf die besondere Lage der Rechtsgemeinschaft zugeschnittene Vorschrift.* Die Gemeinschaft wird begründet durch die gemeinschaftliche Rechtszuständigkeit; Abs 2 gibt jedem Teilhaber die Befugnis, den Gegenstand und damit die Substanz seiner Mitberechtigung zu erhalten. Auf andere Personenzusammenschlüsse (außer der Erbengemeinschaft, bei der eine ganz ähnliche Ausgangslage besteht) passt die Regelung nicht, insbes nicht auf die Personengesellschaft. Diese ist „durch Gesetz oder Vertrag so organisiert, dass damit eine Befugnis des Gesamthänders, Geschäfte der Gesamthand im eigenen Namen zu führen, nicht vereinbar ist" (BGHZ 39, 14, 15). Die Bruchteilsberechtigung verleiht dem Teilhaber unmittelbar bestimmte Befugnisse im Hinblick auf den gemeinschaftlichen Gegenstand. Die gesellschaftsrechtliche Gesamthandsberechtigung ist damit nicht zu vergleichen. Sie hat die Funktion, das Gesellschaftsvermögen zu einem Sondervermögen zu verselbstständigen. Zu Dispositionen über das Sondervermögen sind die Gesellschafter als Einzelne gerade nicht berechtigt, sondern nur die Gesellschaftergesamtheit als organisierter Personenverband kann über das Vermögen bestimmen und verfügen (vgl U Huber 61, 123 f; Wiedemann I 254 ff; Vorbem 9). Ein Notgeschäftsführungsrecht nach Abs 2 wäre mit diesem Vorrang der gesellschaftsrechtlichen Organisationsregeln unvereinbar. Zu Recht hat es der BGH deshalb abgelehnt, die Aktivlegitimation des Gesellschafters einer BGB-Gesellschaft, dessen Mitgesellschafter sich pflichtwidrig geweigert hatte, sich an der Klage zu beteiligen, auf Abs 2 zu stützen (BGHZ 39, 14, 20; in Abweichung von dem obiter dictum in BGHZ 17, 181, 183 und von RGZ 112, 361, 367; ebenso Erman/Aderhold Rn 9; U Huber 132. **AA** OLG Naumburg BeckRS 2011, 22315 [Einrichtung eines Kontos für die Gesellschaft]; Soergel/Hadding Rn 8; § 705 Rn 56; Palandt/Sprau § 709 Rn 1; MünchKomm/P Ulmer § 709 Rn 21; Schulze-Osterloh 46 ff; Hueck, OHG 125; Ganssmüller DB 1954, 860, 861 f; Nitschke ZHR 128, 48, 80; Hadding JZ 1975, 159, 161; iE – „mit Vorsicht" – auch MünchKomm/K Schmidt Rn 50. Die Frage ist offengelassen in BGH WM 1980, 1141, 1143. In OLG Nürnberg BeckRS 2010, 30509 war sie nicht entscheidungserheblich).

g) Pflicht zu Erhaltungsmaßnahmen

Bei Gefahr im Verzug ist der Teilhaber aufgrund seiner schuldrechtlichen Verbindung mit den anderen Teilhabern (vgl § 741 Rn 260 ff) nach § 242 verpflichtet, die erforderlichen Erhaltungsmaßnahmen iS des Abs 2 zu treffen (vgl Soergel/Hadding Rn 5; BGB-RGRK/vGamm Rn 14; **aA** aber Mot II 879; Erman/Aderhold Rn 6). 32

h) Schadensersatzpflicht

Überschreitet ein Teilhaber seine Befugnisse aus Abs 2 oder führt er die an sich gebotene Maßregel nicht in zweckentsprechender Weise durch, so ist er den anderen Teilhabern wegen positiver Forderungsverletzung im gesetzlichen Schuldverhältnis bzw jetzt aus §§ 241 Abs 2, 285 Abs 1 nF schadensersatzpflichtig (Soergel/Hadding Rn 5; BGB-RGRK/vGamm Rn 14; Erman/Aderhold Rn 6; MünchKomm/K Schmidt Rn 44; soviel ersichtlich, unstr). Haftungsmaßstab ist § 276, nicht § 708 (Mot II 878; Prot II 768; § 741 Rn 266). Beseitigung der Folgen einer Maßregel kann im Wege der Naturalrestitution auch dann verlangt werden, wenn die durch Abs 2 nicht gedeckte Maßnahme den Wert des gemeinschaftlichen Gegenstands erhöht hat (ein gegenteiliger Antrag ist bei den Gesetzgebungsarbeiten abgelehnt worden, Prot II 769). Schadensersatzpflichtig macht sich auch der Teilhaber, der eine an sich gebotene Erhaltungsmaßnahme pflichtwidrig (vgl Rn 32) und schuldhaft unterlässt. 33

2. Befugnisse des Teilhabers im Außenverhältnis

Abs 2 befasst sich zwar in erster Linie, aber doch nicht ausschließlich mit dem Verhältnis der Teilhaber untereinander; er hat vielmehr auch gewisse Außenwirkungen (Palandt/Sprau Rn 3; MünchKomm/K Schmidt Rn 45; **aA** BGB-RGRK/vGamm Rn 13; Soergel/Hadding Rn 6, die dabei allerdings nur die Frage der Vertretungsmacht im Auge haben). Jeder Teilhaber kann die notwendigen Maßnahmen auch gegen den Widerspruch anderer Teilhaber, selbst der Mehrheit, sofort ausführen. Das ist gemeint, wenn Abs 2 HS 1 davon spricht, dass der Teilhaber das Recht hat, die Maßregeln „ohne Zustimmung" der übrigen Teilhaber „zu treffen". 34

a) Verpflichtungsgeschäfte

Das Recht des Teilhabers zum unmittelbaren Vollzug wirft keine weiteren Probleme auf, wenn die Maßnahme sich im rein Tatsächlichen erschöpft (der Teilhaber erntet die Früchte, die auf dem Halm zu verderben drohen; er nimmt die notwendige Reparatur eigenhändig und mit eigenem Material vor). Regelmäßig wird der Teilhaber allerdings die Maßregel nur durchführen können, indem er eine schuldrechtliche Verpflichtung eingeht: er beauftragt einen Unternehmer damit, die Reparatur durchzuführen; er nimmt ein Darlehen auf, um die Reparatur zu bezahlen; er schließt einen Kaufvertrag ab, um geerntete Früchte vor dem Verderb zu bewahren. Die Frage ist, ob der Teilhaber das **Recht** hat, die übrigen Teilhaber bei solchen **Verpflichtungsgeschäften zu vertreten**, oder ob er die Verpflichtung im eigenen Namen übernehmen muss und gegenüber den übrigen Teilhabern auf Kostenerstattung gem § 748 beschränkt ist. *Die ganz herrschende Auffassung zu Abs 2 verneint,* dass hierdurch eine Vertretungsmacht für den handelnden Teilhaber begründet wird (Soergel/Hadding Rn 6; BGB-RGRK/vGamm Rn 13; MünchKomm/K Schmidt Rn 46; Palandt/Sprau Rn 3; Flume ZHR 136, 177, 205 f; ders I 1, 116 f; BGHZ 17, 181, 184, wo der BGH in einem Spezialfall – Prozessführung durch den nicht zur Alleinvertretung befugten Gesellschafter einer 35

OHG im Namen der Gesellschaft unter Berufung auf Abs 2 – ein Vertretungsrecht aus Abs 2 allgemein verneint).

36 *Zur Parallelvorschrift des § 2038 Abs 1 S 2 HS 2* wird dagegen die Ansicht vertreten, dass *der handelnde Erbe die anderen Miterben bei Verpflichtungsgeschäften vertreten kann* (so zB Palandt/Edenhofer § 2038 Rn 2; unter unzutreffender Berufung auf BGHZ 6, 76, 83; Kipp/Coing § 114 IV 4 b; Staudingere/Werner [2010] § 2038 Rn 40; **aA** Erman/Bayer § 2038 Rn 12 mwNw; Jülicher AcP 175, 143, 153, 156 f). Ein praktischer Unterschied zwischen den Fällen des § 744 Abs 2 und des § 2038 Abs 2 besteht allerdings insofern, als die Verpflichtung, die der Miterbe kraft der ihm zugeschriebenen Vertretungsmacht eingeht, nur eine Nachlassverbindlichkeit begründen soll (Kipp/Coing aaO), während die Verpflichtung, die der Teilhaber begründet, notwendigerweise zu unbeschränkter Haftung führt. – Ein sehr ähnliches Problem stellt sich im Rahmen des § 745 Abs 1 (vgl § 745 Rn 33 ff): Kann die Mehrheit Verpflichtungsgeschäfte in Vertretung für die überstimmte Mehrheit abschließen? Immerhin wäre es auch denkbar, hinsichtlich der Vertretungsmacht zwischen den Fällen des § 744 Abs 2 und des § 745 Abs 1 zu differenzieren.

37 Der hL ist *zuzustimmen.* Abs 2 verleiht dem handelnden Teilhaber *keine Vertretungsmacht,* die es ihm ermöglichen würde, *Verpflichtungen mit Wirkung für die übrigen Teilhaber* einzugehen. Aus dem Wortlaut ergibt sich nichts, was für eine solche Vertretungsmacht spräche. Mit der Tatsache, dass es sich bei der Befugnis des Teilhabers zu Erhaltungsmaßnahmen um ein Individualrecht handelt, das dem Teilhaber im eigenen Interesse eingeräumt ist (oben Rn 29 f), ist die Annahme einer gesetzlichen Vertretungsmacht des Teilhabers kaum vereinbar. Irgendeinen praktischen Nutzen bringt die Annahme von Vertretungsmacht dem Teilhaber übrigens nicht. Er ist ohne weiteres in der Lage, die zur Durchführung der Erhaltungsmaßnahme erforderlichen Verpflichtungen im eigenen Namen einzugehen. Die übrigen Teilhaber mit zu vertreten, hilft ihm nichts, weil der Geschäftspartner kaum beurteilen kann, ob die Maßnahme wirklich durch Abs 2 gedeckt ist, und sich daher auf die behauptete Vertretungsmacht nicht verlassen kann. Die Interessen des Handelnden sind durch die Möglichkeit, nach § 748 Rückgriff zu nehmen, ausreichend gewahrt. Dass der Streit, ob ein Fall des Abs 2 vorliegt, nicht nur im Innenverhältnis, sondern auch im Außenverhältnis ausgetragen werden muss, ist unpraktisch, und es ist den nicht mitwirkenden Teilhabern kaum zuzumuten, über diese Frage womöglich zwei Prozesse – einen gegen den handelnden Teilhaber und einen gegen seinen Geschäftspartner – führen zu müssen. Ein schutzwürdiges Interesse des Geschäftspartners, nicht nur den Teilhaber in Anspruch nehmen zu können, mit dem er kontrahiert hat, sondern auch alle übrigen Teilhaber, ist nicht ersichtlich. Alle diese Gründe treffen übrigens nicht nur im Rahmen des § 744 Abs 2, sondern *auch im Rahmen des § 2038 Abs 2* zu.

38 Vertretungsmacht im Hinblick auf Verpflichtungsgeschäfte hat der handelnde Teilhaber auch dann nicht, wenn er die übrigen Teilhaber auf **Einwilligung** zu der Maßregel verklagt und ein die Einwilligung ersetzendes rechtskräftiges Urteil (§ 894 ZPO) erwirkt hat (Flume ZHR 136, 177, 205 f; ders I 1, 116; Planck/Lobe Anm 3; **aA** Soergel/Hadding Rn 6; BGB-RGRK/vGamm Rn 13; Palandt/Sprau Rn 3; als obiter dictum auch BGHZ 17, 181, 184). Die Einwilligung nach Abs 2 HS 2 betrifft wesentlich das Innenverhältnis; sie soll den handelnden Teilhaber vor Ansprüchen und Einwendungen der anderen Teilhaber schützen (vgl Rn 27 f); eine Bevollmächtigung ist darin nicht zu erblicken. Zur Frage, inwieweit ein Teilhaber oder die Mehrheit von den übrigen Teilhabern Mitwirkung an bestimmten Geschäften verlangen kann, vgl § 745 Rn 6, 57.

b) Verfügungsgeschäfte

39 Im Prinzip besteht kein Zweifel, dass uU auch Verfügungsgeschäfte erforderlich sein können, um einen Gegenstand dem Wert nach zu erhalten (leicht verderbliche Früchte, deren Wert nur im Weg der sofortigen Veräußerung realisiert werden kann, uä; vgl Rn 24). Allerdings werden im Rahmen von Abs 2 Verfügungen die seltene Ausnahme bleiben.

40 **Verfügungen über Grundstücksrechte**, deren Wirksamkeit eine Grundbucheintragung voraussetzt (§ 873), *scheiden idR schon aus grundbuchtechnischen Gründen* aus. Denn die Eintragung setzt voraus, dass alle Teilhaber an der Eintragungsbewilligung (§ 19 GBO) oder der Einigung (§ 20 GBO) mitwirken. Selbst wenn man aus Abs 2 eine Vertretungsmacht des handelnden Teilhabers für die anderen Teilhaber herleiten wollte (dazu Rn 35), änderte sich nichts. Denn der handelnde Teilhaber könnte das Bestehen der Vertretungsmacht – dh das Vorliegen eines Eil- oder Notfalls iSv Abs 2 – nicht durch öffentliche Urkunde nachweisen (vgl § 29 GBO). Im Fall OLG Neustadt MDR 1962, 574, in dem ein Miterbe im Weg der Notmaßnahme nach § 2038 Abs 1 S 2 HS 2 die Löschung einer Hypothek bewilligt hatte, hätte daher der Löschungsantrag schon aus formalen Gründen abgewiesen werden müssen. Materiellrechtlich kann man sich übrigens schwer vorstellen, dass Verfügungen über Grundstücksrechte überhaupt durch Abs 2 gedeckt sein könnten.

41 Etwas anders liegt der Fall BGH NJW-RR 1987, 1294: Auf Veranlassung eines Miterwerbers eines Grundstücks wird noch vor Eigentumsumschreibung ein bereits eingetragenes Grundpfandrecht zur Finanzierung des Gesamtkaufpreises von dem Gläubiger abgetreten; der BGH ließ die Anwendbarkeit des § 744 Abs 2 allerdings offen und stützte sich auf § 242.

42 Es bleibt die Frage, ob, von Verfügungen über Grundstücksrechte abgesehen, **Verfügungen über sonstige gemeinschaftliche Gegenstände** zulässig sind (bejahend: Enneccerus/Lehmann § 185 I 1; Palandt/Sprau § 744 Rn 3; Anm zu LG Berlin Breetzke NJW 1961, 1406, 1408; für Verfügungen im Rahmen eines Rechtsstreits in einem obiter dictum auch RGZ 76, 298, 299; zust wohl auch Soergel/Hadding Rn 4; vgl ferner BGH NJW 1985, 490; **aA** BGB-RGRK/vGamm § 747 Rn 5 iVm § 744 Rn 13). Zum parallelen Problem im Rahmen der Miterbengemeinschaft (§ 2038 Abs 1 S 2 HS 2) sind die Meinungen ebenfalls geteilt; die überwiegende Meinung bejaht ein Notverfügungsrecht (vgl die Angaben bei Staudinger/Werner [2010] § 2038 Rn 7). *Hauptargument für die Gegenmeinung* sind § 747 S 2 bzw § 2040 Abs 1: Über den gemeinschaftlichen Gegenstand können die Teilhaber (bzw die Miterben) nur gemeinsam verfügen. ME muss aber in *Eilfällen* (nur in ihnen kommt eine Verfügung als Erhaltungsmaßregel in Betracht) *das Prinzip des Abs 2 den Vorrang haben.* Dieses Prinzip besagt, dass im Konfliktfall das Interesse des einzelnen Teilhabers an der Erhaltung des Werts des gemeinschaftlichen Gegenstands vor dem Interesse aller Teilhaber an gemeinschaftlicher Verwaltung den Vorrang hat. Ist zur Erhaltung des gemeinschaftlichen Gegenstands eine Verfügung wirklich notwendig, muss sie auch ein einzelner Teilhaber sofort treffen können.

Müsste er zunächst die anderen Teilhaber um Zustimmung ersuchen oder gar auf Zustimmung verklagen, so käme die Zustimmung oder das sie ersetzende Urteil regelmäßig zu spät, sodass das Mitgeschäftsführungsrecht für diesen Fall praktisch wirkungslos wäre. Die §§ 747, 2040 sind deshalb restriktiv auszulegen. Die praktische Bedeutung der Streitfrage dürfte nicht sehr groß sein. In Betracht kommt vor allem die Veräußerung verderblicher natürlicher Früchte der gemeinsamen Sache. Auch bei Vermischung oder Vermengung verderblicher Sachen muss dem Besitzer das Recht zustehen, den gemeinschaftlichen Bestand, ehe er verdirbt, zu veräußern. Abs 2 enthält deshalb, für einen recht eng begrenzten Ausnahmefall, eine gesetzliche Verfügungsermächtigung. Der gute *Glaube* an die aus Abs 2 abgeleitete Verfügungsmacht wird nicht geschützt, grundsätzlich auch nicht gem § 366 HGB (MünchKomm/K Schmidt Rn 45).

c) Prozessführung

43 Seit RGZ 76, 298, 299 ist hL, dass der einzelne Teilhaber unter den Voraussetzungen des Abs 2 berechtigt ist, gemeinschaftliche Ansprüche ohne Mitwirkung der übrigen Teilhaber vor Gericht einzuklagen und zu verteidigen (zust RGZ 112, 361, 367; BGHZ 17, 181, 185 ff; BGH NJW 2011, 1667 Rn 12; OLG Köln NJW 2011, 451; beiläufig auch RGZ 60, 269, 270; BGHZ 51, 125, 128; BGH NJW 1982, 641; BGH NJW 1985, 1827 m abl Anm Tiedtke JZ 1985, 890; vgl ferner BGB-RGRK/vGamm Rn 13; Palandt/Sprau Rn 3; MünchKomm/K Schmidt Rn 47). Die praktische Bedeutung dieser Regel ist gering. Im Ausgangsfall (RGZ 76, 298) ging es um ein gemeinschaftliches Patent zweier Teilhaber, gegen die der Kläger Patentnichtigkeitsklage erhoben hatte. Das RG entschied, dass jeder Teilhaber ohne Mitwirkung des anderen berechtigt sei, gegen das Nichtigkeitsurteil Berufung einzulegen, und verwies zur Begründung auf Abs 2. Die Möglichkeit, Berufung einzulegen, ergab sich dort aber nicht erst aus Abs 2, sondern daraus, dass jeder Beklagte selbstständig passivlegitimiert war (vgl Rn 50). Im Fall RGZ 112, 361 hatten mehrere Personen gemeinschaftlich ein Patent für eine Kreuzeinlesemaschine erworben; die Veräußerer hatten sich verpflichtet, ihrerseits in Zukunft keine Kreuzeinlesemaschinen mehr herzustellen. Einer der Erwerber klagte gegen einen der Veräußerer auf Unterlassung von Zuwiderhandlungen. Das RG begründete die „Sachbefugnis" des Klägers mit Abs 2. Da es sich bei dem Anspruch auf Unterlassung um einen unteilbaren Anspruch handelte, ergab sich die Prozessführungsbefugnis aber bereits aus § 432. Im Fall BGHZ 17, 181 ging es um die Klage eines Gesellschafters namens einer OHG; richtigerweise hätte dort Abs 2 überhaupt nicht angewendet werden dürfen (vgl oben Rn 31). Im Fall RGZ 60, 269 schließlich verlangten zwei von drei Miteigentümern eines Grundstücks Löschung einer Hypothek (wegen Bezahlung); die Prozessführungsbefugnis folgte hier aus § 1011 (so auch das RG) und es war überflüssig, daneben Abs 2 heranzuziehen. Praktisch wird bei Forderungen, die in Bruchteilsgemeinschaft stehen, der einzelne Teilhaber in aller Regel prozessführungsbefugt sein, ohne sich auf Abs 2 berufen zu müssen; entweder nach § 1011 oder nach § 432 in direkter oder analoger Anwendung (unten Rn 47). Bedeutung hat in diesen Fällen die Frage, ob die Prozessführung notwendige Erhaltungsmaßnahme iSv Abs 2 ist, nur für das Innenverhältnis (oben Rn 26). Sollten die Voraussetzungen der §§ 432, 1011 aber ausnahmsweise nicht vorliegen, so kann die Prozessführungsbefugnis auf Abs 2 gestützt werden, soweit die Prozessführung erforderlich ist, um gemeinschaftliche Rechte zu wahren (Beispiel: Feststellungsklage des Ehemannes zur Erhaltung der mit seiner Ehefrau gemeinsam in Bruchteilsgemeinschaft begründeten Mitgliedschaft an einer Publikumsgesellschaft, BGH NJW 2011, 1667 Rn 12). In diesem Fall

führt der Teilhaber den Prozess im eigenen Namen in Prozessstandschaft für die übrigen Teilhaber (BGH NJW-RR 2009, 687 Rn 11; dazu unten Rn 47). Zur Prozessführung im Namen der übrigen Teilhaber ist er nicht berechtigt (vgl auch BGHZ 17, 181, 184; BGH NJW 1985, 1827).

d) Sonstige Rechtshandlungen

44 Auch sonstige Rechtshandlungen kommen als Erhaltungsmaßnahmen nach Abs 2 in Betracht. So zB die *Kündigung* (Sonderfall der Verfügung, dazu Anm zu LG Berlin Breetzke NJW 1961, 1406; MünchKomm/K Schmidt Rn 43) und die *Ausübung des Stimmrechts* in Mitglieder- oder Gesellschafterversammlungen (dazu BGHZ 49, 183, 192 betr Erbengemeinschaft). Auch insoweit kann Abs 2 den einzelnen Teilhaber ermächtigen, mit Wirkung nach außen für die Gesamtheit der Teilhaber zu handeln. Voraussetzung ist allerdings, dass die Kündigung oder Mitwirkung bei der Abstimmung zur Erhaltung des gemeinschaftlichen Rechts der Substanz oder dem Wert nach erforderlich ist. Das ist denkbar, wird aber praktisch nur selten vorkommen (es war schwerlich der Fall in dem von Breetzke aaO behandelten Beispiel – Kündigung eines lästigen Untermietverhältnisses; in BGHZ 49, 183 ging es nicht um eine Notmaßnahme iSv Abs 2, sondern um die Durchführung eines Mehrheitsbeschlusses, dazu § 745 Rn 33 ff, 44 ff).

3. Konkurrierende Maßnahmen

45 Denkbar ist, dass verschiedene Teilhaber jeweils auf eigene Faust versuchen, unterschiedliche und miteinander unvereinbare Maßnahmen zur Erhaltung des Gegenstandes durchzuführen. Dabei gilt zunächst einmal das Prioritätsprinzip (zust Erman/Aderhold Rn 6). Hat Teilhaber A einen Handwerker bestellt, um die schadhafte Sache zu reparieren, so ist es nicht mehr erforderlich, dass Teilhaber B einen anderen Handwerker holt. Etwas anders sieht es aus, wenn über die erforderliche Maßnahme ein Mehrheitsbeschluss getroffen ist. Ist dieser Beschluss an sich geeignet, den Gegenstand zu erhalten, so muss er durchgeführt werden; der überstimmte Teilhaber darf nicht mehr versuchen, den Mehrheitsbeschluss durch eine rasch getroffene Notmaßnahme nach Abs 2 zu durchkreuzen. Nur ein Beschluss, den Gegenstand seinem Schicksal zu überlassen, ist unverbindlich und lässt dem überstimmten Teilhaber freie Hand für Notmaßnahmen nach Abs 2 (oben Rn 28).

V. Anhang: Prozessführung in gemeinschaftlichen Angelegenheiten

46 Die Gemeinschaft ist **nicht parteifähig**. Eine Ausnahme hat der BGH zugelassen im Fall einer Miteigentümergemeinschaft, die sich durch Vereinbarung eine korporative Verfassung gegeben hatte (BGHZ 25, 311: passive Parteifähigkeit analog § 50 Abs 2 ZPO; dazu oben Rn 14). Von diesem Sonderfall abgesehen, kommen als Prozessparteien nur die einzelnen Teilhaber persönlich in Betracht. Fraglich kann nur sein, ob sie *nur gemeinschaftlich* oder auch *einzeln* zur Prozessführung befugt sind. Dabei ist zwischen Aktiv- und Passivprozessen zu unterscheiden.

47 Steht ein **Anspruch mehreren Teilhabern gemeinsam** (nach ideellen Bruchteilen) zu, so liegt die *Aktivlegitimation* – wie die Verfügungsbefugnis, § 747 – bei allen Teilhabern gemeinsam. Der einzelne Teilhaber kann aber *prozessführungsbefugt,* dh berechtigt sein, allein und im eigenen Namen Klage auf Leistung an alle Teilhaber zusammen zu erheben. Das ist der Fall: (1) bei allen Ansprüchen aus dem *Mit-*

eigentum der Gemeinschaft (zB auf Herausgabe, Unterlassung, Grundbuchberichtigung, Löschungsbewilligung, Schadensersatz), § 1011; (2) bei gemeinschaftlichen *Ansprüchen auf unteilbare Leistungen,* § 432; (3) bei gemeinschaftlichen Ansprüchen auf sog „rechtlich unteilbare Leistungen", dh bei *Ansprüchen auf teilbare Leistungen,* die einer Mehrheit von Gläubigern zustehen und *inhaltlich so ausgestaltet sind, dass die Leistung nur an alle Gläubiger gemeinschaftlich erfolgen kann.* Das gilt insbes, wenn die Teilhaber den Gegenstand gemeinschaftlich vermieten oder verpachten (so iE auch RG DR 1940, 2196; BGH NJW 1958, 1723; BGH NJW 1969, 839; BGH NJW-RR 2009, 687 Rn 11; Palandt/Sprau § 743 Rn 3; vgl dazu auch § 743 Rn 5 ff und U Huber 130; vgl auch BGH NJW 1983, 2021; **aA** offenbar Schulze-Osterloh 39 f). Aus diesem Grund wird *praktisch* in fast allen Fällen, in denen sich im Zusammenhang mit dem Gemeinschaftsverhältnis Ansprüche gegen Dritte ergeben, *Einzelprozessführungsbefugnis* bestehen. Soweit das ausnahmsweise (insbes bei besonderen Abreden, dazu § 741 Rn 116 ff und BGH NJW 1983, 2021) nicht der Fall sein sollte, sind die Teilhaber nur gemeinsam zur Prozessführung befugt; und es besteht notwendige Streitgenossenschaft aus „sonstigen" (materiellrechtlichen) Gründen (§ 62 Abs 1 Alt 2 ZPO). Hier kann sich ausnahmsweise eine Einzelprozessführungsbefugnis aus Abs 2 ergeben (oben Rn 43). Vgl ferner BGH NJW 1985, 1827 (gemeinschaftlicher Hausherstellungsvertrag).

48 In den Fällen der §§ 1011, 432 hat die Entscheidung, die im Prozess für oder gegen den klagenden Teilhaber ergeht, **keine Rechtskraftwirkung** für oder gegen die übrigen Teilhaber (§ 325 Abs 1 ZPO). Denn die Prozessstandschaft als solche führt nicht zur Rechtskrafterstreckung; anders nur in zwei Ausnahmefällen: (1) wenn der Prozessführungsbefugte ohne Zustimmung des Aktivlegitimierten über das streitige Recht verfügen kann; diese Voraussetzung trifft wegen § 747 auf den Teilhaber nicht zu; (2) wenn der Aktivlegitimierte der Prozessführung zugestimmt hat (Musielak ZPO u § 325 Rn 21; RGZ 119, 163, 168 f; vgl auch BGH WM 1979, 366). Nur die *Zustimmung der übrigen Teilhaber* zum Prozess führt also zur *Rechtskrafterstreckung.* Ebenso verhält es sich, wenn die Prozessführungsbefugnis auf Abs 2 gestützt wird: Auch hier ist die Rechtskraft idR auf die Parteien beschränkt.

49 Klagen in den Fällen der §§ 1011, 432 mehrere (oder alle) Teilhaber gemeinsam, so ist streitig, ob **einfache** (§ 61 ZPO) **oder notwendige Streitgenossenschaft** (§ 62 ZPO) vorliegt. Ein Parallelproblem stellt sich bei der Klage mehrerer Miterben (vgl § 2039). Dabei scheidet der *zweite Tatbestand* des § 62 ZPO (notwendige Streitgenossenschaft „aus einem sonstigen Grunde", dh kraft materiellen Rechts) von vornherein aus, weil jeder Streitgenosse auch allein klagen könnte (Thomas/Putzo/Hüsstege, ZPO § 62 Rn 13; **aA** bei Wiedereinsetzung in die Frist zur Zahlung der 3. Jahresgebühr BPatG BeckRS 2011, 27628; bei Klage auf Feststellung der Unwirksamkeit eines Mietvertrages OLG Celle NJW-RR 1994, 854; Musielak/Weth ZPO § 62 Rn 12). *Streitig* ist dagegen, ob der *erste Tatbestand* des § 62 ZPO (das streitige Rechtsverhältnis kann allen Streitgenossen gegenüber nur einheitlich festgestellt werden – notwendige Streitgenossenschaft aus prozessualen Gründen) vorliegt. Das wird in der Literatur *überwiegend* mit der Begründung *bejaht,* dass der Streitgegenstand – der gemeinschaftliche Anspruch – unteilbar sei und in demselben Rechtsstreit nicht unterschiedlich beurteilt werden könne (vgl Baumbach/Lauterbach/Albers/Hartmann, ZPO [73. Aufl 2015] § 62 Rn 8; Blomeyer AcP 159, 387, 405; vgl auch MünchKomm/K Schmidt § 1011 Rn 7). Nach der *Gegenansicht* liegt eine notwendige Streitgenossenschaft deshalb nicht vor, weil – wie unstreitig ist – das Urteil für oder gegen den einzelnen Teilhaber keine Rechtskraft für und gegen die übrigen entfaltet, prozessual also abweichende Urteile ohne weiteres zulässig sind (BGHZ 23, 207, 212; PALANDT/EDENHOFER § 2039 Rn 7; MUSIELAK/WETH ZPO § 62 Rn 12; SCHWAB, in: FS Lent [1957] 271, 283 ff; vgl auch RGZ 95, 97). Dem ist zu folgen. Die Handlungen des klagenden Teilhabers gereichen deshalb den übrigen am Prozess beteiligten Teilhabern weder zum Vor- noch zum Nachteil (§ 61 ZPO); er kann die anderen Teilhaber bei der Wahrung von Terminen und Fristen nicht vertreten. Entsprechendes gilt, wenn mehrere Teilhaber klagen und ihre Prozessführungsbefugnis auf Abs 2 stützen (dazu oben Rn 47).

Entstehen im Zusammenhang mit dem Gemeinschaftsverhältnis Ansprüche gegen die Teilhaber, so ist jeder einzelne Teilhaber passivlegitimiert (vgl RGZ 95, 97 f zum Parallelfall der Erbengemeinschaft). Denn die Gemeinschaft als solche ist nicht fähig, Schuldner zu sein. Schuldner sind notwendigerweise die einzelnen Teilhaber. Der Gläubiger kann also nach Belieben gegen den einzelnen Teilhaber, gegen einige oder gegen alle Teilhaber klagen; mehrere beklagte Teilhaber sind einfache Streitgenossen (**aA** aber BGHZ 36, 187 und BGH NJW 1984, 2210 [Notwegduldungsklage] mit ausf Übersicht über den Meinungsstand; ebenso BGHZ 131, 376; K SCHMIDT JuS 1996, 652; notwendige Streitgenossenschaft, sofern *auf Verfügungen* über den gemeinschaftlichen Gegenstand geklagt wird, und zwar aus materiellen Gründen; die Klage gegen einzelne Teilhaber soll unzulässig sein – ein Grund hierfür [§ 283!] ist nicht ersichtlich, aber in der Praxis ist die Rspr natürlich zu beachten). Einem formell rechtskräftigen – unzulässigen – Teilurteil gegen einzelne notwendige Streitgenossen kommt keine materielle Rechtskraftwirkung gegenüber anderen Streitgenossen zu (BGHZ 131, 376; K SCHMIDT JuS 1996, 652). 50

§ 745
Verwaltung und Benutzung durch Beschluss

(1) Durch Stimmenmehrheit kann eine der Beschaffenheit des gemeinschaftlichen Gegenstands entsprechende ordnungsmäßige Verwaltung und Benutzung beschlossen werden. Die Stimmenmehrheit ist nach der Größe der Anteile zu berechnen.

(2) Jeder Teilhaber kann, sofern nicht die Verwaltung und Benutzung durch Vereinbarung oder durch Mehrheitsbeschluss geregelt ist, eine dem Interesse aller Teilhaber nach billigem Ermessen entsprechende Verwaltung und Benutzung verlangen.

(3) Eine wesentliche Veränderung des Gegenstands kann nicht beschlossen oder verlangt werden. Das Recht des einzelnen Teilhabers auf einen seinem Anteil entsprechenden Bruchteil der Nutzungen kann nicht ohne seine Zustimmung beeinträchtigt werden.

Materialien: E I §§ 765 Abs 3, 763 S 3, 772 S 1; II § 681; III § 732; Mot II 875, 876, 888; Prot II 743, 747; JAKOBS/SCHUBERT, Schuldverh III 369 ff.

Systematische Übersicht

Alphabetische Übersicht

I. Vorbemerkung

Die Vorschrift gilt gem § 2038 Abs 2 S 1 auch für die *Erbengemeinschaft* (speziell dazu 1
Muscheler ZEV 1997, 169; in BGH NJW 2008, 3703 wird § 745 Abs 2 auch auf das aus einer Grunddienstbarkeit resultierende Nutzungsverhältnis zwischen Nachbarn hinsichtlich von Stellplätzen angewandt, zweifelhaft; wie MünchKomm/K Schmidt Rn 2 zu recht betont, scheidet eine Anwendung der §§ 744, 745 auf bloße Innengesellschaften generell aus, vgl auch BGH WM 1960, 1121). Für die *Gemeinschaft der Wohnungseigentümer* gelten Sonderregeln (§§ 15 Abs 2, 3, 16, 20 ff, insbes § 22 WEG), durch die Abs 1, Abs 2 und Abs 3 S 1 verdrängt werden (BGH NZG 2013, 705. Beachte aber BGH DNotZ 2014, 448: Steht eine Doppelstockgarage in einer Wohnungseigentumsanlage im Bruchteilssondereigentum mehrerer Personen, kön-

nen die Bruchteilseigentümer die Nutzung der einzelnen Stellplätze gemäß §§ 745 Abs 1, 1010 regeln; zulässig ist aber auch eine Zuweisung der Stellplätze mittels Gebrauchsregelung durch Vereinbarung aller Wohnungs- und Teileigentümer gemäß § 15 Abs 1 WEG; eingehend hierzu Hügel/Elzer DNotZ 2014, 403). Der Grundsatz des Abs 3 S 2 (Unentziehbarkeit der anteilsmäßigen Nutzungsbefugnis) ist gem § 10 Abs 1 S 1 WEG auch in der Wohnungseigentümergemeinschaft zu beachten.

2 Die Vorschrift steht **in enger Verbindung mit § 744** (vgl jurisPK-BGB/Ehlers Rn 1). In erster Linie sind bei der Verwaltung die *Vereinbarungen* der Teilhaber zu beachten, von denen – solange sie bindend sind (§ 744 Rn 14 f) – nicht durch Mehrheitsbeschluss abgewichen werden darf. Soweit Vereinbarungen fehlen, entscheidet in den von Abs 1 und Abs 3 gezogenen Grenzen die *Mehrheit.* Fehlen auch Mehrheitsbeschlüsse, kann jeder Teilhaber sein Recht auf *billigem Ermessen* entsprechende interessengerechte Regelung der Verwaltung und Benutzung gerichtlich durchsetzen (Abs 2). Unberührt bleibt das Recht zu *Erhaltungsmaßnahmen* (§ 744 Abs 2). Mehrheitsbeschlüsse können es nicht ausschließen (§ 744 Rn 28); allerdings kann ein Teilhaber Erhaltungsmaßnahmen, die die Mehrheit beschlossen hat, nicht durchkreuzen, indem er auf § 744 Abs 2 gestützt konkurrierende Maßregeln ergreift (§ 744 Rn 45).

3 Abs 1 begründet für die Verwaltung das **Mehrheitsprinzip**. Es geht um folgenden Interessenkonflikt: Einerseits soll die Gemeinschaft davor geschützt werden, dass einzelne Teilhaber bei Meinungsverschiedenheiten die Verwaltung lahmlegen können. Andererseits sind die einzelnen Teilhaber davor zu schützen, dass die Mehrheit in ihr Anteilsrecht eingreift (das soll Abs 3 verhindern), oder dass die Mehrheit Dispositionen trifft, die das Privatvermögen der einzelnen Teilhaber belasten (deshalb sind die Mehrheitsbeschlüsse auf die Regelung der „ordnungsmäßigen" Verwaltung und Benutzung beschränkt). Diese beiden Gesichtspunkte – Sicherung der Funktionsfähigkeit der Gemeinschaft und Schutz der Individualsphäre der Teilhaber – sind die Richtlinien für die Auslegung der Vorschrift. Zur analogen Anwendung im Falle gesellschaftsvertraglicher Beirats- und Vertreterklauseln § 741 Rn 139.

4 **Abs 1** ist **dispositives Recht**. Insbes bei Zwei-Personengemeinschaften, bei denen ein Teilhaber den größeren Anteil hat, kann vereinbart werden, dass *einstimmig* entschieden werden soll (allerdings ist eine solche Vereinbarung auch hier nicht ohne weiteres zu unterstellen). Grundsätzlich zulässig sind auch Vereinbarungen, durch die der *Anwendungsbereich des Mehrheitsprinzips erweitert* wird (MünchKomm/K Schmidt Rn 18; vgl zur Wohnungseigentümergemeinschaft, bei der diese Frage besondere Brisanz hat, BGHZ 95, 127; eingeh zu den Beschlusskompetenzen der Wohnungseigentümergemeinschaft nach der WEG-Novelle Hügel/Elzer 77 ff; **aA** noch OLG Köln DNotZ 1982, 753; OLG Frankfurt OLGZ 1984, 146). Allerdings kann der Mehrheit nicht die unbeschränkte Befugnis eingeräumt werden, Entscheidungen zu *Lasten des Privatvermögens* der Minderheit zu treffen. Zulässig ist aber zB eine Vereinbarung, durch die der Mehrheit das Recht eingeräumt wird, über die *Art der Verwertung* im Fall der Aufhebung der Gemeinschaft zu entscheiden. **Abs 2** ist dagegen nur in dem Sinn dispositiv, dass die Teilhaber einstimmig oder mit Mehrheit etwas anderes beschließen oder die Entscheidung einem Dritten überlassen können; an der subsidiären Geltung der Regel

können sie nichts ändern (sowenig, wie sie durch Vereinbarung die Geltung des § 242 ausschließen können).

II. Mehrheitsbeschlüsse (Abs 1)

1. Voraussetzungen

5 Die Mehrheit kann nur eine der Beschaffenheit des gemeinschaftlichen Gegenstands entsprechende **ordnungsmäßige Verwaltung und Benutzung** beschließen. Zu den Begriffen „Verwaltung" und „Benutzung" vgl § 744 Rn 7, 9. Maßgeblich sind die Regeln ordnungsmäßiger *Bewirtschaftung.* Sie umfasst nicht nur „notwendige" Erhaltungsmaßregeln iSv § 744 Abs 2, sondern geht darüber weit hinaus (so auch Soergel/Hadding Rn 2; BGB-RGRK/vGamm Rn 5; MünchKomm/K Schmidt Rn 24; KG OLGE 30, 184; Bamberger/Roth/Gehrlein Rn 2). Gedeckt sind alle Maßnahmen, die nach den individuellen Gegebenheiten im Zeitpunkt der Beschlussfassung vernünftig erscheinen; dies ist aus objektiver Sicht zu beurteilen, wobei der Standpunkt eines vernünftigen und wirtschaftlich denkenden Betrachters entscheidend ist (OLG Frankfurt FamRZ 2012, 247 zur Erbengemeinschaft), es besteht ein Ermessensspielraum (BGH NJW-RR 2010, 1312). Nicht erforderlich ist, dass die Maßnahmen die Interessen jedes Miteigentümers „bestmöglich" oder optimal wahrt (OLG München v 23. 11. 2010 – 7 U 3661/10 nv). Dass andere zweckmäßigere Maßnahmen denkbar sind, macht den Beschluss daher noch nicht unwirksam (so auch MünchKomm/K Schmidt Rn 24; BGB-RGRK/vGamm Rn 6). Abs 1 überlässt die Entscheidung darüber, welche unter mehreren vernünftigerweise in Betracht zu ziehenden Maßnahmen den Vorzug verdient, dem Urteil der Mehrheit, und die Minderheit oder der von ihr angerufene Richter haben nicht das Recht, ihre eigene Beurteilung an die Stelle der Beurteilung durch die Mehrheit zu setzen (vgl OLG Schleswig NZG 2010, 103). Insbes ist ein Anspruch des überstimmten Teilhabers auf eine Regelung „nach billigem Ermessen" gem Abs 2 ausgeschlossen, solange der Mehrheitsbeschluss sich im Rahmen des „Ordnungsmäßigen" hält (**aA**, mE in Überbetonung des Gedankens des Minderheitenschutzes, MünchKomm/K Schmidt Rn 28). Die berechtigten Interessen der Minderheit dürfen allerdings nicht übergangen werden (RG JW 1912, 1939), wie überhaupt die Mehrheitsentscheidung den Geboten von Treu und Glauben unterliegt (BGB-RGRK/vGamm Rn 6). In diesem Rahmen sind auch Verstöße gegen den Grundsatz der Gleichbehandlung unzulässig (dazu G Hueck, Der Grundsatz der gleichmäßigen Behandlung im Privatrecht [1958] 320). Insbesondere ist jedem Teilhaber ein angemessenes **„rechtliches" Gehör** zu gewähren (str; so zu Recht MünchKomm/K Schmidt Rn 19; Bamberger/Roth/Gehrlein Rn 5; Erman/Aderhold Rn 2; Hk-BGB/Saenger Rn 2 offengelassen in BGH NJW 2013, 166; abl Schnorr 246 f), indem in angemessenem Umfang und ausreichendem zeitlichen Vorlauf über den Beschlussgegenstand informiert wird und alle Teilhaber im Rahmen des praktisch Möglichen und Zumutbaren Gelegenheit zur Teilnahme erhalten; die Versagung berührt nach hM jedoch nicht die Wirksamkeit des Beschlusses, sondern begründet lediglich einen Schadensersatzanspruch (BGH NJW 1971, 1265; Erman/Aderhold Rn 2; **aA** MünchKomm/K Schmidt Rn 19; Bamberger/Roth/Gehrlein Rn 5), vgl Rn 20. Zu den Konsequenzen vgl iÜ MünchKomm/K Schmidt Rn 20 f u § 749 Rn 78. Ein Beschluss, der nicht ordnungsgemäßer Verwaltung entspricht, bindet die Minderheit nicht (OLG Düsseldorf NJW-RR 1987, 1256).

6 **Beispiele** für Maßnahmen, die die Rechtsprechung als im Rahmen der ordnungs-

mäßigen Verwaltung liegend anerkannt hat, sind: Nichterrichtung einer Mobilfunkstation trotz Einhaltung der Grenzwerte (OLG Karlsruhe NJW-RR 2006, 1600); Verpachtung des gemeinschaftlichen Gegenstands (BGHZ 56, 47); Widmung einer Straßenfläche (BGH NJW 1987, 3177); Verpachtung zur Ausfüllung eines Sumpfes (KG OLGE 20, 186); Kündigung eines Pacht- (BGH LM Nr 1 zu § 2038), Miet- (BGH NJW 2011, 61; FamRZ 2010, 119; DStR 2010, 1750; beachte OLG Schleswig NZG 2010, 103: Kündigung eines langfristigen Mietverhältnisses über Gewerberaum stellt dann eine Maßnahme der ordnungsgemäßen Verwaltung dar, wenn Verfahrensverstöße oder relevante Inhaltsmängel nicht ersichtlich sind und die Zweckbestimmung des Grundstücks nicht wesentlich verändert wird; vgl auch OLG Schleswig NZG 2010, 103 und BGH NJW 2010 765) oder Darlehensvertrages (OLG Frankfurt ZEV 2012, 258 [Erbengemeinschaft]); Weiterführung eines Handelsgeschäfts (BGHZ 30, 391); gemeinschaftliche Ausübung der Rechte aus einem Geschäftsanteil an einer GmbH durch mehrere Mitberechtigte gem § 18 Abs 1 GmbHG (OLG Jena NZG 2012, 782), insbesondere die Bestellung eines gemeinsamen Vertreters der Mitberechtigten gem § 18 Abs 3 S 1 GmbHG (OLG Nürnberg NZG 2014, 1106); Erhebung einer gesellschaftsrechtlichen Anfechtungs- oder Nichtigkeitsklage sowie die diesbezügliche Mandatierung eines Prozessbevollmächtigten (als Maßnahme der ordnungsgemäßen Verwaltung eines GmbH-Geschäftsanteils: OLG Nürnberg aaO); Ausübung des Informationsrechts nach § 51a GmbHG (da es der Erhaltung des Nachlasses dient, wenn sich die Erben in den Stand setzen, ihre mitgliedschaftlichen Rechte in der GmbH auszuüben und dies keine Auswirkungen auf die Gestalt des Nachlasses hat: OLG Karlsruhe GmbHR 2014, 254); Vermietung (LG Mannheim ZHR 1965, 218); auch Verpachtung oder Einräumung eines ausschließlichen Nutzungsrechts gegen Abfindung an einen der Teilhaber, soweit das einer ordnungsmäßigen Bewirtschaftung entspricht (BGH LM Nr 2 zu § 745; LM Nr 3/4 zu § 743; vgl BGH NJW-RR 2010, 1312); Rücknahme des Eintragungsantrags des Erblassers durch Mehrheitsbeschluss der Erbengemeinschaft (OLG Düsseldorf NJW 1956, 876 f); Verfügungen (RG DR 1944, 572; BGH FamRZ 1965, 267; OLG Frankfurt ZEV 2012, 258; BGH NJW 1999, 781: bei einer Sachgesamtheit von Grundstücken handelt es sich nicht nur bei deren Belastung zum Zwecke der Kreditbeschaffung um einen Akt ordnungsgemäßer Verwaltung, sondern auch bei der Veräußerung von Teilflächen innerhalb der Sachgesamtheit; vgl auch OLG Koblenz ZErb 2011, 1; BGH NJW-RR 2010, 1312; BGH NZG 2011, 546; zur Wirksamkeit nach außen vgl Rn 33 ff); Kündigung eines Verwaltervertrages (BGH NJW 1985, 2943; 1983, 449 f); Einräumung einer Baulast (BGH NJW-RR 2004, 809); Abschluss einer Ratenzahlungsvereinbarung mit illiquiden Teilhabern (BayObLG NJW-RR 2004, 1090); Wärmedämmung einer gemeinsamen Giebelwand (BGH NJW 2008, 2032); Begründung eines Sondernutzungsrechts zu Gunsten eines Teilhabers (BGH NJW 2009, 1270); Einziehung einer gemeinschaftlichen Forderung bzw Ermächtigung eines Teilhabers dazu (BGH NJW 2013, 166); eventuell Bildung von Rückstellungen (BGHZ 140, 63); **nicht** erfasst sind demgegenüber Organisationsakte, durch die sich die Gemeinschaft im Innenverhältnis eine Verfassung gibt (MünchKomm/K Schmidt Rn 18); die Aufhebung der Gemeinschaft (Soergel/Hadding § 744 Rn 2) oder der Verkauf des gemeinschaftlichen Gegenstandes (MünchKomm/K Schmidt Rn 6). Im Rahmen der Miterbengemeinschaft ist umstritten, ob die Aufstellung eines Nachlassverzeichnisses als „gemeinschaftlich vorzunehmende Verwaltungshandlung" im Sinne des § 2038 anzusehen ist (zu Recht verneinend RGZ 65, 10 und 81, 30, da jeder Miterbe allein ein solches Verzeichnis aufstellen kann; dem folgend Soergel/Wolf § 2038 Rn 24, 17; **aA** OLG Karlsruhe FamRZ 1973, 215; Erman/Schlüter § 2038 Rn 10; Speckmann NJW 1973, 1869; diff Sarres ZEV 2001, 225; eingehend hierzu Staudinger/Werner [2010] § 2038 Rn 18).

Auch die **Bestellung eines Verwalters** kann mit Mehrheit beschlossen werden. Allerdings ist gerade hierbei nach § 242 auf die Interessen des von der Verwaltung ausgeschlossenen Teilhabers Rücksicht zu nehmen. Danach hängt es von den Umständen des Einzelfalls ab, ob es zulässig ist, die Verwaltung einem Teilhaber oder einem nahen Angehörigen eines Teilhabers durch Mehrheitsbeschluss zu übertragen (verneinend OLG Dresden SeuffA 65 Nr 164 betr die Bestellung des Ehemanns einer Teilhaberin zum Alleinverwalter; zur Übertragung der gesamten Verwaltung des Nachlasses durch die Erbengemeinschaft auf einen Fremdverwalter OLG Hamm ZEV 2011, 538: dies sei nur dann erforderlich, wenn die Miterben selbst nicht in der Lage oder nicht bereit sind, den Nachlass ordnungsgemäß zu verwalten). 7

2. Kostenumlage

Die Frage, welche Kosten der einzelne Teilhaber aus seinem Privatvermögen nachzuschießen hat, ist in § 748 beantwortet. Hiernach ist jeder Teilhaber verpflichtet, die Kosten der **Erhaltung,** der **Verwaltung** und der **gemeinschaftlichen Benutzung** zu tragen. Insoweit ist er notfalls – dh soweit die Kosten nicht aus den Erträgen gedeckt werden können – verpflichtet, sein Privatvermögen in Anspruch zu nehmen. In diesem Rahmen ist ein Mehrheitsbeschluss daher auch dann zulässig, wenn die Kosten nur aus dem Privatvermögen der Teilhaber aufgebracht werden können. Allerdings ist dabei Folgendes zu beachten: Kosten der *Erhaltung* sind Kosten „notwendiger" Maßnahmen iSv § 744 Abs 2, also solcher, die im Interesse der Gemeinschaft zur Erhaltung der Substanz oder des wirtschaftlichen Wertes im Rahmen ordnungsgemäßer Verwaltung aus der Sicht eines vernünftigen Teilhabers erforderlich sind (OLG Brandenburg v 23. 5. 2008 – 7 U 110/05 nv; OLG Brandenburg FamFR 2013, 550). Maßgeblich ist grundsätzlich ein wirtschaftlicher Maßstab unter Berücksichtigung der Zumutbarkeit für die Teilhaber. Die finanziellen Möglichkeiten der Teilhaber sind zu berücksichtigen (OLG Brandenburg FamFR 2013, 550). Hierdurch sind nur solche Maßnahmen gedeckt, die nicht nur sachlich notwendig, sondern idR auch wirtschaftlich sinnvoll sind (vgl OLG Hamm NZG 2000, 643). Es muss also grundsätzlich die Aussicht bestehen, die für die Erhaltung aufgewendeten Kosten in Form von Nutzungen oder als Teil des Veräußerungserlöses bei Auflösung der Gemeinschaft wieder hereinzuholen (§ 744 Rn 21). Kosten der *Verwaltung* sind nur jene, die durch die Verwaltungstätigkeit als solche entstehen (zB Reisekosten oder Kosten der Zuziehung eines Steuerberaters), nicht dagegen Aufwendungen zur Verbesserung des gemeinschaftlichen Gegenstands. Auch Verwaltungskosten dürfen nach Abs 1 nur im Rahmen des wirtschaftlich Angemessenen verursacht werden, grundsätzlich also nur, wenn sie auf Dauer durch die Vorteile, die die Teilhaber aus dem Gegenstand ziehen, wieder aufgewogen werden. Kosten der *gemeinschaftlichen Benutzung* (zB Telefon-, Internet-, Strom-, Wasser- und Heizungskosten eines gemeinschaftlichen und gemeinsam benutzten Hauses) dürfen durch Mehrheitsbeschluss ebenfalls nur verursacht werden, soweit die Art der Nutzung sich iS des Abs 1 als „ordnungsmäßig", dh wirtschaftlich vernünftig darstellt. 8

Mehrheitsbeschlüsse sind, soweit sie den Teilhabern **private Kosten verursachen, die nicht durch § 748 gedeckt** sind, überhaupt *unzulässig:* die Mehrheit kann grundsätzlich nicht über das Privatvermögen der Minderheit disponieren (vgl BGH WM 1983, 314; OLG Düsseldorf MDR 1970, 416; OLG Hamburg OLGZ 1990, 141). Ein Beschluss, der diese Grenze überschreitet, liegt nicht mehr im Rahmen „ordnungsmäßiger Ver- 9 waltung"; er kann nur einstimmig gefasst werden. Das gilt insbes für „nützliche", dh *wertsteigernde Verwendungen* auf den gemeinschaftlichen Gegenstand. Solche Verwendungen können an sich durchaus im Rahmen einer „ordnungsmäßigen Bewirtschaftung" liegen. Aber das Privatvermögen der Teilhaber darf gegen ihren Willen nicht hierfür herangezogen werden. Wertsteigernde Verwendungen kann die Mehrheit deshalb nur beschließen, wenn sie **wirtschaftlich vernünftig** sind und **aus den Erträgen des Gegenstands oder aus sonstigen der Gemeinschaft als solcher zustehenden Mitteln bestritten werden können** (zutr daher OLG Stuttgart OLGE 8, 82: zulässig der Mehrheitsbeschluss, ein abgebranntes Gebäude mit Hilfe der ausbezahlten Brandversicherung wiederaufzubauen; zur Brandversicherung auch OLG Düsseldorf NJW-RR 1997, 604; vgl andererseits OLG Hamm NZG 2000, 643: Wiederaufbau einer sanierungsbedürftigen Immobilie für Kosten von ca 2 Mio DM). Soweit eine wirtschaftlich ordnungsmäßige Maßnahme ohne Inanspruchnahme privater Mittel nicht möglich ist, ist ein Mehrheitsbeschluss zulässig, wenn die der Mehrheit angehörenden Teilhaber sich verpflichten, die Mittel aus ihrem Vermögen aufzubringen und das Privatvermögen der Minderheit nicht in Anspruch zu nehmen. Im Ergebnis zutreffend deshalb die Rechtsprechung des BGH zum **Wiederaufbau kriegszerstörter Häuser:** ein dahingehender Mehrheitsbeschluss ist unzulässig, wenn dazu Zuschüsse der Teilhaber benötigt werden (BGH BB 1954, 913), zulässig, wenn ein Teilhaber die Kosten freiwillig übernimmt (BGH NJW 1953, 1427). In einem solchen Fall ist auch ein Mehrheitsbeschluss zulässig, durch den festgelegt wird, dass die durch einzelne Teilhaber aufgebrachten Mittel aus künftigen Erträgen oder aus dem künftigen Veräußerungserlös zu erstatten sind (immer vorausgesetzt, die so finanzierte Maßnahme entspricht an sich den Grundsätzen ordnungsmäßiger Verwaltung).

10 Bei der Anwendung von Abs 1 im Rahmen der **Erbengemeinschaft** ist eine Besonderheit zu beachten. In der Erbengemeinschaft bezieht die Verwaltung sich nicht auf die *einzelnen Nachlassgegenstände,* sondern auf den *Nachlass im Ganzen* (BGH NJW 2006, 439; vgl auch OLG Koblenz FamRZ 2011, 402 – Grundstück als Nachlassgegenstand). Infolgedessen kommt es für die Zulässigkeit von Mehrheitsbeschlüssen – soweit es um an sich „ordnungsmäßige" nützliche Verwendungen geht – darauf an, ob sie aus dem Nachlass im Ganzen bestritten werden können; nicht entscheidend ist, ob gerade die Erträge desjenigen Nachlassgegenstands ausreichen, dessen Wert durch die zu beschließende Maßnahme gesteigert werden soll (vgl dazu Muscheler ZEV 1997, 169 ff).

3. Inhaltlich unzulässige Mehrheitsbeschlüsse (Abs 3)

a) Wesentliche Veränderung (Abs 3 S 1)

11 Eine wesentliche Veränderung des Gegenstands kann von der Mehrheit nicht beschlossen werden (Abs 3 S 1). Es ist gleichgültig, ob sie noch als „ordnungsmäßige Verwaltung" anerkannt werden kann oder nicht (BGH WM 1983, 314; BGH NJW 1953, 1427). „Wesentlich" sind **Änderungen der äußeren Gestalt** oder erhebliche Änderungen der **wirtschaftlichen Zweckbestimmung** (BGH DNotZ 1995, 605) des gemeinschaftlichen Gegenstands, also gegebenenfalls der Sachgesamtheit (BGH NJW 2006, 439), wenn sie von einem gewissen Gewicht sind (BGH NJW-RR 2004, 809; BGH NJW-RR 2010, 1312; OLG Düsseldorf MDR 1970, 416; OLG Hamburg OLGZ 1990, 141; MünchKomm/K Schmidt Rn 25; Erman/Aderhold Rn 8; Soergel/Hadding Rn 3; ablehnend Schnorr, 249). Unzulässig sind danach einschneidende Änderungen der äußeren Gestalt oder der wirtschaft-

lichen Zweckbestimmung (BGH NJW 1953, 1427; BGH NJW-RR 1995, 267), insbes unverhältnismäßig teure Maßnahmen (BGH NJW 1983, 932).

Beispiele: BGH WM 1973, 82 (Bebauung eines landwirtschaftlichen Grundstücks); 12
BayObLG Recht 1908, Nr 2662 (unverhältnismäßig kostspielige Anlagen; hier fehlt es allerdings auch schon an der „Ordnungsmäßigkeit"); OLG Hamburg OLGZ 1990, 141 (Einrichtung von Garagen auf Kfz-Abstellfläche); OLG Hamm NJW-RR 1992, 329 (Prostitution in einem Wohnhaus); BGH ZIP 2008, 966 (Beeinträchtigung der Nutzungsbefugnis des Miteigentümers an seinem Fruchtanteil); Gesamtveräußerung (MünchKomm/K Schmidt Rn 25 – anders ggf bei der auf Auseinandersetzung ausgerichteten Erbengemeinschaft, vgl OLG Koblenz FamRZ 2011, 402); Belegen eines Kiesweges mit Platten (BayObLG WuM 1992, 705). **Beispiele für nicht wesentliche Veränderungen**: BGH NJW 1953, 1427 (Errichtung eines Behelfsheims auf einem Trümmergrundstück, wenn bauliche und finanzielle Schwierigkeiten dem Wiederaufbau im früheren Zustand entgegenstehen); Bestellung einer Baulast zur bestimmungsgemäßen Nutzung eines Grundstücks (BGH ZfIR 2004, 474); OLG Düsseldorf MDR 1947, 289 (ebenso); BGH NJW-RR 1995, 267 (Appartement-Hotelanlage besteht im Miteigentum und wird (gesamt-) verpachtet – selbst dann, wenn in der Gemeinschaftsordnung eine Regelung aufgenommen wird, nach der dem einzelnen Miteigentümer eine Wohnung „zur alleinigen Nutzung" zugewiesen wurde; zu Recht zweifelnd MünchKomm/K Schmidt Rn 26); KG OLGE 30, 184 (Ausbau des Dachstuhls zur Schaffung einer weiteren vermietbaren Wohnung); LG Bonn NJW-RR 1991, 1114 (Verlegung einer (Erd-) Gasleitung in einer gemeinsam genutzten Privatstrasse); OLG München v 24. 11. 2009 – 30 U 271/09 nv (Nutzung eines Weges zum Zwecke der Erschließung in einem beschränkten Anliegerverkehr; dort auch: Entfernung einer 10m langen Hecke stellt im Einzelfall keine wesentliche Veränderung des Wegegrundstückes dar); BGH WM 1983, 314 (Aufteilung einer im gemeinschaftlichen Haus befindlichen Wohnung, wenn Zweckbestimmung und Gestalt des Anwesens nicht verändert und Kosten nicht umgelegt werden); OLG Düsseldorf MDR 1970, 416 (Änderung der bisher bestehenden Grundrisseinteilung eines Hauses durch Beseitigung bestehender und Einbau neuer Trennwände); körperschaftliche Organisationsmaßnahmen, die von dem Vertreter einer Erbengemeinschaft im Rahmen der Gesellschafterversammlung einer GmbH durchgesetzt werden, stellen keine wesentlichen Veränderungen des Gegenstandes der Erbschaft dar – mit der Folge, dass innerhalb der Erbengemeinschaft über das Abstimmungsverhalten des Vertreters mit einfacher Mehrheit beschlossen werden kann (OLG Jena GmbHR 2013, 149; dies bedeutet dann auch: Eine Einigung über die Ausübung des Stimmrechts aller Rechtsinhaber eines GmbH-Anteils gemäß § 18 Abs 1 GmbHG ist in einem solchen Fall nicht erforderlich; vgl auch Lange GmbHR 2013, 113; vgl auch OLG Jena DB 2012, 1322: eine Ausnahme von der gemeinschaftlichen Rechtsausübung nach § 18 Abs 1 GmbHG ist dann gegeben, wenn nach dem jeweiligen Innenrecht der Rechtsgemeinschaft eine Mehrheit der Mitberechtigten zur Rechtsausübung für die Rechtsgemeinschaft befugt ist, was bei der Erbengemeinschaft nach § 2038 Abs 2 S 1 iVm § 745 Abs 1 S 1 der Fall ist, wenn der jeweilige Beschlussgegenstand noch der ordnungsgemäßen Verwaltung des Nachlasses zuzurechnen ist). Keine Änderung – wenigstens keine „wesentliche" Änderung – liegt vor, wenn der beschädigte Gegenstand *wiederhergestellt,* insbes wenn ein durch Feuer oder Kriegseinwirkung zerstörtes Haus auf einem gemeinschaftlichen Grundstück wiederaufgebaut wird (BGH NJW 1953, 1427; OLG Düsseldorf NJW-RR 1997, 604; OLG Stuttgart OLGE 8, 82; OLG Düsseldorf MDR 1947, 289). Das gilt an sich auch dann, wenn zum Wiederaufbau **erhebliche Eigenmittel** der

Teilhaber erforderlich sind (aA BGH BB 1954, 913; Soergel/Hadding Rn 3; BGB-RGRK/vGamm Rn 6; MünchKomm/K Schmidt Rn 26 f). In einem solchen Fall fehlt es aber bereits an den Voraussetzungen von Abs 1, weil Inanspruchnahme privater Mittel der Teilhaber keine „ordnungsmäßige Verwaltung" ist (oben Rn 8 ff).

b) Beeinträchtigung der Nutzungsquote (Abs 3 S 2)

13 Unzulässig sind Mehrheitsbeschlüsse, die das Recht des Teilhabers auf den seinem Anteil entsprechenden Bruchteil der Nutzungen beeinträchtigen, Abs 3 S 2. Bei dem Recht auf bruchteilsmäßige Beteiligung an den Nutzungen handelt es sich um ein Individualrecht des Teilhabers. In ein solches Individualrecht darf durch Mehrheitsbeschluss ohne Zustimmung des betroffenen Teilhabers auch dann nicht eingegriffen werden, wenn der Beschluss an sich noch im Rahmen einer ordnungsmäßigen Verwaltung liegen sollte (RG JW 1931, 2722, 2723 mAnm von Oertmann; BGH WM 1962, 464 ff sieht durch den in die Nutzungsquote eingreifenden Beschluss bereits die Regeln ordnungsmäßiger Verwaltung als verletzt an; vgl ferner LG Berlin NJW-RR 1995, 463: keine Zuweisung einzelner Zimmer an einen Partner einer nichtehelichen Lebensgemeinschaft). Nutzungen sind sowohl die Gebrauchsvorteile als auch die Früchte, § 100 (MünchKomm/K Schmidt Rn 24). Abs 3 S 2 hat allerdings *nicht* die Bedeutung, dass dem einzelnen Teilhaber *die reale Beteiligung am Gebrauch oder an den Früchten nicht gegen seinen Willen entzogen werden dürfte.* Vielmehr ist die *Nutzungsart* und die *Nutzungsquote zu* unterscheiden (BGH DNotZ 1995, 604, 605; Bamberger/Roth/Gehrlein Rn 4). Die *Nutzungsart* unterliegt nach Abs 1 der Disposition durch die Mehrheit, sofern nur die Grenzen ordnungsmäßiger Wirtschaft beachtet werden und keine wesentliche Veränderung des Gegenstands beschlossen wird.

14 Die Mehrheit kann daher darüber entscheiden, ob und in welcher Weise der Gegenstand von den einzelnen Teilhabern selbst gebraucht und genutzt werden darf, oder ob er Dritten gegen Entgelt zum Gebrauch oder zur Nutzung überlassen wird (vgl § 743 Rn 34, 38; BGH DNotZ 1995, 604, 606: Miteigentümer eines Appartement-Hotels; OLG Köln NZM 2001, 994; MünchKomm/K Schmidt Rn 24). Zulässig ist auch, dass einem der Teilhaber gegen Abfindung der übrigen ein **ausschließliches Nutzungsrecht** eingeräumt werden soll (oben Rn 6). Auch ein Mehrheitsbeschluss, der eine Nutzung anordnet, die den allen Teilhabern zufließenden Reinertrag schmälert, verstößt nicht gegen Abs 3 S 2, solange er nicht einzelne Teilhaber gegenüber anderen bevorzugt (Soergel/Hadding Rn 4). In einem solchen Fall ist nur problematisch, ob nicht die Grenzen ordnungsmäßiger Verwaltung iSv Abs 1 verletzt sind. **Unvereinbar mit Abs 3 S 2** sind nur Beschlüsse, die aus dem Gegenstand gezogene Vorteile – Gebrauchsvorteile, natürliche Früchte oder das Nutzungsentgelt, je nachdem, welche Nutzungsart beschlossen ist – im Widerspruch zu den Regeln des § 743 Abs 1 und Abs 2 unter die Teilhaber verteilen.

4. Beschlussfassung

a) Berechnung der Mehrheit (Abs 1 S 2)

15 Die Mehrheit bestimmt sich nach der Größe der Anteile (in der Erbengemeinschaft nach der Größe der Erbteile), nicht nach Köpfen, Abs 1 S 2 (BGH NJW-RR 2009, 1666). Sind nur zwei Teilhaber vorhanden und die Anteile verschieden groß, so hat der eine dementsprechend von vornherein die Mehrheit (vgl BGH NJW 2013, 166); das Mehrheitsprinzip wird hierdurch nicht außer Kraft gesetzt (BGB-RGRK/vGamm Rn 9; Soer-

GEL/HADDING Rn 7; MünchKomm/K SCHMIDT Rn 21; **aA** LARENZ JherJb 83 [1993] 144; ENGLÄNDER 121). Bei zwei gleich großen Anteilen ist eine Mehrheitsentscheidung von vornherein nicht möglich (RG Recht 1906, Nr 928; RGZ 160, 122, 128). Ergibt sich keine Mehrheit, muss die ins Auge gefasste Maßnahme unterbleiben – *potior est condicio prohibentis* (RG JW 1906, 112). Es bleibt dann nur die Einigung oder das Verfahren nach Abs 2. Bei der Wohnungseigentümergemeinschaft gilt gem § 25 Abs 2 WEG grundsätzlich das Kopfprinzip, um Majorisierung zu vermeiden (abdingbar, näher BÄRMANN [2013] § 25 WEG Rn 176).

b) Verweigerung der Mitwirkung

Eine Verpflichtung, an Beschlüssen gem Abs 1 mitzuwirken, besteht nicht (OLG Düsseldorf DB 1998, 2159; LG Aachen ZMR 2011, 819). Der Teilhaber, der mit seinem Antrag scheitert, hat folgende **Möglichkeiten**: Liegen die Voraussetzungen nach § 744 Abs 2 vor, kann er die **Maßnahme selbst** durchführen und auch verlangen, dass die übrigen Teilhaber hierzu im Voraus ihre Einwilligung erteilen. Außerdem kann er gem Abs 2 die **Zustimmung** zu Verwaltungsmaßnahmen **verlangen**, die billigem Ermessen entsprechen. Von einem Teilhaber, der seine Zustimmung zu einer hiernach an sich gebotenen Maßnahme grundlos verweigert, kann er **Schadensersatz** verlangen (KG NJW 1953, 1592; SOERGEL/HADDING Rn 6). Grundlage für den Schadensersatzanspruch ist nicht Abs 1 – denn der widerstrebende Teilhaber ist, wie gesagt, nicht verpflichtet, am Beschluss mitzuwirken und in einem bestimmten Sinn abzustimmen –, wohl aber Abs 2 iVm §§ 311, 241 Ab 2, 280 Abs 1, 276, 278 (vgl generell BGH NJW 2006, 439). Jeder Teilhaber hat nach Abs 2 einen schuldrechtlichen Anspruch darauf, dass die übrigen Teilhaber an einer billigem Ermessen entsprechenden Verwaltungsmaßnahme mitwirken (unten Rn 50 ff); weigern sie sich, so verletzen sie ihre Pflicht aus dem gesetzlichen Schuldverhältnis. Als **letzter Ausweg** für den Teilhaber, sich der Obstruktion durch die übrigen Teilhaber zu entziehen, bleibt die **Aufhebung** der Gemeinschaft nach § 749. Ist die Aufhebung durch Vereinbarung ausgeschlossen, kann die Verletzung der Pflicht, an billigem Ermessen iSv Abs 2 entsprechenden Maßnahmen mitzuwirken, einen wichtigen Grund darstellen, der die Aufhebung stets ermöglicht (§ 749 Abs 2, 3; MünchKomm/K SCHMIDT Rn 17). 16

c) Art der Beschlussfassung

Die §§ 741 ff enthalten **keine Vorschriften**, die die **Art der Beschlussfassung** näher regeln (anders für die Wohnungseigentümergemeinschaft §§ 23 ff WEG). Der Mehrheitsbeschluss kann deshalb **formlos** gefasst werden (BGHZ 140, 63), Stellvertretung ist möglich (ERMAN/ADERHOLD Rn 2). Nicht erforderlich ist, dass eine Versammlung der Teilhaber abgehalten wird. Damit entfallen auch alle denkbaren Förmlichkeiten hinsichtlich Ladung, Tagesordnung, Feststellung des Beschlussergebnisses u dgl. Zulässig sind zB telefonisch, schriftlich (im Umlaufverfahren) und insbes auch durch konkludentes Verhalten gefasste Beschlüsse (MünchKomm/K SCHMIDT Rn 16 mit dem zutreffenden Hinweis, dass die bloße Duldung eines Zustandes oder einer Übung kein den § 745 Abs 2 ausschließender Konsens darstelle und [Rn 19] dass im Wege konkludenter Beschlussfassung nur einstimmige Beschlüsse, nicht Mehrheitsbeschlüsse zustandekommen werden; so auch OLG Celle NZG 1999, 649; SOERGEL/HADDING Rn 6 [mE problematisch, OLG Stuttgart NJW-RR 1987, 1098: Die tatsächliche Nutzung könne sich zur rechtlichen Nutzungsregelung verdichten, die nur über § 745 Abs 2 geändert werden könne. Damit ist im Innenverhältnis nichts gewonnen]). Ein Mindestmaß an geordneter Beschlussfassung in Anlehnung an gesellschaftsrechtliche Maßstäbe (STAUDINGER/vPROFF Vorbem 14 ff) wird aber grundsätzlich nach Treu 17 und Glauben, vor allem bei solchen Gemeinschaften zu fordern sein, die auf Dauer angelegt sind.

18 Eine **Vertretung** bei der Beschlussfassung ist möglich. Eine isolierte Abtretung des Stimmrechts – also seine Abspaltung von der Beteiligung am gemeinschaftlichen Gegenstand – ist nicht möglich; die Verwaltungsbefugnisse sind nach §§ 744, 745 untrennbarer Bestandteil der Teilhaberstellung. Es verhält sich ähnlich wie im Fall der Gesellschaft (vgl dazu BGHZ 3, 354; BGHZ 20, 363).

d) Beschlussfassung durch die Mehrheit ohne Zuziehung der Minderheit

19 Die gänzliche Formlosigkeit des Beschlusses (Rn 17) hat nach hM zur notwendigen Folge, dass die **Wirksamkeit** des Beschlusses **nicht davon abhängt**, ob der **Minderheit ausreichende Gelegenheit zur Mitwirkung** gegeben worden ist (ganz hM, vgl BGHZ 56, 47, 56; KG OLGE 20, 186; offengelassen in BGH NJW 2013, 166; PALANDT/SPRAU Rn 1; **aA** MünchKomm/K SCHMIDT Rn 19; ähnlich WERKMÜLLER ZEV 1999, 219 und MUSCHELER ZEV 1997, 174). Die Mehrheit kann daher wirksame Beschlüsse fassen, auch ohne die Minderheit zuzuziehen; hat ein Teilhaber allein die Mehrheit, kann er den Beschluss in petto fassen. Wollte man generell anders entscheiden, müsste man für die Beschlussfassung bestimmte Förmlichkeiten oder aber Einstimmigkeit vorsehen; auf beides hat aber der Gesetzgeber gerade verzichtet.

20 Korrekt ist das schlichte Übergehen der Minderheit durch die Mehrheit allerdings nicht. Jedenfalls bei nicht nur rein zufälligen Gemeinschaften mit dem Ziel alsbaldiger Auflösung folgt jedenfalls aus § 242, bei größeren und auf Dauer angelegt ggf auch aus vorsichtiger analoger Anwendung gesellschaftsrechtlicher Normen, dass gewisse Grundregeln des **fairen Umganges** zu wahren sind; alles andere widerspräche einer Verwaltung nach billigem Ermessen, § 745 Abs 2. Zwar mag im Falle der Außenwirkung eines Beschlusses der Schutz Dritter besondere Beachtung verdienen (BGHZ 56, 47, 56: Unwirksamkeit allenfalls „wenn die Interessen der Minderheit in grober Weise verletzt wurden"); im Innenverhältnis spielen diese Überlegungen allerdings keine Rolle (ähnl MünchKomm/K SCHMIDT Rn 19). Jeder Teilhaber ist – wenn er nicht gerade unerreichbar ist und die Beschlussfassung einen Aufschub nicht duldet – vor dem Beschluss wenigstens zu **hören** (vgl die Ausführungen in Rn 5; zu der Parallelproblematik im GmbH-Recht vgl etwa OLG Hamm NJW-RR 1998, 967; OLG Hamm NZG 2003, 926; OLG Jena GmbHR 2013, 149; zusammenfassend BeckOK GmbHG/SCHINDLER § 48 Rn 17 mwNw). Das Recht auf angemessenes Gehör ergibt sich sowohl aus dem allgemeinen Prinzip des § 744 Abs 1 – die Verwaltung ist gemeinschaftliche Sache der Teilhaber, auch soweit für die Entscheidung Mehrheitsbeschlüsse genügen – als auch aus § 242. Schwierigkeiten macht es allerdings, den Pflichtverstoß mit geeigneten Sanktionen zu versehen. UU kann die Mehrheit sich dadurch, dass sie die Minderheit nicht gehört hat, der Minderheit gegenüber *schadensersatzpflichtig* machen (OLG Kiel OLGE 13, 428; KG OLGE 20, 186, 187; BGHZ 56, 47, 56: für Erbengemeinschaften). Das Problem liegt darin, dass es der Minderheit schwerfallen wird, ihren **Schaden zu beziffern,** und vor allem die *Kausalität* zwischen der Verweigerung des Gehörs und dem Eintritt des Schadens nachzuweisen (die Mehrheit wird geltend machen, dass der Beschluss, wäre die Minderheit gehört worden, nicht anders ausgefallen wäre). Daran wird regelmäßig der – theoretisch mögliche – Anspruch der Minderheit scheitern, im Weg der Naturalrestitution den Beschluss wieder aufzuheben: die Mehrheit wird, trotz des inzwischen laut gewordenen Widerspruchs der Minderheit,

an ihrem Beschluss festhalten. Denkbar ist noch, dass die Minderheit das unkorrekte Vorgehen der Mehrheit zum Anlass nimmt, die *Aufhebung der Gemeinschaft* zu betreiben. Ist die Aufhebung durch Vereinbarung ausgeschlossen, kann das Übergehen der Minderheit durch die Mehrheit einen *wichtigen Grund* für die Aufhebung der Gemeinschaft darstellen (OLG Kiel OLGE 13, 428).

e) Ausschluss vom Stimmrecht

Für den Ausschluss vom Stimmrecht wegen Interessenkollision gibt es keine besonderen Regeln. Deshalb müssen die allgemeinen Regeln des Verbandsrechts herangezogen werden. Nach hM ist insoweit aus dem Vereinsrecht **§ 34 analog anzuwenden** (BGH NJW 1983, 450; BGHZ 34, 367, 372; BGHZ 56, 47, 52; OLG Düsseldorf NJW-RR 1998, 12; BGB-RGRK/vGamm Rn 9; iE ebenso MünchKomm/K Schmidt Rn 20; eine ausdrückliche Regelung in dieser Richtung enthält § 25 Abs 5 WEG für die Wohnungseigentümergemeinschaft; ablehnend Schnorr 246). § 34 schließt das Vereinsmitglied vom Stimmrecht aus, wenn die Beschlussfassung die Vornahme eines Rechtsgeschäfts mit ihm oder einen Rechtsstreit zwischen ihm und dem Verein betrifft. Der zweite Punkt spielt im vorliegenden Zusammenhang keine Rolle, da die Gemeinschaft nicht parteifähig ist, Prozesse also nur unmittelbar zwischen den Teilhabern möglich sind. Insoweit unterliegen die Teilhaber aber keinen Mehrheitsbeschlüssen; jeder kann frei entscheiden, ob er einen Rechtsstreit führen will oder nicht und ob und wie er einen begonnenen Rechtsstreit erledigen will. Die analoge Anwendung des § 34 hat also praktisch die Bedeutung, dass ein Teilhaber nicht mitstimmen kann, wenn es bei der Verwaltungsmaßregel darum geht, dass die übrigen Teilhaber ihm gegenüber ein Rechtsgeschäft vornehmen. Der betroffene Teilhaber kann demnach zB nicht mitstimmen, wenn darüber beschlossen werden soll, ihm den gemeinschaftlichen Gegenstand zu verpachten (dazu BGHZ 56, 47, 52: § 34 gilt nicht für Verpachtung an GmbH, an der einer der Teilhaber beteiligt ist), oder ihm die Befugnis zu übertragen oder zu entziehen, den gemeinschaftlichen Gegenstand zu verwalten (zum zuletzt genannten Fall vgl BGH NJW 1983, 450; BGHZ 34, 367, 371). 21

Der **Stimmrechtsausschluss** ist allerdings für die verschiedenen Personenverbände **unterschiedlich geregelt**. Eine dem § 34 entsprechende Regelung sieht § 47 Abs 4 S 2 GmbHG vor. Dagegen ist im Aktienrecht (seit 1937) und daran anschließend im Genossenschaftsrecht (seit 1973) das Stimmrecht *nicht* ausgeschlossen, wenn es um ein *Rechtsgeschäft* mit dem Aktionär oder dem Genossen geht (§ 136 Abs 1 S 1 AktG, § 43 Abs 6 GenG). Im Recht der BGB-Gesellschaft, der OHG und der KG fehlt eine Regelung. Für sie wurde mit Rücksicht auf die Neufassung der aktien- und genossenschaftsrechtlichen Regelungen eine Zeitlang verstärkt die Auffassung vertreten, dass der Gesellschafter mitbestimmen kann, wenn es um Rechtsgeschäfte der Gesellschaft mit ihm geht (Großkomm HGB/Fischer § 119 Rn 22; Hueck, OHG § 11 III 2 [alle für die OHG]; BGB-RGRK/vGamm § 709 Rn 13; Vogel, Gesellschafterbeschlüsse u Gesellschafterversammlung [2. Aufl 1986] 85 f, 88). Einem Missbrauch des Stimmrechts durch den interessierten Gesellschafter könne dadurch begegnet werden, dass seine Stimme wegen des Verstoßes gegen die gesellschaftsrechtliche Treuepflicht nicht beachtet werde. Anderer Ansicht nach sind § 34 bzw § 47 Abs 4 GmbHG und nicht § 136 AktG analog anzuwenden, sodass das Stimmrecht auch in diesem Fall ausgeschlossen ist (Zöllner, Die Schranken mitgliedschaftlicher Stimmrechtsmacht bei den privatrechtlichen Personenverbänden [1963] 190 ff; Flume I 1 § 14 IX; RGZ 136, 236, 245; Staudinger/Kessler[12] § 709 Rn 9; MünchKomm/C Schäfer § 709 Rn 70; Schlegelberger/Martens § 119 Rn 40; Er- 22

MAN/WESTERMANN § 709 Rn 26; BAUMBACH/HOPT § 119 Rn 8). Die letztgenannte Ansicht überzeugt (vgl auch MünchKomm/K SCHMIDT Rn 20: „Ein Stimmrechtsausschluss wegen Interessenkollision ergibt sich aus dem Rechtsgedanken des § 181 (Insichgeschäft), 34 BGB, 47 Abs 4 GmbHG, 136 AktG, 43 Abs 6 GenG"). Eine allgemeine Tendenz des Gesetzgebers, Stimmverbote beim Abschluss eines Rechtsgeschäfts zwischen Gesellschafter und Gesellschaft zu beseitigen, lässt sich nicht feststellen, zumal die ursprünglich idS geplante Reduktion des § 47 Abs 4 GmbHG in der GmbH-Novelle 1980 später fallengelassen wurde (MünchKomm/C SCHÄFER § 709 Rn 70; MATTHIESSEN, Stimmrecht und Interessenkollision im Aufsichtsrat [1986] 96).

23 Der **Stimmrechtsausschluss** ist vielmehr **von Verbandsart zu Verbandsart verschieden zu beurteilen**. Die Regelungen zu AG und Genossenschaft lassen sich nicht ohne weiteres auf GbR, OHG und KG übertragen, weil der Verzicht auf den Stimmrechtsausschluss eng mit der Kompetenzverteilung in AG und Genossenschaft zusammenhängt. Sie weicht wesentlich von derjenigen bei den Personengesellschaften ab. Denn mit der Neuregelung des Stimmrechts wurden im gleichen Zuge die Entscheidungskompetenzen der Hauptversammlung/Generalversammlung in der Weise gekürzt, dass die den Aktionären/Genossenschaftern eingeräumte Stimmrechtsmacht sich nicht mehr direkt auf Rechtsgeschäfte im Rahmen der Geschäftsführung auswirken konnte (auf diesen Zusammenhang weist MATTHIESSEN 167 besonders hin). Sie erfasste nur noch Grundlagengeschäfte, die von Stimmrechtsbeschränkungen frei sein sollten, sodass konsequent ein genereller Verzicht auf den Stimmrechtsausschluss bei Rechtsgeschäften eingeführt wurde. Dagegen blieb dort, wo die Eingriffsmöglichkeit der Gesellschafterversammlung in die Geschäftsführung erhalten geblieben ist, auch der Stimmrechtsausschluss für Rechtsgeschäfte.

24 Zudem reicht die Möglichkeit, eine Treuepflichtverletzung im Einzelfall geltend zu machen, zum Schutz der Gesellschafter nicht aus, zumal die Argumentations- und Beweislast bei demjenigen liegt, der sich auf die Treuepflichtverletzung beruft (MünchKomm/C SCHÄFER § 709 Rn 70). MARTENS (SCHLEGELBERGER § 119 Rn 40) weist darüber hinaus zu Recht darauf hin, dass das Verhältnis der Gesellschafter einer Personengesellschaft vom **persönlichen Vertrauen** geprägt ist. Um das Vertrauensverhältnis zu schützen, sollte dem Interessenkonflikt durch ein generelles Stimmverbot analog § 34 vorgebeugt werden. § 181 (so aber FLUME I 1 § 14 IX; WILHELM JZ 1976, 674 ff; für die Gemeinschaft auch STAUDINGER/HUBER[12] § 745 Rn 20 und MünchKomm/K SCHMIDT Rn 20) ist demgegenüber nicht anwendbar. § 181 passt vom Schutz- und Anwendungsbereich nicht; er richtet sich auf den Schutz des Vertretenen, während es bei den verbandsrechtlichen Stimmverboten um den Schutz der verbandsinternen Willensbildung geht (MünchKomm/C SCHÄFER § 709 Rn 68). Es liegt keine Vertretungssituation iSd § 181 vor. Der Gesellschafter nimmt primär eigene Rechte wahr, nicht fremde als Vertreter (SCHLEGELBERGER/MARTENS § 119 Rn 40; WIEDEMANN, GesR [1980] Bd 1, 182). Darüber hinaus bietet § 181 sachlich keine Maßstäbe dafür, unter welchen Umständen sich ein Gesellschafter an der Abstimmung beteiligen darf. Diese Maßstäbe sind primär durch Abwägung gesellschaftsrechtlicher Wertungsaspekte und Regelungsalternativen zu entwickeln, und zwar von Verbandsart zu Verbandsart verschieden (WIEDEMANN aaO; SCHLEGELBERGER/MARTENS § 119 Rn 40).

25 Die Anwendung dieser Wertungen auf die Gemeinschaft bestätigt die hier vertretene Auffassung, dass beim Beschluss über ein Rechtsgeschäft mit einem Teilhaber

der betroffene Teilhaber selbst nicht mitstimmen kann. Das folgt zum einen aus der Tatsache, dass die Gemeinschaft bindende Beschlüsse in Bezug auf ihre Verwaltung kennt (Matthiessen 168). Zum anderen *bedürfen* die übrigen Teilhaber dieses Schutzes; die Möglichkeit, geltend zu machen, dass der Beschluss nicht der ordnungsgemäßen Verwaltung iSd § 745 Abs 1 entspreche, reicht nicht aus. Zur Stimmrechtsbefugnis eines Teilhabers, der zugleich Kommanditist eines Mieters der Gemeinschaft ist, daher mE zutr OLG Düsseldorf NJW-RR 1998, 12. Zur Erbengemeinschaft BGH ZEV 2007, 486 mAnm Ann.

Der Ausschluss vom Stimmrecht hat die **Folge**, dass die **Mehrheit der übrigen Teilhaber** entscheidet. Praktisch bedeutet das, dass der betroffene Teilhaber immer die Mehrheit der übrigen Teilhaber auf seiner Seite haben muss, wenn es um die Frage geht, ob ein Rechtsverhältnis zwischen ihm und den übrigen Teilhabern begründet oder fortgesetzt werden soll. Das ist sachgerecht. 26

5. Wirkungen im Innenverhältnis

a) Allgemeines

Im Innenverhältnis ist der fehlerfrei zustande gekommene Beschluss für alle Teilhaber **bindend** (vgl nur OLG Köln NZM 2001, 994; Erman/Aderhold Rn 4; Palandt/Sprau Rn 4 mwNw). Das heißt: Jeder Teilhaber ist den übrigen gegenüber *verpflichtet,* an der Ausführung des Beschlusses mitzuwirken. Der Teilhaber, dem im Beschluss die Ausführung übertragen ist, ist *berechtigt,* die erforderlichen Maßnahmen zu ergreifen (etwa Verschönerungsarbeiten durchzuführen oder einen Handwerker zu beauftragen). 27

Praktisch bedeutet das vor allem, dass die Mehrheit es in der Hand hat, **die beschlossene Maßnahme durchzuführen, ohne die Minderheit zuzuziehen** – soweit die Durchführung ohne Mitwirkung der Minderheit möglich ist (BGH NJW 1952, 1111; BGH v 27. 10. 1956 – IV ZR 126/56 nv; BGHZ 56, 47; Flume I 1 117; Soergel/Hadding Rn 9; Palandt/Sprau Rn 4; Erman/Aderhold Rn 4; vgl allerdings BGHZ 49, 183, 192: „Diese Auffassung ist nicht unbedenklich. Bei ihr wäre die Minderheit auf Schadensersatzansprüche beschränkt, falls gar kein Mehrheitsbeschluss vorläge. Denn die Minderheit würde, könnte die vermeintliche Mehrheit den gefassten Beschluss ausführen, mit einer Klage zu spät kommen und vor vollendeten Tatsachen stehen"; gänzlich abgelehnt wird sie von BGB-RGRK/vGamm Rn 10; OLG Königsberg SeuffA 63, Nr 89 [nach außen müssten alle Teilhaber mitwirken; ihre Willenserklärung sei notfalls durch Urteil gem § 894 ZPO zu ersetzen]). Das Mehrheitsprinzip nur bei der Beschlussfassung gelten zu lassen, bei der Durchführung dagegen gemeinschaftliches Handeln aller Teilhaber zu verlangen, ist wenig sinnvoll; Abs 1 wäre dadurch zu einem guten Teil seiner praktischen Bedeutung beraubt. Das gilt auch, wenn man der Mehrheit (nur) ausnahmsweise in Not- und Eilfällen, in denen ein Urteil zu spät käme, die unmittelbare Durchführung der beschlossenen Maßnahme gestattet (so BGHZ 49, 183, 192; BGB-RGRK/vGamm Rn 10). Der Zweck des Mehrheitsprinzips ist gerade, die ordnungsmäßige Verwaltung auf unkomplizierte, Verzögerungen ausschließende Weise zu ermöglichen. Dieser Zweck wäre beeinträchtigt, hätte die Minderheit das Recht, die Maßnahme bis zur rechtskräftigen Verurteilung zu verhindern. Einem gesetzmäßig gefassten Beschluss muss sie sich ohnehin beugen. Ist *streitig,* ob die Maßnahme gesetzmäßig ist, so ist es für die Zwischenzeit immer noch richtiger, dass die Minderheit sich der Mehrheit beugt als umgekehrt. Die Minderheit ist durch Un- 28 terlassungs- und Schadensersatzansprüche zwar nicht vollständig, aber doch ausreichend geschützt. Es liegt näher, die Minderheit gegenüber gesetzwidrigen Maßnahmen auf Unterlassungs- und Schadensersatzansprüche zu beschränken, als die Mehrheit an der Ausführung gesetzmäßiger Beschlüsse zu hindern und sie ihrerseits auf Schadensersatzansprüche gegen die ihre Mitwirkung verweigernde Minderheit zu verweisen (so zutr BGHZ 56, 47, 51). Im Streitfall ist also die Mehrheit zum Handeln in der Lage, solange ihr das nicht durch rechtskräftige Entscheidung wegen festgestellter Rechtswidrigkeit des Beschlusses oder durch einstweilige Verfügung untersagt ist. Die Tatsache allein, dass die Rechtmäßigkeit des Beschlusses streitig ist, hindert sie nicht, tätig zu werden.

29 Das gilt allerdings zunächst nur für die Handlungsbefugnis im **Innenverhältnis**. Damit ist noch nicht gesagt, dass die Mehrheit auch das Recht hat, die Minderheit rechtsgeschäftlich zu **vertreten**. Aber die Mehrheit hat – wenn der Beschluss gesetzmäßig ist – mindestens die Befugnis, diejenigen Maßnahmen durchzuführen, bei denen das ohne Zuziehung der Minderheit möglich ist. Ist beispielsweise eine Reparatur beschlossen, so können die der Mehrheit angehörenden Teilhaber jedenfalls im eigenen Namen den Handwerker beauftragen. Besteht die Gemeinschaft aus drei Teilhabern A, B und C, hat A den gemeinschaftlichen Gegenstand im Besitz und beschließt die aus A und B bestehende Mehrheit – nach Abs 1 rechtmäßig –, den Gegenstand an X zu verpachten, so dürfen A und B jedenfalls für ihre Person den Pachtvertrag mit X abschließen (Flume I 1, 117), und A ist berechtigt, den Besitz des Gegenstandes an X zu übertragen.

b) Bindungswirkung des Beschlusses

30 Selbstverständlich kann ein gesetzmäßig zustande gekommener Mehrheitsbeschluss jederzeit im allgemeinen Einverständnis aller Teilhaber aufgehoben oder abgeändert werden. Fraglich ist, ob er im Weg des actus contrarius auch **durch Mehrheitsbeschluss wieder aufgehoben** werden kann. Das wird überwiegend abgelehnt (so Soergel/Hadding Rn 8; wohl auch BGH NJW 1961, 1299, 1300; **aA** MünchKomm/K Schmidt Rn 21). Es könne nichts anderes gelten als bei einstimmig gefassten Beschlüssen. Der zunächst überstimmten Minderheit müsse es freistehen, sich nach Abstimmung der Mehrheit anzuschließen und dadurch den Beschluss zu einem einstimmigen zu machen. Würden nun, was die Abänderung angehe, einstimmige Beschlüsse und Mehrheitsbeschlüsse unterschiedlich behandelt, so müsste man notwendigerweise weiter zwischen solchen Mehrheitsbeschlüssen unterscheiden, denen die Minderheit sich „angeschlossen" hat, und solchen, bei denen das nicht der Fall ist. Eine solche Unterscheidung sei aber innerlich nicht gerechtfertigt und – angesichts der gänzlichen Formlosigkeit des Beschlussverfahrens – auch nicht praktikabel. Ein Abgehen vom Beschluss durch Mehrheitsentscheid sei deshalb nur bei veränderter Sachlage und nur dann zulässig, wenn die Voraussetzungen des Abs 1 auch hinsichtlich des zweiten Beschlusses gegeben sind.

31 Die **Prämisse** dieser Begründung ist **mE unzutreffend** (vgl MünchKomm/K Schmidt Rn 21). Die Auslegung einer einstimmigen Vereinbarung kann ergeben, dass sie nicht änderungsfest ist (§ 744 Rn 16). Dasselbe gilt für Beschlüsse, ohne dass es darauf ankäme, ob ihr Gegenstand einstimmiger Beurteilung oder strittiger Abstimmung unterlag. Gerade bei knappen Mehrheiten kann der Fortgang der Diskussion einen sinnvollen und zweckmäßigen Meinungsumschwung mit sich bringen. Andererseits sind natürlich die Funktionsfähigkeit der Gemeinschaft und das Vertrauen der einzelnen Bruchteilsgemeinschafter angemessen zu berücksichtigen. Insoweit bietet sich bei (vergleichbaren) Bruchteilsgemeinschaften eine vorsichtige Orientierung an der Rechtsprechung zum WEG an: Danach ist die Gemeinschaft grundsätzlich befugt, über eine schon geregelte Angelegenheit erneut zu beschließen (BGHZ 113, 197 ff; BayObLG DNotZ 1995, 619; Überbl bei Lüke ZWE 2000, 98 ff). Dabei sind aber schutzwürdige Belange aus Inhalt und Wirkungen des Erstbeschlusses zu beachten (BayObLG aaO). Soweit der Erstbeschluss somit Vertrauenstatbestände, Verpflichtungen und insbes Vermögensdispositionen ausgelöst hat, mag seine Abänderung mit der hM unzulässig sein, sonst nicht.

Die **Tragweite der Bindungswirkung** richtet sich daher nach dem Inhalt des einzelnen Beschlusses. Haben die Teilhaber – und sei es nur mit Mehrheit – entschieden, das gemeinschaftliche Grundstück an den X zu verpachten, können sie dies – wenn nicht neue Umstände vorliegen – idR nur einstimmig rückgängig machen. Dagegen betrifft die spätere Entscheidung, ob das Pachtverhältnis mit X zum zulässigen Termin gekündigt oder bei Zeitablauf verlängert werden soll, einen neuen Sachverhalt: insoweit sind die Teilhaber, schon nach dem Inhalt des ersten Beschlusses, nicht gebunden. Im Übrigen setzt ein Mehrheitsbeschluss voraus, dass die Beteiligten sich rechtsverbindlich geäußert und nicht bloße Meinungsäußerungen abgegeben haben: bloße Meinungsäußerungen, auch der Mehrheit, haben keine verbindliche Wirkung. 32

6. Wirkungen im Außenverhältnis

a) Meinungsstand

Die Frage, ob die **Mehrheit die widerstrebende Minderheit** bei der Vornahme von Rechtsgeschäften **vertreten** kann, ist umstritten. Ein ähnliches Problem stellt sich im Zusammenhang mit § 744 Abs 2 (dazu § 744 Rn 31 ff). Aber die Ausgangslage ist in beiden Fällen – Vertretung durch den notgeschäftsführungsberechtigten Teilhaber und Vertretung durch die Mehrheit – nicht die gleiche. Das Notgeschäftsführungsrecht nach § 744 Abs 2 ist ein *Individualrecht*, das dem einzelnen Teilhaber in seinem *eigenen Interesse* verliehen ist (§ 744 Rn 29 f). Das spricht *gegen* rechtsgeschäftliche Vertretungsmacht; insbes gegen die Macht, die Mitgesellschafter zu verpflichten (§ 744 Rn 37 ff). Im vorliegenden Zusammenhang ist dagegen von dem Grundsatz auszugehen, dass die Minderheit sich bei der gemeinschaftlichen Verwaltung im Konfliktfall der Mehrheit beugen muss; deshalb wäre es zumindest denkbar, eine Vertretungsmacht der Mehrheit anzunehmen, auch wenn man im Rahmen des § 744 eine Vertretungsmacht verneint. 33

Praktische Bedeutung erlangt das Problem vor allem bei **Erbengemeinschaften**, auf die § 745 kraft Verweisung (§ 2038 Abs 2 S 1) Anwendung findet. Dort steht die hM auf dem Standpunkt, dass die Mehrheit jedenfalls bei Verpflichtungsgeschäften die Minderheit vertreten kann (vgl Staudinger/Werner [2010] § 2038 Rn 40; Brox, Erbrecht [26. Aufl 2014] Rn 482; Lange/Kuchinke § 45 III 6 c; Kipp/Coing § 114 IV 2 C; Soergel/Wolf § 2038 Rn 8; BGB-RGRK/Kregel § 2038 Rn 8; zweifelnd Palandt/Edenhofer § 2038 Rn 15). Grundlegend zu der hier relevanten Frage, ob der Mehrheit eine Vertretungsmacht zuzusprechen ist, ist die Entscheidung des III. – also des erbrechtlichen – Senats BGHZ 56, 47 = DNotZ 1972, 22 (die Miterbengemeinschaft hat ein Nachlassgrundstück verpachtet; die Mehrheit beschließt Verlängerung des Pachtvertrags um 20 Jah- 34 re; die Änderung des Pachtvertrags wird von einem Mitglied der Mehrheit „als Bevollmächtigter bzw Vertreter der Mitglieder der Erbengemeinschaft" mit dem Pächter vereinbart; der überstimmte Miterbe klagt vergeblich auf Feststellung, dass der geänderte Pachtvertrag ihm gegenüber unwirksam sei; vgl ähnlich auch BGH MDR 2012, 1470). Zur Begründung führt der III. Senat an, es müsse zu „langwierigen und mit einer ordnungsgemäßen Verwaltung praktisch unvereinbaren Verzögerungen" führen, wenn wichtige Verwaltungsmaßnahmen erst durchgesetzt werden könnten, nachdem eine widerstrebende Minderheit im Prozessweg gezwungen worden sei, ihre Zustimmung zu der Maßnahme zu erteilen und zu ihrer Durchführung mitzuwirken (vgl im Übrigen die Angaben zu § 2038 Rn 40 f; vorsichtiger noch BGHZ 56, 47, 49; eine solche Befugnis bestehe zumindest in Not- und Eilfällen. Denselben Standpunkt vertreten für die Rechtsgemeinschaft Soergel/Hadding Rn 9; Erman/Aderhold Rn 4; Palandt/Sprau Rn 4; grundsätzlich auch MünchKomm/K Schmidt Rn 26 [außer bei Verpflichtungen zu Geldleistungen]).

35 Eine Besonderheit soll nach einer Ansicht bei **Verfügungen** über den Nachlassgegenstand gelten. Insoweit soll § 2040 Abs 1 (Verfügung über einen Nachlassgegenstand nur durch alle Erben gemeinschaftlich) die Vertretungsmacht der Mehrheit ausschließen (vgl noch BGH NJW 1963, 244; Staudinger/Werner [2010] § 2038 Rn 6, 40; OLG Frankfurt v 12. 11. 2010 – 2 U 117/10 nv [Einziehung einer Forderung, jedoch unter Verkennung der Unterscheidung zwischen Innen- und Außenverhältnis]; Mahlmann ZEV 2009, 320; Erman/Schlüter § 2040 Rn 3; vgl MünchKomm/Heldrich § 2040 Rn 3 und Rn 7 ff; Werner ZEV 2006, 360; **aA** zB Lange JuS 1967, 453, 456; Kipp/Coing § 114 IV 2 c, 631; Johannsen WM 1970, 573, 576; Ann MittBayNot 2007, 133 [134 f]; Jauernig/Stürner, § 2040 Rn 2; Soergel/M. Wolf § 2038 Rn 5; Muscheler ZEV 1997, 222, 230 f; Schopp, ZMR 1967, 193 195; eingehend und differenzierend Staudinger/Werner [2010] § 2038 Rn 40). Der BGH teilt diese Bedenken indes nicht. Bruchteilseigentümer können hiernach ein Mietverhältnis über das gemeinschaftliche Grundstück wirksam mit Stimmenmehrheit kündigen – und damit eine Verfügung vornehmen (BGH NJW 2007, 150) –, sofern sich die Kündigung als Maßnahme einer ordnungsgemäßen Verwaltung gem § 745 Abs 1 S 1 BGB darstellt (grundlegend BGH NJW 2010, 765; BGH NZG 2010, 938; BGH NZG 2011, 546; vgl auch BGH NJW 2013, 166; dem folgend ua OLG Frankfurt ZEV 2012, 258; OLG Schleswig ZEV 2015, 101; OLG Brandenburg NJW-RR 2012, 336). Wenn (in concreto) die Erben durch Mehrheitsbeschluss im Rahmen der Nachlassverwaltung verbindlich Verträge mit Dritten abschließen und damit obligatorische Rechtspositionen begründen können, sei nicht ersichtlich, wieso es ihnen verwehrt sein sollte, diese Rechte – ebenfalls mehrheitlich – wieder aufzuheben (vgl Schopp ZMR 1967, 193). Die Kündigung sei eine Verfügung ebenso wie ein bezogen auf das Schuldverhältnis unselbstständiges, akzessorisches Gestaltungsrecht. Schließlich seien die Erben, die sich in der Minderheit befinden, auch hinreichend geschützt. Die Mehrheit der Teilhaber könnten gegen das Veto des überstimmten Erben ohne ein gerichtliches Verfahren, das auf Abgabe der für die Verfügung erforderlichen Willenserklärung gerichtet ist, über den Nachlassgegenstand nicht wirksam verfügen. In diesem Verfahren könne der überstimmte Erbe überprüfen lassen, ob der Mehrheitsbeschluss den Anforderungen einer ordnungsgemäßen Verwaltung genüge. Das ändere aber nichts daran, dass Verfügungen, die diesen Anforderungen nicht genügen, ohnehin unwirksam seien und damit eine Rechtsänderung nicht zu begründen vermögen. Dass eine etwa notwendig werdende Rückabwicklung mitunter Schwierigkeiten bereiten könne, müsse im Interesse der Verkehrsfähigkeit des Nachlasses hingenommen werden, zumal Scha-

densersatzansprüche gegen die Mehrheitserben hinreichenden Schutz gewähren (vgl BGH NJW 2006, 439; MUSCHELER ZEV 1997, 222 [231]).

Das **Risiko**, dem die Mehrheit der Miterben die Minderheit aussetzen kann, soll allerdings nach hM **beschränkt** sein. Verbindlichkeiten, die bei der Verwaltung des Nachlasses entstehen, sind *Nachlassverbindlichkeiten* (sog „Nachlasserbenschulden", SOERGEL/SCHIPPEL § 1967 Rn 6; ERMAN/SCHLÜTER § 1967 Rn 9). 36

Sie sind **außerdem Eigenverbindlichkeiten** des handelnden Erben, es sei denn, dass er beim Vertragsabschluss ausdrücklich oder konkludent zu erkennen gibt, dass er nur für den Nachlass handelt. Tritt nun die Mehrheit, ohne rechtsgeschäftliche Vollmacht, für die Minderheit auf, so ergibt sich daraus, dass sie in erster Linie den Nachlass vertreten will, nicht die Minderheit persönlich. Es ist Frage des Einzelfalls, ob in einem solchen Fall der handelnde Erbe neben der Nachlassverbindlichkeit für sich persönlich eine Eigenverbindlichkeit begründen will. 37

Keinesfalls kann man annehmen, dass er **auch für den überstimmten Erben** eine Eigenverbindlichkeit begründen will. Überdies ist davon auszugehen, dass ein abweichendes Verfahren des Miterben auch durch seine, von der hM angenommene gesetzliche Vertretungsmacht nicht gedeckt wäre. Zur ordnungsmäßigen Verwaltung genügt es, dass der Miterbe eine Verpflichtung mit Wirkung für den Nachlass eingeht. Aus beiden Gründen ist die Haftung des überstimmten Miterben, auch wenn man eine schuldrechtliche Vertretungsmacht der Mehrheit bejaht, grundsätzlich gem § 2059 Abs 1 S 1 iVm § 2046 Abs 1 S 1 auf den Nachlass beschränkt (FLUME I 1 117; ders ZHR 136, 177, 206). Im Fall der *schlichten Rechtsgemeinschaft* gibt es *hierzu kein Gegenstück;* Vertretungsmacht der Mehrheit muss – wenn man sie anerkennt – notwendigerweise zur Haftung des überstimmten Teilhabers mit seinem Privatvermögen führen. 38

b) Stellungnahme

Zu unterscheiden ist, ob der Mehrheitsbeschluss den Abschluss von Verpflichtungsgeschäften, die Vornahme von Verfügungen oder sonstige Rechtsgeschäfte (zB eine Vollmachterteilung) betrifft. 39

aa) Verpflichtungsgeschäfte

Bei Verpflichtungsgeschäften ist zunächst zu beachten, dass die **Eingehung von Verbindlichkeiten, die das Privatvermögen der Teilhaber betreffen**, in der Regel **nicht durch die Mehrheit**, sondern nur **einstimmig** beschlossen werden kann (oben Rn 9 ff; so auch MünchKomm/K SCHMIDT Rn 31: die Vertretungsmacht finde ihre Grenze, „wo die Primärpflicht eines schuldrechtlichen Vertrags auf Geldleistung geht [zB Kauf]"). Schon aus diesem Grund kommt in der Regel eine Vertretung der Minderheit durch die Mehrheit nicht in Betracht. So ist es etwa unzulässig, dass die Mehrheit zugleich im Namen der Minderheit ein *Darlehen* aufnimmt, um Reparaturen oder Verbesserungen durchzuführen. In den Rahmen ordnungsmäßiger Verwaltung fällt dagegen beispielsweise die Vermietung oder Verpachtung des gemeinschaftlichen Gegenstands (oben Rn 6). Auch insoweit ist aber ein Vertretungsrecht der Mehrheit nicht anzuerkennen (aA MünchKomm/K SCHMIDT aaO). Es ist nicht recht erkennbar, aus welchen Gründen hier nur auf die Primär- und nicht auch auf die Sekundärpflichten (bzw korrespondierend die Sekundäransprüche) abzustellen sein soll. Durch die Teilnahme an der Vermie- 40 tung und Verpachtung übernimmt der Teilhaber schließlich für. etwaige Schadensersatzansprüche (Verzug, § 536a usw)) die persönliche Haftung. Man müsste erwarten, dass der Gesetzgeber, hätte er eine so weitgehende gesetzliche Vertretungsmacht der Mehrheit zu Lasten der Minderheit beabsichtigt, dies (etwa in Analogie zu § 714) ausdrücklich ausgesprochen hätte (vgl auch Art 103 Abs 2 GG). Rechtspolitisch gesehen sind die Voraussetzungen des Abs 1, vor allem für den betroffenen Dritten, so ungewiss, dass die Bestimmung sich als Tatbestand gesetzlicher Vertretungsmacht nicht eignet. Grundsätzlich ist also die Mehrheit darauf angewiesen, die Minderheit auf Abgabe der entsprechenden Willenserklärungen zu verklagen, soweit ihr aufgrund des Abs 1 **ein Anspruch auf Mitwirkung der Minderheit** (oben Rn 27) beim Abschluss des Miet- oder Pachtvertrags zusteht.

41 Dieser Anspruch auf Mitwirkung ist **abtretbar**. Schließen alle Mitglieder der Mehrheit mit einem Dritten einen Miet- oder Pacht- oder ähnlichen Vertrag, so können sie es dem Dritten überlassen, sich mit der widerstrebenden Minderheit auseinanderzusetzen, *und ihm zu diesem Zweck ihre Ansprüche gegen die Minderheit auf Mitwirkung abtreten.* Lässt sich der Dritte *in Kenntnis des internen Dissenses* auf den Vertragsabschluss mit der Mehrheit ein, so ist im Zweifel anzunehmen, dass eine solche Abtretung *konkludent* vorgenommen ist. Denn ohne das hat der Vertragsabschluss mit der Mehrheit für den Dritten wenig Sinn. Hat die Mehrheit dem Dritten den Besitz der gemeinschaftlichen Sache überlassen, so kann der Dritte dem überstimmten Teilhaber die auf ihn übergegangenen Rechte der Mehrheit auch einredeweise entgegenhalten, so insbes dann, wenn der überstimmte Teilhaber gem §§ 1011, 985 vom Dritten Herausgabe an die Teilhaber verlangt. Im Ergebnis ist deshalb auch der Entscheidung BGHZ 56, 47 zuzustimmen. Dort hatte die Mehrheit einen bereits abgeschlossenen Pachtvertrag mit dem Pächter verlängert; der überstimmte Teilhaber klagte gegen den Pächter auf Feststellung, dass die Verlängerung des Pachtvertrags für ihn unverbindlich war. Nach Sachlage wollte die Mehrheit es dem Pächter überlassen, sich mit dem überstimmten Teilhaber auseinanderzusetzen. Hierin war daher eine Abtretung ihrer Ansprüche auf Mitwirkung bei der Verpachtung zu erblicken; diesen Anspruch konnte der Pächter der Feststellungsklage im Weg der exceptio doli entgegenhalten.

42 Auch im Fall der **Erbengemeinschaft** kann nichts Abweichendes gelten. Zwar ist es richtig, dass in der Erbengemeinschaft die Verwaltung sich nicht auf den einzelnen Nachlassgegenstand bezieht, sondern auf den Nachlass als Ganzen (BGH NJW 2006, 439; OLG Nürnberg NZG 2014, 1106). Denkbar wäre deshalb, dass die Mehrheit die Minderheit vertritt, aber zugleich die Haftung, jedenfalls der Minderheit, auf den Nachlass beschränkt. Ein praktisches Bedürfnis für eine solche, auf den Nachlass beschränkte Vertretungsmacht hinsichtlich schuldrechtlicher Rechtsgeschäfte ist aber nicht ersichtlich. Praktisch reicht auch hier die Befugnis der Mehrheit aus, ihre Ansprüche gegen die Minderheit auf Mitwirkung an den Dritten abzutreten. In Fällen, in denen die Minderheit im Mitbesitz der zu vermietenden oder zu verpachtenden Sache ist, lässt sich der Mehrheitsbeschluss über die Vermietung und Verpachtung ohnehin nur durchsetzen, wenn die Minderheit entweder einlenkt oder die Durchführung des Beschlusses erzwungen wird; der Mehrheit ist hier auch mit der Annahme schuldrechtlicher Vertretungsmacht nicht zu helfen.

43 Ein Vertretungsrecht der Mehrheit für die Minderheit bei **schuldrechtlichen Geschäf-**

ten ist auch in **Eilfällen und Notfällen** nicht anzuerkennen (in BGHZ 49, 183 ging es nicht um ein schuldrechtliches Geschäft). Die Mehrheit befindet sich schließlich nicht in der Machtposition, die Minderheit zwingen zu können, gegen ihren Willen persönlich eine Verbindlichkeit zu übernehmen; auch und gerade in Eil- und Notfällen genügt es, dass die Mehrheit die Befugnis hat, die erforderlichen schuldrechtlichen Geschäfte im eigenen Namen abzuschließen.

bb) Verfügungsgeschäfte

Bei Verfügungen über den gemeinschaftlichen Gegenstand ist zunächst zu unterscheiden, ob es sich um eine Maßnahme der **Verwaltung** oder der **Auseinandersetzung** handelt. Nur im ersten Fall ist ein Mehrheitsbeschluss zulässig. Eine Durchführung des zulässigen Mehrheitsbeschlusses ohne Mitwirkung der Minderheit scheitert aber regelmäßig an § 747 S 2 (bei der Erbengemeinschaft: an § 2040 Abs 1): nur alle Teilhaber (Miterben) gemeinschaftlich können verfügen, also nicht die Mehrheit mit Wirkung für die Minderheit. Der Mehrheit bleibt also regelmäßig nichts anderes übrig, als die *Einwilligung oder Genehmigung der Minderheit,* notfalls im Klagweg, herbeizuführen, ehe die Verfügung perfekt werden kann; soweit der Mehrheitsbeschluss hinsichtlich der Verfügung durch Abs 1 gedeckt ist, ist die Minderheit im Innenverhältnis verpflichtet, ihre Zustimmung zu erteilen (BGHZ 140, 63 f; RG DR 1944, 572). Soweit die Mehrheit im Besitz der Sache ist, kann sie allerdings auch hier die Sache an den an der Verfügung interessierten Dritten übergeben und ihn durch Abtretung ihrer Mitwirkungsansprüche gegen die Minderheit in die Lage versetzen, die Angelegenheit mit der Minderheit durchzufechten. Verfügungsgeschäfte sind insbes auch die *Kündigung* von Rechtsverhältnissen und die *Stimmabgabe* aus gemeinschaftlichen Gesellschaftsanteilen (s o); die Mehrheit ist grundsätzlich (Ausnahme Rn 45 f) nicht berechtigt, ohne Mitwirkung der Minderheit einen Vertreter zu bestellen oder die Stimme abzugeben. **44**

cc) Besondere Sachlagen

Anders ist es aber, wenn die Verfügung, die die Mehrheit gem Abs 1 beschlossen hat, gleichzeitig eine „zur Erhaltung des Gegenstandes notwendige Maßregel" iSv § 744 Abs 2 (bei Erbengemeinschaften: § 2038 Abs 1 S 2 HS 2) ist. Wie oben (§ 744 Rn 37) dargelegt, muss das Prinzip, dass notwendige Erhaltungsmaßnahmen von jedem Teilhaber allein vorgenommen werden können, vor dem Prinzip des § 747 den Vorrang haben. Nichts anderes kann gelten, **wenn die Mehrheit eine Maßnahme beschließt, deren alsbaldige Durchführung zur Erhaltung des gemeinschaftlichen Gegenstands erforderlich ist** (zB: Beschluss, verderbliche Früchte an A zu verkaufen, während die Minderheit Verkauf an B wünscht). In diesem Fall hat die Mehrheit nach § 744 Abs 2 iVm § 745 Abs 1 Verfügungsmacht auch mit Wirkung gegenüber der Minderheit (im Prinzip übereinstimmend BGHZ 49, 183, 193, allerdings nicht in Bezug auf Verfügungen, sondern in Bezug auf Ausübung von Stimmrechten, dazu Rn 46). **45**

Not- und Eilmaßnahmen können auch bei anderen Rechtsgeschäften, außer bei Verfügungen, in Betracht kommen, zB bei der Ausübung des **Stimmrechts** an gemeinschaftlichen Gesellschaftsanteilen (vgl hierzu auch OLG Nürnberg NZG 2014, 1106 [Erbengemeinschaft]), wenn bei Nichtausübung ein Abstimmungsergebnis zu befürchten ist, das den Wert des gemeinschaftlichen Gegenstands beeinträchtigen könnte. Auch in einem solchen Fall hat die Mehrheit nach Abs 1 iVm § 744 Abs 2 (bzw § 2038 Abs 1 S 2 HS 2) die Befugnis, unmittelbar mit Wirkung für die Minderheit zu **46** handeln, zB einen gemeinschaftlichen Vertreter zur Stimmrechtsausübung zu bestellen (BGHZ 49, 183, 193; vgl auch OLG Nürnberg NZG 2014, 1106 und OLG Jena NZG 2012, 782 mAnm Lutz GWR 2012, 325). Voraussetzung ist, dass die Mitwirkung der überstimmten Minderheit nicht rechtzeitig zu erlangen ist. Über die Frage, ob eine so begründete Vertretungsmacht eine ausreichende Legitimation zur Stimmabgabe darstellt, entscheidet die Gesellschafterversammlung, u zwar nach pflichtgemäßem Ermessen; sie darf die Stimmabgabe nur zurückweisen, wenn ernsthafte Zweifel bestehen (vgl auch MünchKomm/K Schmidt Rn 46: nur in „Fällen der Ungewißheit").

7. Fehlerhafte Beschlüsse

47 Ein Mehrheitsbeschluss, der durch Abs 1 nicht gedeckt ist oder die Grenzen des Abs 3 nicht beachtet oder an sonstigen Mängeln leidet (zB Verstoß gegen das Gesetz oder die guten Sitten, OLG Schleswig NZG 2010, 103), hat **keine Bindungswirkung** und darf **nicht ausgeführt** werden. Das gilt auch für Beschlüsse, bei denen die Stimmabgabe gem §§ 119, 123 angefochten ist, vorausgesetzt, der Wegfall der betreffenden Stimme führt dazu, dass der Beschluss nicht mehr von der Mehrheit getragen ist.

Nichtigkeit bzw Unwirksamkeit sind grundsätzlich die einzig denkbaren Folgen fehlerhafter Beschlüsse. Grundlagen für die Anerkennung lediglich anfechtbarer Beschlüsse, die bei Nichtanfechtung Bestandskraft erlangen, fehlen; die gesetzlichen Regelungen des Aktiengesetzes (§§ 269 ff) oder auch des § 23 Abs 4 WEG sind insoweit nicht analogiefähig (vgl MünchKomm/K Schmidt Rn 33; vergleichend zu den Personengesellschaften K Schmidt AG 1977, 252 f; BayObLG NJW-RR 1995, 589). Allenfalls im Einzelfall mag Verwirkung eintreten (unten Rn 49).

48 Jeder Teilhaber kann im Streitfall die Unwirksamkeit des fehlerhaften Beschlusses im Weg der **Feststellungsklage** gem § 256 ZPO geltend machen (Mot II 876; BGH NJW-RR 2010, 1312; BayObLG NJW-RR 1995, 589; BGH WM 1992, 57; Erman/Aderhold Rn 2; Bamberger/Roth/Gehrlein Rn 6). Passivlegitimiert ist jeder Teilhaber, der erklärt, er halte den Beschluss für wirksam. Umgekehrt kann auch jeder Teilhaber der Mehrheit gegen einen Teilhaber der Minderheit, der die Wirksamkeit des Beschlusses bestreitet, Feststellungsklage erheben. Mehrere Kläger oder Beklagte sind notwendige Streitgenossen nach § 62 Abs 1 Fall 1 ZPO (MünchKomm/K Schmidt Rn 33). Die *Beweislast* für die Rechtmäßigkeit des Beschlusses gem Abs 1 trifft denjenigen, der sich auf die Wirksamkeit des Beschlusses beruft (Planck/Lobe Anm 2; MünchKomm/K Schmidt Rn 33; **aA** Erbarth NJW 2000, 1379); die Beweislast für Willensmängel u dgl folgt den allgemeinen Regeln (grundsätzlich also: Beweislast dessen, der sich auf den Mangel beruft, MünchKomm/K Schmidt aaO). Ausführung eines fehlerhaften Beschlusses macht die Ausführenden, soweit sie schuldhaft handeln, *schadensersatzpflichtig.* Dritten gegenüber kann der überstimmte Teilhaber mit der Abwehrklage (§ 1004) vorgehen (OLG München NJW 1970, 711: Störung der Nutzungsbefugnis eines Miteigentümers durch Abschluss eines Pachtvertrages durch die Mehrheit). Soweit man dem Beschluss Außenwirkung beilegt (etwa Begründung von Vertretungsmacht für die Mehrheit), kann ein im Innenverhältnis ergangenes Urteil allerdings keine Wirkung gegen den Dritten äußern (§ 325 ZPO): ein Grund mehr, mit der Anerkennung einer solchen Außenwirkung zurückhaltend zu sein (oben Rn 40 ff).

49 Eine Sonderregelung gilt für die Beschlüsse der **Wohnungseigentümergemeinschaft**,

§ 23 Abs 4 WEG: Entscheidung durch das AG im Verfahren nach §§ 43 ff WEG. Ein Beschluss, der gegen eine Rechtsvorschrift verstößt, auf deren Einhaltung rechtswirksam nicht verzichtet werden kann, ist nichtig. Im Übrigen ist ein Beschluss gültig, solange er nicht durch rechtskräftiges Urteil für ungültig erklärt ist. Die Klage eines oder mehrerer Wohnungseigentümer auf Erklärung der Ungültigkeit eines Beschlusses ist nach § 46 Abs 1 S 1 WEG gegen die übrigen Wohnungseigentümer, die Klage des Verwalters gegen die Wohnungseigentümer zu richten. Sie muss nach § 46 Abs 1 S 2 innerhalb eines Monats nach der Beschlussfassung erhoben und innerhalb zweier Monate nach der Beschlussfassung begründet werden (näher Bärmann/Merle[13] § 23 WEG Rn 123). Derartige Beschlüsse werden damit bestandskräftig, wenn sie nicht innerhalb der Ausschlussfrist gerichtlich angefochten und daraufhin für ungültig erklärt werden (Heyn [2012] § 23 WEG Rn 3).

Damit stellt sich die bisher nicht problematisierte Frage, ob auch im Anwendungsbereich der §§ 741 ff **Klagfristen** vereinbart werden könne oder ob unabhängig hiervon im Einzelfall **Verwirkung** eintreten kann. Im ersten Falle bestehen schon aus prozessrechtlichen Gründen (Baumbach/Hartmann Einl III 6 A) keine Bedenken, im zweiten Falle kommt wohl nur bei Bruchteilsgemeinschaften mit einem gesellschaftsähnlichen Organisationsgrad eine vorsichtige Orientierung an den zur Gesellschaft bürgerlichen Rechts entwickelten Fristen (dazu MünchKomm/C Schäfer § 709 Rn 110 mwNw) in Betracht. Sonst bleibt nur Verwirkung nach allgemeinen Grundsätzen, die insbes bei Zufallsgemeinschaften nur zurückhaltend anzunehmen sein wird (ähnlich MünchKomm/K Schmidt Rn 33, möglich sei Rügeverzicht; Rügeverlust könne eintreten, sofern Klage nicht binnen angemessener Frist erhoben wurde).

III. Verwaltungsregelung durch gerichtliche Entscheidung (Abs 2)

1. Voraussetzungen

Sind Verwaltung und Benutzung **nicht durch Vereinbarung** (einstimmigen Beschluss, dazu § 744 Rn 10 ff) **oder Mehrheitsbeschluss** (Abs 1, oben Rn 19 ff) geregelt, kann jeder Teilhaber eine dem Interesse aller Teilhaber nach billigem Ermessen entsprechende Verwaltung oder Benutzung verlangen, Abs 2 (gilt nach BGH NJW 2008, 3703 auch für den Fall, wenn der Berechtigte einer Grunddienstbarkeit und der Eigentümer des dienenden Grundstückes zur gleichberechtigten Mitbenutzung des Grundstückes befugt sind; vgl auch OLG Karlsruhe NJW-RR 2006, 1600; BGH GRUR 2009, 657). Der Anspruch besteht auch, wenn eine bestimmte Regelung zwar vereinbart oder mehrheitlich beschlossen, inzwischen aber eine *Änderung der Sachlage* eingetreten ist (RG HRR 1928, Nr 607; BGH NJW 2007, 149 zur Pfändung eines Bruchteilsnießbrauchs eines Ehegatten; OLG Celle NJW-RR 2000, 227, 228; BGH NJW 1961 1299; BGH NJW 1982, 1753; MünchKomm/K Schmidt Rn 35). Auch wenn bereits aufgrund einer auf Abs 2 gestützten Klage eines Teilhabers ein rechtskräftiges Urteil ergangen ist, steht dies bei veränderter Sachlage einem neuerlichen Anspruch aus Abs 2 nicht entgegen (Mot II 889). Dagegen können Mehrheitsbeschlüsse, die sich im Rahmen ordnungsmäßiger Verwaltung und Benutzung halten, bei unveränderter Sachlage grundsätzlich nicht mit einem auf Abs 2 gestützten Anspruch auf abweichende, dem Interesse aller Teilhaber nach „billigem Ermessen" entsprechende Regelung angegriffen werden; die Gegenansicht (MünchKomm/K Schmidt Rn 29) ist in strenger Form mit dem Gesetz unvereinbar und verleiht dem Gericht eine Kontrollfunktion, die der Gesetzgeber nicht gewollt hat. Einschrän- 50 kend ist aber darauf hinzuweisen, dass die Auslegung des Beschlusses begrenzte Bindungswirkung ergeben oder die Notwendigkeit einer neuen Regelung gegeben sein kann (oben Rn 31). Dann – insoweit ist MünchKomm/K SCHMIDT zuzustimmen – spricht nichts gegen gerichtliche Entscheidung.

51 **Praktische Bedeutung** hat Abs 2 vor allem, wenn die Teilhaber sich weder einigen noch trennen können, weil die Aufhebung der Gemeinschaft für alle Teilhaber nachteilig wäre (vgl RG JW 1906, 112) oder die Aufhebung daran scheitert, dass sich für den Gegenstand kein Käufer findet. Wichtig ist auch die mittelbare Wirkung des Abs 2: Können sich die Teilhaber nicht einigen oder zumindest eine Mehrheit bilden, geht die Entscheidung, falls ein Teilhaber, gestützt auf Abs 2, Klage (auf Zustimmung: BGH NJW 2007, 149) erhebt, in die Hand des Richters über, mit ungewissem Ausgang; besser man einigt sich. Die fehlende Einigung und gerichtliche Entscheidung hat indes noch weitergehende Rechtsfolgen: Nach OLG München (v 9. 5. 2012, 3 U 5004/11 nv) kann von dem Benutzer eines gemeinschaftlichen Eigentums solange kein Ausgleich für Gebrauchsvorteile verlangt werden, solange die Mitinhaber weder eine Vereinbarung noch eine Beschluss getroffen haben und auch ein nach § 745 Abs 2 bestehender Anspruch noch nicht geltend gemacht wurde. Erforderlich ist hierfür indes nach Meinung des Gerichts keine gerichtliche Geltendmachung, sondern eine eindeutige erstmalige Beanspruchung. Zu beachten ist an dieser Stelle auch die **patent**rechtliche Rechtsprechung: Dort treten immer wieder Fälle auf, in denen es an einer Verwaltungsvereinbarung fehlt und nur einer der Mitinhaber das Patent tatsächlich nutzt. Der BGH lehnt in solchen Fällen einen Ausgleich des nichtnutzenden Mitinhabers grundsätzlich ab (BGH GRUR 2005, 663, **aA** GÖTTING LMK 2005, 663; OLG München GRUR 2004, 323, 324 [Vorinstanz]; zT auch HENKE GRUR 2007, 89; vgl HAUCK GRUR-Prax 2014, 430). Begründet wird dies durch den Hinweis auf die alleinige Nutzung des Patents sowie auf § 745 Abs 1 und 2. Schließlich stehe jedem Teilhaber auch der Aufhebungsanspruch aus § 749 Abs 1 zu, der als wirksames Druckmittel zum Erreichen einer einvernehmlichen Regelung über die Nutzung und Verwaltung des Patents verwendet werden könne (iE wenig überzeugend, da dies insbesondere für einen Inhaber mit einem nur geringen Anteil keinen gangbaren Weg darstellt: HAUCK GRUR-Prax 2014, 430). Eine Ausnahme von diesen Grundsätzen nimmt der BGH indes vor allem dann an, wenn der betreffende Mitinhaber die Möglichkeiten des § 745 Abs 1 und 2 nicht realisieren konnte, weil es sich erst später ergibt, dass er überhaupt mitberechtigt war. Voraussetzung ist hierbei indes, dass vom betreffenden Erfindungsbeitrag auch tatsächlich Gebrauch gemacht wird (vgl OLG Düsseldorf GRUR-Prax 2014, 415).

52 **Voraussetzung** für die Anwendung von Abs 2 ist stets, dass **Uneinigkeit** zwischen den Teilhabern besteht, die auch durch die Mehrheit nicht behoben werden kann (OLG Celle JR 1963, 221). Einem Teilhaber, der allein über die Mehrheit verfügt, kann daher der Anspruch nach Abs 2 nicht zustehen, wohl aber dem Minderheitsteilhaber, wenn der Mehrheitsteilhaber keine dem Abs 1 entsprechende Entscheidung trifft. Uneinigkeit hat RG SeuffA 61 Nr 201 verneint in einem Fall, in dem ein Teilhaber nur deshalb die Verwaltung des gemeinschaftlichen Gegenstands durch einen Dritten verlangte, weil er sich selbst nicht zur Verwaltung imstande fühlte, die ihm der andere Teilhaber angetragen hatte: das sei kein Streit nach Abs 2. Der Kläger könne sich in der Verwaltung schließlich vertreten lassen. Die Entscheidung ist unbefriedigend: Kein Teilhaber braucht den Auftrag zur Alleinverwaltung seitens der übrigen Teilhaber zu akzeptieren (§ 662, § 311 Abs 1). Akzeptiert er ihn, so darf er sich

nicht ohne weiteres vertreten lassen (§ 664 Abs 1 S 1); zieht er einen Dritten zu, so stellt sich die Frage, wer die Kosten trägt. Will kein Teilhaber selbst verwalten und können sich die Teilhaber über die Übertragung an einen Dritten nicht einigen und auch keine Mehrheitsentscheidung fällen, so ist das eine Meinungsverschiedenheit, die nur nach Abs 2 geregelt werden kann. Zum Fall der Zustimmung zur Kündigung eines Fremdverwalters OLG Stuttgart NZG 2007, 102; zur Frage der Fremdverwaltung als ordnungsgemäße Nachlassverwaltung OLG Hamm ZEV 2011, 538.

Aus kautelarjuristischer Sicht kann uU die vorsorgliche Bestellung eines **Schiedsgerichts** sinnvoll sein, sofern potenzielle Streitigkeiten Materien betreffen, bei denen das Gericht ohnehin auf die Beurteilung von Sachverständigen angewiesen wäre (zB ärztliche Maschinengemeinschaften, landwirtschaftliche Gemeinschaften oä; vgl hierzu eingehend Dombert/Witt/Glas, Münchener Anwaltshandbuch Agrarrecht [2011] § 7 Rn 7 ff, 133 ff). 53

2. Schranken (Abs 3)

Die **Schranken** für Mehrheitsbeschlüsse nach Abs 3 gelten **auch** für den Anspruch aus **Abs 2** (vgl BGH NJW 1994, 1721; OLG Karlsruhe NZM 2006, 746; Bamberger/Roth/Gehrlein Rn 10). Eine wesentliche Veränderung des Gegenstandes oder eine Maßnahme, die die Nutzungsquote des anderen Teilhabers beeinträchtigt, kann nicht gefordert werden (dazu oben Rn 11 f). Zutreffend daher LG Berlin NJW-RR 1995, 463: kein Anspruch auf Räumung einzelner Zimmer bei angemieteter Wohnung einer nichtehelichen Lebensgemeinschaft. Dazu allg Brudermüller FamRZ 1994, 207. 54

3. Verhältnis zu den nach Abs 1 und § 744 Abs 2 zulässigen Maßnahmen

Im Vergleich zu dem, was durch Mehrheit beschlossen werden kann, ist der Kreis der Maßregeln, die nach Abs 2 gefordert werden können, **enger**. Was mehrheitlich nicht beschlossen werden kann, kann auch nicht nach Abs 2 durchgesetzt werden; aber nicht alles, was mehrheitlich beschlossen werden kann, kann nach Abs 2 gefordert werden. Denn Abs 1 setzt nur voraus, dass die Maßregel „ordnungsmäßig" ist; Abs 2 verlangt, dass die Maßnahme dem Interesse aller Teilhaber nach billigem Ermessen entspricht. Im Fall eines Mehrheitsbeschlusses kann das Gericht – solange die Maßnahme nur, vom Standpunkt eines vernünftigen Eigentümers aus, ordnungsmäßig ist – nicht nachprüfen, ob die beschlossene Maßnahme die beste ist; darüber gerade soll die Mehrheit befinden (vgl BGHZ 56, 47, 56). Nach Abs 2 dagegen darf unter mehreren zur Auswahl stehenden Maßregeln nur diejenige durchgeführt werden, die das Interesse aller Teilhaber bestmöglich wahrt; nur eine solche Maßregel entspricht dem Interesse aller Teilhaber nach billigem Ermessen. Dagegen ist der Kreis der nach § 744 Abs 2 zulässigen Maßnahmen noch enger: § 745 Abs 2 setzt nicht voraus, dass die Maßnahme zur Erhaltung des Gegenstandes notwendig ist. 55

4. Beispiele

Was eine dem Interesse aller Teilhaber nach billigem Ermessen entsprechende Verwaltung oder Benutzung ist, ist Frage des Einzelfalls. Die konkreten örtlichen und sonstigen Verhältnisse und die bisherige Zweckbestimmung und Benutzung der Sache sind zu berücksichtigen (OLG Hamburg SeuffA 57, Nr 34). Die Motive (II 888) 56 nennen als Beispiele räumliche Teilung, Vermietung und Verpachtung, Überlassung der Nutzungen an einen Teilhaber gegen Abfindung der übrigen, Nutzung durch die Teilhaber in einem bestimmten Turnus. Beispiele aus der Rechtsprechung: Benutzung eines Grenzstreifens (SeuffA 57, Nr 34); Ernennung eines Verwalters (RG JW 1906, 112; RG SeuffA 61, Nr 201); Aushändigung eines Kassenbuchs an einen Dritten (RG JW 1912, 193); Wiederaufbau eines abgebrannten Gebäudes (OLG Stuttgart OLGE 8, 82); Zustimmung zur Eintragung einer beschränkt persönlichen Dienstbarkeit im Sinne eines Geh- und Fahrrechts (OLG München v 24. 11. 2009 – 30 U 271/09 nv); Mieterhöhung (KG NJW 1953, 1592); Errichtung eines Behelfsheims auf kriegszerstörtem Wohngrundstück (BGH NJW 1953, 1427); Festsetzung einer Nutzungsvergütung, wenn ein in hälftigem Miteigentum stehendes Wohngrundstück einem Teilhaber allein zur Nutzung überlassen und dabei die Festsetzung des Entgelts späterer Vereinbarung vorbehalten worden ist und diese Vereinbarung nicht zustande kommt (BGH NJW 1974, 364); Mehrheitsentscheidung, einen Mietvertrag über die Errichtung einer Mobilfunksendestation auf dem Dach des gemeinschaftlichen Wohnhauses nicht abzuschließen (OLG Karlsruhe NJW-RR 2006, 1600). Bei einer Nachbarwand kann sich eine Duldungspflicht bei grenzüberschreitender Wärmedämmung aus § 745 Abs 2 ergeben, da der Überbau als Verwaltungsmaßnahme i S des § 922 S 4 iVm § 745 eingestuft werden kann (Warnecke DWW 2009, 366 – auch zu der Rechtslage bei Grenzwänden, bei denen in besonderem Maße auf landesrechtliche Regelungen einzugehen ist und bei denen es darauf ankommt, inwieweit die Wärmedämmung als Bauteil eingestuft wird; vgl auch Horst NJW 2010, 122, der zu Recht darauf hinweist, dass der dämmende Eigentümer die Kosten für die Fassadenverkleidung zu tragen habe, da er auch den Nutzen daraus ziehe, und Beuermann Grundeigentum 2010, 104, der auf die etwaige „Überbaurente“ für den Wärmeschutzüberbau hinweist; vgl schließlich BGH WuM 2008, 360: Der Teilhaber einer gemeinsamen Giebelwand, der an dieser noch nicht (vollständig) angebaut hat und derzeit auch nicht anbauen will, muss Maßnahmen des anderen Teilhabers zur Wärmedämmung dulden, die dazu führen, dass der freie Bereich der Wand einem den heutigen Erfordernissen entsprechenden Standard entspricht). Nutzt ein Teilhaber ein Haus allein, so können die Mitberechtigten eine Regelung über das zu leistende Entgelt verlangen (Bamberger/Roth/Gehrlein Rn 10). Der betreffende Zahlungsanspruch kommt jedoch erst mit im Zeitpunkt des erstmaligen Verlangens einer Vergütung (ex nunc) zum Entstehen (BGH NJW 1998, 372; BGH NJW -RR 1993, 226 f). In dieser Konstellation, sowie über die Höhe bzw den Wegfall des der bisherigen Übereinkunft kann unmittelbar Zahlung begehrt werden (BGH NJW 1974, 364). Zu den Besonderheiten bei Ehegatten vgl Rn 60 ff. Zu der Anwendbarkeit des § 745 Abs 2 bei Nutzungsentschädigungen des Miterben, der einen Nachlassgegenstand unter Ausschluss der anderen selbst nutzt vgl Sachs ZEV 2011, 512.

5. Durchsetzung des Anspruchs

57 Der Anspruch aus Abs 2 muss im Klagweg durchgesetzt werden. Die Klage ist **Leistungsklage** (Mot II 889; RG Gruchot 49, 837, 839; BGH NJW 1994, 1721; OLG Schleswig NJW-RR 1993, 1029; Palandt/Sprau Rn 5). Der Klageantrag hat dahin zu gehen, die übrigen Teilhaber zur Einwilligung in die vorgeschlagene Maßregel, ggf auch zur Mitwirkung, zu verurteilen (BGH NJW 2007, 149). Die Maßregel muss im Klageantrag konkret und bestimmt bezeichnet werden (Soergel/Hadding Rn 12). Das Gericht ist an den Antrag gebunden und kann nicht von sich aus eine abweichende Regelung treffen. Die Klage muss abgewiesen werden, ohne dass von Amts wegen zu prüfen wäre, ob eine andere Regelung interessengerecht wäre (BGH NJW 1993, 3326). Hilfs-

anträge sind zulässig (und können ggf vom Gericht angeregt werden). Auch Umstellung des Antrags auf eine andere Maßregel während des Prozesses ist zulässig (Mot II 889). Zwar handelt es sich um Klageänderung, die – außer bei Einwilligung des Beklagten oder Anerkennung der Sachdienlichkeit durch das Gericht, §§ 263, 267 ZPO – nur in den Grenzen des § 264 Nr 2, 3 ZPO zulässig ist. Ist aber die neugeforderte Maßregel sachdienlich, so ist es auch die Klageänderung. Passivlegitimiert ist jeder Teilhaber, der der Maßnahme widerspricht (denn von einem Teilhaber, der bereits eingewilligt hat, kann nicht nochmals Einwilligung verlangt werden); mehrere Beklagte sind – notwendige – Streitgenossen (§ 62 Abs 1 Fall 1 ZPO; MünchKomm/K Schmidt Rn 38). Die Beklagten können Widerklage erheben und ihrerseits die Verurteilung des Klägers zur Einwilligung in andere Maßnahmen beantragen; unter den verschiedenen beantragten Maßnahmen hat dann das Gericht zu wählen.

Wird nach Rechtshängigkeit ein Abs 1 entsprechender Mehrheitsbeschluss gefasst, so verliert der Anspruch nach Abs 2 seine Grundlage, und die Hauptsache hat sich erledigt. Der Beklagte, der sich gegenüber dem Anspruch aus Abs 2 auf einen Teilhaberbeschluss beruft, trägt die Beweislast (OLG Celle JR 1963, 221). Die Rechtskraft eines aufgrund von Abs 2 ergangenen Urteils schließt nicht aus, dass ein Teilhaber wegen veränderter Sachlage eine anderweitige Regelung der Verwaltung und Benutzung verlangen kann. Es handelt sich dabei um einen neuen Anspruch, dem der Einwand der Rechtskraft nicht entgegensteht (Mot II 889). Die Vollstreckung eines stattgebenden Urteils richtet sich nach § 894 ZPO (vgl § 746 zur Rechtskrafterstreckung). 58

Anstelle der Klage auf Zustimmung zu einer bestimmten Nutzungsart kann unmittelbar Zahlungsklage erhoben werden (**„Nutzungsregelungsentgelt“**, BGH NJW 1982, 1754; BGH NJW 1989, 1031; OLG Düsseldorf NJW-RR 1989, 1484; OLG Koblenz FamRZ 1989, 85; OLG Koblenz WuM 2007, 545; Palandt/Sprau Rn 5; eingehend MünchKomm/K Schmidt Rn 38, 36). 59

IV. Gemeinschaft zwischen Ehegatten und Lebenspartnern

Besonderheiten gelten für Gemeinschaften zwischen Ehegatten und Lebenspartnern nach dem LPartG. Solche Gemeinschaften bestehen insbes: (1) idR an den **Gegenständen des ehelichen Haushalts**, wenn die Gegenstände während der Ehe für den gemeinsamen Haushalt angeschafft sind (Staudinger/vProff § 741 Rn 29 ff); (2) an einem **Hausgrundstück**, das die Ehegatten gemeinsam in Bruchteilsgemeinschaft erworben haben (§ 741 Rn 22 ff), sei es zu Eigentum oder als aus sonstigem Rechtsgrund Berechtigte (vgl BGH NJW 1996, 2154: gemeinsames Wohnrecht gem § 428); (3) an einer **Wohnung**, die die Ehegatten gemeinsam gemietet haben (Staudinger/vProff § 741 Rn 121). In den beiden zuletzt genannten Fällen gelten die im Folgenden dargestellten Besonderheiten nur dann, wenn die Ehegatten das Grundstück erworben oder die Wohnung gemietet haben, um gemeinsam darin zu wohnen. Vgl dazu auch die Nachweise bei Staudinger/vProff § 741 Rn 23 ff. 60

Grundlage für die gemeinschaftliche Benutzung ist nicht das Gemeinschaftsrecht, sondern das **Familienrecht**, speziell die Verpflichtung zur ehelichen Lebensgemeinschaft (§ 1353 Abs 1 S 2). Hiernach sind die Ehegatten verpflichtet, sich gegenseitig 61 die Mitbenutzung der ehelichen Wohnung und der für die Eheführung bestimmten Hausratsgegenstände zu gestatten, ohne dass es auf die Eigentumsverhältnisse ankäme (BGH FamRZ 2006, 930; BGHZ 12, 380, 398 ff; folgerichtig wendet OLG Koblenz NJW 2000, 3791, die nachfolgenden Grundsätze auch für den Fall an, dass das Familienwohnheim im Alleineigentum eines Ehegatten steht, während dem anderen Ehegatten ein dingliches Mitbenutzungsrecht iSd § 1090 BGB eingeräumt wurde; vgl eingeh GÖTZ/BRUDERMÜLLER Rn 97 ff; beachte aber auch OLG Hamm v 25. 11. 2010 – II-10 WF 240/10 nv: Die Regelung der zeitweisen Nutzung des beim getrennt lebenden Ehegatten verbliebenen Haustiers ist unzulässig). Das Mitbenutzungsrecht hat in der Pflicht zur ehelichen Lebensgemeinschaft, nicht im Miteigentum und nicht im gesetzlichen Schuldverhältnis gem §§ 741 ff, zugleich seinen Grund und seine Grenze (abw MünchKomm/K SCHMIDT Rn 34: Der Inhalt der billigen Regelung ergebe sich unter Berücksichtigung des § 1353; vgl auch OLG Hamm NZI 2002, 631). Der Insolvenzverwalter eines Ehegatten kann daher von dem anderen verlangen, aus dem Haus auszuziehen oder ein Nutzungsentgelt zu zahlen (OLG Hamm NZG 2002, 864). Zum LPartG vgl dazu §§ 2, 14, 18 sowie GÖTZ/BRUDERMÜLLER Rn 25 ff, 190 ff.

62 Die Vereinbarung der Ehegatten, den gemeinschaftlichen Hausrat, das gemeinschaftliche Grundstück, die gemeinschaftlich gemietete Wohnung der ehelichen Lebensgemeinschaft zu widmen, hat Wirkungen auch noch **nach Beendigung der Lebensgemeinschaft** (BGH NJW 1986, 1340;). Auch insoweit gelten familienrechtliche Regeln, die vor den schuld- und sachenrechtlichen Bestimmungen den Vorrang haben (OLG Hamm MDR 2011, 104; OLG Hamm FamRZ 2011, 892; OLG Hamm FamRZ 2011, 481; eingehend DAMRAU ZErb 2009, 322; SCHULZ/HAUSS Rn 1102 ff, 1248 ff).

62a Während der Trennungszeit bis zur Rechtskraft der Scheidung folgt der Anspruch auf Nutzungsvergütung damit aus **§ 1361b Abs 3 S 2** (str; OLG Bremen NJW 2014, 2129; OLG München NJW 2008, 381; OLG Frankfurt FamRZ 2011, 373; BAMBERGER/ROTH/GEHRLEIN Rn 10; PALANDT/SPRAU § 745 Rn 5; ERBRATH FamRZ 1998, 1007, 1011; FINKE FPR 2008, 94; SCHULZ/HAUSS Rn 1163 mwNw; **aA** WEVER FamRZ 1996, 905, 906; ders FamRZ 2003, 565; ERBRATH FamRZ 2005, 1713; zu der Rechtslage unter der Geltung der HausratsVO vgl STAUDINGER/LANGHEIN [2008] § 745 Rn 62 f) bzw bei Regelungen anlässlich der Scheidung aus **§ 1568a Abs 1 und 5** (MünchKomm/WELLENHOFER § 1568a Rn 22 mwNw) als lex specialis zu § 745 Abs 2. Eine Ausnahme muss indes dann gelten, wenn § 1568a bzw § 1361b tatbestandlich nicht vorliegen (vgl etwa OLG Schleswig FamRZ 2010, 1985: Überlassung der Ehewohnung nach Rechtskraft der Scheidung bei einem vor dem 1. 9. 2009 eingeleiteten Verfahrens auf Zuweisung der Ehewohnung, wenn auf Seiten beider Parteien die Voraussetzungen für die Überlassung der Ehewohnung nicht vorliegen: Eine Überlassung an eine der Parteien hat zu unterbleiben. Die Auseinandersetzung erfolgt nach den allgemeinen zivilrechtlichen Vorschriften zur Gemeinschaft; auch OLG Zweibrücken FamRZ 2013, 1982). Als besonders problematisch stellen sich hierbei diejenigen Konstellationen heraus, in denen die Ehegatten vor der Rechtskraft der Scheidung als Miteigentümer einvernehmlich eine Regelung über die Wohnungsnutzung treffen. Sofern die Beteiligten nun eine Auseinandersetzung über die Begründung eines **Mietverhältnisses** nach § 1568a Abs 5 führen, ist dieser wiederum unproblematisch als Sonderregelung zu § 745 Abs 2 zu begreifen (vgl MünchKomm/WELLENHOFER § 1568a Rn 48 ff; GÖPPINGER/BÖRGER/BÖRGER, Vereinbarungen anlässlich der Ehescheidung [10. Aufl 2013] 7. Teil Rn 22). Ist dies nicht der Fall – insbesondere also, wenn die Ehegatten (nur) über die Vereinbarung einer Nutzungsvergütung streiten, der Auszug gleichwohl freiwillig erfolgte – so ist die Vorgehensweise umstritten. Gegen eine Anwendung insbesondere des § 1568a spricht in dieser Konstellation, dass der Gesetzgeber von der Regelung einer Nutzungsentschädigung im Falle eines bloßen Nutzungsverhältnisses an der Ehewohnung trotz einer entsprechenden Anregung des Bundesrates (BT-Drucks 16/10798 Anlage 3 Nr 4) abgesehen hat (BR-Drucks 635/08, 44). In der Praxis kommt es zwischen Eheleuten indes häufig zum Abschluss (nur) solcher internen Nutzungsregelungen nach einem freiwilligen Auszug aus der gemeinsamen Wohnung ohne Begründung eines Mietverhältnisses (zB um die geplante Veräußerung oder Teilungsversteigerung nicht zu behindern, sonst müsste der Erwerber schließlich den Mietvertrag übernehmen). Nach zutreffender Ansicht muss in allen Konstellationen, in denen die Ehewohnung dem anderen Ehegatten, sei es „unfreiwillig", sei es freiwillig, während der Trennungszeit zur alleinigen Nutzung tatsächlich überlassen wurde, ein einheitlicher Vergütungsanspruch gelten (BGH FamRZ 2014, 460; OLG Hamm FamRZ 2011, 892; FamRZ 2011, 481; FamRZ 2008, 1935; OLG Frankfurt FamRZ 2011, 373; OLG Brandenburg FamRZ 2006, 1392; OLG Jena FamRZ 2006, 868 f; Müller FF 2002, 43; Finke FF 2207, 185; **aA** Erbrath FamRZ 2005, 1713 und OLG Frankfurt FamRZ 2014, 1732, das auf die Vorteile eines einheitlichen Rückgriffes auf die Anspruchsgrundlage des § 745 Abs 2 für die Zeit vor und nach Scheidung abstellt; vgl zum Ganzen Götz/Brudermüller NJW 2008, 3025; Elden NJW-Spezial 2010, 516; Neumann FamRB 2009, 351). Dieser ergibt sich dementsprechend (zumindest seit der Neufassung des § 1361b durch das Gewaltschutzgesetz vom 11. 12. 2001 (BGBl I 3513) auch bei im Bruchteilseigentum stehenden Wohnungen aus einer entsprechenden Anwendung des § 1361b und nicht aus § 745 Abs 2, da eine Ungleichbehandlung mit dem Fall, in dem der eine Ehegatte dem anderen die in seinem Alleineigentum stehende Ehewohnung freiwillig zu alleinigen Nutzung überlassen hat, nicht gerechtfertigt erscheint (Simon NZFam 2014, 438; OLG Dresden NJW 2005, 3151; Palandt/Brudermöller § 1361b Rn 20 mwNw). Eine Vergütung für die alleinige Nutzung der Ehewohnung kann auch zugesprochen werden, wenn ein Ehegatte während des Getrenntlebens aus einer Ehewohnung weicht, für die beiden Ehegatten gemeinsam ein unentgeltliches Wohnungsrecht eingeräumt ist (BGH DNotZ 2014, 454 in Fortführung von BGH FamRZ 2006, 930). Dies setzt nicht voraus, dass der in der Ehewohnung verbleibende Ehegatte die ihm durch die ungeteilte Nutzung zuwachsenden Vorteile wirtschaftlich verwerten kann (BGH DNotZ 2014, 454 unter Aufgabe von BGH FamRZ 1996, 931). Zu den Kriterien bei der Bemessung der Höhe des Anspruchs vgl BGH FamRZ 2014, 460; als Orientierungshilfe wird in der Rechtsprechung allgemein die ortsübliche Miete angesehen, von der dem aus der Wohnung ausgezogenen Miteigentümer im Regelfall die Hälfte zugesprochen wird (Nachweise bei Wever FamRZ 2014, 1669, 1670).

Nach Rechtskraft der Scheidung ist der Anspruch des freiwillig ausgezogenen Ehe- **62b** gatten auf Nutzungsvergütung bei Miteigentum demgegenüber auf § 745 Abs 2 zu stützen (OLG Frankfurt FamRZ 2013, 1681; OLG Hamm FF 2014, 326; OLG Bremen NJW 2014, 2129; OLG Karlsruhe FamRZ 2009, 775; OLG Naumburg NJW-RR 2009, 1447; OLG Frankfurt FamRZ 2011, 373; wN bei Hoppenz NZFam 2014, 503), sofern kein Mietverhältnis begründet wurde (was einen vertraglichen Anspruch auf Mietzins zur Folge hätte). Kommt es hierzu nicht, ist der dann nur in Betracht zu ziehende Anspruch auf Nutzungsvergütung aus § 745 Abs 2 herzuleiten (Wever FamRZ 2010, 237; Götz/Brudermüller FamRZ 2009, 1261; Elden NJW-Spezial 2010, 516; vgl auch Erbarth FuR 2010, 670 und 2011, 13; **aA** Weber NJW 2009, 3283; zur Geltung der [§§ 2, 5 Abs 2] HausratVO nach Rechtskraft der Scheidung OLG Brandenburg NJW-RR 2009, 725; OLG Hamm FamRZ 2008, 1637). In § 1586a, der sonst „zuständigen" Vorschrift für die Ehewohnung nach der Scheidung, findet sich schließlich keine Anspruchsgrundlage für eine (bloße) Nutzungsvergütung in diesem Zeitraum (Wever FamRZ 2012, 416); diese Lücke beruht auf der irrigen Annahme des Gesetzgebers, dass regelmäßig einer der Ehegatten gem § 1585a Abs 5 den Abschluss eines Mietvertrages verlangen werde (vgl Elden NJW-Spezial 2011, 196; Wever FamRZ 2014, 1669, 1671).

62c Der **Streit** hat indes seit dem Inkrafttreten des FamFG (etwas) an **praktischer Bedeutung weitgehend verloren**. So herrschte zuvor Einigkeit, dass für Entscheidungen über Ansprüche aus § 1361b das Familiengericht, für solche aus § 745 das Prozessgericht zuständig sein sollte (OLG Brandenburg NJW-RR 2006, 1302; KG NJW-RR 2007, 798; OLG Dresden NJW 2005, 3151; OLG Koblenz FamRZ 2000, 304; KG FamRZ 2000, 304; OLG Zweibrücken FamRZ 1998, 171; LG Waldshut-Tiengen NJW-RR 1999, 1524; wN bei Wever FamRZ 2008, 1485). Bei dem aus Miteigentum nach § 745 Abs 2 BGB hergeleiteten Anspruch eines geschiedenen Ehegatten auf Nutzung von Räumen im früheren Familienheim handelt es sich indes nunmehr (auch) um eine **sonstige Familiensache im Sinne des § 266 Abs 1 Nr 3 FamFG** (OLG Hamm NZFam 2014, 223; OLG Frankfurt FamRZ 2013, 326; OLG Nürnberg FamRZ 2013, 1506; OLG Zweibrücken FamRZ 2012, 1410; Wever FamRZ 2012, 416; vgl Götz NZM 2010, 383; Bork/Jacoby/Schwab/Schwab § 200 FamFG Rn 6; MünchKomm/Weber-Monecke § 1361b Rn 2 Fn 2; zu dem grundsätzlich erforderlichen (wirtschaftlichen oder rechtlichen) „inhaltlichen Zusammenhang mit der Beendigung der ehelichen Gemeinschaft" BGH FamFR 2013, 281 mAnm Heiter), sodass auch hierfür das Familiengericht zuständig ist. Doch sind unterschiedliche Verfahrensvorschriften anzuwenden (vgl Götz/Brudermüller NJW 2008, 3025, 3030): Sonstige Familiensachen sind unter Heranziehung der allgemeinen Vorschriften der ZPO zu entscheiden (§§ 112 Nr 3, 113 FamFG); zudem gilt nicht der Amtsermittlungsgrundsatz des § 26 FamFG (dafür allerdings Anwaltszwang, § 114 Abs 1 FamFG). Bei Ansprüchen aus § 1361b Abs 3 S 2 dagegen ist (noch immer) das Verfahrensrecht der §§ 200 ff FamFG iVm den Vorschriften des allgemeinen Teils zu beachten, es handelt sich mithin um ein „echtes" Verfahren der freiwilligen Gerichtsbarkeit (vgl Wever FamRZ 2008, 237; OLG Koblenz FamRZ 2014, 692 (im Zusammenhang mit der Festsetzung des Verfahrenswertes)). Die verschiedenen Ansprüche können dementsprechend auch nicht in einem Verfahren verfolgt werden (OLG Frankfurt FamRZ 2011, 373; OLG Brandenburg NJW 2013, 3794; OLG Zweibrücken FamRZ 2013, 1980; allg Hoppenz NZFam 2013, 503).

63 Der Anspruch auf Nutzungsvergütung ergibt sich jedoch nicht allein als Folge dessen, dass der im Familienheim verbliebene Ehegatte dieses nunmehr allein nutzt. Vielmehr ist eine Aktivierung des Anspruchs erforderlich, und zwar für den Anspruch aus § 1361b Abs 3 S 2 in Form eines (regelmäßig zu beziffernden, OLG Düsseldorf FPR 2010, 586) **Zahlungsverlangens** und für den Anspruch aus § 745 Abs 2 in Form eines **Neuregelungsverlangens** (OLG Bremen NJW 2014, 2129; OLG Jena NJW 2012, 1235; BGH NJW 1982, 1753; BGH DNotZ 1995, 678; BGH NJW 1996, 2154; OLG Schleswig v 22. 12. 2008 – 15 U 4/08 nv; OLG München FamRZ 1999, 1270; OLG Braunschweig FamRZ 1996, 548; OLG Celle NJW 2000, 1425; OLG Düsseldorf NJW-RR 1999, 441; 1989, 1483; OLG Koblenz FamRZ 1989, 85; OLG Köln FamRZ 1999, 1272; OLG Oldenburg NJW-RR 1991, 962; OLG Celle NJW-RR 1990, 265; FamRZ 1993, 71; OLG Brandenburg FamFR 20111, 415; Schulz/Hauss Rn 1165 f; eingehend zum Ganzen Wever FamRZ 2012, 416 und Elden NJW-Spezial 2010, 516 mwNw). Das OLG Naumburg (FamRZ 2012, 1941) verlangt im Rahmen des § 745 Abs 2 überdies, dass nicht nur ein bloßes Zahlungsverlangen erfolge, sondern der in der Wohnung verbleibende vor die Alternativ „Zahlung oder Auszug" gestellt werde (in Übereinstimmung mit BGH NJW 1986, 1340; folgend OLG Hamm NJW 2014, 1022; großzügiger

jedoch BGH FamRZ 2008, 2015). Das OLG München (NJW 2008, 381) hat sich mit der Ansicht, der in Anspruch Genommene besitze zunächst eine Überlegungsfrist (im konkreten Fall in Höhe von vier Monaten), in denen er sich darüber klar werden könne, ob er die verlangte Vergütung zahlen oder sich um eine andere Wohnung kümmern wolle, nicht durchsetzen können (vgl nur WEYER FamRZ 2008, 1485; OLG Hamm FamRZ 2011, 892; OLG Bremen NJW 2014, 2592; großzügig SCHULZ/HAUSS Rn 1172: „drei Monate"). Dem ist zuzustimmen, da bei der Unterhaltsbemessung der Wohnvorteil dem im Haus Verbleibenden bereits ab Trennung zugerechnet wird und eine unterschiedliche Behandlung nicht angezeigt erscheint. Zu den anwaltlichen Hinweispflichten bzgl des Erfordernisses des Zahlungsverlangens vgl OLG Düsseldorf MDR 2010, 1159. Der Anspruch aus § 745 Abs 2 – und damit das Erfordernis des Zahlungsverlangens – gilt nach hM auch bei nichtehelichen Lebensgemeinschaften (OLG Koblenz NZM 2010, 293) Beachte: Dies gilt nach einer Ansicht auch für den Anspruch auf Nutzungsentschädigung, wenn zwischen den geschiedenen Eheleuten auf Grund einer Trennungsvereinbarung nach dem Auszug eines Ehepartners Einigkeit über die alleinige Nutzung der im Miteigentum stehenden früheren Ehewohnung besteht (OLG Stuttgart FamRZ 2012, 33; **aA** OLG Hamm FamRZ 2011, 482).

63a Der Anspruch auf Nutzungsvergütung kann frühestens vom Zeitpunkt der Geltendmachung an entstehen; er kann also **nicht rückwirkend**, sondern nur für die Zukunft geltend gemacht werden (OLG Bremen NJW 2014, 2129; WEVER Rn 105, 117, 119). Abschwächend allerdings OLG Saarbrücken NJW 2010, 3102: Es bedarf zwar prinzipiell eines deutlichen Zahlungsverlangens; bewohnt jedoch der eine Ehegatte nach der Trennung mit Duldung des anderen das gemeinsame Haus allein und trägt er hierfür die Lasten und Kosten, ohne erkennen zu geben, dass er den Ausgleichsanspruch nach § 426 BGB geltend machen will, und verlangt der andere Ehegatte von ihm kein Nutzungsentgelt, so kann in dieser Handhabung eine anderweitige Bestimmung liegen, die der hälftigen Ausgleichsregel des § 426 BGB entgegen steht. Verlangt dann der verbleibende Ehegatte rückwirkend einen Ausgleich von Lasten und Kosten, kann ihm der gewichene Ehegatte, dem mangels rechtzeitiger Geltendmachung kein eigener Nutzungsentgeltanspruch zusteht, zumindest den Einwand entgegenhalten, dass der andere für diese Zeit das Haus entgeltfrei genutzt hat; dies gilt auch rückwirkend, da anderenfalls ein unbilliges Ergebnis dergestalt eintreten würde, dass Zahlung wegen der Lasten rückwirkend verlangt werden könnte, eine Neuregelung bzw eine Nutzungsregelung jedoch nur die Zukunft beträfe (vgl WEYER, Vermögensauseinandersetzung der Ehegatten außerhalb des Güterrechts Rn 270). Der Nutzungsersatzanspruch gilt überdies nur dann, wenn die Lasten der Wohnung auch von beiden Ehegatten zur Hälfte getragen werden (OLG Brandenburg FamFR 2011, 415; näher WEYER FamRZ 2010, 237) und die mit der Benutzung der gemeinschaftlichen Wohnung verbundenen Vorteile nicht schon auf andere Weise zwischen den Ehegatten berücksichtigt worden sind (zum Verhältnis zur Unterhaltspflicht allg vgl BGH NJW 1986, 1339; OLG Bremen NJW 2014, 2129; OLG Frankfurt FamRZ 2013, 135 [LS]; FINKE FPR 2008, 94 und MÜNCH FamRB 2009, 149; beachte etwa OLG Naumburg NJW-RR 2009, 1447: Berücksichtigung der fortdauernden Nutzung bei der Ermittlung eines etwaigen Unterhaltsanspruchs als einkommenserhöhenden Wohnvorteil; auch OLG Saarbrücken FamFR 2010, 450; modifizierend OLG Karlsruhe FamRZ 2009, 775).

63b Der BGH möchte – in einem nach der Rechtslage vor dem 1. 9. 2009 entschiedenen Fall – die Regelungen der Bruchteilsgemeinschaft (und damit vor allem § 745 Abs 2) auch in der Konstellation anwenden, wenn der in der Wohnung verbliebene Ehegatte deren **Alleineigentümer** ist und dem weichenden Ehegatten ein dingliches Mitbenutzungsrecht (§ 1090) zusteht (BGH NJW-RR 2010, 1585; wobei der BGH ausdrücklich darauf hinweist, dass diese Fallgestaltung von derjenigen zu unterscheiden ist, bei der ein Wohnungsrecht nach § 1093 unter Ausschluss des Eigentümers eingeräumt wurde). Zu beachten ist in diesen Konstellationen jedoch, dass der Ehegatte, in dessen Alleineigentum die Immobilie steht, im Rahmen der Berechnung der Nutzungsentschädigung nicht die von ihr/ihm erbrachten Zins- und Tilgungsleistungen auf das aufgenommene Finanzierungsdarlehen zu ihren/seinen Gunsten berücksichtigen kann, da der Abtrag des Darlehens wegen der Alleineigentümerstellung allein dem Erhalt bzw der Vermehrung ihres/seines Vermögens dient.

64 Zum Gesamtschuldnerausgleich gem § 426 bei Ehegattenbruchteilsgemeinschaft und zum Verhältnis zu § 745 Abs 2 vgl BGH NJW 2000, 1945; OLG Saarbrücken NJW 2010, 3102; DNotZ 1995, 676; kein förmliches Verlangen erforderlich, ebenso keine ausdrückliche Mitteilung; vgl auch OLG Koblenz FamRZ 1997, 364. Zur Lastenverteilung nach Beendigung der Ehe OLG Celle OLG-Rep 1995, 296; 214; OLG Köln FamRZ 1999, 1273. Zur entsprechenden Anwendung der Grundsätze in Rn 63 bei bloßem **Mitbenutzungsrecht gem § 1090 BGB** des Nichteigentümerehegatten und zur Berücksichtigung von Darlehenstilgungen in diesem Falle OLG Koblenz NJW 2000, 3791; zur Erhöhung des Unterhaltsanspruchs bei Veräußerung des Ehegattenanteils an fremde Dritte BGH NJW 1997, 731; zum Anspruch auf Schließung eines Wanddurchbruchs zwischen zwei (früheren) Eigentumswohnungen BayObLG WE 1997, 438, keine Mitwirkungspflicht bei Anschlussfinanzierung OLG Düsseldorf FamRZ 1999, 856. Zu den Auswirkungen auf den Trennungsunterhalt BGH NJW 2008, 1946.

65 Keine Besonderheiten gelten, wenn Ehegatten, die im gesetzlichen Güterstand leben, Gegenstände in Bruchteilsgemeinschaft erwerben, die sie **nicht der ehelichen Lebensgemeinschaft** widmen. Hier finden die Vorschriften des Gemeinschaftsrechts Anwendung. Zu dem Scheitern der nichtehelichen Lebensgemeinschaft OLG Koblenz NZM 2010, 293 (der Ausgleichanspruch aus § 426 lebt nach dem Scheitern der nichtehelichen Lebensgemeinschaft wieder auf).

§ 746
Wirkung gegen Sondernachfolger

Haben die Teilhaber die Verwaltung und Benutzung des gemeinschaftlichen Gegenstands geregelt, so wirkt die getroffene Bestimmung auch für und gegen die Sondernachfolger.

Materialien: E II § 682; III § 733; Prot II 752–755; JAKOBS/SCHUBERT, Schuldverh III 388 ff.

Systematische Übersicht

Alphabetische Übersicht

I. Zweck der Vorschrift

1 Die Vorschrift ist von der zweiten Kommission eingefügt worden. Sie soll den einzelnen Teilhaber daran hindern, Regelungen der gemeinsamen Verwaltung und Benutzung, die durch Vereinbarung, Mehrheitsbeschluss (§ 745 Abs 1) oder gericht-

liche Entscheidung (§ 745 Abs 2) verbindlich getroffen sind, durch Veräußerung des Anteils zu vereiteln (Prot II 755). Auf *guten Glauben* des Rechtsnachfolgers kommt es nicht an; er muss auch solche Regelungen gegen sich gelten lassen, die er nicht kennt und nicht kennen kann (Prot II 755). Die Regelungen zur Verwaltung und Nutzung des Gegenstands sollten allen Teilhabern zudem eine gewisse Planungssicherheit geben (Hk-BGB/Saenger Rn 1).

II. Sonderregelung für Grundstücke

2 Eine Sonderregelung gilt für Grundstücke (näher unten Rn 17 ff). Steht ein Grundstück im Miteigentum nach Bruchteilen, so wirkt eine Verwaltungs- oder Benutzungsregelung nur dann gegen den Sondernachfolger, wenn sie als Belastung des Anteils **im Grundbuch eingetragen** ist, § 1010 Abs 1 (vgl zu den Mitwirkungspflichten bei der Eintragung anschaulich OLG Frankfurt DNotZ 1990, 298, 299). Normzweck ist der Schutz des Rechtsnachfolgers gegen ihm unbekannte Vereinbarungen oder Ansprüche (MünchKomm/K Schmidt Rn 2). Auch insoweit kommt es nach Gesetzeswortlaut und hM auf *guten Glauben* nicht an, dh der Sondernachfolger braucht die nicht eingetragene Regelung auch dann nicht gegen sich gelten zu lassen, wenn er sie kannte (OLG München NZG 1999, 395; Erman/Aderhold § 1010 Rn 2; Soergel/Stürner § 1010 Rn 1; **aA** Schlegelberger/Vogel/vSpreckelsen Rn 1; aufgrund rechtspolitischer Erwägungen kritisch Fischer LM Nr 1 zu § 1010). Im Fall der Kollusion des Erwerbers mit dem Veräußerer kann sich aus § 826 etwas Abweichendes ergeben.

3 **Nicht eingetragene Regelungen** – mögen sie auf Vereinbarung, Mehrheitsbeschluss (§ 745 Abs 1) oder gerichtlicher Entscheidung (§ 745 Abs 2) beruhen – sind nur im Verhältnis der jeweiligen Miteigentümer des Grundstücks schuldrechtlich wirksam (zu der Frage, ob nicht eingetragene Vereinbarungen so lange, wie sie unter den Eigentümern beachtlich sind, auch gegenüber Mietern eines Eigentümers wirken vgl Jacoby ZWE 2012, 70; beachte aber auch OLG München NJW-RR 2013, 135: Die [Weiter-] Veräußerung des Wohnungseigentums führt – ohne dass die Abtretung im Kaufvertrag ausdrücklich verlautbart sein müsste – zum Übergang eines schuldrechtlichen Sondernutzungsrechts: str, **aA** Bärmann/Klein § 13 Rn 122). Bei Veräußerung des Anteils sind sie verpflichtet, für die weitere Erfüllung zu sorgen, dh sie müssen sicherstellen, dass auch der Rechtsnachfolger die Regelung einhält; anderenfalls machen sie sich auch ohne Nachweis eines Verschuldens *schadensersatzpflichtig* (BGHZ 40, 326; BeckOK BGB/Gehrlein Rn 2; vgl auch § 743 Rn 32). § 1010 Abs 1 schließt nur die Wirkung nicht eingetragener Regelungen „gegen" den Sondernachfolger aus. *Für den Sondernachfolger* wirkt auch die nichteingetragene Regelung; insoweit gilt § 746 auch für Grundstücke (OLG München NJW 1955, 637; BGB-RGRK/Pikart Rn 3; Biermann Anm 1a; Schnorr 329 f). Das wirkt auf den ersten Blick widersprüchlich. Begünstigende Regelungen müssen aber bereits kraft Gleichheitsgrundsatzes und gemeinschaftlicher Aspekte auch dem Sondernachfolger zugutekommen; dadurch werden die übrigen Teilhaber nicht beeinträchtigt. Belastende Regelungen sind im Grundstücksbereich hingegen prinzipiell dem Publizitätsgrundsatz zu unterwerfen. Hieran bestehen nicht nur individuelle Interessen. Häufig werden die begünstigenden und die belastenden Teile der Regelung jedoch untrennbar zusammenhängen. Dann kann der Rechtsnachfolger, wenn die Eintragung unterblieben ist, wählen: Will er sich auf die Regelung zu seinem Vorteil berufen, muss er auch ihre belastenden Teile gegen sich gelten lassen (Staudinger/Gursky [2012] § 1010 Rn 1; Heck § 71, 5). „Rosinenpicken" würde insoweit gegen § 242 verstoßen. Besteht

mangels Eintragung keine privatrechtliche Bindung an Verwaltungs- und Benutzungsregelung, kann sich eine solche uU aus öffentlich-rechtlichen Pflichten ergeben (vgl zur Streupflicht OLG Stuttgart NJW-RR 1986, 958).

Eine differenzierende Regelung für die **Wohnungseigentümergemeinschaft** enthält Art 10 WEG: Hiernach wirken Vereinbarungen (§ 10 Abs 3 WEG) gegen den Rechtsnachfolger nur nach Eintragung; Mehrheitsbeschlüsse (§ 10 Abs 4 iVm § 23 WEG) und gerichtliche Regelungen (§ 10 Abs 4 iVm § 43 WEG) auch ohne Eintragung. Die Eintragungspflicht beschränkt sich damit praktisch auf solche Vereinbarungen, die über den Anwendungsbereich des § 15 Abs 3 WEG – Regelung des ordnungsmäßigen Gebrauchs und Beschlusskompetenzen (zB §§ 16, 22 WEG) – hinausgehen. Im Einzelnen ist hier allerdings vieles str, vgl näher Hügel/Elzer 51 ff. 4

Für die Bruchteilsgemeinschaft spielen diese Fragen mangels Unterscheidung zwischen unwirksamen oder lediglich anfechtbaren Beschlüssen **keine Rolle** (§ 745 Rn 47). 5

Bei der **Wohnungseigentümergemeinschaft** können §§ 746, 1010 in Fällen von Untergemeinschaften an Stellplätzen, Duplexgaragen, Fluren, Abstellräumen etc Bedeutung erlangen, sofern auf diese Untergemeinschaft §§ 741 ff Anwendung finden (dazu zB BayObLG MittBayNotK 1994, 438 mAnm F Schmidt MittBayNotK 1995, 115); zum Verwaltungsvermögen vgl § 741 Rn 179 f. 6

Nach § 922 S 4 gilt die Vorschrift auch für Grenzeinrichtungen. 7

III. Dogmatische Einordnung

Die zweite Kommission ging davon aus, dass durch die Verwaltungs- und Benutzungsregelungen der **dingliche Inhalt der Mitberechtigung** verändert wird (Prot II 755). Es soll sich um „dingliche Belastungen" des Anteils handeln. Hieraus soll sich einerseits erklären, dass die Regelung im Allgemeinen für und gegen Rechtsnachfolger wirkt, andererseits auch, dass bei Grundstücken die Wirkung gegenüber Dritten von der Eintragung abhängt (oben Rn 2 f). Diese ratio legis trifft indes nur in einem Teil der Fälle zu. *Beschlüsse gem § 745 Abs 1* und *gerichtliche Entscheidungen gem § 745 Abs 2* sind für den Teilhaber uU auch dann verbindlich, wenn er nicht zugestimmt hat (vgl Staudinger/Gursky [2012] § 1010 Rn 8). Sie konkretisieren nur die Rechte und Pflichten aus dem schuldrechtlichen Gemeinschaftsverhältnis und wirken für und gegen den Sonderrechtsnachfolger aus dem Grund, weil er mit Übernahme des Anteils in die schuldrechtliche Position des bisherigen Teilhabers mit einrückt. *Nur vertraglich vereinbarte Regelungen, die durch Mehrheitsbeschluss nicht getroffen werden könnten* – insbes also Regelungen, die wesentliche Veränderungen des Gegenstands zur Folge haben oder das Recht auf quotenmäßige Nutzung beeinträchtigen (wie im Fall BGHZ 40, 326) – verändern den Inhalt der dinglichen Berechtigung unmittelbar und stellen sich dauerhaft als „Belastung" des Anteils dar. 8

Für die **Auslegung des § 1010 Abs 1** soll daraus nach Staudinger/Huber[12] Rn 5 (differenzierend Staudinger/Gursky [2012] § 1010 Rn 9 ff) folgen, dass nur Regelungen der 9 zuletzt genannten Art eintragungsbedürftig sein könnten. Regelungen, die durch § 745 Abs 1 oder Abs 2 gedeckt seien, müssten dem Rechtsnachfolger gegenüber auch *ohne* Eintragung wirksam sein. Dem ist in dieser strikten Form mit der ganz hM (vgl MünchKomm/K Schmidt Rn 3; Döbler MittRhNotK 1983, 187) zu widersprechen: Auch bei Beschlüssen und Entscheidungen besteht ein praktisches Bedürfnis nach grundbuchlicher Verlautbarung. Dies entspricht auch der geltenden Fassung des § 1010 (MünchKomm/K Schmidt aaO). Im Einzelfall mögen zwar Beschlüsse und Entscheidungen nach § 745 Abs 2 ohne weiteres auch für den Sondernachfolger gelten. Sollen sie jedoch endgültig änderungsfest sein, bedarf es der Eintragung (ähnl Staudinger/Gursky [20012] § 1010 Rn 10).

IV. Anwendungsbereich

10 § 746 gilt nur für Regelungen, die die **Verwaltung und Benutzung** betreffen. Regelungen hinsichtlich des gemeinschaftlichen Gegenstands, die über die Verwaltung und Benutzung hinausgehen, treffen den Rechtsnachfolger als solchen nicht. Dies gilt insbes für die vertragliche Verpflichtung der Teilhaber, geplante Aufwendungen auf die gemeinsame Sache aus ihrem Privatvermögen zu finanzieren. Insoweit bleibt allerdings der Veräußerer des Anteils den übrigen Teilhabern haftbar.

11 Sondernachfolge ist jeder Rechtserwerb, der auf der rechtsgeschäftlichen Verfügung des Anteils beruht (jurisPK/Ehlers Rn 2). **Sondernachfolger** iS des § 746 sind zB: der Erwerber des Anteils, oder eines Bruchteils hiervon, der Nießbraucher, der Pfandgläubiger des Anteils (§ 1259) und der Pfändungspfandgläubiger des Anteils (Ausnahme in § 751 S 2, vgl Palandt/Spreu Rn 1). Kein Sondernachfolger ist, wer nur einen Anspruch gepfändet hat, der sich aus dem Anteil ergibt (RGZ 89, 176, 179; MünchKomm/K Schmidt Rn 4; **aA** OLG Frankfurt NJW 1958, 65). Ihm gegenüber wirken Vereinbarungen der Teilhaber schon nach § 404 (ebenso BGB-RGRK/Pikart § 1010 Rn 2). Die Verwaltungs- und Benutzungsrechte, die sich aus dem Gesetz oder besonderer Regelung ergeben, kann der Nießbraucher, Pfand- oder Pfändungspfandgläubiger des Anteils selbst ausüben (§ 747 Rn 38, 63). § 746 gilt auch nicht für die GbR (BGH NJW-RR 2009, 515).

12 **Keine** Sondernachfolge liegt vor bei einem Formwechsel nach §§ 190 ff UmwG (vgl § 202 UmwG; MünchKomm/K Schmidt Rn 4), ebenso bei **Gesamtrechtsnachfolgern** nach § 1922 bzw §§ 20, 131 UmwG. Hier ergibt sich die Bindung an die für den Rechtsvorgänger verbindlichen Regelungen aus der Tatsache der Gesamtrechtsnachfolge unmittelbar es bedarf nicht der durch § 746 erreichten Planungssicherheit (vgl Hk-BGB/Saenger Rn 1). Allerdings können die Teilhaber gerade für diesen Fall die Bindungswirkung ausschließen (MünchKomm/K Schmidt Rn 1). Dies kann – ggf konkludent – der Fall sein, wenn die Verwaltungs- und Benutzungsregelungen ihre Grundlage in spezifisch engen persönlichen Beziehungen hatte, etwa bei Ehegatten oder nichtehelichen Lebensgemeinschaften (unten Rn 14 ff).

V. Erbengemeinschaft

13 § 746 gilt kraft Verweisung (§ 2038 Abs 2 S 1) auch für die Erbengemeinschaft. Auch soweit zum Nachlass Grundstücke gehören, ist der Erwerber im Rahmen des § 746 ohne weiteres gebunden. Ein Gutglaubensschutz findet nicht statt, § 1010 Abs 1

findet keine Anwendung (vgl § 743 Rn 46). Dies ergibt sich daraus, dass Miterben nicht nach Bruchteilen, wie § 1010 voraussetzt (vgl § 1008), sondern zur gesamten Hand berechtigt sind. Die Verwaltungs- und Benutzungsregelung betrifft demgemäß auch nicht das Eigentum am Grundstück, sondern die Beteiligung am Nachlass, die Stellung als Erbe. Diese Stellung muss der Nachfolger so übernehmen, wie die Erben sie durch Vereinbarung oder Mehrheitsbeschluss ausgestaltet haben.

VI. Ehegattengemeinschaft

Besonderheiten ergeben sich bei Sachen, die Ehegatten gemeinschaftlich erworben und der ehelichen Lebensgemeinschaft gewidmet haben. Hierin liegt eine besondere Regelung der Benutzung, die grundsätzlich nach § 746 auch dritten Erwerbern des Anteils entgegengehalten werden kann (vgl auch § 745 Rn 60 ff). Allerdings gelten zusätzliche Regeln. 14

Bei **beweglichen Sachen** (Gegenständen des ehelichen Haushalts), die im Miteigentum des Ehegatten stehen, kann der im gesetzlichen Güterstand lebende Ehegatte überhaupt nur mit Zustimmung des anderen über seinen Anteil verfügen, § 1369 Abs 1 (BGB-RGRK/Finke § 1369 Rn 15; MünchKomm/Koch § 1369 Rn 12; Verfügungsbeschränkungen hinsichtlich von Haushaltsgegenständen bestehen auch bei der deutsch-französischen Wahl-Zugewinngemeinschaft: Coester-Waltjen JURA 2011, 341, 342). Schon hierdurch wird der Ehegatte gehindert, durch Anteilsveräußerung die Widmung für den ehelichen Haushalt aufzugeben; § 746 hat daneben keine praktische Bedeutung. Leben dagegen die Ehegatten in Gütertrennung, wird der Anteilserwerber durch § 746 an der Mitbenutzung des Gegenstands gehindert. 15

Bei **Grundstücken**, die dem ehelichen Lebensbereich zugeordnet sind, ist dagegen der Ehegatte im gesetzlichen Güterstand an der Veräußerung seines Anteils nicht gehindert (vgl BGHZ 37, 38; RGZ 67, 398), es sei denn, der Anteil am Grundstück bildet praktisch sein ganzes Vermögen iSv § 1365 (für diese Bestimmung gibt es – anders als für § 1369 – kein Äquivalenz in der Wahl-Zugewinngemeinschaft: Coester-Waltjen JURA 2011, 341, 342; zu der Geltung des § 1365 in der Teilungsversteigerung vgl Staudinger/Thiele [2007] § 1365 Rn 46; Böttcher Rpfleger 1986, 271; § 750 Rn 65 ff). Soweit die Veräußerung zulässig ist, ist die Gebrauchsregelung – die Zuordnung zum ehelichen Lebensbereich – nach dem Gesetzeswortlaut Dritten gegenüber nur kraft Eintragung wirksam, § 1010 Abs 1. Solche Eintragungen sind insbes bei intakter Ehe in der Praxis jedoch lebensfremd und unüblich. Theoretisch besteht daher die Möglichkeit, dass der Ehegatte, der sich von der Ehe abgewandt hat, seinen Anteil veräußert und die Ehewohnung verlässt und der Erwerber eine neue Art der Nutzung verlangt. Ein solches Verlangen könnte aber – hälftiges Miteigentum der Ehegatten vorausgesetzt – nur auf § 745 Abs 2 gestützt werden. Billigem Ermessen wird es in einem solchen Fall entsprechen, dass der zurückgebliebene Ehegatte die Wohnung behält und dem neuen Miteigentümer eine Vergütung zahlt (zu einem dann ggf erhöhten Unterhaltsbedarf vgl BGH NJW 1997, 731). Im Übrigen verhält sich der Ehegatte durch die Anteilsveräußerung auch pflichtwidrig, und zwar sowohl hinsichtlich seiner Pflichten aus der Ehe als auch hinsichtlich seiner Pflichten aus dem Gemeinschaftsverhältnis. Mindestens im Fall kollusiven Zusammenwirkens ist deshalb der Erwerber nach § 826 verpflichtet, den zurückgebliebenen Ehegatten so zu stellen, als hätte die Veräußerung nicht stattgefunden. In diesem Fall bleibt es beim Wohnrecht des zurückge- 16 bliebenen Ehegatten, ohne dass ein Ausgleich zu zahlen ist. Zur Frage, ob der Erwerber in einem solchen Fall Aufhebung der Gemeinschaft durch Zwangsversteigerung erwirken kann, vgl § 749 Rn 37 ff sowie (zweifelhaft) OLG Schleswig NJW-RR 1995, 900: Nichtigkeit der dinglichen Übertragung gem § 138 (vgl dazu bereits § 741 Rn 24 f). Zu den Besonderheiten nach §§ 1361a, 1361b, 1586a und 1686b vgl § 745 Rn 60 ff und § 749 Rn 38 ff, 64 ff.

VII. Exkurs: Verwaltungs- und Benutzungsregelungen gem §§ 746, 1010

1. Überblick und Eintragungsvoraussetzungen

17 Haben die Miteigentümer eines Grundstücks die Verwaltung und Benutzung geregelt oder das Recht, die Aufhebung der Gemeinschaft zu verlangen, für immer oder auf Zeit ausgeschlossen oder eine Kündigungsfrist bestimmt, so wirkt die Belastung gegen den Sondernachfolger eines Miteigentümers, wenn sie als Belastung des Anteils im Grundbuch eingetragen ist, § 1010 Abs 1. Es handelt sich hierbei nach ganz hM um eine **dingliche Belastung eigener Art**, die zu den beschränkten dinglichen Rechten des vierten bis neunten Abschnitts des Sachenrechts hinzukommt und am ehesten mit der Grunddienstbarkeit vergleichbar ist (Staudinger/Gursky [2013] § 1010 Rn 6 mwNw; **aA** demgegenüber Schnorr [335], für den die in § 1010 vorausgesetzte Grundbucheintragung rein formellrechtlicher Natur und kein Teil eines Verfügungsgeschäftes über das im Miteigentum stehende Grundstück bzw die Miteigentumsanteile ist. Die Herbeiführung der Eintragung erfolgt damit analog § 22 GBO, setzt also den Nachweis der vereinbarten Gemeinschaftsregelung in der Form des § 29 GBO analog voraus). Die in §§ 755 f bestimmten Ansprüche können gegen Sondernachfolger nur bei Grundbucheintragung geltend gemacht werden, § 1010 Abs 2. Grundbucheintragung setzt prinzipiell bereits bestehendes Miteigentum voraus; im Falle der Buchung gem § 3 Abs 6 GBO (danach kann die Buchung der künftigen Miteigentümeranteile eines dienenden Grundstücks iS von § 3 Abs 4 und 5 GBO bereits erfolgen, wenn der Alleineigentümer die Teilung des Grundstücks in Miteigentumsanteile und deren Zuordnung zu den herrschenden Grundstücken dem Grundbuchamt erklärt hat) dürfte aber eine Vorwegeintragung zulässig sein (LG Memmingen MittBayNot 1999, 77; Schöner/Stöber Rn 1462; MünchKomm/K Schmidt § 1010 Rn 10; Tschon RNotZ 2007, 205, 225; weitergehend OLG Frankfurt WE 1996, 73; **aA** Döbler MittRhNotK 1983, 182, Vossius MittBayNot 1994, 12; Frank MittBayNot 1994, 512, 516)), die mit der gesetzlichen Neuregelung beabsichtigte Erleichterung der Grundbuchführung würde sonst konterkariert.

18 Eintragungsfähig sind allein die das Grundstück betreffenden Abreden, nicht aber sonstige damit im Zusammenhang stehenden Verabredungen (Döbler MittRhNotK 1983, 182; Staudinger/Gursky [2013] § 1010 Rn 7 ff). **Belastungsgegenstand** können alle oder nur einzelne Anteile sein (Schöner/Stöber, Grundbuchrecht Rn 1462); die Eintragung erfolgt in Abteilung 2 (s § 10 Abs 1 a GBVfG). Besteht zugunsten des gemeinschaftlichen Grundstücks eine Dienstbarkeit an einem Nachbargrundstück, soll nach BayObLG Rpfleger 1979, 420, in keinem der berührten Grundbücher § 1010 zur Anwendung kommen, vielmehr gelte § 746 unmittelbar (zust Döbler MittRhNotK 1983, 181; Hilgers MittRhNotK 1970, 634). ME ist dies unzutreffend und vor allem unzweckmäßig. Die Dienstbarkeit ist wesentlicher Rechtsbestandteil des herrschenden Grundstücks, und auf dieses – nicht auf die Dienstbarkeit selbst – findet § 1010 insgesamt Anwendung. Im Wohnungseigentumsrecht entspricht es ganz hM, dass

sich die dinglichen Wirkungen der Teilungserklärung auch auf die mit dem herrschenden Grundbuch verbundenen Dienstbarkeiten erstrecken können (BGHZ 107, 289; RÖLL DNotZ 1983, 411). Vor allem dann, wenn die Berechtigung wesentlichen Einfluss auf den Wert des herrschenden Grundstücks hat, ist ein Nebeneinander zwischen §§ 1010 und 746 wenig zweckmäßig und regelmäßig irreführend. Was bliebe, wäre allenfalls eine indirekte Verdinglichung der schuldrechtlichen Abreden hinsichtlich der Dienstbarkeit durch auflösende/aufschiebende Bedingungen einer einzutragenden Mitbenutzungsordnung hinsichtlich des Grundstücks selbst. Das verkompliziert den Inhalt der Grundbucheintragung unnötig.

§ 1010 setzt aber unzweifelhaft **Miteigentum** voraus. Auf sonstige Berechtigungen, etwa Dauernutzungsrechte im Rahmen des Time-Sharing (§ 741 Rn 201) ist er nicht anwendbar. Benutzungsregelungen sind in solchen Fällen weder eintragungsbedürftig noch eintragungsfähig. § 746 gilt unmittelbar. Aus Sicht der Gemeinschaftsinteressen mag das vorteilhaft sein; für Rechtsnachfolger ist die hieraus folgende Bindung idR riskant. 19

Veräußert ein Teilhaber seinen Anteil an mehrere Personen zu Bruchteilen, entsteht keine **Untergemeinschaft**. Die einzelnen Erwerber werden Teilhaber, die sodann gleichberechtigt (bis auf die Höhe) neben den übrigen stehen (BGHZ 13, 141). Vereinbarungen unter den Erwerbern können aber eintragungsfähig sein (DÖBLER MittRhNotK 1983, 183), sofern dem nicht die bereits eingetragenen entgegenstehen (LG Berlin NJW 1956, 471). 20

2. Verwaltungs- und Benutzungsregelungen

Der Begriff des § 1010 entspricht insoweit demjenigen der §§ 743–745 (oben § 743 Rn 30 ff, § 744 Rn 6, § 745 Rn 5 ff, zu letzterem, selten praxisrelevantem Fall vgl auch MünchKomm/K SCHMIDT Rn 3; DÖBLER MittRhNotK 1983, 187). Die Unterscheidung hat für die Grundbuchbewilligung und das Eintragungsverfahren kaum Bedeutung (DÖBLER aaO); im Innenverhältnis sind aber mangels entgegenstehender Regelung §§ 743–745 anwendbar. Eintragungsfähig sind sowohl Vereinbarungen, Mehrheitsbeschlüsse wie auch gerichtliche Entscheidungen gem § 745 Abs 2 (oben Rn 1); für das Grundbuchverfahren gelten aber §§ 19, 29 GBO, dh übereinstimmende Bewilligung aller Betroffenen (zum Anspruch hierauf vgl OLG Frankfurt DNotZ 1990, 299; allgem mwNw SCHÖNER/STÖBER, Grundbuchrecht Rn 1461) und materiellrechtlich §§ 873 ff (STAUDINGER/GURSKY [2013] § 1008 Rn 6). Eintragungsfähig nach § 1010 Abs 1 sind die dort genannten Arten von Vereinbarungen; wegen des sachenrechtlichen Typenzwanges verbietet sich eine Ausweitung im Wege der Analogie (STAUDINGER/GURSKY [2013] § 1010 Rn 17; vgl MünchKomm/K SCHMIDT § 1010 Rn 9; DÖBLER MittRhNotK 1983, 184). Eintragbar sind damit etwa eine Abrede über die Benutzung von im Miteigentum stehenden Duplex-Garagen und Sammelstellplatzverschiebeanlagen (BayObLG NJW-RR 1994, 1427; BayObLG NJW-RR 1995, 783, 784; OLG Frankfurt Rpfleger 2000, 212, 213; OLG Jena FGPrax 2000, 7; vgl auch BGH MDR 2012, 17), die Bestellung eines Verwalters; Eigennutzung oder Vermietung; Begünstigung Dritter (str, vgl SCHÖNER/STÖBER, Grundbuchrecht Rn 1464; STAUDINGER/GURSKY [2013] § 1010 Rn 9); Verfahrensvorschriften (allerdings nicht in der Form einer Satzung, so OLG Hamm DNotZ 1973, 449, 550; mE zweifelhaft, abl auch DÖBLER aaO); nicht aber Teilungsabreden (SCHÖNER/STÖBER, Grundbuchrecht Rn 1466). 21

22 Für **Änderungen** der Vereinbarung bzw Regelung gelten materiell-rechtlich die allgemeinen Vorschriften; zum Grundbuchverfahren Rn 21, 27 und DÖBLER MittRhNotK 1983, 185 f.

3. Verteilung von Lasten und Kosten

23 Gem § 748 sind die Teilhaber verpflichtet, Lasten und Kosten nach dem Verhältnis ihrer Anteile zu tragen. Hieraus und dem Wortlaut des § 1010 folgert die hM, dass **Lasten- und Kostenregelungen** nicht **eintragungsfähig** seien (OLG Hamm DNotZ 1973, 546; LG Köln MittRhNotK 1984, 104; BGB-RGRK/PIKART § 1010 Rn 9; SOERGEL/STÜRNER § 1010 Rn 3; ERMAN/ADERHOLD § 1010 Rn 4; PALANDT/BASSENGE § 1010 Rn 2; PANZ BWNotZ 1990, 67; SCHNORR, 316 f; TSCHON RNotZ 2006, 205, 220 ff; MünchKomm/K SCHMIDT § 1010 Rn 9). Anders BayObLG DNotZ 1993, 391 mit eingehender Begründung und mwNw (zust zB SCHÖNER/STÖBER Rn 1467; vgl auch OLG Hamm RNotZ 2011, 344 f [zulässig bei untrennbarer Verbindung mit Benutzungsregelung]; LG Bonn MittBayNot 1994, 81 [bei gleichzeitiger Benutzungsregelung]; LG Traunstein MittBayNot 1978, 157; DÖBLER MittBayNot 1983, 181): Der Begriff Verwaltung umfasse auch die Frage, wer deren Lasten und Kosten zu tragen habe. Benutzungs- und Kostenregelungen stünden oft in derart engem Zusammenhang, dass ihre getrennte Behandlung grundbuchmäßig unzweckmäßig sei. Theoretisch und insbes aus der Sicht der Praxis verdient diese Auffassung in jeder Hinsicht den Vorzug. Umfassende Verwaltungsregelungen lassen sich fast nie sinnvoll ohne Kostenverteilung treffen. Sind diese selbst nicht zu verdinglichen, bleibt nur der Umweg über auflösende/aufschiebende Bedingungen, mit denen die tatsächliche Kosten- und Lastentragung zur Bedingung bestimmter Nutzungsrechte erhoben wird (die Kautelarpraxis verfügt hier durchaus über gangbare, allerdings komplizierte Gestaltungsmittel, vgl PANZ BWNotZ 1990, 67 f). Das aber bedeutet oft Steine statt Brot und führt in jedem Fall zu unübersichtlicher, aus Laiensicht gänzlich unverständlicher Grundbuchsituation.

24 Überflüssige, weil der gesetzlichen Regelung entsprechende Vereinbarungen sind allerdings **nicht eintragungsfähig**, ebenso wenig deliktische oder vertragliche Schadensersatzverpflichtungen (BayObLG DNotZ 1993, 393 f; PALANDT/BASSENGE § 1010 Rn 2).

4. Ausschluss des Aufhebungsrechts

25 Hierzu im Einzelnen § 749 Rn 60 ff.

5. Sonstiges

26 Im Rahmen von Verwaltungs- und Benutzungsregelungen werden oft **weitergehende Vereinbarungen** getroffen, die nicht nach § 1010, sondern nur nach den für sie geltenden Vorschriften eintragungsfähig oder -bedürftig sind. Beispiele: Vorkaufsrechte (dazu § 747 Rn 11); schuldrechtliche Verfügungsunterlassungsverpflichtungen (DÖBLER MittRhNotK 1983, 189; § 747 Rn 6 ff); analoge Anwendung des § 12 WEG kommt aber nicht in Betracht (MünchKomm/K SCHMIDT § 1010 Rn 9), Vertragsstrafen (DÖBLER aaO); Ankaufs- und Optionsrechte (§ 747 Rn 6).

27 Die **Rechtsnatur** der Eintragung gem § 1010 sieht die heute hM als echte dienstbarkeitsähnliche Belastung (MünchKomm/K SCHMIDT § 1010 Rn 10; SCHÖNER/STÖBER,

Grundbuchrecht Rn 1461; STAUDINGER/GURSKY [2013] § 1010 Rn 5; DÖBLER MittRhNotK 1983, 189 mwNw; zur Zwangsvollstreckung DÖBLER 194 ff), sodass zwischen ihr und anderen Eintragungen ein echtes *Rangverhältnis* besteht (MünchKomm/K SCHMIDT § 1010 Rn 10; PALANDT/BASSENGE § 1010 Rn 3; BAUCH Rpfleger 1983, 421, 424; SCHÖNER/STÖBER Rn 1471; VOSSIUS MittBayNot 1994, 10, 12; zur Rangänderung LG Zweibrücken Rpfleger 1965, 57; abweichend SCHNORR 344 ff). Dies ist etwa dann relevant, wenn im Rahmen der Zwangsvollstreckung nur in den Anteil eines Miteigentümers vollstreckt wird (DÖBLER MittBayNot 1983, 181, 189).

Zu Vereinbarungen gem § 1010 Abs 2 (in der Praxis selten) vgl näher DÖBLER MittRhNotK 1983, 191 ff. 28

Die Grundbucheintragung in Abt II muss die Regelung mindestens **schlagwortartig kennzeichnen**, „Verwaltungs- und Benutzungsregelung" genügt (BayObLG Rpfleger 1973, 246; näher HAEGELE, Grundbuchrecht Rn 1470). Bei unzureichender Schlagwortkennung ist die Eintragung von Amts wegen zu löschen (HAEGELE aaO). 29

Endet die Bruchteilsgemeinschaft, insbes mit Veräußerung an einen Alleinerwerber, so wird die eingetragene Regelung gegenstandslos und wirkt insbes nicht für spätere Sonderrechtsnachfolger (Ausnahme: Belastung eines Anteils mit Grundpfandrecht oder Reallast, näher HAEGELE, Grundbuchrecht Rn 1472). 30

§ 747
Verfügung über Anteil und gemeinschaftliche Gegenstände

Jeder Teilhaber kann über seinen Anteil verfügen. Über den gemeinschaftlichen Gegenstand im Ganzen können die Teilhaber nur gemeinschaftlich verfügen.

Materialien: E I § 763 S 1, 2; II § 683; III § 734; Mot II 874; Prot II 745; JAKOBS/SCHUBERT, Schuldverh III 373 ff.

Systematische Übersicht

Alphabetische Übersicht

I. Verfügung über den Anteil (S 1)

1. Allgemeines

1 Im Recht des Teilhabers, über seinen Anteil am Gegenstand zu verfügen, zeigt sich ein **Hauptunterschied** zwischen der **Bruchteilsgemeinschaft** und der **Gesellschaft**. Das Recht der Bruchteilsgemeinschaft geht vom *Leitbild der zufälligen Rechtsgemein-*

schaft aus: die Teilhaber sind vertraglich nicht miteinander verbunden, es fehlt ein besonderes individualrechtliches Element (Medicus/Lorenz, SchuldR Bes Teil [17. Aufl 2014] Rn 989 sprechen anschaulich von dem fehlenden „Bündelungsinteresse"). Kein Teilhaber hat ein durchschlagendes und schützenswertes Interesse daran, nur mit diesem und nicht mit anderen Teilhabern verbunden zu sein; ist er mit dem neuen Teilhaber nicht einverstanden, mag er die Auflösung der Gemeinschaft betreiben. Der Gesetzgeber hat somit das Interesse des Teilhabers an ungehinderter Disposition über seinen Anteil höher bewertet als das Interesse der übrigen Teilhaber, Fremde vom Eindringen in die Gemeinschaft abzuhalten, und er hat demgemäß den Anteil als selbstständiges, freies, individuelles Vermögensobjekt des einzelnen Teilhabers ausgestaltet (Mot II 874). Bei der Gemeinschaft gibt es damit kein vom Vermögen der Teilhaber getrenntes Sondervermögen und deshalb auch keine gesamthänderische Bindung (Palandt/Sprau Rn 1; Hk-BGB/Saenger Rn 1; kritisch Hildebrandt AcP 202 [2002] 631, 654: die Idee ideeller Anteile als Verfügungsgegenstand nach § 747 S 1 sei „mystisch"; iE zustimmend Madaus AcP 212 [2012] 251, 260, 275: Das Teilrecht jedes Teilhabers sei „stets das Recht an der ganzen ungeteilten Sache", nach der dort vertretenen Theorie sogar das Vollrecht selbst). Zum Begriff der „Freihand" vgl Staudinger/vProff Vorbem 12.

2 In der **Rechtswirklichkeit** sind die Interessen häufig jedoch anders: Viele Gemeinschaften beruhen gerade auf einem *freiwilligen Zusammenschluss* der Teilhaber, bei dem die persönlichen Eigenschaften der Teilhaber von wesentlicher Bedeutung sind (etwa im Falle des Miteigentums von Eheleuten bzw eingetragenen Lebenspartnerschaften an einer Immobilie etc). Der Gesetzgeber hat dies zwar gesehen, aber nicht für durchschlagend gehalten. Die übrigen Teilhaber können der Verfügung daher auch dann nicht widersprechen, wenn ihre Interessen gefährdet werden (Mot II 874). Probleme können sich hieraus vor allem bei der *Ehegattengemeinschaft* ergeben; hier helfen bis zu einem gewissen Grad Regeln des Familienrechts (dazu unten Rn 7). Allgemein dazu auch Vorbem 14 ff.

3 Auf **Gemeinschaften besonderen Rechts** ist § 747 nur mit Modifikationen oder in Gänze nicht anwendbar; vgl § 741 Rn 177 ff und unten 80 ff.

2. Zwingendes Recht

a) Der Grundsatz des § 137

4 S 1 ist **zwingendes Recht**. Dies ergibt sich aus § 137 (vgl Amann DNotZ 2008, 324; der Teilhaber kann also über seinen Anteil auch dann verfügen, wenn dies zur Beendigung der Gemeinschaft führt, vgl BGH NJW-RR 2010, 2098). Hiernach sind Vereinbarungen, durch die die Teilhaber sich verpflichten, Verfügungen über ihren Anteil zu unterlassen, zwar *schuldrechtlich* verbindlich (§ 137 S 2; jurisPK/Ehlers Rn 3; vgl anschaulich BGH NJW 1962, 1613: Miturheber). *Dem Erwerber gegenüber* sind sie jedoch unwirksam (§ 137 S 1; dies gilt auch dann, wenn die Bruchteilsberechtigten für die gemeinschaftliche Verwaltung des ihnen gemeinschaftlich zustehenden Gegenstandes eine nur schuldrechtliche Innengesellschaft gebildet haben: vgl OLG Düsseldorf NZG 2001, 746; vgl hierzu auch Westermann WM 2013, 441. Besonders bedeutsam ist dies bei abredewidriger Kreditsicherung mittels Verfügung über den Anteil). Der Verstoß führt nicht zur Nichtigkeit der Veräußerung, sondern generell nur dazu, dass der Veräußerer sich den übrigen Teilhabern gegenüber *schadensersatzpflichtig* macht. Allerdings wird der Schadensnachweis nicht einfach sein. Unter besonders gelagerten Umständen kann der *Dritte,* der den Anteil entgegen dem

schuldrechtlichen Veräußerungsverbot erwirbt, sich auch seinerseits *nach § 826* den übrigen Teilhabern gegenüber schadensersatzpflichtig machen. Er ist dann verpflichtet, den Anteil an den Veräußerer zurückzugeben (§ 249), und der Veräußerer ist den übrigen Teilhabern gegenüber zur Mitwirkung verpflichtet. Sittenwidrigkeit kann aber nur in Ausnahmefällen angenommen werden (mE zu weitgehend OLG Schleswig NJW-RR 1995, 900; hierzu vProff RNotZ 2008, 462; dazu im Übrigen bereits § 746 Rn 16, § 741 Rn 25). Die bloße *Kenntnis des Erwerbers* kann *nicht* ausreichen; das widerspräche der ratio legis des § 137 S 1. Hinzukommen muss *kollusives Zusammenwirken* der Beteiligten; so zB, wenn der Erwerber dem Veräußerer zusagt, ihn von Ansprüchen der übrigen Teilhaber freizustellen, oder wenn der Erwerber nur ein Strohmann des Veräußerers ist, der dem Veräußerer dabei behilflich ist, die im Innenverhältnis ausgeschlossene Auseinandersetzung durchzuführen (vgl §§ 749 Abs 2, 1010 Abs 2).

b) Kein gesetzliches Vorkaufsrecht

5 Ein gesetzliches Vorkaufsrecht, wie in der Erbengemeinschaft (§§ 2034 f), steht den Teilhabern nicht zu (zu den Gründen Prot II 746). Deshalb ist es für Miterben, die sich auseinandersetzen und einzelne Erbschaftsgegenstände gemeinsam behalten wollen, im Zweifel vorteilhafter, insoweit (zunächst) die Erbengemeinschaft aufrechtzuerhalten und sie nicht in eine Bruchteilsgemeinschaft umzuwandeln (hierfür sprechen auch weitere Gründe, vgl § 741 Rn 47).

c) Sicherung schuldrechtlicher Veräußerungsbeschränkungen

6 Die Teilhaber können auf unterschiedliche – zT allerdings recht aufwendige – Weise versuchen, die Wirksamkeit schuldrechtlicher Veräußerungsbeschränkungen (oben Rn 4) zu verstärken. So können sie das Verbot im Innenverhältnis durch **Vertragsstrafe** sichern. Auch können sie sich wechselseitige **Vorkaufsrechte, Ankaufsrechte und Optionen** einräumen (vgl allgemein Hahn MittRhNotK 1994, 193). Wirkungen gegen Dritte kann ein Vorkaufsrecht allerdings nur bei Grundstücken haben (§§ 1094 ff), und dort nur unter der Voraussetzung, dass es im Grundbuch eingetragen ist (§ 873: ein für den Fall der Anteilsveräußerung von den Teilhabern wechselseitig bestelltes dingliches Vorkaufsrecht wirkt indes nicht bei Verkauf des Grundstücks im Ganzen: BGH WM 1964, 913). Ankaufs- und Optionsrechte sind ihrerseits durch Vormerkung dinglich sicherbar (§ 883). Werden die Anteile mit dinglichen Vorkaufsrechten belastet, so gilt das Vorkaufsrecht im Zweifel nur für den Fall der Anteilsveräußerung, nicht für den Fall, dass das Grundstück durch alle Teilhaber im Ganzen verkauft wird (BGH Betrieb 1964, 1370; näher unten Rn 78 f).

7 Treffen die Parteien **Regelungen über die Verwaltung und Benutzung des Gegenstands**, oder Regelungen, durch die sie **die Auseinandersetzung ausschließen**, so wirkt dies grundsätzlich auch gegenüber dem Anteilserwerber (§§ 746, 751; vgl Erman/Aderhold Rn 2) – bei Grundstücken allerdings nur, wenn sie *eingetragen* sind (§ 1010 Abs 1; vgl dazu auch § 746 Rn 17 ff). Auch hiervon kann gegenüber Erwerbsinteressenten eine gewisse Abschreckungswirkung ausgehen. Schickt ein Teilhaber sich an, seinen Anteil unter *Verstoß gegen ein schuldrechtliches Verbot zu* veräußern, so kann jeder andere Teilhaber im Weg der *einstweiligen Verfügung* ein richterliches *Veräußerungsverbot* erwirken. Das Veräußerungsverbot wirkt nach §§ 136, 135 Abs 1 auch gegenüber dem Erwerber – allerdings nicht, wenn er gutgläubig ist, § 135 Abs 2 iVm § 892 bzw § 932 (dazu auch unten Rn 21 ff).

8 Bei Grundstücken ist auch an die Möglichkeit zu denken, dass jeder Teilhaber seinen Anteil zugunsten der übrigen Teilhaber mit einer **Grundschuld** belastet, die so hoch ist, dass sie jeden Interessenten vom Erwerb abhält. Im Innenverhältnis wird dann vereinbart, dass die Grundschulden nur im Fall der Veräußerung geltend gemacht werden können. Denkbar sind auch wechselseitige Verfügungsunterlassungspflichten mit Vereinbarung von Übertragungsansprüchen oder Ankaufsoptionen, die ihrerseits mit Vormerkungen gesichert werden. Gegenüber dem Vorkaufsrecht können damit auch andere Verfügungen als Verkaufsfälle, insbes Belastungen, beeinflusst werden. Schließlich können die Teilhaber, unter den oben (§ 741 Rn 204 ff) erörterten Voraussetzungen, eine **Gesellschaft bürgerlichen Rechts** gründen, in die sie ihre Anteile als Einlage einbringen. Damit wandelt sich das Bruchteilseigentum in Gesamthandseigentum um, und für Verfügungen gilt nicht mehr § 747, sondern §§ 717, 719. Bei Grundstücken ist hierfür *Beurkundung, Auflassung* und *Eintragung im Grundbuch* erforderlich (Vorbem 10).

d) Familienrechtliche Beschränkungen

9 Im Fall der Ehegattengemeinschaft sind in erster Linie die **familienrechtlichen Veräußerungsverbote** zu beachten, d.h. § 1369 beim Miteigentumsanteil an *Haushaltsgegenständen* und § 1365 bei Verfügungen über Grundstücksanteile, wenn der Anteil im Wesentlichen das *ganze Vermögen* des Ehegatten ausmacht (beides nur im gesetzlichen Güterstand; zu den Parallelen bei der deutsch-französischen Wahl-Zugewinngemeinschaft vgl Coester-Waltjen JURA 2011, 341, 342). Hiervon abgesehen, besteht für den Ehegatten kein Hinderungsgrund, seinen Anteil an dem Hausgrundstück zu veräußern, auf dem sich die gemeinsame eheliche Wohnung befindet: So wie der Ehegatte, der Alleineigentümer ist, das von den Ehegatten gemeinschaftlich genutzte Grundstück ohne Zustimmung des anderen Ehegatten veräußern kann, so ist es auch dem Ehegatten, der Miteigentümer ist, möglich, seinen Miteigentumsanteil zu veräußern. Gegen die Teilungsversteigerung hilft auch zwischen Ehegatten oder früheren Ehegatten § 180 Abs 3 ZVG nur vorübergehend (vgl § 741 Rn 24 f mwNw). Zur Frage, inwieweit in einem solchen Fall der Erwerber verpflichtet ist, die zwischen den Ehegatten vereinbarte Art der Nutzung zu respektieren, vgl §§ 745 Rn 60 ff, 746 Rn 14 ff. Zur evtl Sittenwidrigkeit (§ 138) einer solchen Übertragung vgl bereits § 746 Rn 16 und § 741 Rn 24 f.

3. Verfügungen über den Anteil

a) Allgemeines

10 **Verfügung** ist ein Rechtsgeschäft, durch das ein Recht mit unmittelbarer Wirkung übertragen, belastet, aufgehoben oder inhaltlich verändert wird (vgl § 185). Verfügungen sind demnach insbes die *Eigentumsübertragung,* die *Abtretung,* die *Belastung,* die *Aufrechnung* (BGH NJW 1985, 1160 f; überholt RGZ 21, 252), die *Annahme einer Leistung als Erfüllung* (jedenfalls gilt hier § 747 analog, vgl § 362 Abs 2), der *Erlass,* die *Stundung,* die *Kündigung* (BGHZ 1, 294, 304; BGH NJW 1987, 2676; **aA** BGH LM Nr 1 zu § 2038; vgl Lange NZA 2012, 1121 zu der Kündigung eines Mehrfacharbeitsverhältnisses: da die an diesem einheitlichen Arbeitsverhältnis beteiligten Arbeitgeber eine Gemeinschaft im Sinne des § 741 BGB bilden, bedarf es für eine wirksame Kündigung der Erklärung aller Arbeitgeber, vgl auch BAG NJW 1984, 1703), die Patentanmeldung (MünchKomm/K Schmidt Rn 3, **aA** Krasser, Patentrecht [2009] § 19 V b 9) und die Erteilung einer ausschließlichen (und damit quasi „dinglichen") Lizenz bei einem Gemeinschaftspatent (Kisch GRUR 1952, 267; vgl

insges SEFZIG GRUR 1995, 302 zu den Verwertungsrechten des einzelnen Miterfinders) die *Anfechtung* oder der *Rücktritt* (BGB-RGRK/vGAMM Rn 2). Keine Verfügungen sind zB Mahnung, Vermietung, Verpachtung (RGZ 58, 36, 37; AG Trier MDR 1961, 58; die besonderen Rechtsfolgen, die hinsichtlich der Vermietung oder Verpachtung des gesamten Gegenstandes durch nur einen Miteigentümer zu beachten sind, ergeben sich aus allgemeinen schuldrechtlichen Erwägungen und nicht aus § 747 BGB; undifferenziert RGZ 80, 395: hier wird hinsichtlich des § 185 die Vermietung und Überlassung einer Verfügung gleichgestellt). Stets ist zu klären, ob die Verfügung sich auf das einzelne *Anteilsrecht* oder den *Gegenstand im Ganzen* bezieht, denn hiervon hängt ab, ob sie durch den einzelnen Teilhaber vorgenommen werden kann oder der Mitwirkung aller Teilhaber bedarf. Das ergibt sich in erster Linie aus dem Inhalt des vorgenommenen Geschäfts, der durch Auslegung zu klären ist. Zu beachten ist, dass *bestimmte Verfügungen sich ihrem Inhalt nach notwendigerweise auf den ganzen Gegenstand beziehen* (zB der Erlass der gemeinschaftlichen Forderung). In einem solchen Fall ist immer die Mitwirkung aller Teilhaber erforderlich, S 1 ist gegenstandslos (vgl Rn 13 ff). Der rechtsgeschäftliche Vollzug der Verfügung richtet sich nach den für den Gegenstand selbst geltenden Regeln (MünchKomm/K SCHMIDT Rn 18; vgl auch Rn 20).

b) Einzelfälle

Aus S 1 folgt vor allem, dass der Teilhaber seinen Anteil an einen Dritten *übertragen* **11**
kann. Möglich ist es auch, den Anteil nur *teilweise* zu übertragen, indem der Teilhaber seinen Anteil aufspaltet und nur einen Bruchteil davon überträgt (BGH NJW-RR 2001, 6; BayObLG MDR 1979, 844; SOERGEL/HADDING Rn 2; zusammenfassend DNotI-Rep 2004, 94 mwNw; **aA** HILBRANDT AcP 2002, 631 ff), daher kann auch die teilweise Übertragung eines Anteils an einen anderen Teilhaber erfolgen (Quotenänderung, BayObLG DNotZ 1983, 752; vgl im Folgenden Rn 25 ff). In Betracht kommen ferner die Belastung des Anteils mit einem *Nießbrauch* (§ 1066, auch als Quotennießbrauch – nicht zu verwechseln mit dem Quotennießbrauch an dem gesamten Gegenstand), einem (dinglichen) *Vorkaufsrecht* (§ 1095, vgl Rn 34 ff), einer *Reallast* (§ 1106), einer *Hypothek* oder *Grundschuld* (§§ 1114, 1192 Abs 1) oder einem *Pfandrecht* (§ 1258). Vgl dazu RG Recht 1910 Nr 1728; RG WarnR 1925 Nr 19. Über eine Eigentümergrundschuld können die Miteigentümer jedoch nur gemeinsam verfügen (BGH NJW 2009, 847). Jeder Eigentümer eines mit einer zur Eigentümergesamtgrundschuld gewordenen Gesamtsicherungshypothek belasteten Grundstücks kann von dem Hypothekengläubiger damit die Löschung des Grundpfandrechts auf seinem Grundstück verlangen, wenn er von den Eigentümern der anderen gesamtbelasteten Grundstücke eine entsprechende Auseinandersetzung der Gemeinschaft an der Eigentümergesamtgrundschuld verlangen kann (BGH aaO; BeckOK BGB/GEHRLEIN Rn 3). Haben sich die Miteigentümer eines Grundstücks bei der Bestellung eines Grundpfandrechts oder einer Vormerkung die vorrangige Belastung des Grundstücks vorbehalten, ist jeder Miteigentümer ohne Mitwirkung der anderen zur Ausnutzung des Rangvorbehaltes durch Belastung *seines* Miteigentumsanteils befugt. Begrenzt wird diese Befugnis durch das gleichrangige Recht der anderen Miteigentümer, bei einer Belastung ihres Miteigentumsanteils ihrerseits den Rangvorbehalt auszunutzen. Jeder Miteigentümer kann den Rangvorbehalt allein daher nur bis zu einem seinem Miteigentumsanteil entsprechenden Bruchteil des Nennbetrages des Rangvorbehaltes ausüben (OLG Hamm MittBayNot 2010, 392; wobei vorrangig zu prüfen ist, ob nicht eine [konkludente] Vereinbarung zugunsten einer Gesamtnutzungsbefugnis besteht, vgl KUTTER MittBayNot 2010, 393).

Zu den Auswirkungen des § 747 bei der Veräußerung eines Teils eines **kartellbefangenen Unternehmens** vgl SPIERING/HACKER RNotZ 2014, 349, 359. Beachte hier insbesondere die Konsequenz der herrschenden Rechtsprechung, die bei einem Kartellrechtsverstoß die Lehre von der fehlerhaften Gesellschaft nicht anwendet (vgl BGH NJW 1974, 1201 für die stille Gesellschaft und hiernach BGH NJW-RR 1991, 1002, 1003 und BGH v 4. 3. 2008 – KVZ 55/07 nv, Rn 16; hiergegen überzeugend K SCHMIDT ZIP 2014, 863), was dann bei der Einbringung von Vermögen zur Gründung einer (tatsächlich nichtexistenten) Personengesellschaften nach einer Ansicht die Entstehung einer Bruchteilsgemeinschaft zur Folge hat (vgl SCHULZE-OSTERLOH, Das Prinzip der gesamthänderischen Bindung [1972] 237; SPIERING/HACKER RNotZ 2014, 349, 357; unentschieden THEUER BB 2013, 137; zT **aA** K SCHMIDT BB 2014, 515, 518; WESSELS ZIP 2014, 101, 102; SCHÄFER, Die Lehre vom fehlerhaften Verband [2002] 79).

12 Keine Verfügung ist die Begründung **gesetzlicher Pfandrechte**. Aber der Rechtsgedanke des § 747 S 1 ist hier entsprechend anzuwenden. Tritt in der Person des Miteigentümers ein Umstand ein, der bei Alleineigentum zur Entstehung eines gesetzlichen Pfandrechts führen würde, so entsteht entsprechend S 1 ein gesetzliches Pfandrecht am Anteil (RGZ 146, 334: gesetzliches Pfandrecht des Vermieters am Miteigentumsanteil des Mieters an eingebrachten Sachen). Tritt der Tatbestand in der Person aller Miteigentümer ein (mehrere Mieter sind gemeinsam Miteigentümer der eingebrachten Sache), entsteht entsprechend S 2 ein gesetzliches Pfandrecht an der (gesamten) Sache.

c) Unteilbare Verfügungen

13 Bestimmte Verfügungen können sich ihrem Inhalt nach **nur auf den Gegenstand im Ganzen, nicht auf den Anteil** beziehen. In diesem Fall greift S 2 ein (vgl BGH WM 1966, 577 zur Belastung). Hierher gehören insbes die Bestellung einer *Grund-* oder *beschränkten persönlichen Dienstbarkeit* und eines *Erbbaurechts* (BGH NJW 1962, 633 f; KG MDR 1977, 405) oder die Änderung eines gemeinschaftlichen Erbbaurechts (BGH NJW-RR 1998, 1387). Diese Rechte erfassen notwendigerweise das belastete Grundstück im Ganzen; die Belastung eines bloßen ideellen Miteigentumsanteils mit solchen Rechten ist mit ihrem Inhalt unvereinbar. Verfügung über das Recht im Ganzen ist ferner die *Übertragung eines realen Bruchteils* des gemeinschaftlichen Rechts (die Übereignung einer *Parzelle des gemeinschaftlichen Grundstücks,* die Abtretung eines *ziffernmäßig bestimmten Anteils der gemeinschaftlichen Hypothek).* Einen Sonderfall behandelt BayObLG DNotI-Rep 1998, 221: Vier Beteiligte hatten ein Grundstück zu je einem Viertel als Miteigentum erworben; dieser Anspruch war durch eine Vormerkung im Grundbuch gesichert. Einer der Beteiligten beabsichtigte, zugunsten seiner finanzierenden Bank einen **Rangrücktritt** mit seinem Anteil hinter die Finanzierungsgrundschuld zu erklären. Zutr fordert das BayObLG die Mitwirkung aller Vormerkungsberechtigten (§ 747 S 2), da der gesicherte Anspruch auf Übereignung einheitlich sei und nicht etwa der – theoretisch mögliche – Anspruch auf Übertragung von jeweils einem Viertel des Miteigentumsanteils der Vormerkung zugrunde liegt. Entsprechendes gilt für die **Pfändung** (BayObLG aaO).

13a Wenn **Verfügungen zugunsten eines Miteigentümers auch Verfügungen über seinen Anteil** sind, fallen diese unter S 2, sonst gilt S 1. Letzteres ist etwa dann der Fall, wenn ein Miteigentümer seinen Anteil an einen anderen Miteigentümer überträgt (vgl im Einzelnen Rn 25 ff), während S 2 bei der Belastung der gemeinschaftlichen Sache zugunsten eines Miteigentümers zur Anwendung gelangt (zum Ganzen MünchKomm/K Schmidt Rn 6).

Steht eine Forderung mehreren Teilhabern nach Bruchteilen zu (vgl § 741 Rn 109 ff), so kann der einzelne Teilhaber nicht in der Weise über sein Anteilsrecht verfügen, dass er damit gegen eine Forderung **aufrechnet**, die dem gemeinschaftlichen Schuldner ihm gegenüber zusteht (BGH NJW 1969, 839; vgl BGH NJW 1985, 1160; **aA** Planck/Lobe Anm 2). Denn die Aufrechnung müsste dazu führen, dass die Forderung zu einem – dem Anteil des aufrechnenden Teilhabers entsprechenden – realen Bruchteil erlischt. In der Bruchteilsgemeinschaft ist aber die gemeinschaftliche Forderung gerade nicht in reale Anteile, sondern in ideelle Bruchteile zerlegt. Die Aufrechnung ist in diesem Fall stets Verfügung über die Forderung im Ganzen, auch wenn sich ihre Wirkung auf einen Teil der Forderung beschränkt; deshalb müssen alle Teilhaber mitwirken (der Sache nach verhält es sich nicht anders, als wenn von einem gemeinschaftlichen Grundstück eine Parzelle abgetrennt und veräußert werden soll). 14

Technisch lässt sich die Aufrechnung im geschilderten Fall nur dadurch ermöglichen, dass die übrigen Teilhaber dem Teilhaber, der aufrechnen will, ihre Anteile übertragen oder eine Einziehungsermächtigung erteilen. Auch **Kündigung, Erlass** und **Einziehung** beziehen sich notwendigerweise auf die Forderung im Ganzen und sind durch S 1 nicht gedeckt. Entsprechendes gilt vom *Verzicht* auf sonstige gemeinschaftliche Rechte. Aus demselben Grund tritt kein Erlöschen der gemeinschaftlichen Forderung durch Konfusion ein – auch nicht partiell –, wenn der Schuldner den Anteil eines Mitberechtigten erwirbt oder wenn ein Mitberechtigter kraft Rechtsnachfolge in die Rechtsstellung des Schuldners einrückt. Zur Konfusion vgl bereits § 741 Rn 73 ff. 15

Eine **Sonderregelung** enthalten insoweit allerdings die §§ 461, 472 für das *Wiederkaufs-* und *Vorkaufsrecht*. Solche Rechte können, wenn sie mehreren gemeinsam zustehen, nur im Ganzen ausgeübt werden (vgl hierzu eingehend Staudinger/Schermaier [2009] § 472 Rn 13 ff). Ist das Recht für einen Berechtigten erloschen oder übt ein Berechtigter das Recht nicht aus, so bleiben die übrigen zur Ausübung berechtigt. Demnach muss der Mitberechtigte auch berechtigt sein, für seine Person auf das Recht zu verzichten; die Berechtigung der übrigen Mitberechtigten bleibt hiervon unberührt (Schulze-Osterloh 125 f). 16

Eine unteilbare Verfügung, die nur von allen Teilhabern über den Gegenstand im Ganzen, nicht vom einzelnen Teilhaber mit Wirkung für seinen Anteil getroffen werden kann, ist die **Dereliktion**, §§ 928, 959 (E I § 950 ließ dagegen die Dereliktion und Aneignung von Miteigentumsanteilen zu; die zweite Kommission hat die Vorschrift gestrichen, um die Entscheidung Wissenschaft und Praxis zu überlassen [vgl Kanzleiter NJW 1996, 905, 906]). Die Dereliktion müsste dazu führen, dass die Sache hinsichtlich des ideellen Anteils des ausscheidenden Mitberechtigten *herrenlos* würde. Das ist praktisch nicht vorstellbar; zur Dereliktion von Miteigentumsanteilen an Grundstücken vgl § 741 Rn 43. Alle Eigentümerbefugnisse verblieben nach dem Wegfall des ausscheidenden Teilhabers den übrigen Teilhabern; sie müssten auch die Lasten der Sache tragen. Die einzige sachgerechte Folge müsste deshalb sein, dass der Anteil des ausgeschiedenen Teilhabers den übrigen Teilhabern anwächst. 17

Das Gesetz hat aber eine solche *Anwachsung* im Recht der Gemeinschaft nicht vorgesehen, und es geht nicht an, dass ein Teilhaber durch einseitigen Akt den übrigen Teilhabern seinen Anteil – einschließlich des Anteils an den Kosten und Lasten – aufdrängt (Schulze-Osterloh 123; **aA** Planck/Lobe Anm 6). Die §§ 928, 959 passen deshalb nur auf die Aufgabe des Eigentums im Ganzen (Fall des S 2), nicht auf die Aufgabe von Miteigentumsanteilen (BGH NJW 1991, 2488 zur Eigentumsaufgabe nach § 928, bestätigt durch BGH NJW 2007, 2254 und in BGH NJW 2007, 2574 erweitert auf das Wohnungs- und Teileigentum nach dem WEG, letzteres nicht unzweifelhaft, vgl MünchKomm/K Schmidt Rn 16; eingehend zu dieser Thematik Reichard, in: FS Otte 265 mwNw zu der hM [Fn 3] und zur mM [Fn 6], jetzt etwa auch Madaus AcP 212 [2012] 251, 278 f). Zur Anwachsung vgl auch § 741 Rn 257; zu § 927 vgl § 758 Rn 6 mwNw.

18 Aus demselben Grund ist es nicht möglich, dass ein Teilhaber *durch einseitige Erklärung gegenüber den übrigen Teilhabern* auf seinen Anteil **„verzichtet“**, mit der Folge, dass der Gegenstand in Zukunft nur noch den übrigen Teilhabern zusteht (ebenso MünchKomm/K Schmidt Rn 16). Der Sache nach handelt es sich bei einem solchen Verzicht um den Versuch einer Übertragung des Anteils auf die übrigen Teilhaber, der (als quotenändernde Anteilsübertragung) nach allgemeinen Regeln die Mitwirkung der Erwerber voraussetzt; ein entsprechender Wille der verbleibenden Teilhaber muss mindestens konkludent oder stillschweigend erklärt werden. Ebenso wenig ist aber ein Verzicht auf den Anteil an einem Recht möglich, der zur Folge haben soll, dass das Recht zu einem dem ideellen Anteil entsprechenden realen Bruchteil untergeht (unzutreffend und widersprüchlich KG HRR 1928, Nr 518, betr die Aufhebung des Anteils an einer Hypothek durch einen Teilhaber). Denn eine solche Teilaufhebung des gemeinschaftlichen Rechts ist eine Verfügung über den Gegenstand im Ganzen und bedarf der Mitwirkung aller Teilhaber (unten Rn 66 ff).

19 Folgerichtig kann, wenn ein **Immaterialgüterrecht**, insbes ein Patent, mehreren nach Bruchteilen zusteht, kein Teilhaber einseitig auf seinen Anteil verzichten (Schulze-Osterloh 125 mit ausführlichen Nachweisen zur Gegenmeinung; MünchKomm/K Schmidt Rn 17). Andere wollen ein Austrittsrecht vorsehen, bei dessen Wahrnehmung der Anteil des Ausscheidenden den übrigen Teilhabern zuwächst (vgl RG JW 1931, 404). Zu beachten ist § 8 Abs 4 UrhG, wonach ein Miturheber auf seinen Anteil an den Verwertungsrechten (§ 15 UrhG) verzichten kann. Der Verzicht ist den anderen Miturhebern gegenüber zu erklären. Mit der Erklärung wächst der Anteil den anderen Miturhebern zu. Abs 4 macht insoweit eine Ausnahme von dem allgemeinen Grundsatz des § 29 Abs 1 UrhG, wonach die Verwertungsrechte ebenso wie das Urheberrecht als Ganzes nicht übertragbar und somit auch nicht verzichtbar sind, sondern nur die Einräumung von Nutzungsrechten möglich ist. Auf diese Weise soll die Verwertung des Werkes erleichtert werden, wenn hieran zahlreiche Urheber oft nur mit unbedeutenden Beiträgen mitgewirkt haben (Dreier/Schulze/Schulze [2013] § 8 UrhG Rn 26). Der Verzicht erstreckt sich hierbei nur auf die verwertungsrechtlichen, nicht jedoch auf die urheberpersönlichkeitsrechtlichen Bestandteile des Urheberrechts (Wandtke/Bullinger/Thum [2014] § 8 UrhG Rn 14; Spindler/Schuster/Wiebe [2011] § 8 UrhG Rn 7). Ein Verzicht zu Gunsten Dritter ist ausgeschlossen und unwirksam (zur Rechtslage in Österreich OHG ZUM-RD 2003, 451, 454 – Hundertwasser-Haus; zu dem Verhältnis zwischen Datenbankurheber und Datenbankhersteller eingehend Ehmann GRUR 2008, 474: „… die beteiligten Rechtsinhaber bilden – ähnlich wie Miteigentümer – eine [Zufalls-]Gemeinschaft i. S. der §§ 741 ff“. Ähnlich MünchKomm/K Schmidt § 751 Rn 76: „Inhabern gleicher Rechte“).

4. Form der Verfügung

Die Form der Verfügung über den Anteil richtet sich nach den **für die Verfügung über das ungeteilte Recht geltenden Vorschriften**; s dazu bereits Vorbem Rn 12 ff. *Miteigentumsanteile an Grundstücken* werden demgemäß nach §§ 873, 925 durch Auflassung und Eintragung übertragen (RG WarnR 1925 Nr 19). Für Anteile an *beweglichen Sachen* gelten die §§ 929 ff – es handelt sich bei einem Verkauf eines Miteigentumsanteils um eine Sache und kein Recht (BGB-RGRK/vGamm Rn 2, vgl auch Rn 29) – 1205 f, ggf iVm §§ 448, 475g, 650 HGB, für die Bruchteilsgemeinschaft am GmbH-Anteil § 15 GmbHG etc. Erforderlich sind also Einigung und Übertragung des dem Veräußerer zustehenden Mitbesitzes (vgl Palandt/Sprau Rn 2; Hk-BGB/Saenger Rn 2). Stattdessen kann der Veräußerer hinsichtlich seines eigenen Mitbesitzes ein Besitzkonstitut vereinbaren (§ 930) oder, wenn die Sache sich bei einem Dritten befindet, seinen Anteil am Herausgabeanspruch abtreten (§ 931). Anteile an *Forderungen* werden durch einfachen Abtretungsvertrag übertragen (§ 398; auch bei Miterfindern im Rahmen einer Erfindergemeinschaft: BGH NJW-RR 2001, 477); für *Hypothekenforderungen* und *Grundschulden* sind schriftliche Abtretungserklärung und Einräumung des Mitbesitzes am Brief erforderlich (§ 1154). Für die *Belastung des Anteils an einem Grundstück* gilt § 873. *Nießbrauchsbestellung* und *Pfandrechtsbestellung* an Anteilen an *beweglichen Sachen* verlangen, wie die Übertragung, Einigung und Einräumung des Mitbesitzes (dazu Schulze-Osterloh 120). Nießbrauch und Pfandrecht an Anteilen an *Forderungen* werden nach den für die Abtretung geltenden Vorschriften (§§ 1069 Abs 1, 1274 Abs 1) bestellt, also im Allgemeinen durch formfreie Einigung; zur Verpfändung ist ggf Anzeige nach § 1280 erforderlich. 20

5. Gutgläubiger Erwerb

Auch für den gutgläubigen Erwerb des Anteils gelten die **Regeln über den gutgläubigen Erwerb des ungeteilten Rechts**, also für Miteigentumsanteile an Grundstücken § 892, für Miteigentumsanteile an beweglichen Sachen §§ 932 ff, während bei Forderungen (soweit sie nicht in Wertpapieren verbrieft sind) ein gutgläubiger Erwerb grundsätzlich nicht möglich ist (vgl BGHZ 173, 71, 75 ff; MünchKomm/K Schmidt Rn 19 mwNw; mit anderer Begründung auch Madaus AcP 212 [2012] 251, 275 f: Der Erwerber erlange ohnehin das Vollrecht, aber eben nicht das alleinige [Theorie der Bruchteilsgemeinschaft als Gemeinschaft von Vollrechtsinhabern]). 21

Drei Fälle des gutgläubigen Erwerbs sind zu unterscheiden: (1) Der veräußerte Miteigentumsanteil *besteht überhaupt nicht,* sondern die Sache steht im ungeteilten Eigentum eines Dritten. (2) Der Anteil besteht zwar, aber er *steht nicht dem Veräußerer, sondern einem Dritten zu.* (3) Der Anteil *besteht* zwar und steht dem Veräußerer auch zu, aber in *anderer Höhe als der Veräußerer behauptet.* Bei *Grundstücken* genießt der Erwerber in allen drei Fällen Schutz, vorausgesetzt, der Veräußerer ist als Inhaber des veräußerten Anteils im Grundbuch eingetragen (dazu näher Koller JZ 1972, 646, 647 f). 22

Bei **beweglichen Sachen** ist zu unterscheiden. Grundlage des den gutgläubigen Erwerb ermöglichenden Rechtsscheins ist hier der Mitbesitz des Veräußerers. Aus der Tatsache des Mitbesitzes ergibt sich aber kein Anhaltspunkt dafür, wie hoch die Anteile der einzelnen Mitbesitzer sind (Schulze-Osterloh 212; Koller JZ 1972, 647, 648; 23

MünchKomm/K Schmidt Rn 20; Soergel/Mühl § 932 Rn 6; Palandt/Bassenge § 932 Rn 1; vgl auch BGH LM Nr 19 zu § 932 für den Fall, dass der Mitbesitzer versucht, einem Gutgläubigen das Alleineigentum zu übertragen). Ein gutgläubiger Erwerb durch einen Dritten zu Lasten der übrigen Mitbesitzer ist somit nicht möglich.

24 Daher gilt hier in den Fällen (1)–(3) Unterschiedliches. (1) E ist Eigentümer, A und B sind Mitbesitzer; A veräußert unter Übertragung des Mitbesitzes den ihm angeblich zustehenden Anteil von 2/3 an den gutgläubigen X: X wird Eigentümer zu 2/3 neben E. (2) A und B sind Mitbesitzer, E ist Miteigentümer zu 2/3, B zu 1/3; A überträgt den angeblich ihm (in Wirklichkeit dem E) zustehenden Anteil in Höhe von 2/3 unter Übertragung des Mitbesitzes an X: X wird Miteigentümer zu 2/3, E verliert, B behält seinen Anteil (vgl auch Schulze-Osterloh 212; gegen gutgläubigen Erwerb Koller JZ 1972, 650). (3) A und B sind Mitbesitzer und Miteigentümer zu je 1/2; A überträgt an X, unter Überlassung des Mitbesitzes, den ihm angeblich zustehenden Anteil in Höhe von 2/3: X kann nur den Anteil des A in Höhe von 1/2 erwerben (vgl auch Schulze-Osterloh 212; vSeeler 42; Koller JZ 1972, 650). Mitbesitz schützt also den Miteigentümer einer beweglichen Sache vor einem Verlust seines Anteils durch gutgläubigen Erwerb.

6. Anteilsveräußerung zwischen den Teilhabern, insbesondere Quotenänderung

a) Zulässigkeit und Form

25 Der Teilhaber kann seinen Anteil auch einem anderen Teilhaber übertragen, und zwar sowohl ganz als auch teilweise (zu den steuerlichen Auswirkungen bei Gemeinschaftsdepots bei Eheleuten Stoltenberg/Khalil DStR 2013, 2597). Auch das ist eine Verfügung iSv S 1 (Palandt/Sprau Rn 2; MünchKomm/K Schmidt Rn 14; BeckOK BGB/Gehrlein Rn 4; Schulze-Osterloh 87 f, 94 ff; **aA** Soergel/Hadding Rn 2). **Nur der Veräußerer und der Erwerber** müssen daher mitwirken, nicht sonstige Teilhaber (MünchKomm/K Schmidt aaO; Palandt/Sprau Rn 2; Schulze-Osterloh aaO; **aA** Soergel/Hadding aaO; BGB-RGRK/vGamm Rn 2; beide unter nicht überzeugender Berufung auf RGZ 76, 409, 413). Jede Vereinbarung zwischen Teilhabern, durch die sie ihre Quoten ändern, ist Anteilsübertragung. Bei Grundstücken sind deshalb die **Formvorschriften** der §§ 873, 925 zu beachten (RGZ 56, 96, 100; RGZ 76, 409, 413; MünchKomm/K Schmidt Rn 14; Schulze-Osterloh 94 ff). Bei beweglichen Sachen verlangt die Quotenänderung an sich, neben der Einigung, Verschaffung des unmittelbaren oder mittelbaren Mitbesitzes gem §§ 929–931. Praktisch wird aber in allen in Betracht kommenden Fällen der Erwerber – also derjenige, dessen Anteil erhöht werden soll – bereits unmittelbarer oder mittelbarer Mitbesitzer der Sache sein. Infolgedessen hat es insoweit bei der schlichten Einigung sein Bewenden (§ 929 S 2).

26 Der Teilhaber kann seinen Anteil auch zugunsten des anderen Teilhabers **belasten**, etwa mit einem Nießbrauch, einem dinglichen Vorkaufsrecht (vgl für den Fall einer Maschinengemeinschaft in Bruchteilsgemeinschaft Dombert/Witt/Glas, Münchener Anwalt Handbuch Agrarrecht [2011] § 7 Rn 140), einer Reallast, einem Grundpfandrecht oder einem Pfandrecht. Zur Belastung des gemeinschaftlichen Grundstücks zugunsten eines Miteigentümers vgl Erl zu § 1009.

b) Gutgläubiger Erwerb

Ist die Änderung oder Übertragung der Quote zwischen den Miteigentümern Verfügung, so folgt daraus zwingend, dass unter den Voraussetzungen der §§ 892, 932 auch **gutgläubiger Erwerb möglich sein muss** (bestätigt durch BGH NJW 2007, 3204; vgl dazu insbes LUTTER AcP 164, 122, 162; KOLLER JZ 1972, 646, 648; PALANDT/BASSENGE § 892 Rn 8; ERMAN/HAGEN/LORENZ § 892 Rn 12; BeckOK BGB/GEHRLEIN Rn 4; Hk-BGB/SAENGER Rn 2; MünchKomm/K SCHMIDT Rn 199; WITTKOWSKI, Die Lehre vom Verkehrsgeschäft [1990] 149 ff; **aA** SOERGEL/STÜRNER § 892 Rn 24; SOERGEL/HADDING Rn 3; BGB-RGRK/vGAMM Rn 2, alle mit nicht überzeugender Berufung auf KG JW 1927, 2521). Hierfür spricht ein offensichtliches Verkehrsbedürfnis. Erwirbt E vom eingetragenen Nichtberechtigten Wohnungseigentum (also Miteigentum am Grundstück), so kann der gutgläubige Erwerb nicht daran scheitern, dass E bereits als Eigentümer einer anderen Wohnung Miteigentümer des Grundstücks ist (so überzeugend LUTTER aaO). Erwirbt E von L gutgläubig Wertpapiere, die sich in Sammelverwahrung bei der Wertpapiersammelstelle W befinden (unten Rn 82 ff), so kann der gutgläubige Erwerb jedenfalls nicht daran scheitern, dass E schon Inhaber von gleichartigen Wertpapieren ist, die ebenfalls bei W sammelverwahrt sind. Ein Grund, dem Erwerber den Gutglaubensschutz zu versagen, ist in solchen Fällen nicht ersichtlich: er erwirbt im Weg eines Verkehrsgeschäfts von einem anderen und macht im Vertrauen auf die durch Rechtsschein – insbes das Grundbuch – ausgewiesene Rechtsposition des Veräußerers finanzielle Aufwendungen, nicht anders als beim Erwerb von Alleineigentum. 27

In der früheren Rechtsprechung ist angenommen worden, der Schutz des guten Glaubens unter Miteigentümern sei ausgeschlossen, wenn **auch der Erwerber seinerseits unrichtig im Grundbuch eingetragen sei** (KG JW 1927, 2521; BayObLG JW 1928, 522 mit abl Anm MEYEROWITZ; KG HRR 1928, 1833; zust WOLFF/RAISER § 45 Fn 19; PLANCK/STRECKER § 892 Anm II 1 e). Es ging um Fälle, in denen das in Miteigentum stehende Grundstück mit einer Hypothek belastet war, die zu Unrecht gelöscht worden war; nunmehr übertrug der eine Miteigentümer seinen Anteil auf den anderen Miteigentümer, und dieser berief sich gegenüber dem Hypothekengläubiger auf gutgläubigen lastenfreien Erwerb des hinzuerworbenen zweiten Anteils. Das KG begründete die Nichtanwendung des § 892 mit dem Argument, die Vorschrift solle den Erwerber nur vor einer Unrichtigkeit des Grundbuchs schützen, die *vor seiner Eintragung* im Grundbuch eingetreten sei; das sei hier nicht der Fall. Das Argument kann jedoch nicht überzeugen: Es geht nur um die Frage, ob der Erwerber den *Anteil des Veräußerers* lastenfrei erwerben kann; insoweit ist das Grundbuch vor der Eintragung des Erwerbers unrichtig gewesen; dass der Erwerber mit einem anderen Recht unrichtig im Grundbuch eingetragen ist, kann seinen gutgläubigen Erwerb nicht hindern (abl auch SEUFERT, LUTTER, KOLLER aaO). Diese durch BGH NJW 2007, 3204, überholte Rechtsprechung ist nur zu verstehen als eine durch die besonderen Umstände des Falls begründete Billigkeitskorrektur (es ging um Hypotheken, die während der Inflation mit entwertetem Geld zurückgezahlt worden waren und im Weg der Aufwertung wieder eingetragen werden sollten). Die Gerichte hätten sich besser offen auf § 242 berufen; als Vorbild für weitere Fälle können die Entscheidungen nicht dienen. Deshalb ist § 892 zB anwendbar, wenn A und B ein Grundstück vom geschäftsunfähigen Eigentümer E erwerben, je zu 1/2 im Grundbuch eingetragen werden und später A den Miteigentumsanteil von B hinzuerwirbt (Beispiel von LUTTER 163 Fn 145). 28

7. Zugrunde liegendes Verpflichtungsgeschäft

29 Auch das der Verfügung über den Anteil zugrunde liegende Verpflichtungsgeschäft richtet sich nach den Regeln, die für Verpflichtungsgeschäfte **über das ungeteilte Recht** gelten. Der Verkauf eines Miteigentumsanteils ist daher Sachkauf (RG WarnR 1925 Nr 19; OLG Düsseldorf NJW 1971, 1847; MünchKomm/K Schmidt Rn 23). Bei Grundstücken ist § 311b Abs 1 zu beachten (auch, wenn die Miteigentümer eines Grundstücks eine Quotenänderung vereinbaren). Der Verkäufer haftet für Sachmängel nach §§ 434 ff (RG SeuffA 82, Nr 174).

8. Rechtsstellung des Anteilserwerbers

30 Der Erwerber tritt durch die Übertragung des Anteils in die Rechtsposition ein, die zuvor der **Veräußerer** innehatte, und zwar nicht nur in *dinglicher Hinsicht;* er übernimmt zugleich die Position des Veräußerers in dem *gesetzlichen Schuldverhältnis* der Gemeinschaft (vgl dazu §§ 746, 751, 755 Abs 2, 756 Abs 2, 1010).

31 Mit dem Anteil erlangt der Erwerber für die Zukunft das **Früchtebezugsrecht** nach § 743 Abs 1 und das **Gebrauchsrecht** nach § 743 Abs 2, so wie es seinem Rechtsvorgänger zustand. *Vorausabtretungen* des Anspruchs auf den Früchteanteil sind – soweit man sie überhaupt für zulässig hält – ihm gegenüber unwirksam (§ 743 Rn 22 f).

32 Wird ein Immobilienmietobjekt an **mehrere Erwerber**, dh nicht an eine rechtsfähige Personenvereinigung, veräußert, treten sämtliche in die Vermieterstellung ein und sind im Zweifel Gesamtschuldner (§§ 427, 421) bzw Mitgläubiger (§ 432). Haben zwar alle Miteigentümer gemeinsam das Grundstück veräußert, wurde dieses zuvor aber nur von einigen Miteigentümern vermietet, fehlt es nach ganz hM an der für die Anwendung des § 566 notwendige Identität von Vermieter und Veräußerern (vgl OLG Düsseldorf ZMR 2008, 787; OLG Karlsruhe NJW 1981, 1278); anders soll dies indes dann sein, wenn die anderen Miteigentümer dem früheren Vertragsabschluss zugestimmt hatten (vgl OLG Saarbrücken ZMR 2014, 35, 36; zum Ganzen Staudinger/Emmerich [2014] § 566 Rn 22). Haben die Miteigentümer einer *beweglichen Sache* die Sache gemeinsam vermietet, wird sich der Anteilserwerber zweckmäßigerweise den Anteil des Veräußerers an der Mietforderung abtreten lassen; die Verpflichtung des Veräußerers hierzu folgt aus dem der Veräußerung zugrunde liegenden Rechtsgeschäft (§ 157).

33 Neben oder noch vor dem Anspruch auf den Früchteanteil und auf den Mitgebrauch (§ 743) ist das wichtigste Recht, das der Anteil an der Gemeinschaft dem Teilhaber verleiht, das **Recht auf Aufhebung der Gemeinschaft** (§ 749 Abs 1). Auch dieses Recht steht dem Erwerber kraft seiner Stellung als Teilhaber unmittelbar zu; vertragliche Beschränkungen muss er sich nach §§ 751, 1010 entgegenhalten lassen. Der Anspruch auf Aufhebung ist *nicht isoliert abtretbar* (§ 749 Rn 54 ff), sodass es nicht möglich ist, den Anteil vor der Veräußerung des Aufhebungsrechts zu entkleiden. Abtretbar ist uU allenfalls der Anspruch des Teilhabers auf Auszahlung seines Anteils an dem im Zug der Aufhebung erzielten Erlös (dazu § 753 Rn 25). Dieser Anspruch entsteht aber nur für denjenigen, der zur Zeit der Verwertung des gemeinschaftlichen Gegenstandes Teilhaber ist. Eine *Vorausabtretung des Auszahlungsanspruchs* wird deshalb unwirksam, wenn der Zedent den Anteil später ver-

äußert. Auch auf diese Weise kann also der Teilhaber den Anteil nicht zu Lasten eines späteren Erwerbers seiner Substanz entkleiden.

II. Bestellung von Sicherungsrechten am Anteil

1. Verpfändung

Der Miteigentumsanteil wird **verpfändet** durch *Einigung und Übertragung des Mitbesitzes* des Verpfänders, entsprechend § 1205 Abs 1 S 1. Die Übertragung des Mitbesitzes kann ersetzt werden durch *Einräumung qualifizierten Mitbesitzes* (§ 1206) oder, wenn die Sache sich in der Verwahrung eines Dritten befindet, durch *Abtretung des Herausgabeanspruchs* gegen den Verwahrer (bei gemeinschaftlicher Hinterlegung durch alle Miteigentümer: *des Anteils am Herausgabeanspruch)* und *Verpfändungsanzeige,* entsprechend § 1205 Abs 2. Ist der Gläubiger bereits im Besitz der Sache (so etwa die Bank im Fall der Sammelverwahrung von Wertpapieren), so genügt die *schlichte Einigung* (§ 1205 Abs 1 S 2). 34

Die **Verwertung** des verpfändeten Miteigentumsanteils kann in zwei Formen erfolgen. Der Pfandgläubiger hat erstens die Möglichkeit, bei Pfandreife (§ 1228 Abs 2) den **verpfändeten Anteil als solchen** nach den Vorschriften über den Pfandverkauf zu veräußern (§ 1258 Abs 4). Praktische Bedeutung kann diese Verwertungsform insbes im Fall der Verpfändung von Wertpapieren, die sich in Sammelverwahrung befinden, erlangen. In anderen Fällen wird sich für Miteigentumsanteile an beweglichen Sachen nur schwer ein Interessent finden. 35

Die zweite Möglichkeit der Verwertung des Anteils besteht darin, dass der Pfandgläubiger die **Aufhebung der Gemeinschaft** erwirkt und Befriedigung aus demjenigen sucht, was bei der Aufhebung auf den Schuldner entfällt. Grundlage ist § 1258 Abs 2 S 2. Hiernach kann der Gläubiger nach Pfandreife (§ 1228 Abs 2) aus eigenem Recht die Aufhebung der Gemeinschaft verlangen. An eine *Vereinbarung,* durch die die Teilhaber *die Aufhebung ausgeschlossen* oder von Fristen abhängig gemacht haben, ist er – anders als ein gewöhnlicher Sonderrechtsnachfolger, § 751 S 1 – nicht gebunden, § 1258 Abs 2 S 2 HS 2 (durch diese Regelung wird dem Pfandgläubiger der Umweg erspart, den ihm bereits verpfändeten Anteil nochmals pfänden zu müssen, um so die vertraglichen Aufhebungsbeschränkungen gem § 751 S 2 aus dem Weg zu räumen). 36

Je nach Eigenart der Sache kann der Pfandgläubiger Realteilung gem § 752 oder Verkauf der Sache nach den Regeln über den Pfandverkauf und Teilung des Erlöses gem § 753 verlangen. Im ersten Fall erwirbt er durch **dingliche Surrogation** ein Pfandrecht an der seinem Schuldner zugeteilten Sache, im zweiten Fall ein Pfandrecht an dem auf den Pfandschuldner entfallenden Erlösanteil, § 1258 Abs 3. Hieraus kann er weiter Befriedigung suchen. So die Lage *nach Pfandreife; vor Pfandreife* kann der Pfandgläubiger nur gemeinsam mit dem Miteigentümer Aufhebung verlangen, § 1258 Abs 1 S 1. Auch in diesem Fall setzt sich das Pfandrecht an dem auf den Miteigentümer entfallenden realen Teil oder Erlösanteil fort, § 1258 Abs 3. Das Gleiche gilt, wenn ein anderer Teilhaber die Aufhebung der Gemeinschaft betreibt. 37

38 Das Recht des Miteigentümers auf Mitwirkung bei der **Verwaltung** und bei der **Bestimmung der Art der Benutzung** steht für die Dauer der Verpfändung dem Pfandgläubiger zu, § 1258 Abs 1. Zur Teilhabe an den **Nutzungen** ist der Pfandgläubiger nicht berechtigt, sowenig wie im Fall der Verpfändung des ungeteilten Rechts; anders nur, wenn eine Vereinbarung nach § 1213 getroffen ist.

2. Sicherungsübereignung

39 Die Sicherungsübertragung des Miteigentumsanteils (zur Form: Serick II 124; zur praktischen Bedeutung: Serick II 188 f) ist nach außen hin **Vollrechtsübertragung**. Nur ausnahmsweise sind Vorschriften über die Verpfändung analog anzuwenden (Serick II 95 ff, 98 f). Der Sicherungsnehmer kann daher gegenüber den anderen Miteigentümern alle Rechte aus dem Anteil ausüben. Darauf, ob er nach dem Sicherungsvertrag gegenüber dem Sicherungsgeber zu ihrer Ausübung berechtigt ist, kommt es in diesem Verhältnis nicht an.

40 Auch der Sicherungsnehmer wird sich vorzugsweise auf dem Weg über die **Aufhebung der Gemeinschaft** zu befriedigen suchen. Der Aufhebungsanspruch aus § 749 Abs 1 steht ihm, als dem Vollrechtsinhaber, ohne weiteres zu. *Beschränkungen,* die der Sicherungsgeber vor der Sicherungsübertragung mit den übrigen Teilhabern vereinbart hat, muss der Sicherungsnehmer sich jedoch nach § 751 entgegenhalten lassen. Fraglich ist, ob zugunsten des Sicherungsnehmers die Bestimmung des § 1258 Abs 2 S 2 HS 2 analog anzuwenden ist, die die Wirksamkeit solcher Abreden gegenüber dem Pfandgläubiger ausschließt (so iE MünchKomm/K Schmidt § 751 Rn 4). Die Analogie kann nicht schon mit dem Hinweis allein ausgeschlossen werden, dass die Sicherungsübertragung ihrer Rechtsnatur nach Vollrechtsübertragung ist (vgl Serick II 95 ff). Der Sinn der Vorschrift besteht darin, dem Pfandgläubiger den Umweg über die Zwangsvollstreckung zu ersparen und ihm den üblichen Weg der Pfandverwertung offenzuhalten. Diese ratio legis trifft aber auf die Sicherungsübertragung, bei der es kein gesetzlich geregeltes Verwertungsverfahren gibt, nicht zu. Der Sicherungsnehmer muss deshalb, will er die hinderlichen Vereinbarungen über die Aufhebung ausschalten, nach hiesiger Ansicht den ihm zur Sicherung übertragenen Anteil zusätzlich pfänden und sich so das Privileg des § 751 S 2 verschaffen.

41 Die Sicherungsübertragung des Anteils gelangt, weil sie gem § 930 durch **Besitzkonstitut** vorgenommen werden kann, nicht notwendigerweise zur Kenntnis der übrigen Miteigentümer. Deshalb besteht für sie die Gefahr, dass sie mit dem Sicherungsgeber die Aufhebung durchführen oder Absprachen über die Aufhebung treffen, ohne zu wissen, dass der Sicherungsgeber überhaupt nicht mehr Teilhaber, und damit auch nicht mehr Gläubiger des Aufhebungsanspruchs, ist. Hier ist zu ihrem Schutz § 407 analog anzuwenden.

3. Verpfändung des Anteils an Forderungen

42 Steht eine Forderung in Bruchteilsgemeinschaft und verpfändet der Teilhaber (durch Einigung und Verpfändungsanzeige, §§ 398, 1274, 1280) seinen Anteil, so gelten für die Einziehung die §§ 1280, 1281: **Vor Pfandreife** ist der Pfandgläubiger zusammen mit dem Verpfänder und den übrigen Mitgläubigern, **nach Pfandreife** ist nur der Pfandgläubiger zusammen mit den übrigen Teilhabern zur Einziehung berechtigt.

Zur Prozessführung ist der Pfandgläubiger allein befugt, § 432 analog, § 1281 S 2. Die Gemeinschaft setzt sich am Erlös fort; der Pfandgläubiger erwirbt ein Pfandrecht am Anteil des Verpfänders (§ 1287) und kann gem § 1258 Abs 2 die Aufhebung der Gemeinschaft am Erlös betreiben.

4. Bestellung von Grundpfandrechten

Bestellt der Miteigentümer eines Grundstücks gem § 1114 eine Hypothek an seinem Anteil, so erwirbt der Hypothekengläubiger das Recht, den Anteil zu verwerten. Die Verwertung erfolgt durch Zwangsvollstreckung in den Anteil, dh – wie bei der Hypothek am ganzen Grundstück – durch **Zwangsversteigerung oder Zwangsverwaltung** (§§ 864 Abs 2, 866 Abs 1 ZPO). Selbstverständlich müssen diese Maßnahmen sich auf den belasteten Anteil beschränken; der Hypothekengläubiger kann also nur den Miteigentumsanteil, nicht das Grundstück als solches zur Versteigerung bringen. 43

Die Anordnung der **Zwangsverwaltung** (§§ 146 ff ZVG) führt dazu, dass dem Miteigentümer die Verwaltung und Benutzung des Grundstücks entzogen wird (§ 148 Abs 2 ZVG, mit dem Vorbehalt bezüglich Wohnung und Unterhalt gem § 149 ZVG). Das bedeutet, dass die Rechte des Miteigentümers aus §§ 744, 745 auf den Verwalter übergehen, der allerdings früher getroffene bindende Vereinbarungen der Miteigentümer beachten muss (§ 746). Hat der Miteigentümer das Grundstück mitvermietet oder mitverpachtet, so erstreckt sich die Beschlagnahme und Verwaltung auf seinen Anteil an den Miet- und Pachtforderungen; außerdem erstreckt sie sich auf den Anteil des Miteigentümers an den Erzeugnissen des Grundstücks (§§ 21 Abs 1, 2, 148 Abs 1, 152 ZVG). Der Verwalter kann allerdings hinsichtlich der Grundstücksfrüchte nicht mehr verlangen, als dem Miteigentümer zusteht. Im Ergebnis bedeutet das, dass der Verwalter die Ansprüche aus § 743 Abs 1 zu realisieren hat. 44

Das Ziel des Hypothekengläubigers wird meist darin bestehen, den **Anspruch auf Aufhebung der Gemeinschaft** (§ 749 Abs 1) zu realisieren, um sich aus dem bei der Aufhebung erzielten Erlös (§ 753) zu befriedigen. Eigentümlicherweise enthalten die Vorschriften über die Hypothek keine dem § 1258 entsprechende Regelung. Dh, es fehlt eine Vorschrift, die dem Hypothekengläubiger, wie § 1258 Abs 2 dem Pfandgläubiger des Miteigentumsanteils an einer beweglichen Sache, das Recht auf Geltendmachung des Aufhebungsanspruchs ausdrücklich überträgt. Nach dem Gesetzeswortlaut bietet sich dem Hypothekengläubiger, der bei der Zwangsversteigerung des Anteils wegen fehlenden Marktes kein befriedigendes Ergebnis erzielt, nur folgender Ausweg: Er *ersteigert den Anteil selbst* (wobei der Preis, abzüglich der Kosten, an ihn als den Gläubiger zurückfließt) und betreibt nunmehr, als Miteigentümer, die Teilungsversteigerung des Grundstücks (§§ 749 Abs 1, 753); vgl dazu Hoffmann JuS 1971, 20, 23. 45

Der Weg über die Ersteigerung des Anteils ist allerdings umständlich und mit doppelten Kosten verbunden, die das Versteigerungsergebnis belasten können. Zu erwägen ist deshalb, ob dem Hypothekengläubiger nicht der **unmittelbare Zugriff auf den Aufhebungsanspruch des Miteigentümers** eröffnet werden muss. Als Grundlage bietet sich eine *analoge Anwendung des § 1258 Abs 2* an. Für eine solche Analogie hat sich Hoffmann JuS 1971, 20, 23 f ausgesprochen; dem ist indes nicht zuzustimmen. Die Interessenlage bei der Bestellung eines Pfandrechts an dem Miteigentums- 46 anteil an einer beweglichen Sache und bei der Bestellung einer Hypothek am Miteigentumsanteil an einem Grundstück ist grundlegend verschieden. Das Pfandrecht an einer im Mitbesitz mehrerer stehenden beweglichen Sache hat rechtstheoretisch und rechtspraktisch ganz andere Qualität als ein besitzloses Grundpfandrecht. Im Falle des § 1258 Abs 2 geht es um die Einsparung eines kurzfristig möglichen, aber meist notwendigen Umweges – kaum jemand wird den Bruchteil einer beweglichen Sache erwerben wollen –, während im Immobiliarsachenrecht die Versteigerung des Anteils und die etwa anschließende Teilungserklärung gem §§ 180 ff ZVG nicht nur überflüssige Förmelei darstellen.

47 Die – hier abgelehnte – **Analogie** hätte im Übrigen eine Reihe von **Folgeproblemen**, die sich mit immobiliarsachenrechtlichen Grundsätzen und Verfahren nicht vertragen. Auch die Prämisse der abw Auffassung, das Versteigerungsergebnis sei belastet, erweist sich in der Praxis – abgesehen von verfahrenstechnischen Verzögerungen und Kosten – als wenig stichhaltig. Der Zuschlag für einen Miteigentumsanteil erfolgt zwar fast immer zu einem geringeren Gebot, als es dem quotalen Bruchteil, bezogen auf den Verkehrswert der Immobilie, entspräche. Ersteigert daher (sonst hat er hierzu ja gar keinen Anlass) der Gläubiger den Anteil selbst, hat er in der folgenden Teilungsversteigerung die Chance, den vollen Wert zu realisieren. Die Erfahrungen der Praxis zeigen im Übrigen, dass dieses gestufte Verfahren gegenüber den anderen Teilhabern einen gewissen Lästigkeitseffekt entfaltet, der zusätzlich Erholungsmöglichkeiten bieten kann.

48 Für die Bestellung einer **Grundschuld** am Miteigentumsanteil gilt dasselbe wie für die Hypothek, § 1192 Abs 1.

III. Zwangsvollstreckung in den Anteil; Insolvenz

1. Zwangsvollstreckung in den Anteil und Zwangsvollstreckung in den gemeinschaftlichen Gegenstand im Ganzen

49 Der Befugnis des Teilhabers, über seinen Anteil ohne Mitwirkung der übrigen Teilhaber zu verfügen (S 1), entspricht die Befugnis seiner Gläubiger, aufgrund eines gegen ihn gerichteten Titels **in den Anteil** zu vollstrecken. Eine solche Vollstreckung betrifft nur den Anteil des betroffenen Teilhabers und lässt die Mitberechtigung der übrigen Teilhaber unberührt (iE zustimmend Madaus AcP 212 [2012] 251, 282 Fn 124). Sie führt nicht ipso jure zur Aufhebung der Gemeinschaft (**aA** Planck/Lobe Anm 3).

50 Davon zu unterscheiden ist die Zwangsvollstreckung in den **gemeinschaftlichen Gegenstand im Ganzen**, zB die Pfändung einer im Miteigentum stehenden beweglichen Sache oder die Zwangsversteigerung eines im Miteigentum stehenden Grundstücks. Da insoweit alle Teilhaber nur gemeinschaftlich verfügungsbefugt sind, bedarf es zu einer solchen Vollstreckung eines *gegen alle Teilhaber gerichteten vollstreckbaren Titels* (BGB-RGRK/vGamm Rn 7; Soergel/Hadding Rn 7; die gleichzeitige Vollstreckung in alle Bruchteile auf Grund verschiedener Titel ist indes nicht Vollstreckung in den gemeinschaftlichen Gegenstand: MünchKomm/K Schmidt Rn 36). Der Gläubiger, der nur einen Titel gegen den einzelnen Teilhaber hat, ist dagegen nicht berechtigt, über den Anteil hinaus auf den gemeinschaftlichen Gegenstand zuzugreifen (RG JW 1934, 2540; RG SeuffA 61, Nr 264). Tut er es gleichwohl, so steht den übrigen Teilhabern die *Drittwiderspruchs-*

klage (§ 771 ZPO) zu. Pfändet der Gläubiger eines Teilhabers eine Sache, die in Mitgewahrsam der Teilhaber steht, so verstößt die Pfändung außerdem gegen §§ 808, 809 ZPO und die übrigen Teilhaber können neben der Drittwiderspruchsklage auch *Erinnerung* (§ 766 ZPO) einlegen (vgl MünchKomm/K Schmidt Rn 37).

2. Form der Vollstreckung in den Anteil

a) Miteigentumsanteil an Grundstücken

Die Zwangsvollstreckung in Miteigentumsanteile an Grundstücken erfolgt **nach den Regeln über die Zwangsvollstreckung in das unbewegliche Vermögen**, § 864 Abs 2 ZPO (vgl RG WarnR 1925 Nr 19; Stein/Jonas/Münzberg § 864 Rn 14 f; BGB-RGRK/vGamm Rn 3; MünchKomm/K Schmidt Rn 36 f; Palandt/Sprau Rn 2; Soergel/Stürner Vorbem 9 zu § 1008; Erman/Aderhold Vorbem 9 zu § 1008). Da solche Anteile veräußert und belastet werden wie das Grundstück selbst, ist es nur folgerichtig, dass auch die Zwangsvollstreckung den Regeln unterliegt, die für die Zwangsvollstreckung in das Grundstück gelten. Möglich sind: Eintragung einer *Sicherungshypothek* auf dem Anteil; Anordnung der *Zwangsversteigerung* des Anteils; Anordnung der *Zwangsverwaltung* des Anteils (§ 866 Abs 1 ZPO); diese können kombiniert werden (§ 866 Abs 2 ZPO). *Zuständig* für die Eintragung der Sicherungshypothek ist das Grundbuchamt (§ 1 Abs 1 GBO), für die Anordnung der Zwangsversteigerung und Zwangsverwaltung das Vollstreckungsgericht (§§ 1, 15, 146 ZVG). *Unzulässig* ist eine *Pfändung durch einfachen gerichtlichen Pfändungsbeschluss* gem §§ 857, 828 ZPO. Dies ergibt sich daraus, dass der Miteigentumsanteil gem § 864 Abs 2 ZPO „Gegenstand der Zwangsvollstreckung in das unbewegliche Vermögen" ist (ganz hM, **aA** nur Furtner NJW 1969, 871, 872, vgl § 857 Abs 1 ZPO). Zur Frage, ob es erforderlich und empfehlenswert ist, neben der Vollstreckung in den Anteil auch die Ansprüche auf Aufhebung der Gemeinschaft, Teilung des Erlöses und Auszahlung des Erlöses zu pfänden, vgl Rn 57 ff; § 749 Rn 58 ff. In der Praxis ist dieses Vorgehen üblich, vgl Stöber, Forderungspfändung Rn 1544. 51

b) Miteigentumsanteil an beweglichen Sachen

Miteigentumsanteile an beweglichen Sachen werden nach § 857 iVm §§ 828 ff durch **Pfändungsbeschluss des Vollstreckungsgerichts** gepfändet (BGH NJW 1993, 935, 937; BGH NJW 1954, 1325, 1326; BGHZ 49, 197, 204; A Blomeyer, JZ 1955, 5, 6 f, Stein/Jonas/Münzberg § 808 Rn 1; Stein/Jonas/Brehm § 857 Rn 97; Thomas/Putzo/Seiler § 857 Rn 2; BGB-RGRK/vGamm Rn 3; MünchKomm/K Schmidt Rn 37; Palandt/Sprau § 747 Rn 2; Soergel/Stürner Vorbem 9 zu § 1008; Erman/Aderhold Vorbem 9 zu § 1008, **aA** Madaus AcP 212 [2012] 251, 283). Da solche Anteile übereignet und verpfändet werden wie bewegliche Sachen, wäre es an sich folgerichtig, sie auch den Regeln über die Pfändung beweglicher Sachen zu unterwerfen (genauso wie Miteigentumsanteile an Grundstücken, in die nach denselben Regeln vollstreckt wird wie in Grundstücke selbst, oben Rn 51). Aber die Vorschriften über die Sachpfändung passen auf den Fall des Miteigentums nicht. Pfändungsvoraussetzung wäre die Inbesitznahme der Sache durch den Gerichtsvollzieher, Pfändungsfolge die Versteigerung der Sache. Beides bedeutete jedoch ein eklatanten und ungerechtfertigten Übergriff in die Rechte der übrigen Teilhaber. Infolgedessen verbleibt es bei der Anwendung der Auffangvorschrift des § 857 Abs 1 ZPO (BGH NJW 1993, 935, 937; Soergel/Hadding Rn 3; Hildebrandt AcP 202 [2002] 631, 659 f; **aA** Madaus AcP 212 [2012] 251, 283: Nicht der Anteil als Vermögenswert, sondern die Sache als Objekt des Eigentumsrecht werde gepfändet): Der Miteigentumsanteil 52 ist als „sonstiges Vermögensrecht" in entsprechender Anwendung der §§ 828 ff zu pfänden (vgl K SCHMIDT JR 1979, 317, 320). Erfreulich ist diese Lage für den Gläubiger nicht. Veräußert der Schuldner seinen Anteil durch Übertragung des Mitbesitzes, oder veräußern alle Teilhaber die Sache gemeinsam durch Übergabe, so erlischt gegenüber einem gutgläubigen Erwerber das Pfandrecht, § 936. Auch die Verwertung wird dadurch erschwert, dass der Pfändungsschuldner bei der Pfändung nach § 857 ZPO den Mitbesitz behält (vgl dazu § 753 Rn 34 ff). Aber das geltende Recht bietet keine bessere Lösung.

53 Die Pfändung erfolgt durch **Beschluss des Vollstreckungsgerichts**, das das Gebot an den Schuldner ausspricht, sich jeder Verfügung über den Anteil zu enthalten (§§ 857 Abs 1, 829 Abs 1 ZPO). Nach ganz hM sind die übrigen Teilhaber als „Drittschuldner" anzusehen (BAUMBACH/LAUTERBACH/HARTMANN § 857 Rn 4; STEIN/JONAS/BREHM § 857 Rn 97 mwNw). Der Beschluss ist ihnen also zuzustellen (§§ 857 Abs 1, 829 Abs 2 ZPO) und ist erst mit Zustellung an sie wirksam (§ 829 Abs 3 ZPO). Zur Frage, ob es erforderlich und empfehlenswert ist, neben dem Anteil auch die Ansprüche auf Aufhebung der Gemeinschaft, Teilung des Erlöses und Auszahlung des Erlöses zu pfänden, vgl Rn 63 und § 749 Rn 59.

54 Pfändet der Gläubiger des Teilhabers **die Sache** (nach §§ 808, 809 ZPO) statt des Miteigentumsanteils (nach § 857 ZPO), so entsteht kein Pfändungsrecht am Miteigentumsanteil als solchem. Denn die formellen Voraussetzungen des § 857 ZPO sind andere als die der §§ 808, 809 ZPO; sie sind durch die Sachpfändung nicht gewahrt. Die – materiellrechtlich zulässige – Anteilspfändung ist also in der – materiellrechtlich unzulässigen – Sachpfändung nicht als ein Minus enthalten.

c) Anteile an Forderungen und sonstigen Rechten

55 Anteile an Forderungen (zB an einer Forderung aus gemeinschaftlicher Vermietung, an einem Gemeinschaftskonto (vgl hierzu HEISS FamFR 2013, 146; LENKAITIS/MESSING ZBB 2007, 364, 368, 370 und HEISS FamFR 2013, 146 zum Oder-Konto) oder einem gemeinschaftlichen Wertpapierdepot) und sonstigen Rechten werden nach den Vorschriften gepfändet, die für die Pfändung der Forderung oder des Rechts im Ganzen gelten. Die Pfändung des Anteils an einer Geldforderung erfolgt also nach § 829 ZPO durch Pfändungsbeschluss und *Zustellung an den Schuldner* der gemeinschaftlichen Forderung (vgl STÖBER, Forderungspfändung [16. Aufl 2013] Rn 1549). Die Zustellung des Beschlusses an *die übrigen Teilhaber* ist *nicht* Wirksamkeitsvoraussetzung der Pfändung (zutr STÖBER, Forderungspfändung Rn 1549; **aA** MünchKomm/K SCHMIDT § 745 Rn 37; LIESECKE WM 1975, 314, 317). Zur Pfändung des Anteils an einem gemeinschaftlichen Bankkonto vgl auch § 741 Rn 87 ff.

3. Verwertung des Anteils

a) Allgemeines

56 Der Vollstreckungsgläubiger kann bei der Verwertung **zwei Ziele** verfolgen: (1) die Verwertung des Anteils als solchen; (2) die Verwertung des gemeinschaftlichen Rechts selbst, indem er die Aufhebung der Gemeinschaft betreibt und sich aus dem dabei auf ihn entfaltenden Erlösanteil befriedigt. Praktisch wird für den Gläubiger fast immer das zweite Ziel im Vordergrund stehen. Die Zwangsvollstreckung in den Anteil ist wirtschaftlich nur sinnvoll, wenn sie ihn zu diesem Ziel führt.

b) Miteigentumsanteile an Grundstücken

57 Der Vollstreckungsgläubiger kann die **Zwangsversteigerung** und die **Zwangsverwaltung** des Anteils betreiben (dazu oben Rn 43 ff). In der Zwangsversteigerung kann er den Anteil selbst erwerben; jedenfalls auf diesem Umweg erlangt er den Aufhebungsanspruch (oben Rn 45). Will der Gläubiger von vornherein nur die Aufhebung der Gemeinschaft erreichen, so muss er sich eine **Zwangshypothek** eintragen lassen.

58 Sofern man, wie hier (oben Rn 45 ff), die analoge Anwendung des § 1258 auf rechtsgeschäftlich begründete Hypotheken verneint, ergibt sich im Fall der Zwangshypothek die **Befugnis des Gläubigers, von den übrigen Teilhabern Aufhebung zu verlangen**, schon aus einer sinngemäßen Anwendung des § 751 S 2 (so auch MünchKomm/K Schmidt § 749 Rn 24, § 751 Rn 3; **aA** Gramentz 255 ff). Die Vorschrift spricht dem Gläubiger, der die „Pfändung des Anteils eines Teilhabers" erwirkt hat, das Recht zu, die Aufhebung der Gemeinschaft zu verlangen, und zwar ohne Rücksicht auf entgegenstehende Vereinbarungen der Teilhaber. Nun ist zwar nach der Terminologie der ZPO die Erwirkung einer Zwangshypothek in den Anteil keine „Pfändung" des Anteils. Nach dem Sinn des § 751 S 2 muss aber beides gleich behandelt werden. Es wäre unverständlich, wenn gerade der Gläubiger, der in den Anteil an einem Grundstück vollstreckt, anders behandelt würde als ein Gläubiger, der in den Anteil an einem anderen Gegenstand vollstreckt.

59 Die in der Praxis verbreitete **zusätzliche Pfändung des Anspruchs auf Aufhebung der Gemeinschaft** ist deshalb überflüssig. Sie ist überdies unzulässig und unwirksam, vgl § 749 Rn 58 f. Die überwiegende Rechtsprechung und Lehre hält sie für erforderlich und – weil erforderlich – auch für zulässig, da sie die Möglichkeit einer sinngemäßen Anwendung des § 751 S 2 nicht sieht und deshalb glaubt, dem Vollstreckungsgläubiger auf diesem Weg zur Aufhebung der Gemeinschaft verhelfen zu müssen (expressis verbis OLG Köln OLGZ 1969, 338; OLG Hamm NJOZ 2002, 928; LG Wuppertal NJW 1961, 785; LG Aurich Rpfleger 1962, 412; BGB-RGRK/vGamm § 751 Rn 2; Soergel/Hadding § 749 Rn 4; Palandt/Sprau § 749 Rn 1 f; Furtner NJW 1969, 871, 872; Stöber, ZVG § 180 Anm 11. 3; vgl auch BGH NJW 2006, 849; BGH NJW 2003, 1858; BGH NJW 1984, 1968; gegen die Zulässigkeit einer solchen Pfändung KG NJW 1953, 1832; Stein/Jonas/Brehm § 857 Rn 3, 17; Hoffmann JuS 1971, 20 H; MünchKomm/K Schmidt § 749 Rn 24 ff). Der Rekurs auf § 857 Abs 3 überzeugt nicht, schließlich ist diese Norm für Fälle, in denen die Ausübung eines Rechts zu dessen Erlöschen führt, nicht gedacht. Überdies ist auf die Unselbstständigkeit des Aufhebungsanspruchs abzustellen, der vom Miteigentum nicht ohne weiteres getrennt werden kann (vgl Ruhwinkel MittBayNot 2006, 413 in seiner Anm zu der Entscheidung des BGH ebenda).

60 Die in der Praxis überdies verbreitete **zusätzliche Pfändung des Anspruchs auf Teilung des Erlöses und auf Auszahlung des Erlösanteils** ist ebenfalls überflüssig und unzulässig (**aA** MünchKomm/K Schmidt § 749 Rn 23 ff). Denn die Gemeinschaft wird aufgehoben, indem das Grundstück verkauft und der Erlös geteilt, dh an die einzelnen Teilhaber nach Maßgabe ihrer Quoten ausbezahlt wird. Teilungs- und Auszahlungsanspruch sind also im Aufhebungsanspruch schon mit inbegriffen (vgl § 749 Rn 6 ff). Deshalb ist eine Pfändung ebenso überflüssig und unzulässig, wie die des Aufhebungsanspruchs (§ 753 Rn 24).

61 Da die Rechtslage allerdings streitig und von vielen Unklarheiten und Missverständnissen belastet ist, empfiehlt es sich in der **Praxis**, um Schwierigkeiten zu vermeiden, den üblichen Weg zu gehen und die Aufhebungs- und Teilungsansprüche mitzupfänden (so auch MünchKomm/K Schmidt § 749 Rn 24).

62 Haben die Teilhaber die Teilung **durch Vereinbarung ausgeschlossen**, so kann der Gläubiger, der eine Zwangshypothek erwirkt hat, nach § 751 S 2 die Teilungsversteigerung nur betreiben, wenn sein Titel nicht nur vorläufig vollstreckbar ist.

c) Miteigentumsanteile an beweglichen Sachen

63 Der Gläubiger, der gem § 857 ZPO den Miteigentumsanteil an einer beweglichen Sache gepfändet hat, erwirbt nach § 804 ZPO ein Pfändungspfandrecht am Anteil. Er ist aufgrund der Pfändung berechtigt, die Rechte aus den §§ 749 ff geltend zu machen, wie sich sowohl aus § 804 ZPO iVm § 1258 Abs 2 S 2 als auch aus § 751 S 2 ergibt. Zur Durchsetzung des Aufhebungsanspruchs und zur Frage des Erfordernisses eines besonderen Überweisungsbeschlusses vgl § 752 Rn 33, § 753 Rn 33. Eine zusätzliche Pfändung des Aufhebungs-, Teilungs- und Auszahlungsanspruchs ist überflüssig (so auch Stöber, Forderungspfändung Rn 1548: „klarstellend") und richtiger Ansicht nach auch unzulässig. Zur Frage, ob der Gläubiger, der die Sache selbst bei einem Miteigentümer gepfändet hat, der Drittwiderspruchsklage des anderen Miteigentümers den Aufhebungsanspruch einredeweise entgegenhalten kann, vgl § 753 Rn 35.

d) Forderungen

64 Ist der Anteil an einer Geldforderung gepfändet und zur Einziehung überwiesen (§ 835 ZPO), so zieht der Pfändungsgläubiger die Forderung zusammen mit den übrigen Teilhabern ein. Eine vertraglich begründete Befugnis des Schuldners, die Schuld durch Zahlung an den anderen Teilhaber zu tilgen – so beim bankmäßigen „Oder-Konto" – ist mit Zustellung des Pfändungsbeschlusses an die Bank (vgl oben Rn 55) allerdings nicht erloschen (vgl § 741 Rn 87 ff). Bei gemeinschaftlicher Einziehung setzt die Gemeinschaft sich am Erlös fort. Durch die Pfändung des Forderungsanteils erwirbt der Pfandgläubiger auch hier das Recht, von den übrigen Teilhabern Teilung des Erlöses zu verlangen. Die zusätzliche Pfändung des Teilungsanspruchs hat auch hier nur klarstellende Bedeutung (so auch Stöber, Forderungspfändung Rn 1549).

4. Insolvenz

65 Der Anteil des Teilhabers gehört als der Zwangsvollstreckung unterliegendes Recht zu seiner Insolvenzmasse, § 35 InsO. Die Rechte des Teilhabers (insbes aus §§ 743, 744 f, 749 ff) werden vom Insolvenzverwalter ausgeübt. Die Aufhebung der Gemeinschaft erfolgt außerhalb des Insolvenzverfahrens (§§ 84 ff InsO). Der Insolvenzverwalter hat also nicht das Recht, den gemeinschaftlichen Gegenstand als solchen im Insolvenzverfahren zu verwerten. Verfügungen über den Gegenstand als solchen kann er nach S 2 nur gemeinschaftlich mit den übrigen Teilhabern treffen. Dagegen bleibt ihm nach S 1 unbenommen, den Anteil selbst zu verwerten. Im Regelfall wird es für die Masse aber vorteilhafter sein, dass der Verwalter die Aufhebung der Gemeinschaft betreibt (vgl dazu § 84 Abs 2 InsO) und den Erlösanteil zur Masse zieht.

IV. Verfügungen über den gemeinschaftlichen Gegenstand im Ganzen (S 2)

1. Anwendungsbereich des S 2

a) Maßgeblichkeit des Parteiwillens

Verfügungen über den gemeinschaftlichen Gegenstand im Ganzen, die nur von allen Teilhabern gemeinschaftlich getroffen werden können, sind zunächst solche Verfügungen, die **nach dem Willen der Parteien** das ganze Recht und nicht nur einen Teil erfassen sollen: also zB die *Übereignung der gemeinschaftlichen Sache* (im Unterschied zur bloßen Anteilsübertragung) oder die *Belastung des gemeinschaftlichen Grundstücks* (und nicht nur des Anteils; beachte: auch nach der Aufteilung eines Grundstücks in Wohnungs-/Teileigentum kann das Grundstück noch als Ganzes belastet werden: OLG Zweibrücken ZWE 2014, 123) mit einer Hypothek oder Grundschuld. 66

b) Maßgeblichkeit des Inhalts der Verfügung

Verfügungen über den gemeinschaftlichen Gegenstand im Ganzen sind ferner solche Verfügungen, deren rechtliche Wirkung sich **ihrem Inhalt nach nicht auf das einzelne Anteilsrecht begrenzen lässt**. Rechtsgeschäfte, die zum Untergang des gemeinschaftlichen Rechts führen, sind deshalb stets Verfügungen über den Gegenstand im Ganzen. So können die *Erfüllungsannahme* (die jedenfalls „Verfügung" im weiteren Sinne ist), die *Aufrechnung*, der *Erlass* nicht auf den ideellen Anteil an der gemeinschaftlichen Forderung beschränkt werden, ebenso wenig der *Verzicht* oder die *Aufhebung* bei einer *Hypothek* oder *Grundschuld* (vgl Palandt/Sprau Rn 4). Sie wirken sich immer auf die Forderung im Ganzen aus und bedürfen der Mitwirkung sämtlicher Teilhaber (BGH NJW 1985, 1161 betr Aufrechnung; BGH NJW 1958, 1723 betr die Einziehung von Forderungen aus gemeinschaftlicher Vermietung; Larenz JherJb 83 [1933] 108, 176; Schulze-Osterloh 36; **aA** Planck/Lobe Anm 2; vgl oben Rn 13 ff). Beschränkte man die Verfügung auf den ideellen Anteil, würde insbes die Verbundenheit der Teilhaber ohne ordnungsgemäße (§§ 748, 755 f) Auseinandersetzung gefährdet (BGH NJW 1985, 1161). 67

Für die Erfüllungsannahme, die Aufrechnung, den Erlass, den Verzicht oder die Aufhebung gilt das auch dann, wenn sie sich **auf denjenigen Betrag beschränken, der dem Anteil eines Teilhabers entspricht** (BGH NJW 1985, 1161; OLG Darmstadt JW 1934, 2485, 2486; unzutreffend KG HRR 1928, Nr 518). Nicht anders ist es, wenn bei einer gemeinschaftlichen Hypothek einem anderen Gläubiger der Vorrang eingeräumt werden soll. Hierzu müssen alle Teilhaber mitwirken; der einzelne Teilhaber kann nicht isoliert mit Wirkung für seinen Anteil zurücktreten (OLG Darmstadt JW 1934, 2485, 2486; zum Rangrücktritt mit einer Vormerkung oben Rn 13). Als Alternative kommt dann nur Zerlegung im Gleichrang und anschließend Rangrücktritt in Betracht (vgl dazu Schöner/Stöber, Grundbuchrecht Rn 2416a: Teilung einer Hypothek [durch Teilung ihrer Forderung] und einer Grundschuld ist zulässig, auch wenn mit ihr die Abtretung eines Teils, mehrerer oder aller Teile nicht verbunden ist [Amann DNotZ 2004, 599, 607]. Die Teilung erfordert Erklärung des Gläubigers und Eintragung in das Grundbuch [OLG Hamm NJW-RR 1991, 1399]). Ebenso ist es eine Verfügung über den gemeinschaftlichen Gegenstand im Ganzen, wenn ein bezifferter Teilbetrag der gemeinschaftlichen Forderung abgetreten wird, und zwar auch dann, wenn der Teilbetrag dem Bruchteil entspricht, zu dem der Zedent an der Forderung beteiligt ist (KG HRR 1935, Nr 633). Hier ist allerdings zunächst im Weg der Auslegung zu klären, ob wirklich die Abtretung eines realen 68

Bruchteils der Forderung beabsichtigt ist und nicht in Wirklichkeit die Abtretung des Anteils an der Forderung, der dem Zedenten zusteht (OLG Zweibrücken Rpfleger 1972, 168, 169). Der Unterschied der beiden Fälle besteht darin, dass bei der Abtretung eines realen Bruchteils der Zessionar in die Lage versetzt werden soll, die Forderung in Höhe des abgetretenen Betrags selbstständig einzuziehen, während er bei Abtretung des ideellen Anteils, wie der Zedent, die Forderung nur gemeinsam mit den übrigen Teilhabern einziehen kann und auf dasjenige verwiesen ist, was bei der Teilung der Gemeinschaft auf ihn entfällt. Zu diesem Unterschied bereits § 741 Rn 80 ff.

69 Eine Verfügung über den Gegenstand im Ganzen ist ferner die **Ausübung von Gestaltungsrechten**, die der Gemeinschaft zustehen: so die *Anfechtung,* die *Kündigung* (BGH NJW 1987, 2674, 2676 betr Kündigung eines Erbbaurechtsvertrages; BGH ZEV 2006, 358 m krit Anm WERNER; RG SeuffA 74, Nr 132; **aA** BGH LM Nr 1 zu § 2038; dazu auch oben Rn 13 ff), der Rücktritt (vgl § 351; zur Zulässigkeit abweichender vertraglicher Vereinbarungen vgl RG HRR 1925, Nr 1746), die Ausübung von Vor- und Wiederkaufsrechten (§§ 461, 472). Eine anteilsmäßige Beschränkung kommt hier nicht in Betracht (vgl SCHULZE-OSTERLOH 37 f). Ist zB eine Bruchteilsgemeinschaft Vermieter, so können alle Teilhaber nur gemeinsam kündigen oder Mietaufhebungsklage erheben (OLG Hamburg NZG 1999, 1212; LG Düsseldorf HMR 1951, Nr 40; OG DDR NJ 1951, 560; s dazu auch den instruktiven Fall OLG Celle NJWE-MietR 1996, 27 f: Nach Aufteilung eines Hauses gem § 8 WEG kündigte der Erwerber der Dachgeschossfläche Abstellräume anderer Mieter. Die Kündigung war unwirksam, da durch die Umwandlung in Wohnungseigentum alle Eigentümer gemeinschaftlich Vermieter zu Bruchteilen geworden waren; s dazu auch BGH NZM 1999, 533, sowie § 741 Rn 48). Hat der Miteigentümer eines Hauses dagegen den Mietvertrag – sei es ohne, sei es mit Einverständnis des anderen Miteigentümers – allein abgeschlossen, ist er auch berechtigt, allein zu kündigen bzw auf Aufhebung des Mietverhältnisses zu klagen (LG Düsseldorf HuW 1954, 231). Umgekehrt kann auch eine *Mietergemeinschaft* nur *gemeinschaftlich kündigen.* Die Kündigung durch einen einzelnen Mieter bedarf, wenn beabsichtigt ist, das Mietverhältnis im Ganzen aufzuheben, der Zustimmung der Mitmieter, wenn dagegen beabsichtigt ist, dass nur der Kündigende aus dem Mietverhältnis ausscheidet, der Zustimmung der übrigen Mieter und des Vermieters. Die *übrigen Mieter* sind allerdings, wenn keine abweichenden Vereinbarungen bestehen (und auch in diesem Fall bei Vorliegen eines wichtigen Grundes), nach dem Grundgedanken des § 749 *verpflichtet, ihre Zustimmung zu erteilen.*

c) Verfügungen der Teilhaber untereinander

70 Stehen bei einer Verfügung Teilhaber nicht nur auf der Geber-, sondern auch auf der Empfängerseite, so ist hinsichtlich der Frage, ob eine Anteilsverfügung oder Gesamtverfügung vorliegt, zu differenzieren. Wollen die Teilhaber das bisher *gemeinschaftliche Eigentum* in **Alleineigentum** eines der bisherigen Teilhaber umwandeln, so liegt darin eine Übertragung der Einzelanteile der „ausscheidenden" Teilhaber auf den übernehmenden Teilhaber, die unter S 1 fällt. Jede Anteilsübertragung ist selbstständig wirksam. Ein *gutgläubiger Erwerb* ist, unter den allgemeinen Voraussetzungen, möglich (oben Rn 27 f). Anders ist es, wenn die Gemeinschaft, bei *Identität der Mitglieder, die Rechtszuständigkeit ändern will,* indem sie das bisherige Bruchteilseigentum entweder, bei gleichzeitiger Gründung einer Gesellschaft, in *Gesamthandseigentum zusammenfassen* oder, unter Aufhebung der Gemeinschaft, in *real geteiltes Eigentum zerlegen* will. Beide Vorgänge sind Verfügungen über den gemeinschaftlichen Gegenstand im Ganzen (anders zum ersten Fall, wie hier zum zweiten Fall MünchKomm/K Schmidt Rn 26, § 752 Rn 5), bei denen alle Teilhaber mitwirken müssen. Da die Parteien auf der Geber- und Nehmerseite dieselben sind, kommt ein *gutgläubiger Erwerb nicht in Betracht.* Haben zB A und B vom geschäftsunfähigen E ein Grundstück erworben und übertragen sie das Grundstück auf eine von ihnen gegründete OHG oder KG, oder teilen sie das Grundstück in zwei Parzellen, von denen sie die eine auf A, die andere auf B übertragen, so ist ein gutgläubiger Erwerb nicht möglich (vgl zum ersten Fall: Lutter AcP 164, 160; Koller JZ 1972, 648; MünchKomm/K Schmidt Rn 19; Soergel/Stürner § 892 Rn 24; zum zweiten Fall MünchKomm/K Schmidt § 752 Rn 5).

2. Gemeinschaftliche Verfügung

a) Allgemeines

Soweit nach S 2 nur alle Teilhaber gemeinschaftlich verfügen können, müssen sie 71
alle **am Verfügungsgeschäft** mitwirken; haben Bruchteilseigentümer etwa für eine auf ihrem Grundstück lastende Grundschuld gemeinsam eine Sicherungsvereinbarung mit dem Grundschuldgläubiger getroffen, können sie diese nur gemeinsam ändern (BGH DNotZ 2010, 375; beachte in diesem Kontext auch BGH NJW 2002, 2711: Bestellen Miteigentümer eines Grundstücks aus Anlass der Sicherung bestimmter gemeinsamer Verbindlichkeiten eine Grundschuld, ist die formularmäßige Sicherungsabrede, wonach die Grundschuld am eigenen Miteigentumsanteil auch alle bestehenden und künftigen Verbindlichkeiten des anderen Miteigentümers sichert, regelmäßig überraschend iS des § 3 AGBG [aF]). Dies gilt auch für den Anspruch auf Rückübertragung einer Grundschuld der Miteigentümern des belasteten Grundstücks; einseitige Verfügungen wie etwa eine Abtretung an Dritte sind deshalb unwirksam (OLG Schleswig FamRZ 2012, 1567). Erfasst sind auch die Geltendmachung eines Anspruchs (BGH NJW-RR 2011, 164) sowie bei Miterfindern die Einräumung von Lizenzen (Bartenbach/Volz GRUR 1978, 668, 675). *Bevollmächtigung* (§ 164 Abs 1), Genehmigung (§ 177) bei Handeln im fremden und *Zustimmung* (§ 185 Abs 1) bei Handeln im eigenen Namen sind zulässig. **Mehrheitsbeschlüsse** (§ 745 Abs 1) verleihen – soweit im Hinblick auf Verfügungen überhaupt zulässig – der Mehrheit keine Verfügungsbefugnis, wohl aber umfasst das Recht des einzelnen Teilhabers, *notwendige Erhaltungsmaßnahmen* durchzuführen (§ 744 Abs 2), auch die Befugnis zu notwendigen Verfügungen (str, vgl oben § 744 Rn 35 ff, § 745 Rn 44 f). Werden Miteigentümer auf Eigentumsübertragung in Anspruch genommen, so sind sie wegen S 2 notwendige Streitgenossen iSd § 62 ZPO (Palandt/Sprau Rn 6; BGHZ 131, 376; s dort auch zur Rechtskraftwirkung und -erstreckung rechtswidrig gegen einzelne Streitgenossen ergangener Teilurteile; allg Baumbach/Lauterbach/Albers/Hartmann, ZPO [73. Aufl 2015] § 62 Rn 10 [„Eigentum"] mwNw).

b) Gesamtverfügung und Einzelverfügung

Verfügen die Teilnehmer **gemeinschaftlich über den Gegenstand im Ganzen**, so soll 72
hierin nach hL **gleichzeitig stets eine Verfügung des einzelnen Teilhabers über seinen Anteil** liegen (Soergel/Hadding Rn 4 [„idR auch zugleich"] mwNw; Bamberger/Roth/Gehrlein Rn 8 und MünchKomm/K Schmidt Rn 25; es liege eine koordinierte Verfügung aller Teilhaber über ihre Bruchteile und nicht eine Verfügung der Gemeinschaft über den gemeinschaftlichen Gegenstand vor [vgl auch Madaus AcP 212 [2012] 251, 275, der indes statt von Bruchteilen von einer Summe vervielfältigter Vollrechte spricht]. Nach dieser Auffassung entscheidet sich bei Unwirksamkeit des Verfügungsgeschäfts eines Teilhabers das Schicksal des gesamten Rechtsgeschäfts

nach der Regelung des § 139 BGB, s unten Rn 73; **aA** Würdinger, Personalgesellschaften 17; Reinhardt/Schultz, Gesellschaftsrecht Rn 26). Dem ist nicht zu folgen. Angenommen, die beiden Miteigentümer eines Grundstücks, A und B, bestellen für G eine Grundschuld am Grundstück: erwirbt dann G drei Grundschulden, eine am Grundstück, eine am Anteil des A und eine am Anteil des B? Und: Müssen demgemäß drei Grundschulden im Grundbuch eingetragen werden? Das kann schwerlich gemeint sein. Vorzuziehen ist deshalb die Auffassung, dass nur eine Verfügung vorliegt, die sich auf den gemeinschaftlichen Gegenstand – im Beispielsfall: das Eigentum – im Ganzen bezieht (vgl BGH NJW 1994, 1470; Erman/Aderhold, § 747 Rn 5; Palandt/Sprau Rn 4; Jauernig §§ 743–748, Rn 14. War ein Teilhaber nicht geschäftsfähig, so ist die Verfügung des fehlerfrei handelnden Teilhabers damit als Verfügung eines Nichtberechtigten nur schwebend unwirksam. Ob die Verfügung über den Gegenstand im Ganzen in eine Verfügung des fehlerfrei mitwirkenden Teilhabers über seinen Bruchteil umgedeutet werden kann, ist demzufolge nach § 140 BGB zu beantworten, s unten Rn 73). Die Verfügung mag zugleich Rechtsfolgen für die einzelnen Miteigentumsanteile haben. Aber diese Rechtsfolgen treten als Folge der Verfügung über den Gegenstand im Ganzen kraft Gesetzes ein, also insbesondere unabhängig davon, ob sie gewollt sind. Die Annahme eines die Gesamtverfügung begleitenden Kranzes von Einzelverfügungen überzeugt nicht; sie dient nur dazu, in Einzelfragen bestimmte Lösungen als Resultat begrifflicher Ableitungen erscheinen zu lassen, die sich so nicht, sondern nur anhand der gesetzlichen Wertungen legitimieren lassen.

73 Es geht dabei vor allem um den Fall der **Belastung des gemeinschaftlichen Grundstücks mit einem Grundpfandrecht**. Kann der *Gläubiger,* der sich durch sämtliche Miteigentümer ein Grundpfandrecht am Grundstück im Ganzen hat bestellen lassen, aus diesem Grundpfandrecht auch in *die einzelnen Miteigentumsanteile* vollstrecken, und zwar wegen des vollen Betrags des Grundpfandrechts? Was geschieht, wenn ein *Miteigentümer das Grundpfandrecht ablöst?* Die Rechtsprechung hat entschieden: Der Hypothekengläubiger kann den Anteil jedes Miteigentümers wegen der vollen Forderung versteigern lassen, entsprechend der Lage bei der Gesamthypothek, § 1132 Abs 1 (RG JW 1910, 473; KGJ 41, 243, 246). Im Fall der Befriedigung des Gläubigers durch einen Miteigentümer erwirbt, wie bei der Gesamthypothek, der Miteigentümer an seinem eigenen Anteil ein Eigentümergrundpfandrecht, während das Recht hinsichtlich der übrigen Anteile erlischt; nur soweit dem zahlenden Miteigentümer gegen die anderen Miteigentümer Regressansprüche zustehen, gehen die Hypotheken an den übrigen Anteilen auf ihn über, § 1173 (BGHZ 40, 115, 120; BGH ZIP 1986, 90; NJW 1983, 2449; Bamberger/Roth/Gehrlein Rn 8; gegen Aufspaltung in Eigentümergrundschuld und Gesamthypothek MünchKomm/K Schmidt Rn 27). Die *Hypothek an dem im Miteigentum stehenden Grundstück* ist also kraft Gesetzes (zugleich) *Gesamthypothek an den Miteigentumsanteilen* (vgl BGHZ 40, 115, 120, und BGH NJW 1961, 1352 im Anschluss an RGZ 146, 363, 366; BGH ZfIR 2010, 93, 94; BGH WM 2010, 834). Begründet wird dies damit, dass es keinen Unterschied machen könne, ob der Gläubiger nach und nach gem § 1114 Hypotheken an den einzelnen Miteigentumsanteilen erwirbt, ob das ursprünglich mit einer Hypothek belastete Alleineigentum nachträglich in Miteigentum aufgespalten wird, oder ob die Miteigentümer gemeinsam eine Hypothek am ganzen Grundstück bestellen (KGJ 41, 243; RGZ 146, 363, 365). In allen drei Fällen sei die Anwendung der Vorschriften über die Gesamthypothek sachgerecht. Entscheidend sind also Sinn und Zweck der Vorschriften über die Gesamthypothek, nicht begriffliche Erwägungen über das Wesen der gemeinschaftlichen Verfügung. Entsprechendes gilt auch im umgekehrten Fall. Hat der Gläubiger nach und nach Hypotheken an allen Miteigentumsanteilen am Grundstück erworben, so kann er die gleichen Rechte geltend machen, wie wenn ihm von vornherein eine Hypothek am Grundstück im Ganzen bestellt worden wäre; vor allem kann er das Grundstück als solches versteigern lassen. Dafür kommt es nicht darauf an, ob die Einzelverfügungen aller Teilhaber über alle Anteile mit einer Gesamtverfügung im Sinn von S 2 gleichzusetzen sind (was zB von LARENZ JherJb 83 [1933] 108, 121 ff und von SCHULZE-OSTERLOH 21 Fn 51 bestritten wird).

c) Fehlerhafte Mitwirkung einzelner Teilhaber

74 Wie sehr begriffliche Überlegungen über das Wesen der Gesamtverfügung in die Irre führen, zeigt der Fall, in dem die Mitwirkungshandlung einzelner Teilhaber fehlerhaft ist, etwa weil der betreffende Teilhaber *nicht geschäftsfähig* oder *nicht richtig vertreten* ist, seine Mitwirkung wegen *Irrtums*, *Täuschung* oder *Drohung* angefochten hat oder das Betreuungs- bzw Familiengericht eine etwa erforderliche Genehmigung nicht erteilt (§§ 1821 f). Wäre die Gesamtverfügung gleichzeitig ein Bündel von Einzelverfügungen, so wäre die Folge, dass der Erwerber in diesem Fall die Anteile der fehlerfrei mitwirkenden Teilhaber erwirbt. Offensichtlich ist es indes äußerst zweifelhaft, ob es in einem solchen Fall dem Willen der frei handelnden Teilhaber entspricht, statt über das Recht im Ganzen über die einzelnen Anteile zu verfügen, und ob es dem Willen des Erwerbers entspricht, statt des Rechts im Ganzen nur einen Anteil am Recht zu erwerben. Das RG will dies anhand des *§ 139* prüfen (RG JW 1910, 473 betr die Aufnahme eines Darlehens und die Bestellung einer Hypothek durch Grundstücksmiteigentümer, von denen einer geschäftsunfähig ist; zustimmend MünchKomm/K SCHMIDT Rn 25; nicht einschlägig BGH WM 1974, 972, 973; **aA** WÜRDINGER, Personalgesellschaften 17; REINHARDT/SCHULTZ, Gesellschaftsrecht Rn 26). Das alles führt nicht weiter: Denn eine Veräußerung (oder Belastung) des Gegenstands im Ganzen ohne die Mitwirkung aller Teilhaber wäre nach S 2 unwirksam. Sedes materiae ist vielmehr **§ 140** (LARENZ JherJb 83 [1933] 133; so ausdrücklich gegen die vorgenannte Auffassung auch BGH DNotZ 1995, 135; ERMAN/ADERHOLD Rn 5; vgl auch VGH München DÖV 2010, 907): Die Verfügung der fehlerfrei handelnden Teilhaber ist nichtig, wenn es an der erforderlichen Mitwirkung aller Teilhaber fehlt und die nachträgliche Genehmigung des fehlenden Teilhabers nicht zu erlangen ist (§ 185 Abs 2 S 1 Fall 1). Zu prüfen ist, ob die nichtige Verfügung über den Gegenstand im Ganzen (S 2) in eine Verfügung der fehlerfrei mitwirkenden Teilhaber über ihre einzelnen Anteile (S 1) umgedeutet werden kann. Das hängt davon ab, ob anzunehmen ist, dass die Beteiligten – wenn sie gewusst hätten, dass die Mitwirkung des betreffenden Teilhabers nicht zu erlangen ist –, sich mit einer Anteilsübertragung oder Anteilsbelastung zufriedengegeben hätten. In der Regel dürfte eine Veräußerung der Anteile dem hypothetischen Willen der Beteiligten in einem solchen Fall nicht entsprechen (WÜRDINGER, Personalgesellschaften 18; MünchKomm/K SCHMIDT Rn 25). In dem vom RG aaO entschiedenen Fall der Hypothekenbestellung mag eine Umdeutung dagegen angebracht gewesen sein.

75 In der **Kautelarpraxis**, insbes im Grundstücksrecht, empfiehlt es sich dringend, diese Frage bereits im Vertrag detailliert zu regeln (Bindungswirkung, Erklärungs- und Genehmigungsfristen, Auswirkungen auf den Kaufpreis, -fälligkeit, Auswirkungen auf Belastungen etc). Mit Blick auf die Vormerkungsfähigkeit etwaiger Ansprüche im Grundbuch ist uU eine Aufspaltung von an sich gewollter Gesamtverfügung in

ein Bündel von Einzelverfügungen notwendig (dazu BayObLG MittBayNot 2002, 189; Hoffmann MittBayNot 2002, 155). Das gleiche Problem taucht auch bei Erbengemeinschaften auf, wenn die Mitwirkung eines Miterben fehlerhaft war. In diesem Falle ist klarzustellen, ob bei Scheitern der Gesamtverfügung wenigstens die Erbanteile der übrigen zu übertragen sind. Der Erwerber kann hieran ein Interesse haben, um anschließend die Teilungsversteigerung zu betreiben.

d) Verfügung über den gemeinschaftlichen Gegenstand im Ganzen durch einzelne Teilhaber

76 Verfügt ein einzelner Teilhaber **ohne Einwilligung** der übrigen (§ 185 Abs 1) über den Gegenstand im Ganzen, so verfügt er als Nichtberechtigter. Die Verfügung ist unwirksam; sie wird wirksam, wenn die übrigen Teilhaber sie *genehmigen* oder wenn der Verfügende *die Anteile der übrigen Teilhaber hinzuerwirbt* (§ 185 Abs 2; allerdings nur, wenn der Nichtberechtigte den Verfügungserfolg noch schuldet, BGH DNotZ 1995, 136; Hagen AcP 167, 481 ff). Die Verfügung ist außerdem dann wirksam, wenn die Voraussetzungen für *gutgläubigen Erwerb* vorliegen, etwa wenn der Veräußerer als Alleineigentümer im Grundbuch eingetragen ist oder, bei beweglichen Sachen, wenn er Alleinbesitzer ist und die Sache dem Erwerber übergibt; §§ 892, 932 (MünchKomm/K Schmidt Rn 30; vgl Schulze-Osterloh 41 f; ob alle angeblichen Miteigentümer Nichteigentümer sind oder ob es nur am Miteigentum eines der Verfügenden fehlt, ist für die Anwendung der §§ 932 ff, 892 ohne Belang: Palandt/Bassenge § 932 Rn 1)). Deckt der Veräußerer dagegen die Tatsache seiner nur anteilsmäßigen Berechtigung auf und behauptet er, hinsichtlich der übrigen Anteile nur Vertretungsmacht oder Verfügungsbefugnis zu besitzen, so ist – vom Sonderfall des § 366 HGB abgesehen – ein gutgläubiger Erwerb ausgeschlossen.

77 Ist hiernach die Verfügung des einzelnen Teilhabers über den Gegenstand im Ganzen unwirksam, so gilt dasselbe wie im Fall, in dem zwar alle Teilhaber mitwirken, aber die Mitwirkungshandlungen Einzelner nichtig sind (oben Rn 75). Es hängt vom **hypothetischen Parteiwillen**, der unter sinngemäßer Anwendung von Teilnichtigkeitsgrundsätzen bestimmt wird, im Zeitpunkt des Vertragsabschlusses ab, ob die Verfügung als Verfügung über den Anteil aufrechterhalten werden kann (BGH LM Nr 2 zu § 6 LitUrhG; BGH DNotZ 1995, 135). Grundlage für die Aufrechterhaltung des Geschäfts als Anteilsverfügung ist Umdeutung, § 140; uU kann aber auch schon die einfache Auslegung der Verfügung ergeben, dass anstelle des Vollrechts nur der Miteigentumsanteil übertragen sein soll (vgl die Beispiele bei Serick II 191 ff).

e) Vorkaufsrecht

78 Haben die Teilhaber für den Fall, dass sie ihre Miteigentumsanteile verkaufen, Vorkaufsrechte bestellt, und verkaufen sie den Gegenstand im Ganzen, so ist es Auslegungsfrage, ob das Vorkaufsrecht auch in diesem Fall eingreift (BGH WM 1964, 913, 915; vgl auch MünchKomm/K Schmidt Rn 28: Komme praktisch nur in Betracht, wenn das Vorkaufsrecht auf allen Anteilen laste oder den gesamten Gegenstand betreffe). Haben sie die Vorkaufsrechte für einen Dritten bestellt, so muss das Vorkaufsrecht selbstverständlich auch den Gesamtverkauf erfassen. Haben sie sich die Vorkaufsrechte gegenseitig bestellt, so spricht die Auslegung eher dafür, dass nur das Eindringen Fremder in die Gemeinschaft verhindert, der Fall des einverständlichen Gesamtverkaufs dagegen nicht erfasst werden soll (vgl auch MünchKomm/K Schmidt Rn 28). Bei Anteilsveräußerungen untereinander liegt idR kein Verkaufsfall vor (BGHZ 13, 133 f). Dies

kann anders zu beurteilen sein, wenn auch die Verschiebung der Anteilsgewichtung verhindert werden sollte (DNotI-Rep 2000, 21 ff; vgl im Übrigen BGHZ 13, 133; BGH DNotZ 1970, 423; BayObLG MittBayNotK 1981, 18). Ein dingliches Vorkaufsrecht, das nur den Miteigentumsbruchteil eines Grundstücks belastet, kann nicht ausgeübt werden, wenn bei der Zwangsversteigerung zwecks Aufhebung der Gemeinschaft ein Miteigentümer, dessen Anteil nicht dem Vorkaufsrecht unterliegt, das gesamte Grundstück zugeschlagen erhält (BGH NJW 1967, 1607).

Sonderprobleme können im Falle des **§ 471** entstehen. Beispiel: Von einem Bruchteilseigentümer wird gemeinsam mit dem Insolvenzverwalter des anderen Bruchteilseigentümers eine Wohnung verkauft, die dem Mietvorkaufsrecht des § 577 (dazu allg Langhein DNotZ 1993, 650 ff und jüngst auch zum Mietervorkaufsrecht nach Eigentumserwerb vom Insolvenzverwalter DNotI-Report 2014, 140) unterliegt. Hinsichtlich des insolvenzbelasteten Anteils müsste sich die ratio des § 471 durchsetzen (so auch BGHZ 141, 194), und zur Anwendung des § 577 gelangte man nur, wenn man die Gesamtverfügung zugleich als Bündel von Einzelverfügungen ansehen würde. Dies ist mE allgemein und auch im speziellen Falle des § 577 abzulehnen. 79

V. Gemeinschaften besonderen Rechts

Auf Gemeinschaften „besonderen Rechts" (§ 741 Rn 5, 177 ff) ist S 2 in Gänze **nicht**, S 1 allenfalls mit erheblichen **Modifikationen anwendbar**. Das hat Folgen vor allem für die Form der Anteilsverfügung und für die Frage des gutgläubigen Erwerbs. 80

Im Fall des **Wohnungseigentums** ist S 1 dadurch modifiziert, dass der Miteigentumsanteil am Grundstück nur in Verbindung mit dem Sondereigentum an einer bestimmten Wohnung übertragen werden kann (§ 6 WEG), und dass die Veräußerung an die Zustimmung der übrigen Wohnungseigentümer oder eines Dritten gebunden werden kann (§ 12 WEG), dazu § 741 Rn 181. Auch eine Verfügung aller Wohnungseigentümer über das gemeinschaftliche Eigentum im Ganzen – ohne das Sondereigentum – gem S 2 ist ausgeschlossen (vgl Staudinger/vProff § 741 Rn 247; vgl etwa zu der Ausnahme, dass zwei Wohnungseigentümer eine **Neuzuteilung von Sondereigentum** vornehmen, ohne gleichzeitig die Miteigentumsanteile zu verändern: Bärmann/Armbrüster § 2 Rn 116 ff und § 6 Rn 6). 81

Für das **Urheberrecht von Miturhebern** ist §§ 8 Abs 2 S 1, 29 UrhG zu beachten; eine Veräußerung des Bruchteils am Urheberrecht ist nicht (mehr) möglich (Dreier/Schulze/Schulze [2013] § 8 UrhG Rn 12). Vor der Urheberrechtsreform von 1965 wurden die Rechtsbeziehungen der Miturheber demgegenüber als Bruchteilsgemeinschaft angesehen (vgl hierzu [jetzt überholt] BGH MDR 1962, 798). Es ist zweifelhaft, ob die nunmehr geschaffene Rechtslage auf die Rechtsbeziehungen der Miturheber passt (MünchKomm/K Schmidt § 741 Rn 64 f; vgl oben § 747 Rn 19)

Im Fall der **Sammelverwahrung** sind prinzipiell zwei Verfügungsmöglichkeiten zu unterscheiden. Der Depotkunde kann über seinen Miteigentumsanteil am Sammelbestand durch **Abtretung seines Anspruchs aus dem Verwahrungsvertrag** (§ 7 DepotG) verfügen (Böttcher [2012] § 7 DepotG Rn 1). Das ist eine Verfügung gem S 1 in der Form des § 931, wobei der Herausgabeanspruch, der gem § 868 den mittelbaren Besitz repräsentiert, durch den Anspruch auf Auslieferung und Übereignung effek- 82 tiver Stücke (§ 7 DepotG) ersetzt ist (vgl Baumbach/Hopt/Kumpan § 7 DepotG Rn 1). Ein gutgläubiger Erwerb richtet sich nach § 934; er setzt voraus, dass dem Zedenten ein Anspruch auf Auslieferung effektiver Stücke nach § 7 DepotG tatsächlich zusteht.

83 Regelmäßig wird die Veräußerung sich anders abspielen. Der Depotkunde, der veräußern will, erteilt seiner Depotbank **Verkaufskommission**, der Depotkunde, der erwerben will, erteilt seiner Bank **Einkaufskommission**. Unmittelbare rechtsgeschäftliche Beziehungen zwischen dem Veräußerer und dem Erwerber entstehen nicht. Durch die Gutschrift im Depotbuch (§ 14 DepotG), jedenfalls durch ihre Mitteilung (§ 24 Abs 2 DepotG), erlangt der Erwerber gegen seine Bank einen schuldrechtlichen Anspruch auf Auslieferung von Wertpapieren iSv § 7 DepotG. Insoweit kann für die Gutschrift auf einem Wertpapierkonto nichts anderes gelten als für Gutschriften auf Giro- und Sparkonten. Dieser schuldrechtliche Anspruch ist, solange die Depotbank solvent ist, für den Erwerber das eigentlich Entscheidende. Hat die Depotbank zB eine antizipierte Gutschriftsanzeige vor Erwerb und Verschaffung eines entsprechenden Miteigentumsanteils abgesandt (dazu Heinsius/Horn/Than § 24 Rn 41), so hat der Depotkunde gegen die Bank einen Verschaffungsanspruch entsprechend § 7 DepotG, und es ist ihre Sache, sich Deckung zu besorgen (**aA** Heinsius/Horn/Than aaO). Durch die Gutschrift im Depotbuch erlangt der Erwerber ferner einen entsprechenden Miteigentumsanteil am Sammelbestand, „wenn er nicht nach den Bestimmungen des bürgerlichen Rechts schon früher auf ihn übergegangen ist" (§ 24 Abs 2 DepotG), vorausgesetzt, die Depotbank ist ihrerseits hinsichtlich des gutgeschriebenen Anteils verfügungsbefugt (§ 24 Abs 2 DepotG). Dies ist eine besondere, von den §§ 929 ff abweichende Form des Eigentumserwerbs: Die Gutschrift ist nicht nur ein neues, zu §§ 930, 931 hinzutretendes Übergabesurrogat, sondern ersetzt auch die Einigung.

84 In kritischen Fällen – vor allem der (zugegebenermaßen eher theoretischen) Insolvenz der Depotbank des Erwerbers – hat der Eigentumserwerb nach § 24 Abs 2 DepotG allerdings die Schwäche, dass ein **gutgläubiger Erwerb** nicht geregelt ist: Voraussetzung ist, dass die Depotbank, die der Kunde mit der Einkaufskommission beauftragt hat, „verfügungsberechtigt" ist. Ein Gutglaubensschutz ist nicht vorgesehen (vgl Böttcher [2012] § 24 DepotG Rn 2; Baumbach/Hopt/Kumpan [2014] § 24 DepotG Rn 3 und OLG München WM 1970, 973, 974). § 366 HGB hilft dem Depotkunden nichts, weil die Gutschrift keinen der Gutglaubenserwerbstatbestände der §§ 932–934 erfüllt – und nur in Verbindung mit einem solchen Tatbestand entfaltet § 366 HGB Wirkungen (Ebenroth/Boujong/Joost/Strohn/Scherer § 24 DepotG Rn VI 594). In der Praxis scheinen sich hieraus kaum Probleme zu ergeben. Die Lehre bemüht sich, die Lücke dadurch zu schließen, dass sie den Eigentumserwerb des Kunden nicht auf § 24 Abs 2 DepotG allein stützt, sondern Konstruktionen bildet, die den Eigentumserwerb des Kunden zugleich auf die „Bestimmungen des bürgerlichen Rechts" (§§ 929 ff) gründen, um so den Weg zur Anwendung der §§ 932 ff zu eröffnen. Die hierzu entwickelten Konstruktionen sind allerdings zT kompliziert und in ihren Grundannahmen nicht unproblematisch. Anzustreben ist sicherlich ein Ergebnis, das dem redlichen Erwerber, dem die Gutschrift im Depotbuch erteilt ist, den Erwerb ermöglicht, auch wenn keine Deckung vorhanden ist; die Fehlmenge ist dann gem § 7 Abs 2 S 1 DepotG auf alle Hinterleger bei der betreffenden Depotbank umzulegen. Wegen der Einzelheiten vgl Koller Betrieb 1972, 1857, 1905; Canaris, in

Großkomm HGB § 357 Anh Rn 892 ff; SCHLEGELBERGER/HEFERMEHL § 406 Anh Rn 327 ff; HEINSIUS/HORN/THAN § 24 Rn 35 ff; BÖTTCHER (2012) § 24 Rn 5. Beachte allgemein: Auf das Rechtsverhältnis zwischen den Anlegern und der Kapitalverwaltungsgesellschaft im Rahmen des KAGB ist das DepotG nicht anwendbar, § 92 Abs 4 KAGB. Im Rechtsverhältnis zwischen Kapitalverwaltungsgesellschaft (KVG) und Verwahrstelle sind jedoch die generellen Vorschriften des DepotG – neben den speziellen investmentrechtlichen Vorschriften über die Verwahrstelle in §§ 68 ff KAGB – anwendbar: WEITNAUER/BOXBERGER/ANDERS/ANDERS (2014) § 92 KAGB Rn 17.

§ 748
Lasten- und Kostentragung

Jeder Teilhaber ist den anderen Teilhabern gegenüber verpflichtet, die Lasten des gemeinschaftlichen Gegenstands sowie die Kosten der Erhaltung, der Verwaltung und einer gemeinschaftlichen Benutzung nach dem Verhältnis seines Anteils zu tragen.

Materialien: E, I § 766 S 1, 2; II § 684; III § 785; Mot II 877; Prot II 747; JAKOBS/SCHUBERT, Schuldverh III 378 ff.

Systematische Übersicht

Alphabetische Übersicht

I. Regelungsgegenstand

1 Die Bestimmung bildet das Gegenstück zu § 743 (OLG Frankfurt v 19. 5. 2009 – 19 U 28/06 nv; Hk-BGB/Saenger Rn 1) und regelt die Verteilung der Lasten und Kosten im **Innenverhältnis** aufgrund der zwischen den Teilhabern bestehenden Sonderbeziehung (vgl Schnorr 263 ff). Sie macht insoweit den Rückgriff auf GoA und §§ 812 ff entbehrlich (Palandt/Sprau Rn 1). Grundgedanke ist, dass die Lasten und Kosten jeden Bruchteil belasten, so wie sie bei ungeteilter Rechtszuständigkeit den Gegenstand insgesamt belasten (MünchKomm/K Schmidt Rn 1). Danach soll im Zweifel derjenige, der einen größeren Anteil an den Früchten des gemeinschaftlichen Gegenstands genießt, insb eine über seine formalrechtliche Eigentümerstellung hinausgehende Gebrauchsbefugnis, auch entsprechend zur Lasten- und Kostentragung verpflichtet sein. § 748 BGB begründet eine gesetzliche Ausgleichspflicht zwischen den Teilhabern, die auch ohne und ggf gegen den Willen des einzelnen Teilhabers entstehen kann; sie gilt auch für die Zurechnung im Steuerrecht (BFH NJW 1979, 80). Abweichende Vereinbarungen sind zulässig (vgl BGH NJW 1992, 2282; OLG Schleswig NJW-RR 2007, 892; Hk-BGB/Saenger Rn 1; jurisPK/Ehlers Rn 80) und oft zweckmäßig, Rn 11 ff; vereinzelt

bestehen allerdings (abweichende) zwingende Verteilungsschlüssel (insbes HeizkostenVO, unten Rn 27). Zur Anteilshöhe vgl § 742 und die Anm hierzu.

Werden zum Zweck der Erhaltung und Verwaltung Verpflichtungen gegenüber Dritten eingegangen, so richtet sich das **Außenverhältnis** nach dem Entstehungsgrund der Verpflichtung, nicht nach § 748. Von den Teilhabern gemeinschaftlich übernommene Verpflichtungen sind im Zweifel Gesamtschulden, § 427, vgl § 741 Rn 123. In diesem Fall kann § 748 die subsidiäre Ausgleichsregel des § 426 Abs 1 modifizieren. 2

Insbes im **öffentlichen Recht** können sich abweichende Maßstäbe, aber auch eine entsprechende Anwendung im Außenverhältnis ergeben, dazu § 741 Rn 154 ff mwNw. So sind Bruchteilseigentümer gem § 134 Abs 1 S 4 BauGB als Gesamtschuldner erschließungsbeitragspflichtig, Wohnungseigentümer hingegen nur entsprechend ihrem Miteigentumsanteil; § 10 Abs 3 GrStG bestimmt, dass, wenn der Steuergegenstand mehreren Personen zugerechnet wird, diese als Gesamtschuldner anzusehen sind.

II. Lasten und Kosten

1. Lasten

Lasten (vgl § 103) einer Sache oder eines Rechts sind **privatrechtliche** oder **öffentlichrechtliche** Leistungspflichten, die den Eigentümer einer Sache oder den Inhaber eines Rechts als solchen treffen (vgl Planck/Strecker § 103 Anm 2; Staudinger/Jickeli/Stieper [2011] § 103 Rn 5; BGH NJW 1980, 2466 zu § 2126); sie sind aus dem belasteten Gegenstand selbst zu entrichten und mindern seinen Nutzwert. Dabei macht es keinen Unterschied, ob die Leistungen aus dem allgemeinen Vermögen oder nur aus der belasteten Sache selbst zu erbringen sind. Die Leistungen können *wiederkehrend* oder *einmalig* zu entrichten sein (vgl § 103). *Privatrechtliche Lasten* sind zB *Hypotheken-* und *Grundschuldzinsen* (vgl den Sprachgebrauch in § 1047 und RGZ 66, 316, 318; allg Wever FamRZ 2011, 41) und *Reallasten,* da sie den jeweiligen Eigentümer des Grundstücks treffen. 3

Die Belastung des Grundstücks mit dem **Kapital der Hypothek** ist nach zutreffender Ansicht **nicht** als (einmalige) „Last" des Grundstücks anzusehen; der Lastenbegriff des BGB betrifft allgemein nicht die Tilgung (vgl Palandt/Bassenge § 1047 Rn 6; OLG Düsseldorf OLGZ 1975, 341; BGH NJW 1986, 2439). Gleiches gilt für die auf der Mobilie oder Immobilie „lastende" dingliche Rechte per se (MünchKomm/K Schmidt Rn 6) und etwaige ordnungsbehördliche Auflagen oder Bedingungen (RGZ 129, 10, 12).

Zu Lasten zählen ferner Sachversicherungsprämien an private Versicherer (OLG Düsseldorf NJW 1973, 146; vgl BGH NJW 1997, 731, 733) sowie Beiträge zur Erhaltung von Patent-, Gebrauchs- und Geschmacksmusterrechten (Staudinger/Jickeli/Stieper [2011] § 103 Rn 6). **Öffentliche Lasten** sind insbes Steuern (vgl zur Grundsteuer § 12 GrStG), Anlieger- und Erschließungsbeiträge (BGH NJW 1982, 1278), öffentlich-rechtliche Feuerversicherungs- (OLG Königsberg SeuffA 59, Nr 198) und Sanierungsabgaben (vgl im Übrigen die Ausführungen in BeckOK/Hügel § 54 GBO Rn 2 ff). Hingegen ist die Anliegerstreupflicht grundsätzlich keine Last des Grundstücks, sondern trifft den Anlieger persönlich (BGH JZ 1989, 1130; vgl dazu auch OLG Stuttgart NJW-RR 1986, 958).

4 **Keine Lasten** sind idR *vertragliche Verpflichtungen,* da sie nicht den Eigentümer als solchen treffen, so zB nicht Pflichten aus einer freiwillig abgeschlossenen *Schadensversicherung* oder *Haftpflichtversicherung,* ebenso wenig öffentlichrechtliche Lasten, die nicht ans Eigentum, sondern an andere Tatbestände anknüpfen, wie insbes die *Kfz-Steuer* (vgl § 5 KraftStG: Zulassung zum Verkehr für eine bestimmte Person); zur Anliegerstreupflicht bereits Rn 3; Verpflichtungen dieser Art unterliegen daher § 748 nur insoweit, als es sich um „Kosten" im Sinn der Vorschrift handelt (vgl MünchKomm/K Schmidt Rn 6). Keine Lasten sind auch *Rückstellungen,* die die Teilhaber zum Zweck der Bezahlung einer erst künftig fälligen Hypothek bilden (RG JW 1931, 2722, 2723); dh, die Teilhaber, die die Rückstellung bilden wollen, sind nicht berechtigt, gem § 748 den widerstrebenden Teilhaber zur Beteiligung an der Rückstellung heranzuziehen.

2. Kosten

a) Begriff

5 Kosten sind vermögensmindernde gegenstandsbezogene Aufwendungen zur Erhaltung, Verwaltung und gemeinschaftlichen Benutzung, insbes **Zahlungen**, und der **Eigentumsverlust** durch Verbrauch, Verbindung oder Eigentumsübertragung. Die Kosten müssen angemessen sein (MünchKomm/K Schmidt Rn 7). *Keine Kosten* sind Zahlungen zur Begründung der Gemeinschaft (zB der Kaufpreis, vgl BGH NJW-RR 2010, 1513, 1514: Darlehen zum Erwerb des gemeinsamen ehelichen Heimes, dann aber Abhilfe über stillschweigend vereinbarte Ausgleichspflicht; vgl auch Jauernig/Stürner §§ 743–748 Rn 8) und zudem *Zeitaufwand* und *Arbeitskraft* (ebenso Palandt/Sprau Rn 2; MünchKomm/K Schmidt Rn 9; BECK-OK BGB/Gehrlein Rn 2; offengelassen in BGHZ 17, 299, 301, betr die Fortführung eines ererbten Handelsgeschäfts; **aA** das OLG Stuttgart als Berufungsinstanz; Soergel/Hadding Rn 4). Das gilt auch dann, wenn ein Teilhaber zur Erhaltung des Gegenstandes Dienste leistet, die üblicherweise vergütet werden, etwa als Rechtsanwalt oder Architekt. Das ergibt sich nicht nur aus dem allgemeinen Sprachgebrauch, der zwischen „Mühen" und „Kosten" unterscheidet, sondern auch aus folgender Überlegung: Entweder, der Teilhaber wird gem § 744 Abs 2 auf eigene Faust tätig. Dann übt er ein aus seiner Stellung als Teilhaber entstehendes Individualrecht aus, und er kann sich für die Mühen, die die Wahrung seines eigenen Rechts mit sich bringt, nicht von den anderen Teilhabern entschädigen lassen (zur Unanwendbarkeit der Regeln über die Geschäftsführung ohne Auftrag in einem solchen Fall vgl § 744 Rn 26 f). Oder, er wird im Einverständnis der übrigen Teilhaber tätig. Dann ist es Frage der Auslegung der einzelnen Vereinbarung, ob der Tätigkeit ein (stillschweigender) Auftrag oder ein Dienstvertrag zugrunde liegt (vgl BGH NJW 1992, 114). Nur im zweiten Fall ist eine Tätigkeitsvergütung geschuldet, aber aufgrund von Vertrag, nicht von § 748. Den Beteiligten ist auch regelmäßig der Abschluss eines gesonderten Vertrages zuzumuten. Soweit die Tätigkeit der „Erhaltung" oder „Verwaltung" iSv § 748 dient, müssen die Teilhaber die Vergütung nach § 748 aufbringen; geht die Tätigkeit darüber hinaus, gelten die unter Rn 13 ff dargelegten Grundsätze.

b) Kosten der Erhaltung

6 Kosten der Erhaltung sind nur solche **Aufwendungen**, die durch berechtigte, zuguns-

ten der Gemeinschaft vorgenommene, **zur Erhaltung des gemeinschaftlichen Gegenstandes notwendige Maßnahmen** entstanden sind; sie können eine außergewöhnliche Ausbesserung oder Erneuerung gemeinschaftlicher Anlagen und Einrichtungen umfassen (BGH NJW 2012, 522). Bei der Entscheidung, ob Aufwendungen hierunter fallen, ist stets zu beachten, dass die Kostentragungspflicht nach § 748 auch aus Maßnahmen entstehen kann, denen der betroffene Teilhaber nicht zugestimmt hat. Der Begriff der Erhaltung ist in § 748 deshalb ebenso zu verstehen wie in § 744 Abs 2: Nur die Kosten der zur Erhaltung notwendigen Maßnahme, die ein Teilhaber gem § 744 Abs 2 notfalls auch gegen den Willen der übrigen Teilhaber durchführen kann, sind Kosten der Erhaltung iSv § 748; nur zur Erstattung solcher Kosten kann der Teilhaber kraft Gesetzes verpflichtet sein. Dementsprechend können auch Prozesskosten, zB aus negatorischen Klagen (§ 1004 BGB) zu diesen Kosten gehören (MünchKomm/K Schmidt Rn 7). Andererseits sind Kosten aus Maßnahmen, die durch § 744 Abs 2 gedeckt sind, stets nach § 748 zu ersetzen; die Begründung dieser Ersatzpflicht ist gerade der Sinn von § 744 Abs 2. Zur Abgrenzung der Erhaltungskosten kann deshalb auf die Anm zu § 744 Abs 2 verwiesen werden (vgl § 744 Rn 21 ff).

Keine Kosten der Erhaltung sind deshalb Aufwendungen zur wertsteigernden Ver- 7
änderung des gemeinschaftlichen Gegenstands und zur Ermöglichung einer über die bisherige Gebrauchsbestimmung hinausgehende Nutzung (BGH NJW-RR 2010, 1513, 1514; BGH WM 1975, 196, 197 betr Umbau eines Hauses mit Mitteln eines Miteigentümers für Zwecke einer aus den Miteigentümern bestehenden OHG; ähnlich BGH DB 1992, 84; vgl zu der Anschlussfinanzierung nach Auslaufen eines Kredits OLG Düsseldorf FamRZ 1999, 856). Zur Behandlung solcher wertsteigernder Aufwendungen vgl Rn 13 ff.

c) Kosten der Verwaltung

Kosten der Verwaltung sind nicht nur die reinen Verwaltungskosten, sondern grund- 8
sätzlich **alle Kosten, die durch zulässige Verwaltungsmaßnahmen verursacht werden**. Auch hier ist zu beachten, dass die Kostenerstattungspflicht vom Einverständnis der Teilhaber unabhängig ist. Es kann also nur um Kosten für Maßnahmen gehen, die nach §§ 745 Abs 1, 2 auch gegen den Willen eines Teilhabers durch Mehrheit beschlossen oder durch Urteil angeordnet werden können. Selbstverständlich greift die Kostentragungspflicht auch ein, wenn ein einstimmiger Beschluss der Teilhaber vorliegt. Aber es muss sich um einen nach § 745 Abs 1, 2 zulässigen Beschluss handeln. In Fällen, in denen die Teilhaber durch einstimmigen Beschluss bzw Vereinbarung darüber hinausgehen, beruht die Kostentragungspflicht nicht mehr auf Gesetz, sondern auf Vereinbarung (dazu unten Rn 13).

Nach alledem ist es zwar zu eng, wenn der BGH ausführt, § 748 erfasse überhaupt 8a
nur **„gegenstandserhaltende" Aufwendungen** (WM 1975, 196, 197; ebenso MünchKomm/K Schmidt Rn 7); das ist schon mit dem Wortlaut der Vorschrift unvereinbar. Aber im Ganzen sind doch für die Verursachung von Verwaltungskosten verhältnismäßig enge Grenzen gesetzt. Im Einzelnen ist auf die Anm zu § 745 (Rn 5 ff, 8) zu verweisen. In Betracht kommen etwa Kosten für *übliche Reparaturen,* für gebotene *Haftpflicht-* oder *Schadensversicherungen,* ferner die angemessenen *Verwaltungskosten* (zB Kosten einer Hausverwaltung); Kosten für unrechtmäßige Maßnahmen (zB eigenmächtiges Vorgehen der Minderheit gegen den Willen der Mehrheit, das auch nicht durch § 744 Abs 2 oder § 745 Abs 2 gedeckt ist) sind niemals zu erstatten.

9 **Keine Verwaltungskosten** iSv § 748 sind zB Kosten aus der *Errichtung eines Eigenheims* auf gemeinschaftlichem Baugrundstück durch Eheleute (abw die Begründung bei LG Münster FamRZ 1960, 117, 118: die Geltendmachung von Ansprüchen aus § 748 widerspreche „dem wirklichen Wesen der Ehe als einer echten und völligen Lebensgemeinschaft"), aus *Umbaumaßnahmen* (BGH WM 1975, 196, 197), Kosten des *Wiederaufbaus eines kriegszerstörten Gebäudes* (vgl dazu BGH NJW 1966, 1707, 1709 u oben § 745 Rn 9), und Kosten aus Maßnahmen, die *allein dem Interesse eines Teilhabers dienen* (BGH NJW 1974, 743, 744, vgl § 745 Rn 5).

d) Kosten der Benutzung

10 Es handelt sich um Kosten, die bei einer gemeinschaftlichen Benutzung nach § 743 Abs 2 oder bei einer nach § 745 Abs 1 beschlossenen Benutzung entstehen. In Betracht kommen beispielsweise *Steuern* und sonstige *laufende Kosten eines gemeinschaftlich genutzten Kfz* (RGZ 109, 167) oder Kosten für *laufende Reparaturen einer gemeinschaftlich genutzten Wohnung.* Die Abgrenzung zu den Kosten der Verwaltung kann zweifelhaft sein, spielt aber praktisch keine Rolle.

3. Abweichende Regelungen

11 Abweichende Regelungen (auch konkludente und stillschweigende, dazu KG ZERB 2004, 262, BGH NJW 1992, 114, vgl auch OLG Schleswig NJW-RR 2007, 892) haben den Vorrang (Schnorr 276; OLG Schleswig SchlHA 2011, 29). Sie können sich insbes daraus ergeben, dass der Benutzung ein **besonderes Rechtsverhältnis** zugrunde liegt. Das ist etwa der Fall, wenn die Gemeinschaft den gemeinschaftlichen Gegenstand oder Teile davon einem der Teilhaber *vermietet* hat (dazu § 741 Rn 73 ff; vgl BGH NJW 2012, 3548; die bloße Tatsache, dass ein Teilhaber die Sache regelmäßig benutzt, genügt hierfür jedoch [noch] nicht aus, MünchKomm/K Schmidt Rn 5). Dann richtet sich die Pflicht zur Tragung von Kosten und Lasten in erster Linie nach dem Mietvertrag.

11a Schwierigkeiten hat der Fall bereitet, in dem der Teilhaber/Mieter Verwendungen auf die Mietsache vornimmt und Ersatzansprüche sowohl nach Mietrecht (§§ 536a Abs 2, 539 iVm den Regeln über Geschäftsführung ohne Auftrag) als auch nach Gemeinschaftsrecht (§ 748 iVm § 744 Abs 2) in Betracht kommen, weil für die mietrechtlichen Ansprüche die besondere Verjährung nach § 548 gilt. Sind die Voraussetzungen beider Ansprüche erfüllt, besteht **Anspruchskonkurrenz** (Erman/Aderhold Rn 4), und jeder Anspruch unterliegt seiner eigenen Verjährung (zust Palandt/Sprau Rn 4; abw OLG Köln NJW 1973, 148). Die Gründe, die zT dazu führen können, die Verjährungsregel des § 548 auf etwaige konkurrierende Ansprüche des Mieters aus Geschäftsführung ohne Auftrag oder Bereicherung zu erstrecken, treffen hier nicht zu. Das Gemeinschaftsverhältnis überlagert vielmehr das Mietverhältnis dauerhaft. Allerdings ist zu beachten, dass in Fällen, in denen die Aufwendungen des Mieters nicht der Erhaltung, sondern der Verbesserung des Grundstücks dienen und/oder nur seinem eigenen Nutzen dienen, § 748 als Anspruchsgrundlage von vornherein nicht in Betracht kommt (iE zutr daher BGH NJW 1974, 743, 744 [dies soll jedoch darauf ankommen, auf welchem Rechtsverhältnis die Aufwendungen beruhen]; vgl MünchKomm/K Schmidt Rn 18). Ferner steht es den Parteien frei, ausdrücklich oder konkludent nur eine Rechtsgrundlage zu vereinbaren. Ist dies der Fall, gelten ausschließlich die betreffenden Vorschriften (§ 311 Abs 1; vgl auch Staudinger/vProff § 741 Rn 73 ff). Zum Ganzen auch Erbarth NZM 1998, 740 ff.

12 Mit Vorrang können in **Ehegattengemeinschaften** auch die Regeln des **Unterhaltsrechts** zum Zuge kommen. Kosten der Verwaltung und Benutzung der im Miteigentum stehenden Ehewohnung u dgl sind Teile des Familienunterhalts (§ 1360). Hierzu haben die Ehegatten nach Maßgabe ihrer Unterhaltsverpflichtungen beizutragen. § 748 ist hierdurch verdrängt (BGH NJW 2000, 1945; soweit die §§ 1360 bis 1360b nicht eingreifen, kommt bei Getrenntleben bzw nach Scheidung ein Ausgleich nach Gemeinschaftsrecht in Betracht; s BGH NJW 1992, 114; NJW 1997, 731, 733). Leistet ein Ehegatte höhere Beiträge, als ihm nach §§ 1360, 1360a obliegt, so ist im Zweifel anzunehmen, dass er nicht beabsichtigt, vom anderen Ehegatten Ersatz zu verlangen, § 1360b. Ein Rückgriff auf § 748 ist auch in diesem Fall nicht möglich. Der vermutete Rückforderungsverzicht des § 1360b gilt indes nur für freiwillige Leistungen, die der Art nach zum Familienunterhalt gehören. Hierbei kann es sich auch um Zins- und sonstige Leistungen für ein als Familienheim dienendes Hausgrundstück handeln, selbst wenn die Ehegatten als Gesamtschuldner für die entsprechenden Darlehen haften (OLG Oldenburg FamRZ 2005, 1837, 1838; näher MünchKomm/Weber-Monecke § 1360b Rn 5 ff).

III. Aufwendungen aufgrund besonderer Vereinbarung

13 Die praktische Tragweite des § 748 wird leicht überschätzt. Die Vorschrift legt dem Teilhaber eine gesetzliche Verpflichtung zur Beteiligung an den Kosten solcher Maßnahmen auf, die durch die §§ 744 Abs 2, 745 gedeckt sind, notfalls also auch ohne oder gegen seinen Willen von den übrigen Teilhabern durchgeführt werden könnten (oben Rn 6 ff, in der Sache übereinstimmend BGH WM 1975, 196, 197). Durch Vereinbarung können die Teilhaber die **Durchführung weitergehender Maßnahmen** beschließen, insbes die Durchführung wertsteigernder Maßnahmen. Praktisch geht es vor allem um die Errichtung von Bauten und die Vornahme von Aus- und Umbauten auf einem gemeinschaftlichen Grundstück. In solchen Fällen beruht die Verpflichtung der Teilhaber nicht auf dem Gesetz, sondern auf der Vereinbarung, die der Maßnahme zugrunde liegt. Erklären die Teilhaber sich mit der Durchführung der Maßnahme einverstanden und treffen sie hinsichtlich der Kosten keine weiteren Vereinbarungen, so ist es Auslegungsfrage, ob in der Erklärung des Einverständnisses mit der Maßnahme die konkludente Zusage liegt, sich an den Kosten zu beteiligen.

14 Der II. und XII. Senat des BGH nehmen an, es entspreche in einem solchen Fall „im Zweifel dem Willen der Beteiligten, dass der Vorleistende gegen die übrigen Teilhaber einen anteiligen **Erstattungsanspruch** hat" (WM 1975, 196, 197; DB 1992, 84). Von den Umständen des Einzelfalls soll abhängen, ob dieser Erstattungsanspruch sofort oder erst später – etwa bei Aufhebung der Gemeinschaft – fällig sein soll (ebenda). Dem ist in dieser Allgemeinheit nicht zu folgen. Vielmehr kommt es auf die Umstände der jeweiligen Gemeinschaft insgesamt an (zust Erman/Aderhold Rn 4). Im Prinzip besteht kein Unterschied zwischen dem Fall, in dem jemand Baumaßnahmen auf einem Grundstück finanziert, das ihm überhaupt nicht gehört, und dem Fall, in dem jemand Baumaßnahmen auf einem Grundstück durchführt, das ihm nur teilweise gehört. Weder im einen noch im anderen Fall darf man aus den Eigentumsverhältnissen allein auf einen entsprechenden Verpflichtungswillen des Eigentümers schließen. Insbes wird nach der Art und Nähe des Gemeinschaftsverhältnisses zu differenzieren sein. Bei reinen Zufallsgemeinschaften, bei denen möglicherweise der

Aufwender nichts von seinen Teilhabern weiß, gelten eher allgemeine Grundsätze; bei engeren, auf Dauer angelegten Gemeinschaften mögen die Ergebnisse der Rechtsprechung zutreffen, sofern nicht anderweitig vertragliche Vereinbarungen festzustellen sind.

15 Hat beispielsweise **ein Teilhaber** das gemeinschaftliche Grundstück von der Gemeinschaft **gemietet** und macht er auf das Grundstück im Einverständnis mit den übrigen Teilhabern **wertsteigernde Verwendungen**, so richtet sich sein Anspruch auf Ersatz allein nach Mietrecht, nicht anders als im Fall der Miete eines fremden Grundstücks (vgl § 539 und die Anm hierzu). Im Regelfall wird das bedeuten, dass der Teilhaber/Mieter auf *Bereicherungsansprüche* beschränkt ist (Staudinger/Emmerich [2014] § 539 Rn 11 ff). Solche Bereicherungsansprüche kommen indessen nur ausnahmsweise etwa bei vorzeitiger Beendigung des Mietverhältnisses – Rechtsgedanke des § 812 Abs 1 S 2 Fall 2 – in Betracht, weil weder die Voraussetzungen einer Leistungskondiktion noch die einer Eingriffskondiktion gegeben sind und ein allgemeiner Tatbestand der „Verwendungskondiktion" (actio de in rem verso) unserem Bereicherungsrecht fremd ist. Ähnliches gilt, wenn einem Teilhaber das gemeinsame Grundstück leihweise überlassen ist.

16 Finanziert ein **Ehegatte den Bau eines Hauses auf dem gemeinschaftlichen Grundstück**, so ist der Fall im Prinzip nicht anders zu beurteilen, als wenn er auf einem Grundstück baut, das dem anderen Ehegatten allein gehört. Vertragsansprüche sind idR nicht gegeben, Bereicherungsansprüche nicht ohne weiteres (§ 951 ist keine selbstständige Anspruchsgrundlage; Leistungskondiktion scheidet aus, weil der Ehegatte nicht eine vermeintliche Verpflichtung erfüllen wollte; Eingriffskondiktion scheidet aus, weil nicht gegen seinen Willen in seine Rechte eingegriffen wurde; eine allgemeine „Verwendungskondiktion" – actio de in rem verso – zugunsten desjenigen, der aus freien Stücken mit eigenen Mitteln fremdes Gut im Wert steigert, gibt es nicht). Trennen sich die Ehegatten, kommt allenfalls ein Anspruch wegen *Zweckverfehlung* nach dem Rechtsgedanken des § 812 Abs 1 S 2 Fall 2 in Betracht. Auch ein solcher Anspruch ist aber, sofern die Ehegatten im gesetzlichen Güterstand leben, durch die Regeln über den Zugewinn ausgeschlossen (vgl BGHZ 65, 320; § 749 Rn 43). Eine rechtsgeschäftliche Vereinbarung über die Kostenerstattung hätte selbstverständlich den Vorrang (erfolgt in der Praxis aber zumeist nicht). Aber eine solche Vereinbarung kann nicht, nur um zu einem als billig empfundenen Ergebnis zu gelangen, einfach unterstellt werden.

17 Haben die Teilhaber – ausdrücklich oder konkludent – **vereinbart**, dass sie die **Kosten gemeinsam tragen** wollen, haben sie aber nichts näheres über die Verteilung vereinbart, so ist im Zweifel anzunehmen, dass jeder den Anteil an den Kosten trägt, der seinem Anteil an dem gemeinschaftlichen Gegenstand entspricht (insoweit übereinstimmend BGH WM 1975, 196, 197). Bei ungleichen Anteilen sind also im Zweifel auch die freiwilligen Aufwendungen ungleich zu verteilen. Denn es entspricht dem mutmaßlichen Parteiwillen, dass jeder zu den Aufwendungen in dem Verhältnis beiträgt, in dem ihm die erhoffte Wertsteigerung zugute kommt. Zu den Grenzen ergänzender Vertragsauslegung insoweit BGH NJW 1992, 2282 (Fehlschlagen langfristiger Nutzungserwartungen).

18 Nehmen die Teilhaber, um die Aufwendungen zu finanzieren, gemeinsam eine

Hypothek oder Grundschuld an dem gemeinschaftlichen Grundstück auf, so entsteht hieraus keine „Last" des Grundstücks, auf die § 748 unmittelbar anzuwenden wäre. Lässt sich eine ausdrückliche oder konkludente Abrede nicht feststellen, können im Einzelfall im Hinblick auf wertsteigernde Aufwendungen die Grundsätze der Störung der Geschäftsgrundlage in Betracht kommen (so BGH NJW 1992, 2283; mE zweifelhaft, in dem zugrunde liegenden Fall hätte auch ergänzende Vertragsauslegung zum gleichen Ergebnis führen können) oder Geschäftsführung ohne Auftrag (BGH NJW 1987, 3001).

IV. Eigenmächtige Aufwendungen

19 Nimmt ein Teilhaber eigenmächtig Verwendungen auf den gemeinschaftlichen Gegenstand vor, handelt es sich nicht um Erhaltungsmaßregeln iSv § 744 Abs 2 und liegen auch die Voraussetzungen einer rechtmäßigen Geschäftsführung ohne Auftrag nicht vor (dazu BGH NJW 1987, 3001), so kann der Teilhaber keinen Ersatz beanspruchen. Es handelt sich hier um Geschäftsanmaßung iSv § 687 Abs 2. Auch Bereicherungsansprüche des eigenmächtig vorgehenden Teilhabers sind, wie sich aus § 687 Abs 2 S 2 ergibt, grundsätzlich ausgeschlossen.

V. Inhalt des Anspruchs

20 In erster Linie muss jeder Teilhaber freiwillig und unaufgefordert entsprechend seinem Anteil zu den Lasten und Kosten des gemeinschaftlichen Gegenstands beitragen (vgl BGH NJW 2000, 1944). Das schließt die Pflicht ein, die erforderlichen Beträge **im Voraus** bereitzustellen (**aA** MünchKomm/K Schmidt Rn 12: nur im Falle des § 744 Abs 2 und nach Lage des Einzelfalles; diff Palandt/Sprau Rn 2; Soergel/Hadding Rn 2; vgl LG Aachen ZMR 2011, 819 zum Hausgeld). Kein Teilhaber ist verpflichtet, für die Gemeinschaft in Vorlage zu treten. Tut er es gleichwohl, so kann er von den übrigen Teilhabern nach § 748 **Regress** verlangen (zu § 16 Abs 2 WEG etwa OLG Düsseldorf NZM 1999, 176). Die anderen Teilhaber haften ihm als Teilschuldner, nicht als Gesamtschuldner (MünchKomm/K Schmidt Rn 11). Ob gleichzeitig die Voraussetzungen einer Geschäftsführung ohne Auftrag oder einer ungerechtfertigten Bereicherung vorliegen, spielt keine Rolle.

21 Der Ersatzanspruch gilt für alle Lasten und Kosten für die Zeit des Bestehens der Gemeinschaft (wobei die in Rede stehende Maßnahme während dieses Zeitraumes auch tatsächlich ausgeführt worden sein muss: RG JW 1927, 1854) und ist, wenn nichts anderes vereinbart ist, **sofort fällig** und nicht erst bei Auflösung der Gemeinschaft (RGZ 109, 167, 171; BGH WM 1975, 196, 197; zweifelhaft – jedenfalls ohne auch konkludent mögliche rechtsgeschäftliche Vereinbarung – OLG Hamm FamRZ 1997, 365: die tatsächliche Übung könne dazu führen, dass Fälligkeit nur nach bestimmten Abrechnungszeiträumen, zB Kalenderjahren, eintrete; zu der Darlegungs- und Beweislast vgl OLG Frankfurt v 29. 5. 2009 – 19 U 28/06 nv; beachte auch Jauernig/Stürner §§ 743–748 Rn 8: Werden Ansprüche aus § 748 über einen längeren Zeitraum – konkret 10 Jahre – nicht geltend gemacht, liege ein konkludenter Ausschluss nahe). Der Ersatzberechtigte ist nicht verpflichtet, die Aufhebung der Gemeinschaft abzuwarten und sich aus dem Verkaufserlös gem § 756 zu befriedigen. Der Teilhaber kann verlangen, dass bei der Verteilung der Früchte nach § 743 ein Ersatzanspruch vorrangig befriedigt wird (vgl § 743 Rn 13 ff). Der Ersatzanspruch ist ab Fälligkeit zu verzinsen, § 256.

21a Der Anspruch gibt gegenüber einem anderen Teilhaber ein **Zurückbehaltungsrecht**, außer gegenüber dem Aufhebungsanspruch (BGHZ 63, 348), und ein Aufrechnungsrecht (Palandt/Sprau Rn 4). Aufrechnung und Zurückbehaltungsrecht sind grundsätzlich nur im Verhältnis zu jedem einzelnen Teilhaber zu prüfen, es besteht keine allseitige Verrechnungsmöglichkeit (MünchKomm/K Schmidt Rn 11, 13).

22 Für den Ersatzanspruch **haftet** jeder Teilhaber nach Maßgabe seines Anteils. Fällt ein Teilhaber wegen Zahlungsunfähigkeit aus, so erhöht sich die Leistungspflicht der übrigen Teilhaber nicht; der Teilhaber, der vorgeleistet hat, kann in diesem Fall nur die Aufhebung der Gemeinschaft betreiben und sich nach § 756 befriedigen. Auch hieraus rechtfertigt sich das Vorschussverlangen (oben Rn 20). Anders ist es, wenn die Vorleistung des Teilhabers in der Befriedigung einer Verbindlichkeit bestand, für die die Teilhaber gesamtschuldnerisch hafteten. Dann greift im Innenverhältnis die besondere Ausfallhaftung des § 426 Abs 1 S 2 ein.

23 Ist ein Teilhaber iRd § 748 eine Verbindlichkeit eingegangen, so kann er von den übrigen Teilhabern als Teilschuldner nach § 257 **Freistellung** verlangen (vgl BGH DB 1992, 84; Schulze-Osterloh 56 f; Hk-BGB/Saenger, Rn 2; **aA** Prot II 748).

24 Erfüllt ein Teilhaber seine Pflichten nach § 748 nicht, macht er sich nach den allgemeinen Regeln **schadensersatzpflichtig** (§ 280 Abs 1, 3, 281, Abs 1, §§ 280 Abs 1, 2, 286, §§ 280 Abs 1, 3, 283). Außerdem kann die Nichterfüllung einen wichtigen Grund für die Aufhebung der Gemeinschaft gem § 749 Abs 2 darstellen (BGB-RGRK/vGamm Rn 1). Nicht anwendbar sind die §§ 320 ff; die gemeinschaftliche Pflicht zur Kostentragung bildet kein gegenseitiges Schuldverhältnis (BGB-RGRK/vGamm Rn 1). Die Rechte aus § 748 sind Ansprüche und Verbindlichkeiten einzelner Teilhaber gegen einzelne Teilhaber (MünchKomm/K Schmidt Rn 13). Kein Teilhaber kann sich durch einseitigen Verzicht auf den Anteil seiner Beitragspflicht entziehen (Prot II 748). Ein solcher Verzicht auf den Anteil ist überhaupt unwirksam (§ 747 Rn 17 f; § 741 Rn 43; **aA** Madaus AcP 212 (2012), 251, 278 f).

24a Nicht unter § 748 fallen **unterlassene Aufwendungen** (vgl MünchKomm/K Schmidt Rn 10). Einem Miteigentümer, der den Gegenstand zu Alleineigentum erworben hat, steht daher kein Anspruch aus § 748 gegen frühere Teilhaber wegen nachzuholender Reparaturen zu (RG JW 1927, 1854; MünchKomm/K Schmidt aaO; Soergel/Hadding Rn 2). Kaufvertragsrechtlich kann natürlich anderes gelten, wenn und soweit der Erwerber pflichtwidrig in Unkenntnis über Instandhaltungsrückstau gehalten worden ist. Zum Gerichtsstand (§ 26 ZPO) OLG Stuttgart NJW-RR 1999, 744.

VI. Entsprechende Anwendung; Sondervorschriften

25 § 748 gilt nach § 2038 Abs 2 S 1 auch für die **Erbengemeinschaft**. Hier beschränkt sich die Verpflichtung der Miterben allerdings auf die im Nachlass vorhandenen Mittel (Soergel/Wolf § 2038 Rn 30; BGB-RGRK/Kregel § 2038 Rn 10; Palandt/Edenhofer § 2038 Rn 12; vgl Staudinger/Werner [2010] § 2038 Rn 42). Anderenfalls könnte die beschränkte Erbenhaftung (§ 2058) mittelbar über das Innenverhältnis in eine unbeschränkte Haftung mit dem Privatvermögen der Erben verwandelt werden.

26 Das RG hat § 748 **entsprechend angewendet** auf eine schlichte Interessengemeinschaft, konkret auf die Tragung der Kosten einer Bergung eines Schiffes, wenn die Gefahr anteilig von der Werft (Schiffsrumpf) und der Reederei (Maschinen und Einrichtungsgegenstände) zu tragen ist (RGZ 143, 382, 386; die Schäden an dem jeweiligen Teileigentum musste dagegen jeder Teileigentümer selbst tragen; vgl dazu auch § 741 Rn 172, 175). Eine entsprechende Anwendung des § 748 wurde ferner angenommen bei der Zusammenveranlagung für die Vermögensabgabe nach § 66 Abs 2 Nr 3 LAG (BGH LM Nr 3 zu § 748; ebenso OLG KÖLN OLGZ 1969, 332, 334 für den Ausgleich bei der gemeinsamen Veranlagung zur Einkommen- und Kirchensteuer); vgl auch VG Braunschweig RdL 1968, 166 (zum anteilmäßigen Eintritt in rezessmäßige Rechte und Pflichten bei der Veräußerung von Grundstücken, ohne allerdings direkt auf § 748 einzugehen). Vgl ferner OLG Köln MDR 1990, 1013 und LG Zweibrücken v 21. 11. 1995 – 3 S 118/95 – (gemeinsame Zufahrtsnutzung).

Sondervorschriften enthalten § 753 Abs 2 (Kosten eines zweiten Versteigerungsversuchs bei Aufhebung der Gemeinschaft) und § 922 (Kosten gemeinschaftlicher Grenzeinrichtungen). Bei der **Wohnungseigentümergemeinschaft** ist § 16 Abs 2 WEG lex specialis (MünchKomm/K SCHMIDT Rn 3); im Übrigen wird in der Praxis oft auf das Verhältnis der Wohn- und Nutzflächen oder sonstige sinnvolle Maßstäbe (Nutzungsvorteil, Maß der Inanspruchnahme etc) und nicht auf das Verhältnis der Anteile abgestellt (dazu RAPP, Beck'sches Notarhandbuch 286 mwNw). Bei Bruchteilsgemeinschaften, die Wohnungseigentümergemeinschaften vergleichbar sind (Doppelhaus, welches in Bruchteilsgemeinschaft gehalten wird), bieten sich ähnliche vertragliche Regelungen an. Einen Sonderfall behandelt OLG Düsseldorf NZM 1999, 176 ff: Der Zwischenerwerber von Wohnungseigentum hatte dem Enderwerber für Mängel am Gemeinschaftseigentum Vorschuss geleistet, der diese sodann an die Gemeinschaft weiterleitete, die ihn zur Beseitigung der Mängel verwendete. Das OLG Düsseldorf stützt einen quotalen Ausgleichsanspruch auf den „Rechtsgedanken der §§ 16 Abs 2 WEG, 748, 242" – mE in der Begründung, nicht im Ergebnis sehr zw. 27

Im Bereich der Verordnung über **Heizkostenabrechnung**, die unmittelbar auch für Bruchteilsgemeinschaften gilt (§ 1 Abs 1, zum WEG vgl § 1 Abs 2 Ziff 3), sind zwingende Kostenverteilungsvorschriften zu beachten, die von § 748 abweichen (vgl §§ 7 ff HeizkostenVO).

§ 749
Aufhebungsanspruch

(1) Jeder Teilhaber kann jederzeit die Aufhebung der Gemeinschaft verlangen.

(2) Wird das Recht, die Aufhebung zu verlangen, durch Vereinbarung für immer oder auf Zeit ausgeschlossen, so kann die Aufhebung gleichwohl verlangt werden, wenn ein wichtiger Grund vorliegt. Unter der gleichen Voraussetzung kann, wenn eine Kündigungsfrist bestimmt wird, die Aufhebung ohne Einhaltung der Frist verlangt werden.

(3) Eine Vereinbarung, durch welche das Recht, die Aufhebung zu verlangen, diesen Vorschriften zuwider ausgeschlossen oder beschränkt wird, ist nichtig.

Materialien: E I § 767 Abs 1, 2 S 1; II § 685; III § 736; Mot II 879; Prot II 750 ff; Jakobs/Schubert, Schuldverh III 384 ff.

Systematische Übersicht

Alphabetische Übersicht

I. Regelungsgegenstand und Grundgedanken

1. Regelungsgegenstand

Abs 1 verleiht dem Teilhaber den **Anspruch, die Gemeinschaft durch Teilung zu beendigen** (Hk-BGB/Saenger Rn 2): je nach Sachlage entweder durch Teilung in Natur (§ 752) oder – praktisch häufiger – durch Teilung dem Wert nach, die dadurch vorgenommen wird, dass der gemeinschaftliche Gegenstand verwertet und der Erlös geteilt wird (§§ 753, 754). Es handelt sich hierbei um einen Anspruch, nicht um ein Gestaltungsrecht (RGZ 108, 422; Soergel/Hadding Rn 4; Kohler ZZP 1991, 85; Hk-BGB/Saenger Rn 2; Dombert/Witt/Glas, Münchener Anwalt Handbuch Agrarrecht [2011] § 7 Rn 139; **aA** Schnorr 365; Jauernig/Stürner §§ 749–758 Rn 2; vgl Rn 16 ff). Anspruchsgegner sind alle anderen Teilhaber (RGZ 12, 193), diese schulden allerdings nur die dem jeweiligen Teilungsgläubiger zukommende Teilung, an der Fortsetzung der Gemeinschaft sind sie nicht gehindert (MünchKomm/K Schmidt Rn 18). Sie können sich nach hM nicht durch Verzicht, etwa auf den betreffenden Grundstücksanteil, der Aufhebung entziehen (BGH NJW 1991, 2488; dies gilt auch innerhalb der WEG: BGH NJW 2007, 2547; eingehend § 747 Rn 17 ff). Als *Form der Verwertung* sieht das Gesetz bei Grundstücken die Zwangsversteigerung vor, bei beweglichen Sachen den Pfandverkauf, bei Forderungen die Einziehung (zu den Besonderheiten bei der Abwicklung von Immobilien-Sondervermögen bei offenen Immobilienfonds, vgl Gringel ZBB 2012, 106). In der Praxis dürfte die freihändige Verwertung überwiegen; hierzu bedarf es allerdings einer besonderen Vereinbarung, deren Abschluss kein Teilhaber erzwingen kann und die auch nicht durch Mehrheitsbeschluss ersetzt werden kann. Wirtschaftlich gesehen, bildet das Aufhebungsrecht die eigentliche Substanz der Bruchteilsberechtigung. Es stellt wegen der damit möglichen jederzeitigen Beendigung der dinglichen Rechtspositionen sachenrechtlich zugleich eine der wesentlichen Schwächen der Bruchteilsgemeinschaft dar (§ 741 Rn 65). 1

2. Grundgedanken der Regelung

a) Jederzeitige Aufhebbarkeit als gesetzlicher Regelfall

2 Die Rechtsgemeinschaft ist nach der § 749 zugrunde liegenden gesetzgeberischen Konzeption (Vorbem 7) regelmäßig **nicht auf Dauer** bestimmt (vgl Madaus AcP 212 [2012] 251). Bei Zufallsgemeinschaften liegt das auf der Hand. Aber auch bei Gemeinschaften, die durch gemeinsamen rechtsgeschäftlichen Erwerb entstanden sind, rechtfertigt die Tatsache allein, dass die Teilhaber sich zum Erwerb zusammengeschlossen haben, nach Auffassung des Gesetzgebers noch nicht, sie auch für die Zukunft an die Gemeinschaft zu binden. Ausgangspunkt der gesetzlichen Regelung ist deshalb das jederzeitige Recht zur Aufhebung (vgl dazu Prot II 751). Durch besondere Vereinbarung kann dieses Recht von der Einhaltung einer Kündigungsfrist abhängig gemacht werden oder auf Zeit oder sogar für Dauer ausgeschlossen werden (vgl Abs 2). Aber auch in diesen Fällen bleibt dem Teilhaber ein Kündigungsrecht aus wichtigem Grund (Abs 2), das unabdingbar ist (Abs 3). Vollstreckungsgläubigern und dem Insolvenzverwalter gegenüber sind *alle* derartigen Beschränkungen des Aufhebungsrechts unwirksam (§§ 751, 84 Abs 2 InsO). Auf diese Weise wird verhindert, dass der Teilhaber seinen Gläubigern die wirtschaftliche Substanz seines Rechts durch Vereinbarung mit den anderen Teilhabern von vornherein entziehen kann.

b) Keine Auseinandersetzung

3 Eine „Auseinandersetzung" im eigentlichen Sinn, wie bei der Gesellschaft (§§ 730 ff), der OHG und KG (§§ 145 ff HGB) und der Erbengemeinschaft (§§ 2042 ff), hat das Gesetz bei der schlichten Gemeinschaft nicht vorgesehen. Die Auseinandersetzung ist das durch Gesetz oder Vereinbarung näher geregelte **Verfahren der Verteilung eines zweckgebundenen Sondervermögens unter den Beteiligten**. Hauptzweck des Verfahrens ist es in erster Linie, sicherzustellen, dass vor der Verteilung die Schulden getilgt werden, die aus dem Sondervermögen zu bezahlen sind; hierdurch soll verhindert werden, dass die Beteiligten wegen solcher Schulden persönlich in Anspruch genommen werden. Dieses Verfahren besteht, mit Besonderheiten im Einzelnen, aus folgenden Schritten: (1) Umsetzung des Vermögens in Geld; (2) Ermittlung und Bezahlung der Schulden des Sondervermögens; (3) Ermittlung des Auseinandersetzungsguthabens der einzelnen Beteiligten; (4) Verteilung. Wesentlich ist, dass zwischen der Verwertung des Vermögens und der Verteilung noch weitere Schritte liegen (insbes die Schuldentilgung und die Ermittlung der Guthaben), die ein Zusammenwirken der Betroffenen (oder die Tätigkeit besonderer Beauftragter – Liquidatoren, Nachlassverwalter, Testamentsvollstrecker) erfordern. Der Gesellschafter oder Miterbe kann deshalb nicht unmittelbar „Teilung" verlangen, sondern er muss, um die Teilung durchzusetzen, darauf hinwirken, dass die Auseinandersetzung in dem vorerläuterten Verfahren Schritt für Schritt durchgeführt wird.

3a Im Fall der schlichten Rechtsgemeinschaft geht das Gesetz dagegen davon aus, dass die Verhältnisse einfach und überschaubar sind: ein Gegenstand, allenfalls einige wenige Gegenstände, sind zu verwerten und der Erlös ist zu teilen; die Rechtszuständigkeit zu Bruchteilen wird beendet. Verbindlichkeiten, die aus dem Erlös vorweg zu befriedigen sind (vgl § 755), sind, wenn überhaupt vorhanden, den Beteiligten ohne weiteres bekannt; die Teilung ist, nach Maßgabe der Quoten, einfach zu bewerkstelligen. Deswegen verleiht das Gesetz dem einzelnen Teilhaber einen

Anspruch, der sich unmittelbar auf Verwertung und Teilung richtet (vgl dazu unten Rn 5 ff). Das bei der Auseinandersetzung zwischen Verwertung und Verteilung eingeschobene Zwischenstadium, das der Ermittlung und Bezahlung der Schulden und der Ermittlung des Auseinandersetzungsguthabens dient, wird als überflüssig ausgespart. Im Unterschied zur Gesellschaft wird damit gerade keine auf Abwicklung aller Rechtsbeziehungen zielende Liquidation betrieben, sondern nur die Beendigung der Bruchteilszugehörigkeit (MünchKomm/K Schmidt Rn 1).

c) Kein Adjudikationsverfahren

Nach dem Gesetz ist *Teilung* in *Natur* (§ 752) praktisch die *Ausnahme, Teilung dem Wert nach* (§ 753) die *Regel* (vgl Mot II 884). Denn die Voraussetzung, dass der Gegenstand sich in den Anteilen entsprechende gleichartige Teile zerlegen lässt, wird selten gegeben sein. Eine Realteilung bei Gegenständen, die sich nicht in gleichartige Teile zerlegen lassen, hat der Gesetzgeber (dh die erste Kommission) aus grundsätzlichen Überlegungen abgelehnt. Eine solche Teilung ist in drei Modalitäten denkbar: (1) Zerlegung in ungleichartige, aber den Anteilen dem Wert nach entsprechende Teile; (2) Zerlegung in ungleichartige, den Anteilen und auch dem Wert nach nicht entsprechende Teile und Zahlung von Wertausgleich; (3) Zuteilung an einen Teilhaber gegen Auszahlung der anderen. Die zwangsweise Durchsetzung einer solchen Realteilung setzt voraus, dass der Richter die Teilung durchführt und den einzelnen Teilhabern zuweist, was sie zu erhalten haben (**„Adjudikation“**); zu diesem Zweck muss er den Wert des Gegenstandes bzw der Teile, in die er zerlegt werden soll, durch Schätzung ermitteln; den Teilungsplan selbst hat er nach billigem Ermessen aufzustellen. Die erste Kommission hat sich, im Anschluss an das preußische und im Widerspruch zum gemeinen Recht (vgl Mot II 882), gegen das Adjudikationsverfahren und für die Teilung durch Verkauf entschieden. Als Gründe werden angeführt: die Unzuverlässigkeit, Umständlichkeit und Kostspieligkeit der erforderlichen tatsächlichen Ermittlungen (gedacht ist sicherlich vor allem an die Schwierigkeiten der Bewertung), die Problematik der erforderlichen Billigkeitsentscheidungen, die mangelnde Eignung des Zivilprozesses zur Durchführung des Verfahrens. Dem Richter würden im Adjudikationsverfahren neue Aufgaben gestellt, deren „befriedigende Lösung fast nur zufällig gelingen kann“; die Begünstigung des einen Teilhabers vor dem anderen sei praktisch unvermeidlich (Mot II 883). Rechtspolitische Kritik findet sich bei Larenz[12] II § 61 III S 420 Fn 4, mit dem Hinweis, dass „die gesetzlichen Regeln der individuell verschiedenen Sach- und Interessenlage nicht immer gerecht zu werden vermögen“, und vor allem bei Wüst, Die Gemeinschaftsteilung als methodisches Problem (1956), mit Gesetzesvorschlag (53, 65 f). Für die praktische Rechtsanwendung stellt sich das Problem vor allem in der Form, ob der Richter befugt ist, im Einzelfall durch Rückgriff auf § 242 – entgegen der grundsätzlichen Entscheidung des Gesetzgebers, der ein solches Verfahren ablehnte – eine Realteilung nach Billigkeitsgesichtspunkten vorzunehmen (vgl BGHZ 58, 146, 149; BGHZ 68, 299, 304; vgl auch OLG Oldenburg NJW-RR 1996, 136; zum Ganzen unten Rn 34 ff, 40 f). 4

II. Inhalt des Aufhebungsanspruchs

Über den Inhalt des Aufhebungsanspruchs herrscht in der Literatur viel Unklarheit (dazu unten Rn 16 ff). Aus dem Gesetz ergibt sich Folgendes: 5

1. Begriff der Aufhebung

6 „Aufhebung" umfasst als **Oberbegriff** verschiedene gesetzliche Modalitäten der Beendigung der Gemeinschaft: die Teilung des gemeinschaftlichen Gegenstandes in Natur (§ 752), den Verkauf des gemeinschaftlichen Gegenstandes und die Teilung des Erlöses (§ 753), die Einziehung der gemeinschaftlichen Forderung und die anschließende Aufhebung der Gemeinschaft am Erfüllungsobjekt gem § 754 iVm §§ 752, 753. „Aufhebung" ist also der allgemeine, „Teilung" der speziellere Begriff (vgl Mot II 879: „Von Aufhebung der Gemeinschaft, nicht von Teilung, redet der Entwurf, weil die Teilung im engeren Sinne mitunter ausgeschlossen ist"; die Motive selbst bevorzugen den konkreteren Begriff „Teilung", wenn sie die Aufhebung meinen). Das Recht aus Abs 1, „Aufhebung der Gemeinschaft" zu verlangen, ist also nichts anderes als der Anspruch auf Teilung der gemeinschaftlichen Sache in Natur, § 752, oder auf ihre Veräußerung mit anschließender Verteilung des Erlöses, § 753 (ebenso MünchKomm/K Schmidt Rn 19; str, vgl unten Rn 16 ff).

2. Der Inhalt des Anspruchs im Einzelnen

7 Abs 1 verleiht **jedem** Teilhaber (Ausnahme beim Nießbrauch am Bruchteil, § 1066 Abs 2 und beim Pfandrecht am Bruchteil, § 1258 Abs 2; beide Bestimmungen gelten nicht nur für das Miteigentum an einer Sache, sondern auch bei anderen Gemeinschaftsgegenständen, §§ 1068 Abs 2, 1273 Abs 2, MünchKomm/K Schmidt Rn 17) einen *schuldrechtlichen Anspruch* gegen die übrigen Teilhaber (Palandt/Sprau vor §§ 749–758 Rn 1). Der Inhalt des Anspruchs auf Aufhebung variiert also je nachdem, welche besondere Art der Aufhebung nach Sachlage vorgeschrieben ist.

a) Teilbare Sachen

8 Lässt sich der gemeinschaftliche Gegenstand ohne Verminderung des Werts in gleichartige, den bisherigen Anteilen entsprechende reale Teile zerlegen, dann richtet der Aufhebungsanspruch sich auf **Teilung in Natur** (§ 752), dh auf Vornahme der zur Teilung erforderlichen Handlungen und auf Übereignung des dem Anteil entsprechenden Teils (ebenso MünchKomm/K Schmidt Rn 38, vgl im Einzelnen die Erl zu § 752).

b) Unteilbare Sachen

9 Lässt sich der gemeinschaftliche Gegenstand nicht oder nur mit Verlusten in gleichartige Teile zerlegen, so richtet der Aufhebungsanspruch sich bei beweglichen Sachen auf Durchführung des Pfandverkaufs, bei unbeweglichen Sachen auf **Durchführung der Zwangsversteigerung**. Auf Verlangen eines Teilhabers sind also die übrigen Teilhaber verpflichtet, die bewegliche Sache dem Gerichtsvollzieher oder einem anderen öffentlichen Versteigerer (vgl § 383 Abs 3: „zu Versteigerungen befugten anderen Beamten oder öffentlich angestellten Versteigerer") zum Zweck der Versteigerung nach den Regeln des Pfandverkaufs zu übergeben (§ 753 iVm § 1235 Abs 1). Weiter sind sie verpflichtet, den Erlös einzuziehen und zu verteilen. Bei Grundstücken sind auf Verlangen eines Teilhabers die übrigen Teilhaber verpflichtet, die von ihm betriebene Zwangsversteigerung des Grundstücks zu dulden, den Erlös einzuziehen und ihn zu teilen (ebenso MünchKomm/K Schmidt Rn 41; vgl im Einzelnen die Erl zu § 753).

c) Forderungen

Bei Forderungen sind die übrigen Teilhaber verpflichtet, die Forderung **einzuziehen** 10 und den Erlös zu teilen (§ 754 iVm § 752). Richtet die Forderung sich auf Leistung einer unteilbaren Sache, ist nach der Einziehung weiter gem § 753 zu verfahren (ebenso MünchKomm/K Schmidt Rn 41; vgl im Einzelnen die Erl zu § 754).

d) Nicht geregelte Fälle

Es gibt Gemeinschaften, auf die die gesetzlichen Teilungsregeln nicht passen. Hier 11 kann der Teilhaber verlangen, dass die Teilung in der **nach Lage des Falles zweckmäßigen Weise** durchgeführt wird. Ein Beispiel ist die Aufhebung der Mietergemeinschaft (vgl dazu auch § 747 Rn 69). Haben Ehegatten gemeinsam gemietet, enthält für den Fall der Ehescheidung § 1568a (hierzu Blank NZFam 2014, 492; Abramenko FamRB 2012, 125; Götz/Brudermüller NJW 2008, 3025 und NJW 2010, 5; Uecker FPR 2013, 367; eingehend § 745 Rn 62 ff; § 749 Rn 38 ff, 64 ff) eine Sonderregelung. In anderen Fällen muss der Aufhebungsanspruch den Inhalt haben, dass der einzelne Teilhaber von den übrigen Teilhabern Mitwirkung bei der Kündigung verlangen kann (vgl OLG Hamburg NZG 1999, 1211; NJW-RR 2001, 1165; vgl zu diesem Problemkreis allg Herold, Auseinandersetzung über gemeinschaftliche Mietrechte an Wohn- und Geschäftsräumen, BlGBW 1963, 12 ff mit zahlr Nw; Wüst, Gemeinschaftsteilung 13 ff). Entsprechendes gilt für die Aufhebung einer Vermietergemeinschaft (OLG Hamburg NZG 1999, 1212; NJW-RR 2002, 1165; Palandt/Sprau Rn 1). Zu der Aufhebung der Gemeinschaft bei Mehrfacharbeitsverhältnissen vgl Lange NZA 2012, 1121, zu der Auflösung einer nichtehelichen Lebensgemeinschaft Halfmeier JA 2008, 97. – Zur Aufhebung der Gemeinschaft an unveräußerlichen Rechten vgl im Übrigen § 753 Rn 19.

e) Gemeinschaftliche Schulden

Gemeinschaftliche Schulden, die sich auf die Gemeinschaft beziehen und für die die 12 Teilhaber als Gesamtschuldner haften, müssen aus dem Verwertungserlös im Voraus beglichen werden (§ 755). Forderungen eines Teilhabers gegen einen anderen, die sich auf die Gemeinschaft gründen, sind aus dem Anteil des betroffenen Teilhabers im Voraus zu befriedigen (§ 756). **Praktisch** bedeutet das, dass die erforderlichen Beträge bei der Teilung des Erlöses vorweg zu berücksichtigen sind. Sind Verpflichtungen iSv § 755 oder Forderungen iSv § 756 vorhanden, so muss, um die Vorwegberücksichtigung zu ermöglichen, auch bei an sich in Natur teilbaren Gegenständen die Teilung gem § 753 vorgenommen werden (vgl §§ 755 Abs 2, 756 S 2).

3. Prozessuale Durchsetzung

Der Anspruch auf Aufhebung wird durch **Leistungsklage geltend** gemacht (RGZ 108, 13 422, 424; LG Wuppertal NJW 1961, 785; grundlegend K Schmidt JR 1979, 317; bereits Hellwig, Anspruch und Klagerecht [1924] 444 Fn 4; MünchKomm/K Schmidt Rn 40 f; BeckOK BGB/Gehrlein Rn 2; Hk-BGB/Saenger Rn 5). Der *Antrag* des Klägers muss so abgefasst sein, dass durch die Vollstreckung des beantragten Urteils die Teilung in der Art, wie sie der Kläger zu beanspruchen hat, durchführbar ist. Die widerstrebenden Teilhaber müssen deshalb dazu verurteilt werden, diejenigen Erklärungen abzugeben und diejenigen Handlungen vorzunehmen oder zu dulden, deren Abgabe, Vornahme oder Duldung der Kläger gem Abs 1 iVm §§ 752 ff – bzw aufgrund der Teilungsvereinbarung – von ihnen verlangen kann. So wird beispielsweise, wenn die Gemeinschaft an einer *beweglichen Sache* geteilt werden soll, die Klage dahin lauten, den anderen

Teilhaber zu verurteilen, (1) die Veräußerung der (näher bezeichneten) Sache nach den Vorschriften über den Pfandverkauf zu dulden (vgl auch MünchKomm/K Schmidt Rn 38 ff); (2) zu diesem Zweck die Sache an den zum Verkauf ermächtigten Gerichtsvollzieher herauszugeben; (3) darin einzuwilligen, dass von dem nach Abzug der Veräußerungskosten erzielten Reinerlös ein Anteil von 1/2 an den Kläger ausbezahlt wird. Bei *Grundstücken,* bei denen zur Durchführung der Zwangsversteigerung weder ein Titel noch Besitz erforderlich sind (vgl § 181 ZVG), kann der Kläger sich darauf beschränken, den widerstrebenden Teilhaber auf Einwilligung in die Teilung des Erlöses zu verklagen. Der frühere Mit- und nunmehrige Alleineigentümer eines Grundstücks kann sich mit der Drittwiderspruchklage gegen die Fortsetzung einer Teilungsversteigerung wenden, wenn ihm der andere Anteil von dem früheren Miteigentümer übertragen wurde; eine solche Veräußerung ist auch dann noch möglich, wenn der Anspruch auf Aufhebung der Gemeinschaft zuvor gepfändet und eingezogen wurde (OLG Frankfurt v 28. 9. 2009 – 1 U 14/09 nv). Einzelheiten vgl bei den Erl zu §§ 752, 753.

14 Zweifelhaft ist, ob angesichts der Bestimmung des § 181 ZVG bei **Grundstücken** eine **Klage aus dem Aufhebungsanspruch** überhaupt **zulässig** ist. Das LG Münster (FamRZ 1960, 117, 118) meint, für eine solche Klage fehle das Rechtsschutzbedürfnis, weil die Versteigerung auch ohne Titel zulässig sei. Das mag im Allgemeinen zutreffen; allerdings nicht, wenn der Aufhebungsanspruch zwischen den Parteien streitig ist (so zutreffend MünchKomm/K Schmidt Rn 38 ff; übereinstimmend BeckOK BGB/Gehrlein Rn 2). In einem solchen Fall hat der Teilhaber ein vernünftiges schützenswertes Interesse daran, der zu erwartenden Vollstreckungsgegenklage des anderen Teilhabers zuvorzukommen. Dies ist ohne weiteres vergleichbar mit der Konstellation, in der der Gläubiger einen vollstreckbaren Titel gem § 794 ZPO innehat und die zugrunde liegende Forderung bestritten ist (vgl dazu Stein/Jonas/Münzberg § 794 Rn 102). Die Rechtsprechung hat in streitigen Fällen solche Klagen stets zugelassen (RGZ 108, 422: Streit um die Aktivlegitimation des Miterben eines Miteigentumsanteils; BGH WM 1962, 464: Streit um das Vorliegen eines wichtigen Grundes iSv Abs 2). Die Klage ist dann auf „Duldung der Zwangsversteigerung" zu richten (vgl auch MünchKomm/K Schmidt Rn 41). Die vom RG und vom BGH aaO zugelassenen Anträge („darin zu willigen, dass die Grundstücke zum Zwecke der Aufhebung der Gemeinschaft öffentlich meistbietend versteigert werden und dass dieser Antrag vom Kläger beim Nachlass- und Vollstreckungsgericht gestellt wird"; „der Aufhebung der Gemeinschaft hinsichtlich des Hausgrundstücks zuzustimmen") sind sachlich gleichbedeutend, aber in der Form missverständlich, weil sie den Eindruck erwecken könnten, es werde nur auf Abgabe einer Willenserklärung geklagt und die Vollstreckung erfolge nach § 894 ZPO. Der beklagte Teilhaber ist aber nicht zur „Einwilligung" in die Zwangsversteigerung verpflichtet – was immer das heißen mag –, sondern zur „Duldung" der Zwangsvollstreckung.

15 Der Kläger braucht **nicht alle Rechte** einzuklagen, die ihm zustehen, insbes nicht die unstreitigen. Ist – wie in den Fällen RGZ 108, 422 und BGH WM 1962, 464 – nicht die Anteilshöhe streitig, sondern nur die Befugnis des Klägers, Aufhebung zu verlangen, so wird der Kläger vernünftigerweise seinen Antrag auf die Durchführung der Versteigerung beschränken; seinen Anspruch auf Teilung des Erlöses braucht er nicht zusätzlich einzuklagen. Die Klage aus dem Aufhebungsanspruch setzt also nicht voraus, dass der Kläger einen „Teilungsplan" vorlegt. Wenn allerdings der

Teilhaber auf Teilung in Natur oder auf Teilung des Erlöses klagt, muss er in seinem Antrag angeben, wie geteilt werden soll; das ergibt sich aus dem Bestimmtheitserfordernis des § 253 Abs 2 Nr 2 ZPO.

4. Die abweichende Ansicht über Rechtsnatur und Inhalt des Aufhebungsanspruchs

a) Teile der Lehre

Ein Teil der Lehre bestimmt den Inhalt des Aufhebungsanspruchs anders. Sie unterscheidet **drei Stufen** der Gemeinschaftsbeendigung (zumindest im Grundsätzlichen übereinstimmend SOERGEL/HADDING Rn 5; BGB-RGRK/vGAMM Rn 4; PLANCK/LOBE Anm 1c; abweichend ESSER § 97 II 4; ESSER/SCHMIDT § 38 IV 2 c, dazu Rn 23; wie hier MünchKomm/K SCHMIDT Rn 19 f; PALANDT/SPRAU Vorbem Rn 1 zu §§ 749–758; ERMAN/ADERHOLD Rn 2; Hk-BGB/SAENGER Rn 2; BeckOK BGB/GEHRLEIN Rn 1; LARENZ § 61 III; OLG Hamm NJW-RR 1992, 665; OLG Rostock NZG 2000, 368; offen BGHZ 63, 348 und 90, 207, 214). Zunächst, auf der *ersten Stufe,* soll der Teilhaber nach Abs 1 nur *Aufhebung der Gemeinschaft schlechthin* verlangen können. Der Anspruch soll sich auf Abschluss eines „Aufhebungsvertrages" richten; die fehlende Mitwirkung eines Teilhabers werde nach § 894 ZPO durch Rechtskraft des Urteils ersetzt. Der Aufhebungsvertrag habe die Folge, dass die Aufhebung „vollzogen" sei. Er begründe den Anspruch auf Abschluss eines den §§ 752 ff entsprechenden „Teilungsvertrages"; auch insoweit werde die fehlende Zustimmung nach § 894 ZPO durch Urteil ersetzt. Durch den *Teilungsvertrag (zweite Stufe)* werde die Art und Weise der Teilung festgelegt. Der Teilungsvertrag verpflichte den Teilhaber, die *zu seiner Ausführung erforderlichen Handlungen* vorzunehmen *(dritte Stufe).* 16

Nach einer vor allem die Vollstreckungspraxis beherrschenden Auffassung kommen in den Fällen, in denen nicht nach § 752, sondern nach § 753 oder § 754 geteilt wird, **zwei weitere Stufen** hinzu. Der Teilhaber habe zunächst einen Anspruch auf *„Teilung des Erlöses"*, der sich offenbar wieder auf Abschluss eines entsprechenden Vertrags richten soll *(vierte Stufe)* und schließlich einen Anspruch auf *„Auszahlung des Erlösanteils" (fünfte Stufe).* So erklärt sich die in der Praxis neben der Anteilspfändung übliche Pfändung des „Anspruchs auf Aufhebung der Gemeinschaft" (was offenbar die von der hM angenommenen ersten drei Ansprüche auf Aufhebungsvertrag, Teilungsvertrag und Durchführung der Teilung erfassen soll), auf „Teilung des Erlöses" und auf „Auszahlung des Erlösanteils" (vgl zB STÖBER, Forderungspfändung Rn 1542 sowie OLG Köln OLGZ 1969, 338). 17

Allerdings verlangt auch die hM nicht – wie es an sich folgerichtig wäre –, dass ein Teilhaber, der die Auflösung der Gemeinschaft im Prozessweg durchsetzen will, den widerstrebenden Teilhaber zunächst auf Abschluss eines Aufhebungsvertrages verklagt, dann, nach Rechtskraft (!) des Urteils (§ 894 ZPO), auf Abschluss eines Teilungsvertrages, um nach Rechtskraft des zweiten Urteils schließlich auf die Durchführung der Teilung zu klagen, also auf das, was er eigentlich erstrebt. Man lässt es vielmehr aus **Zweckmäßigkeitsgründen** zu, dass die Klagen auf Abschluss des Aufhebungsvertrages, Abschluss des Teilungsvertrages und Durchführung der Teilung verbunden werden, aber auch, dass unter Überspringen der ersten Stufe direkt auf Abschluss des Teilungsvertrages oder unter Überspringen der ersten und der zweiten Stufe direkt auf Durchführung der Teilung geklagt wird (SOERGEL/HADDING 18

Rn 5; BGB-RGRK/vGAMM Rn 4; PLANCK/LOBE Anm 1c). Auch aus der Rechtsprechung sind keine Fälle bekannt, in denen die Klage auf Durchführung der Teilung daran gescheitert wäre, dass der Kläger nicht zunächst oder mindestens gleichzeitig zum Abschluss eines Aufhebungs- oder Teilungsvertrages verurteilt worden war (Gegenbeispiel: RGZ 109, 167, 168). Praktisch hat diese Ansicht also nur die Auswirkung, dass es dem Kläger unbenommen ist, nur auf Einwilligung in die Aufhebung der Gemeinschaft oder Einwilligung in die Teilung nach einem bestimmten Teilungsverfahren (zB Naturalteilung) zu klagen, ohne anzugeben, durch welche Handlungen des Beklagten die Teilung durchgeführt werden soll.

b) Kritische Stellungnahme

19 Die vorgenannte Auffassung **überzeugt nicht** (vgl grundlegend K SCHMIDT JR 1979, 317; dem folgend OLG Hamm NJW-RR 1992, 665; ERMAN/ADERHOLD Rn 2; PALANDT/SPRAU vor § 749 Rn 1; BAMBERGER/ROTH/GEHRLEIN Rn 2). Zu verstehen, aber nicht zu rechtfertigen ist die Annahme eines dem eigentlichen Teilungsanspruch vorgeschalteten „Aufhebungsanspruchs" allenfalls als historische Reminiszenz an die alte, vom BGB nicht übernommene „actio communi dividundo" (vgl zu dem Begriff GRZIWOTZ MittBayNot 1993, 74).

20 Abs 1 gewährt dem Teilhaber **keinen Anspruch auf Zustimmung zur Aufhebung oder auf Abschluss eines Aufhebungsvertrags**, sondern direkt auf Aufhebung. Es ist geradezu die Grundlage der gesetzlichen Regelung, dass die Aufhebung, ohne dass weitere rechtsgeschäftliche oder richterliche Gestaltungsakte nötig wären, in einem von vornherein feststehendem, eindeutig bestimmten Verfahren durchgeführt wird (oben Rn 4). Dass das Gesetz in Abs 1 von „Aufhebung" und nicht von „Teilung" spricht, hat nur sprachliche Gründe; sachlich sind beide Ausdrücke gleichbedeutend (oben Rn 6).

21 Das Erfordernis eines besonderen Aufhebungsvertrags ergibt überdies **keinen praktischen Sinn** (vgl PALANDT/SPRAU vor §§ 749–758 Rn 1). Treffen Teilhaber eine Vereinbarung, die nichts weiter besagt, als dass „die Gemeinschaft aufgehoben wird" oder dass die Teilhaber „in die Aufhebung einwilligen", so ist diese Vereinbarung, wenn jeder Teilhaber ohnehin einen Anspruch auf Aufhebung hat, nichtssagend. Es ist auch nicht ersichtlich, welches Rechtsschutzinteresse eine Klage auf „Einwilligung in die Aufhebung der Gemeinschaft" verfolgen soll. Es gibt nur zwei Möglichkeiten. Entweder, der Kläger will die Voraussetzungen eines Pfandverkaufs oder einer Zwangsversteigerung schaffen. Dann ist die Klage korrekterweise auf „Duldung" der Versteigerung nach den Vorschriften über den Pfandverkauf oder auf „Duldung der Zwangsversteigerung" zu richten (oben Rn 13 f). Oder der Kläger will einfach, ohne sich festzulegen, wie die Gemeinschaft aufgehoben werden soll, feststellen lassen, dass er berechtigt ist, Aufhebung nach den gesetzlichen Vorschriften zu verlangen. Dann ist die Klage auf „Einwilligung" eine verkappte Feststellungsklage und der Antrag ist dementsprechend zu verdeutlichen. Allerdings stößt die Zulassung einer Feststellungsklage auf Bedenken, weil regelmäßig nicht auf Feststellung (des Aufhebungsrechts) geklagt werden kann, wo Leistungsklage (auf Durchführung der Aufhebung) möglich ist.

22 Ohne praktischen Sinn ist aber auch das Erfordernis eines besonderen **„Teilungsvertrages"**. Nach dem Gesetz ist die Frage, in welchem Verfahren die Aufhebung

durchzuführen ist, von wenigen Ausnahmefällen abgesehen, eindeutig entschieden; das Gesetz stellt nicht etwa mehrere Verfahren zur Verfügung, zwischen denen die Teilhaber zu wählen hätten. Ein Teilungsvertrag hat nur Sinn, wenn die Teilhaber von den gesetzlichen Teilungsvorschriften abweichen wollen. Hierzu sind sie aber nicht verpflichtet. Auch prozessual ist für eine besondere, der eigentlichen Teilung vorgeschaltete „Teilungsklage" kein Bedürfnis ersichtlich. Es hilft nichts, den widerstrebenden Teilhaber zB zu verurteilen, „darin einzuwilligen, die gemeinschaftliche Sache in Natur zu teilen". Ein solches Urteil bestätigt nur, was kraft Gesetzes ohnedies gilt, während für die Vollstreckung ein weiterer Prozess erforderlich ist. Schon die Motive (II 884) weisen darauf hin, dass, wenn Naturalteilung verlangt wird, der Klagantrag „auf eine bestimmte Art der Ausführung" gerichtet sein muss.

Nicht zu folgen ist schließlich ESSER (II § 97 II 4), der den von dieser Ansicht geforderten „Aufhebungsvertrag" durch eine einseitige, rechtsgestaltende **„Aufhebungserklärung"** ersetzen will (ihm folgend ESSER/SCHMIDT § 38 IV 2c; JAUERNIG/STÜRNER §§ 749–758 Anm 1b; dagegen zutr MünchKomm/K SCHMIDT Rn 19 f). Die vermeintliche Gestaltungswirkung der Erklärung ist rechtlich nicht vorstellbar: nicht durch die Erklärung wird die Gemeinschaft aufgehoben, sondern durch die Durchführung der Teilung; wenn ein Teilhaber nur erklärt, er „hebe die Gemeinschaft auf", hat das überhaupt keine Rechtsfolge. 23

III. Abweichende Vereinbarungen über die Durchführung der Gemeinschaftsteilung

1. Zulässigkeit und gewöhnlicher Inhalt

Die Vorschriften über die Durchführung der Gemeinschaftsteilung (§§ 752 ff) sind **dispositives Recht**. Die Teilhaber können, von Anfang an oder ad hoc, eine andere Art der Aufhebung vereinbaren (von MünchKomm/K SCHMIDT Rn 29 wird das als „Teilungsvereinbarung" bezeichnet). In Betracht kommen insbes: die Vereinbarung *freihändigen Verkaufs* an Stelle der gesetzlich vorgesehenen Veräußerung durch Pfandverkauf oder Zwangsversteigerung (Beck-OK/GEHRLEIN Rn 9; dann ist bei minderjährigen Erben indes die Zustimmung eines etwaigen Ergänzungspflegers erforderlich: MAHLMANN ZEV 2009 320); die *Realteilung* von Gegenständen, die an sich iS des § 752 nicht „teilbar" sind, ggf mit Verpflichtung zum Ausgleich von Wertunterschieden durch Barzahlung; die *Übertragung* des gemeinschaftlichen Gegenstands *an einen der bisherigen Teilhaber mit oder ohne Abfindung* der übrigen Teilhaber; die „Umwandlung" der Bruchteilsgemeinschaft in eine Gesellschaft, dh die *Einbringung* der bisherigen Anteile *in eine zwischen den Teilhabern gegründete* (oder bereits bestehende) *bürgerlich-rechtliche oder Personenhandelsgesellschaft.* Besteht die Gemeinschaft an mehreren Gegenständen, kann *Teilaufhebung* vereinbart werden (RGZ 91, 416, 418). Eine Teilaufhebung kann auch in der Weise stattfinden, dass *einzelne Teilhaber* mit oder ohne Abfindung *aus der Gemeinschaft ausscheiden* und die Gemeinschaft unter den übrigen bei entsprechender Anteilsübernahme fortgesetzt wird. 24

2. Rechtsnatur

Die Vereinbarung der Teilhaber über die vom Gesetz abweichende Durchführung 25 der Gemeinschaftsteilung stellt einen **schuldrechtlichen Vertrag** dar (ein Mehrheitsbeschluss reicht nicht aus, vgl MünchKomm/K Schmidt Rn 32). Die Verpflichtung der Teilhaber geht dahin, die Aufhebung in der vereinbarten Weise durchzuführen. *Rechtsgrund der Verpflichtung* ist die Erfüllung des Aufhebungsanspruchs nach Abs 1 (causa solvendi), etwa vergleichbar dem Fall, in dem ein Schuldner sich verpflichtet, eine andere als die geschuldete Leistung erfüllungshalber oder an Erfüllungs statt zu erbringen. Regelmäßig übernehmen die Teilhaber im Aufhebungsvertrag *wechselseitige Verpflichtungen.* Im Fall der *Nichterfüllung* durch einen Teilhaber können die anderen Teilhaber nach §§ 323 ff vorgehen, mit der Folge, dass die Vereinbarung aufgehoben wird und die gesetzlichen Teilungsregeln wieder Platz greifen (das gilt nicht, wenn die Vereinbarung im Rahmen eines Gesellschaftsvertrags getroffen und die Gesellschaft in Vollzug gesetzt ist, weil dann die allgemeinen Regeln hinter die gesellschaftlichen Auflösungs- und Abweichungsregeln zurücktreten müssen, vgl BGB-RGRK/vGamm § 705 Rn 9;). Hinsichtlich der *Gewährleistung* bzw Mängelhaftung gilt § 757, wenn Aufteilung zwischen den Teilhabern oder Zuteilung an einen Teilhaber vereinbart wird (Soergel/Hadding Rn 2).

26 Der Aufhebungsvertrag kann uU Elemente eines Vergleichs- oder Schenkungsvertrags enthalten. Elemente eines **Vergleichsvertrags** enthält er, wenn er dazu dient, Streit oder Ungewissheit über die Rechtslage auszuräumen (§ 779, vgl BGH NJW 1984, 795), also zB wenn streitig ist, ob der Aufhebungsanspruch gem Abs 2 ausgeschlossen ist, oder wenn Ungewissheit über die Höhe der Anteile besteht; in diesem Fall kann der besondere Unwirksamkeitsgrund des § 779 eingreifen. Elemente der **Schenkung** enthält der Vertrag dann, wenn einem Teilhaber der gemeinschaftliche Gegenstand oder ein Teil davon ohne Ausgleichszahlung zugewendet wird. Dann gilt Schenkungsrecht (insb Formbedürftigkeit nach § 518; Widerruf wegen groben Undanks nach § 530). Die bloße Tatsache, dass ein Teilhaber bei der vereinbarten Verteilung bevorzugt wird, macht den Vertrag aber noch nicht zum Schenkungsvertrag.

27 Als schuldrechtlicher Vertrag **wirkt** die Aufhebungsvereinbarung nur **zwischen den Parteien**, die sie abgeschlossen haben. Veräußert einer der Beteiligten seinen Anteil später an einen Dritten, so ist dieser nicht unmittelbar gebunden. § 751, der dem Ausschluss des Aufhebungsanspruchs Wirkung gegen Sondernachfolger zuspricht, ist auf einen Vertrag, der die Durchführung der Aufhebung regelt, weder direkt noch sinngemäß anwendbar (vgl § 751 Rn 15); eine Eintragung im Grundbuch gem § 1010 Abs 1 ist nicht möglich (vgl MünchKomm/K Schmidt Rn 34; OLG Köln OLGZ 1970, 276; OLG Frankfurt Rpfleger 1976, 397; Soergel/Hadding § 752 Rn 3; Erman/Aderhold Rn 10; Planck/Lobe § 752 Anm 2 – ggf kommt allerdings Vormerkung des jeweiligen konkreten schuldrechtlichen Anspruchs in Betracht, § 883). Ebenso wenig wirkt der Aufhebungsvertrag gegenüber einem Pfändungspfandgläubiger oder dem Insolvenzverwalter. Zugunsten des Insolvenzverwalters kommt aber regelmäßig § 103 InsO zur Anwendung. Der Teilhaber, der wegen Anteilsveräußerung oder Anteilspfändung den Aufhebungsvertrag nicht erfüllen kann, macht sich schadensersatzpflichtig nach §§ 281 ff; im Insolvenzverfahren gilt § 103 Abs 2 InsO. Der Veräußerer muss also den Erwerber verpflichten, die Vereinbarung auch seinerseits einzuhalten, am besten durch Vertrag gem § 328.

3. Form

28 Der Aufhebungsvertrag als solcher ist formfrei. Er kann selbstverständlich auch konkludent erfolgen (zweifelhaft allerdings OLG Hamm OLG-Rep 1994, 252: eigenmächtige Aufhebung einer Entwässerungsgemeinschaft). Enthält der Vertrag formbedürftige Verpflichtungen, so unterliegt er allerdings den hierfür geltenden Formerfordernissen. Das gilt vor allem, wenn **Grundstücke** im Weg der Realteilung aufgeteilt werden sollen: hier verpflichten sich die Teilhaber einerseits zur Veräußerung des Grundstücks (oder ihres Miteigentumsanteils), andererseits zum Erwerb des Grundstücks, mit der Folge, dass der *gesamte Aufhebungsvertrag* dem Beurkundungserfordernis unterliegt (BGH WM 1973, 2; BGH NJW 2002, 2561; Palandt/Sprau § 752 Rn 1; OGH NJW 1949, 64; OLG Rostock NZG 2000, 368 – auch zur Heilung gem § 311b Abs 1 S 2 einer im Rahmen des Ankaufs getroffenen formunwirksamen **Realteilung**sabrede, insoweit mE zweifelhaft). Keiner Beurkundung bedarf dagegen der Vertrag, durch den die Teilhaber übereinkommen, das Grundstück, statt es wie gesetzlich vorgesehen zu versteigern oder in Natur zu teilen, gemeinschaftlich zu verkaufen (vgl aber MünchKomm/K Schmidt Rn 32). Diese Vereinbarung hat allerdings zunächst nur die negative Folge, dass kein Teilhaber Versteigerung verlangen kann; die Mitwirkung an einem bestimmten Veräußerungsgeschäft kann aufgrund einer solchen Vereinbarung nicht erzwungen werden, und die Begründung einer dahingehenden Verpflichtung bedürfte der Beurkundung (ebenso die Erteilung einer unwiderruflichen Vollmacht, vgl Staudinger/Schilken [2014] § 167 Rn 22 mwNw). Ausnahmsweise (oben Rn 26) ist auch das Formerfordernis des § 518 zu beachten.

29 Eine **besondere Lage** besteht nach der Rechtsprechung, wenn ein Grundstück sich in gleichartige und gleichwertige Anteile zerlegen lässt und deshalb ein Anspruch auf Teilung in Natur besteht. Vereinbaren hier die Parteien nur, die Naturalteilung vorzunehmen, so soll dies nicht der Beurkundung bedürfen, weil die Vereinbarung nicht mehr enthalte, als sich aus dem Gesetz ergebe (OGH NJW 1949, 64; BGH WM 1973, 82; mE zutr **aA** MünchKomm/K Schmidt Rn 33). Sowie die Parteien darüber hinausgehen (zB durch Zuteilung bestimmter Teilgrundstücke statt der gesetzlich vorgesehenen Losverteilung), greift aber § 311b Abs 1 wieder ein (OGH aaO). Außerdem bedarf bei der Naturalteilung immer noch die Auflassung der Form des § 925. Bei der Teilung sonstiger Grundstücksrechte sind §§ 873 ff, 29 GBO zu berücksichtigen.

4. Familiengerichtliche Genehmigung

30 Bei Aufhebungsverträgen, die eine Verpflichtung zur Übertragung des Eigentums oder Miteigentums an Grundstücken enthalten, ist familiengerichtliche Genehmigung erforderlich, wenn ein Minderjähriger beteiligt ist (§§ 1821 Abs 1, 1643 Abs 1; vgl MünchKomm/K Schmidt Rn 33). Das gilt nicht, wenn die Parteien nur vereinbaren, das Grundstück, statt der gesetzlich vorgesehenen Naturalteilung oder Versteigerung, freihändig zu veräußern (**aA** BayObLG OLGE 1, 309). Allerdings bedarf in diesem Fall die Veräußerung als solche stets der Genehmigung.

5. Fehlerhafte Aufhebungsverträge

31 Für Fehler im Aufhebungsvertrag, etwa Willensmängel, gelten die **allgemeinen Vorschriften**. Ist ein Teilhaber versehentlich unberücksichtigt geblieben, ist er selbstver-

ständlich nicht. Ob die übrigen Teilhaber gebunden bleiben, ist Auslegungsfrage; hier ist ähnlich zu entscheiden wie im Fall der Teilnichtigkeit (§ 139). Haben die übrigen Teilhaber zur Ausführung des Vertrags bereits Verfügungen getroffen, so sind diese Verfügungen unwirksam (§ 747; MünchKomm/K SCHMIDT Rn 39). Allerdings kann das Anteilsrecht des Nichtbeteiligten durch gutgläubigen Erwerb untergegangen sein (Mot II 881; BGB-RGRK/vGAMM Rn 3); dann bleiben ihm gegen die übrigen Teilhaber nur Schadensersatz- und Bereicherungsansprüche (vgl § 816 Abs 1; vgl dazu BGB-RGRK/vGAMM Rn 3). Ist irrtümlich einer von mehreren gemeinschaftlichen Gegenständen ungeteilt geblieben, so wird dieser nachträglich und für sich geteilt; der Aufhebungsvertrag kann deshalb nicht angefochten werden (Mot II 881; RG SoergRspr 1911, 259).

6. Durchführung des Vertrags

32 Die Erfüllung der im Aufhebungsvertrag übernommenen Pflichten folgt den **allgemeinen Regeln** (§§ 873, 925 bei Grundstücken, §§ 929 ff bei beweglichen Sachen). Realteilung wird so vollzogen, dass nach Parzellierung alle übrigen Teilhaber ihre Miteigentumsanteile an der Parzelle gem § 747 S 1 auf den Teilhaber übertragen, dem die Parzelle vertraglich zusteht. Zur Möglichkeit eines gutgläubigen Erwerbs vgl § 747 Rn 63. In der Regel werden die dinglichen Vollzugserklärungen in den Aufhebungsvertrag mit aufgenommen.

7. Kein Vermittlungsverfahren nach §§ 343 ff FamFG

33 In § 343 FamFG (zu der Vorgängernorm § 86 FGG vgl STAUDINGER/LANGHEIN[12], Rn 33) wird den Miterben ein Vermittlungsverfahren für Erbauseinandersetzungen zur Verfügung gestellt, eine Art **Vertragshilfe** (KEIDEL/ZIMMERMANN § 343 FamFG [2014] Rn 1). Hierdurch soll insb rechtlich nicht versierten Erben die Möglichkeit gegeben werden, auf deren Antrag eine sachverständige Anleitung zur Herbeiführung einer einvernehmlichen Lösung zu erhalten, wodurch sie auch den Prozessweg vermeiden können (MünchKomm/J MAYER § 343 FamFG [2013] Rn 2). Durch Gesetz vom 26. 6. 2013, in Kraft seit 1. 9. 2013 (BGBl I 1800), wurden diese Teilungssachen den Gerichten entzogen; jetzt sind die **Notare** dafür zuständig, § 20 Abs 1 S 2 BNotO (hierzu ZIMMERMANN NotBZ 2013, 335). Bei mehreren Erben hat hiernach der Notar auf Antrag die Auseinandersetzung des Nachlasses zwischen den Beteiligten zu vermitteln. Antragsberechtigt ist dabei jeder Miterbe, der Erwerber eines Erbteils sowie derjenige, welchem ein Pfandrecht oder ein Nießbrauch an einem Erbteil zusteht. Die praktische Bedeutung des Verfahrens ist indes sehr gering, weil die Regelung bereits dann scheitert, wenn auch nur ein Miterbe nicht einverstanden ist (vgl § 370 FamFG; insgesamt zu diesem Verfahren vgl J MAYER Rpfleger 2011, 245; IHRIG MittBayNot 2012 353; vgl aber auch OLG Schleswig NJW-RR 2013, 844). Die Einleitung des Verfahrens setzt indes das Bestehen einer Erbengemeinschaft voraus (HAUSSLEITER/SCHEMMANN § 343 FamFG Rn 1; BeckOK FamFG/SCHLÖGEL § 363 FamFG Rn 7), es kann damit nicht, auch nicht analog, auf die Aufhebung einer **Gemeinschaft** nach den §§ 741 ff angewendet werden.

IV. Anspruch auf vom Gesetz abweichende Art der Aufhebung

1. Allgemeines

Nach dem Gesetz hat **kein Teilhaber einen Anspruch darauf, dass die übrigen Teilhaber mit ihm einen Aufhebungsvertrag abschließen** und dabei von den Aufhebungsregeln der §§ 752 ff abweichen. Fraglich ist, ob in Ausnahmefällen etwas Abweichendes gilt. Im Wesentlichen handelt es sich darum, ob ein Teilhaber entgegen §§ 752, 753 Realteilung auch dann verlangen kann, wenn der gemeinschaftliche Gegenstand sich nicht in gleichartige, den Anteilen der Teilhaber entsprechende Anteile zerlegen lässt, und ob er darüber hinaus sogar verlangen kann, dass ihm der gemeinschaftliche Gegenstand gegen Zahlung eines angemessenen Entgelts im Ganzen überlassen wird oder sonst die Aufhebung dauernd oder vorübergehend ausgeschlossen ist (§ 242 BGB). Die Frage stellt sich vor allem dann, wenn ein Grundstück von einem Miteigentümer genutzt wird und der Verlust ihn besonders hart treffen würde. 34

Der **Gesetzgeber** hat sich aus grundsätzlichen Erwägungen **gegen eine Realteilung** von Gegenständen entschieden, die sich nur in ungleichartige Teile zerlegen lassen, und ebenso **gegen eine Befugnis des Richters**, bei der Aufhebung einem einzelnen Teilhaber aus Billigkeitsgründen den gemeinschaftlichen Gegenstand zuzuweisen (vgl oben Rn 4). Das kann im Einzelfall zu **Härten** führen, die der Gesetzgeber in Kauf genommen hat, die die Rechtsprechung aber nicht immer hinnimmt. Grundlegend ist BGHZ 58, 146: Hiernach kann ein Teilhaber „unter besonderen Umständen" nach Treu und Glauben verpflichtet sein, **auf die Zwangsversteigerung** gemeinschaftlichen Grundbesitzes zu **verzichten** und sich mit einem auch seinen Interessen gerecht werdenden und zumutbaren Realteilungsvorschlag des anderen Teilhabers abzufinden (die zum Entscheidungszeitpunkt 1972 69-jährige Klägerin und die Beklagte, ihre Schwester, hatten 1935 mehrere Grundstücke aus dem Nachlass ihres Vaters zu Miteigentum erworben, darunter eines, auf dem sie gemeinsam eine Pension betrieben; seit der Heirat der Beklagten 1943 betrieb die Klägerin die Pension allein). Der II. Senat hielt, unter Vorbehalt näherer tatrichterlicher Nachprüfung, die von der Beklagten betriebene Zwangsversteigerung nach § 242 für unzulässig, vorausgesetzt, die von der Klägerin angebotene Realteilung erwies sich als angemessener Interessenausgleich. Anschaulich das **Beispiel** OLG Frankfurt DStR 2007, 868 (bestätigt durch BGH DStR 2008, 1701): „Das Begehren auf Aufhebung der Gemeinschaft kann selbst dann eine unzulässige Rechtsausübung darstellen, wenn die sonstigen rechtlichen Voraussetzungen vorliegen, sofern die Aufhebung der Gemeinschaft für den ihr widersprechenden Teilhaber eine ‚besondere Härte' bedeutet. Unter besonderen Umständen kann ein Teilhaber, der die Aufhebung der Gemeinschaft betreibt, auch gehalten sein, auf die Zwangsversteigerung des gemeinschaftlichen Grundbesitzes zu verzichten und sich mit einem auch seinen Interessen gerecht werdenden und zumutbaren Realteilungsvorschlag des anderen Teilhabers abzufinden." (Die Kläger wenden sich gegen die durch den Bekl betriebene Teilungsversteigerung eines ihnen gemeinsam gehörenden Grundstücks [Privatstraße von 3m Breite]. Die anliegenden Grundstücke sind nur über die Privatstraße erreichbar. Jedem Grundeigentümer war zugleich ein Miteigentumsanteil von 1/12 an dem Wegegrundstück zugeordnet. Ein Miteigentümer verkaufte einen 1/12-Miteigentumsanteil an den Eigentümer eines benachbart gelegenen Grundstücks, den 35

Rechtsvorgänger der Erbengemeinschaft, zu welcher der Beklagte gehört. Das OLG sieht das Betreiben der Auseinandersetzung der Bruchteilsgemeinschaft durch den Bekl als rechtsmissbräuchlich an. Die Parteien hätten stillschweigend die Unaufhebbarkeit der Gemeinschaft beschlossen; denn die Miteigentümer könnten ihre nicht durch öffentliche Wege erschlossenen Grundstücke nur über den Privatweg erreichen und seien daher evident auf das gemeinsame Wegegrundstück angewiesen). Ähnlich auch BGH DNotZ 2005, 205 (m Anm Wolfsteiner): Der die Aufhebung einer Gemeinschaft betreibende Teilhaber kann, wenn das Miteigentum der gemeinschaftlichen Berufsausübung dienen sollte und er diese aufkündigt, verpflichtet sein, seinen Anteil gegen Zahlung des Marktwertes auf die die Zusammenarbeit fortsetzenden Teilhaber zu übertragen (zweifelhaft; kritisch auch Bamberger/Roth/Gehrlein § 753 Rn 1). Vgl sonst auch OLG Celle ZMR 2013, 492 (Aufhebung der Gemeinschaft bei einer Heizungsanlage nach §§ 741 ff vor Ablauf der Lebensdauer der Anlage); OLG Karlsruhe NZG 1999, 249 (Aufhebungsausschluss bei überlagernder Verwaltungs-GbR, iE zutr verneint); OLG Hamburg NZG 1999, 1211 (keine Aufhebungsbeschränkung aus Art 2, 14 GG); iE zutr, aber problematischer Leitsatz: OLG Celle NJW-RR 2000, 227 (Heizhausgemeinschaft); OLG Oldenburg FamRZ 1996, 1437 (kein Anspruch auf gerichtliche Realteilung von Nachlassgrundstücken); OLG Köln Rpfleger 1998, 168 (keine Teilungsversteigerung, wenn Aufhebung schlechthin unzumutbar); OLG Frankfurt FamRZ 1998, 641 (Querschnittslähmung der früheren Ehegattin). Zur Zuweisung einer gemeinschaftlichen Grabstelle vgl OLG Oldenburg NJW-RR 1996, 136; allg zum Rücksichtnahmegebot Staudinger/vProff Vorbem 23.

36 Es besteht kein Zweifel, dass der Gesetzgeber solche **Billigkeitsentscheidungen** durch den Richter gerade vermeiden *wollte* (oben Rn 4). Nach der Auffassung des Gesetzgebers wäre es etwa in dem Fall BGHZ 1958, 146 Sache der Klägerin gewesen, bei Aufnahme des Pensionsbetriebs mit der Beklagten einen Gesellschaftsvertrag zu schließen, durch den sie sich für den Fall des Ausscheidens der Beklagten die Möglichkeit sicherte, den Betrieb fortzuführen (vgl Prot II 751); im Übrigen wäre nach dem Konzept des Gesetzgebers die Klägerin auf den Weg zu verweisen, das Grundstück selbst zu ersteigern, wenn sie es nicht in fremde Hände übergehen lassen wollte; reichte der Erlös aus den anderen Grundstücken nicht aus, ihr die Ersteigerung zu ermöglichen, so zeigte das nur, dass die von ihr vorgeschlagene Realteilung ihr einen unangemessenen Vorteil brachte. Die Billigkeitsentscheidung des BGH ist angesichts der besonderen Umstände des Falls nicht unverständlich. Allerdings besteht die Gefahr, dass die Rechtsprechung sich hier mit einer durchaus entgegengesetzten Interessenbewertung des Gesetzgebers in Widerspruch setzt, die auf grundsätzlichen und rechtspolitisch unverändert gewichtigen Erwägungen beruht (dazu oben Rn 4). Billigkeitsentscheidungen wie BGHZ 58, 146 sollten deshalb, wenn unumgänglich, auf äußerste und schlechthin unerträgliche Ausnahmefälle beschränkt bleiben.

2. Ehegattengemeinschaften

a) Problemstellung

37 Besondere Probleme treten bei der Aufhebung von Ehegattengemeinschaften auf, und zwar vorwiegend in Fällen, in denen Ehegatten während der Ehe Grundstücke zu hälftigem Miteigentum erworben haben. **Drei Fragen** sind zu unterscheiden.

(1) Stehen familienrechtliche Gründe dem *Aufhebungsanspruch* entgegen (dazu unten Rn 64 ff und Staudinger/vProff § 741 Rn 23 ff sowie § 745 Rn 60 ff)? (2) Bestehen aufgrund familienrechtlicher Bindungen Hinderungsgründe, die Aufhebung *im Weg der Zwangsversteigerung* durchzuführen (dazu unten Rn 38 ff)? (3) Ist bei der Teilung zu berücksichtigen, dass die Ehegatten, obwohl sachenrechtlich in gleicher Höhe berechtigt, zu den Kosten der Anschaffung, den Kosten der Bebauung oder den laufenden Kosten *unterschiedliche Beiträge* geleistet haben (dazu unten Rn 42 f)?

b) Die Bedeutung der §§ 1361a und 1568b

Grundsätzlich gelten auch für Ehegattengemeinschaften die §§ 749 ff. Bei Miteigentum an dem Grundstück, auf dem sich die Ehewohnung befindet, kann allerdings während Bestehens der Ehe die Aufhebung ausgeschlossen sein (vgl dazu unten Rn 65 ff und § 745 Rn 60 ff). Bei Beendigung der Ehe, insbes Ehescheidung, fällt aber auch insoweit das Aufhebungshindernis weg, vgl § 741 Rn 23 ff. Was Haushaltsgegenstände betrifft, regelt § 1361a deren Verteilung während des Getrenntlebens (vgl § 1361 und Legaldefinition des Getrenntlebens in § 1567 Abs 1 S 1: Johannes/Henrich/Götz § 1361a Rn 5). So werden beiden Ehegatten (eine entspr Regelung bei der eingetragenen Lebenspartnerschaft enthält § 13 LPartG; auf nichteheliche Lebensgemeinschaften ist sie nicht, auch nicht analog anwendbar: Johannsen/Henrich/Götz [2015] § 1361a Rn 4) gehörende Gegenstände (an während der Ehe angeschafften Haushaltsgegenständen wird analog § 1568b Abs 2 gemeinsames Eigentum vermutet: OLG Brandenburg FamRZ 2000, 1102, 1103; OLG Karlsruhe FamRZ 2007, 59) zwischen ihnen (wie vormals nach § 8 Abs 1 HausratsVO) nach den **Grundsätzen der Billigkeit** verteilt. Können die Eheleute sich nicht einigen, entscheidet das zuständige (Familien-, §§ 23a Abs 1 Nr 1 GVG, § 111 Nr 5 FamFG) Gericht und kann eine angemessene Vergütung für die Benutzung festsetzen (zu den Kriterien Holzwarth FPR 2010, 559; vgl auch OLG München FamRZ 1998, 1230). Geregelt wird durch die gerichtliche Entscheidung nur die vorläufige Nutzung (Staudinger/Voppel [2012] § 1361a Rn 51). Sofern die Eheleute nichts anderes vereinbaren, bleiben die Eigentumsverhältnisse unberührt (Abs 4). Dies ändert sich mit dem Zeitpunkt nach der Rechtskraft der Scheidung: Ein Verfahren nach § 1361a ist nun nicht mehr zulässig, § 1568b kommt zur Anwendung (BeckOK BGB/Neumann § 1361a Rn 13). Hiernach kann jeder Ehegatte (und über § 17 LPartG auch jeder eingetragene Lebenspartner) verlangen, dass ihm der andere Ehegatte anlässlich der Scheidung die im gemeinsamen Eigentum stehenden (vgl die güterstandsunabhängige [MünchKomm/Wellenhofer § 1568b Rn 20] Eigentumsvermutung in § 1361a Abs 2 als Konsequenz „einer Gemeinschaft des Erwerbs und Verbrauchs" der Ehegatten: BVerfG NJW 1983, 271) Haushaltsgegenstände überlässt und übereignet, wenn er auf deren Nutzung unter Berücksichtigung des Wohls der im Haushalt lebenden Kinder und der Lebensverhältnisse der Ehegatten in stärkerem Maße angewiesen ist als der andere Ehegatte oder dies aus anderen Gründen der Billigkeit entspricht. Materiellrechtlich ist § 1568b seit dem 1. 9. 2009 anzuwenden (BGH NJW 2011, 601), auch wenn die vor diesem Stichtag eingeleiteten Verfahren noch nach dem alten Verfahrensrecht abzuwickeln sind (Art 111 Abs 1 S 1 FGG-RG). War die Haushaltssache in einer Ehesache als Folgesache im Verbund anhängig gemacht worden und zusammen mit einer Folgesache über den Versorgungsausgleich betrieben worden, so ist in der Ehesache seit dem 1. 9. 2009 insgesamt das neue Verfahrensrecht anzuwenden (Art 111 Abs 5 FGG-RG). Die Regelung des § 1568b wird von der überwiegenden Meinung als lex specialis gegenüber dem Zugewinnausgleich hinsichtlich der im gemeinschaftlichen Eigentum stehenden 38

Haushaltsgegenstände angesehen (PALANDT/BRUDERMÜLLER § 1375 Rn 5; JOHANNES/HENRICH/JAEGER § 1375 Rn 13; BeckOK BGB/J MAYER § 1375 Rn 17; zu Recht kritisch BeckOK BGB/NEUMANN § 1568b Rn 22 mwNw. Nach der Gesetzesbegründung soll die neue Vorschrift „wie die Hausratsverordnung eine Sonderregelung für die Verteilung der Haushaltsgegenstände sein, allerdings nur, soweit tatsächlich von ihr Gebrauch gemacht wird“: vgl MünchKomm/WELLENHOFER § 1568b Rn 31).

c) Zuweisung im Rahmen des Zugewinnausgleichs

39 Hat ein Ehegatte Zugewinnausgleich zu beanspruchen, so kann das Familiengericht ihm auf Antrag unter Anrechnung auf die Ausgleichsforderung einen Anspruch auf Übertragung des Miteigentumsanteils zusprechen, wenn dies erforderlich ist, um eine **„grobe Unbilligkeit“** für den ausgleichsberechtigten Ehegatten zu vermeiden, und wenn dies dem anderen Ehegatten „zugemutet“ werden kann, § 1383. Diese Voraussetzungen werden nicht allzu oft gegeben sein, vor allem, weil der begünstigte Ehegatte eine Ausgleichsforderung haben muss, die höher ist als der halbe Wert des im Miteigentum stehenden Grundstücks (STAUDINGER/THIELE [2000] § 1383 Rn 26 mwNw). Immerhin ermöglicht die Vorschrift in einer Reihe von Fällen angemessene Lösungen, etwa wenn der Ehemann nichts und die Ehefrau gut verdient hat und der Ehemann Kinder zu versorgen hat. „Zumutbarkeit“ dürfte bei Miteigentum idR vorliegen, da die Miteigentumsgemeinschaft in einem solchen Fall ohnehin vor der Aufhebung steht.

d) Zuweisung nach Treu und Glauben?

40 Der BGH (IV. Senat) hat darüber hinaus unter Berufung auf BGHZ 58, 146 (vgl oben Rn 35 f) angenommen, die Aufhebung der Miteigentumsgemeinschaft zwischen Ehegatten bei Scheidung der Ehe sei **nach Treu und Glauben ausgeschlossen**. Der eine Ehegatte sei nach Treu und Glauben gegen angemessenen Ausgleich zur Übertragung seines Anteils an den anderen Ehegatten verpflichtet, wenn die Zwangsversteigerung des Grundstücks für den anderen Ehegatten „schlechthin unzumutbar“ sei. Ob „Unzumutbarkeit“ vorliege, sei Tatfrage; allerdings müsse die von der gesetzlichen Regelung abweichende Lösung nach § 242 „auf Ausnahmefälle“ beschränkt bleiben. Der erforderliche Ausgleich könne dadurch geleistet werden, dass der vom Richter zu schätzende Gesamtwert des Grundstücks beim Zugewinnausgleich dem Endvermögen des übernehmenden Ehegatten zugerechnet werde; auf diese Weise nehme der weichende Ehegatte gem § 1378 Abs 2 an der Hälfte des Grundstückswerts teil (BGHZ 68, 299: Eheschließung 1960; 1963 Erwerb eines Baugrundstücks mit Mitteln des Mannes zu hälftigem Miteigentum der Eheleute; Errichtung eines Hauses mit zwei Wohnungen mit finanziellen Mitteln und mit Arbeitsleistungen des Mannes; Bestimmung des Hauses zu Wohnzwecken und zu Zwecken der gemeinsamen Alterssicherung; Trennung der Ehegatten 1966; Auszug der Ehefrau aus dem Haus 1969; im selben Jahr Scheidung aus beiderseitigem Verschulden und Wiederverheiratung der Frau; Entscheidung: Unzulässigkeit der von der Frau betriebenen Zwangsversteigerung und Verurteilung der Frau, ihren Miteigentumsanteil gegen einen vom Berufungsgericht noch festzusetzenden Ausgleichsbetrag auf den Mann zu übertragen).

41 Die Entscheidung zeigt, dass die Rechtsprechung mit BGHZ 58, 146 einen **problematischen Weg** eingeschlagen hat. Das Urteil BGHZ 68, 299 stützt die Zuweisung das Eigentums an den Teilhaber im Wesentlichen auf seine materiellen Interessen am Grundstück (Aufwendungen für die Anschaffung und Bebauung; Bestimmung des Grundstücks zur Alterssicherung). Diese Überlegungen sind verfehlt. Stehen einem Teilhaber aufgrund des Gemeinschaftsverhältnisses Ausgleichsansprüche gegen den anderen Teilhaber zu, so sind diese Ansprüche im Rahmen der Teilung nach § 756 zu berücksichtigen; sie berechtigen den Teilhaber nicht, die Erfüllung des Aufhebungsanspruchs zu verweigern (unten Rn 50), geschweige denn die Übertragung des Miteigentumsanteils an sich selbst zu fordern. Bestehen keine Ausgleichsansprüche wegen der vom Teilhaber gemachten Aufwendungen – und der BGH hat aaO solche Ansprüche verneint (dazu unten Rn 43) –, dann ist es erst recht verfehlt, dem Teilhaber entgegen den gesetzlichen Auseinandersetzungsregeln einen Anspruch auf Überlassung des Miteigentumsanteils einzuräumen. Das Urteil des BGH ist übrigens nicht nur mit den gesetzlichen Regeln über die Gemeinschaftsteilung im Grundsätzlichen unvereinbar, sondern auch mit den gesetzlichen Regeln über den Zugewinnausgleich. Hiernach kann nur der Gläubiger einer Ausgleichsforderung in Anrechnung auf die Forderung die Übertragung bestimmter Gegenstände aus dem Vermögen des anderen Teils verlangen, wenn dies erforderlich ist, um eine grobe Unbilligkeit zu verhindern (§ 1383). Nicht aber kann – wie es BGHZ 68, 299 für möglich hält – der Schuldner der Ausgleichsforderung verlangen, dass ihm Gegenstände des Gläubigers überlassen werden, mit der Folge, dass die Ausgleichsforderung des Gläubigers sich entsprechend erhöht. Der Gesetzgeber hat sowohl bei der Regelung der Gemeinschaft als auch bei der Regelung der Zugewinngemeinschaft (und der Wahl-Zugewinngemeinschaft: Coester-Waltjen JURA 2011, 341, 342) aus wohlerwogenen Gründen davon abgesehen, dem Richter die Kompetenz zur Vermögensverteilung nach Billigkeit zuzusprechen. Diese Regelung darf nicht unter Berufung auf § 242 unterlaufen werden.

e) Ausgleich von Aufwendungen?

Es bleibt die Frage, in welchem Umfang und in welcher Form bei der Auseinandersetzung der Ehegattengrundstücksgemeinschaft dem Umstand Rechnung getragen werden kann, dass ein Ehegatte für die Anschaffung, Bebauung und Unterhaltung des Grundstücks höhere Aufwendungen gemacht hat als der andere. Hier ist zu unterscheiden. Hat ein Ehegatte **Lasten und Kosten** (§ 748) des gemeinschaftlichen Grundstücks allein getragen, so steht ihm an sich nach § 748 ein Ausgleichsanspruch gegen den anderen Ehegatten zu. Vielfach wird es sich allerdings – nämlich dann, wenn es um Lasten und Kosten des von den Ehegatten gemeinsam bewohnten Hauses geht – um *Unterhaltsleistungen* handeln, die nach § 1360b auch dann nicht zurückverlangt werden können, wenn sie das nach dem Gesetz Geschuldete übersteigen (vgl § 748 Rn 12). Hat ein Ehegatte **Aufwendungen** gemacht, um das gemeinschaftliche Grundstück zu bebauen, so ist es Frage des Einzelfalls, ob der andere Ehegatte sich verpflichtet hat, die Baukosten nach Maßgabe seines Anteils zu erstatten. Im Regelfall werden für eine solche Annahme keine hinreichenden Anhaltspunkte vorliegen (**aA** BGH WM 1975, 196 – II. Senat; dazu § 748 Rn 14, 16). Für **Anschaffungskosten** gilt Entsprechendes. Das bedeutet im Ergebnis, dass idR weder § 748 noch eine vertragliche Vereinbarung dem Ehegatten einen Anspruch auf Erstattung seiner Aufwendungen verleiht, die den Wert des Anteils des anderen Ehegatten erhöht haben. Eine Rückforderung aus dem Gesichtspunkt des Schenkungswiderrufs wegen groben Undanks (§ 530) wird nur in Ausnahmefällen in Betracht kommen. Denn idR wird es schon an einer § 516 entsprechenden Schenkungsvereinbarung zwischen den Ehegatten fehlen. 42

Zu erwägen bleibt noch, wegen der Aufwendungen einen Ausgleichsanspruch unter 43 dem Gesichtspunkt der **„Störung der Geschäftsgrundlage"** (vgl § 313) oder der **ungerechtfertigten Bereicherung** geltend zu machen. Nach der grundlegenden Entscheidung BGHZ 65, 320 (bestätigt in BGHZ 68, 299, 302; dazu STAUDINGER/THIELE [2000] §§ 1363 Rn 14, 1380 Rn 3) ist ein solcher Ausgleichsanspruch jedenfalls dann *nicht* gegeben, wenn die *Zuwendung den Betrag nicht übersteigt, den der Empfänger dann als Zugewinn beanspruchen könnte, wenn die Zuwendung unterblieben wäre.* Praktisch bedeutet das, dass ein Ausgleichsanspruch nicht in Betracht kommt, wenn die Aufwendungen des Ehegatten *aus Zugewinn* finanziert sind. Hier ist durch die Aufwendungen, soweit sie in den halben Miteigentumsanteil des anderen Ehegatten geflossen sind, iE nur der **Zugewinnausgleich vorweggenommen**; dabei muss es bleiben.

3. Vom Gesetz abweichende Teilung in der Erbauseinandersetzung?

44 **Rechtspolitische Kritik** ist an den Aufhebungsregeln des Gesetzes insbes auch geübt worden, soweit sie im Fall der Erbauseinandersetzung entsprechend anwendbar sind (vgl STAUDINGER/WERNER [2010] § 2042 Rn 21 mwNw; WÜST, Gemeinschaftsteilung 56 ff). Auch solche Forderungen an den Gesetzgeber dürfen nicht unter Berufung auf § 242 vorweggenommen werden, will man sich nicht mit der Grundsatzentscheidung des Gesetzes gegen ein Adjudikationsverfahren nach Billigkeitsgesichtspunkten in Widerspruch setzen (**aA** PALANDT/SPRAU § 753 Rn 8; vgl auch MünchKomm/K SCHMIDT § 753 Rn 7 f; als Beispiel wird das „Familienerbstück mit erheblichem ideellen, zB Erinnerungswert" angeführt – auch insoweit ist aber der Miterbe, der das Erbstück nicht in fremde Hände gelangen lassen will, vom Gesetz auf den Weg verwiesen, es zu ersteigern; und die Berufung auf § 242 hat nur den Sinn, ihm zu einem billigeren Preis zu verhelfen, als er ihn im Fall der gesetzlich vorgesehenen Versteigerung möglicherweise zahlen müsste). Dass allerdings *die Versteigerung des ehelichen Wohnhauses* nach dem Tod eines Ehegatten für den miterbenden überlebenden Ehegatten eine besondere persönliche Härte bedeuten kann, ist zuzugeben (dazu DÄUBLER ZRP 1975, 136, 140). Die Härte beruht allerdings in erster Linie auf der mangelnden testamentarischen Vorsorge des vorverstorbenen Ehegatten. Der Gesetzgeber könnte helfen, etwa durch Erweiterung des Voraus (§ 1932). Aber dass der Richter gem § 242 dem Ehegatten eine Art gesetzliches Vorausvermächtnis hinsichtlich der Ehewohnung verschafft, das ihm weder der Erblasser noch der Gesetzgeber zugedacht haben (so iE DÄUBLER aaO), dürfte die Grenzen zulässiger Rechtsfortbildung überschreiten.

V. Fälligkeit des Anspruchs

1. Der Grundsatz der jederzeitigen Fälligkeit

45 Die Aufhebung kann **jederzeit** verlangt werden. Eine Bestimmung, dass die Aufhebung *nicht zur Unzeit* verlangt werden darf (wie sie § 723 Abs 2 bei der Gesellschaft vorsieht), ist bewusst nicht getroffen worden (Prot II 750 f; BGH BB 1975, 296, 297; PALANDT/SPRAU Rn 4; vgl auch SCHNORR 378; zu der grundrechtlichen Problematik vgl OLG Hamburg NJW-RR 2002, 1165 „Modell Hafenstrasse"). In der zweiten Kommission war beantragt worden, die Aufhebung nicht zuzulassen, wenn sie „dem Gesamtinteresse der Teilhaber widerstreitet", oder jedenfalls einen „der Billigkeit entsprechenden Aufschub" zu gewähren, wenn von der sofortigen Aufhebung ein „unverhältnismäßiger Nachteil für die gemeinschaftlichen Interessen zu erwarten" ist (Prot II 750). Beides

hat die Kommission verworfen. Man hielt es für ausreichend, dass die Teilhaber gegen rücksichtslose Ausübung des Aufhebungsrechts rechtsgeschäftliche Vorsorge treffen können, sei es durch Begründung einer Gesellschaft, sei es durch Abschluss einer Vereinbarung nach §§ 749 Abs 2, 751, durch die die Aufhebung, auch mit Wirkung gegen rechtsgeschäftliche Erwerber des Anteils, beschränkt oder ausgeschlossen werden kann (Prot II 751). Diese Entscheidung des Gesetzgebers ist verbindlich (**aA** Esser § 97 II 4; Esser/Schmidt § 38 IV 2.c). Im Konfliktfall hat also das Interesse des Teilhabers an sofortiger Verwertung vor dem Interesse der übrigen Teilhaber an der Erhaltung des gemeinschaftlichen Gegenstands den Vorrang.

Der BGH (BGHZ 63, 348, 352 f) weist darauf hin, dass in besonders schwerwiegenden Fällen **§ 242** dem Aufhebungsanspruch entgegenstehen könne. Solche Fälle sind allerdings nicht leicht vorstellbar. Im Fall BGHZ 58, 146, 149, auf den der BGH aaO verweist, ging es nicht um den Ausschluss des Aufhebungsrechts, sondern nur darum, dass sich die beklagte Teilhaberin nach § 242 mit einer anderen Art der Aufhebung, als gesetzlich vorgesehen zufriedengeben musste. Im vorliegenden Zusammenhang geht es jedoch nur um den Zeitpunkt der Aufhebung. Dass sich aus dem Zeitpunkt der Aufhebung für den einen oder anderen der Teilhaber Nachteile ergeben können, vermag aber einen Einwand aus § 242 nicht zu begründen (OLG Hamburg MDR 1950, 420, 422; vgl auch BGHZ 63, 348: keine Unzumutbarkeit der Versteigerung eines Grundstücks wegen der „fortschreitenden Geldentwertung“). Glaubt ein Teilhaber, den Gegenstand später günstiger verwerten zu können, so mag er ihn selbst ersteigern. Ist er dazu nicht imstande, hat er kein Recht darauf, die übrigen Teilhaber gegen ihren Willen an seiner Spekulation zu beteiligen. **46**

Familienrechtliche Besonderheiten gelten uU bei der Ehegattengemeinschaft; dazu unten Rn 64 ff. **47**

2. Fälligkeit nach Geltendmachung

Die Aufhebung **kann jederzeit „verlangt“ werden**. Wird sie verlangt, sind die übrigen Teilhaber verpflichtet, daran mitzuwirken. Der Aufhebungsanspruch gehört also zu den Ansprüchen, deren Fälligkeit davon abhängt, dass sie geltend gemacht werden (Schulbeispiel ist das jederzeitige Rückforderungsrecht des Hinterlegers beim Verwahrungsvertrag, § 695; vgl zu Ansprüchen dieser Art vTuhr I 257; Enneccerus/Nipperdey § 222 II 4). Langheineken (Anspruch und Einrede [1903] 101 ff; Der verhaltene Anspruch, in: FS vBrünneck [1912]) bezeichnet sie als „verhaltene“ Ansprüche. Der Anspruch ist von vornherein gegeben, aber noch nicht fällig (vgl vTuhr aaO). Die Geltendmachung des Anspruchs führt nicht zu einer Umgestaltung des bisherigen Schuldverhältnisses zwischen den Teilhabern, sondern ist nur Ausübung des dem Teilhaber schon ohnehin zustehenden Rechts (vTuhr aaO); sie ist keine Kündigung und setzt auch keine Kündigung voraus, und überhaupt handelt es sich nicht um Ausübung eines Gestaltungsrechts (RGZ 108, 422, 424 f; **aA** Esser § 97 II 4; Esser/Schmidt § 38 IV 2.c; dazu Rn 23). **48**

Daraus folgt ua, dass dann, wenn **mehrere Miterben** einen Miteigentumsanteil geerbt haben, jeder Miterbe von den übrigen Teilhabern Aufhebung verlangen kann, § 2039. Die Geltendmachung des Aufhebungsanspruchs ist keine Verfügung über den Anteil, die nach § 2040 Abs 1 der Mitwirkung aller Miterben bedürfte (RG aaO; OLG Hamm Rpfleger 1964, 341; vgl auch RGZ 67, 396, 398). Entsprechendes muss nach § 432 **49** gelten, wenn ein Miteigentumsanteil mehreren in Bruchteilsgemeinschaft zusteht – falls man eine solche „Untergemeinschaft" überhaupt als mögliche rechtliche Gestaltung ansieht (vgl dazu § 741 Rn 145 ff).

3. Zurückbehaltungsrecht des anderen Teilhabers?

50 Der Teilhaber, von dem Aufhebung verlangt wird, kann gegenüber dem Aufhebungsanspruch **kein Zurückbehaltungsrecht** (§ 273) wegen Ansprüchen geltend machen, die ihm aus dem Gemeinschaftsverhältnis gegen den die Aufhebung fordernden Teilhaber zustehen (BGH NJW-RR 1990, 134; BGHZ 63, 348 gegen RGZ 109, 167; vgl auch § 753 Rn 22). Denn **der Sinn** des Zurückbehaltungsrechts besteht darin, dem Schuldner ein Druckmittel in die Hand zu geben, um die Erfüllung seiner eigenen Forderung zu erzwingen. Der Anspruch aus dem Gemeinschaftsverhältnis ist aber gem § 756 bei der Teilung aus dem Erlös vorweg zu befriedigen. Es wäre widersinnig, wenn der Teilhaber, um die Befriedigung seines Anspruchs zu erzwingen, die Teilung verhindern könnte, die gerade zur Befriedigung des Anspruchs führt. Anders kann es aber liegen, wenn sich die Teilhaber auf eine von der gesetzlichen Regelung abweichende Teilung geeinigt haben (BGH NJW-RR 1990, 134: Hinterlegung von Veräußerungserlösen auf einem Notaranderkonto; Palandt/Sprau Rn 1: Dem Aufhebungsverlangen eines Teilhabers kann ein anderer Teil nur Gegenrechte entgegenhalten, die „in der Gemeinschaft wurzeln", also insbesondere nicht § 273 wegen gemeinschaftsfremder Gegenansprüche, vgl BGHZ 63, 348; BGHZ 90, 197; BGH NJW-RR 1987, 892).

VI. Kein Anspruch auf Teilaufhebung

51 Der Anspruch aus Abs 1 richtet sich auf **Aufhebung der ganzen Gemeinschaft**. Teilaufhebung kann idR nicht verlangt werden (MünchKomm/K Schmidt Rn 28; Erman/Aderhold Rn 8; BGB-RGRK/vGamm Rn 3; vgl OLG München RNotZ 2013, 571 zu der Ausnahme, dass es einem Miteigentümer nach Treu und Glauben verwehrt sein kann, sich auf das Verbot der Teilauseinandersetzung zu berufen, wenn er durch sein Verhalten einen Vertrauenstatbestand hinsichtlich der Erlösverteilung für Immobilien geschaffen hat. Dies soll etwa dann der Fall sein, wenn er zwei Erlösverteilungen nach demselben Schema ohne Einwendungen zugestimmt hat und hinsichtlich einer weiteren vorgeschlagenen Erlösverteilung keine konkreten Einwände erhoben hat). Ist also der gemeinschaftliche Gegenstand zT in Natur teilbar, zT nicht (zB ein teilweise bebautes Grundstück), so kann der Teilhaber nicht verlangen, dass der Gegenstand, soweit in Natur teilbar, geteilt wird und der Rest unverteilt bleibt, RGZ 91, 416, 418; (Miteigentum im Verhältnis 1 : 3 an $5^{13}/_{23}$ Kuxen alten Rechts; der einzelne Kux ist unteilbar, der Kläger kann nicht verlangen, dass ihm ein Kux und dem Beklagten 3 Kuxe zugeteilt werden und die übrigen $1^{13}/_{23}$ Kuxe unverteilt bleiben). Besteht die Gemeinschaft an mehreren Gegenständen (dazu § 741 Rn 157 ff), so kann nicht Aufhebung hinsichtlich einzelner Gegenstände verlangt werden (nur für Früchte gilt nach § 743 eine Ausnahme). Allerdings ist in einem solchen Fall zu prüfen, ob es sich nicht um verschiedene, nur äußerlich zusammenhängende Gemeinschaften handelt; dann kann für jede einzelne Gemeinschaft gesondert Aufhebung verlangt werden. Abw MünchKomm/K Schmidt Rn 26 von dem Ausgangspunkt aus, dass die Gemeinschaft nach dem Spezialitätsgrundsatz in der Regel nur am Einzelgegenstand besteht (vgl auch BGH NJW-RR 2001, 369 und Schnorr 373).

52 Im Hinblick auf die **Erbengemeinschaft** lässt die Rechtsprechung einen Anspruch auf

Teilauseinandersetzung (nur dann) zu, wenn besondere Gründe sie rechtfertigen und Interessen der Miterben nicht entgegenstehen (OLG Koblenz ZEV 2013, 513; OLG Colmar OLGE 11, 230; BGH NJW 1963, 1610, 1611; BeckOK BGB/Gehrlein Rn 3; RGZ 95, 325; RG JW 1910, 846; Staudinger/Werner [2010] § 2042 Rn 30 mwNw). Dieser Rechtsgedanke kann auf die Gemeinschaft übertragen werden.

Eine Aufhebung der Gemeinschaft in der Form, dass einzelne Teilhaber **„ausgeschlossen"** werden, ist nicht möglich (vgl MünchKomm/K Schmidt Rn 27 mit der zutreffenden Erwägung, die Bruchteilsgemeinschaft sei keine „Zweckförderungsgemeinschaft, der man ‚beitreten' und aus der man wieder ‚austreten' kann"; AG Winsen/Luhe NZM 2000, 717; Erman/Aderhold Rn 8), auch dann nicht, wenn der betreffende Teilhaber, und nur er, einen „wichtigen Grund" für die Aufhebung gesetzt hat. Wollen die übrigen Teilhaber die Gemeinschaft fortsetzen (vgl dazu KG OLGE 4, 119; OLG Colmar OLGE 12, 92), so bestehen nur zwei Möglichkeiten: Entweder der „ausscheidende" Teilhaber erklärt sich freiwillig bereit, seinen Anteil auf die übrigen Teilhaber anteilmäßig zu übertragen; oder die übrigen Teilhaber ersteigern aufgrund einer entsprechenden Verabredung im Aufhebungsverfahren den Gegenstand gemeinsam. Ist der Gegenstand in Natur teilbar, so können die zur Fortsetzung bereiten Teilhaber die Gemeinschaft hinsichtlich der bei der Teilung nach § 752 auf sie entfallenden realen Teile fortsetzen (BGB-RGRK/vGamm Rn 3); das bedarf aber entsprechender schuldrechtlicher und dinglicher Vereinbarungen zwischen ihnen. Im praktischen Ergebnis erreichen sie hierdurch einen „Ausschluss" des missliebigen Teilhabers. – Zur Möglichkeit, die Gemeinschaft fortzusetzen, wenn ein Gläubiger eines Teilhabers die Aufhebung betreibt, vgl § 751 Rn 11. 53

VII. Abtretung und Pfändung des Aufhebungsanspruchs

1. Unabtretbarkeit des Aufhebungsanspruchs

Der Anspruch auf Aufhebung ist als **„unselbstständiges Hilfsrecht"** (zutr K Schmidt JR 1979, 317) **nicht selbstständig übertragbar**. Überträgt der Teilhaber seinen Anteil, erlangt der Erwerber gem Abs 1 den Aufhebungsanspruch ohne weiteres. Eine *Übertragung des Anteils ohne den Aufhebungsanspruch* oder des *Aufhebungsanspruchs ohne den Anteil* ist nicht möglich (Palandt/Sprau Rn 2). Denn das Miteigentum oder eine sonstige Mitberechtigung wäre, vom Aufhebungsanspruch getrennt, seines *wesentlichen Inhalts entkleidet*, der gerade darin besteht, dass der Miteigentümer oder sonstwie Mitberechtigte sei es Teilung in Natur, sei es Verkauf und Teilung des Erlöses verlangen kann. Die selbstständige Abtretbarkeit ist deshalb aus den gleichen Gründen abzulehnen, aus denen eine selbstständige Abtretung der Ansprüche aus §§ 894, 985 oder 1004 nicht zugelassen wird (BGH NJW-RR 1991, 683; OLG Köln OLGZ 1969, 338; KG NJW 1953, 1832; LG Aurich Rpfleger 1962, 412; Furtner NJW 1957, 1620; ders NJW 1969, 871; iE ebenso Hoffmann JuS 1971, 20 f; MünchKomm/K Schmidt Rn 22 f; grundlegend K Schmidt JR 1979, 317). 54

Gegen diese Begründung (nicht gegen das Ergebnis) wendet Rolf Hoffmann ein, der Aufhebungsanspruch könne nach Abs 2 für immer ausgeschlossen werden, ohne dass das Miteigentum hierdurch berührt werde; deshalb könne der Aufhebungsanspruch **nicht als unverzichtbares Attribut des Miteigentumsanteils** angesehen werden (JuS 1971, 20 f). Dieser Einwand überzeugt indes nicht. Denn erstens ist der 55

Ausschluss des Aufhebungsanspruchs unwirksam, wenn ein wichtiger Grund für die Aufhebung vorliegt; jedenfalls hier ist der Anspruch untrennbares Attribut des Miteigentums. Zweitens kann die Aufhebung, auch wenn sie durch Vereinbarung ausgeschlossen ist, immer im Einverständnis aller Teilhaber durchgeführt werden. Das Recht auf eine solche einverständliche Aufhebung – in der Praxis wohl ohnehin die Regel – müsste, wäre der Aufhebungsanspruch abtretbar, ebenfalls auf den Zessionar übergehen. Sachlich lässt sich dieses Recht aber von der Miteigentümerstellung nicht trennen.

56 Gegen die selbstständige Abtretung des Aufhebungsanspruchs spricht noch ein weiterer Gesichtspunkt, auf den Hoffmann aaO zu Recht hinweist. Zwar könnte der Miteigentümer bis auf weiteres die Rechte aus dem Miteigentum (dh das Früchtebezugsrecht und das Benutzungsrecht nach § 743) ausüben. Dieses Recht stünde ihm aber nur zu, solange der Zessionar seinen Aufhebungsanspruch nicht geltend macht. Die Berechtigung des Miteigentümers hinge also vom **Belieben des Zessionars** ab. Das zeigt aber nur, dass die eigentliche Rechtsmacht, die die Mitberechtigung darstellt, mit dem Aufhebungsanspruch untrennbar zusammenhängt. Eine rechtsgeschäftliche Trennung kommt auch aus diesem Grund nicht in Betracht.

57 Schließlich erwüchsen aus einer Trennung von Recht und Anspruch erhebliche **Schwierigkeiten für den Rechtsverkehr**. Im Fall des Miteigentums an einem Grundstück zB wäre der Miteigentümer auch nach der Abtretung des Anspruchs im Grundbuch eingetragen; die Abtretung als solche wäre nicht eintragungsfähig. Im Fall der Veräußerung des Anteils erhielte der Erwerber ein entwertetes, ausgehöhltes Recht, ohne durch den Inhalt des Grundbuchs hiervor gewarnt zu werden.

2. Pfändbarkeit des Anspruchs?

a) Allgemeines

58 Ob der Aufhebungsanspruch gepfändet werden kann, ist **streitig** (bejahend: BGH WM 2014, 753 mit Ausführungen zum Verhältnis zwischen Teilungsversteigerung aus gepfändetem Anspruch und Eröffnung des Insolvenzverfahrens des Schuldners; BGH NJW 2006, 849; BGHZ 154, 64, 69; BGHZ 90, 215; BGH NJW-RR 2010, 1098; OLG Hamm NJW-RR 1992, 665; OLG Köln OLGZ 1969, 338; LG Wuppertal NJW 1961, 785; LG Aurich Rpfleger 1962, 412; BGB-RGRK/vGamm § 751 Rn 2; Soergel/Hadding Rn 4; Palandt/Sprau Rn 2; Furtner NJW 1969, 871, 872; **verneinend**: KG NJW 1953, 1832; Erman/Aderhold, Rn 9; MünchKomm/K Schmidt Rn 24; K Schmidt JR 1979, 317, 320; BeckOK BGB/Gehrlein Rn 4; Stein/Jonas/Brehm § 857 Rn 3, 17; Hoffmann JuS 1971, 20 ff) Aus der Unabtretbarkeit des Aufhebungsanspruchs folgt grundsätzlich, dass der Anspruch auch nicht pfändbar ist (§ 851 Abs 1 ZPO). Streitig ist aber, ob nicht gem § 857 Abs 3 ZPO die Abtretung trotzdem deshalb möglich ist, weil es sich bei dem Anspruch um ein Recht handelt, dessen „Ausübung einem anderen überlassen werden kann“. Das ist zu verneinen. § 857 Abs 3 ZPO ist auf Fälle zugeschnitten, in denen ein unübertragbares Recht durch einen anderen als den Rechtsinhaber ausgeübt werden kann, wie vor allem der Nießbrauch. Hier soll die Ausübungsbefugnis der Pfändung unterliegen; die Rechtsinhaberschaft bleibt unberührt. Schuldrechtliche Ansprüche lassen sich in dieser Weise nicht aufspalten. Denn die Ausübung des Anspruchs bringt den Anspruch zum Untergang, enthält also eine Verfügung über den Anspruch selbst (zutr Rolf Hoffmann JuS 1971, 20 f). Im Übrigen würde eine Pfändung des Aufhebungsanspruchs ohne gleichzeitige Anteilspfändung dieselben Misshelligkeiten mit sich bringen wie die isolierte Abtretung des Anspruchs. Vor allem die getrennte Pfändung des Anteils und des Aufhebungsanspruchs muss zu unlösbaren praktischen Schwierigkeiten führen.

b) Pfändung des Aufhebungsanspruchs als Hilfspfändung?

Die Gegenansicht will die Pfändung deshalb auch nicht als isolierte Pfändung zu- 59
lassen, sondern nur als Hilfspfändung neben der Anteilspfändung, soweit es um Miteigentumsanteile an Grundstücken geht. Bei **Miteigentumsanteilen an beweglichen Sachen** ist es allgemeine Ansicht, dass die Pfändung des Anteils den Aufhebungsanspruch ohne weiteres mit erfasst; die Pfändung des Aufhebungsanspruchs soll daneben nur „klarstellende" Bedeutung haben (vgl § 747 Rn 56). Bei **Miteigentumsanteilen an Grundstücken** ist es dagegen verbreitete Ansicht, dass die Zwangsvollstreckung in den Anteil dem Gläubiger nur die Möglichkeit verleiht, den Anteil als solchen zu verwerten, nicht aber die Möglichkeit, die Aufhebung der Gemeinschaft zu betreiben; deshalb sei die ergänzende Pfändung des Aufhebungsanspruchs aus praktischen Erwägungen zuzulassen (vgl zB OLG Köln OLGZ 1969, 338, 340 f). Praktisch wird es sich für den Gläubiger, der sichergehen will, empfehlen, die Zwangshypothek und die – unzulässige – Pfändung des Aufhebungsanspruchs nebeneinander zu erwirken (so auch MünchKomm/K Schmidt Rn 25; vgl auch § 747 Rn 58 ff). Neben der Pfändung des Anspruchs aus der Teilung oder an ihrer Stelle empfiehlt sich immer eine Pfändung des Bruchteils selbst; sie verhindert schließlich, dass die Pfändung des Anspruchs aus der Teilung durch Verfügungen über den Anteil wieder gefährdet wird (MünchKomm/K Schmidt Rn 26) – Handelt es sich um ein Grundstück, kann die Pfändung und Überweisung des Anspruchs auf Aufhebung nicht zugunsten des pfändenden Gläubigers in das Grundbuch eingetragen werden, so zutr LG Siegen Rpfleger 1988, 249 ff mit zust Anm Tröster.

VIII. Ausschluss und Beschränkung des Aufhebungsanspruchs

1. Vereinbarung

Die Teilhaber können durch Vereinbarung – nicht durch Mehrheitsbeschluss 60
(Schnorr 366) – den Aufhebungsanspruch für immer oder für eine bestimmte Zeit (vgl RGZ 47, 363) **ausschließen** (Teilungsverbot) oder **von der Einhaltung einer Kündigungsfrist** abhängig machen (Abs 2). Eine derartige Vereinbarung bedarf als solche keiner Form und steht unter keiner (absoluten) zeitlichen Grenze (MünchKomm/K Schmidt Rn 7); eine Formbedürftigkeit kann sich (bei Grundstücken) nur dann ergeben, wenn sie mit einer Vereinbarung über eine bestimmte Art der Aufhebung verbunden wird, die ihrerseits uU formbedürftig ist (oben Rn 28). Die Vereinbarung über den Ausschluss der Aufhebung kann daher auch *stillschweigend* getroffen werden (BGH NZG 2008, 143 hinsichtl eines Privatweges, der im Miteigentum von Grundstücksnachbarn steht; RGZ 67, 396, 397 betr Ehegattengemeinschaft; dagegen zu Recht verneinend OLG Hamburg NJW-RR 2002, 1165, 1167; dazu unten Rn 63 ff; vgl Ising ZfIR 2013, 41) oder im Wege der Auslegung (vgl § 750) sich ergeben – ggf auch ergänzend und lückenfüllend (so wohl der Fall OLG Celle NJW-RR 2000, 227 betr eine Heizhausgemeinschaft, wobei sich das OLG Celle allerdings auf § 242 bzw konkludente Abreden stützt; ähnlich wäre der Fall AG Winsen/Luhe NZM 2000, 717 betr Kabelfernsehgemeinschaft zu entscheiden gewesen; ausdrückl wie hier OLG Köln ZMR 2004, 267; vgl OLG Hamm RNotZ 2013, 258 [nur Ls], zu einem die gemeinsamen Grundstücksgrenzen überschreitenden Entwässerungsrohrsystems, wonach die Gemeinschaft so lan-

ge Bestand haben solle, wie die Häuser stehen und eine Entwässerung erforderlich sei; die rechtsgeschäftliche Beschränkung nach § 749 Abs 2 BGB ergebe sich daher aus der „Zweckbestimmung des gemeinschaftlichen Eigentums anlässlich der Begründung der Gesellschaft"; vgl auch OLG Celle ZMR 2013, 492 und BGH MDR 2013, 1217 zu einer [gemeinsamen] Heizungsanlage; zu Gemeinschaftserfindern vgl MünchKomm/K Schmidt Rn 9). Bringen zB Miteigentümer ein Grundstück quoad usum oder quoad sortem in eine zwischen ihnen bestehende *Gesellschaft* ein, so ist davon auszugehen, dass sie den Aufhebungsanspruch für die Dauer ihrer Zugehörigkeit zur Gesellschaft stillschweigend ausgeschlossen haben (Fischer NJW 1957, 894, 895; U Huber 75 Fn 43). Der Ausschluss kann sich auf alle gemeinschaftlichen Gegenstände oder nur auf einzelne beziehen (MünchKomm/K Schmidt Rn 8); er kann alle Teilhaber oder nur bestimmte Teilhaber binden sowie verschiedene Zeitabschnitte vorsehen, während derer der Aufhebungsausschluss nicht mehr oder wieder greift (vgl BayObLG DNotI-Rep 1999, 152). Zulässig ist es auch, die Aufhebung von der *Zustimmung eines Dritten* abhängig zu machen (KG OLGE 39, 206, vgl auch § 1066 Abs 2), oder davon, dass bei der Veräußerung des Gegenstands ein bestimmter *Mindestpreis* erzielt wird (KGJ 33 A 224; MünchKomm/K Schmidt Rn 9; Soergel/Hadding Rn 8; **aA** Planck/Lobe Anm 4). Dem Begehren nach Aufhebung kann der Rechtsmissbrauchseinwand (§ 242) entgegenstehen, wenn die Aufhebung für den widersprechenden Teilhaber eine besondere Härte bedeutet (BGH NZG 2008, 143; NJW-RR 2005, 308).

61 Nicht um einen Ausschluss des Aufhebungsanspruchs, sondern um eine **Vereinbarung über die Art der Aufhebung** (dazu oben Rn 24 ff) handelt es sich, wenn die Parteien eine bestimmte Art der Aufhebung, etwa die Teilungsversteigerung, „ausschließen". Eine solche Vereinbarung ist im Rahmen der schuldrechtlichen Vertragsfreiheit selbstverständlich zulässig; aber sie fällt nicht unter Abs 2 (**aA** MünchKomm/K Schmidt Rn 9; Soergel/Hadding Rn 8). Dh, sie ist auch dann wirksam, wenn ein „wichtiger Grund" für die Aufhebung vorliegt; andererseits wirkt sie nicht gegenüber Dritten (§ 751 Rn 15). Auch sonstige schuldrechtliche Abreden können dem Aufhebungsverlangen entgegenstehen, vgl OLG Hamm OLG-Rep 1995, 263 f (Zweckbestimmung einer Parzelle als Pkw-Abstellplatz); OLG Köln Rpfleger 2003, 570.

62 Zur **Wirksamkeit des Aufhebungsausschlusses gegenüber Dritten** (Sondernachfolgern) vgl § 751. Beachte: Ein einstimmiger Beschluss der Erben, sich nicht auseinanderzusetzen und die Erbengemeinschaft fortzusetzen, bindet nach Maßgabe der §§ 2043, 2045 auch den Testamentsvollstrecker, §§ 2204, 2042, 749 Abs 2 (OLG Nürnberg WM 2010, 1286; Storz ZEV 2011, 18). Bei Miteigentum an **Grundstücken** wirkt der Aufhebungsausschluss Dritten gegenüber nur, wenn er im Grundbuch eingetragen ist; § 1010 Abs 1 Alt 2 (auch bei Kenntnis des Dritten; zu dem Erfordernis des Ausschlusses des Aufhebungsanspruchs beim Grundstückserwerb nichtehelicher Lebenspartner Ising ZfIR 2013, 41, 44)). Im Innenverhältnis ist er dagegen auch bei Grundstücken formfrei wirksam. Zur Frage, ob bei Schenkung eines Anteils an einen Minderjährigen ein zugleich vereinbarter Aufhebungsausschluss einen rechtlichen Nachteil darstellt, vgl LG Münster FamRZ 1999, 739.

2. Ausschluss der Aufhebung in Ehegattengemeinschaften

a) Grundsätzliches

63 Auch für Ehegattengemeinschaften gelten die §§ 749 ff. Grundsätzlich kann also jeder Ehegatte jederzeit Aufhebung der Gemeinschaft verlangen (vgl RGZ 67, 396, 398; BGHZ 37, 38, 40; OLG München NJW-RR 1989, 716; MünchKomm/K Schmidt Rn 15; zu weitgehend daher LG Köln MDR 1970, 418). Praktisch geht es vor allem um Miteigentumsgemeinschaften an Grundstücken. Jeder Ehegatte ist berechtigt zu verlangen, dass die Miteigentumsgemeinschaft, mangels abweichender Vereinbarung, durch Versteigerung des Grundstücks aufgehoben wird. Zu familienrechtlichen Aspekten vgl bereits § 745 Rn 60 ff.

Soweit es sich um Gegenstände (insbes Grundstücke) handelt, die **nur der Vermögensanlage dienen** (zB ein vermietetes Wohn- oder Geschäftshaus), ergibt sich aus der Tatsache, dass die Teilhaber verheiratet sind, keine Besonderheit. Insbes darf man in solchen Fällen aus der Tatsache allein, dass die Teilhaber verheiratet sind, nicht den Schluss ziehen, dass der Aufhebungsanspruch für die Dauer der Ehe durch konkludente Vereinbarung stillschweigend ausgeschlossen sei. Eine solche Annahme überschritte die Grenzen zulässiger Auslegung und stünde im Widerspruch zu den gesetzlichen Wertungen des ehelichen Güterrechts. Leben die Ehegatten im gesetzlichen Güterstand, so sind die Miteigentumsanteile nicht gemeinschaftliches, sondern eigenes Vermögen jedes Ehegatten, das er selbstständig verwaltet (§§ 1363 Abs 2, 1369). Infolgedessen entscheidet jeder Ehegatte frei, ob er die Miteigentumsgemeinschaft fortsetzen oder beenden will. Eine abweichende Vereinbarung darf nur angenommen werden, wenn besondere Anhaltspunkte vorliegen; diese Frage ist genauso zu entscheiden, wie wenn die Partner nicht verheiratet wären. Ist Gütertrennung (§ 1414) vereinbart, gilt das erst recht. Ist Gütergemeinschaft vereinbart, kann sich das Problem nur stellen, wenn die Miteigentumsanteile Vorbehaltsgut sind (§ 1418). Das bedeutet aber gerade, dass jeder Ehegatte, wie ein Unverheirateter, selbstständig über seinen Anteil disponieren kann (§ 1418 Abs 3). 64

b) Schranken der §§ 1365, 1369

Die Freiheit, jederzeit Aufhebung verlangen zu können, ist im **gesetzlichen Güterstand** allerdings durch die §§ 1365, 1369 beschränkt (zu dem Spannungsgeflecht zwischen den Regelungen der Bruchteilsgemeinschaft und familienrechtlichen Regelungen vgl Rossmann FuR 2013, 137 ff). 65

Stellt der Miteigentumsanteil eines Ehegatten am Grundstück das **ganze** (oder praktisch das ganze) **Vermögen** eines Ehegatten dar, so ist die Schranke des § 1365 zu beachten. Die Veräußerung des Grundstücks im Weg der Zwangsversteigerung, um die Gemeinschaft aufzuheben, ist eine Verfügung über das Vermögen iS des § 1365 Abs 2, die nur mit Einwilligung des anderen Ehegatten oder unter den Voraussetzungen des § 1365 Abs 2 mit Zustimmung des Familiengerichts zulässig ist (hM: Übersicht über den Streitstand bei Staudinger/Thiele [2007] § 1365 Rn 46 und Stöber, Forderungspfändung [16. Aufl 2013] Rn 1545, insb Fn 9; zur Klarstellung: Ein Pfändungsgläubiger bedarf im Rahmen der Zwangsvollstreckung gegen einen verheirateten Schuldner auch bei gesetzlichem Güterstand zur Pfändung und Verwertung eines das ganze Vermögen bildenden Gegenstandes nicht der Einwilligung des Ehegatten [KG OLGZ 1992, 241]). Infolgedessen kann der andere Ehegatte gegen eine Zwangsversteigerung ohne seine Einwilligung vorgehen (BGH NJW 2007, 3124 mwNw; vgl ferner § 741 Rn 25), wobei im Einzelnen umstritten ist, ob schon die Eröffnung des Versteigerungsverfahrens (OLG Frankfurt NJW-RR 1999, 731; BGH NJW 2007, 3124) oder erst der Zuschlag der Zustimmung bedarf (OLG Frankfurt 66

NJW-RR 1997, 1274). Der Aufhebungsanspruch nach § 749 Abs 1 ist also durch die vorrangige Norm des § 1365 ausgeschlossen.

67 Ebenso kann die Aufhebung des Miteigentums an **Haushaltsgegenständen** gegen den Willen des anderen Ehegatten nicht verlangt werden; insoweit ist der Aufhebungsanspruch durch § 1369 ausgeschlossen.

c) Besonderheiten hinsichtlich der Ehewohnung, insb § 1361b und 1568a

68 Im Übrigen gelten, ohne Rücksicht auf den Güterstand und ohne Rücksicht darauf, ob die Voraussetzungen des § 1365 vorliegen, Besonderheiten für die Ehewohnung. Vgl dazu bereits § 741 Rn 23 ff; § 745 Rn 60 ff.

69 Steht das Haus, das die Ehegatten zur Ehewohnung bestimmt haben, im Miteigentum der Ehegatten, so ist die Geltendmachung des Aufhebungsanspruchs, **solange die Ehe besteht**, mit den ehelichen Pflichten unvereinbar. Man könnte daran denken, in der einverständlichen Bestimmung des Hauses zur Ehewohnung eine Vereinbarung nach Abs 2 zu sehen, durch die die Aufhebung der Gemeinschaft für die Dauer der Ehe ausgeschlossen wird. Aber eine solche Annahme erscheint im Regelfall als fiktiv; überdies wäre der Aufhebungsausschluss gerade in den Fällen, in denen es darauf ankommt, von einer Kündigung aus „wichtigem Grund" gem Abs 2 S 1 bedroht. Näher liegt es – und diesen Weg hat auch die Rechtsprechung eingeschlagen –, die Grenzen des Aufhebungsrechts unmittelbar aus § 1353 Abs 1 S 2 (Verpflichtung zur ehelichen Lebensgemeinschaft) abzuleiten (vgl BGHZ 37, 38, 41). Hiernach ist der Aufhebungsanspruch dann ausgeschlossen, wenn dadurch „der rechtlich geschützte räumlich-gegenständliche, in der Ehe geschaffene Lebensbereich des in Anspruch genommenen Ehegatten beeinträchtigt wird". Auf der anderen Seite sollen auch die Interessen des die Aufhebung verlangenden Ehegatten angemessen berücksichtigt werden. Nach dem BGH aaO war „nach den jeweiligen Umständen des einzelnen Falls zu entscheiden". Im Einzelnen gilt Folgendes:

70 Leben die Ehegatten voneinander **getrennt** oder will einer von ihnen getrennt leben, so kann ein Ehegatte verlangen, dass ihm der andere die Ehewohnung (zu der Charakterisierung bei vorübergehendem Auszug eines Ehegatten BGH FamRZ 2013, 1280) oder einen Teil zur alleinigen Benutzung überlässt, soweit dies auch unter Berücksichtigung der Belange des anderen Ehegatten notwendig ist, um eine unbillige Härte zu vermeiden (**§ 1361b** Abs 1 S 1; vgl die für Lebenspartner nachgebildete Regelung in § 14 LPartG). Ziel ist hierbei immer nur eine vorläufige Benutzungsregelung bis zur rechtskräftigen Scheidung; rechtsgestaltende Maßnahmen mit Außenwirkung sind im Unterscheid zu § 1568a, der eine Scheidung voraussetzt, im Rahmen von § 1361b nicht möglich (OLG Köln FamRZ 1994, 632). Hat der Ehegatte, gegen den sich der Antrag richtet, den anderen Ehegatten widerrechtlich und vorsätzlich am Körper, der Gesundheit oder der Freiheit verletzt oder mit einer solchen Verletzung oder der Verletzung des Lebens widerrechtlich gedroht, ist in der Regel die gesamte Wohnung zur alleinigen Benutzung zu überlassen (§ 1361b Abs 2 S 1). Zu beachten ist: Nach bestimmten Verletzungshandlungen oder auch Nachstellungen bietet seit 1. 1. 2002 auch das GewSchG die Möglichkeit einer Zuweisung der Wohnung (dort § 2; vgl hierzu Weber-Monecke FPR 2010, 555). Die Bestimmung findet auf Ehegatten jedoch nur dann Anwendung, wenn sie nicht getrennt leben oder wenn sie eine Trennung nicht beabsichtigen; ist dies der Fall, ist § 1361b lex specialis (vgl BT-Drucks 14/5429, 21;

hM: MünchKomm/Weber-Monecke § 1361b Rn 2 mwNw). Wurde einem Ehegatten die Ehewohnung ganz oder zum Teil überlassen, so hat der andere alles zu unterlassen, was geeignet ist, die Ausübung dieses Nutzungsrechts zu erschweren oder zu vereiteln (§ 1361 Abs 3 S 1). Streitig ist, ob das zuständige Gericht in einem solchen Fall auch ein gerichtliches **Veräußerungsverbot** (so wohl vom Gesetzgeber intendiert: BT-Drucks 14/5429, 21, 33, zustimmend Schumacher FamRZ 2002, 645;) bzw das **Verbot, eine Teilungsversteigerung zu beantragen**, aussprechen kann (zu Recht kritisch Weber-Monecke FPR 2010, 555; **aA** Haussleiter/Schulz Kap 4 Rn 113a). Beides stellt jedoch einen zu weitgehenden Eingriff in die grundrechtlich geschützte Eigentumsposition des „weichenden" Ehegatten aus Art 14 GG dar, der durch den vorgenannten Schutzzweck und den Anwendungsbereich der Bestimmungen nicht gedeckt ist, sodass ein solcher Ausschluss abzulehnen ist (vgl Palandt/Brudermüller § 1361b Rn 13 mwNw). Der die Nutzung überlassende Ehegatte kann von dem nutzungsberechtigten Ehegatten eine Vergütung für die Nutzung verlangen, soweit dies der Billigkeit entspricht (§ 1361b Abs 3 S 2; vgl eingehend § 745 Rn 60 ff). Ist nach der Trennung der Ehegatten im Sinne des § 1567 Abs 1 ein Ehegatte aus der Ehewohnung ausgezogen und hat er binnen sechs Monaten nach seinem Auszug eine ernstliche Rückkehrabsicht dem anderen Ehegatten gegenüber nicht bekundet, so wird unwiderleglich vermutet, dass er dem in der Ehewohnung verbliebenen Ehegatten das alleinige Nutzungsrecht überlassen hat (§ 1361b Abs 4).

Nach dem zum 1. 9. 2009 durch das FGG-Reformgesetz (FGG-RG: BGBl 2008 I 2586; **71** die Norm findet seit dem Inkrafttreten Anwendung: BGH FamRZ 2011, 183; BGH FamRZ 2011, 1039) eingefügten **§ 1568a Abs 1** kann ein Ehegatte bei Miteigentum an einer Ehewohnung (vgl noch BayObLG FamRZ 1974, 22; OLG Celle FamRZ 1992, 465 zu § 2 HausratsVO) verlangen, dass ihm der andere Ehegatte „anlässlich", also bei oder nach (BeckOK BGB/Neumann § 1568a Rn 4; für die Zeit des Getrenntlebens sind die vorläufigen Regelungen nach § 1361b anzuwenden, s oben) der Scheidung, die Ehewohnung überlässt, wenn er auf deren Nutzung unter Berücksichtigung des Wohls der im Haushalt lebenden Kinder (vgl BVerfG FamRZ 2006, 1596) und der Lebensverhältnisse der Ehegatten in stärkerem Maße angewiesen ist als der andere Ehegatte oder die Überlassung aus anderen Gründen der Billigkeit entspricht. Anders als dies § 2 S 1 HausratsVO vorsah, kann eine Entscheidung des Richters damit nicht mehr allein „nach billigem Ermessen" erfolgen. Kann keiner der Ehegatten die Überlassung der Ehewohnung erfolgreich beanspruchen, so sind die wechselseitigen Zuweisungsansprüche abzulehnen (OLG Saarbrücken FamRZ 2013, 1982; zu den weiteren Rechtsfolgen vgl § 745 Rn 60 ff). Der Anspruch auf Überlassung kann **keine Änderung der Eigentumsverhältnisse** an der Ehewohnung herbeiführen, es gelten die obigen Erwägungen entsprechend; es besteht jedoch– an Stelle einer freien Gestaltung der Rechtsverhältnisse an der Ehewohnung durch den Richter gem § 2 HausratsVO – ein Anspruch auf Begründung eines Mietverhältnisses (§ 1568a Abs 5, näher – auch zur Problematik des Vorliegens eines bloßen Nutzungsverhältnisses – § 745 Rn 60 ff).

Betreibt ein Miteigentümer die Zwangsversteigerung zur Aufhebung einer Gemein- **72** schaft, der außer ihn nur sein Ehegatte oder ein früherer Ehegatte angehört, so ist nach § 180 Abs 3 ZVG auf Antrag auch mehrfach die Einstellung des Verfahrens anzuordnen, wenn dies zur *Abwendung einer ernsthaften Gefährdung des Wohls eines gemeinschaftlichen Kindes* erforderlich ist (dazu Graba NJW 1987, 1765; LG Berlin FamRZ 1987, 1067; LG Heidelberg FamRZ 1991, 588; OLG München FamRZ 1989, 980; LG Berlin

Rpfleger 1993, 297; Kindl/Meller-Hannich/Wolf/Stumpe [2013] § 180 Rn 27; vgl ferner § 745 Rn 60 ff sowie Staudinger/vProff § 741 Rn 24 f). Darüber hinaus kann das Verlangen nach Aufhebung der Gemeinschaft in besonderen Ausnahmefällen **rechtsmissbräuchlich** sein, wenn sie für einen der Miteigentümer schlechterdings unzumutbar ist (OLG Frankfurt FamRZ 1998, 641); oben Rn 35 f.

3. Geltendmachung des Ausschlusses im Prozess

73 Im Prozess muss der Teilhaber, der der Aufhebung widerspricht, die Tatsachen **beweisen**, aus denen sich der Ausschluss des Aufhebungsanspruchs ergibt (BGH NJW-RR 1991, 947).

74 Wird die Teilungsversteigerung eines Grundstücks nach §§ 180 ff ZVG betrieben, so hat der widersprechende Teilhaber seine Rechte nach hM im Weg der **Drittwiderspruchsklage** geltend zu machen, § 771 ZPO (vgl RG JW 1919, 42; RG JW 1935, 781; BGH FamRZ 1972, 363; OLG Hamburg NJW 1961, 610; OLG Hamm Rpfleger 1964, 341; BayObLG NJW 1971, 2314 sowie die Rechtsprechungsnachweise oben Rn 66). Das Miteigentum des widersprechenden Teilhabers gilt also, soweit der Aufhebungsanspruch ausgeschlossen ist, als ein „die Veräußerung hinderndes Recht". *Erinnerung* nach § 766 ZPO kommt daneben als Rechtsbehelf nur in Betracht, wenn der Ausschluss des Aufhebungsanspruchs aus dem Grundbuch ersichtlich ist (Jaeckel/Güthe aaO; **aA** OLG Frankfurt FamRZ 1997, 1490; zust Reinecke FPR 2000, 213).

IX. Aufhebungsanspruch aus wichtigem Grund; Unabdingbarkeit (Abs 2, 3)

1. Grundsatz

75 Ausschluss oder Beschränkung des Aufhebungsanspruchs sind unwirksam gegenüber einem Teilhaber, der einen wichtigen Grund für die Aufhebung hat (Abs 2). Diese Regel ist **zwingend**; entgegenstehende Vereinbarungen sind nichtig (Abs 3). Es handelt sich bei der Regel, dass ein wichtiger Aufhebungsgrund stärker wirkt als die rechtsgeschäftliche Bindung (hier: durch ein Teilungsverbot), um einen allgemein für Dauerschuldverhältnisse – und damit auch vorliegend – geltenden Grundsatz (MünchKomm/K Schmidt Rn 10)

76 Abs 2 gilt nur für Vereinbarungen, die **das Aufhebungsrecht als solches ausschließen oder beschränken** (etwa indem sie die Aufhebung von der Zustimmung Dritter abhängig machen [KG OLGE 39, 206, 207; KGJ 51, 198]; oder indem sie die Erzielung eines bestimmten *Mindestpreises* verlangen). Vereinbarungen, die nur die *Art und Weise der Aufhebung,* dh deren Durchführung, regeln, fallen *nicht* unter Abs 2; sie sind also auch dann verbindlich, wenn für die Aufhebung ein wichtiger Grund besteht (Palandt/Sprau Rn 7; MünchKomm/K Schmidt Rn 10; oben Rn 61). Zur Abgrenzung vgl Rn 83.

2. Wichtiger Grund

77 Die Feststellung eines wichtigen Grundes setzt eine umfassende Würdigung aller Umstände voraus (OLG Hamm v 28. 1. 2011 – 19 U 169/10, nv: Auslegung des Ausschlusses der Auseinandersetzung in einem Übertragungsvertrag zwischen Eheleuten, die die Scheidung beab-

sichtigen). Da es sich um die **ultima ratio** handelt, gilt ein strenger Maßstab (BGH DB 1995, 317). Erforderlich ist, dass eine ordnungsgemäße gemeinschaftliche Nutzung und Verwaltung unter Abwägung aller den Einzelfall prägenden Umstände unmöglich ist und dass der Berechtigte, der die Aufhebung begehrt, den wichtigen Grund nicht allein oder überwiegend herbeigeführt hat (BGH ZIP 1995, 113). Dabei stehen **zwei Gesichtspunkte** im Vordergrund, die sich im Einzelfall überlagern können: *Unzumutbarkeit der Fortsetzung der Gemeinschaft* für den die Aufhebung begehrenden Teilhaber und *Wegfall der Voraussetzungen,* unter denen der Ausschluss der Aufhebung vereinbart worden ist.

Die für die **Auflösung einer Gesellschaft aus wichtigem Grund** maßgeblichen Gesichtspunkte können **nicht** unbesehen **übernommen** werden. Denn das **Fehlen einer gemeinsamen Zweckförderung** bei der Gemeinschaft führt dazu, dass sie gegenüber Vertrauenskrisen zwischen den Teilhabern nicht so empfindlich ist wie die Gesellschaft (BGH WM 1962, 464; BGH WM 1984, 873; BGH NJW 1983, 449; BGH NJW-RR 1995, 335; vgl auch BGH ZIP 1995, 113 und OLG Hamm RNotZ 2013, 258 [nur Ls]). Solange sichergestellt ist, dass der gemeinschaftliche Gegenstand in seinem wirtschaftlichen Wert durch angemessene Verwaltung erhalten bleibt, wird ein wichtiger Grund im Allgemeinen nicht vorliegen (BGH WM 1962, 464, 465). Das trifft zB dann zu, wenn ein angestellter Verwalter für die Teilhaber tätig ist; in diesem Fall stellt ein *persönliches Zerwürfnis* zwischen den Teilhabern keinen wichtigen Grund für die Aufhebung dar (BGH aaO; ebenso LG Düsseldorf DNotZ 1956, 261 für den Fall der Testamentsvollstreckung). Andererseits wird ein wichtiger Grund dann anzunehmen sein, wenn Meinungsverschiedenheiten oder mangelnde Kooperationsbereitschaft der Teilhaber dazu führen, dass eine *ordnungsmäßige Verwaltung nicht mehr* – **auch nicht durch Zwischenschaltung eines Dritten** – *sichergestellt* ist (OLG Bamberg MDR 2004, 24). Als *Beispiele* lassen sich nennen: Schikane, Widerstand gegen notwendige Verwaltungsmaßnahmen, Entziehung der Gebrauchsmöglichkeit (BGH WM 1962, 464, 465), Nichtanhörung bei Mehrheitsbeschlüssen (str, MünchKomm/K Schmidt § 745 Rn 21; vgl auch § 745 Rn 5). *Verschulden* eines Teilhabers ist nicht erforderlich, kann aber bei der Gesamtabwägung erschwerend ins Gewicht fallen (BGH WM 1984, 873). Zu berücksichtigen ist dabei auch, ob sich das Rechtsverhältnis der Teilhaber in der Bruchteilsgemeinschaft erschöpft (so zu Recht MünchKomm/K Schmidt Rn 11). Ist dies der Fall, so muss bei der Prüfung berücksichtigt werden, dass die Gemeinschaft – wie gesehen anders als die Gesellschaft – nur eine „gemeinsame Mitberechtigung" darstellt (BGH BB 1962, 427). Schließlich gilt es auch zu prüfen, ob der die Aufhebung verlangende Teilhaber selbst allein oder überwiegend den wichtigen Grund herbeigeführt hat – ist dies der Fall, wird dieser grundsätzlich zu verneinen sein (vgl BGH ZIP 1995, 114; Hk-BGB/Saenger Rn 4). 78

Eine wesentliche Veränderung der Umstände kann ebenfalls einen wichtigen Grund darstellen (MünchKomm/K Schmidt Rn 12). Haben zB die Miteigentümer die Aufhebung ausgeschlossen und das Grundstück quoad usum oder quoad sortem in eine zwischen ihnen bestehende *Gesellschaft* eingebracht, so wird die *Auflösung der Gesellschaft* oder das Ausscheiden eines Miteigentümers aus ihr idR einen wichtigen Grund darstellen (U Huber 76; Fischer NJW 1957, 894, 895). Ob *unvorhergesehener Finanzbedarf* eines Teilhabers ein wichtiger Grund ist, lässt sich nur anhand der Umstände des Einzelfalls beurteilen; hier wird Zurückhaltung geboten sein. Hat zB ein Teilhaber seinen Anteil *sicherungshalber übertragen,* so bildet das vermögens- 79 rechtliche Interesse seines Gläubigers an der Befriedigung keinen wichtigen Grund für die Aufhebung der Gemeinschaft (OLG Hamburg NJW 1961, 610, 611; allerdings schützt das die Teilhaber nicht davor, dass der Gläubiger den Anteil pfändet und nunmehr, ungehindert durch den vereinbarten Aufhebungsausschluss, die Aufhebung betreibt). Zum Austritt aus einer Antennengemeinschaft wegen schlechten Empfangs vgl LEPPIN NJW 1974, 1471. Ein wichtiger Grund zur Aufhebung der Gemeinschaft, die an einer gemeinsamen Heizungsanlage besteht, kann in der angestrebten Modernisierung der Anlage und der beschossenen Umstellung vom vorhandenen Öl- auf Gasbetrieb gesehen werden (OLG Celle ZMR 2013, 492). Auch kann eine Aufhebung der Gemeinschaft aus wichtigem Grund in Betracht kommen, wenn der von dem Ausschluss der Teilungsversteigerung bezweckte Erfolg nicht mehr herbeigeführt werden kann (vgl OLG Hamm v 28. 01. 2011 – 19 U 169/10, nv: Hier hatten die Parteien mit der Übertragung des Miteigentumsanteils und dem Ausschluss der Auseinandersetzung sicherstellen wollen, dass das Grundstück – vorbehaltlich einer einverständlichen Veräußerung – an die Kinder übergeben werden kann. In der Folgezeit stellte sich dann jedoch heraus, dass kein Familienmitglied beabsichtigte, in dem Haus zu wohnen, was auch zu einer einschränkenden Auslegung der Ausschlussklausel sprach.).

80 Als „wichtiger Grund" iSv Abs 2 ist nur ein Grund anzuerkennen, der die **sofortige Aufhebung** der Gemeinschaft erfordert und rechtfertigt (Prot II 753 f). Ein *zur Unzeit* gestelltes Aufhebungsverlangen ist deshalb durch Abs 2 nicht gedeckt (RG WarnR 1938 Nr 70).

81 Liegt ein wichtiger Grund vor, so können die der Aufhebung widerstrebenden Teilhaber dem zur Aufhebung berechtigten Teilhaber das Aufhebungsrecht *nicht* dadurch nehmen, dass sie ihm **Auszahlung** in Höhe des geschätzten Wertes seines Anteils **anbieten** (**aA** FISCHER NJW 1957, 894, 895; dagegen U HUBER, Kapitalanteil 76 Fn 45). Es bleibt den Teilhabern, die den gemeinschaftlichen Gegenstand behalten wollen, unbenommen, ihn im Aufhebungsverfahren zu ersteigern. Die Chance, dass in der Versteigerung ein höherer Preis erzielt wird als der geschätzte Wert, können sie dem aufhebungsberechtigten Teilhaber nicht nehmen. Das Gemeinschaftsrecht kennt eben nicht die Möglichkeit, einen Teilhaber gegen seinen Willen auszuschließen, auch nicht gegen Abfindung. Auch der Teilhaber, der selbst den wichtigen Grund herbeigeführt hat, kann nicht gegen Abfindung ausgeschlossen werden (oben Rn 53).

Zu dem in §§ 2044 Abs 1 S 2, 749 Abs 2, 3 angeordneten **Wirkungsloswerden des Auseinandersetzungsausschlusses** bei Vorliegen eines wichtigen Grundes vgl MUSCHELER ZEV 2010, 340.

3. Nichtige Vereinbarungen (Abs 3)

82 Nichtig gem Abs 3 ist jede Vereinbarung, soweit sie das Recht zur Aufhebung aus wichtigem Grund (Abs 2) **ausschließt** oder auch nur **mittelbar beeinträchtigt**. Hierher gehört zB die Vereinbarung einer Vertragsstrafe für den Fall, dass Aufhebung aus wichtigem Grund verlangt wird, oder eine Vereinbarung, die bewirkt, dass ein Teilhaber, der Aufhebung aus wichtigem Grund verlangt, bei der Teilung *nicht das erhält, was ihm nach den Beteiligungsverhältnissen zusteht.* Auch die Vereinbarung, dass die übrigen Teilhaber den Teilhaber, der aus wichtigem Grund Aufhebung

verlangt, mit einem *bestimmten Betrag* (statt mit dem wirklichen Wert) ausbezahlen dürfen, gehört hierher (vgl auch oben Rn 81). Nichtig sind selbstverständlich auch Vereinbarungen, die bestimmen, dass das Aufhebungsverlangen aus wichtigem Grund der *Zustimmung mehrerer Teilhaber* oder eines *Dritten* bedarf. Die Teilhaber können auch nicht verbindlich festlegen, dass nur bestimmte Gründe zur Aufhebung führen sollen; eine solche Vereinbarung ist, soweit sie die Berufung auf andere wichtige Aufhebungsgründe ausschließt, nichtig.

Wirksam auch für den Fall des wichtigen Grundes bleiben alle früher getroffenen Vereinbarungen, die die **Durchführung der Aufhebung** regeln, sofern sie den Teilhaber, der Aufhebung aus wichtigem Grund verlangt, im finanziellen Ergebnis nicht einseitig benachteiligen. Grundsätzlich zulässig – auch für den Fall eines wichtigen Grundes – ist deshalb vor allem eine Vereinbarung, die einem Teilhaber das Recht gibt, *den gemeinschaftlichen Gegenstand gegen Zahlung eines angemessenen Entgelts zu übernehmen* (bei Grundstücken formbedürftig, vgl Rn 28). Ist über das Entgelt nichts näheres gesagt, so haben die nicht übernahmeberechtigten Teilhaber das Entgelt nach *billigem Ermessen* festzusetzen (§§ 316, 315 Abs 1); bei Unbilligkeit oder Verzögerung der Festsetzung entscheidet das Gericht (§ 315 Abs 3). Die Festsetzung des Entgelts kann auch dem Übernahmeberechtigten überlassen bleiben; auch dann gilt § 315. Ist Festsetzung durch einen Dritten vorgesehen, gelten §§ 317, 319. Preisbestimmung nach freiem Belieben kann dagegen nicht vereinbart werden. Die *Festsetzung eines bestimmten Übernahmepreises* in einer früheren Vereinbarung ist gegenüber dem Aufhebung aus wichtigem Grund fordernden Teilhaber nur verbindlich, wenn sie sich mit dem durch objektive Schätzung ermittelten wirklichen Wert deckt (vgl Rn 82). 83

Zulässig sind allerdings Vereinbarungen, die einem Teilhaber, unabhängig vom Vorliegen eines bestimmten Grundes, das jederzeitige Recht einräumen, den Anteil des anderen Teilhabers gegen Zahlung eines bestimmten Preises zu übernehmen. Nicht betroffen ist ferner die Vereinbarung, dass in erster Linie eine **freihändige Veräußerung** anzustreben ist. Schlägt allerdings der Versuch einer freihändigen Veräußerung fehl, sei es dass die übrigen Teilhaber Obstruktion treiben, sei es dass sich kein Interessent findet, der einen angemessenen Preis bietet, so muss es dem Teilhaber, der den wichtigen Grund geltend macht, nach dem Sinn von Abs 2, 3 freistehen, nunmehr die Aufhebung nach §§ 752, 753 zu betreiben. Entsprechendes gilt für die Bestimmung, dass der Gegenstand im Fall der Aufhebung **nur unter den Teilhabern zu versteigern** ist. Auch wenn ein wichtiger Grund für die Aufhebung vorliegt, ist dann in erster Linie wie vereinbart zu verfahren. Findet sich allerdings kein Teilhaber, der bereit ist, ein angemessenes Gebot abzugeben, so muss es dem Teilhaber, der den wichtigen Grund geltend macht, nach dem Sinn von Abs 2, 3 freistehen, die öffentliche Versteigerung zu verlangen. 83a

Ohne weiteres zulässig sind **Vereinbarungen** über die Aufhebung der Gemeinschaft, die die Parteien **nach Eintritt und in Kenntnis des wichtigen Grundes** eingehen; sie sind durch Abs 2, 3 nicht betroffen. 84

4. Entsprechende Anwendung im Fall der Erbengemeinschaft

Abs 2, 3 gelten für die Erbengemeinschaft entsprechend. Die Miterben können die 85

Auseinandersetzung auf Zeit oder auf Dauer ausschließen oder beschränken oder von einer Kündigung abhängig machen; ebenso kann der Erblasser in den zeitlichen Grenzen des § 2044 Abs 2 die Auseinandersetzung ausschließen (§ 2044 Abs 1 S 1; vgl hierzu eingehend MUSCHELER ZEV 2010, 340). In beiden Fällen hat jeder Miterbe bei Vorliegen eines wichtigen Grundes das **unentziehbare Recht**, Auseinandersetzung zu verlangen (§§ 2042 Abs 2, 2044 Abs 1;vgl dazu STAUDINGER/WERNER [2010] § 2042 Rn 46, § 2044 Rn 12).

X. Aufhebung im Insolvenzverfahren eines Teilhabers

86 Im Insolvenzverfahren eines Teilhabers erfolgt die Aufhebung **außerhalb des Verfahrens**, § 84 InsO. Es gelten die §§ 749, 752 ff. Der Insolvenzverwalter tritt an die Stelle des Gemeinschuldners, § 80 InsO. Zur Insolvenzmasse gehört dann bei Naturalteilung (§ 752) der auf den Gemeinschuldner entfallende Teil, bei Verkauf (§ 753) der ihm zustehende Erlösanteil. Die übrigen Teilhaber haben wegen ihrer auf dem Gemeinschaftsverhältnis beruhenden Forderungen ein Recht auf abgesonderte Befriedigung aus dem gemeinschaftlichen Gegenstand, § 84 Abs 1 InsO. Das bedeutet: Zwangsversteigerung des gemeinschaftlichen Grundstücks oder Pfandverkauf der gemeinschaftlichen Sache finden, unbehindert durch das Insolvenzverfahren, statt; aus dem Erlös werden gemeinschaftliche Schulden (§ 755) vorweg befriedigt; anschließend werden aus dem Erlös Ansprüche der Teilhaber iSv § 756 vorweg befriedigt; der Rest wird zwischen dem Insolvenzverwalter und den übrigen Teilhabern nach den allgemeinen Regeln geteilt.

87 **Vereinbarungen zwischen den Teilhabern, die das Aufhebungsrecht ausschließen oder beschränken**, wirken nicht gegen den Insolvenzverwalter (§ 84 Abs 2 InsO), wohl aber zu seinen Gunsten.

88 Für **Vereinbarungen über die Art der Durchführung der Aufhebung** gilt – soweit sie, wie regelmäßig, gegenseitige Verträge darstellen – § 103 InsO (vgl oben Rn 27). Ist zB vorgesehen, dass der andere Teilhaber im Fall der Aufhebung den Gegenstand gegen einen bestimmten Preis übernehmen kann, so kann der Insolvenzverwalter das akzeptieren oder ablehnen; lehnt er es ab, so kann er die Teilungsversteigerung betreiben. Im Übrigen ist der Insolvenzverwalter an Vereinbarungen über die Art und Weise der Durchführung der Aufhebung (zB freihändiger Verkauf, Versteigerung unter den Teilhabern) nicht gebunden (vgl § 751 Rn 15).

XI. Sonderregelungen

89 Für die Gemeinschaften besonderen Rechts (§ 741 Rn 5, 177 ff) sind die Vorschriften der §§ 749 ff über die Aufhebung ausgeschlossen oder modifiziert.

90 Kein Aufhebungsrecht – auch nicht bei wichtigem Grund – besteht bei der Gemeinschaft der **Wohnungseigentümer**, § 11 Abs 1 WEG. Das gilt auch für Pfändungsgläubiger und für den Insolvenzverwalter (§ 11 Abs 2 WEG). Ein Ausscheiden aus der Gemeinschaft ist also nur durch Veräußerung des Wohnungseigentums möglich. Abweichende Vereinbarungen sind unzulässig, außer für den Fall, dass das Gebäude zerstört wird und keine Verpflichtung zum Wiederaufbau (vgl § 22 Abs 2 WEG) besteht (§ 11 Abs 1 S 2 WEG). Zum Ausschließungsverfahren gem § 18 WEG vgl

Deckert NZM 2011, 648; Drasdo NJW-Spezial 2007, 433; Heinemann MietRB 2012, 29; Köhler MietRB 2007, 156; Meyer WEZ 87, 17 und Kahlen Grundeigentum 1988, 660.

Ausgeschlossen ist das Aufhebungsrecht ferner bei der Gemeinschaft, die sich aus der **Sammelverwahrung** von Wertpapieren ergibt. Insoweit sind die §§ 6 ff DepotG lex specialis gegenüber den §§ 749 ff (Baumbach/Hopt/Kumpan [2014] § 6 DepotG Rn 2). Die Teilung erfolgt hier dadurch, dass dem Hinterleger, dem Miteigentümer oder dem sonst dinglich Berechtigten Wertpapiere der hinterlegten Art in Höhe des ihm zustehenden Nennbetrags oder der ihm zustehenden Stückzahl ausgehändigt werden. 91

Weitere, die Aufhebung berührende **Sonderregeln** enthalten die §§ 922 S 3 (Ausschluss des Aufhebungsanspruchs bei gemeinschaftlicher Grenzanlage), 1066 Abs 2 (bei Nießbrauch am Anteil sind Teilhaber und Nießbraucher nur gemeinschaftlich berechtigt, Aufhebung zu verlangen), 1258 Abs 2 (Pfandrecht, vgl dazu oben § 747 Rn 36), Art 119 Nr 2 EGBGB (Vorbehalt zugunsten landesgesetzlicher Vorschriften betr die Teilung von Grundstücken), Art 131, 182 EGBGB (Vorbehalt zugunsten landesgesetzlicher Vorschriften über das Stockwerkseigentum), § 9 Abs 1 Nr 2 GrdstVG (betr Teilung landwirtschaftlicher und forstwirtschaftlicher Grundstücke; hieran kann eine nach § 752 an sich vorgesehene Naturalteilung scheitern, vgl § 741 Rn 156), § 469 HGB (Sammellagerung; der Lagerhalter teilt), § 8 Abs 5 AktG (keine Naturalteilung einzelner Aktien). 92

XII. Ergänzende Anwendung der Aufhebungsregeln bei der Auseinandersetzung von Gesamthandsgemeinschaften

1. Allgemeines

Die Aufhebungsregeln des Gemeinschaftsrechts sind bei der Auseinandersetzung von Gesamthandsgemeinschaften – der Gesellschaft bürgerlichen Rechts (aber nicht der Personenhandelsgesellschaft), der ehelichen Gütergemeinschaft, der Erbengemeinschaft (vgl zur Abgrenzung etwa OLG Schleswig v 20. 12. 2011 – 3 U 31/11, nv) – kraft gesetzlicher Verweisung ergänzend heranzuziehen. Die Verweisung bezieht sich nicht auf Abs 1. Gesamthandsgemeinschaften unterliegen nicht der „Aufhebung", sondern der **„Auseinandersetzung"** (oben Rn 3). Die Voraussetzungen, unter denen die Auseinandersetzung verlangt werden kann, sind für die jeweilige Gesamthandsgemeinschaft gesondert geregelt. Im Rahmen der Auseinandersetzung kommen Regeln des Gemeinschaftsrechts ergänzend zur Anwendung. 93

2. BGB-Gesellschaft

a) Gesetzliche Regelung

Bei der BGB-Gesellschaft gelten für die Auseinandersetzung in erster Linie vertragliche Vereinbarungen, in zweiter Linie die §§ 732–735 (§ 731 S 1); „im übrigen" gelten „für die Teilung" die Vorschriften über die Gemeinschaft (§ 731 S 2). Das Gesetz unterscheidet **zwei Stadien der Auseinandersetzung**. Zunächst sind die Gesellschaftsschulden zu berichtigen und, soweit das danach verbleibende Vermögen hierzu ausreicht, die Einlagen in Geld zurückzuerstatten (§ 733 Abs 1, 2). Zu diesem 94

Zweck ist das Gesellschaftsvermögen, „soweit erforderlich“, in Geld umzusetzen (§ 733 Abs 3). Anschließend ist der verbleibende Überschuss nach dem Verhältnis der Gewinnanteile an die Gesellschafter zu verteilen (§ 734).

b) Früher vorherrschende Meinung

95 Nach einer früher vorherrschenden Meinung sagt § 733 Abs 3 **nichts** darüber aus, **in welcher Form das Gesellschaftsvermögen, soweit zur Bezahlung der Schulden und zur Rückerstattung der Einlagen** erforderlich, in Geld umzusetzen ist. Da es sich hierbei nicht um „Teilung“ handle, greife die Verweisung auf die Vorschriften der Gemeinschaftsteilung in § 731 S 2 nicht ein. Die Umsetzung in Geld sei Sache der Geschäftsführer (also idR aller Gesellschafter), die sich dabei über die zweckmäßigste Art der Verwertung zu verständigen hätten; grundsätzlich sei die „verkehrsübliche Art“ der Verwertung geboten (vgl Soergel/Hadding § 733 Rn 9; BGB-RGRK/vGamm § 733 Rn 12; RG JW 1934, 3268; im gleichen Sinn, weniger eindeutig, RG LZ 1924, 698; beide Entscheidungen betreffen allerdings die Auseinandersetzung von Innengesellschaften; differenzierend BGH NJW 1992, 830, 832). Erst für die Verteilung des Überschusses nach § 734 sollen die §§ 752, 753 gelten (Soergel/Hadding § 734 Rn 2; BGB-RGRK/vGamm § 734 Rn 3, dieser mit dem Vorbehalt, auch hier könnten nach den „Umständen“ die „für die Versilberung des Gesellschaftsvermögens nach § 733 Abs 3 maßgeblichen Grundsätze“ – also „verkehrsübliche“ Art der Verwertung – eingreifen). Für grundsätzliche **Anwendbarkeit des § 753 auch im Fall des § 733 Abs 3** dagegen MünchKomm/C Schäfer § 733 Rn 23; vgl auch Staudinger/Habermeier (2003) § 733 Rn 13: „Richtigerweise wird man die Vorschriften des Pfandverkaufs für primär maßgeblich erachten und aus der Verkehrssitte (§ 157) allenfalls auf eine von § 753 abweichende Vertragsvereinbarung schließen“.

c) Stellungnahme

96 Die von der früheren hM vorgenommene Unterscheidung zwischen der Umsetzung in Geld zum Zweck der Bezahlung der Schulden und der Rückerstattung der Einlagen (§ 733 Abs 3) einerseits und zum Zweck der Verteilung des Überschusses (§ 734 iVm §§ 731, 753) andererseits ist **praktisch kaum durchführbar und überdies sinnlos.** Das Gesetz weist hier einen Redaktionsfehler (nämlich eine mangelhafte Abstimmung des § 733 Abs 3 auf die Bestimmungen des Gemeinschaftsrechts, vor allem § 753) auf, der auch in § 1475 Abs 3 und in § 2046 Abs 3 wiederkehrt. Möglicherweise ist die Gesetzesfassung noch durch die gemeinrechtliche Vorstellung bestimmt, dass bei der Gemeinschaft Realteilung, notfalls im Adjudikationsverfahren, die Regel sei (Mot II 629 geben keinen Aufschluss über die Erwägungen der Gesetzesverfasser). In Wirklichkeit ist es so, dass nach § 731 S 2 iVm § 753 unteilbare Gegenstände – und das sind die meisten – immer in Geld umgesetzt werden, und aus § 731 S 2 iVm §§ 755 Abs 3, 756 S 2 folgt, dass auch teilbare Gegenstände verkauft werden müssen, soweit das zur Tilgung gemeinschaftlicher Schulden, die gegenüber Dritten oder gegenüber Teilhabern bestehen, erforderlich ist. Grundsätzlich ist also schon nach § 731 S 2 das ganze Gesellschaftsvermögen in Geld umzusetzen, ausgenommen in Natur teilbare Gegenstände, soweit ihre Verwertung zur Tilgung der gemeinschaftlichen Schulden und zur Rückerstattung der Einlagen nicht erforderlich ist. Für diese Umsetzung in Geld kann vernünftigerweise nur ein *einheitliches Verfahren* gelten. Nach der Verweisung des § 731 S 2 kann es sich dabei, sofern nichts Abweichendes vereinbart ist, nur um das Verfahren des § 753 handeln. Es ist Wortklauberei, zu sagen, § 731 verstehe unter „Teilung“ nur die Verteilung des Überschusses gem § 734, nicht die Bezahlung der Schulden und die Rückerstattung

der Einlagen nach § 733. Wirtschaftlich wie sprachlich sind alle drei Vorgänge „Teilung“: Zunächst ist ein gemeinschaftliches Vermögen der Gesellschafter vorhanden. Dieses Vermögen wird unter den Gesellschaftern in der Weise geteilt, dass sie zuerst von ihren auf dem Gesellschaftsverhältnis beruhenden Schulden befreit werden, dann ihre Einlagen zurückerhalten und schließlich ihren Gewinnanteil erhalten, wenn sie Gewinn erzielt haben. Entgegen der hM ist § 731 S 2 also so zu verstehen, dass die Versilberung des Gesellschaftsvermögens, soweit nichts Abweichendes vereinbart ist (dazu MünchKomm/C Schäfer § 733 Rn 23), insgesamt gem § 753 durch Zwangsversteigerung bzw nach den Vorschriften über den Pfandverkauf zu erfolgen hat. Etwas anderes ist insbes dann vereinbart, wenn einzelne Gesellschafter zu Liquidatoren bestellt sind. Dann haben sie die Versilberung nach pflichtgemäßem Ermessen bestmöglich vorzunehmen.

Dieses Verständnis der gesetzlichen Regelung wird den **praktischen Erfordernissen** gerecht. Es bleibt den Gesellschaftern, die gemeinsam die Geschäfte im Abwicklungsverfahren führen, unbenommen, die Verwertung abweichend von § 753 vorzunehmen, wenn sie sich davon ein besseres Ergebnis versprechen. Das ist im Fall der Gemeinschaft nicht anders. Die Regeln der §§ 752, 753 sind gerade für den Fall gedacht, dass die Beteiligten sich über die zweckmäßige Art der Verwertung nicht einig sind. Für diesen Fall ist der Rat, nach der Verkehrssitte zu verfahren, und auf dem üblichen Weg in angemessener Zeit einen Käufer zu suchen, ebenso gut gemeint wie nutzlos. Nach dem Gesetz soll ein objektives Verfahren zur Verfügung stehen, das den Konflikt löst. Es ist eine Grundentscheidung des Gesetzgebers, dass die Konfliktlösung nicht durch richterliche Ermessensentscheidung erfolgen soll, sondern durch Versteigerung. Man mag das rechtspolitisch kritisieren, ist aber daran gebunden. Übrigens darf man auch hier nicht vergessen, dass jeder Gesellschafter, der sich sicher ist, die Sache besser verwerten zu können als durch Versteigerung, sie selbst ersteigern und sein Glück auf eigene Faust versuchen mag. 97

d) Folgerungen

Demnach ist folgendes **Verfahren** zu beachten: Da die Gesellschafter die Geschäfte gemeinsam führen, müssen sie in erster Linie versuchen, sich über die bestmögliche Art der Verwertung zu *verständigen* (im Fall RG JW 1934, 3268 hatte der Gesellschafter der Innengesellschaft, der als der dinglich Alleinberechtigte den Pfandverkauf veranlasst hatte, schon hiergegen verstoßen; schon deshalb war der Schadensersatzanspruch des anderen Gesellschafters begründet). Können sie sich *nicht einigen,* so müssen sie gemeinsam den Pfandverkauf oder die Zwangsversteigerung betreiben. Jeder Gesellschafter kann die Durchführung gegen die mitwirkenden Gesellschafter durch *Duldungsklage* erzwingen (entgegen § 181 ZVG ist im vorliegenden Fall auch zur Zwangsversteigerung ein Titel erforderlich; denn die Gesellschafter sind „als Gesellschaft“ im Grundbuch eingetragen, § 47 GBO; aus dem Grundbuchinhalt ergibt sich also, dass der Teilungsanspruch ursprünglich ausgeschlossen ist, § 719 Abs 1 HS 2). Soweit es um bewegliche Sachen geht, kann jeder Gesellschafter nach §§ 1246 Abs 2 BGB, 410 Nr 4 FamFG bei Gericht beantragen, dass anstelle der Pfandversteigerung eine nach billigem Ermessen den Interessen der Beteiligten besser entsprechende Art des Pfandverkaufs angeordnet wird. Mit dem Erlös ist dann, wie in §§ 733, 734 vorgesehen, zu verfahren. 98

Für **teilbare Sachen**, soweit sie nicht zur Schuldentilgung und zur Einlagenrückge- 99 währ benötigt werden und ohne Wertverlust im Verhältnis der Gewinnanteile zerlegbar sind, gilt § 752 iVm § 734; für Forderungen § 754; für die Gewährleistung im Fall der Naturalteilung § 757; für den Verjährungsausschluss § 758; § 755 ist durch § 733 Abs 1 S 1 ersetzt, ebenso § 756.

e) Keine Anwendung auf Personenhandelsgesellschaften

100 Unanwendbar – auch im Weg der Analogie – sind die Vorschriften über die Gemeinschaftsteilung bei der **Liquidation der OHG und KG**. Hier ist es Aufgabe der Liquidatoren, das gesamte Gesellschaftsvermögen zu versilbern und nach Bezahlung der Schulden und rechnerischer Verteilung des Liquidationsgewinns oder -verlustes nach Maßgabe der Kapitalanteile an die Gesellschafter auszubezahlen (§§ 149, 154, 155 HGB). In der Art der Verwertung haben die Liquidatoren freie Hand; bei Uneinigkeit der Liquidatoren bleibt der Weg der Abberufung und der Bestellung neuer Liquidatoren durch das Gericht (§§ 147, 146 Abs 2 HGB). Jeder Gesellschafter kann als Beteiligter einen dahingehenden Antrag stellen; dagegen kann kein Gesellschafter die Verwertung oder Verteilung von Gesellschaftsvermögen nach §§ 752, 753 erzwingen (vgl Baumbach/Hopt/Roth [2014] § 147 HGB Rn 4; Henssler/Strohn/Klöhn [2014] § 147 HGB, Rn 15 f).

3. Gütergemeinschaft

101 Die Regelung der Auseinandersetzung über das Gesamtgut (§§ 1471 ff) entspricht im Wesentlichen der Regelung des Gesellschaftsrechts. In erster Linie sind die Gesamtgutsverbindlichkeiten zu tilgen (§ 1475 Abs 1); dazu ist das Gesamtgut, soweit erforderlich, zu versilbern (§ 1475 Abs 3). Über die Art der Verwertung sagt das Gesetz nichts. **Wie im Fall des § 733 Abs 3** haben die Ehegatten sich über die zweckmäßigste Art der Verwertung zu verständigen; wenn eine Einigung nicht zu erzielen ist, ist § 753 anzuwenden (in diesem Fall hL, Palandt/Brudermüller § 1475 Rn 2; MünchKomm/Kanzleiter § 1475 Rn 8; Staudinger/Thiele [2007] § 1475 Rn 1; BeckOK BGB/J Mayer § 1475 Rn 6; vgl auch RGZ 73, 41). Sind die Gesamtgutsverbindlichkeiten berichtigt, so ist nach den Grundsätzen über die Gemeinschaft zu teilen (§ 1477 Abs 1); jeder Ehegatte kann also je nach Sachlage Naturalteilung, Pfandverkauf oder Zwangsversteigerung verlangen, soweit nicht das Übernahmerecht nach § 1477 Abs 2 eingreift. Geteilt wird nach gleichen Teilen (§ 1476 Abs 1); im Fall der Scheidung ist vorweg jedem Ehegatten der Wert dessen zu erstatten, was er eingebracht hat (§ 1478). Ergänzend gelten die §§ 754, 757, 758; die §§ 755, 756 sind durch § 1475 Abs 1 iVm § 1467 Abs 2 ersetzt.

4. Erbengemeinschaft

a) Gesetzliche Regelung

102 Nach § 2042 Abs 2 finden auf die **Erbengemeinschaft alle Vorschriften über die Gemeinschaftsteilung** (§§ 749 Abs 2, 3, 750–758) Anwendung; § 749 Abs 1 wird durch § 2042 Abs 1 ersetzt. Hiernach kann, soweit sich aus den §§ 2043–2045 nichts Abweichendes ergibt (und soweit zwischen den Miterben nichts Abweichendes vereinbart ist, dazu oben Rn 60), jeder Miterbe jederzeit die „Auseinandersetzung" der Miterbengemeinschaft verlangen. „Auseinandersetzung" und „Aufhebung" sind nicht dasselbe (vgl oben Rn 3); hieraus ergeben sich für die Durchführung der Nach-

lassteilung gegenüber der Durchführung der Gemeinschaftsteilung Besonderheiten.

b) Testamentsvollstreckung

103 Besonderheiten gelten zunächst im Fall der Testamentsvollstreckung. Hier liegt die Durchführung der Auseinandersetzung in der Hand des Testamentsvollstreckers (§ 2204). Zu diesem Zweck kann er über **Nachlassgegenstände verfügen** (§ 2205). Der Testamentsvollstrecker ist somit zur freihändigen Verwertung berechtigt; § 753 ist durch die Anordnung der Testamentsvollstreckung ausgeschlossen (RGZ 108, 289; Staudinger/Werner [2010] § 2042 Rn 6; MünchKomm/Ann [2013] § 2042 Rn 29).

c) Anspruch auf Abschluss eines Auseinandersetzungsvertrags?

104 Ist kein Testamentsvollstrecker eingesetzt, so ist die Auseinandersetzung durch die Miterben zu bewirken. Das Gesetz geht davon aus, dass es in erster Linie ihre Sache ist, sich über die Auseinandersetzung zu einigen, also einen Auseinandersetzungsvertrag zu schließen; zum Abschluss dieses Vertrags stellt es das besondere **notarielle Vermittlungsverfahren** nach §§ 363 ff FamFG zur Verfügung, das allerdings nur fakultativ ist und dem Notar keine Gestaltungsbefugnis einräumt (seit dem 1. 9. 2013 hat der Notar [vgl § 23a Abs 3 GVG] auf Antrag jedes Erben [oder des Erwerbers des Erbteils, des Pfandgläubigers oder des Nießbrauchers; § 363 Abs 2 FamFG] die Auseinandersetzung zwischen den Beteiligten zu vermitteln. Das Vermittlungsverfahren dient nicht dazu, Streitigkeiten zwischen den Beteiligten zu entscheiden [Holzer ZEV 2013, 656, 657]). Daraus schließt die ganz hL, dass im Fall **fehlender Einigung** eine vorläufige Aussetzung des Verfahrens zu erfolgen hat (MünchKommFamFG/J Mayer § 370 Rn 81). Der Miterbe, der Auseinandersetzung wünscht, kann nun gegen die widerstrebenden Miterben *Klage auf Abschluss eines Auseinandersetzungsvertrags* erheben oder kann nach hM die Klage auf Einwilligung in die nach § 366 Abs 1 FamFG bereits beurkundete Vereinbarung über die Auseinandersetzung erheben (MünchKommFamFG/J Mayer § 366 Rn 13 ff), zu deren Wirksamkeit noch einzelne Zustimmungen von Miterben fehlen. Die Vertragserklärungen der widerstrebenden Miterben werden im ersteren Fall gem § 894 durch rechtskräftiges Urteil ersetzt. Das zwingt den Kläger, einen vollständigen *Auseinandersetzungs- und Teilungsplan* vorzulegen (vgl BGH NJW-RR 1996, 577; OLG Düsseldorf FamRZ 2000, 1049; OLG Jena FamRZ 2009, 458), der in der Regel den gesamten Nachlass erfasst (OLG München NJW-RR 1991, 1097; Jauernig/Stürner [2014] § 2042 Rn 8). Nach hM ist es zulässig, aber nicht notwendig, dass der Kläger gleichzeitig die Klage auf Durchführung der zur Vollziehung notwendigen Handlungen erhebt. Vgl zu alledem im Einzelnen Staudinger/Werner (2010) § 2042 Rn 39; BGB-RGRK/Kregel § 2042 Rn 22; Erman/Schlüter § 2042 Rn 16; Soergel/Wolf § 2042 Rn 18–21; Palandt/Weidlich § 2042 Rn 16; Kipp/Coing § 118 V; KG NJW 1961, 733; vgl auch die obiter dicta RG JW 1910, 655; OLG Braunschweig SeuffA 57, Nr 106; OLG Karlsruhe NJW 1974, 956. Streitig ist, ob eine solche Klage auf Zustimmung zu einem vom Kläger vorgelegten Teilungsplan „Teilungsreife" des Nachlasses voraussetzt, worunter man versteht, dass der Aktivbestand des Nachlasses und die Nachlassverbindlichkeiten feststehen, dh außer Streit sind. Dafür RG JW 1910, 655; KG NJW 1961, 733; OLG Karlsruhe NJW 1974, 956; OLG Köln ZEV 2004, 508 u die hL; **aA** BGH NJW 1962, 914; Johannsen WM 1970, 738, 744; diff Soergel/Wolf § 2042 Rn 20.

d) Der Anspruch auf Umsetzung des Nachlasses in Geld

105 Die hL wird dem Sinn der Verweisung des § 2042 Abs 2 auf die Teilungsregeln der §§ 752 ff nicht gerecht. Dieser besteht gerade darin, dass dann, wenn die Parteien sich nicht einigen können, ein eindeutig definiertes Verfahren der Auseinandersetzung ohne Wahlmöglichkeiten vorgeschrieben wird. Gäbe es solche Wahlmöglichkeiten, könnte keine Partei die andere zwingen, sich mit einer bestimmten Art der Auseinandersetzung einverstanden zu erklären, und es bliebe im Streitfall nur der Antrag auf richterliche Billigkeitsentscheidung etwa im Sinne der gemeinrechtlichen actio familiae eriscundae. Der Gesetzgeber hat sich mit der Verweisung auf die Regeln über die Gemeinschaftsteilung gerade gegen dieses System entschieden. Gibt es aber, bei Uneinigkeit der Parteien, keine Wahlmöglichkeiten, so ist der Anspruch auf Abschluss eines **Auseinandersetzungsvertrags** sinnlos; der Miterbe hat nur einen Anspruch auf **Durchführung der Teilung** nach den gesetzlichen Regeln des Gemeinschaftsrechts. Diese Regeln besagen, bezogen auf den besonderen Fall der Erbschaftsteilung, folgendes:

aa) Unteilbare Gegenstände

106 Alle **Gegenstände, die sich nicht in Natur in den Erbteilen entsprechende Anteile zerlegen lassen** und hinsichtlich derer der Erblasser keine besonderen Teilungsanordnungen getroffen hat – also in aller Regel Grundstücke, Hausrat, Bibliotheken, Kunstgegenstände, Kostbarkeiten usw – müssen in Geld umgesetzt werden, § 2042 Abs 2 iVm § 753. Das gilt völlig unabhängig davon, welchen Bestand der Nachlass aufweist, wie hoch die Nachlassverbindlichkeiten sind und ob und welche Ausgleichungspflichten nach §§ 2050 ff bestehen. Infolgedessen ist es sinnlos zu verlangen, dass vor der Umsetzung in Geld ein Auseinandersetzungs- und Teilungsplan aufgestellt wird oder dass der Nachlass schon vorher „teilungsreif" ist. Es ist gerade umgekehrt: Erst nachdem die Umsetzung in Geld erfolgt ist, kann ein Teilungsplan aufgestellt werden und der Nachlass teilungsreif sein. Für die Art und Weise der Umsetzung in Geld sieht § 2042 Abs 2 iVm § 753 das Verfahren der Zwangsversteigerung bzw des Pfandverkaufs vor. Kein Miterbe kann, wenn die Erben sich nicht anders geeinigt haben und der Erblasser nicht letztwillig etwas anderes verfügt hat, verlangen, dass die Verwertung anders erfolgt als in der in § 753 vorgesehenen Form. Infolgedessen kann jeder Miterbe jederzeit verlangen, dass Nachlassgrundstücke versteigert und andere Nachlassgegenstände nach den Vorschriften über den Pfandverkauf veräußert werden. Grundlage dieses Anspruchs ist § 2042 Abs 1.

107 Bei **Grundstücken** kann der Miterbe, wenn er nur sein Erbrecht nachweist, die **Versteigerung** ohne weiteres beantragen; eines Titels bedarf er hierzu nicht (§§ 180, 181 ZVG), sofern die Versteigerung die Auseinandersetzung der Erbengemeinschaft bezweckt; dh, der Miterbe braucht vor Stellung des Antrags weder eine Klage „auf Duldung der Zwangsversteigerung" noch eine Auseinandersetzungsklage iS der hL zu erheben. Auch auf das notarielle Vermittlungsverfahren nach §§ 363 ff FamFG braucht er sich nicht einzulassen. Um eine unzulässige „Teilauseinandersetzung" handelt es sich bei diesem Antrag nicht, auch nicht, wenn noch andere Nachlassgegenstände vorhanden sind, deren Veräußerung der Miterbe nicht gleichzeitig verlangt. Denn mit der Versteigerung des Grundstücks ist die Auseinandersetzung hinsichtlich des Grundstücks noch nicht vollzogen; sie dient nur der Vorbereitung der Auseinandersetzung des Nachlasses. Zu alledem zutr BGH ZEV 1999, 69; RG JW 1919, 42; OLG Breslau OLGE 25, 269; LG Aachen DNotZ 1952, 36; OLG

Hamm Rpfleger 1964, 341; ZELLER/STÖBER § 180 Rn 6. 4. ; PALANDT/EDENHOFER § 2042 Rn 19; STAUDINGER/WERNER (1996) § 2042 Rn 40; KRETZSCHMAR DNotZ 1915, 243; **aM** zT die ältere Rspr, etwa OLG Köln OLGE 18, 330; OLG Celle SeuffA 64 Nr 120. Das Antragsrecht steht dem einzelnen Miterben übrigens auch dann zu, wenn sich im Nachlass der Miteigentumsanteil an einem Grundstück befindet (LG Aachen, OLG Hamm aaO; oben Rn 49).

Was der Miterbe allerdings nicht ohne weiteres verlangen kann, ist die **Teilung des bei der Versteigerung erzielten Erlöses**. Erst dies wäre – wenn noch weitere Nachlassgegenstände vorhanden sind – eine unzulässige Teilauseinandersetzung. Der Erlös fällt vielmehr gem § 2041 in den Nachlass und ist Gegenstand der weiteren Auseinandersetzung. 108

Für Nachlassgegenstände, die gem § 753 im Weg des **Pfandverkaufs** zu veräußern sind, gilt nichts anderes. Jeder Miterbe kann aufgrund von § 2042 Abs 1 iVm § 753 jederzeit Durchführung des Pfandverkaufs verlangen; er kann diesen Anspruch hinsichtlich jedes einzelnen Gegenstands im Weg der Duldungsklage durchsetzen. Verteilung des Erlöses kann er vorderhand nicht verlangen; der Erlös fällt in den Nachlass. 109

bb) Teilbare Gegenstände

Schwierigkeiten bereitet die Verweisung auf § 752. Teilung einzelner Nachlassgegenstände in Natur kann der Miterbe nicht verlangen, auch nicht, wenn der Gegenstand an sich teilbar ist. Dies wäre unzulässige Teilauseinandersetzung; insbes könnte sich herausstellen, dass eine Versilberung erforderlich ist, um Nachlassverbindlichkeiten zu begleichen oder um Ausgleichsansprüche zu befriedigen. Wegen solcher Unklarheiten darf die Durchführung des Auseinandersetzungsverfahrens nicht verzögert werden. Nach §§ 755, 756 iVm § 2042 Abs 2 haftet auch die teilbare Sache für Nachlassverbindlichkeiten und für Ausgleichsansprüche der Erben untereinander, die mit dem Erbfall in Verbindung stehen (§ 2046 Abs 3, der anordnet, dass der Nachlass, soweit zur Berichtigung der Nachlassschulden erforderlich, in Geld umzusetzen ist, ist eine überflüssige, allenfalls der Klarstellung dienende Vorschrift). Daraus folgt, dass der Miterbe das Recht haben muss, zur Vorbereitung der Auseinandersetzung auch bei an sich teilbaren Sachen die Verwertung gem § 753 zu verlangen. Sind die übrigen Miterben nicht einverstanden, ist es ihre Sache, darzulegen und nachzuweisen, dass eine Veräußerung zur Durchführung der Auseinandersetzung nicht erforderlich ist. Das entspricht dem der gesetzlichen Regelung zugrunde liegenden Prinzip, nach dem Teilung durch Versilberung die Regel und Teilung in Natur die Ausnahme ist, die nur eingreift, wenn die Versilberung überflüssig ist (dazu Mot II 833 f). 110

cc) Forderungen

Für Forderungen gilt Folgendes: Jeder Miterbe kann nach § 2039 Leistung an alle Miterben gemeinschaftlich verlangen; besteht der geleistete Gegenstand nicht in Geld, kann der Miterbe gem §§ 2042, 753 seine Verwertung erzwingen. Ist die Forderung nicht fällig, kann der Miterbe den Verkauf gem §§ 754, 753 durchsetzen. Eine Besonderheit gilt für **Bankguthaben:** Die Frage, wie Bargeld der Erbengemeinschaft aufbewahrt bzw angelegt wird, ist eine Verwaltungsangelegenheit, über die 111 die Erben nach § 2038 – grundsätzlich mit Mehrheit, § 2038 Abs 2 iVm § 745 – zu entscheiden haben.

dd) Streit über Nachlasszugehörigkeit

112 Ist zwischen den Parteien streitig, ob bestimmte Aktiva Nachlassbestandteil und daher in die Auseinandersetzung einzubeziehen sind, so hängt es von der prozessualen Lage ab, wie der Miterbe, der die Auseinandersetzung betreibt, zu verfahren hat. Behauptet er, der Gegenstand gehöre zum Nachlass, wird er zweckmäßigerweise auf **Herausgabe an den Nachlass** klagen und, soweit erforderlich, die **Verwertung erzwingen**. Leugnet er die Nachlasszugehörigkeit, so wird er zweckmäßigerweise **negative Feststellungsklage** erheben; das Rechtsschutzbedürfnis kann nicht zweifelhaft sein, da der Miterbe wissen muss, worüber er sich auseinanderzusetzen hat (vgl auch KG NJW 1961, 733).

ee) Ergebnis

113 Die §§ 2042, 752 ff setzen den Miterben in den Stand, die Versilberung des Nachlasses – möglicherweise mit Ausnahme gewisser teilbarer Gegenstände – zu erzwingen, und zwar hinsichtlich jedes einzelnen Nachlassgegenstandes gesondert. Die **Erhebung einer Klage auf Abschluss eines Auseinandersetzungsvertrags**, die die hL ihm zur Durchsetzung seines Anspruchs aus § 2042 Abs 1 empfiehlt, kann der Erreichung dieses Ziels nur hinderlich sein; sie **ist mindestens überflüssig**, mE auch unbegründet. Gewiss kann die Versilberung des Nachlasses Härten mit sich bringen, und die Verwertung auf dem Weg über § 753 verspricht nicht in jedem Fall das beste Ergebnis. Das ist der Nachteil, den die Miterben sich dafür einhandeln, dass sie sich nicht einigen können. Der Nachteil trifft sie indessen alle gleichmäßig; außerdem bleibt es jedem Miterben unbenommen, in der Versteigerung selbst mitzubieten, um später durch Verwertung für eigene Rechnung das erhoffte günstigere Ergebnis zu erzielen.

e) Schuldentilgung

114 Der nächste erforderliche Schritt besteht in der Tilgung der Nachlassverbindlichkeiten. § 2042 Abs 1 iVm § 2046 verleiht im Streitfall dem Miterben, der die Auseinandersetzung betreibt, gegenüber den anderen Miterben einen **Anspruch** darauf, bei der Berichtigung der fälligen und unstreitigen Nachlassverbindlichkeiten mitzuwirken. § 2038 Abs 1 S 2 iVm § 2046 Abs 1 S 2 gibt ihm einen Anspruch darauf, dass Beträge, die zur Befriedigung nicht fälliger oder streitiger Forderungen erforderlich sind, in geeigneter Weise angelegt werden. Zur Ermittlung der Nachlassverbindlichkeiten kann der Miterbe notfalls das Aufgebotsverfahren gem § 1970 betreiben.

115 Ist zwischen den Miterben streitig, ob eine bestimmte Verbindlichkeit Nachlassverbindlichkeit ist, so handelt es sich um eine **„streitige" Verbindlichkeit** iSv § 2046 Abs 1 S 2 (vgl Staudinger/Werner [2010] § 2046 Rn 15). Es ist also eine entsprechende Rückstellung zu bilden. Hierauf hat jeder Miterbe Anspruch. Der Streit wird anschließend zweckmäßigerweise durch Leistungsklage erledigt (auf Verteilung bzw auf Einwilligung in die Auszahlung an den angeblichen Nachlassgläubiger); ob daneben Rechtsschutzinteresse für eine positive oder negative Feststellungsklage besteht (bejahend OLG Karlsruhe NJW 1974, 956), erscheint fraglich. Die weitere Auseinandersetzung wird durch den Streit, wenn die Rückstellung gebildet ist, nicht gehindert.

f) Teilung

Ist der Nachlass, soweit erforderlich, versilbert, sind die Nachlassschulden bezahlt, sind die etwa erforderlichen Rückstellungen gebildet und sind etwaige Ausgleichungsansprüche (§§ 2050 ff) ermittelt (vgl § 2057), so ist der Nachlass **teilungsreif**. Da nur noch Geld und teilbare Gegenstände vorhanden sind, erfolgt die Teilung nach §§ 2042, 752 in Natur. Im Streitfall wird der Miterbe die Teilung durch Leistungsklage erzwingen. Die Klage richtet sich auf Erfüllung des Teilungsanspruchs (etwa auf Einwilligung in die Auszahlung des auf den Kläger entfallenden Betrags aus dem gemeinsamen Konto der Miterben); vgl auch § 753 Rn 22 f, 31. **116**

Eine **Klage auf Abschluss eines schuldrechtlichen Auseinandersetzungsvertrags** ist auch jetzt – wie in jedem Stadium des Auseinandersetzungsverfahrens – sinnlos, da der Miterbe direkt auf Erfüllung seiner gesetzlichen Ansprüche klagen kann; für eine solche Auseinandersetzungsklage besteht materiell keine Anspruchsgrundlage und prozessual kein Rechtsschutzinteresse. Dass der Miterbe, wenn in der Erbengemeinschaft alles streitig ist und niemals kooperiert wird, uU mehrere Klagen anstrengen muss, lässt sich nicht vermeiden; der Miterbe, der die Auseinandersetzung verlangt, hat es in der Hand, so viele Klagen zu verbinden, wie möglich ist und wie es ihm zweckmäßig erscheint. Von dem Versuch, vor Versilberung des Nachlasses mit einer Klage auf Zustimmung zu einem fertigen Auseinandersetzungs- und Teilungsplan in eine streitige Erbauseinandersetzung zu starten, kann man ihm auch unter praktischem Gesichtspunkt nur abraten; ein solches Verfahren ist nach dem Gesetz nicht geboten (so iE auch die herrschende Praxis) und es findet (entgegen der hL) im Gesetz auch keine Grundlage. **117**

§ 750
Ausschluss der Aufhebung im Todesfall

Haben die Teilhaber das Recht, die Aufhebung der Gemeinschaft zu verlangen, auf Zeit ausgeschlossen, so tritt die Vereinbarung im Zweifel mit dem Tode eines Teilhabers außer Kraft.

Materialien: E I § 767 Abs 2 S 2; II § 686; III § 737; Mot II 880; Prot II 756; Jakobs/Schubert, Schuldverh III 384 ff.

1 Die Vorschrift enthält eine **Auslegungsregel** für den Fall, dass die Teilhaber das Aufhebungsrecht durch Vereinbarung für eine bestimmte Zeit ausgeschlossen haben (Hk-BGB/Saenger Rn 1; Muscheler ZEV 2010, 340: Dies hat im Rahmen der „entsprechenden" Anwendung des § 750 bei § 2044 Abs 1 S 1 zur Folge, dass die Norm nur Anwendung findet, wenn sich aus dem letzten Willen des Erblassers nichts Gegenteiliges entnehmen lässt). Der Grund liegt den Motiven zufolge darin, dass beim Tod eines Teilhabers „der Ausschluss der Teilung besonders drückend wirkt" (vgl Palandt/Sprau Rn 1); deshalb sei anzunehmen, dass die Teilhaber für diesen Fall die Aufhebung nicht ausschließen wollten.

2 Die Auslegungsregel greift nicht ein, wenn sich ein gegenteiliger Wille unmittelbar oder qua Einzelauslegung aus der Vereinbarung entnehmen lässt – **Beweislast** trägt im Streitfall, wer eine Abweichung von § 750 geltend macht (MünchKomm/K Schmidt Rn 1; die Unwirksamkeit der Aufhebungsausschlüsse bei Tod sollte damit bei der Formulierung einer letztwilligen Verfügung Berücksichtigung finden) – oder wenn die Aufhebung für immer ausgeschlossen ist. In solchen Fällen kann – nicht: muss – gleichwohl der Tod eines Teilhabers einen „wichtigen Grund" für die Aufhebung der Gemeinschaft gem § 749 Abs 2 darstellen (vgl Erman/Aderhold Rn 1).

3 Keine Aufhebungsausschluss **auf Zeit** liegt vor, wenn der Ausschluss an sachliche Bedingungen geknüpft wurde, wie etwa den Bestand von bestimmten Grundstücksanlagen oder -einrichtungen. Auch hier kann die Auslegung natürlich zu anderen Ergebnissen führen.

§ 751
Ausschluss der Aufhebung und Sondernachfolger

Haben die Teilhaber das Recht, die Aufhebung der Gemeinschaft zu verlangen, für immer oder auf Zeit ausgeschlossen oder eine Kündigungsfrist bestimmt, so wirkt die Vereinbarung auch für und gegen die Sondernachfolger. Hat ein Gläubiger die Pfändung des Anteils eines Teilhabers erwirkt, so kann er ohne Rücksicht auf die Vereinbarung die Aufhebung der Gemeinschaft verlangen, sofern der Schuldtitel nicht bloß vorläufig vollstreckbar ist.

Materialien: E II § 787; III 738; Prot II 751 ff;
Jakobs/Schubert, Schuldverh III 388 ff.

Systematische Übersicht

Alphabetische Übersicht

I. Gegenstand und Zweck der Vorschrift

1 Die Vorschrift bezieht sich auf die in § 749 Abs 2 geregelten schuldrechtlichen Vereinbarungen, durch die das Aufhebungsrecht ausgeschlossen oder beschränkt wird (vgl § 749 Rn 60 ff). Solche Vereinbarungen sollen auch gegenüber dem Rechtsnachfolger wirken, der den Anteil nach § 747 S 1 erwirbt (Madaus AcP 212 [2012] 251, 288: „beschränkte Drittwirkung"). Gesamtrechtsnachfolger sind ohnehin an die Aufhebungsverbote gebunden. soweit nicht das Aufhebungsverbot eine solche Bindung ausschließt, § 750. Die Vorschrift ist durch die zweite Kommission ins Gesetz gebracht worden, in der Erwägung, dass ohne sie eine **Vereinbarung über die Dauer der Gemeinschaft** von jedem Teilhaber **durch Veräußerung des Anteils ohne weiteres umgangen werden könnte** und damit praktisch wirkungslos wäre (Prot II 755). Sie ist damit das Gegenstück zur Vorschrift des § 746, die dem gleichen Zweck dient. Aus der Zwecksetzung der Vorschrift folgt, dass der Rechtsübergang zugunsten des Nachfolgers auch nicht als ein „wichtiger Grund" angesehen werden darf, der ihn berechtigt, Aufhebung der Gemeinschaft gem § 749 Abs 2 zu verlangen (MünchKomm/K Schmidt Rn 1; anders RG SeuffA 91 Nr 131 vom 26. 5. 1937 betr den Erwerb eines Grundstücksanteils durch eine Gemeinde, unter Berufung auf die „Pflichten, die … einer Körperschaft des öffentlichen Rechts im nationalsozialistischen Staat obliegen"); zu der Anwendung des § 751 im Rahmen des Ausschlusses der Erbauseinandersetzung durch den Erblasser (vgl § 2044 Abs 1 S 2, zur Geltung für Vereinbarungen der Miterben untereinander vgl § 2042 Abs 2) vgl Muscheler ZEV 2010, 340.

2 Auf **guten Glauben** des Erwerbers kommt es nicht an (Palandt/Sprau Rn 1; BGB-RGRK/vGamm Rn 1): Die Vereinbarung ist dem Sondernachfolger gegenüber auch dann wirksam, wenn er sie weder kannte noch kennen musste. Die Anwendung der Vorschriften über den guten Glauben wurde bewusst verworfen, weil man ein Bedürfnis des Verkehrsschutzes für nicht gegeben ansah; es sei Sache des Erwerbers, sich nach den von der Gemeinschaft getroffenen Vereinbarungen zu erkundigen.

II. Sonderregelung für das Miteigentum an Grundstücken

3 Für die Bruchteilsgemeinschaft an Grundstücken enthält § 1010 allerdings eine besondere Regelung; hier hat der Gesetzgeber ein besonderes Bedürfnis des Verkehrsschutzes für gegeben gehalten. Nach § 1010 wirkt eine Beschränkung oder Ausschließung des Aufhebungsrechts, also die „Verdinglichung" der Beziehung der Gemeinschafter (Larenz, Lehrbuch des Schuldrechts II § 61 II), nur dann gegen den Sondernachfolger eines Grundstückseigentümers, wenn sie als Belastung des Anteils **im Grundbuch eingetragen** ist. Das bedeutet: *Schuldrechtlich* – zwischen den Teil-

habern (und natürlich auch ihren Gesamtrechtsnachfolgern) – ist der Aufhebungsausschluss formfrei wirksam. Ferner wirkt der Ausschluss *sachenrechtlich,* auch wenn nicht eingetragen, *zugunsten* des Rechtsnachfolgers, der einen Anteil erwirbt. *Zu Lasten* des Rechtsnachfolgers wirkt der Ausschluss dagegen nur im Fall der Eintragung (zur entsprechenden Lage im Fall von Verwaltungs- und Benutzungsregelungen iS § 746 vgl § 746 Rn 2).

4 Die Regelung des § 1010 bringt, wie im Parallelfall des § 746, bei unterlassener Grundbucheintragung gewisse Probleme mit sich. Auszugehen ist davon, dass die Vereinbarung, durch die die Aufhebung ausgeschlossen oder beschränkt wird, auch **ohne Eintragung die Teilhaber bindet**: Sie haben versprochen, die Gemeinschaft für die vorgesehene Zeit oder auf Dauer aufrechtzuerhalten. Infolgedessen ist der Teilhaber, der seinen Anteil veräußern will, den anderen Teilhabern gegenüber verpflichtet, diese Bindung *an den Erwerber weiterzugeben.* Tut er das nicht, so ist er gegenüber den anderen Teilhabern aufgrund seiner Pflichtverletzung *schadensersatzpflichtig.* Bei Weitergabe der Verpflichtung ist der Erwerber den anderen Teilhabern gegenüber gem § 328 zur Einhaltung verpflichtet.

5 Nach § 1010 wirkt die **nicht eingetragene Ausschlussvereinbarung** gegen den Erwerber auch dann nicht, wenn er sie **kennt** (vgl dazu auch oben § 746 Rn 2). Zu helfen ist den anderen Teilhabern möglicherweise mit § 826, so etwa dann, wenn der Erwerber mit dem Veräußerer zusammenwirkt, um ihm bei der Ausschaltung des Aufhebungsausschlusses behilflich zu sein.

6 Nicht ganz ausgewogen ist die Rechtslage, die sich daraus ergibt, dass **der Erwerber** sich bei fehlender Eintragung zwar **zu seinem Vorteil** auf den Aufhebungsausschluss berufen kann, selbst aber **nicht gebunden** ist. Denn regelmäßig beruht der Abschluss einer solchen Vereinbarung auf Wechselseitigkeit, die nun nicht mehr gewahrt ist. Es ist also denkbar, dass der neue Teilhaber zunächst, unter Berufung auf die nicht eingetragene Vereinbarung, dem Aufhebungsverlangen eines „alten" Teilhabers widerspricht und dann später, bei veränderter Lage seiner Interessen, selbst die Aufhebung fordert (die Rechtslage ist hier anders als bei nicht eingetragenen Verwaltungs- und Benutzungsregelungen, die der Erwerber nur entweder im Ganzen angreifen kann oder gelten lassen muss, § 746 Rn 2). Der Vorwurf eines „venire contra factum proprium" greift in einem solchen Fall schwerlich durch, weil der Erwerber sich schlicht auf die Rechtsposition beruft, die ihm § 1010 verleiht. Den übrigen Teilhabern kann deshalb nur empfohlen werden, sich alsbald nach Veräußerung um eine vertragliche Neuregelung unter Einbeziehung des neuen Teilhabers zu bemühen.

7 Für die **Wohnungseigentümergemeinschaft** sind §§ 751, 1010 wegen des gesetzlichen Aufhebungsausschlusses, § 11 WEG, gegenstandslos. Für die **Erbengemeinschaft** gilt § 751 entsprechend (§ 2042 Abs 2, wenn die Miterben selbst die Auseinandersetzung ausgeschlossen haben, § 2044 Abs 1 S 2, wenn der Erblasser den Ausschluss letztwillig verfügt hat). Eine Eintragung nach § 1010 ist *nicht* erforderlich, auch dann nicht, wenn zum Nachlass Grundstücke gehören oder der Nachlass überhaupt nur aus einem Grundstück besteht (vgl § 743 Rn 48; BayObLGZ 1952, 231, 246; KG JW 1935, 3121). Aus § 751 S 2 folgt kein Antragsrecht eines Erbteilspfandgläubigers für die Entlassung eines Testamentsvollstreckers (LG Stuttgart BWNotZ 1992, 59).

III. Rechtsstellung des Vollstreckungs- und des Pfandgläubigers

Die Vereinbarung des Aufhebungsausschlusses wirkt nicht gegen einen Gläubiger, der den Anteil **gepfändet hat**, sofern sein Titel nicht nur vorläufig vollstreckbar ist, S 2 (zur dogmatischen Einordnung GRAMNETZ 68 ff, 148 ff, 244 ff, 326 ff). Dem Wortlaut nach gilt das nur für Anteile an *beweglichen Sachen* und *Rechten*, weil nur insoweit eine „Pfändung" gem § 857 ZPO in Betracht kommt, während Miteigentumsanteile an Grundstücken nicht „gepfändet" werden, sondern den Regeln über die Zwangsvollstreckung ins unbewegliche Vermögen unterliegen (§ 747 Rn 51). Nach der ratio legis kann aber nicht bezweifelt werden, dass auch die Erwirkung einer **Zwangshypothek** am Anteil als „Pfändung" iSv S 2 angesehen werden muss (§ 747 Rn 57; vgl BGH NJW 2009, 2458). Denn die Vorschrift will verhindern, dass durch die bloße Einbringung in eine Gemeinschaft Vermögensgegenstände der Zwangsvollstreckung entzogen werden können. Das muss gerade auch für Grundstücke gelten. 8

S 2 verleiht dem Pfändungspfandgläubiger des Anteils und dem Inhaber der Zwangshypothek – sofern der Titel nicht nur vorläufig vollstreckbar ist – einen unentziehbaren **Anspruch auf Aufhebung der Gemeinschaft** (§ 747 Rn 57, 62 f). Es handelt sich dabei, rechtskonstruktiv betrachtet, um den Anspruch des Teilhabers (Vollstreckungsschuldners) gem § 749 Abs 1, der vom Gesetz dem Gläubiger zur Ausübung übertragen ist, und zwar auch, wenn die Teilhaber die Aufhebung ausgeschlossen haben. Auch in einem solchen Fall ist das Recht auf Aufhebung ein integrierender Bestandteil der Anteilsberechtigung, nur mit der Beschränkung, dass die Aufhebung nur im Einverständnis aller Teilhaber durchgeführt werden kann; lediglich diese Beschränkung entfällt gegenüber dem Vollstreckungsgläubiger. 9

Der Ausschluss des Aufhebungsrechts ist ferner unwirksam gegenüber einem **Vertragspfandgläubiger**, sobald Pfandreife eingetreten ist, § 1258 Abs 2 S 2 für bewegliche Sachen, § 1273 Abs 2 iVm § 1258 Abs 2 S 2 für Rechte (ERMAN/ADERHOLD Rn 1, **aA** GRAMNETZ 437 Fn 38: Rückgriff auf § 751 sei überflüssig). 10

Die **übrigen Teilhaber** können – gemeinsam oder einzeln – die Aufhebung der Gemeinschaft durch den Gläubiger abwenden, indem sie die Schuld bezahlen; die Forderung geht dann mit dem Pfandrecht oder der Hypothek am Anteil des Schuldners auf sie über (Ablöserecht, vgl §§ 268, 401; vgl MünchKomm/K SCHMIDT Rn 6; für den Fall einer Erbengemeinschaft ebenso OLG Karlsruhe NJW-RR 1992, 713). Zweckmäßigerweise werden die Teilhaber dann versuchen, den Anteil als solchen zur Versteigerung zu bringen und ihn selbst zu ersteigern, oder sie werden den Schuldner dazu veranlassen, ihnen seinen Anteil zu verkaufen und den Kaufpreis auf die übergegangene Forderung zu verrechnen. 11

S 2 gilt auch, wenn ein **Teilhaber selbst als Gläubiger** die Zwangsvollstreckung in den Anteil des anderen Teilhabers betreibt (OLG Hamm NJW-RR 1992, 665); sonst hätte die Abrede über den Aufhebungsausschluss die Wirkung eines rechtsgeschäftlich vereinbarten Vollstreckungsverbots, was im Zweifel nicht beabsichtigt sein dürfte. Dies gilt auch, wenn der Teilhaber die Forderung und das Pfandrecht durch *Ablösung* gem § 268 erworben hat (oben Rn 11; **aA** MünchKomm/K SCHMIDT Rn 6, mit der Begründung, die Ablösung der Schuld diene gerade der „Ausschaltung des § 751 S 2". Hiergegen spricht jedoch, dass es nicht erheblich sein kann, welche Motive die Teilhaber zur Ablösung der Forderung bewogen 12 haben; diese können ihnen dementsprechend auch nicht zum Nachteil gereichen). Abweichende Vereinbarungen sind zulässig.

13 S 2 ist unanwendbar, wenn nur der **Anspruch auf Aufhebung gepfändet** ist – richtiger Ansicht nach ein Fall ohne praktische Bedeutung, weil der Anspruch auf Aufhebung ohnehin nicht pfändbar ist und die Pfändung ins Leere geht (§ 749 Rn 58 f; **aA** MünchKomm/K Schmidt Rn 3 f; K Schmidt JR 1979, 317, 320 f; OLG Hamm NJW-RR 1992, 666). Zum ganzen sehr eingehend Gramentz 23 ff, dessen Vorschläge aber wohl eher de lege ferenda von Bedeutung sind, vgl die Bespr bei Kohler ZZP 104 (1991) 83 ff.

IV. Insolvenz des Teilhabers

14 Fällt ein Teilhaber in Insolvenz, **so wirkt die Vereinbarung** über den Ausschluss oder die Beschränkung der Aufhebung nicht **gegen die Insolvenzmasse** (§ 84 Abs 2 InsO); dies gilt auch in der Form des § 1010 Abs 1 (Palandt/Sprau Rn 1) und für Auseinandersetzungsanordnungen eines Erblassers bei einer Erbengemeinschaft (§ 84 Abs 2 S 2 InsO). Die übrigen Teilhaber bleiben dagegen gebunden, auch gegenüber dem Insolvenzverwalter.

V. Keine Anwendung auf Abreden über die Durchführung der Aufhebung

15 § 751 gilt nicht für Vereinbarungen, durch die die Teilhaber sich auf eine bestimmte Art und Weise der Durchführung der Aufhebung verständigen (zB freihändiger Verkauf, Übernahmerecht eines Teilhabers, Versteigerung unter den Teilhabern). Solche Vereinbarungen schließen das Recht auf Aufhebung als solches nicht aus und beschränken es auch nicht (OLG Köln OLGZ 70, 276). Sie haben nur **schuldrechtliche Wirkungen** (vgl § 749 Rn 25 ff) und sind nicht eintragungsfähig; sie sind Rechtsnachfolgern, Vollstreckungsgläubigern und Insolvenzgläubigern gegenüber unwirksam. Handelt es sich, wie oft, um gegenseitige Verträge (§ 749 Rn 27), greift bei Insolvenz des Teilhabers § 103 InsO ein; der Insolvenzverwalter kann also wählen, ob er nach der Vereinbarung oder nach dem Gesetz teilen will. Vgl auch § 749 Rn 88.

§ 752
Teilung in Natur

Die Aufhebung der Gemeinschaft erfolgt durch Teilung in Natur, wenn der gemeinschaftliche Gegenstand oder, falls mehrere Gegenstände gemeinschaftlich sind, diese sich ohne Verminderung des Wertes in gleichartige, den Anteilen der Teilhaber entsprechende Teile zerlegen lassen. Die Verteilung gleicher Teile unter die Teilhaber geschieht durch das Los.

Materialien: E I § 769; II § 688; III § 739; Mot II 881 ff; Prot II 757 ff; Jakobs/Schubert, Schuldverh III 391 ff.

Systematische Übersicht

Alphabetische Übersicht

I. Bedeutung

1 Die Vorschrift ergänzt § 749. Sie regelt eine der Formen, in denen die Aufhebung iSv § 749 Abs 1 durchgeführt werden kann – und nicht die praktisch wichtigste. Neben der Aufhebungsform des § 753 – Teilung durch Verkauf – hat die Teilungsform des § 752 – Teilung in Natur – nur eine **untergeordnete und ergänzende Bedeutung**. Normzweck der Bestimmung ist die Durchführung der Teilung durch Zuweisung von realen Anteilen anstelle von ideellen Bruchteilen (MünchKomm/K Schmidt Rn 1; jurisPK/Ehlers Rn 1). Wie alle Vorschriften über die Durchführung der Teilung ist auch § 752 dispositiv, sie gilt also nur dann, wenn zwischen den Teilhabern keine – ggf formbedürftige – Vereinbarung zur Teilung besteht (Palandt/Sprau Rn 1). Sonderrechtsnachfolger sind an eine rechtsgeschäftliche Teilungsbestimmung nicht gebunden, da sich die §§ 746, 751 nicht auf die Teilung beziehen (Hk-BGB/Saenger Rn 1). Die Teilung wird von einem Insolvenzverfahren nicht berührt, § 84 InsO (vgl BeckOK BGB/Gehrlein Rn 1)

II. Voraussetzungen

1. Allgemeines

2 Der Anspruch auf Teilung in Natur hat **drei Voraussetzungen**. Erstens muss sich der gemeinschaftliche Gegenstand – sei es eine Einzelsache, eine Gesamtsache oder eine Sachgesamtheit – in gleichartige Teile zerlegen lassen. Zweitens muss eine Zerlegung gerade in solche gleichartige Teile möglich sein, die den Anteilen der Teilhaber entsprechen. Drittens muss die Zerlegung in gleichartige, anteilsgerechte Teile möglich sein, ohne dass eine Wertminderung eintritt.

3 Geht es um eine **Mehrheit von Gegenständen**, setzt § 752 ferner voraus, dass an diesen Gegenständen eine **einheitliche Gemeinschaft** besteht (dazu Staudinger/vProff § 741 Rn 157 ff), so vor allem, wenn durch Vermengung Miteigentum an gleichartigen Sachen entstanden ist oder wenn die Parteien einen Bestand gleichartiger Sachen (Warenvorräte, Wertpapiere) gemeinsam durch Rechtsgeschäft erworben haben (zu der Problematik der Anwendung der §§ 741 ff im Falle einer Vermengung der gelieferten Waren bei konkurrierenden Sicherheiten von finanzierender Bank und Lieferanten vgl Smid ZInsO 2009, 2217). Bestehen mehrere Gemeinschaften an Vermögensgegenständen, so hat die Auseinandersetzung jeweils gesondert stattzufinden (BGH NZG 2001, 73).

2. Gleichartigkeit der Teile

Ob die in Betracht kommenden Teile gleichartig sind, ist nach der **Verkehrsanschauung** zu entscheiden und wirtschaftlich aufzufassen (Palandt/Sprau Rn 2). Vollkommene Gleichheit ist nicht zu fordern (OLG Colmar OLGE 12, 92; BGH WM 1973, 82, 83; BeckOK BGB/Gehrlein Rn 2). Es kommt in erster Linie nicht auf *Gleichwertigkeit,* sondern auf *Gleichartigkeit* an. Gerade Bewertungsstreitigkeiten müssen beim Verfahren nach § 752 ausgeschlossen sein; sie sollen dadurch erledigt werden, dass nach § 753 geteilt wird. Teile, deren Wert nach der Teilung erst noch ermittelt werden muss, um gerecht teilen zu können, sind per definitionem nicht gleichartig. Wo Schätzgutachten zur Realteilung erforderlich sind, ist kein Fall des § 752 gegeben. Ungleichartig sind deshalb insbesondere der bebaute und der unbebaute Teil eines Grundstücks. 4

Unteilbar in diesem Sinn ist ein **Gegenstand, der sich zT teilen lässt, zT nicht**. Besteht die Gemeinschaft an einem Haus mit Wiese, so kann nicht verlangt werden, dass die Wiese abgetrennt und in Natur geteilt und das Haus versteigert wird; dies gilt auch dann, wenn durch die Trennung von Hausgrundstück und Wiese keine Wertminderung eintritt (vgl auch MünchKomm/K Schmidt Rn 14). Das Gesetz hat eine solche getrennte Teilung nicht vorgesehen, und das mit Grund. Sind die Parteien sich einig, brauchen sie kein Gesetz, um das Haus zu verkaufen und die Wiese zu teilen. Sind die Parteien sich uneinig, soll die Teilung in Natur nur stattfinden, wo sie möglich ist, ohne Streitpunkte zu bieten. Die Zerlegung in einen teilbaren und einen unteilbaren Teil bietet aber offenbar Anlass genug zu solchem Streit. 5

Nach dem Wortlaut des Gesetzes ist Teilung in Natur auch dann nicht vorgesehen, wenn die Gemeinschaft von vornherein an **verschiedenen Gegenständen** besteht, von denen **der eine teilbar ist und der andere nicht** (Haus und Wiese liegen auf grundbuchmäßig getrennten Grundstücken). Hier ist zu unterscheiden, ob es sich um eine oder um mehrere Gemeinschaften handelt. Mehrere Gemeinschaften werden jede für sich aufgehoben (die Gemeinschaft am Haus nach § 753, an der Wiese ggf nach § 752). Ist die Gemeinschaft aber einheitlich, soll sie in einem einheitlichen Verfahren geteilt werden (dh Haus und Wiese werden zusammen gem § 753 versteigert; **aA** MünchKomm/K Schmidt Rn 14). Die Frage, ob eine oder mehrere Gemeinschaften vorliegen, muss vor allem nach *wirtschaftlichen Gesichtspunkten* entschieden werden: Bei wirtschaftlich zusammengehörigen Gegenständen sollte eine einheitliche, sonst sollten getrennte Gemeinschaften angenommen werden. Die Verkehrsanschauung und die wirtschaftlichen Zielsetzungen der Teilhaber sind hier gleichermaßen beachtlich (vgl dazu § 741 Rn 157). 6

Der wirtschaftliche Gesichtspunkt spielt eine besondere Rolle bei der **Nachlassteilung**, auf die § 752 kraft Verweisung (§ 2042 Abs 2) Anwendung findet. Der ganze Nachlass wird sich so gut wie nie in Natur teilen lassen. Die Verweisung ist daher so zu verstehen, dass teilbare Gegenstände in Natur, andere durch Verkauf zu teilen sind. Die Abgrenzung, was ein „Gegenstand" im Sinn dieser Regel ist, muss den Gesichtspunkt der wirtschaftlichen Zusammengehörigkeit beachten, unter Berücksichtigung der Verkehrsanschauung und der wirtschaftlichen Zweckbestimmung, die der Erblasser oder die Erbengemeinschaft getroffen hat. 7

8 Entsprechendes gilt für die Anwendung des § 752 bei der Auseinandersetzung von **Gesellschaften** (§ 731 S 2) und der **Gütergemeinschaft** (§ 1477 Abs 1).

3. Möglichkeit der Realteilung im Verhältnis der Anteile

9 Die Teile müssen gerade so groß sein, dass sie den bisherigen Anteilen der Teilhaber entsprechen. Ist eine **solche Aufteilung nicht möglich, ist § 752 unanwendbar**. Wird also bei der Realteilung erforderlich, „Spitzen" durch Geld auszugleichen, ist kein Fall des § 752 gegeben (Prot II 757 f; MünchKomm/K Schmidt Rn 10; **aA** Esser II § 97 II 5; Esser/Schmidt § 38 IV 2.d). Anderes gilt indes, wenn eine Teilungsvereinbarung eine solche Teilung ausdrücklich oder stillschweigend zulässt (MünchKomm/K Schmidt Rn 10).

10 Besteht die Gemeinschaft an mehreren **gleichartigen, aber für sich unteilbaren Gegenständen** (zB Wertpapieren), so setzt § 752 nach dem ganz eindeutigen Gesetzeswortlaut voraus, dass die Teilung glatt aufgeht. Haben A und B 5 Kuxe gemeinschaftlich, ist A zu 3/4, B zu 1/4 beteiligt und sind die einzelnen Kuxe nicht teilbar (Beispiel nach RGZ 91, 416, 418), so stößt die Naturalteilung auf Schwierigkeiten. Zu fordern, dass A 3 Kuxe und B 1 Kux erhält und der fünfte Kux gemeinschaftlich bleibt, verstößt gegen die Regel, dass Teilaufhebung nicht verlangt werden kann (RG aaO; § 749 Rn 51). Dagegen muss es zulässig sein, zu fordern, dass A 3 Kuxe und B 1 Kux erhält und gleichzeitig der fünfte Kux gem § 753 verkauft und der Erlös geteilt wird. Es hat keinen Sinn zu verlangen, dass nur wegen des einen überzähligen Kuxes alle fünf Kuxe verkauft werden (ebenso MünchKomm/K Schmidt Rn 14).

4. Möglichkeit der Teilung ohne Wertminderung

11 Durch die Teilung darf keine Wertminderung entstehen (AG Winsen/Luhe NZM 2000, 717, 718; BGB-RGRK/vGamm Rn 2). Das Ganze darf nicht mehr wert sein als die Summe seiner Teile (wie zB im Fall einer kompletten Sammlung, eines Dressurgespanns usw). Entscheidend ist der **Verkehrswert**; die persönlichen Verhältnisse der Teilhaber – etwa ob es für sie lästig ist, relativ kleine Anteile zu nutzen oder zu verwerten – sind gleichgültig (RG WarnR 1910, Nr 113; OLG Nürnberg RdL 1960, 22).

12 Umgekehrt ist Teilung in Natur nicht deswegen ausgeschlossen, weil sie **unzweckmäßig** ist oder gegen öffentliche, persönliche oder familiäre Interessen verstößt (vgl auch Prot II 758 f). Allerdings wird in Fällen, in denen solche Interessen gegen die Teilung sprechen, der Markt oft ebenso entscheiden und das ungeteilte Ganze höher bewerten als die Einzelteile, sodass eine Teilung ohne Wertminderung nicht möglich ist.

13 Die **Kosten der Teilung** als solche fallen bei der Entscheidung, ob die Teilung zu einer Wertminderung führt, nicht ins Gewicht (RG Recht 1901, 17: Vermessungskosten für Aufteilung eines Waldes; BayObLG MDR 1973, 143). Naturalteilung kann also auch dann gefordert werden, wenn die Teilungskosten höher sind als die Versteigerungskosten. Das Gesetz verlangt von den Teilhabern nicht, in einem solchen Fall das billigere Verfahren zu wählen.

III. Einzelfälle

1. Teilbarkeit

Teilbar sind insbesondere **Geld, Flüssigkeiten, Warenvorräte (Kohle, Getreide, Holz), Metalle**. Mehrere gleichartige gestückelte **Wertpapiere** werden geteilt, indem den Teilhabern ganze Stücke zugewiesen werden (vgl dazu RGZ 91, 416, 418: Kuxe); dass diese denselben Nennwert haben, ist nicht erforderlich (Prot II 759). Die Teilung eines „Wertpapierpakets“ kann uU deshalb nicht verlangt werden, weil dies zu einer Wertminderung führt. Vermögensgegenstände einer Ehegatten-GbR können unter den Eheleuten (Gesellschaftern) im Wege der Realteilung aufgeteilt werden (BFH NJW 2002, 2974). Teilbarkeit ist ebenfalls zu bejahen bei Bruchteilsgemeinschaft an der Eigentümergrundschuld auf dem ehelichen Grundstück im Miteigentum (BGH NJW-RR 2011, 165: Teilung in gleichrangige Teilgrundschulden). Zu den Teilungen durch denjenigen, der die in Rede stehenden Gegenstände verwaltet vgl § 469 Abs 3 HGB (Lagerhalter), § 9a Abs 2 und 3 DepotG (Wertpapiersammelbank) und § 6 Abs 2 DepotG (Sammelverwahrer). 14

Grundstücke sind zwar grundsätzlich teilbar, wenn nicht öffentlich-rechtliche Verbote entgegenstehen (zB § 9 Abs 1 Nr 2 GrdstVG; landesrechtliche Teilungsverbote; vgl auch § 749 Rn 92). Bei Bauplätzen kann der Teilungsanspruch daran scheitern, dass sie durch Teilung nur noch eine schlechtere Bebauungsmöglichkeit bieten oder die Bebaubarkeit sogar völlig verhindert wird (RG WarnR 1910, Nr 113; OLG Nürnberg RdL 1960, 22). Die Teilbarkeit landwirtschaftlicher Grundstücke unterschiedlicher Größe, Lage und Betriebsart ist Frage des Einzelfalls (OLG Colmar OLGE 12, 92; großzügig). In der Praxis wird es an den Voraussetzungen des § 752 idR in der ganz überwiegenden Zahl der Fälle fehlen, weil entweder die Grundstücksteile ungleichartig sind oder durch die Teilung Wertminderung eintritt (vgl auch unten Rn 18; MünchKomm/K Schmidt Rn 21; OLG Hamm NJW-RR 1992, 666 f; OLG Karlsruhe NZG 1999, 249). Teilungsvereinbarungen unterliegen dem Formzwang des § 311b Abs 1 und dem Bestimmtheitsgebot (zum Fall einer „missglückten“ pauschalen Teilungsabrede im Ankaufsvertrag vgl BGH NJW 2002, 2560). 15

Auch **Rechte** können teilbar sein. *Forderungen* sind teilbar, wenn sie auf teilbare Leistungen gerichtet sind. *Briefhypotheken* werden geteilt durch Teilung der Forderung und Herstellung und Aushändigung von Teilhypothekenbriefen, § 1152 (RGZ 59, 313, 318; RGZ 69, 36, 42; RGZ 65, 62, 64); ebenso Grundschulden, auch Eigentümergrundschulden, dementsprechend auch das sich aus Eigentümergrundschuld und Hypothek zusammensetzende Grundpfandrecht bei Teilvalutierung von Hypotheken (MünchKomm/K Schmidt Rn 22). Beachte: Jeder Eigentümer eines mit einer zur Eigentümergesamtgrundschuld gewordenen Gesamtsicherungshypothek belasteten Grundstücks kann von einem Hypothekengläubiger die Löschung des Grundpfandrechts auf seinem Grundstück verlangen, wenn er von den Eigentümern der anderen gesamtbelasteten Grundstücke eine entsprechende Auseinandersetzung der Gemeinschaft an der Eigentümergesamtgrundschuld verlangen kann (BGH NJW 2009, 847). 16

Teilbar (in Bruchteile, nicht in Natur) ist auch ein *Erbteil* (praktisch wird die Frage dann, wenn der Erbteil auf eine Miterbengemeinschaft übergegangen ist, die ihrerseits auseinandergesetzt werden soll, § 2042 Abs 2 iVm § 752). Die Teilung erfolgt dann so, dass im Weg der Erbteilsveräußerung (§ 2033 Abs 1) jeder der teilungsberechtigten Miterben denjenigen realen Bruchteil an dem zum Nachlass gehörigen Erbteil erhält, der seinem eigenen Erbteil entspricht (BGH NJW 1963, 1610 mwNw). Die Miterben, die sich auf diese Weise über den ererbten Miterbenanteil auseinandergesetzt haben, bilden in Zukunft hinsichtlich des ererbten Anteils keine Bruchteilsgemeinschaft gem §§ 741 ff, vielmehr hat jeder einen eigenen, realen Anteil am Miterbenanteil (offen gelassen vom BGH aaO; wie hier KRETZSCHMAR ZBlFG 18, 9, 11; **aA** MünchKomm/K SCHMIDT Rn 17; vgl auch § 741 Rn 143 f). Zulässig ist allerdings auch die Umwandlung der Erbengemeinschaft am Erbteil in eine Bruchteilsgemeinschaft (§ 741 Rn 143 f); aber praktisch hat sie keinen Sinn. Nur auf Realteilung des Erbteils gibt § 752 den Miterben einen Anspruch, nicht auf Umwandlung in eine Bruchteilsgemeinschaft.

2. Unteilbarkeit

17 Unteilbar sind zum **Beispiel** Kunstwerke (auch wenn sie aus mehreren Stücken bestehen); Seen (OLG Marienwerder OLGE 22, 343); Tiere (PALANDT/SPRAU Rn 3; AG Walsrode NJW-RR 2004, 365); Aktien (§ 8 Abs 3 AktG iVm § 752 findet auf Aktien nur Anwendung, wenn und soweit mehrere Aktien auf die Teilhaber vertreten sind: MünchKomm/K SCHMIDT Rn 20, 12); grds gemeinschaftliche Besitz- und Nutzungsverhältnisse (LG Lübeck NJW 1952, 1143; KG JW 1930, 314; vgl zu der Verurteilung hinsichtlich der ehelichen Wohnung anlässlich der Ehescheidung § 1568a); Patente (BGH NJW-RR 2005, 1200); gemeinschaftliche Marken (MünchKomm/K SCHMIDT Rn 26); öffentlich-rechtliche Erlaubnisse (MünchKomm/K SCHMIDT Rn 25 unter Hinweis auf RG JW 1910, 616 zu einer Fährgerechtigkeit); Telefonanschlüsse (OLG Hamm NJW-RR 2001, 245); Unternehmen (zur Frage der Teilbarkeit eines Zeitungsunternehmens: RG SeuffBl 68, 55, 57; zur Frage, ob Bruchteilsgemeinschaften an Unternehmen überhaupt möglich sind, § 741 Rn 160; zu den umsatzsteuerlichen Folgen der ertragssteuerrechtlichen Realteilung eines Betriebs- und Unternehmensvermögens HIDIEN/KIRCHNER StuB 2009, 96). Aufgrund wirtschaftlicher Zusammengehörigkeit sind Funktionseinheiten unteilbar, wie ein markengebundener Rennstall oder ein Dressurgespann oder eine Kabelfernsehanlage (MünchKomm/K SCHMIDT Rn 13; AG Winsen/Luhe NZM 2000, 717, 718).

18 Bei **Häusern** ist eine Teilung in aller Regel nicht möglich (RG SeuffBl 53, 149 zum gemeinen Recht). Stockwerkseigentum kann nicht mehr begründet werden. Die Teilung in der Weise, dass Wohnungseigentum geschaffen wird, wird durch §§ 749 Abs 1, 752 nicht gedeckt. Denn das Ergebnis wäre, dass eine nach § 11 WEG unauflösliche Wohnungseigentümergemeinschaft entstünde. Die Zuteilung des Sondereigentums wäre eine Teilauseinandersetzung, auf die kein Teilhaber Anspruch hat; im Übrigen würde die Bruchteilsgemeinschaft in eine unauflösbare Gemeinschaft umgewandelt, worauf erst recht kein Teilhaber Anspruch hat. Zudem ist zu berücksichtigen, dass die Bildung von Wohnungseigentum neue Rechte begründet und nicht das gemeinschaftliche Recht teilt (OLG München JZ 1953, 148 mit Anm RAISER; MünchKomm/K SCHMIDT Rn 3; **aA** KIPP/COING § 117 II 1; WÜST, Gemeinschaftsteilung 12). Ein Doppelhaus, das spiegelbildartig auf zwei Grundstücken verschiedener Teilhaber errichtet ist, kann nicht durch Ziehung einer Trennmauer auf der Grundstücksgrenze geteilt werden, wenn dadurch der Flur im ausgebauten Dachgeschoss unbrauchbar wird (OLG Schleswig SchlHAnz 1967, 179 mAnm THIELE; sehr eng).

Beim Grenzüberbau gilt zunächst zu untersuchen, ob überhaupt eine Gemeinschaft entsteht; dies wird grundsätzlich zu verneinen sein (§ 932). Das Mietrecht an einer Wohnung wird sich regelmäßig ebenfalls nicht teilen lassen (vgl dazu § 747 Rn 69, § 749 Rn 11). Unteilbar sind auch gemeinschaftliche Eingänge, Einfahrten, Hofräume, Scheunentennen, wenn sie nach der Teilung nicht mehr in der bisherigen Weise benutzt werden können (RG SeuffBl 41, 328; 43, 286 zum gemeinen Recht; vgl ERMAN/ADERHOLD Rn 4; MünchKomm/K SCHMIDT Rn 13).

IV. Durchführung der Teilung; Losentscheid

1. Sachen

a) Allgemeines

19 Die Teilung von Sachen erfolgt in drei Schritten. Zunächst müssen die den Anteilen entsprechenden Teile durch **Zerlegung** des Gegenstands hergestellt werden. Dann sind die so entstandenen Teile den einzelnen Teilhabern **zuzuweisen**. Schließlich müssen die Teile den einzelnen Teilhabern **übertragen** werden.

20 Die **Zerlegung** des Gegenstands in Teile ist Realakt. Bei Grundstücken ist zusätzlich Abschreibungsunterlage (§ 2 GBO) und Erklärung gegenüber dem Grundbuchamt sowie Eintragung unter zwei Nummern erforderlich (ERMAN/HAGEN/LORENZ § 890 Rn 13). Grundschulden und Hypotheken sind unter entsprechender Teilbriefbildung im gleichen Range zu zerlegen.

21 Die **Zuteilung** der einzelnen Teile ist problemlos, wenn die Anteile der Teilhaber und dementsprechend die bei der Zerlegung hergestellten Teile verschieden groß sind. Jeder Teilhaber erhält dann den zu seinem Anteil passenden Teil der Sache. Sind dagegen die Anteile gleich und müssen demgemäß gleiche Teile verteilt werden, so entscheidet das **Los** (S 2). Die Verlosung ist von den Teilhabern gemeinsam vorzunehmen. Haben nur einzelne von mehreren Teilhabern gleich große Anteile, so erfolgt der Losentscheid nur unter ihnen. Sinnvoll ist eine Verlosung allerdings nur, wenn die Anteile nicht völlig gleichartig sind (dazu oben Rn 4), so bei der Parzellierung von Grundstücken. Bei Teilung völlig gleichartiger Sachen (Geld, Wertpapiere, Warenvorräte) ist der Losentscheid überflüssig (vgl auch MünchKomm/K SCHMIDT Rn 34).

22 Die Übertragung der Teile auf die einzelnen Teilhaber richtet sich nach den **allgemeinen Regeln für Verfügungsgeschäfte**. Sobald die Teile hergestellt sind und feststeht, welchem Teilhaber welcher Teil gebührt, sind die übrigen Teilhaber verpflichtet, dem jeweiligen Teilhaber den ihm gebührenden Teil zu übertragen. Die Übertragung erfolgt nach den für den gemeinschaftlichen Gegenstand maßgeblichen Regeln, also durch Auflassung und Eintragung, Einigung und Übergabe, Abtretung, Zerlegung in Bruchteile (vgl BGH NJW 1963, 1610 zu einer Erbengemeinschaft).

b) Gutgläubiger Erwerb

23 Hinsichtlich der Frage eines gutgläubigen Erwerbs, wenn **alle Beteiligten nichtberechtigt** sind, gilt Folgendes: Auszugehen ist davon, dass ein gutgläubiger Erwerb auch zwischen Teilhabern möglich ist (str, dazu § 747 Rn 27; zu dem [bejahten] gutgläubigen Erwerb bei der Beendigung einer Miteigentümerbruchteilsgemeinschaft im Wege der Bruchteils-

übertragung BGH NJW 2007, 3204 mit Anm K SCHMIDT). Haben A und B ein Grundstück vom geisteskranken E zu Miteigentum übertragen erhalten, sind sie im Grundbuch eingetragen worden und überträgt jetzt A seine Hälfte an B, so kann B die Hälfte von A gutgläubig erwerben (vgl § 747 Rn 28). Bei der Realteilung ist es so, dass A und B das Grundstück zunächst teilen, und A sein Miteigentum an einem Teilgrundstück auf B, B sein Miteigentum am anderen Teilgrundstück auf A überträgt. Ließe man hier gutgläubigen Erwerb zu, wäre die Folge, dass A den Anteil des B, B den Anteil des A gutgläubig erwürbe; an beiden Teilen bliebe E Miteigentümer. Einen praktischen Sinn hat das nicht, weil gem § 816 jeder der beiden an E herausgeben müsste, was er durch die Verfügung erlangt hat: das ist aber gerade der Miteigentumsanteil am Teilgrundstück. Ein Bedürfnis, A und B in ihrem guten Glauben zu schützen, ist bei dieser Sachlage nicht ersichtlich (anders als in dem Fall, in dem einer der beiden vermeintlichen Teilhaber dem anderen den Anteil abkauft). Das spricht dafür, bei der Umwandlung von ideellem Bruchteilseigentum in reales einen gutgläubigen Erwerb von vornherein nicht zuzulassen; es handelt sich wirtschaftlich gesehen nur um einen Wandel der Rechtsform der Mitberechtigung, auf den die Vorschriften über den Gutglaubensschutz nicht passen (ebenso MünchKomm/K SCHMIDT Rn 5: es fehle an einem echten Vermögenstransfer; vgl auch KG JW 1927, 2521, 2522 und § 747 Rn 71).

24 Anders ist es, wenn nur **einzelne Beteiligte nichtberechtigt** sind. Sind A und B als Miteigentümer im Grundbuch eingetragen, A zu Recht, B zu Unrecht, und nehmen sie nun eine Realteilung vor, so ist A offensichtlich schutzbedürftig. Er überträgt sein Miteigentum an dem für B bestimmten Teilgrundstück wirksam auf B und muss deshalb in seinem Vertrauen darauf geschützt sein, dass auch die Verfügung des B wirksam ist. A wird also Eigentümer des ihm zugeteilten Grundstücks. An dem B zugeteilten Grundstück entsteht Miteigentum zwischen B (der den Anteil des A wirksam erworben hat) und dem bisherigen Anteilsberechtigten. Dieser kann von B gem § 816 Übertragung des Miteigentumsanteils verlangen.

2. Rechte

25 Die Teilung von Rechten, insbesondere Forderungen, ist einfacher. Hier kommt eine tatsächliche Zerlegung nach der Natur der Sache nicht in Betracht, ebenso wenig ein Losentscheid. Die Teilung wird dadurch vollzogen, dass die übrigen Teilhaber dem jeweils berechtigten Teilhaber **einen seinem Anteil entsprechenden Teil der Forderung oder des Rechts gem § 398 abtreten**. Auf diese Weise ist insbes Geld, das auf einem Bankkonto liegt, oder auch ein Wertpapierdepot in Sammelverwahrung zu teilen. Bei Grundschulden und Hypotheken ist daneben (Teil-)Briefübergabe bzw Grundbucheintragung erforderlich.

3. Kosten der Teilung

26 Die Kosten der Teilung sind nicht besonders geregelt. Nach dem Prinzip des § 748 hat jeder Teilhaber **den Teil** der Kosten zu tragen, **der seinem Anteil entspricht** (SOERGEL/HADDING Rn 10; MünchKomm/K SCHMIDT Rn 35).

4. Gewährleistung

27 Die Gewährleistung richtet sich nach § 757.

V. Prozessuale Durchsetzung

Im Prozess wird der Teilungsanspruch durch **Leistungsklage** durchgesetzt. Der Klagantrag muss auf Vornahme derjenigen Handlungen (zB Zerlegung der Sache in Teile, ggf Verlosung, Übergabe) und Abgabe derjenigen rechtsgeschäftlichen Erklärungen (zB Übereignung oder Abtretung) gerichtet sein, die zur Teilung erforderlich sind (Planck/Lobe Anm 10; vgl auch Mot II 883). Eingeklagt wird also etwa der Anspruch auf Zuweisung einer bestimmten Zahl der gemeinschaftlichen Aktien, nicht einzelner Stücke (MünchKomm/K Schmidt Rn 32). 28

In Betracht kommt auch ein **Antrag auf Duldung der für die Teilung erforderlichen vorbereitenden Maßnahmen** (zB der Vermessung des Grundstücks). Ist der widersprechende Schuldner im Alleinbesitz der Sache, so wird man zweckmäßigerweise mit der Teilungsklage die Klage auf Herausgabe an die Teilhaber gemeinschaftlich verbinden. Die geforderte Leistung ist in der Klage so genau anzugeben, dass das Urteil vollstreckbar ist. Zu den vollstreckungsrechtlichen Besonderheiten bei der Losentscheidung vgl zutreffend MünchKomm/K Schmidt Rn 34.

Die **Vollstreckung** erfolgt, soweit es um die Zerlegung und Verlosung geht, nach § 887 ZPO, soweit es um Erklärungen geht, nach § 894 ZPO, soweit es um die Herausgabe geht, nach §§ 883, 885 ZPO, und soweit es um die Duldung vorbereitender Maßnahmen geht, nach § 890 ZPO. 29

Der Teilhaber, der den Anspruch auf Teilung gem § 752 geltend macht, muss die zur Begründung erforderlichen Tatsachen **beweisen**. Dazu gehört auch, dass der Gegenstand ohne Wertminderung geteilt werden kann (vgl dazu Krönig MDR 1951, 602). 30

Im Übrigen vgl § 749 Rn 13 ff, 16 ff. 31

VI. Abtretung, Pfändung

Der Anspruch auf Teilung in Natur ist mit dem Anspruch auf „Aufhebung" der Gemeinschaft gem § 749 Abs 1 identisch (vgl § 749 Rn 5 ff). Eine **gesonderte Abtretung oder Pfändung** ist daher nicht möglich (§ 749 Rn 54 ff). 32

Wird der Miteigentumsanteil an einer **teilbaren beweglichen Sache** gem § 857 ZPO gepfändet, ergreift die Pfändung ohne weiteres einen Anspruch aus § 752 (§ 751 S 2, vgl oben § 747 Rn 56). Zur Geltendmachung des Teilungsanspruchs ist erforderlich, dass zur Pfändung die Überweisung zur Einziehung hinzukommt (§ 857 Abs 1 iVm § 835 ZPO); dabei wird der Anteil als solcher zur Einziehung überwiesen (vgl Bohn/Berner, Pfändbare und unpfändbare Forderungen und andere Vermögensrechte [1957] Anh II Muster 39; LG Berlin JW 1922, 520 mit Anm Buzengeiger; gegen das Erfordernis der Überweisung zur Einziehung ohne nähere Begründung Blomeyer JZ 1955, 5, 6). Das zusätzliche Erfordernis der Überweisung ist gesetzlich vorgesehen mit Rücksicht auf den Ausnahmefall der Arrestpfändung, in dem die Pfändung dem Gläubiger kein Verwertungsrecht verleiht (vgl dazu Stein/Jonas/Brehm § 835 Rn 1). Entsprechend anzuwenden ist ferner § 847 ZPO. Das Vollstreckungsgericht hat also anzuordnen, dass der auf den Pfändungsgläubiger bei der Realteilung entfallende Teil an den Gerichtsvollzieher her- 33 auszugeben ist; der Teil ist dann nach den Vorschriften über die Sachpfändung weiterzuverwerten.

34 Wird der Anteil an einem **teilbaren Recht**, etwa einer Geldforderung, gepfändet und zur Einziehung überwiesen, so kann der Pfändungsgläubiger von den übrigen Teilhabern Abtretung des auf ihn entfallenden Teils der Forderung verlangen und die Forderung einziehen (vgl auch § 754 Rn 3).

35 Hat der Gläubiger eine Zwangshypothek an einem Miteigentumsanteil an einem **teilbaren Grundstück erwirkt**, so erstreckt sich die Hypothek auf den Teilungsanspruch (§ 751 S 2 analog, vgl oben § 747 Rn 58). In diesem Fall hat das Vollstreckungsgericht gem § 848 ZPO Herausgabe und Auflassung an einen Sequester anzuordnen. Der Vollstreckungsgläubiger erlangt hierdurch eine Hypothek an dem auf den Vollstreckungsschuldner entfallenden realen Grundstücksteil (§ 848 Abs 2 S 2 ZPO).

36 Der Pfändungsgläubiger kann die Teilung gem § 752 gegen die widerstrebenden übrigen Teilhaber notfalls **zwangsweise** durchsetzen (vgl oben Rn 28 ff).

37 Sehr lästig für den Vollstreckungsgläubiger ist, dass die Teilung in Natur stets auch die **Mitwirkung des Vollstreckungsschuldners** voraussetzt (vgl dazu auch Blomeyer JZ 1955, 5, 6). Der Anspruch auf Aufhebung der Gemeinschaft, der dem Vollstreckungsgläubiger gem § 751 S 2 zusteht, muss sich daher, um überhaupt realisierbar zu sein, gegen alle Teilhaber richten, also auch gegen den Vollstreckungsschuldner. Notfalls muss der Vollstreckungsgläubiger die Mitwirkung des Vollstreckungsschuldners durch Klage und Vollstreckung erzwingen; diesen Umstand kann man ihm nicht ersparen.

VII. Ausschluss der Naturalteilung wegen gemeinschaftlicher Schulden

38 Die Teilung in Natur ist, auch wenn der Gegenstand an sich teilbar ist, ausgeschlossen, soweit aus dem Gegenstand gemeinschaftliche Schulden berichtigt werden müssen, vgl §§ 755, 756. Entsprechendes gilt, soweit § 752 bei der Auseinandersetzung von Gesamthandsgemeinschaften kraft Verweisung anwendbar ist (dazu oben Rn 7; vgl auch § 749 Rn 99, 110). Ersteht ein **geschiedener Ehegatte** in der Teilungsversteigerung die den Ehegatten in Bruchteilsgemeinschaft gehörende Sache (hier: Erbbaurecht) unter Übernahme einer ein gesamtschuldnerisch aufgenommenes Darlehen absichernden Grundschuld, ist bei der von dem anderen Ehegatten betriebenen Auflösung der Bruchteilsgemeinschaft und der Berechnung der ihm daraus zustehenden Forderung die offene Darlehensschuld auch dann nicht zu berücksichtigen, wenn der Ersteher die persönliche gesamtschuldnerische Haftung nicht übernommen hat (OLG Schleswig FamRB 2011, 29).

§ 753
Teilung durch Verkauf

(1) Ist die Teilung in Natur ausgeschlossen, so erfolgt die Aufhebung der Gemeinschaft durch Verkauf des gemeinschaftlichen Gegenstands nach den Vorschriften über den Pfandverkauf, bei Grundstücken durch Zwangsversteigerung, und durch

Teilung des Erlöses. Ist die Veräußerung an einen Dritten unstatthaft, so ist der Gegenstand unter den Teilhabern zu versteigern.

(2) Hat der Versuch, den Gegenstand zu verkaufen, keinen Erfolg, so kann jeder Teilhaber die Wiederholung verlangen; er hat jedoch die Kosten zu tragen, wenn der wiederholte Versuch misslingt.

Materialien: E I §§ 769 Abs 2, 4, 772 S 2; II § 689; III § 740; Mot II 884 f, 888; Prot II 757, 767; JAKOBS/SCHUBERT, Schuldverh III 391 ff.

Systematische Übersicht

Alphabetische Übersicht

I. Bedeutung

Normzweck des § 753 ist, die Gemeinschaftsteilung hinsichtlich eines unteilbaren, aber veräußerungsfähigen Gegenstands davon unabhängig zu machen, dass alle Teilhaber nach § 747 S 2 bei einer Veräußerung mitwirken (MünchKomm/K Schmidt Rn 3 unter zutr Hinweis auf RGZ 108, 289, 290; vgl OLG Hamm NJW-RR 2001, 245). Die Bestimmung kommt nur zur Anwendung, soweit § 752 und § 754 **keine abweichende Art der Aufhebung** vorschreiben. Selbstverständlich gehen auch **Abreden zwischen den Teilhabern** (etwa dahingehend, den Meistbietenden formlos zu ermitteln, aber auch über die generelle Nichtanwendung des § 753) vor, die Vorschrift besitzt insoweit einen dispositiven Charakter (dazu § 749 Rn 24 ff). Sie können auch konkludent bzw im Wege ergänzender Vertragsauslegung getroffen sein, etwa im Falle der gemeinsamen Anschaffung eines Haustieres. Ist von vornherein Realteilung (§ 752) zB durch Schlachtung ausgeschlossen oder ein Verkauf kaum aussichtsreich (alter Mischlingshund) und eine Versteigerung zwar statthaft (vgl Abs 1 S 2), aber wenig erfolgversprechend, dürfte nach §§ 157, 242 anzunehmen sein, dass derjenige Teilhaber den Hund erhält, zu dem dieser die engere Beziehung hat und ggf bei dem die artgerechte Haltung gewährleistet ist. Evtl ist eine Entschädigung zu leisten (vgl näher AG Walsrode NJW-RR 2004, 365; beachte aber auch OLG Hamm MDR 2011, 104: Die Regelung der zeitweisen Nutzung des beim getrennt lebenden Ehegatten verbliebenen Haustiers ist unzulässig). Zur Rechtslage im Falle der Schenkung OLG Schleswig NJW 1998, 3127; OLG Braunschweig FamRZ 1998, 1432. Zur allgemeinen Frage, ob ausnahmsweise auch ohne Vereinbarung nach § 242 eine abweichende Art der Aufhebung gefordert werden kann, vgl § 749 Rn 34 ff. 1

Systematisch gesehen ist Abs 1 der **Regelfall** (MünchKomm/K Schmidt § 752 Rn 2): Wenn nichts Abweichendes vereinbart ist und wenn nicht die Voraussetzungen der §§ 752, 754 vorliegen, wird die Gemeinschaft durch Verkauf und Teilung des Erlöses aufgehoben. Zu der damit verbundenen grundsätzlichen rechtspolitischen Wertung des Gesetzgebers (für das preußische System, gegen das gemeinrechtliche Adjudikationssystem) vgl § 749 Rn 4. 2

II. Zweistufigkeit des Aufhebungsverfahrens

Die Aufhebung der Gemeinschaft nach Abs 1 vollzieht sich in **zwei Stufen** (Jauernig/Stürner [2014] Rn 8; BGH NJW 2008, 1809; Bartels ZfIR 2013, 609; BGH NJOZ 2012, 2204: „zweiaktiger Tatbestand"; eine zusammenfassende Darstellung des Verfahrens findet sich etwa bei Böttcher FPR 2013, 345 und zT bei Nickel FPR 2013, 370). Zunächst wird der gemeinschaftliche Gegenstand **verkauft**. Hierdurch allein wird die Gemeinschaft jedoch noch nicht aufgelöst (aus diesem Grund ist der weitverbreitete [und daher auch vorliegend verwendete] Begriff der „Teilungsversteigerung" [mindestens] unglücklich, da in dieser tatsächlich [noch] nichts verteilt, sondern lediglich der in aller Regel in natura unteilbare Versteigerungsgegenstand [Grundbesitz] in ein teilbares Surrogat [Geld] umgewandelt wird: vgl BGH Rpfleger 2004, 721; Wever FamRZ 2010, 237, 239 u Rn 5). Denn der Erlös steht den Teilhabern gemeinschaftlich zu; die Gemeinschaft setzt sich am Erlös fort (BGH WM 1966, 577, 578; OLG Zweibrücken Rpfleger 1972, 168; dingliche Surrogation: BGHZ 52, 99; Hk-BGB/Saenger Rn 1; Damrau ZEV 2008, 216 [unter Fortsetzung der dinglichen Belastungen des gemeinschaftlichen Gegenstandes, BGH NJW 1969, 1347] – der Ersteher kann deshalb nicht mit einer nur gegen eine der Teilhaber gerichteten Forderung aufrechnen: MünchKomm/K Schmidt Rn 31). Dieser 3

Grundsatz hat eine von mitsteigernden Miteigentümern häufig übersehene (wirtschaftlich) bedeutsame Konsequenz: So gehen diese häufig davon aus, dass sie nur den auf die entfallenden Erlösanteil im Verteilungstermin zahlen müssten (der Ehepartner, der den Grundbesitz, der ihm zu 1/2 gehört, für 200 000 EUR ersteigert, also nur 100 000 EUR). Diese Annahme ist jedoch unzutreffend. Im Falle des Zuschlages muss der bietende Miteigentümer grundsätzlich das volle Bargebot (ggf nebst Bargebotszinsen) an das Vollstreckungsgericht zahlen. Das Bargebot wird gerade nicht „um seinen Anteil am Versteigerungsobjekt" reduziert (bereits RGZ 135, 19. Eine für die Praxis bedeutsame **Ausnahme** lässt der *BGH* indes nun für den Fall zu, dass aus dem Erlösüberschuss keine Gemeinschaftsverbindlichkeiten und keine Teilhaberforderungen mehr auszugleichen sind und dass sichergestellt ist, dass der andere Ehegatte den auf ihn entfallenden Erlösanteil erhält. Der ersteigernde Ehegatte braucht dann das Bargebot in Höhe des auf ihn entfallenden Erlösanteils nicht zu entrichten, sondern muss nur den auf den anderen Ehegatten entfallenden Erlösanteil bereitstellen. Er kann dann von diesem Zustimmung zur Teilung der infolge der unterbliebenen Berichtigung des Bargebots bestehenden Forderung der aus den ehemaligen Miteigentümern bestehenden Gemeinschaft verlangen [BGH NZFam 2014, 168; vgl auch die Vorinstanz OLG Koblenz FamRZ 2012, 1665; hierzu eingehend Wever FamRZ 2014, 1669 und FamRZ 2013, 741]). Erhält ein Bruchteilseigentümer dementsprechend in der Teilungsversteigerung den Zuschlag und berichtigt er sein Bargebot nicht, setzt sich die Bruchteilsgemeinschaft an dem Grundstück an der nach § 118 Abs 1 ZVG unverteilt auf die früheren Miteigentümer übertragenen Forderung fort (BGH NZFam 2014, 168 im Anschluss an BGH NZM 2008, 295; vgl auch BGH NJOZ 2012, 2204). Auch führt die Mitberechtigung am Grundbesitz nicht per se dazu, dass die Sicherheitsleistung (§§ 67–70 ZVG) entfällt; dies ist nach § 184 ZVG nur dann der Fall, wenn dem betreffenden Miteigentümer ein durch das Gebot ganz oder teilweise gedecktes Grundpfandrecht zusteht.

Anschließend wird der **Erlös verteilt**, wobei ggf zunächst die Verbindlichkeiten gem §§ 755, 756 zu berichtigen sind. Erst die Verteilung des Erlöses führt zur Beendigung der Bruchteilsgemeinschaft (BGH NJW 2008, 1807). Verlangt der Ersteher hierbei nach § 749 Abs 1 von dem anderen Mitberechtigten die Aufhebung der an der übertragenen Forderung bestehenden Bruchteilsgemeinschaft, steht diesem indes kein Zurückbehaltungsrecht wegen gemeinschaftsfremder Gegenforderungen (zumeist: wegen güterrechtlicher Ausgleichsansprüche) zu (BGH NZFam 2014, 168; hierzu Wever FamRZ 2014, 1669, 1672; vgl Rn 22). Die Zweistufigkeit des Verfahrens ermöglicht es dem Teilhaber, sich bei der Geltendmachung des Aufhebungsanspruchs zu beschränken. Er kann zunächst nur den Verkauf betreiben und die Frage, wie geteilt werden soll, offenlassen, wenn noch nicht feststeht, welche Verbindlichkeiten gem §§ 755, 756 aus dem Erlös zu tilgen sind (eine solche Ungewissheit begründet für den anderen Teilhaber kein Zurückbehaltungsrecht, vgl § 749 Rn 50). Von besonderer praktischer Bedeutung ist die Möglichkeit, zunächst nur den Verkauf zu verlangen und die Verteilung des Erlöses späterer Entscheidung vorzubehalten, in den Fällen, in denen ein Gesamthandsvermögen auseinanderzusetzen ist und Abs 1 kraft Verweisung Anwendung findet, §§ 731 S 2, 1477 Abs 1, 2042 Abs 2, vgl dazu § 749 Rn 98, 101, 106 ff.

III. Durchführung des Verkaufs

4 Hinsichtlich der Durchführung des Verkaufs ist **zu unterscheiden**, ob es sich bei dem

gemeinschaftlichen Gegenstand um ein Grundstück, eine bewegliche Sache oder ein Recht handelt.

1. Grundstücke und grundstücksgleiche Rechte

Bei Grundstücken und grundstücksgleichen Rechten (§ 864 ZPO, insbes Erbbaurechten, eingetragenen Schiffen, eingetragenen oder eintragungsfähigen Schiffsbauwerken, Wohnungseigentum; Gegenstand eines Teilungsversteigerungsverfahrens kann auch das Grundstück einer GbR sein (hM: BGH WM 2013, 1748 mwNw: zu der Entscheidung eingehend RUHWINKEL MittBayNot 2014, 277; den Antrag kann dann der einzelne Gesellschafter stellen, ohne zuvor seinen Anspruch auf Versteigerung des Gesellschaftsgrundstücks gegen die übrigen Gesellschafter oder die GbR durchsetzen zu müssen: BGH aaO) erfolgt der Verkauf durch **Zwangsversteigerung** gem §§ 180 ff ZVG (vgl dazu die Kommentare zum Zwangsversteigerungsgesetz zB BÖTTCHER [5. Aufl 2010]; KINDL/MELLER-HANNICH/WOLF, Gesamtes Recht der Zwangsvollstreckung [2. Aufl 2013] sowie MünchKomm/K SCHMIDT Rn 16 ff; Überbl bei SCHIFFHAUER ZIP 1982, 526 ff). Die Versteigerung ist durch das Vollstreckungsgericht (§ 1 ZVG) auf Antrag eines Teilhabers anzuordnen (§ 180 Abs 1 iVm § 15 ZVG); es ersetzt einen unteilbaren Gegenstand durch einen teilbaren Gegenstand indem ein teilungsfähiger Erlös geschaffen wird (zu der Funktion des Zwangsversteigerungsverfahrens vgl aus verfassungsrechtlicher Sicht BVerfG NJW 1976, 1391). Lediglich die an dem Grundbesitz bestehende Eigentümergemeinschaft wird beendet, an die Stelle des Grundstücks tritt der Erlös im Wege der dinglichen Surrogation. Die den Miteigentümern davon gebührenden Anteile richten sich nach ihren bisherigen Miteigentumsanteilen an dem Grundstück (vgl OLG Schleswig SchlHA 2014, 248; BGH NJW 1983, 2449). Ein *vollstreckbarer Titel* ist für die Teilungsversteigerung nicht erforderlich (§ 181 Abs 1 ZVG). Voraussetzung ist nur, dass der Antragsteller als Miteigentümer im Grundbuch eingetragen ist oder dass er Erbe eines eingetragenen Miteigentümers ist und sein Erbrecht nach § 17 Abs 3 ZVG (idR durch Vorlage eines Erbscheins) glaubhaft macht (ein Gläubiger des Miteigentümers kann dessen Anspruch auf Aufhebung der Gemeinschaft sowie auf Teilung und Auszahlung des Erlöses gem §§ 857, 829 ZPO pfänden und sich überweisen lassen [hM, vgl BGH MittBayNot 2006, 413; BGH NJW 1984, 1968; BGH NJW 2003, 1858]). Außerdem muss sich aus dem Grundbuch ergeben, dass Miteigentum nach Bruchteilen besteht (OLG Darmstadt ZBlFG 7, 708; OLG Stuttgart Recht 1903, 215, Nr 1197; vgl § 47 GBO). Schließlich darf sich aus dem Grundbuch nicht ergeben, dass die Aufhebung ausgeschlossen ist (von Amts wegen zu beachten: § 28 ZVG; vgl OLG Hamm Rpfleger 1964, 341; OLG Bamberg JW 1927, 2473; zur Zulässigkeit der Eintragung des Aufhebungsausschlusses vgl § 1010. Beachte: ein Pfändungsgläubiger ist jedoch durch die Vereinbarung des Auseinandersetzungsausschlusses nicht gehindert, die Teilungsversteigerung zu betreiben, § 751 S 2). Zu den Besonderheiten hinsichtlich der Geltung des § 1365 im Teilungsversteigerungsverfahren vgl § 749 Rn 65 ff. Liegen diese Voraussetzungen vor, so braucht der Antragsteller für die Zulässigkeit der Zwangsversteigerung nichts weiter nachzuweisen; der Antragsteller übernimmt die Rolle des beitreibenden Gläubigers ohne jedoch selbst Gläubiger zu sein. Antragsgegner im Teilungsversteigerungsverfahren sind alle (außer dem Antragsteller selbst) Miteigentümer der „aufzuhebenden" Gemeinschaft (BGH NJW 1981, 2065). Eine Besonderheit dieses Verfahrens – im Unterschied zur Vollstreckungsversteigerung – besteht darin, dass ein Antragsgegner (Miteigentümer) durch Verfahrensbeitritt selbst zu einem (weiteren) Antragssteller werden kann und dann beide Positionen in einer Person vereint, §§ 180 Abs 1, 27 ZVG). Gegenstand der 5

Zwangsversteigerung ist der gemeinschaftliche Gegenstand in toto und nicht bloß ein Bruchteil, dessen Versteigerung den Teilungszweck nicht erfüllen würde (MünchKomm/K Schmidt Rn 16; BGH MDR 2009, 1071). *Bestreiten* die übrigen Teilhaber das Bestehen oder die Fälligkeit des Aufhebungsanspruchs, so sind sie auf den Prozessweg zu verweisen (Rechtsbehelf: **Drittwiderspruchsklage** analog § 771 ZPO; dazu oben § 749 Rn 74 und BGH WM 1984, 538; uU Schadensersatzanspruch aus § 280 Abs 1, vgl OLG Brandenburg FPR 2003, 133). Nach hM ist § 765a ZPO anwendbar (vgl BGH NJW 2007, 3430; KG NJW-RR 1999, 434; LG Frankfurt/Oder FamRZ 2008, 293; Saenger/Kindl, ZPO-Kommentar [5. Aufl 2013] § 753a ZPO, Rn 2; Bamberger/Roth/Gehrlein § 753 Rn 3; kritisch MünchKomm/K Schmidt Rn 22: Gegen die Anwendung des § 765a ZPO spreche das Fehlen der spezifischen Gläubiger-Schuldner-Beziehung und das Vorhandensein der speziellen Schutznormen in §§ 180 Abs 2 bis 4 ZVG). An die Stelle des § 30a ZVG tritt zum einen § 180 Abs 2, wonach das Verfahrens auf Antrag eines Miteigentümers auf die Dauer von längstens sechs Monaten einstweilen einzustellen ist, wenn dies bei Abwägung der widerstreitenden Interessen der mehreren Miteigentümer angemessen erscheint. Zum anderen gilt es nach § 180 Abs 3 zu berücksichtigen, dass in dem Fall, in dem ein Miteigentümer die Zwangsversteigerung zur Aufhebung einer Gemeinschaft betreibt, der außer ihm nur sein Ehegatte oder sein früherer Ehegatte angehört, auf Antrag dieses Ehegatten oder früheren Ehegatten die einstweilige Einstellung des Verfahrens anzuordnen ist, wenn dies zur Abwendung einer ernsthaften Gefährdung des Wohls eines gemeinschaftlichen Kindes erforderlich ist (vgl zu beiden Konstellationen eingehend Böttcher [2010] § 180 Rn 65 ff). Das Vollstreckungsgericht hat bei Vorliegen der grundbuchmäßigen Voraussetzungen die materielle Rechtmäßigkeit des Versteigerungsantrags nicht nachzuprüfen. Bei der Frage, welche eingetragenen Rechte bestehen bleiben und vom Ersteher zu übernehmen sind, sind die Modifikationen in § 182 ZVG zu beachten, die dem Umstand geschuldet sind, dass in der Bruchteilsgemeinschaft – anders als in der Gesamthandsgemeinschaft – eine unterschiedliche Belastung der einzelnen Anteile ohne weiteres möglich ist, §§ 747, 1114. Bei der Feststellung des geringsten Gebots sind danach die den Anteil des Antragstellers belastenden oder mitbelastenden Rechte an dem Grundstücke sowie alle Rechte zu berücksichtigen, die einem dieser Rechte vorgehen oder gleichstehen. Hatte der Teilhaber schon vor Fälligkeit des Aufhebungsanspruchs die Versteigerung eingeleitet und ist der Aufhebungsanspruch in der Zwischenzeit fällig geworden, so kann das Verfahren fortgesetzt werden; ein Neubeginn des Verfahrens ist überflüssig, eine Drittwiderspruchsklage unbegründet (RGZ 47, 363). Die Eröffnung des Insolvenzverfahrens über das Vermögen eines Teilhabers berührt das Verfahren an sich gem § 84 InsO nicht. Statt des Teilhabers kann aber jetzt der Insolvenzverwalter Verfahrenshandlungen vornehmen (MünchKomm/K Schmidt Rn 20). Gehört demgegenüber (etwa in der Nachlassinsolvenz) der gesamte Grundbesitz zur Insolvenzmasse, kann wegen § 80 InsO die Teilungsversteigerung nur fortgesetzt bzw angeordnet werden, wenn der Insolvenzverwalter den Grundbesitz freigibt (vgl § 28 ZVG).

6 Die **Verteilung des Reinerlöses** der Versteigerung unter die Teilhaber ist nicht mehr Gegenstand des Versteigerungsverfahrens, diese wird durch das Versteigerungsverfahren nur vorbereitet (RG JW 1919, 42, 43; BGHZ 175, 297; BGHZ 4, 84, 86; OLG Hamburg OLG-Rep 2000, 62; generell BVerfG NJW 1976, 1391; vgl hinsichtlich bestehenbleibender Rechte auch BGH NJW-RR 2010, 520; OLG Celle OLG-Rep 1996, 264; OLG Bamberg NJW-RR 1997, 81; vgl auch Kogel FPR 2012, 75 und ders FamRB 2012, 290). Zwar muss auch bei der Teilungs-

versteigerung ein Verteilungsverfahren gem §§ 105 ff ZVG durchgeführt werden. Es dient ua der Feststellung der Teilungsmasse (§ 107 ZVG) und der Entnahme der Kosten des Verfahrens aus der Teilungsmasse (§ 109 Abs 1 ZVG). In dem nach § 113 ZVG aufzustellenden Teilungsplan ist der für die Teilhaber verbleibende Reinerlös aber nicht unter den Teilhabern aufzuteilen, sondern ihnen global zuzuweisen. Nur wenn die Teilhaber einverstanden und über die Verteilung des Erlöses einig sind, ist im Teilungsplan auch die Einzelaufteilung des Reinerlöses festzulegen (RGZ 119, 321, 325; BGHZ 4, 84, 86). Anderenfalls hat es bei der Hinterlegung des Betrags zugunsten aller Teilhaber sein Bewenden. Über den hinterlegten Betrag können die Teilhaber, zu deren Gunsten die Hinterlegung angeordnet ist, einverständlich verfügen; bei fehlendem Einverständnis bleibt für die Teilhaber nur die Möglichkeit, die Teilung des Erlöses im Prozessweg weiterzubetreiben. Dies gilt auch für den Fall der Ersteigerung durch einen Miteigentümer und die anschließende Eintragung einer Sicherungshypothek ohne Bargebotsberichtigung (BGHZ 175, 297). Ist der Versteigerungserlös hinterlegt und sind daraus keine Verbindlichkeiten mehr zu berichtigen, so steht die Auszahlungsforderung gegen die Hinterlegungsstelle jedem Teilhaber gemäß seinem Erlösanteil zu (BGH NJW-RR 2010, 520; vgl auch BGH NJW 2000, 948; BGH NJW 2008, 1807); der Anspruch gegen die anderen Teilhaber auf Einwilligung zur Auszahlung richtet sich nach § 812 (Palandt/Sprau Rn 5/6).

Zur Behandlung von **Vorkaufsrechten** in der Teilungsversteigerung vgl Martinek/ 7
Ittenbach BB 1993, 519; Keim RNotZ 2003, 375; Franck MittBayNot 2012, 375, 439; BGH NJW 1972, 1199; allgemein MünchKomm/K Schmidt Rn 30 mwNw. Vgl bereits BGH NJW 1954, 1035: Ein dingliches Vorkaufsrecht über das gesamte Grundstück (§ 1094) setzt sich nicht durch, wenn der Zuschlag einem der bisherigen Teilhaber erteilt wird. Ein lediglich am Anteil eines Teilhabers bestelltes Vorkaufsrecht (§ 1095) kann nicht ausgeübt werden, falls ein anderer Teilhaber das Grundstück ersteigert (BGH NJW 1967, 1607).

Zur Befugnis des Erstehers, mit Forderungen, die ihm gegen die Teilhaber zustehen, 8
gegen den Kaufpreisanspruch der Teilhaber, soweit er diesen zur freien Verfügung steht, **aufzurechnen**, vgl BGHZ 175, 297; 4, 84, 88 ff. Zur Verwertung eines gepfändeten Anteils bei einer in das geringste Gebot fallenden **Sicherungsgrundschuld**, auf die dinglich oder schuldrechtlich Zahlungen geleistet wurden, BGH NJW-RR 1999, 504; Hintzen EWiR 1999, 55 f.

2. Bewegliche Sachen

Bewegliche Sachen werden nach den Vorschriften über den **Pfandverkauf** verkauft. 9
Maßgeblich sind die §§ 1235–1246 (zT **aA** Damrau ZEV 2008, 216: zutreffend erscheine die Verweisung auf alle Vorschriften auf den Pfandverkauf [§§ 1228 ff]). Bei der Anwendung dieser Vorschriften nehmen die Teilhaber gemeinsam die Stelle des „Pfandgläubigers" ein; der Eigentümer (Pfandschuldner) hat kein Gegenstück. Anwendbar ist überdies § 1233 Abs 2 (Verkauf nach den für den Verkauf einer gepfändeten Sache geltenden Vorschriften, also nach den §§ 814 ff ZPO). Allerdings setzt § 1233 Abs 2 voraus, dass der Teilhaber „für sein Recht zum Verkauf" einen vollstreckbaren Titel erlangt hat, dass er also den Aufhebungsanspruch zunächst im Weg der Klage durchgesetzt und ein Urteil auf Duldung des Verkaufs nach den Vorschriften des Pfandverkaufs (oder einen entsprechenden Prozessvergleich) erwirkt hat (dazu unten Rn 29). Sind die

Teilhaber sich über die Aufhebung einig und ist deshalb kein Titel erwirkt worden, so hat es bei den §§ 1235 ff sein Bewenden. Unanwendbar ist § 1234 (Pflicht zur vorherigen Androhung; vgl MünchKomm/K Schmidt Rn 13; BeckOK BGB/Gehrlein Rn 2; Bamberger/Roth/Gehrlein § 753 Rn 2). Denn die Vorschrift soll dem Eigentümer die Möglichkeit geben, während der Wartefrist das Pfandrecht durch Verkauf abzulösen; sie ist beim Teilungsverkauf, bei dem ein solches Ablösungsrecht nicht besteht, gegenstandslos.

10 **Im Einzelnen** gilt Folgendes: Nach § 1235 Abs 1 ist die regelmäßige Form des Teilungsverkaufs die *öffentliche Versteigerung* (Begriff: § 383 Abs 3); zuständig sind in erster Linie der Gerichtsvollzieher, ferner die nach § 34b Abs 5 GewO durch die zuständigen Landesbehörden bestellten, besonders sachkundigen Versteigerer, zB Kunstversteigerer, und nur ausnahmsweise, nämlich in Verbindung mit einer durch ihn beurkundeten oder vermittelten Vermögensauseinandersetzung, der Notar, § 20 Abs 3 BNotO (vgl hierzu Schippel/Bracker/Reithmann § 20 BNotO Rn 79). Hat die Sache einen Börsen- oder Marktpreis (dh mit einem an einer Börse oder einem organisierten Markt laufend notierten Preis), kann sie stattdessen durch einen (nach Landesrecht) öffentlich ermächtigten Handelsmakler oder durch eine sonstige zur öffentlichen Versteigerung ermächtigte Person zum laufenden Preis aus *freier Hand veräußert* werden, § 1235 Abs 2 iVm § 1221 (vgl Damrau ZEV 2008, 216). § 1221 gibt das Wahlrecht dem Pfandgläubiger. Beim Teilungsverkauf müssen die Teilhaber sich auf eine Veräußerung nach § 1221 einigen, sonst gilt § 1235 Abs 1; allerdings kann jeder Teilhaber mit Hilfe des § 1246 eine andere Art des Verkaufes – speziell freihändige Veräußerung – erzwingen (Palandt/Sprau Rn 2; vgl § 410 Nr 4 FamFG). Für die Einzelheiten der Versteigerung – Ort, Bekanntmachung, Verkaufsbedingungen – gelten die §§ 1236–1238; die Teilhaber dürfen mitbieten, § 1239; für Gold- und Silbersachen gilt § 1240. § 1241 (Benachrichtigungspflicht) ist gegenstandslos, ebenso § 1242 Abs 1 (denn tatsächlich erwirbt der Ersteher vom Eigentümer; der Fiktion bedarf es nicht). § 1242 Abs 2 (Erlöschen von Rechten Dritter) ist, da auf die Besonderheiten der Pfandverwertung zugeschnitten, unanwendbar. § 1243 (rechtswidrige Veräußerung) ist entsprechend anwendbar, insbesondere dann, wenn ein Teilhaber eine nicht vorschriftsmäßige Veräußerung ohne Zustimmung der übrigen durchsetzt. § 1244 *(gutgläubiger Erwerb)* ist sinngemäß anwendbar, und zwar auch dann, wenn ein Teilhaber die Sache selbst ersteigert (str, dazu § 747 Rn 27 f, 70; vgl auch MünchKomm/K Schmidt Rn 14). § 1245 Abs 1 S 1 (Zulässigkeit abweichender Vereinbarungen) ist gegenstandslos, weil die Teilhaber schon nach allgemeinen schuldrechtlichen Prinzipien frei darin sind, die Aufhebung abweichend von §§ 753, 1235 ff einvernehmlich zu regeln. § 1245 Abs 1 S 2, 3 (Erfordernis der Zustimmung Dritter, deren Rechte erlöschen) ist gegenstandslos, weil die Bezugsnorm des § 1242 Abs 2 nicht anwendbar ist. § 1245 Abs 2 ist, als Schutzvorschrift zugunsten des Pfandschuldners, unanwendbar. § 1246 ist anwendbar (Palandt/Sprau Rn 2; vgl auch LG Hamburg MDR 1957, 419: Verkauf einer Gastwirtschaft). Hiernach kann *jeder Teilhaber* eine von den §§ 1235 ff *abweichende Art des Verkaufs verlangen* – insbesondere freihändige Veräußerung, auch bei Sachen ohne Börsen- oder Marktpreis –, soweit das nach billigem Ermessen den Interessen der Beteiligten entspricht; einigen sich die Teilhaber nicht, so entscheidet das Amtsgericht des Aufbewahrungsorts im Verfahren der freiwilligen Gerichtsbarkeit durch den Rechtspfleger, § 1246 Abs 2 iVm §§ 23a Abs 1 S 1 Nr 2, Abs 2 Nr 5 GVG, 410 Nr 4, 411 Abs 4 FamFG, § 3 Nr 1b RPflG. Das Amtsgericht entscheidet über die Art des Pfandverkaufes, nicht über die etwaig

noch streitige Befugnis zum Verkauf; ist diese noch ungeklärt, so wird es entweder analog § 148 ZPO aussetzen oder den Antrag zurückweisen (MünchKomm/K SCHMIDT Rn 13).

Der Erlös ist vom Gerichtsvollzieher oder der sonst mit der Verwertung beauftragten Person an die Teilhaber gemeinsam herauszugeben. Dieser Anspruch steht den Teilhabern, wie früher der verkaufte Gegenstand, gemeinschaftlich zu. Erteilen die Teilhaber keine Weisung, wie mit dem Erlös zu verfahren ist, besteht Hinterlegungsmöglichkeit gem § 372. Die Teilung des Erlöses ist Sache der mit dem Verkauf betrauten Person nur, soweit ein entsprechender Auftrag erteilt und von ihr angenommen ist. 11

3. Rechte

a) Sonderregeln

Für die Aufhebung der Gemeinschaft an Rechten gelten in den wichtigsten Fällen **Sonderregeln.** 12

Fällige oder durch Kündigung fällig zu machende **Forderungen** sind nicht durch Verkauf, sondern durch Einziehung (und weiter durch Aufhebung der Gemeinschaft am Leistungsgegenstand) zu teilen, § 754. Ist die Forderung als solche teilbar, gilt in erster Linie § 752. Das betrifft auch Forderungen, die durch **Hypotheken** gesichert sind. **Grundschulden** sind wie Forderungen zu behandeln, also in erster Linie gem § 752 zu teilen, und, wenn Teilung (weil zuerst gemeinschaftliche Schulden bezahlt werden müssen) nicht in Betracht kommt, gem § 754 einzuziehen, sofern sie fällig oder durch Kündigung fälligzustellen sind (§ 754 Rn 1, 5). Hinsichtlich des schuldrechtlichen Rückgewähranspruchs bei Verlust des Miteigentumsanteils in der Teilungsversteigerung vgl OLG Hamm OLG-Rep 1994, 251. Bestand vor Teilungsversteigerung eine Eigentümergesamtgrundschuld und fällt diese in das geringste Gebot, wird sie ggf gemeinschaftliche (Fremd-)Grundschuld. Eine Aufhebung der hieran bestehenden Gemeinschaft derart, dass der nunmehrige Alleineigentümer des Grundstücks gegen Zahlung des Wertes den Grundschuldanteil des bisherigen Miteigentümers übernehmen muss, kommt nicht in Betracht; vielmehr ist Teilung in Natur durch Zerlegung mit gleichem Range möglich, BGH ZIP 1986, 89 ff. 13

Grundstücksgleiche Rechte (Erbbaurechte usw, § 864 ZPO) werden wie Grundstücke verwertet, oben Rn 5 f. 14

b) Verwertung gem § 1277

Im Übrigen sollen für Rechte (zB für nicht fällige unteilbare Forderungen, für gemeinschaftliche Patente, GmbH-Anteile usw) die **„Vorschriften über den Pfandverkauf"** gelten. Die Verweisung des Abs 1 S 1 geht hier insofern ins Leere, als die Vorschriften des BGB über den Pfandverkauf sich im Prinzip nur auf bewegliche Sachen beziehen. Für Pfandrechte an Rechten gilt § 1277: Der Pfandgläubiger kann Befriedigung nur aufgrund eines vollstreckbaren Titels („auf Duldung der Zwangsvollstreckung", ERMAN/KÜCHENHOFF/MICHALSKI § 1277 Rn 1) nach den für die Zwangsvollstreckung geltenden Vorschriften suchen. Die in § 1277 vorbehaltenen Ausnahmen („sofern nicht ein anderes bestimmt ist") betreffen die Verwertung von Forderungen, Grund- und Rentenschulden durch Einziehung (§§ 1282–1291) und 15 von Wertpapieren (§§ 1293–1295, hierzu unten Rn 20 f). Außer bei bestimmten Wertpapieren (Inhaberpapiere, § 1293, Orderpapiere mit Börsen- oder Marktpreis) ermöglichen auch diese Sondervorschriften keinen Pfandverkauf von Rechten.

16 Die Verweisung des Abs 1 S 1 auf die Vorschriften über den Pfandverkauf ist deshalb so zu verstehen, dass Rechte nach § 1277 zu verwerten sind, soweit keine Sondervorschriften eingreifen (MünchKomm/K Schmidt Rn 15; Soergel/Hadding Rn 5; Planck/Lobe Anm 2b). Rechte, mit Ausnahme von teilbaren Rechten (iSv § 752), von grundstücksgleichen Rechten, von einziehungsfähigen Forderungen und Grundschulden und von Rechten, die in Inhaberpapieren oder marktgängigen Orderpapieren verkörpert sind, müssen daher im Weg der **Zwangsvollstreckung** verwertet werden.

17 Das bedeutet, dass gem § 1277 zunächst ein **vollstreckbarer Titel** (auf „Duldung der Zwangsvollstreckung zum Zweck der Aufhebung der Gemeinschaft") vorliegen muss. Dieses Erfordernis scheint unpraktisch, wenn die Teilhaber sich über die Aufhebung der Gemeinschaft einig sind, sodass für eine Klage kein Anlass besteht. Aber wollen sie einvernehmlich ohne Einschaltung des Gerichts handeln, so müssen sie sich eben auch über die Art und Weise der Verwertung einigen. Gelingt ihnen das nicht, so bleibt dem Teilhaber, der Aufhebung begehrt, nichts übrig, als die übrigen Teilhaber auf Duldung zu verklagen.

18 Mit Hilfe des Titels muss der Teilhaber anschließend die **Pfändung** des gemeinschaftlichen Rechts bewirken, § 1277 iVm § 857 ZPO. Die Pfändung erfolgt durch Beschluss des Vollstreckungsgerichts (§ 857 Abs 1 iVm §§ 828, 829 ZPO). Weiter muss der Teilhaber beantragen, dass das Vollstreckungsgericht die **Veräußerung des Rechts anordnet** (§ 857 Abs 5 ZPO). In Frage kommt insbesondere Anordnung der Versteigerung (sei es durch den Gerichtsvollzieher, sei es durch eine geeignet erscheinende andere Person, vgl § 825 ZPO) oder Anordnung der freihändigen Verwertung durch eine geeignete Person (uU auch durch den Teilhaber selbst, vgl KG JW 1935, 3236: freihändige Veräußerung der gepfändeten Hypothekenforderung durch den Reichsfiskus als Pfändungsgläubiger; vgl auch Stein/Jonas/Brehm § 857 Rn 110). Das Gericht kann auch Versteigerung unter den Teilhabern anordnen, wenn nur sie als Interessenten in Betracht kommen, oder wenn eine Veräußerung an Dritte unstatthaft ist (unten Rn 39). Es kann auch Überweisung an einen Teilhaber zum Schätzpreis anordnen (vgl auch Stein/Jonas/Brehm § 844 Rn 13, betr die Überweisung einer gepfändeten Forderung an Zahlungs Statt zum Schätzwert). Die Verwertung nach § 857 Abs 5 ZPO ist die einzig zulässige Verwertungsform, da nur sie geeignet ist, das Vollstreckungsziel (die Aufhebung der Gemeinschaft) zu erreichen; andere, bei der Zwangsvollstreckung wegen Geldforderungen zulässige, Verwertungsformen (zB Erteilung einer Patentlizenz) scheiden aus.

c) Unveräußerliche Rechte

19 Bei unveräußerlichen Rechten scheidet das Verfahren nach §§ 1277 BGB, 857 ZPO aus. Eine Gemeinschaft an solchen Rechten **lässt sich überhaupt nicht nach der gesetzlichen Regelung aufheben**, die Veräußerlichkeit voraussetzt (dazu § 749 Rn 11). Das gilt auch, wenn das Recht (wie der *Nießbrauch,* § 1059) einem Dritten zur Ausübung überlassen werden kann (**aA** BGB-RGRK/vGamm Rn 3). Die Überlassung eines Nießbrauchs an einen Dritten gegen Entgelt ist Verwaltung, nicht Aufhebung

der Gemeinschaft. Im Hinblick auf diese Schwierigkeit kann es zweckmäßig sein, dass die Teilhaber sich ein unveräußerliches Recht (wie Nießbrauch oder Wohnrecht) in der Form des § 428 bestellen lassen (dazu § 741 Rn 84 ff; insgesamt kritisch zu der Gesamtgläubigerschaft ERMAN/L BÖTTCHER § 428 Rn 1: „Insgesamt ist festzustellen, dass nicht nur der Tatbestand und die Rechtsfolgen der Gesamtgläubigerschaft unklar formuliert sind, sondern auch der Zweck dieses Rechtsinstituts […] nicht recht ersichtlich ist"). Dann ist immer noch im Verfahren nach § 857 Abs 5 ZPO Zuweisung an einen Teilhaber möglich (oben Rn 18). – Zur Aufhebung von *Mietergemeinschaften* vgl § 747 Rn 69, § 749 Rn 11. – Als *Grundsatz* gilt, dass in solchen Fällen die übrigen Teilhaber nach §§ 749, 242 verpflichtet sind, dem aufhebungsberechtigten Teilhaber das Ausscheiden zu ermöglichen. Erlangen die fortsetzungswilligen Teilhaber hierdurch einen greifbaren Vermögensvorteil, sind sie zur Ausgleichszahlung verpflichtet.

d) Wertpapiere

Ist das gemeinschaftliche Recht in einem **Inhaberpapier** verkörpert, wird es wie eine bewegliche Sache verwertet, § 1293. 20

Ist das gemeinschaftliche Recht in einem **Orderpapier** verkörpert, und hat es einen Börsen- oder Marktpreis (zB eine Namensaktie), so ist es nach § 1221 durch freihändigen Verkauf zum laufenden Preis zu verwerten, § 1295. 21

IV. Teilung des Erlöses

1. Durchführung

Nach dem **Surrogationsprinzip** tritt der Erlösüberschuss (als Teil der Teilungsmasse) an die Stelle des verkauften/versteigerten Objekts. Damit bleibt der Erlösüberschuss zunächst unverteilt (OLG Hamm Rpfleger 1970, 215). Der Anspruch auf Teilung des Erlöses hat sodann seine Grundlage in Abs 1 S 1; es bedarf nicht des Rückgriffs auf § 752. Die Durchführung der Teilung richtet sich danach, wie der Erlös verwahrt wird. Haben die Teilhaber ihn in bar eingezogen, ist in Natur zu teilen. Ist der Erlös auf gemeinsames Bankkonto eingezahlt, kann entweder das „Konto" (die Forderung gegen die Bank) geteilt werden, oder die Teilhaber können die Bank gemeinsam anweisen, jedem Teilhaber den auf ihn entfallenden Betrag auszuzahlen. Durch gemeinsame Auszahlungsanweisung wird auch geteilt, wenn der Erlös beim Gericht liegt. Das Vollstreckungsgericht hat – wie erläutert – zwar den Erlösüberschuss im Verteilungsverfahren festzustellen; dessen Verteilung unter den Mitgliedern der Eigentümergemeinschaft ist jedoch nicht (mehr) seine Aufgabe. Die Gerichte sind indes im Regelfall den Beteiligten bei der Einigung über die Verteilung behilflich und beurkunden etwa eine Einigung, um dann dieser entsprechend den anteiligen Erlösüberschuss auszuzahlen (vgl OLG Hamm OLGZ 1970, 491; ERMAN/ADERHOLD Rn 4). Im Verfahren nach § 180 ZVG erfolgt keine Verteilung durch das Gericht, sofern ein Miteigentümer das Grundstück ersteigert hat (BGHZ 175, 297). Wird unter den Teilhabern um die Verteilung gestritten, bleibt dieser wie gesehen unverteilt und wird zugunsten aller Miteigentümer hinterlegt. In diesem Falle muss ein Miteigentümer als Ersteher das volle Meistgebot (ggf nebst Bargebotszinsen) an das Versteigerungsgericht zahlen (vgl Rn 3). Die Gemeinschaft setzt sich nun an der Forderung gegen die Hinterlegungsstelle fort (BGH NJW 1967, 200; MünchKomm/K SCHMIDT Rn 29 mit Hinweis auf die unglückliche Formulierung in BGH NJW 2000, 948: Die Gemeinschaft sei durch die 22

Hinterlegung aufgehoben). Bestand zuvor eine Bruchteilsgemeinschaft an dem Grundstück, besteht an der Forderung eine Mitberechtigung nach § 432 BGB, da jeder Teilhaber vom Ersteher nur Zahlung an alle Teilhaber gemeinsam verlangen kann (BGH FamRZ 2008, 767; vgl aber auch BGH NJOZ 2012, 2204: Wird der Erlös bzw ein Teil hiervon – etwa in Form der Sicherheitsleistung – gezahlt und sind nach Abzug der Verfahrenskosten aus diesem gemeinsamen Teilerlös weder Gemeinschaftsverbindlichkeiten zu berichtigen noch eine Teilhaberforderung auszugleichen, steht die Forderung gegen die Hinterlegungsstelle auf Herausgabe des Erlöses jedem Teilhaber anteilig gemäß seiner Beteiligungsquote an der Grundstücksgemeinschaft zu. Zur Teilung bedarf es nicht einer gemeinsamen Einziehung der Forderung gegen die Hinterlegungsstelle und der anschließenden Auseinandersetzung hinsichtlich des herausgegebenen Erlöses. Da die Forderung gegen die Hinterlegungsstelle ist in Natur teilbar ist, hat der Ersteher als Teilhaber der Gemeinschaft gegen die übrigen Gemeinschafter anteilsmäßig Anspruch auf Einwilligung in die seiner Beteiligungsquote entsprechende Abwicklung). Die Beteiligten müssen sich entweder gegenüber der Hinterlegungsstelle einigen (dh einen übereinstimmenden Auszahlungsantrag formulieren) oder aber ihren Streit prozessual austragen (vgl § 13 Abs 3 HinterlO). Der Streit der geschiedenen Ehegatten über die Verteilung des Erlöses, der bei der Zwangsversteigerung des gemeinsamen Hausgrundstückes erzielt wurde, ist eine sonstige Familiensache im Sinne des § 266 Abs 1 Nr 3 FamFG (OLG Frankfurt NJW 2010, 3173). Von hoher Praxisrelevanz (Zwissler NZFam 2014, 172) ist die Frage, ob die vormaligen Eigentümer (häufig die geschiedenen Ehegatten) im Rahmen dieser gerichtlichen Auseinandersetzung gegenseitig Zurückbehaltungsrechte wegen gemeinschaftsfremder Rechtsverhältnisse (insbesondere güterrechtliche Ausgleichsansprüche) geltend machen können (Übersicht über die diesbezügliche Rechtsprechung bei Kogel FPR 2013, 379). Der BGH hebt in einer jüngeren Entscheidung hervor, dass das Recht eines Teilhabers nach § 749 Abs 1, jederzeit die Aufhebung der Gemeinschaft zu verlangen, grundsätzlich nicht durch die Geltendmachung von Gegenrechten, die nicht in der Gemeinschaft wurzeln, beeinträchtigt werden darf (BGH NZFam 2014, 168; vgl auch BGH NJW 1975, 687; MünchKomm/Krüger § 273 Rn 55; Haussleiter/Schulz Kap 5 Rn 94). Die Anerkennung eines Zurückbehaltungsrechts nach § 273 wegen einer güterrechtlichen Ausgleichsforderung würde dem mit § 749 Abs 1 verfolgten Zweck, grundsätzlich die jederzeitige Aufhebung der Gemeinschaft zu gewährleisten, widerstreiten (anders die ein Zurückbehaltungsrecht bejahenden Entscheidungen BGH NJW-RR 1990, 133 und BGH NJW 2000, 948: hier war die Bruchteilsgemeinschaft bereits aufgehoben)

Bei der Verteilung des Erlösüberschusses ist sodann einer **unterschiedlichen Belastung der einzelnen Miteigentumsanteile** Rechnung zu tragen (Bamberger/Roth/Gehrlein § 753 Rn 1). Die Verteilung des Erlösüberschusses auf die einzelnen Miteigentumsanteile erfolgt nach dem Verhältnis der Werte; ihm wird zuvor der Betrag der Rechte, die nicht erlöschen, hinzugerechnet. Sodann wird auf den einem Grundstücksanteil zufallenden Anteil am Erlös der Betrag der Rechte, die an diesem Grundstücksanteil bestehen bleiben, angerechnet. Soweit die Forderung, für die eine Gesamthypothek an den Miteigentumsanteilen bestellt ist, durch die – im Innenverhältnis ersatzlos erfolgenden – Leistungen eines Miteigentümers erlischt, erwirbt der Leistende in Höhe der Tilgungen eine Eigentümergrundschuld, die allein auf seinem Miteigentumsanteil lastet (BGH WM 2010, 854; BeckOK BGB/Gehrlein Rn 1).

23 Eine Besonderheit gilt, wenn ein einzelner Teilhaber oder ein Dritter den Erlös

eingezogen hat und von den Teilhabern beauftragt ist, die Teilung des Erlöses durchzuführen. In diesem Fall hat jeder Teilhaber gegen den Beauftragten einen Anspruch auf Auszahlung des auf ihn entfallenden Betrags.

2. Keine Abtretung und Pfändung des Anspruchs auf Teilung des Erlöses

24 Der Anspruch auf Teilung des Erlöses ist ein **untrennbarer Teil des Aufhebungsanspruchs** (es ist gerade der Sinn der Aufhebung, den Erlös zu teilen); dieser ist untrennbarer Bestandteil der Teilhaberstellung (§ 749 Rn 9, 54). Eine Abtretung oder Pfändung des Anspruchs auf Teilung des Erlöses ist nicht möglich (§ 749 Rn 54 ff), wenn auch, als flankierende Maßnahme neben der Anteilspfändung, üblich (§ 749 Rn 59).

3. Abtretung und Pfändung des Auszahlungsanspruchs

25 Der Anspruch auf Auszahlung des Erlösanteils ist ein selbstständig übertragbares und pfändbares Recht. Allerdings entsteht ein solcher Anspruch nur in den Fällen, in denen ein Teilhaber oder ein Dritter die Erlösteilung im Auftrag der Teilhaber allein durchführt (oben Rn 23); es ist nicht so, dass jede Teilung nach § 754 automatisch in einen „Auszahlungsanspruch" einmündet. Die Abtretung oder Pfändung des Auszahlungsanspruchs ergibt dann Sinn, wenn der Beauftragte den Erlös bereits eingezogen hat. Eine Abtretung oder Pfändung **im Voraus ist** dagegen wenig sinnvoll. Als isolierte Maßnahme unterliegt sie der Unsicherheit, dass der Auftrag überhaupt erteilt wird; eine nachfolgende Übertragung oder Pfändung des Anteils macht sie gegenstandslos. Als flankierende Maßnahme neben der Anteilspfändung ist sie üblich, aber streng genommen überflüssig. Denn der Gläubiger, der den Anteil gepfändet oder eine Zwangshypothek daran erwirkt hat, ist ohnehin Partner der Erlösteilung (unten Rn 32 f); eine Auszahlung des Erlösanteils an irgendeinen Dritten gegen seinen Willen ist nicht zulässig. Die in der Praxis übliche Pfändung des Auszahlungsanspruchs neben der Anteilspfändung hat deshalb allenfalls klarstellende Bedeutung (vgl auch § 747 Rn 60, 63).

V. Prozessuale Durchsetzung

1. Der Anspruch auf Verkauf des gemeinschaftlichen Gegenstands

a) Grundstücke und grundstücksgleiche Rechte

26 Zur Durchsetzung des Anspruchs auf Verkauf eines Grundstücks oder grundstücksgleichen Rechts (oben Rn 5) bedarf der Teilhaber **keines Titels** (§ 181 Abs 1 ZVG): Er kann, wenn die formalen Voraussetzungen des § 180 ZVG erfüllt sind (Eintragung der Teilhaberstellung bzw Eintragung des Erblassers und Nachweis der Erbfolge, keine Eintragung eines Aufhebungsausschlusses, vgl oben Rn 5) ohne weiteres die Versteigerung beantragen. Es ist Sache der übrigen Teilhaber, Gegenrechte im Weg der Drittwiderspruchsklage geltend zu machen (§ 749 Rn 74, oben Rn 5).

27 Will der Teilhaber gleichwohl Klage erheben, etwa um einem befürchteten Widerspruch zuvorzukommen oder um das Hindernis eines eingetragenen Aufhebungsausschlusses zu überwinden (zB weil seiner Ansicht nach ein wichtiger Grund vorliegt, § 749 Abs 2), so ist die **Klage auf „Duldung der Zwangsversteigerung zum Zweck**

der Aufhebung der Gemeinschaft" zu richten. Die Klage stattdessen auf „Zustimmung" zur Zwangsversteigerung uÄ zu richten, ist nicht ganz korrekt (vgl § 749 Rn 14). Die Klage zielt darauf ab, dass die übrigen Teilhaber die Zwangsversteigerung geschehen lassen, nicht darauf, dass sie eine Willenserklärung abgeben. Der Unterschied ist wichtig wegen der vorläufigen Vollstreckbarkeit (vgl §§ 704, 894 ZPO).

28 Ein **Rechtsschutzbedürfnis** für die Klage ist immer dann zu bejahen, wenn die übrigen Teilhaber der Klage entgegentreten (vgl dazu § 749 Rn 14).

b) Bewegliche Sachen und Wertpapiere

29 Bei beweglichen Sachen und gleichgestellten Wertpapieren (§§ 1292, 1295) ist die Klage ebenfalls auf Duldung zu richten, und zwar **auf Duldung des Verkaufs nach den Vorschriften des Pfandverkaufs** (vgl § 749 Rn 13). Ein Antrag, den beklagten Teilhaber auf „Zustimmung zum Verkauf" zu verurteilen, ist auch hier ungenau. Zweckmäßigerweise ist mit der Duldungsklage die Klage auf Herausgabe an den Gerichtsvollzieher oder an eine andere zur Versteigerung (bei Orderpapieren gem § 1295: zur freihändigen Veräußerung) befugte Person zu verbinden. Ein Streit über die zweckmäßige Art der Verwertung ist nicht vor dem Prozessgericht, sondern gem §§ 1246 BGB, § 410 FamFG im Verfahren der freiwilligen Gerichtsbarkeit zu betreiben; notfalls muss der Kläger beide Verfahren nacheinander betreiben. Hat der Kläger ein Duldungsurteil erlangt, kann er die Sache auch nach den Vorschriften über den Verkauf gepfändeter Sachen verwerten (§ 1233 Abs 2), vgl oben Rn 10. Auch in diesem Fall muss er selbst, notfalls durch Klage, für die Herausgabe an den Gerichtsvollzieher sorgen; eine Pfändung der Sache ist für die Verwertung nach § 1233 Abs 2 weder Voraussetzung, noch ist sie zulässig. Die Verwertung erfolgt dann durch Versteigerung gem § 814 ZPO, sofern nicht das Vollstreckungsgericht auf Antrag eines Teilhabers nach § 825 ZPO eine andere Verwertungsart anordnet. Die praktischen Unterschiede zum Verfahren nach dem BGB sind unerheblich.

c) Rechte

30 Rechte, soweit sie nicht wie Grundstücke oder wie bewegliche Sachen zu behandeln sind, sind nach **§ 1277** zu verwerten (oben Rn 15). Die Klage richtet sich auf Duldung der Zwangsvollstreckung zum Zweck der Aufhebung der Gemeinschaft, die Vollstreckung erfolgt nach § 857 ZPO (vgl Rn 18).

2. Der Anspruch auf Teilung des Erlöses

31 Ist die Teilung des Erlöses streitig, so ist die Klage auf **Mitwirkung der übrigen Teilhaber** bei der Teilung zu richten. Der zweckmäßige Inhalt des Klageantrags richtet sich nach der Art der Aufbewahrung des Erlöses (vgl oben Rn 22 f). Mit hinreichender Bestimmtheit lässt sich der Antrag erst formulieren, wenn die Verwertung erfolgt ist. Der Kläger, der den Anspruch auf Verkauf einklagt, wird zweckmäßigerweise versuchen, Streitpunkte, die die Verwertung beeinflussen könnten (insbes Streit über die Anteilshöhe und Streit über gem §§ 755, 756 aus dem Erlös zu tilgende Schulden) auszuräumen, indem er bereits in diesem Prozess entsprechende Feststellungsanträge stellt; das spart Zeit und einen neuen Prozess.

VI. Rechtsstellung des Vollstreckungsgläubigers

1. Grundstücke

32 Hat der Gläubiger eines Teilhabers eine Zwangshypothek am Miteigentumsanteil an einem Grundstück erwirkt, so kann er gem § 751 S 2 iVm Abs 1 S 1 die Zwangsversteigerung betreiben (vgl § 747 Rn 58). Der Gläubiger ist berechtigt, den Versteigerungsantrag zu stellen. Sein Antragsrecht weist er nach durch seine Eintragung im Grundbuch und die Vorlegung des – nicht nur vorläufig vollstreckbaren – Titels. Ein Titel gegen die übrigen Teilhaber ist nach § 181 Abs 1 ZVG **nicht erforderlich**. Die Anteilshypothek setzt sich am Erlös fort. Der Erlös ist daher an den Gläubiger (der insoweit an die Stelle des Schuldners tritt, arg § 1282 Abs 1 S 1) und die übrigen Teilhaber gemeinsam auszuzahlen. Gegen die übrigen Teilhaber hat der Gläubiger den Anspruch auf Zuteilung des auf den Schuldner entfallenden Erlösteils, allerdings nur insoweit, als es zu seiner Befriedigung erforderlich ist (arg § 1282 Abs 1 S 2). Einen überschießenden Betrag müssen die übrigen Teilhaber dem Schuldner zuteilen.

2. Bewegliche Sachen

33 Bei der Pfändung des Miteigentumsanteils an einer beweglichen Sache kann der Gläubiger nach Überweisung zur Einziehung (§ 752 Rn 33) gem § 751 S 2 **Durchführung des Pfandverkaufs** verlangen und notfalls im Klageweg (oben Rn 29) durchsetzen. Für die Behandlung des Erlöses gilt das oben unter Rn 32 Ausgeführte.

34 Sehr lästig ist es für den Pfändungsgläubiger, dass er durch die Pfändung gem § 857 ZPO **keinen Mitgewahrsam** an der Sache selbst erlangt. Das macht seine Rechtsstellung nicht nur anfällig gegenüber Verfügungen, die die Teilhaber über den Gegenstand treffen (vgl § 936 Abs 1 S 1), sondern es erschwert auch die Verwertung. Gegen die übrigen Teilhaber hat der Gläubiger nach Abs 1 S 1 iVm § 751 S 2 immerhin einen schuldrechtlichen Anspruch darauf, dass sie den Gegenstand an den Gerichtsvollzieher herausgeben. IdR hat allerdings der Vollstreckungsschuldner Mitbesitz an der Sache, sodass er ebenfalls zur Herausgabe an den Gerichtsvollzieher gezwungen werden muss (vgl dazu A Blomeyer JZ 1955, 5, 6 f). Eine Grundlage für den Anspruch bilden § 804 ZPO iVm §§ 1227, 1011, 985. Es bleibt aber ein Unding, dass der Gläubiger, der schon einen Titel hat, gegen seinen renitenten Schuldner einen zweiten Prozess führen muss. Der geeignete, allerdings gesetzlich nicht unmittelbar vorgesehene Rechtsbehelf wäre eine Hilfspfändung (so auch A Blomeyer aaO, der einen entsprechenden Gerichtsbeschluss verlangt) analog § 836 Abs 3 ZPO. Der Vollstreckungsschuldner muss aufgrund des Überweisungsbeschlusses (dazu oben § 752 Rn 33) dem Gerichtsvollzieher den Mitbesitz einräumen; die zwangsweise Durchsetzung erfolgt nach §§ 883, 886 ZPO (vgl zum Verfahren Stein/Jonas/Brehm § 836 Rn 12 ff).

35 Eine Besonderheit gilt für den praktisch wohl häufigsten Fall, dass der Vollstreckungsgläubiger, der einen Titel gegen einen Ehegatten hat, in Familienhabe vollstrecken will, die nicht unter § 811 Nr 1, 5 ZPO fällt, aber möglicherweise im Miteigentum beider Ehegatten steht. Der Gläubiger wird idR mit Hilfe der Gewahrsamsfiktion des § 739 ZPO die **Sachpfändung** herbeiführen. Erhebt nun der andere

Ehegatte Drittwiderspruchsklage gem § 771 ZPO, so wird der Gläubiger vorsichtshalber den Miteigentumsanteil des Schuldners gem § 857 ZPO pfänden und der Drittwiderspruchsklage mit einer Gegenklage auf Duldung des Pfandverkaufs entgegentreten. Erkennt der Gläubiger das Miteigentum des anderen Ehegatten an und verfolgt dieser die Drittwiderspruchsklage trotzdem weiter, so muss dem Gläubiger die exceptio doli zustehen (denn es ist allgemein anerkannt, dass die Drittwiderspruchsklage rechtsmissbräuchlich ist, soweit der Kläger nach materiellem Recht verpflichtet ist, die Zwangsvollstreckung zu dulden, vgl Stein/Jonas/Brehm § 771 Rn 48 mwNw). Der andere Ehegatte hat kein Recht, die Versteigerung zu verhindern; er hat nur Anspruch auf einen seinem Miteigentumsanteil entsprechenden Anteil am Erlös (insofern befindet er sich in einer ähnlichen Lage wie ein Gläubiger mit Recht auf vorzugsweise Befriedigung gem § 805 ZPO; auch dort ist anerkannt, dass die Klage des bevorzugten Gläubigers unbegründet ist, wenn der nachrangige Pfändungspfandgläubiger eine entsprechende Erklärung abgibt, Stein/Jonas/Brehm § 805 Rn 14 ff). Andererseits muss dem anderen Miteigentümer die Möglichkeit offenstehen, statt Klage aus § 771 ZPO zu erheben, analog § 805 ZPO auf anteilmäßige Befriedigung aus dem Versteigerungserlös zu klagen, wenn der Vollstreckungsgläubiger sein Miteigentum bestreitet.

36 Zum Fall, dass die Sache sich im **Besitz eines Dritten** befindet, vgl A Blomeyer JZ 1955, 5, 7. Dem Gläubiger bleibt hier nur der Ausweg, neben dem Miteigentumsanteil des Schuldners den Anteil am Herausgabeanspruch des Schuldners gegen den Dritten zu pfänden und sich zur Einziehung überweisen zu lassen; gegen den Dritten kann er dann nach §§ 1011, 432 BGB, 847 ZPO vorgehen.

3. Rechte

37 Bei Rechten, die nicht Grundstücken oder beweglichen Sachen gleichgestellt sind, kann der Vollstreckungsgläubiger, nach Pfändung und Überweisung des Anteils gem § 857 ZPO, von den übrigen Teilhabern **Duldung der Zwangsvollstreckung** verlangen (§§ 751 S 2, 1277) und die Verwertung gem § 857 Abs 5 ZPO betreiben (vgl oben Rn 15 ff).

4. Verwertungsvereinbarungen zwischen dem Vollstreckungsgläubiger und den Teilhabern

38 Mit Einverständnis des Vollstreckungsgläubigers können die Beteiligten sich auf eine vom Gesetz abweichende Art der Verwertung (etwa freihändige Veräußerung statt Zwangsversteigerung) **einigen**. An einer solchen Vereinbarung muss allerdings auch der Vollstreckungsschuldner mitwirken, weil auch in seine Rechtsposition als Teilhaber eingegriffen wird und weil die erforderlichen dinglichen Vollzugsgeschäfte (etwa die Übereignung des gemeinschaftlichen Grundstücks) ohne seine Mitwirkung nicht möglich sind.

VII. Versteigerung unter den Teilhabern (Abs 1 S 2)

39 Die Veräußerung an einen Dritten kann in drei Fällen unstatthaft sein: (1) Die Teilhaber haben **vereinbart**, dass die Veräußerung nicht per se, sondern nur an einen Dritten unstatthaft sein soll. Das ist eine Vereinbarung über die Durchführung der

Aufhebung, die schuldrechtlich ohne weiteres wirksam ist (vgl auch § 749 Rn 24 ff), allerdings Sondernachfolger und Vollstreckungsgläubiger des Teilhabers nicht bindet (vgl § 751 Rn 15). Die Beweislast für den Abschluss einer solchen Vereinbarung trägt, wer sich darauf beruft (Krönig MDR 1951, 602; Soergel/Hadding Rn 8). Eine solche Vereinbarung kann auch in bürgerlich-rechtlichen Gesellschaften und Gütergemeinschaften getroffen werden; dann gilt Abs 1 S 2 entsprechend (§§ 731, 1477 Abs 1; dazu § 749 Rn 94 ff, 101). – (2) Der Erblasser hat durch **letztwillige Verfügung** verboten, dass die Miterben bei der Auseinandersetzung einen Nachlassgegenstand an Dritte veräußern (§ 2048 S 1); dann gilt im Auseinandersetzungsverfahren Abs 1 S 2 kraft Verweisung des § 2042 Abs 2. – (3) Ein gemeinschaftliches **Recht** ist **seinem Inhalt nach** so ausgestaltet, dass es an Dritte nicht veräußert werden kann. ZB ein gemeinschaftlicher GmbH-Anteil ist vinkuliert (§ 15 Abs 5 GmbHG), und die Genehmigung der Gesellschaft zur Veräußerung an einen Dritten oder zur Realteilung ist nicht zu erhalten. Oder bei einer unteilbaren, nicht fälligen Forderung ist die Abtretung an Dritte durch Vereinbarung mit dem Schuldner (§ 399 Fall 2) ausgeschlossen. Oder die erforderliche Genehmigung zur Veräußerung an einen Dritten nach dem GrdstVG ist nicht zu erlangen. Oder ein Nießbrauch ist in der Form des § 428 bestellt (vgl § 741 Rn 84), was praktisch bedeutet, dass er zwischen den Beteiligten (nicht aber im Verhältnis zu Dritten, § 1059) veräußerlich ist (vgl dazu auch oben Rn 18). Zur gemeinschaftlichen Grabstelle vgl OLG Oldenburg NJW-RR 1996, 136. § 753 Abs 1 S 2 begründet damit kein Veräußerungsverbot, sondern setzt es vielmehr voraus (MünchKomm/K Schmidt Rn 11; OLG Oldenburg NJW-RR 1996, 136). Wer sich auf das Veräußerungsverbot beruft, ist beweispflichtig (Krönig MDR 1951, 602; Soergel/Hadding Rn 8).

Für die **Durchführung der Versteigerung** unter den Teilhabern gelten die allgemeinen Regeln. Die Teilhaber können sich auf ein bestimmtes Verfahren einigen, etwa Versteigerung durch einen Notar oder im notariellen Vermittlungsverfahren gem §§ 343 ff FamFG. Dann sind sie verpflichtet, den Gegenstand an denjenigen von ihnen zu übertragen, der den Zuschlag erhalten hat; der Notar ist nicht imstande, den gemeinschaftlichen Gegenstand mit dinglicher Wirkung zu übertragen, sofern nicht eine entsprechende Ermächtigung (§ 185) erteilt ist (vgl RGZ 52, 174, 177). Einigen sich die Teilhaber nicht, so ist im gewöhnlichen Verfahren gem Abs 1 S 1 vorzugehen (Zwangsversteigerung, Pfandverkauf; Veräußerung im Weg der Zwangsvollstreckung gem § 857 Abs 5 ZPO), mit der einen Besonderheit, dass nur die Teilhaber zur Versteigerung zuzulassen sind (vgl RGZ 52, 174, 177). Die Folgen einer mit Abs 1 S 2 unvereinbaren Veräußerung regeln sich nach den für das im Einzelfall in Frage stehende Veräußerungsverbot und für den Erwerbsvorgang geltenden Vorschriften (MünchKomm/K Schmidt Rn 11). **40**

Bei **Grundstücken** kann jeder Teilhaber gem § 181 ZVG Versteigerung unter den Teilhabern beantragen, wobei er das Einverständnis der übrigen Teilhaber nachweisen muss. Fehlt es hieran, so muss er die widersprechenden Teilhaber auf Duldung der Versteigerung unter den Teilhabern verklagen; es ist nicht Sache des Vollstreckungsgerichts, einen Streit der Teilhaber über die Durchführung der Aufhebung zu entscheiden. Beantragt umgekehrt ein Teilhaber, wozu er verfahrensrechtlich in der Lage ist (§ 181 ZVG), eine offene Versteigerung, so müssen die Teilhaber, die nicht einverstanden sind, Drittwiderspruchsklage (§ 771 ZPO, vgl § 749 Rn 74) erheben. Die Klage ist ausnahmsweise nicht darauf zu richten, dass die Zwangsverstei- **41** gerung „für unzulässig erklärt" oder „eingestellt" wird, sondern darauf, dass die Zwangsversteigerung mit der Maßgabe durchzuführen ist, dass nur die Teilhaber als Bieter zuzulassen sind.

42 Bei **beweglichen Sachen** muss der Teilhaber, der die Aufhebung betreibt, auf Duldung der Versteigerung unter den Teilhabern nach den Vorschriften über den Pfandverkauf klagen.

43 Bei **Rechten**, die nicht wie Grundstücke oder wie bewegliche Sachen zu behandeln sind (oben Rn 5, 20), muss der die Aufhebung betreibende Teilhaber auf Duldung der Zwangsvollstreckung klagen; die Versteigerung unter den Teilhabern ist dann gem § 857 Abs 5 ZPO auf Antrag des obsiegenden Klägers vom Vollstreckungsgericht zu veranlassen.

VIII. Kosten

1. Kosten des ersten Verkaufsversuchs

44 Die Kosten des ersten Verkaufsversuchs sind von den Teilhabern **gemeinschaftlich** zu tragen (Rechtsgedanke des § 748, ERMAN/ADERHOLD Rn 6), und zwar, wie sich im Gegenschluss aus Abs 2 ergibt, auch dann, wenn der Versuch erfolglos bleibt. Ist er erfolgreich, so sind die Kosten analog §§ 755, 756 vor der Verteilung von dem Erlös abzuziehen (vgl MünchKomm/K SCHMIDT Rn 33; zu Anwaltsgebühren eines Teilhabers vgl AG München AnwBl 1997, 571). Hat ein Teilhaber den Verkauf im Klageweg durchgesetzt und sind die übrigen Teilhaber zur Kostentragung verurteilt, so müssen auch diese Kosten, nach dem Rechtsgedanken des § 756, bei der Verteilung des Erlöses vorweg berücksichtigt werden; sie sind dem Kläger zuzuteilen.

2. Kosten des wiederholten Verkaufsversuchs (Abs 2)

45 Ist der erste Verkaufsversuch fehlgeschlagen, so kann jeder Teilhaber Wiederholung verlangen, so oft er will. Bei einem **Fehlschlag** hat er allerdings die Kosten zu tragen. Eine Vorschusspflicht besteht nicht. Faktisch ist indessen der Teilhaber, der die Aufhebung durchsetzen will, genötigt, in Vorlage zu treten, weil er den Verkauf betreiben muss und die übrigen Teilhaber das nur dulden, nicht sich beteiligen müssen.

46 Abs 2 behandelt nur Verkaufsversuche aufgrund der **gesetzlichen Vorschriften** (Zwangsversteigerung, Pfandverkauf), nicht Verkaufsversuche aufgrund besonderer Vereinbarung (allgM; vgl nur PALANDT/SPRAU Rn 7 mwNw). Haben die Teilhaber zunächst vergeblich versucht, den Gegenstand freihändig zu veräußern, und betreibt daraufhin ein Teilhaber – ebenfalls ohne Erfolg – die Versteigerung, so ist dies der „erste" Verkaufsversuch (vgl Hk-BGB/SAENGER Rn 2; BGB-RGRK/vGAMM Rn 4; BAMBERGER/ROTH/GEHRLEIN § 753 Rn 6). Haben die Teilhaber zunächst erfolglos die Versteigerung versucht und einigen sie sich dann darauf, eine freihändige Veräußerung zu versuchen, so ist dies kein wiederholter Verkaufsversuch, der für den Teilhaber, der die Anregung gegeben hat, die Kostenfolge des Abs 2 auslöst.

3. Entsprechende Anwendung

47 OLG Hamm (OLG-Rep 1994, 251 f) hält den „Rechtsgedanken der §§ 752, 753" für entsprechend anwendbar, sofern ein Grundstückseigentümer die gemeinschaftliche **Entwässerungsanlage** mit dem Nachbargrundstück unterteilt und billigt daher hälftigen Aufwendungsersatz zu, zweifelhaft (beachte auch OLG Hamm v 8. 11. 2012, I-5 100/12 nv: Zwischen Eigentümern von Grundstücken besteht auch ohne eine entsprechende Vereinbarung eine Rechtsgemeinschaft im Sinne des § 741 BGB, wenn sie über ein einheitliches, die gemeinsamen Grundstücksgrenzen überschreitendes Entwässerungsrohrsystem verfügen).

IX. Unverkäuflichkeit

48 Erweist der Gegenstand sich als unverkäuflich, so bleibt den Teilhabern nur die **Fortsetzung der Gemeinschaft**, falls sie sich unter diesen Umständen nicht doch auf einen von den gesetzlichen Regeln **abweichenden Teilungsmodus** einigen können. Ein Grundsatz des Inhaltes, dass eine jede Gemeinschaft unter den Voraussetzungen des § 749 aufgehoben werden muss, existiert nicht (MünchKomm/K Schmidt Rn 35). Ein Gestaltungsrecht ist auch für diesen Fall dem Richter ausdrücklich nicht eingeräumt (MünchKomm/K Schmidt Rn 35; OLG Oldenburg NJW-RR 1996, 137; Bamberger/Roth/Gehrlein § 753 Rn **7; aA** Soergel/Hadding Rn 7; widersprüchlich Palandt/Sprau Rn 8). Das gilt auch dann, wenn für die Aufhebung wichtige Gründe sprechen. Der Teilhaber hat es in der Hand, in der Versteigerung mitzubieten und den Fehlschlag der Versteigerung zu verhindern. Tut er das nicht, weil er es nicht will oder nicht kann, so muss er sich mit dem Fortbestehen der Gemeinschaft abfinden. Anders ist es, wenn der Gegenstand aus Rechtsgründen unveräußerlich ist (§ 749 Rn 11, oben Rn 1, 19). Hier sind uU die gesetzlichen Aufhebungsregeln unanwendbar; bei faktischer Unveräußerlichkeit nicht. Zur Erbauseinandersetzung bei geerbter Grabstelle OLG Oldenburg NJW-RR 1996, 136.

§ 754
Verkauf gemeinschaftlicher Forderungen

Der Verkauf einer gemeinschaftlichen Forderung ist nur zulässig, wenn sie noch nicht eingezogen werden kann. Ist die Einziehung möglich, so kann jeder Teilhaber gemeinschaftliche Einziehung verlangen.

Materialien: E I § 769 Abs 3; II § 690; III § 741;
Mot II 885; Prot II, 759; Jakobs/Schubert, Schuldverh III 391 ff.

Systematische Übersicht

Alphabetische Übersicht

I. Anwendungsbereich

1 Die Vorschrift kommt, wie alle Teilungsvorschriften, nur zur Anwendung, wenn die Teilhaber keine Einigung über die Art der Aufhebung erzielen können (vgl § 749 Rn 24 ff; vgl etwa BGH NJW 1984, 794: hier wurde ein gemeinschaftlicher Auflassungsanspruch einem Teilhaber überlassen). Betroffen sind nur Forderungen, die in **Bruchteilsgemeinschaft** stehen, also nicht Forderungen, die gem § 420 oder infolge einer Teilabtretung in reale Bruchteile zerlegt sind (vgl Palandt/Sprau Rn 1; zu der Frage, ob bei der Vermietung einer Wohnung durch eine Bruchteilsgemeinschaft der Anspruch auf Duldung nach § 554 Abs 3 S 1 aF auch von einzelnen ihrer Mitglieder aus eigenem Recht klageweise durchgesetzt werden kann: BGH NJW 2012, 63). Praktisch kommen vor allem Forderungen aus der Nutzung des gemeinschaftlichen Gegenstands (zB Vermietung, BGH DStR 2000, 2141 ff; NZG 2001, 73; vgl § 743 Rn 5 ff), aus der Veräußerung des gemeinschaftlichen Gegenstands und auf Ersatz wegen Zerstörung und Beschädigung des gemeinschaftlichen Gegenstands in Betracht (vgl § 741 Rn 257 f; Hk-BGB/Saenger Rn 1). Die Vorschrift gilt auch für *hypothekarisch gesicherte Forderungen* (Planck/Lobe Anm 2; MünchKomm/K Schmidt Rn 1). Auf *Grund- und Rentenschulden* ist sie entsprechend anzuwenden. Genau wie bei der Pfandverwertung können auch bei der Verwertung zu Teilungszwecken die Grund- und Rentenschulden den Forderungen gleichgestellt werden (Rechtsgedanke der §§ 753 Abs 1 S 1, 1291). Eine durch Auseinandersetzung entstandene Forderung eines Teilhabers gegen den anderen unterliegt demgegenüber nicht dem § 754 (Soergel/Hadding Rn 2).

2 Anwendbar ist die Vorschrift schließlich bei der Auseinandersetzung von **Gesamthandsgemeinschaften** (§§ 731 S 2, 1477 Abs 1, 2042 Abs 2); hier dürfte auch die größte praktische Bedeutung der Norm liegen. Bei der Liquidation von *Personengesellschaften des Handelsrechts* ist die Vorschrift dagegen durch §§ 149, 152 HGB verdrängt. Sie regeln entgegen K Schmidt (in: MünchKomm Rn 1 mit Fn 3) auch das Innenverhältnis, sodass für eine ergänzende Anwendung des § 754 kein Raum bleibt (so auch BeckOK BGB/Gehrlein Rn 1). Die Gesellschafter können danach den Liqui-

dator anders als nach S 2 nur einstimmig zur Einziehung anweisen (aA MünchKomm/K Schmidt Rn 1). Dieser darf die Forderung auch in anderer Weise als durch Einziehung verwerten, wenn dadurch der Abwicklungszweck erreicht wird. Der Verkauf ist auch dann zulässig, wenn Einziehung möglich ist (Großkomm HGB/Schilling § 149 Rn 11; Bamberger/Roth/Gehrlein Rn 1; aA MünchKomm/K Schmidt aaO).

II. Verhältnis zu §§ 752, 753, 743

3 Die Vorschrift geht § 752 nach und § 753 vor. Für die Aufhebung der Gemeinschaft an einer Forderung besteht demnach folgende **Reihenfolge** (vgl RGZ 65, 5, 7; Müller Recht 1905, 579 ff; im Anschluss hieran die hM BGB-RGRK/vGamm Rn 2; Palandt/Sprau Rn 2; Bamberger/Roth/Gehrlein Rn 1): An erster Stelle steht die Teilung in Natur, § 752 (vor allem bei Geldforderungen). Ist diese nicht möglich (vgl etwa BGH MDR 2001, 151: Mietzinsansprüche der Gemeinschaft gegen einen Teilhaber sind als im Rechtssinne unteilbar gem § 754 S 2 anzusehen), so erfolgt die gemeinschaftliche Einziehung, § 754 S 2 (abw MünchKomm/K Schmidt Rn 3: Da die Voraussetzungen der Teilbarkeit nicht selten zweifelhaft seien, könne die Einziehung auch statt Teilung verlangt werden. Das kann jedoch nur gelten, solange kein Teilhaber die Teilung verlangt. Ist dies der Fall, sind die Voraussetzungen der Teilbarkeit zu klären. Zur Beweislast s Rn 7). Kann die Forderung nicht eingezogen werden, so wird sie durch Verkauf verwertet, §§ 753 S 1, 1277 iVm § 857 Abs 5 ZPO.

4 Handelt es sich bei der Forderung um die **Frucht** eines gemeinschaftlichen Gegenstands (Vermietung u dgl), so richtet sich die Teilung – solange die Gemeinschaft an der Muttersache bestehen bleibt – nach § 743. Die §§ 752, 753 sind unanwendbar; die Forderung ist einzuziehen und der Erlös ist gem § 743 nach Abzug der laufenden Kosten zu verteilen (§ 743 Rn 13 ff). Nach Aufhebung der Gemeinschaft an der Muttersache sind die Gemeinschaften an den daraus abgeleiteten gemeinschaftlichen Gegenständen gesondert nach §§ 752 ff aufzuheben; zu Mietzinsansprüchen einer Miteigentümergemeinschaft gegen einen ihrer Teilhaber als gemeinschaftliche Forderungen iSd § 754 S 2 vgl BGH DStR 2000, 2141.

III. Voraussetzungen der Einziehung (S 1)

5 Die Einziehung setzt nach S 1 voraus: (1) dass eine **Teilung gem § 752 nicht in Betracht kommt**, (2) dass die **Forderung eingezogen werden kann**. Eine Teilung gem § 752 scheidet aus, wenn der *Gegenstand der Forderung unteilbar* ist (s dazu § 741 Rn 82 ff), ferner, wenn aus dem Erlös gem §§ 755, 756 oder nach den Regeln über die Auseinandersetzung von Gesamthandsgemeinschaften vor der Teilung *gemeinschaftliche Schulden* beglichen werden müssen, schließlich, wenn die Forderung unabtretbar ist. Die Forderung kann eingezogen werden, wenn sie entweder fällig ist oder durch Kündigung fällig gestellt werden kann. Forderungen, die *kurzfristig gekündigt* werden können (etwa bis zu sechs Monaten), sind einziehbaren Forderungen aus praktischen Gründen gleichzustellen. Denn es ist nicht damit zu rechnen, dass das Verfahren nach § 753 in solchen Fällen schneller abzuwickeln ist als die Einziehung nach vorangegangener Kündigung.

6 Stößt die Einziehung der an sich fälligen Forderung auf **tatsächliche Schwierigkeiten** (etwa weil der Schuldner die Forderung bestreitet oder in Zahlungsschwierigkeiten

ist), so handelt es sich nicht um eine Forderung, die „noch nicht eingezogen werden kann" (**aA** Erman/Aderhold Rn 2).

7 Ist **streitig**, ob die tatsächlichen Voraussetzungen des § 752, des § 753 oder des § 754 vorliegen, so gilt folgendes: Wer Teilung in Natur verlangt, muss Teilbarkeit beweisen (§ 752 Rn 30), bei Gesamthandsgemeinschaften außerdem Teilungsreife. Wer dagegen behauptet, dass Ansprüche nach §§ 755, 756 bestehen, die die Teilung in Natur ausschließen, muss dies beweisen. Steht fest, dass eine Teilung nach § 752 nicht in Betracht kommt, und ist deshalb nur noch streitig, ob nach § 753 oder § 754 zu verfahren ist, so trifft denjenigen die Beweislast, der nach § 753 verfahren will. Das ergibt sich aus der Formulierung des S 1: „der Verkauf ist nur zulässig, wenn" (**aA** Krönig MDR 1951, 602; Erman/Aderhold Rn 4; wie hier MünchKomm/K Schmidt Rn 7; BeckOK BGB/Gehrlein Rn 2).

IV. Folgen der Einziehung

8 Der eingezogene Gegenstand wird wieder **gemeinschaftlich** und ist nach den Vorschriften der §§ 752, 753 zu teilen. § 743 hat Vorrang (oben Rn 4).

V. Mitwirkungspflicht (S 2); Kosten

9 Die Verpflichtung der übrigen Teilhaber zur Mitwirkung bei der Einziehung hat Bedeutung nur für das **Innenverhältnis**. Sie umfasst zum einen die Pflicht, die Leistung gemeinsam entgegenzunehmen. Für den Fall, dass die Leistung nur von allen gemeinsam verlangt werden kann, beinhaltet sie darüber hinaus eine Pflicht zur Mitwirkung an dieser Erklärung. Ob die Leistung nur von allen gemeinsam verlangt werden kann (wie beim Und-Konto; s § 741 Rn 102 ff und Heiss FamFR 2013, 146) oder jeder einzelne entsprechend § 432 ein Forderungsrecht hat, richtet sich nach dem Außenverhältnis. Bei rechtsgeschäftlich begründeten Forderungen entscheidet die Vereinbarung, bei gesetzlichen eine Interessenabwägung unter Berücksichtigung von Sinn und Zweck der Norm und des konkreten Gemeinschaftsverhältnisses (s § 741 Rn 109 ff).

10 Aus der Verpflichtung jedes Teilhabers, die Leistung zusammen mit den übrigen Teilhabern **entgegenzunehmen**, ergibt sich, dass er sich an den **Kosten** der Einziehung beteiligen muss (Maßstab für die Verteilung der Kosten sind auch hier die Anteile). § 754 S 2 verdeutlicht, dass die Einziehung einer gemeinschaftlichen Forderung zu den Verwaltungskosten gehört (MünchKomm/K Schmidt Rn 6). Verweigert ein Teilhaber die Mitwirkung bei der Einziehung und verursacht er hierdurch zusätzliche Kosten (etwa Kosten der Hinterlegung nach § 432 Abs 1 S 2), so ist er, wenn er in Verzug gesetzt ist, schadensersatzpflichtig (§ 754 S 2). Zur prozessualen Durchsetzung des Anspruchs aus § 754 vgl Axhausen JW 1900, 329.

11 S 2 begründet keine Verpflichtung der Teilhaber, an einem **Prozess** über die Forderung mitzuwirken. Prozessführung ist mehr als Einziehung. Der Teilhaber, der prozessieren will, mag das nach § 432 tun. Der Anspruch auf Erstattung von Kosten gegen die übrigen Teilhaber richtet sich nach §§ 744, 745, 748 (vgl §§ 744 Rn 24, 745 Rn 8).

§ 755
Berichtigung einer Gesamtschuld

(1) Haften die Teilhaber als Gesamtschuldner für eine Verbindlichkeit, die sie in Gemäßheit des § 748 nach dem Verhältnis ihrer Anteile zu erfüllen haben oder die sie zum Zwecke der Erfüllung einer solchen Verbindlichkeit eingegangen sind, so kann jeder Teilhaber bei der Aufhebung der Gemeinschaft verlangen, dass die Schuld aus dem gemeinschaftlichen Gegenstand berichtigt wird.

(2) Der Anspruch kann auch gegen die Sondernachfolger geltend gemacht werden.

(3) Soweit zur Berichtigung der Schuld der Verkauf des gemeinschaftlichen Gegenstands erforderlich ist, hat der Verkauf nach § 753 zu erfolgen.

Materialien: E II § 691; III § 742; Prot II 759–762, 764 ff; JAKOBS/SCHUBERT, Schuldverh III 405 ff.

Systematische Übersicht

Alphabetische Übersicht

I. Bedeutung

1 Abs 1 bildet eine **Ergänzung zu § 756** und ist als solche von der zweiten Kommission eingefügt worden; die §§ 755, 756 betreffen das Innenverhältnis zwischen den Teilhabern (Palandt/Sprau Rn 1; Hk-BGB/Saenger Rn 1: Dritte können aus den §§ 755, 756 keine Rechte herleiten) und regeln – anders als bei der Gesellschaft, §§ 731 ff – nur die zwei praktisch vordringlichsten Einzelpunkte der Schuldenbereinigung (dies bedeutet dann aber auch: Das Verhältnis zu Gläubigern, die kein Recht auf abgesonderte Befriedigung an dem gemeinsamen Gegenstand zukommt, folgt aus den allgemeinen Bestimmungen: vgl BeckOK BGB/Gehrlein Rn 1), wobei zwischen Schulden gegenüber Dritten (§ 755) und Schulden zwischen Teilhabern (§ 756) unterschieden wird. Nach § 756 kann demnach jeder Teilhaber, der gegen einen anderen Teilhaber eine Forderung aus dem Gemeinschaftsverhältnis hat, Berichtigung dieser Forderung „aus dem auf den Schuldner entfallenden Teil des gemeinschaftlichen Gegenstandes“ verlangen. Die Forderung ist also zugunsten des Gläubigers und zu Lasten des Schuldners aus dem auf den Schuldner entfallenden Erlösanteil vorweg zu befriedigen. Praktisch handelt es sich vor allem um den Fall, dass ein Teilhaber *Aufwendungen zur Bestreitung gemeinschaftlicher Kosten oder gemeinschaftlicher Lasten* gemacht hat und nun von den übrigen Teilhabern gem § 748 Ersatz verlangt (zB ein Teilhaber hat, im eigenen Namen, notwendige Reparaturen am gemeinschaftlichen Grundstück in Auftrag gegeben und bezahlt). § 756 deckt auch den Fall, dass die Teilhaber im Rahmen des § 748 gesamtschuldnerisch eine Verbindlichkeit übernommen haben und ein Teilhaber diese Verbindlichkeit vor Aufhebung der Gemeinschaft erfüllt hat (alle Teilhaber haben gemeinschaftlich den Reparaturauftrag erteilt; ein Teilhaber hat bezahlt). Wegen seines Regressanspruchs kann er bevorzugte Befriedigung aus dem Erlös verlangen.

1a Dagegen ist zumindest zweifelhaft, ob § 756 auch den Fall erfasst, dass die **Gesamtschuld** zur Zeit der Aufhebung der Gemeinschaft **noch besteht** (alle Teilhaber gemeinsam haben Reparaturen in Auftrag gegeben; die Rechnung steht noch offen). Abs 1 stellt klar, dass auch in diesem Fall der zur Befriedigung der Gesamtschuld erforderliche Betrag im Voraus aus dem Verwertungserlös entnommen werden muss. Mit Berichtigung der Verbindlichkeiten gem § 755 wird die persönliche Nachhaftung eines Schuldner-Teilhabers nach den allgemeinen Regeln (§ 426 Abs 1) beseitigt.

Abs 2 verleiht dem Befreiungsanspruch nach Abs 1 und den Ausgleichsansprüchen nach § 756 **dingliche Wirkung** (jurisPK/Ehlers Rn 1): der Wertanteil des einzelnen Teilhabers ist mit den Befreiungs- und Ausgleichsansprüchen belastet; die Belastung wirkt auch gegen Rechtsnachfolger des anderen Teilhabers, gegen seinen Vollstreckungsgläubiger und im Insolvenzverfahren (dazu Rn 11 ff). Für den Gläubiger-Teilhaber bedeutet dies insbesondere eine Sicherung dagegen, dass ihm Gläubiger eines Schuldner-Teilhabers zuvorkommen und den Ausgleich vereiteln. 2

Nach der Rechtsprechung lässt sich aus dem Zusammenspiel der § 748 und § 755 der Grundsatz ableiten, dass die Teilhaber für Verbindlichkeiten in Bezug auf den gemeinschaftlichen Gegenstand nach dem Verhältnis ihrer Anteile haften, wenn sich nicht aus einer Vereinbarung oder aus den besonderen Umständen des Falles etwas anderes ergibt (BGH FamRZ 1993, 676; OLG Koblenz MittBayNot 2009, 51). § 755 findet über den Verweis in § 2042 Abs 2 auch bei der **Miterbengemeinschaft** Anwendung; zu der Gesellschaft bürgerlichen Rechts vgl § 731 S 2. 2a

II. Anspruch auf Berichtigung der gemeinschaftlichen Schuld (Abs 1)

1. Voraussetzungen

Abs 1 setzt voraus, dass es sich um eine Verbindlichkeit handelt, die sich entweder als „Last" des gemeinschaftlichen Gegenstands darstellt (dazu § 748 Rn 3) oder die zum Zweck der Erhaltung, der Verwaltung oder der gemeinschaftlichen Benutzung begründet ist (dazu § 748 Rn 6 ff). Ob die Verbindlichkeit auf Gesetz oder Rechtsgeschäft beruht, macht keinen Unterschied (MünchKomm/K Schmidt Rn 5), ebenso wenig, ob sie der Erhaltung, Verwaltung oder der gemeinschaftlichen Benutzung unmittelbar dient (Verbindlichkeit aus einem Werkvertrag mit einem Handwerker) oder nur mittelbar (Darlehen, um den Handwerker zu bezahlen; Bürgschaft gegenüber der Bank, bei der ein Teilhaber das Darlehen aufgenommen hat, vgl dazu Palandt/Sprau Rn 3; BGB-RGRK/vGamm Rn 2). Lasten sind insbesondere Zinsen für **Hypotheken und Grundschulden** auf dem gemeinschaftlichen Grundstück (Hachenberg NZFam 2014, 731; im Unterschied zu Grundpfandrechten am einzelnen Anteil, vgl § 748 Rn 3). Gemeinsame Verbindlichkeiten, die durch Hypotheken oder Grundschulden am Grundstück gesichert sind, fallen deshalb immer unter Abs 2, auch wenn die Teilhaber das Geld zu anderen Zwecken als den der Bestreitung von Kosten verwendet haben. 3

Abs 1 umfasst seinem Wortlaut nach nur Gesamtschulden der (= aller) Teilhaber; ob diese anfänglich war oder durch Schuldübernahme nachträglich entstanden ist, ist irrelevant (Soergel/Hadding Rn 2). Nicht ausdrücklich geregelt ist der Fall, in dem ein Teilhaber **allein eine Verbindlichkeit übernommen hat**, um Kosten oder Lasten der Sache zu bestreiten, und diese Verbindlichkeit noch offensteht (ein Teilhaber hat Reparaturen in Auftrag gegeben und noch nicht bezahlt). Nach dem den §§ 755, 756 zugrunde liegenden Prinzip kann nicht zweifelhaft sein, dass er auch in diesem Fall verlangen kann, dass die Verbindlichkeit aus dem Erlös im Voraus befriedigt wird (so auch MünchKomm/K Schmidt Rn 6 unter Hinweis auf die Handhabung der §§ 755, 756 als Einheitsnorm). Diese Vorschriften bezwecken den Schutz des Ausgleichs unter den Gemeinschaftern, sodass es nicht auf das Vorliegen einer Gesamtschuld, sondern nur auf das Bestehen eines Befreiungsanspruchs ankommen kann (MünchKomm/ 4

K Schmidt Rn 6 – dieser steht auch einem nach außen allein verpflichteten Teilhaber in der Höhe zu, in der er im Falle eigener Zahlung Regress verlangen kann). Dasselbe muss dann natürlich gelten, wenn nicht alle, sondern nur *einige Teilhaber eine Gesamtschuld eingegangen sind* (so auch Palandt/Sprau Rn 3; Soergel/Hadding Rn 2; Planck/Lobe Anm 2b; MünchKomm/K Schmidt Rn 6), oder keine Gesamtschuld im technischen Sinne, sondern etwa eine Mithaftung als Bürge vorliegt (Planck/Lobe Anm 2b; MünchKomm/K Schmidt Rn 6).

5 Abs 1 erfasst nicht den Fall, dass die Teilhaber zum Zweck der Erhaltung, Verwaltung oder gemeinschaftlichen Benutzung sich nach Maßgabe ihrer Anteile als **Teilschuldner** verpflichtet haben. Denn hier stehen ihnen wechselseitige Befreiungs- und Rückgriffsansprüche nicht zu; die Verbindlichkeiten nach innen und nach außen decken sich. Praktisch wird der Fall kaum vorkommen.

6 Dass die Parteien das Verhältnis der Lasten- und Kostentragung **(Verteilungsschlüssel)**, entgegen § 748, durch Vereinbarung **abgeändert** haben, steht der Anwendung von Abs 1 nicht entgegen (vgl auch MünchKomm/K Schmidt Rn 7). Auch insoweit ist der Wortlaut zu eng. Denn Abs 1 will überhaupt verhindern, dass ein Teilhaber nach der Teilung in Anspruch genommen wird und nunmehr bei den übrigen Teilhabern Rückgriff nehmen muss.

7 Hat ein Teilhaber sich im Innenverhältnis verpflichtet, bestimmte Kosten oder Lasten des gemeinschaftlichen Gegenstands **allein zu tragen**, so steht diesem Teilhaber das Recht aus Abs 1 nicht zu, wohl aber den übrigen Teilhabern (vgl auch MünchKomm/K Schmidt Rn 7).

2. Durchführung

8 Berichtigung der Schuld aus dem gemeinschaftlichen Gegenstand heißt: Jedem Teilhaber wird von seinem Erlösanteil soviel abgezogen, wie er nach § 748 (oder nach einer etwaigen abweichenden Vereinbarung) zu zahlen hat. Die vorweg abgezogenen Beträge sind zur Bezahlung der Verbindlichkeit zu verwenden. Übersteigt die interne Zahlungspflicht eines Teilhabers seinen Erlösanteil, so muss dieser Teilhaber den Fehlbetrag nachschießen. Hierbei handelt es sich um eine **persönliche Forderung** gegen den Teilhaber, die nicht gegen den Sondernachfolger wirkt (BGB-RGRK/vGamm Rn 4). Eine Umlage des Fehlbetrags auf die Erlösanteile der übrigen Teilhaber kommt nur in Betracht, soweit die Voraussetzungen des § 426 Abs 1 S 2 vorliegen. Bei Zahlungsausfall eines Gesamtschuldners erhöhen sich die Ausgleichspflichten der übrigen und damit auch die Belastung ihrer Anteile nach Abs 1.

9 Ist die Verbindlichkeit noch nicht fällig oder streitig, so ist der zur Befriedigung erforderliche Betrag bei der Verteilung analog §§ 733 Abs 1 S 2, 1475 Abs 1 S 2 **zurückzubehalten** (vgl Palandt/Sprau Rn 3 [Analogie nur zu § 733 Abs 1 S 2]; Soergel/Hadding Rn 2). Die Gemeinschaft bleibt dann hinsichtlich des zurückbehaltenen Betrags bestehen; die Anlage des Betrags ist Verwaltung iSv §§ 744, 745. Dass der Betrag „hinterlegt" wird (so Soergel aaO; Staudinger/Vogel[10/11] Rn 3), kann kein Teilhaber fordern. Jeder Teilhaber kann allerdings den übrigen entsprechend § 257 Sicherheit für den auf ihn fallenden Teil der Verbindlichkeit gem §§ 232 ff leisten; tut er das, so ist er berechtigt, sofortige Auszahlung seines ungekürzten Erlösanteils zu verlangen (BGB-RGRK/vGamm Rn 2).

III. Wirkung gegen den Sondernachfolger (Abs 2)

1. Übertragung des Anteils

Die Rechte aus Abs 1 können gem Abs 2 auch gegenüber Sondernachfolgern geltend gemacht werden, die den Anteil erworben haben (die Wirkung gegenüber Gesamtrechtsnachfolgern versteht sich von selbst). Die anderen Teilhaber sollen gegen eine Vereitelung ihres Rechts geschützt werden; überdies ist der Rechtsnachfolger an den jeweiligen Stand des Gemeinschaftsverhältnisses zu binden (MünchKomm/K Schmidt Rn 10). Ein **gutgläubiger Erwerb**, frei von der Belastung mit dem Vorrecht aus Abs 1, ist nicht möglich (RGZ 78, 273, 275 betr Erbteilsveräußerung). Bei *Grundstücken* kann der Anspruch aus Abs 1 gegen den Sondernachfolger – sofern dieser die Verbindlichkeit nicht übernommen hat, vgl BGH WM 1966, 577 – nur geltend gemacht werden, wenn er im *Grundbuch eingetragen* ist (§ 1010 Abs 2). Ohne Eintragung wirkt der Anspruch auch nicht gegen einen Erwerber, der ihn kennt – eine fragwürdige Regelung, die aber de lege lata hingenommen werden muss. Die Ansprüche sind als Belastung in Abt II einzutragen (heute hL, vgl Planck/Strecker § 1010 Anm 2b; Staudinger/Gursky [1999] § 1010 Rn 6; Soergel/Hadding Rn 4; Erman/Aderhold Rn 3; Palandt/Bassenge § 1010 Rn 5; BGB-RGRK/Pikart § 1010 Rn 13; MünchKomm/K Schmidt Rn 10). Neben der Eintragung ist eine *Einigung* über die Belastung erforderlich. Die Eintragung erfolgt also nach § 873, nicht nach § 894 (Planck/Strecker § 1010 Anm 1 c, 2 b; Staudinger/Gursky [2013] § 1010 Rn 6; Heck, Sachenrecht § 71, 5). 10

2. Insolvenz

Fällt ein Teilhaber in Insolvenz, so haben die übrigen Teilhaber wegen des Anspruchs aus Abs 1 ein Recht auf **abgesonderte Befriedigung** (§ 84 Abs 1 S 2 InsO). Dh, der Anspruch aus Abs 1 wirkt auch gegen die Insolvenzmasse; für einen etwaigen auf den Gemeinschuldner entfallenden Fehlbetrag gilt § 52 InsO. § 84 InsO gilt auch für *Grundstücke,* ohne Rücksicht darauf, ob der Anspruch eingetragen ist oder nicht. Ist der Anspruch nicht eingetragen, so scheint der Insolvenzverwalter uU schlechter zu stehen, wenn er die Aufhebung durchführt, als wenn er den Anteil veräußert. Die hM löst den Widerspruch, indem sie annimmt, die Veräußerung durch den Insolvenzverwalter sei „Auseinandersetzung" iSv § 84 Abs 1 S 1 InsO (RGZ 67, 156; MünchKomm/K Schmidt Rn 11; Soergel/Hadding Rn 5; BGB-RGRK/vGamm Rn 5), was zur Folge hat, dass der Insolvenzverwalter aus dem Verkaufserlös den Anspruch gem Abs 1 erfüllen muss. Das kann allerdings nicht gelten, wenn der Anspruch eingetragen ist und auf den Erwerber übergeht. 11

3. Zwangsvollstreckung

Sondernachfolger iSv Abs 2 ist **auch ein Gläubiger**, der den **Anteil pfändet**. Auch hier gilt für Anteile an Grundstücken etwas Abweichendes, wenn der Anspruch nicht eingetragen ist. Bringt der Vollstreckungsgläubiger den Miteigentumsanteil zur Zwangsversteigerung, so wirkt der nicht eingetragene Anspruch aus Abs 1 nicht 12 gegen den Ersteher. Erwirkt der Vollstreckungsgläubiger eine Zwangshypothek am Anteil, so ist er als Hypothekengläubiger selbst Sondernachfolger des Vollstreckungsschuldners, und der nicht eingetragene Anspruch kann ihm nicht entgegengehalten werden. Der Vollstreckungsgläubiger steht sich also besser als der Insolvenzverwalter – eine der Ungereimtheiten, die aus der verunglückten Bestimmung des § 1010 folgen.

IV. Verkauf zum Zweck der Berichtigung der gemeinschaftlichen Schuld (Abs 3)

13 Abs 3 enthält eine **Ausnahme zu § 752**. Auch soweit der Gegenstand in Natur teilbar ist, ist er bei der Aufhebung der Gemeinschaft gem § 753 zu verkaufen, soweit das zur Berichtigung der gemeinschaftlichen Schuld erforderlich ist. Reicht zur Befriedigung der gemeinschaftlichen Schuld der Verkauf eines Teils des gemeinschaftlichen Gegenstands aus, so ist nur dieser Teil zu verkaufen, sofern der Rest nach § 752 teilbar bleibt (Prot II 760 f; RG SeuffA 74, Nr 173; Soergel/Hadding Rn 3; BGB-RGRK/vGamm Rn 4; MünchKomm/K Schmidt Rn 9). Der Anspruch richtet sich infolgedessen darauf, dass die übrigen Teilhaber den Verkauf soweit zu dulden haben, wie es erforderlich ist, die Verbindlichkeit zu erfüllen. Bewegliche Sachen sind zu diesem Zweck an den Gerichtsvollzieher herauszugeben; Grundstücke – sofern überhaupt teilbar – müssen zunächst gem § 752 in der Weise geteilt werden, dass ein Teil abgetrennt wird, der zur Befriedigung des Gläubigers erforderlich ist; dieser Teil ist dann gem § 753 zu versteigern. Übertreffen die Schulden den Erlös des Gegenstandes, haben die Teilhaber für den offenen Betrag nach § 748 einzustehen (BeckOK BGB/Gehrlein Rn 4).

14 Für **unteilbare Gegenstände** gilt § 753 ohnehin; insoweit ist Abs 3 gegenstandslos.

15 Was **Forderungen** betrifft, geht auch hier § 754 dem § 753 vor. Handelt es sich zB um eine Geldforderung, so ist die Forderung von den Teilhabern insoweit einzuziehen, wie erforderlich, um die Verbindlichkeit gem Abs 1 zu berichtigen, im Übrigen ist sie in Natur zu teilen.

V. Vorrang von Parteivereinbarungen

16 Parteivereinbarungen haben vor Abs 1, 3 den **Vorrang**. Die Parteien können teilen, ohne bestehende Schulden zu berücksichtigen (vgl dazu Crome SeuffBl 72, 1 ff); und sie können, um die Berichtigung zu ermöglichen, anders vorgehen, als in Abs 3 vorgesehen ist.

§ 756
Berichtigung einer Teilhaberschuld

Hat ein Teilhaber gegen einen anderen Teilhaber eine Forderung, die sich auf die Gemeinschaft gründet, so kann er bei der Aufhebung der Gemeinschaft die Berichtigung seiner Forderung aus dem auf den Schuldner entfallenden Teil des gemeinschaftlichen Gegenstands verlangen. Die Vorschrift des § 755 Abs. 2, 3 findet Anwendung.

Materialien: E I § 770; II § 692; III § 743; Mot II 885 ff; Prot II 759 ff; JAKOBS/SCHUBERT, Schuldverh III 405 ff.

Systematische Übersicht

Alphabetische Übersicht

I. Bedeutung

1 S 1 verleiht dem Teilhaber wegen seiner Ansprüche aus dem Gemeinschaftsverhältnis – vor allem wegen seiner Ansprüche auf Erstattung für Aufwendungen zur Bestreitung von Kosten und Lasten gem § 748, aber auch wegen anderer Ansprüche – ein **Recht auf Vorwegbefriedigung** aus dem Erlös. Es besteht so die Möglichkeit, gewisse Forderungen gegen einen anderen Teilhaber in die Teilung einzubeziehen, allerdings nur durch Berichtigung aus dem Anteil des Schuldners. Die besondere Regelung ist erforderlich, weil eine Aufrechnung des forderungsberechtigten Teilhabers an mangelnder Gleichartigkeit der Ansprüche (Geldforderung gegen Teilungsanspruch) scheitert und ein Zurückbehaltungsrecht des forderungsberechtigten Teilhabers kein passender Rechtsbehelf ist. S 2 iVm § 755 Abs 2 ver-

leiht diesem Anspruch – unter dem Vorbehalt des § 1010 Abs 2 – dingliche Wirkung. Die Vorschrift findet über § 2043 Abs 2 auch bei der Miterbengemeinschaft Anwendung (zur Gesellschaft bürgerlichen Rechts vgl § 731 S 2). Eingehend zur Entstehungsgeschichte MünchKomm/K Schmidt Rn 3.

II. Voraussetzungen

2 Voraussetzung ist, dass dem Teilhaber gegen den oder die anderen Teilhaber eine Forderung zusteht, die sich **auf die Gemeinschaft** gründet, dem Teilhaber als solchem also auf der Grundlage seiner Zugehörigkeit zur Gemeinschaft zustehen.

3 Das gilt zunächst für alle **gesetzlichen Ansprüche** aufgrund des Gemeinschaftsverhältnisses, insbesondere für Erstattungsansprüche aufgrund von § 748, für Ansprüche auf Erstattung der Kosten der Aufhebung der Gemeinschaft, die ein Teilhaber vorgeschossen hat (Soergel/Hadding Rn 2; MünchKomm/K Schmidt Rn 13; BeckOK BGB/Gehrlein Rn 2), auch soweit sie anlässlich eines Streits um die Aufhebung entstanden sind (BGH WM 1993, 849, 853; zu Anwaltskosten eines Teilhabers vgl AG München AnwBl 1997, 571), und für Ansprüche auf einen Anteil an den Nutzungen gem § 743 (dazu RG DR 1941, 999, 1000). Dasselbe gilt für Ansprüche aus Forderungsverletzung wegen Nichterfüllung der Pflichten aus dem Gemeinschaftsverhältnis (**aA** MünchKomm/K Schmidt Rn 14).

4 Darüber hinaus fallen unter S 1 alle Ansprüche, die **mit dem Gemeinschaftsverhältnis in einem konnexen Zusammenhang** iSv § 273 stehen, die also an sich geeignet wären, für den anspruchsberechtigten Teilhaber gegenüber dem Aufhebungsanspruch der übrigen Teilhaber ein Zurückbehaltungsrecht gem § 273 zu begründen. An die Stelle dieses Zurückbehaltungsrechts tritt der Anspruch auf Vorwegbefriedigung gem S 1. Hierher gehören beispielsweise Ansprüche auf *Herausgabe des Erlangten* oder auf *Aufwendungsersatz* aus einem in Bezug auf den gemeinschaftlichen Gegenstand erteilten Auftrag oder Ansprüche aus einem *Mietvertrag,* den die übrigen Teilhaber mit einem Teilhaber abgeschlossen haben. Ist bei der Veräußerung eines ideellen Miteigentumsanteils durch den bisherigen Alleineigentümer zwischen Veräußerer und Erwerber eine Vereinbarung über die Tragung von *Lasten* getroffen worden, so fallen Ansprüche aus dieser Vereinbarung unter S 1 (BGH WM 1966, 577), ebenso Ansprüche, die daraus entstehen, dass die Teilhaber das gemeinschaftliche Grundstück *zugunsten der privaten Schuld* eines Teilhabers *mit einer Hypothek* belastet haben (BGB-RGRK/vGamm Rn 1 unter Bezugnahme auf ein unveröffentlichtes Urteil des RG vom 10. 10. 1906) oder dass sie die private Schuld eines Teilhabers *abgelöst* haben, um die Zwangsvollstreckung in den Anteil abzuwenden (vgl § 751 Rn 11).

5 Nimmt ein Teilhaber einvernehmlich mit den übrigen ein **Darlehen zur Finanzierung des gemeinschaftlichen Gegenstandes** auf, so steht ihm nach Auffassung des BGH (WM 1993, 849, 853; vgl auch DB 1992, 83, 84) ein Aufwendungsersatzanspruch für die Tilgungsraten zu, der gem S 1 zu berücksichtigen ist (Palandt/Sprau Rn 2; zw, wohl nur bei ausdr Vereinbarung der Kostenteilung, s dazu § 748 Rn 13 ff). Nicht anwendbar ist § 756 auf Forderungen, die durch Teilhaber zum Zwecke der Auseinandersetzung der Gemeinschaft entstanden sind *(rechtsgeschäftliche Teilungsvereinbarungen;* so die ganz hM: OLG Stuttgart OLGE 1, 251; Planck/Lobe Anm 2; Soergel/Hadding Rn 3; BGB-RGRK/vGamm Rn 1; Erman/Aderhold Rn 1; MünchKomm/K Schmidt Rn 13; **aA** Stau-

dinger/Langhein[12] Rn 5). Zwar kann das Argument, der Anspruch habe seinen „eigentlichen Rechtsgrund" nicht in der Gemeinschaft, sondern der Vereinbarung, nicht überzeugen, schließlich sind regelmäßig mit der sonst befolgten Praxis auch vertraglich begründete Forderungen zu berücksichtigen. Auch das Argument, § 756 erfasse „per se" nur Forderungen aus einer „bestehenden" Gemeinschaft, überzeugt nicht, solange ganz allgemein Teilungskosten in den Anwendungsbereich des § 756 einbezogen werden. Entscheidend ist indes die Erwägung, dass die mit der Anwendung des § 756 verbundene weitgehende Wirkung gegen Rechtsnachfolger und Insolvenzgläubiger des Schuldner-Teilhabers nur gerechtfertigt sein kann, soweit sich diese auch tatsächlich aus der bestehenden Gemeinschaft ergeben (so überzeugend MünchKomm/K Schmidt Rn 14). Ansprüche wegen Beschädigung des gemeinschaftlichen Gegenstands beim Gebrauch (die nach hM nur in § 823 eine Rechtsgrundlage finden, vgl § 741 Rn 260 ff), fallen demgegenüber unter § 756 (**aA** MünchKomm/K Schmidt Rn 14).

Aus dem Gesichtspunkt der Konnexität erklärt sich RGZ 78, 273. Stand dem Erblasser gegen einen der Miterben eine Forderung zu, so können die übrigen Miterben verlangen, dass diese Forderung bei der Nachlassteilung auf die Erbteile vorweg verrechnet wird. Zwar beruht sie nicht auf der Erbengemeinschaft. Aber der Erbfall ist der Grund dafür, dass die Erben sich als Gläubiger (des vom Erblasser übergegangenen Anspruchs) und Schuldner (des Auseinandersetzungsanspruchs) gegenüberstehen; der Erbfall bildet also das **„Bindeglied"**, das die gegenseitigen Ansprüche verbindet (RG aaO). 6

Nicht unter S 1 fallen schließlich ganz allgemein alle Ansprüche eines Teilhabers gegen den anderen Teilhaber, die **mit dem Gemeinschaftsverhältnis nichts zu tun haben**, die dem Gläubiger also auch dann zustünden, wenn es die Gemeinschaft nicht gäbe. 7

Der Anspruch, dessen Vorwegbefriedigung verlangt wird, muss **nicht fällig** sein. Diese Voraussetzung wird allerdings bei Ansprüchen, die sich unmittelbar aus dem Gemeinschaftsverhältnis ergeben, stets erfüllt sein, nicht aber bei sonstigen konnexen Ansprüchen, zB bei Nachlassforderungen gegen einen Miterben. Der Betrag ist dann bei der Verteilung zurückzuhalten (vgl MünchKomm/K Schmidt Rn 17). 8

S 1 setzt voraus, dass der bevorrechtigte Anspruch sich auf **Geld** richtet (**aA** MünchKomm/K Schmidt Rn 16). Andere als Geldforderungen lassen sich nach S 1 nur befriedigen, nachdem sie in einen Schadensersatzanspruch umgewandelt sind. Außerdem fallen unter S 1 Ansprüche auf Befreiung von einer Verbindlichkeit (vgl § 257 S 1; BGH DB 1992, 83, 84), sofern diese Verbindlichkeit sich auf eine Geldzahlung richtet. Der Befreiungsanspruch ist durch Zahlung an den Dritten zu erledigen; ist die Forderung des Dritten noch nicht fällig oder streitig, so können die übrigen Teilhaber den Befreiungsanspruch durch Sicherheitsleistung erfüllen (§ 257 S 2). Hieraus folgt, dass Verbindlichkeiten, die mit der Gemeinschaft in Zusammenhang stehen, grundsätzlich nicht nur dann aus dem Erlös vorweg zu befriedigen sind, wenn es sich um Gesamtschulden aller Teilhaber handelt (§ 755 Abs 1), sondern auch, wenn ein einzelner Teilhaber eine solche Verbindlichkeit eingegangen ist (vgl § 755 Rn 2). 9

10 Soweit einem Teilhaber das Recht auf bevorzugte Befriedigung seiner Forderung nach S 1 zusteht, kann er wegen der Forderung **kein Zurückbehaltungsrecht** gegenüber dem Aufhebungsanspruch geltend machen (vgl § 749 Rn 50).

11 Ein solches Zurückbehaltungsrecht wäre **mit § 749 unvereinbar** (BGHZ 63, 348; MünchKomm/K Schmidt Rn 21; Erman/Aderhold Rn 2; anders noch RGZ 109, 167, 171; kritisch zum Ganzen Schnorr 382 ff). Das Zurückbehaltungsrecht ist indes nur so lange gesperrt, wie die Gemeinschaft andauert; es lebt damit wieder auf, wenn der Erlös bei der Hinterlegungsstelle hinterlegt wird (vgl BGH LM § 273 Nr 55 mAnm Hohloch NJW 2000, 948; abl Gruber FamRZ 2000, 400; vgl auch BGH ZEV 2001, 313).

12 Der Anspruch besteht nur bei Aufhebung der Gemeinschaft, **nicht** schon bei **Auskehrung von Teilbeträgen**. Das gilt nach BGH WM 1983, 1085 jedenfalls dann, wenn die Ansprüche nach dem Gemeinschaftsbestand nicht gefährdet sind (zust Soergel/Hadding Rn 3; mit Bedenken MünchKomm/K Schmidt Rn 2). S 1 ist aber selbst dann nicht anwendbar, wenn der verbleibende Bestand zur Deckung des Anspruchs nicht mehr ausreicht. Soweit es sich bei der Auskehrung von Teilbeträgen um eine Verteilung der Früchte handelt, folgt diese den §§ 743, 748. Aus den Früchten werden nur Lasten und Kosten vorweg berichtigt, nicht dagegen weitergehende, mit der Gemeinschaft zusammenhängende Ansprüche. Diese sind gem § 756 durch die Muttersache abgesichert. Soweit die Auskehrung dagegen den Bestand der Muttersache betrifft, handelt es sich um eine Teilaufhebung der Gemeinschaft. Für sie bedarf es nicht des Schutzes durch S 1, weil ein einzelner Teilhaber die Teilaufhebung nicht verlangen kann (§ 749 Rn 51; MünchKomm/K Schmidt § 749 Rn 27 f). Der andere Teilhaber kann daher die den Anspruch gefährdende Auskehrung insgesamt durch Verweigerung seiner Zustimmung verhindern.

III. Durchführung

13 Die bevorrechtigte Forderung wird bei der Teilung **vorweg berücksichtigt**. Der Anteil des Gläubigers wird erhöht, der des Schuldners vermindert. Hat die Verwertung ohnehin nach § 753 zu erfolgen, sind die Erlösanteile entsprechend zu berichtigen. Ist der gemeinschaftliche Gegenstand in Natur teilbar, so wird der Anteil des bevorzugten Teilhabers nicht erhöht, sondern der Gegenstand ist, soweit zur bevorzugten Befriedigung erforderlich, nach § 753 in Geld umzusetzen und der bevorrechtigte Teilhaber ist aus dem Erlös zu befriedigen (S 2 iVm § 755 Abs 3; vgl RG SeuffA 74, Nr 173; Prot II 761). Zu den Einzelheiten vgl § 755 Rn 13 ff.

IV. Wirkung gegen Dritte

14 Zur Wirkung des Anspruchs **gegen Dritte** (S 2 iVm § 755 Abs 3) vgl § 755 Rn 10 ff. Im Insolvenzverfahren eines Teilhabers gilt § 84 InsO (vgl Smid ZInsO 2009, 2217), vgl § 755 Rn 11. Der Teilhabergläubiger hat demnach bei Insolvenz ein Vorrecht auf abgesonderte Befriedigung aus dem Anteil des Teilhaberschuldners. Für Miteigentümer eines Grundstücks gilt die Ausnahme des § 1010 Abs 2.

§ 757
Gewährleistung bei Zuteilung an einen Teilhaber

Wird bei der Aufhebung der Gemeinschaft ein gemeinschaftlicher Gegenstand einem der Teilhaber zugeteilt, so hat wegen eines Mangels im Recht oder wegen eines Mangels der Sache jeder der übrigen Teilhaber zu seinem Anteil in gleicher Weise wie ein Verkäufer Gewähr zu leisten.

Materialien: E I § 771; II 693; III § 744; Mot II 887; Prot II 766 f; Jakobs/Schubert, Schuldverh III 411 ff.

I. Anwendungsbereich

Die Bestimmung greift in drei Fällen ein: (1) Der gemeinschaftliche Gegenstand wird **gem § 752 in Natur geteilt** und der einem Teilhaber zugewiesene Teil weist einen Mangel (Rechts- oder Sachmangel) auf. (2) Die Teilung erfolgt durch **Vereinbarung** und ein Teilhaber übernimmt einen Teil des Gegenstands oder den ganzen Gegenstand, und der Gegenstand weist einen Sach- oder Rechtsmangel auf. (3) Der Gegenstand wird **nach § 753 verwertet**, und ein Teilhaber erwirbt ihn, zB als Ersteher in der Zwangsversteigerung (allgM). Die Bestimmung gilt qua Verweis auch für die Gesellschaft, § 731 S 2, die Gütergemeinschaft, § 1477 Abs 1, und die Erbengemeinschaft, § 2042 Abs 2. 1

Keine Anwendung findet § 757, wenn gleichartige gemeinschaftliche Gegenstände nach Gemeinschaftsbruchteilen an alle Teilhaber verteilt werden, etwa bei der Teilung verdorbener Ware (allgM; Nachweise etwa bei MünchKomm/K Schmidt Rn 3). In diesem Fall gibt es **keinen Rechtsbehelf**. Dies gilt selbst dann, wenn nur ein Teilhaber aufgrund der Mangelhaftigkeit einen Schaden erlitten hat (Hk-BGB/Saenger Rn 1). § 757 will (und kann) nur verhindern, dass der eine Teilhaber einen guten Teil (oder gutes Geld) hingibt und einen schlechten Teil dafür bekommt. 2

Keine Anwendung findet § 757, wenn ein Teilhaber seinen **Anteil an einen Dritten oder an einen anderen Teilhaber veräußert** (dann gelten die Regeln des zugrunde liegenden Rechtsverhältnisses: Palandt/Sprau Rn 1), es sei denn, die Veräußerung erfolgt zur Aufhebung der Gemeinschaft. 3

II. Rechtsfolge

Bei der Zuteilung handelt es sich zwar nicht um einen Verkauf, gleichwohl kommen die **kaufrechtlichen Mängelhaftungsvorschriften**, §§ 434 ff zur Anwendung (auch wenn der Gesetzgeber es versäumt hat, den Wettlauf der Norm auf die durch die Schuldrechtsreform geänderte Terminologie anzupassen [„Gewähr zu leisten"]). 4

Ist die zugeteilte Sache mit einem Sach- oder Rechtsmangel behaftet (§§ 434, 435 – die Beweislast für das Fehlen von Mängeln tragen nach allgemeinen Regeln des § 363 bis zur Annahme als Erfüllung die übrigen Teilhaber: MünchKomm/K Schmidt 5

Rn 6), so stehen dem benachteiligten Teilhaber die allgemeinen Rechte zu. Zu beachten ist, dass der Anspruch auf Schadensersatz Vertretenmüssen voraussetzt, das indes widerlegbar vermutet wird (§ 280 Abs 1 S 2). Der Haftung unterliegen die Teilhaber, ohne für zahlungsunfähige Mitberechtigte einstehen zu müssen, stets nur in Höhe ihres Anteils (Erman/Aderhold Rn 3). Die Minderung führt dazu, dass die übrigen Teilhaber den Minderwert anteilmäßig ausgleichen müssen Besteht der Teilhaber auf Rücktritt, so erfasst dieser, auch wenn mehrere Gegenstände verteilt wurden, zunächst nur die Zuteilung dieser einen Sache, nicht die Auseinandersetzung insgesamt (MünchKomm/K Schmidt Rn 6).

III. Teilweise Mängel

6 Werden dem Teilhaber mehrere Gegenstände zugeteilt (zB im Zug einer Erbauseinandersetzung, vgl § 2042 Abs 2) und ist nur ein einzelner Gegenstand mit einem Mangel behaftet, so ist der betroffene Teilhaber bzw Miterbe grundsätzlich auf Ansprüche und Rechte hinsichtlich dieses Gegenstandes beschränkt; Rückgängigmachung der Teilung (Auseinandersetzung) bzw Schadensersatz statt der Leistung im Ganzen kann er nur verlangen, wenn er an der Durchführung infolge des Mangels kein Interesse mehr besitzt (vgl im Einzelnen § 437 Nr 2 iVm § 323 Abs 5 sowie § 281 Abs 1 S 2).

IV. Bewertungsfehler/Äquivalenzstörungen

7 Das Risiko von Bewertungsfehlern (das dann besteht, wenn die Parteien entgegen § 752 Zerlegung in ungleichartige Teile auf der Grundlage des Schätzpreises vereinbaren) trägt der Empfänger. Die Möglichkeit einer nachträglichen Korrektur mit Hilfe des Rechtsbehelfs der „laesio enormis" hat der Gesetzgeber bewusst verworfen (Mot II 888). Auch mit Hilfe der gesetzlichen Billigkeitsregelungen ist grundsätzlich keine Korrektur möglich (RG JR 1927, Nr 1637: ein Erbe erhält Grundstücke, der andere Wertpapiere; diese haben nachträglich ihren Wert verloren). **AA** für „gravierende Äquivalenzstörungen" zwischen Vertragsabschluss und Gefahrübergang unter dem Gesichtspunkt des Wegfalls bzw der Störung der Geschäftsgrundlage (§ 313) MünchKomm/K Schmidt Rn 3 unter Hinweis darauf, dass nach dem mutmaßlichen Willen der Beteiligten auch diese Gefahr bis zum Gefahrübergang von allen gemeinschaftlich getragen werde; wie hier BGB-RGRK/vGamm Rn 1.

§ 758
Unverjährbarkeit des Aufhebungsanspruchs

Der Anspruch auf Aufhebung der Gemeinschaft unterliegt nicht der Verjährung.

Materialien: E I § 768; II § 694; III § 745; Mot II 881; Prot II 756; Jakobs/Schubert, Schuldverh III 416 f.

1 Die Vorschrift will verhindern, dass die Gemeinschaft **durch Zeitablauf unteilbar**

wird. Ihr Grundgedanke beruht auf der fortgesetzten Erneuerung des Aufhebungsanspruchs (näher MünchKomm/K Schmidt Rn 1 mwNw; Erman/Aderhold Rn 1); zudem soll hierdurch verhindert werden, dass sich ein Teilhaber durch das bloße Drohen der Verjährung zu dem Auflösungsverlangen gedrängt fühlt (Medicus/Lorenz, Bes Schuldr [17. Aufl 2014] Rn 996). Sie gilt auch für Erbengemeinschaften (§ 2042 Abs 2, hierzu Karsten RNotZ 2010, 357, 376; Holtemeyer ZVE 2013, 53; vgl auch OLG Jena FamRZ 2008, 642: Der Erbauseinandersetzungsanspruch ist nicht mehr durchsetzbar,wenn ein Miterbe im Besitz der Erbschaft ist und der Erbschaftsanspruch gegen ihn verjährt ist; zu etwaigen Regelungslücken, die dadurch entstehen können, dass durch die verkürzte Verjährungsregelungen nach der Erbrechtsreform unverjährbare Fälle des § 758 unterlaufen werden vgl Sarres ZEV 2010, 292 und Herzog/Lindner ZFE 2010, 302). Eine ähnliche Regelung trifft § 924 für nachbarrechtliche Ansprüche. Ihre praktische Bedeutung ist nicht unerheblich, denn Gemeinschaften und Erbengemeinschaften, die länger als dreißig Jahre bestehen, sind in der Praxis nicht selten. Für die Anwendbarkeit des § 758 kommt es bei Miteigentum an Grundstücken anders als bei § 902 Abs 1 nicht darauf an, ob das Miteigentum im Grundbuch eingetragen ist (MünchKomm/K Schmidt Rn 1).

Die Vorschrift erfasst die **Ansprüche aus §§ 749, 752–754**. Zwischen Ansprüchen 2
„auf“ Aufhebung und „aus“ Aufhebung ist nicht zu unterscheiden (dazu § 749 Rn 6 ff, 16 ff; vgl auch MünchKomm/K Schmidt Rn 2). Die Vorschrift erfasst also insbesondere auch den Anspruch auf Teilung des Erlöses. Ferner gilt sie für den Anspruch auf Teilung gemeinschaftlicher Früchte (hM Palandt/Sprau Rn 1; MünchKomm/K Schmidt Rn 2; BGB-RGRK/vGamm Rn 1; Hk-BGB/Saenger Rn 1).

Haben die Parteien, um die Aufhebung durchzuführen, eine von den gesetzlichen 3
Teilungsabreden abweichende **schuldrechtliche Teilungsvereinbarung** (vgl § 749 Rn 24) vereinbart, so fällt diese Regelung unter den Schutz des § 758 (MünchKomm/K Schmidt Rn 2; zu der Verjährung von Ansprüchen aus einer zwischen den Miterben geschlossenen Vereinbarung vgl Holtmeyer ZEV 2013, 53). Haben die Parteien die Teilungsvereinbarung nicht vollzogen, dann muss jeder Teilhaber die Möglichkeit haben, durch die Verjährungseinrede zu verhindern, dass auf die obsolete Vereinbarung zurückgegriffen wird. Die Folge der Verjährungseinrede ist allerdings nur, dass jetzt wieder die gesetzlichen Teilungsregeln eingreifen. Haben die Parteien dagegen für den Fall, dass in Zukunft die Gemeinschaft aufgehoben wird, die gesetzlichen Teilungsregeln abbedungen und durch eine abweichende Teilungsregelung – zB freihändige Veräußerung, interne Versteigerung usw – ersetzt, so fällt diese Regelung unter den Schutz des § 758 (so auch K Schmidt aaO).

§ 758 gilt **nicht für schuldrechtliche Ansprüche** aus der Gemeinschaft, also insbeson- 4
dere nicht für Ansprüche auf *Aufwendungsersatz* gem § 748 (Palandt/Sprau Rn 1, Hk-BGB/Saenger Rn 1), auf *Schadensersatz* oder aus *Gewährleistung* gem § 757 (vgl auch OLG München v 29. 11. 2009 – 30 U 271/09, nv, zu dem Anspruch auf Zustimmung zur Beseitigung einer Hecke auf dem gemeinsamen Wegegrundstück).

§ 758 hindert grundsätzlich nicht die **Buchersitzung** (§ 900) durch einen als Allein- 5
eigentümer eingetragenen Miteigentümer, da die Buchersitzung die Gemeinschaft insgesamt beseitigt (MünchKomm/K Schmidt Rn 1; dazu auch OLG Dresden ZfIR 2003, 438).

6 § 927 **(Aneignung nach Aufgebot)** gilt auch für Miteigentumsanteile (hM, BGB-RGRK/Augustin § 927 Rn 2; LG Aurich NJW-RR 1994, 1170), der Anteil wächst nicht den anderen Miteigentümern an, sondern kann als selbstständiger herrenloser Miteigentumsanteil vom Aneignungsberechtigten erworben werden (Erman/Lorenz Rn 2). Der anschließende Eigentumserwerb (§ 927 Abs 2) ist originärer Art (Staudinger/Pfeifer [2013] § 927 Rn 27, LG Aachen MittRhNotK 1971, 405), also kein vom bisherigen Eigentümer abgeleiteter Erwerb. Er beseitigt daher ebenfalls die Gemeinschaft insgesamt. Das ist allerdings aus zwei Gründen nicht unproblematisch: (1) Wie bei § 900 kann es am Eigenbesitz fehlen; (2) verzichtet einer von mehreren Miteigentümern auf sein Aneignungsrecht aus § 927 Abs 2, entstünde ein herrenloser Anteil, den die zutr hM im Parallelfall des § 928 gerade nicht zulässt (Staudinger/vProff § 741 Rn 43; vgl hierzu auch Staudinger/Pfeifer [2013] § 927 Rn 4). ME sollte aus praktischen Gründen § 927 dennoch anwendbar sein, sofern der das Aufgebot betreibende Miteigentümer im Rahmen des Verfahrens – ggf gegenüber etwaigen weiteren Miteigentümern oder dem sonst aneignungsberechtigten Fiskus, dazu Staudinger/Pfeifer (2013) § 927 Rn 21 – verbindlich seinen Aneignungswillen erklärt.

Titel 18
Leibrente

Vorbemerkungen zu §§ 759–761

Schrifttum

BIERGANS, Renten, Raten, andere wiederkehrende Zahlungen (3. Aufl 1993)
BROSCH, Sind Leibrenten mit Aufschubzeit aufschiebend bedingt?, DB 1995, 2498
ECCIUS, Der Leibrentenvertrag des Bürgerlichen Gesetzbuchs, Gruchot 45, 11
FISCHER, P, Wiederkehrende Bezüge und Leistungen (1994)
vGIERKE, Dauernde Schuldverhältnisse, JherJb 64 (1914) 355
HENSSLER, Risiko als Vertragsgegenstand (1994)
JANSEN/WREDE, Renten, Raten, Dauernde Lasten (12. Aufl 1998)
KIETHE, Die Verrentung des Kaufpreises beim Unternehmenskauf: Fehlerquellen und Risikoeinschätzung, MDR 1993, 1034, 1155
KOENEN, Die Verrentung von Kaufpreisen, MittRhNotK 1994, 329
KRAUSS, Vermögensnachfolge in der Praxis (4. Aufl 2015) Rn 1550 ff
LAFRENTZ, Die Leibrente – Begriff und Rechtsfolgen (Diss Hamburg 1994)
MAAS, Stammrecht und Einzelansprüche bei wiederkehrenden Leistungen, insbes bei Leibrente und Unterhaltsansprüchen (Diss Bonn 1968)
MAYER, JÖRG/GECK, Der Übergabevertrag (3. Aufl 2013) § 7 Rn 1 ff
MEDICUS, Zur Anpassung eines Vermächtnisses einer Leibrente an geänderte wirtschaftliche Verhältnisse, ZEV 1996, 467
MUTSCHLER, Marktorientierte Bewertung von sofort beginnenden Leibrententenversicherungen (1998)
PETZOLDT, Geschäfts- und Grundstücksveräußerung auf Rentenbasis (7. Aufl 1994)
REIFENBERG, Leibrenten- und Pensionsvertrag (Diss Göttingen 1930)
REINHART, Zum Begriff der Leibrente im bürgerlichen Recht, in: FS Eduard Wahl (1973) 261
RÖHRIG, Vorweggenommene Erbfolge: Übertragung von Betriebs- und Privatvermögen gegen Renten, Raten und wiederkehrende Leistungen (2. Aufl 2000)
M ROTH, Private Altersvorsorge: Betriebsrentenrecht und individuelle Vorsorge (2009)
SCHMIDT/BEARBEITER, Einkommensteuergesetz, Kommentar (33. Aufl 2013)
SCHÖNER/STÖBER, Grundbuchrecht (15. Aufl 2012)
SEPP, Der Leibrentenvertrag nach dem Bürgerlichen Gesetzbuch (1905)
SIEG, Das Verhältnis der Leibrente nach §§ 759–761 BGB zur privaten Versicherungsrente, ZVersWiss 1994, 683
TREISCH, Die private Leibrentenversicherung, BB 1997, 708
VOGELS, Verrentung von Kaufpreisen, Kapitalisierung von Renten (2. Aufl 1992)
WELTER, Wiederkehrende Leistungen im Zivilrecht und im Steuerrecht (1984).

Systematische Übersicht

Alphabetische Übersicht

I. Geschichte, Systematik und praktische Bedeutung

1. Zur geschichtlichen Entwicklung

1 Die Leibrente geht in ihren Grundzügen bis auf das deutsche Recht des Mittelalters zurück. Dort entwickelte sich die Leibrente vor allem aus dem aus Versorgungsgründen vereinbarten Leibgeding (vgl Ogris, Der mittelalterliche Leibrentenvertrag [1961]; ders, Leibrente, HRG II 1800 ff; Zusammenfassung bei Welter, Wiederkehrende Leistungen, S 182 f; Staudinger/Amann [2002] Vorbem 32 ff zu § 1105; Soergel/Welter Rn 1; zur Leibrente im Mittelalter auch Trusen, in: FS Heimpel [1972] 140 ff) und aus dem Rentenkauf (vgl Rn 47) als eigenes Rechtsinstitut, das typischerweise durch feste (Geld-)Leistungen die Versorgung des Berechtigten sichern sollte und manchmal auch gesellschaftsrechtliche oder versicherungsartige Züge aufwies (vgl iE Sepp 1 ff mwNw). Ältere Kodifikationen, wie das ALR (Teil I Titel 11 §§ 606 ff), das ABGB (§§ 1284 ff), der Code Civil (Art 1968 ff; dazu auch Welter, Wiederkehrende Leistungen, S 179 f) oder das SächsBGB (§§ 1150 ff), enthalten detaillierte Regelungen und (mit Ausnahme des Code Civil) eine Begriffsbestimmung der Leibrente, die oftmals in eine Gruppe der sog gewagten Geschäfte (zB zusammen mit Versicherungsverträgen) eingeordnet wurde (Soergel/Welter Rn 1) – ähnlich wie im BGB vor den Titeln über Spiel, Wette und Bürgschaft (vgl Mot II 635).

2. Gesetzesüberblick

2 Das **BGB** enthält **keine abschließende Normierung** des Rechts der Leibrente, sondern widmet dieser – ähnlich wie das SchwOR in den Art 516 ff – nur wenige Vorschriften: § 759 stellt Auslegungsregeln zu Dauer und Höhe der Leibrente auf. § 760 normiert (dispositiv) die Zahlungsweise. § 761 schreibt für das vertragliche Leibrentenversprechen zwingend die Schriftform vor. § 330 betrifft den Leibrentenvertrag zugunsten eines Dritten, § 1073 den Nießbrauch an einer Leibrente. Den Begriff der Leibrente definiert das BGB – anders als die vorstehend genannten Gesetzeswerke – gerade nicht; vielmehr sollte die Begriffsbestimmung der Wissenschaft und Praxis überlassen bleiben (Mot II 637 f; vgl RGZ 80, 208, 211).

3 Eine **Unterscheidung** der Leibrente von anderen wiederkehrenden Bezügen ist im Zivilrecht vor allem deshalb erforderlich, weil § 761 für das Leibrentenversprechen Schriftform vorschreibt. Mündliche Zusagen wiederkehrender Bezüge – und damit der Leibrentenbegriff – beschäftigten bis zum 2. Weltkrieg die Gerichte relativ häufig. Danach hat die praktische **Bedeutung der** vorgeschriebenen **Schriftform** kontinuierlich abgenommen, weil der Rechtsverkehr diese idR schon zu Beweiszwecken wahrt (Soergel/Welter § 761 Rn 3). In Rspr und Lit fand sich daher anfangs die

Tendenz, das Schriftformerfordernis zurückzudrängen und dementsprechend den Leibrentenbegriff eng zu fassen (vgl etwa RGZ 67, 208; 91, 6, 8; BGH WM 1966, 248 = BB 1966, 305; zur Entwicklung der Rspr in diesem Sinne WELTER, Wiederkehrende Leistungen S 48 ff, 184 ff). Am stärksten verengt hat die Rspr des RG den Leibrentenbegriff durch die sog **Einheitstheorie** (Rn 25 ff) und durch die sog **Isolierungstheorie** (Rn 40 ff; zu dieser Entwicklung s auch SOERGEL/WELTER Rn 3). Die schwer hinnehmbaren Konsequenzen der Einheitstheorie (Rn 26 ff) haben ihrerseits die Zivilgerichte bewogen, wiederkehrende Bezüge kaum noch als Leibrente zu qualifizieren (vgl BGH NJW-RR 1991, 1035 = DNotZ 1992, 297). Der BGH hat diese Rspr fortgeführt, sich aber mit dem derart verengten Leibrentenbegriff nur noch selten beschäftigten müssen, dabei aber eine eher pragmatische Haltung an den Tag gelegt (WELTER, Wiederkehrende Leistungen S 63).

Die im **Einkommensteuerrecht** früher besonders bedeutsame Unterscheidung zwi- 4
schen Leibrenten und anderen wiederkehrenden Bezügen (s STAUDINGER/AMANN [2002] Vorbem 2, 40 ff, SOERGEL/WELTER Rn 16 ff) wurde durch das Jahressteuergesetz 2008 gegenstandslos (eingehend s Rn 58 ff).

3. Praktische Bedeutung der Leibrente

Wenn man die Leibrente nicht in dem sehr engen Sinn der Zivilrechtsprechung 5
versteht, dann behält sie auch **praktische Bedeutung** (jurisPK-BGB/GEISLER § 759 Rn 2). Allerdings dürften Schätzungen, wonach jährlich 50 000 Leibrentenverträge abgeschlossen werden (so REINHART, in: FS Wahl [1973] S 261) zu hochgegriffen sein (HENSSLER, Risiko als Vertragsgegenstand [1994] S 392; krit dagegen auch WELTER, Wiederkehrende Leistungen S 57 f). Auch aus den Genehmigungsanfragen für Wertsicherungsklauseln lassen sich nur sehr beschränkt Rückschlüsse auf die rechtstatsächliche Bedeutung dieser Verträge ziehen, da auch reine Kaufverträge oftmals mit Wertsicherungsklauseln abgeschlossen werden und zudem die Genehmigungspflicht seit dem September 2007 entfallen ist. Am häufigsten vereinbart wird die Leibrente im Rahmen der **vorweggenommenen Erbfolge** bei der Übergabe von Grundbesitz, Betrieben oder sonstigem Vermögen, und zwar als Instrument, um dem Übergeber auf Lebensdauer möglichst gleichmäßige, wertbeständige Geldbezüge zu verschaffen (ausführlich zur Dogmatik der vorweggenommenen Erbfolge SPIEGELBERGER, in: FS 50 Jahre Deutsches Notarinstitut [2003] 413 ff). In Kaufverträgen kommt sie relativ selten vor, weil mit ihr wirtschaftlich eine Stundung des Kaufpreises verbunden ist, deren Chancen und Risiken (früher oder später Tod, Geldwert- und Zinsentwicklung, Zahlungsunfähigkeit des Schuldners) schwierig abzuwägen und zu beherrschen sind (zur Interessenlage vgl HASE DNotZ 1961, 388; Betrieb 1961, 1413; vgl im Übrigen HENSSLER 399 ff). Der früher weitverbreitete Leibrentenkauf gegen Zahlung einer Kapitalsumme kommt demgegenüber kaum mehr vor, weil Versicherungsverträge eine viel bessere Alternative hierzu darstellen (MünchKomm/HABERSACK[6] § 759 Rn 1; zur Bedeutung der Leibrente für die private Altersvorsorge M ROTH, Private Altersvorsorge S 21 ff, 31 ff, 632 ff; s auch unten Rn 56).

4. Leibrentenspezifische Risiken

Der Leibrentenvertrag ist durch zwei besondere Risikoelemente gekennzeichnet 6
(zum Folgenden HENSSLER, Risiko als Vertragsgegenstand S 395 ff; zahlreiche praktische Hinweise bei KIETHE MDR 1993, 1034, 1155):

- durch das **ungewisse Ende der Leistungszeit**, weil hierfür auf die Lebensdauer des Begünstigten oder eines anderen abgestellt wird,
- durch das **jedem Dauerschuldverhältnis** eigene Risiko einer planwidrigen Entwicklung während der langen Laufzeit der Rechtsbeziehungen.

Dem erstgenannten Risikofaktor versucht man im Rahmen der bei der Vertragsanbahnung erforderlichen wirtschaftlichen Kalkulation durch das Abstellen auf die durchschnittliche statistische Lebenserwartung der Bezugsperson zu begegnen, was naturgemäß über die dann später eintretende Laufzeit der Leibrente im Einzelfall nichts aussagt (zu den entsprechenden Kapitalisierungs- und Verrentungstabellen s Rn 61 f). Zugleich werden durch diese ungewisse Laufzeit die jedem Dauerschuldverhältnis immanenten Risiken noch weiter potenziert. Daher kommt dem Leibrentenvertrag ein spekulativer, ja sogar **aleatorischer Charakter** zu. Dabei ist nicht nur der Leibrentenschuldner Risikoträger der Vereinbarung, sondern auch bei einem – schneller als ursprünglich kalkuliert – eintretenden Tod der Person, auf deren Lebensdauer abgestellt wird, auch der Rentenberechtigte; nur wenn die Rente auf seinen Tod befristet ist, trifft dieses Risiko nicht ihn, sondern seine Erben.

II. Begriff der Leibrente nach der Rspr

7 Nach der Rspr des RG und des BGH ist die Leibrente ein **einheitliches nutzbares Recht** (sog **Einheitstheorie** – s Rn 25 ff), das **unabhängig** und losgelöst **von sonstigen Beziehungen** und Verhältnissen der Beteiligten (sog **Isolierungstheorie** – Rn 40 ff) dem Berechtigten für die **Lebensdauer** eines Menschen eingeräumt ist (Rn 21 ff) und dessen Erträge aus **fortlaufend wiederkehrenden gleichmäßigen Leistungen** (Rn 10 ff) in Geld oder anderen **vertretbaren Sachen** bestehen (Rn 20; grundlegend RGZ 67, 207 ff; daran anschließend ua RGZ 89, 259, 261; 80, 208, 209; 91, 6, 7; 94, 157; 106, 95; 137, 259; 150, 390 jeweils mwNw – weitere Rspr des RG s Staudinger/Brändl[10/11] Vorbem 2; BGH WM 1966, 248 = BB 1966, 305; BGH WM 1980, 593; vgl zu der Rspr-Formel MünchKomm/Habersack[6] § 759 Rn 3; Soergel/Welter Rn 2 f). Die sog **Einheitstheorie** und die sog **Isolierungstheorie** führen zu kaum hinnehmbaren Konsequenzen und zu einer erheblichen Einengung des Anwendungsbereichs der §§ 759 ff (typisch BGH NJW-RR 1991, 1035 = DNotZ 1992, 297). Sie werden in der Lit, in der Rspr zum EStG, bis zur Änderung durch das Jahressteuergesetz 2008 (s Staudinger/Amann [2002] Rn 2), und auch in den nachfolgenden Erläuterungen weitgehend abgelehnt. Über die anderen Begriffsmerkmale, die vor allem durch die Verkehrsanschauung geprägt sind, bestehen dagegen kaum Meinungsverschiedenheiten und auch keine Abweichungen zur zivilrechtlichen Rspr. Der sich aus den nachfolgenden **Erläuterungen ergebende Leibrentenbegriff** ist abschließend in Rn 52 wiedergegeben.

III. Die einzelnen Begriffsmerkmale

1. Gleichmäßige Zeitabstände der Leistungen

8 Die Leibrentenleistungen müssen **in gleichmäßigen Zeitabständen** wiederkehren (RGZ 67, 208; BGH BB 1966, 305; BFH BStBl 1967 III 179). § 760 Abs 2 HS 2 und Abs 3 deuten darauf hin, dass gleiches Maß für alle einzelnen Zeitabschnitte erforderlich ist (BGH aaO). Es genügt aber auch bloße Regelmäßigkeit der Leistungen (Lafrentz

31; Enneccerus/Lehmann § 187 I 2; BFH BStBl 1965 III 707, 167; 1963 III 595); diese ist noch gewahrt, wenn die Einzelleistungen in unterschiedlichem zeitlichen Abstand, aber einer allgemeinen Regel gemäß aufeinanderfolgen, etwa jeweils an Ostern, Pfingsten und Weihnachten. *Verzug* des Schuldners stellt die Gleichmäßigkeit der Leistungen nicht in Frage, da es auf die Leistungspflicht ankommt (vgl Jansen/Wrede Rn 100).

2. Gleichmäßiger Inhalt der Leistungen

Die einzelnen Leistungen müssen einen **gleichmäßigen Inhalt** haben, dh **gleichartig** 9
sein (RGZ 67, 207, 212; 150, 385, 391; Sepp 15 f). Die Zahlung von Geld zum einen Termin und die Lieferung anderer vertretbarer Sachen zum nächsten Termin lassen sich also nicht zu einer Leibrente verknüpfen (vgl BFH BStBl 1967 III 699; NK-BGB/Terbrack § 759 Rn 8; unklar LG Lübeck NJW 1976, 427 mit krit Anm Hartmann).

3. Gleichmäßige Höhe der Leistungen

Die einzelnen Leistungen müssen ferner stets in gleichmäßiger Höhe wiederkehren 10
(allgM, vgl etwa Palandt/Sprau § 759 Rn 10).

a) Nominal gleiche Höhe

Diesem Erfordernis entsprechen alle nominal gleichbleibenden Leistungen. 11

b) Anpassung an allgemeine, objektiv bestimmbare Maßstäbe – Wertsicherungsklauseln

Die Gleichmäßigkeit ist aber auch gewahrt, wenn sich die Höhe der einzelnen 12
Leistungen stets nach dem **gleichen Maßstab** richtet und dieser nicht in den Verhältnissen des Einzelfalls liegt, sondern in allgemeinen, objektiv genau bestimmbaren, die Gewähr ihres Fortbestandes während der Leibrentendauer bietenden Größen, wie bei den echten Währungsgleitklauseln (BGH WM 1980, 593), nach neuerer Terminologie **„Preisklauseln"**. Hierzu gehören Klauseln, die für die Anpassung abstellen auf den *Verbraucherpreisindex* für Deutschland, der seit dem Januar 2003 anstelle des früheren amtlichen Lebenshaltungskostenindexes (dazu BGH NJW 1995, 2790 = DNotZ 1996, 645; NK-BGB/Terbrack § 759 Rn 9; Bamberger/Roth/Litzenburger § 759 Rn 6; Jansen/Wrede Rn 103; Grieger BB 1967, 238; MünchKomm/Habersack[6] § 759 Rn 25 f; PWW/Brödermann § 759 Rn 8; vgl BFH BStBl 1967 III 180; Soergel/Welter § 759 Rn 6; eingehend zu den Wertsicherungsklauseln s Staudinger/Karsten Schmidt [1997] Vorbem D 162 ff zu §§ 244 ff), festgestellt wird (hierzu Reul DNotZ 2003, 92; zur Umrechnung Gutdeutsch FamRZ 2003, 1061, krit hierzu jedoch bezüglich der neuen Bundesländer Kogel FamRZ 2003, 1901; allgemein zur Umbasierung DNotZ 2003, 733), auf das *Gehalt* eines Beamten einer bestimmten Besoldungsgruppe und Dienstaltersstufe (vgl BFH NJW 1986, 2457 mwNw), auf einen *Tariflohn* (LG Marburg BB 1959, 207), auf den Durchschnittssatz des Einkommens eines Bundesbürgers, wie er für die Rente bestimmt ist und jährlich neu festgelegt wird (BGH NJW 1966, 200 = Betrieb 1965, 1812), oder auf bestimmte *Sozialversicherungsrenten* (vgl BFH BStBl 1968 II 262), auch in der Weise, dass diese auf die Leibrente anzurechnen sind (BFH NJW 1981, 944). Solche Wertsicherungsklauseln stehen schon deshalb dem Gebot der Gleichmäßigkeit der einzelnen Leistungen nicht entgegen, weil sie durch die Anpassung an die Geldentwertung die inflationsgefährdete Geldsummenschuld in eine wertbeständige Geldwertschuld überführen

und daher – gemessen an der eigentlichen Kaufkraft – erst wieder die „wertmäßige Gleichmäßigkeit" herstellen.

13 **Zweckmäßig** ist die Anknüpfung an den Verbraucherpreisindex für Deutschland. Soweit sich „unmittelbar und selbsttätig" durch eine Veränderung der Bezugsgröße auch die Höhe der Geldleistungen verändern soll, waren solche Klauseln bis zum 9. 9. 2007 nach § 2 Abs 1 Satz 1 und 2 Preisangaben- und Preisklauselgesetz **genehmigungspflichtig**. Durch das „Zweite Gesetz zum Abbau bürokratischer Hemmnisse insbesondere in der mittelständischen Wirtschaft" (BGBl I 2246; BR-Drucks 392/07; vgl dazu Kirchhoff DNotZ 2007, 913; Reul MittBayNot 2007, 445) wurde das PreisklauselG neu gefasst. Damit ist insbes das bisherige Genehmigungserfordernis für Wertsicherungsklauseln durch das Bundesamt für Wirtschaft- und Ausfuhrkontrolle entfallen. Vielmehr sind die bisher in der PrKV geregelten Ausnahmen vom Indexierungsverbot nunmehr direkt im Gesetz im Wege sog **„Legalausnahmen"** geregelt; eine Genehmigung weiterer, dort nicht geregelter Ausnahmen ist demgegenüber nicht mehr möglich, solche sind vielmehr nicht zulässig (§ 134). Daher kann auch kein Negativattest mehr erteilt werden, sodass die Neuregelung mit einem ganz erheblichen Verlust an Rechtssicherheit verbunden ist, weil in der Praxis immer wieder Fälle auftauchen, für die es zweifelhaft ist, ob sie unter eine der zulässigen Ausnahmen des Gesetzes fallen. Dies wird auch nicht dadurch entschärft, dass nach § 8 PreisklauselG die Unwirksamkeit einer Preisklausel prinzipiell erst von dem Zeitpunkt an wirkt, ab dem durch ein Gericht rechtskräftig ein Verstoß gegen das Preisklauselgesetz festgestellt ist (ausf zu dieser relativen Wirksamkeit Reul 450 f). Eine Leibrente ist auch nicht ausgeschlossen, falls fest bestimmte Leistungen in gewissen vorweg vorgesehenen Fällen sich wiederum um fest bestimmte Beträge verändern (vgl RGZ 137, 262; BGH WM 1980, 594; Rn 17; noch weitergehend Sepp 15 und Planck/Oegg Vorbem II 2 b zu § 759, die bei der Veränderung sogar ein *Ermessen* zulassen wollen). Ein Ermessen schließt jedoch die Gleichmäßigkeit der Einzelleistungen aus (unklar BGH WM 1980, 597).

c) Keine Ertrags- und Umsatzabhängigkeit

14 **Keine Leibrente** liegt vor, wenn die einzelnen Leistungen ganz oder teilweise vom **Ertrag oder Umsatz** einer Landwirtschaft (RGZ 137, 259; 150, 385, 391; BFH BStBl 1967 III 178), eines Gewerbebetriebs (BGH DB 1989, 1180; BFH BStBl 1963 III 592; **aM** Sepp 15; BFH BStBl 1967 III 45 mit krit Anm Grieger BB 1967, 319), eines sonstigen Unternehmens (RGZ 67, 204; BFH BStBl 1964 III 475) oder eines Mietwohnhauses (FG Nürnberg DStZ [B] 1972, 232) abhängen (vgl Grieger BB 1967, 238; Jansen/Wrede Rn 103; NK-BGB/Terbrack § 759 Rn 10). Unschädlich ist es dagegen, den Preis eines Wirtschaftsguts nur der erstmaligen und endgültigen Festlegung der Rentenhöhe zugrunde zu legen, ohne dass diese anschließend an die Preis- oder Wertentwicklung des Wirtschaftsguts gekoppelt bleibt (BFH BStBl 1967 III 179).

d) Unabhängigkeit von der Leistungsfähigkeit und sonstigen Bedürfnissen

15 Die für die Leibrente charakteristische **gleichmäßige Höhe** der Leistungen **fehlt**, wenn die einzelnen Leistungen sich nach den **Bedürfnissen des Berechtigten** oder nach der **Leistungsfähigkeit des Verpflichteten** richten oder einer **Anpassung**, insbes nach **§ 323a ZPO** unterliegen, die nicht auf die seltenen Fälle des Wegfalls oder der Änderung der Geschäftsgrundlage beschränkt ist (vgl § 759 Rn 7 ff) oder auf einer wirksamen Wertsicherungsklausel (vgl Rn 12) beruht (allgM, vgl OLG Schleswig FamRZ 1991, 1203; NK-BGB/Terbrack § 759 Rn 10; Soergel/Welter Rn 2 ff; Bamberger/Roth/Litzen-

BURGER § 759 Rn 6, jedoch unklar im Zusammenhang mit § 323a ZPO). Deshalb stellen **Unterhaltsleistungen** typischerweise **keine** Leibrente dar – vgl §§ 1360a, 1361, 1578, 1581, 1603, 1610 (RGZ 145, 119; BGHZ 5, 302, 305; BFH BStBl 1963 III 594; NK-BGB/TERBRACK § 759 Rn 10; BAMBERGER/ROTH/LITZENBURGER § 759 Rn 6; JANSEN/WREDE Rn 103; jurisPK-BGB/GEISLER § 759 Rn 19; REINHART, in: FS WAHL [1973] 275; MünchKommInsO/SCHUMANN [2. Aufl 2007] § 40 Rn 14; MünchKomm/HABERSACK[6] § 759 Rn 10 mwNw; s auch die Nachw in STAUDINGER/AMANN[12] Vorbem 9). Dies gilt grundsätzlich auch für Unterhaltsleistungen an den geschiedenen oder getrennt lebenden Ehegatten unabhängig davon, ob die Leistungen auf einer gesetzlichen Unterhaltspflicht beruhen oder nicht (vgl RGZ 150, 385, 391; BFH BStBl 1974 II 103; MünchKomm/HABERSACK[6] Rn 10), sowie für sonstige Versorgungs- und Ausstattungsleistungen, soweit sie nicht über das angemessene Maß iS von § 1624 hinausgehen (RGZ 111, 286; NK-BGB/TERBRACK § 759 Rn 10; BAMBERGER/ROTH/LITZENBURGER § 759 Rn 6; MünchKomm/HABERSACK[6] § 759 Rn 12; STAUDINGER/AMANN[12] Vorbem 9 mwNw; eingehend zur Abgrenzung von Ausstattung und Leibrente GERNHUBER/COESTER-WALTJEN § 56 Rn 13–15 wo zutr darauf hingewiesen wird, dass Zuschüsse nur dann der Leibrente unterfallen, wenn sie dem Gedanken der Lebenszeitversorgung unterfallen), ebenso für Leistungen, die in standesgemäßem oder angemessenem Umfang zu erbringen sind (vgl BFH BStBl 1965 III 167). Wegen *Ruhegehältern* und anderen Leistungen im Zusammenhang mit einem Dienst- oder Arbeitsverhältnis s Rn 42 ff. Selbstverständlich kann auch für Unterhalts- und ähnliche Leistungen der Vorbehalt gleichbleibender Verhältnisse und die (direkte oder analoge) Anwendung des § 323a ZPO bzw § 238 FamFG ausdrücklich auf die Fälle des Wegfalls bzw der Änderung der Geschäftsgrundlage beschränkt und dadurch, oder auch in anderer Weise, die Unterhaltspflicht durch einen nicht mehr zweckgebundenen vermögensrechtlichen Anspruch im Wege der **Novation** ersetzt und damit eine **Leibrente** begründet werden (vgl RGZ 150, 385, 391; OLG Karlsruhe NJW 1962, 1774; OLG Schleswig FamRZ 1991, 1203; OLG Nürnberg FamRZ 1996, 296; HENSSLER, Risiko als Vertragsgegenstand, 411; BAMBERGER/ROTH/LITZENBURGER § 759 Rn 6; MünchKomm/HABERSACK[6] § 759 Rn 10 mwNw; Vertragsmuster hierfür bei MÜNCH, Ehebezogene Rechtsgeschäfte [3. Aufl 2011] Rn 2725; eingehend zur familienrechtlichen Seite auch LANGENFELD/MILZER, Handbuch der Eheverträge und Scheidungsvereinbarungen [7. Aufl 2015] Rn 1119). Jedoch ist eine solch weitreichende Umgestaltung des Schuldgrundes nur in Ausnahmefällen anzunehmen, wofür es besonderer Anhaltspunkte bedarf (BGH NJW 1997, 1441; NJW-RR 2002, 1513, 1515; RGZ 150, 385, 391; OLG Karlsruhe NJW 1962, 1774; BFH NJW 1967, 1487, 1535; MünchKomm/HABERSACK[6] § 759 Rn 10).

Maßgeblich dafür, ob die Leistungen in ihrer Höhe gleichmäßig sind, sind die (auch stillschweigend) getroffenen **Vereinbarungen** und nicht deren Erfüllung. So führt schon eine **rechtliche Abänderungsmöglichkeit** von der Leibrente weg, auch wenn diese Möglichkeit sich nicht realisiert, die Leistungshöhe also tatsächlich unverändert bleibt (vgl BFH BStBl 1965 III 167; THOMA DStR 1977, 160 mwNw und oben Rn 8). **16**

e) Vorweggenommene Erbfolge

Bei Zahlungen auf Grund einer **Betriebs- oder Vermögensübertragung** hängt das Vorliegen einer Leibrente – falls ausdrückliche Vereinbarungen über die Abänderbarkeit der Zahlungen fehlen – von allen Umständen des Einzelfalls ab. **17**

Gegen **eine Leibrente sprechen folgende Indizien**:

– Wenn wiederkehrende gleichmäßige Zahlungen mit anderen Verpflichtungen (zB mit Wart und Pflege, Wohnungsrecht, Tischkost) zu einem **Leibgeding** (s Art 96 EGBGB sowie Erl hierzu sowie Staudinger/J Mayer [2009] Einl 72 ff zu § 1105) vereinigt sind (vgl RGZ 104, 272; Großer Senat des BFHE 165, 225 = NJW 1992, 710), da Leibgedingsleistungen idR der Versorgung des Berechtigten dienen und daher entsprechend dem Versorgungsbedürfnis veränderlich sind (vgl Staudinger/Amann [2002] Einl 40 zu §§ 1105 ff; Soergel/Welter § 759 Rn 4). Es ist allerdings nicht ausgeschlossen, dass zu einem Leibgeding auch eine Leibrente gehört, zB wenn dies ausdrücklich vereinbart ist oder wenn die Rentenzahlungen verglichen mit den übrigen Leibgedingsleistungen erhebliche Bedeutung haben und für beide Teile sicher kalkulierbar sein sollen (vgl unten). Zudem verweist das auf Grund des landesrechtlichen Vorbehalts nach Art 96 EGBGB für Leibgedingsverträge erlassene **Landesrecht** teilweise wieder auf die §§ 759 ff (Art 7 BayAGBGB) oder enthalten entsprechende Regelungen (§ 8 BaWüAGBGB).

- Wenn zwar kein Leibgeding vorliegt, aber Leistungen, die den Gegenstand einer Leibrente bilden können, mit **weiteren Verpflichtungen**, zB Wohnungsrecht, Stromlieferung, Dienstleistungen uä, verbunden sind und **wertmäßig** neben diesen nur eine **untergeordnete Rolle** spielen (vgl RG WarnR 1922 Nr 65; BFH BStBl 1962 III 304).

- Wenn die Zahlungen **typischerweise vom Bedarf des Veräußerers** oder vom Ertrag des veräußerten Betriebs oder von der **Leistungsfähigkeit des Erwerbers** abhängig sind, wie bei Übergaben im Wege der vorweggenommenen Erbfolge (vgl BFHE 166, 564 = NJW 1993, 283). Einkommensteuerlich wurde dies vor dem Jahressteuergesetz 2008 bei Übergaben des sog Typus 1 vermutet (vgl Staudinger/Amann [2002] Vorbem 42; s auch unten Rn 58).

Eine Leibrente liegt dagegen im Zweifel vor:

- Wenn der Entgeltcharakter der Zahlungen überwiegt, wie zB bei einer Betriebs- oder Vermögensübertragung an einen Familienfremden.

- Wenn das Bedürfnis beider Vertragsteile im Vordergrund steht, die Zahlungen zuverlässig kalkulierbar zu machen und damit vom Bedarf des Übergebers ebenso zu lösen wie vom Ertrag des übergebenen Betriebs und von der Leistungsfähigkeit des Übernehmers (vgl BGH NJW-RR 1993, 773).

f) Änderung der Geschäftsgrundlage

18 Die mögliche oder tatsächliche **Änderung der Höhe** der wiederkehrenden Leistungen **wegen Wegfalls oder Änderung der Geschäftsgrundlage** nimmt den Leistungen nicht die Gleichmäßigkeit; sie entspricht vielmehr dem alle Schuldverhältnisse – und damit auch die Leibrente – beherrschenden Grundsatz von Treu und Glauben (vgl OLG Schleswig FamRZ 1991, 1203; NK-BGB/Terbrack § 759 Rn 10; s auch § 759 Rn 7 ff).

g) Vereinbarung eines Sockelbetrags, Kontext mit anderen Leistungen

19 Bei einheitlichen Leistungen in ungleichmäßiger Höhe kann der **gleichbleibende Sockelbetrag** nicht als Leibrente von den schwankenden Restbeträgen abgespalten werden (ebenso für das Steuerrecht BFH NJW 1993, 283 sowie BB 1980, 1356 in unbemerkter Abweichung von BFH BB 1980, 1249). Eine Aufteilung in die Leibrente einerseits und andere wiederkehrende Leistungen andererseits ist vielmehr nur möglich, wenn die

Leistungen ungleichartig sind (vgl Rn 9 und PLANCK/OEGG Vorbem II 2 b zu § 759) oder verschiedenen Zwecken dienen (vgl den Tatbestand von BFH BB 1976, 962). Außerdem dürfen die verbleibenden Leibrentenleistungen nicht von völlig untergeordneter wirtschaftlicher Bedeutung sein (vgl Rn 17 mwNw). Häufig wird auch das Vorliegen eines einheitlichen Leibgedings der getrennten Betrachtung eines Teils der Leistungen als Leibrente entgegenstehen (vgl Rn 17 mwNw).

4. Gegenstand der Leistungen

Nur Leistungen **in Geld** (vgl § 760 Abs 2) oder **in anderen vertretbaren Sachen** (§ 91) **20**
können Gegenstand einer Leibrente sein (stRspr, vgl Rn 7, und nahezu allgM, vgl etwa NK-BGB/TERBRACK § 759 Rn 7; BAMBERGER/ROTH/LITZENBURGER § 759 Rn 5; ERMAN/H F MÜLLER § 759 Rn 5; MünchKomm/HABERSACK[6] § 759 Rn 20; **aM** Mot II 637; ECCIUS 16; RG SeuffA 67 Nr 34). Lebenslängliche Dienstleistungen (NK-BGB/TERBRACK Rn 7; BAMBERGER/ROTH/LITZENBURGER Rn 5; PALANDT/SPRAU Rn 1 je zu § 759), die Gewährung von Wohnung (NK-BGB/TERBRACK Rn 7; die Rspr qualifiziert dies als Leihe, s BGHZ 82, 354, 356 f = NJW 1982, 820), die Versorgung mit Strom oder Wärme uä sind keine Leibrenten; obwohl die Anwendung der Formvorschrift des § 761 hierauf sinnvoll erscheinen könnte, verbietet die Verkehrsauffassung eine solche Ausdehnung des Leibrentenbegriffs (SEPP 13 f).

5. Dauer der Leistungen

Die **Leistungen** müssen **auf Lebensdauer eines Menschen** zugesagt sein (allgM, vgl etwa **21**
RGZ 67, 204, 208 f; NK-BGB/TERBRACK § 759 Rn 5; BAMBERGER/ROTH/LITZENBURGER § 759 Rn 4; MünchKomm/HABERSACK[6] § 759 Rn 21; anders M ROTH, Private Altersversorgung S 39: nur Zweck der „Lebensversorgung" erforderlich), was sich bereits etymologisch ergibt, bedeutet doch der Begriff „Leib" so viel wie lip oder lif und somit Leben (vgl auch MünchKomm/HABERSACK[6] § 759 Rn 1). Hierbei kann auf die Lebensdauer des **Gläubigers** abgestellt werden, wie im Zweifel nach § 759 Abs 1 vermutet wird, aber auch auf die des **Schuldners**, eines **Dritten** oder auch auf die Lebensdauer mehrerer Personen. Dies entspricht heute allgM (NK-BGB/TERBRACK § 759 Rn 5; BAMBERGER/ROTH/LITZENBURGER § 759 Rn 4; SOERGEL/WELTER § 759 Rn 2; PALANDT/SPRAU § 759 Rn 9; frühere Gegenstimmen bei SEPP 17), ergibt sich aus der historischen Entwicklung (vgl RGZ 67, 208 ff sowie die in Rn 1 aufgeführten Kodifikationen) und wird durch § 759 Abs 1 (s § 759 Rn 21 bestätigt (vgl SEPP 17). Zur Abhängigkeit der Leibrente von der Existenz einer juristischen Person s § 759 Rn 19.

Die Dauer der Leibrente ist nicht auf die statistische Lebenserwartung der Bezugs- **22**
person begrenzt (vgl OLGR München 1997, 147; NK-BGB/TERBRACK § 759 Rn 6) oder verlängert. Sie kann aber mit einer bestimmten nach dem Kalender oder nach anderen Kriterien festgelegten **Mindest- oder Höchstlaufzeit** versehen werden (RGZ 67, 210; BGH WM 1980, 595; NK-BGB/TERBRACK § 759 Rn 6; BAMBERGER/ROTH/LITZENBURGER § 759 Rn 4; J MAYER, in: MAYER/GECK, Der Übergabevertrag § 7 Rn 16 f; MünchKomm/HABERSACK[6] § 759 Rn 22; SOERGEL/WELTER § 759 Rn 2). Wegen sonstiger Bedingungen s § 759 Rn 6. Die sog **abgekürzte Leibrente** wird zwar auf Lebenszeit eines Menschen vereinbart, höchstens aber auf eine bestimmte Anzahl von Jahren, auch wenn dann die Bezugsperson noch lebt (vgl § 55 Abs 2 EStDV; Beispiele etwa bei OFD Hannover DStR 1999, 236; SCHMIDT/HEINICKE § 22 EStG Rn 43). Bei der sog **verlängerte Leibrenten** handelt es sich

um eine lebenslange Rente mit einer Mindestlaufzeit, vor deren Ablauf der Tod der Bezugsperson die Leibrente nicht zum Erlöschen bringt.

23 Durch beide Gestaltungsformen werden die mit einer Leibrente verbundenen Risiken gemildert, bei der verlängerten Leibrente das für den Berechtigten bzw seine Erben bestehende Risiko eines frühen Todes, bei der abgekürzten Leibrente das für den Leistungsverpflichteten bestehende Risiko eines späten Todes der maßgeblichen Person. Je stärker bei höherem Alter der Bezugsperson die Leibrente verlängert, bei geringem Alter der Bezugsperson die Leibrente abgekürzt wird, desto mehr geht der Leib (= Lebens) rentencharakter verloren. Dies ist zB evident bei einer auf 20 Jahre verlängerten „Leibrente", wenn die Bezugsperson bereits 80 Jahre alt ist oder bei einer auf 15 Jahre abgekürzten „Leibrente", wenn die Bezugsperson erst 20 Jahre alt ist. Genaue *Abgrenzungskriterien zwischen* der (verlängerten oder abgekürzten) *Leibrente und einer bloßen Zeitrente* fehlen bisher; starre Zeitgrenzen sind hierfür auch ungeeignet. Vielmehr kommt es darauf an, ob sich die **Lebensdauer** der **Bezugsperson** trotz der Abkürzung oder Verlängerung der Rente noch mit einer gewissen Wahrscheinlichkeit auf die Rentendauer **auswirken** kann. Wird die Rente so stark abgekürzt oder verlängert, dass hierfür nur noch eine ganz geringe Wahrscheinlichkeit besteht, so liegt der Sache nach eine **Zeitrente** vor, weil die Lebensdauer der Bezugsperson für das Rentenende nur noch in einer seltenen Ausnahmesituation eine Rolle spielt (vgl Sepp 18 f; Esser/Weyers § 44 IV 1; zust Soergel/Welter § 759 Rn 2; NK-BGB/Terbrack § 759 Rn 6). Die Grenze zur Zeitrente dürfte überschritten sein, wenn die Wahrscheinlichkeit, dass die **Lebensdauer** der Bezugsperson sich auf die Rentendauer auswirkt, geringer als 10 % ist, wobei – aus Gründen der Rechtssicherheit – von anerkannten **Sterbetafeln** (vgl zB die Hinweise bei Heubeck/Heubeck DNotZ 1978, 646 f; DNotZ 1985, 469 ff, 606 ff; DNotZ 1996, 761) und nicht von den Verhältnissen des Einzelfalls auszugehen ist (für Abstellen auf die Lebenserwartung ebenfalls NK-BGB/Terbrack § 759 Rn 6; Soergel/Welter § 759 Rn 2). Ähnliche Wahrscheinlichkeitsüberlegungen wirken als Leitgedanke, wenn die Rspr bei lebenslänglichen Geschiedenen- oder Witwenrenten, die längstens bis zu einer erneuten Heirat eingeräumt sind, den Leibrentencharakter bejaht (RGZ 117, 246), ihn dagegen verneint, falls die einer jüngeren ledigen Dame gewährte lebenslängliche Rente mit deren Heirat erlischt (BFH BStBl 1965 III 167). Solange die Lebensdauer der Bezugsperson ein wesentliches Kriterium bleibt, können Abkürzung und Verlängerung der Leibrente auch miteinander verbunden werden (vgl Jansen/Wrede Rn 91).

24 Von der **Lebensdauer mehrerer Personen** kann eine Leibrente in der Weise abhängig sein, dass sie beim Tod des Zuerstversterbenden erlischt oder beim Tod des Zuletztversterbenden, wobei außerdem für die Zeit zwischen beiden Todesfällen noch eine Ermäßigung oder Erhöhung der Leibrente um bestimmte Beträge vereinbart sein kann (vgl § 759 Rn 25 und § 55 Abs 1 Nr 3 EStDV mit steuerlichen Bewertungshinweisen).

6. Das sog Leibrentenstammrecht

25 Die Rspr (vgl Rn 7) betrachtet die Leibrente als ein **einheitliches nutzbares Recht**, das auch **Rentenstammrecht** genannt wird – sog Stammrechts- oder **Einheitstheorie**. Die Einheitstheorie besagt, dass die Leibrente nicht aus einer Mehrheit aufschiebend bedingter Einzelforderungen besteht, sondern von vorneherein einen einheitlichen

Gesamtanspruch (Stammrecht) darstellt, der aus sich heraus die Einzelleistungen als Nutzungen (§§ 100, 99 Abs 2, 3) hervorbringt und sich hierbei selbst aufzehrt.

a) Einzelfälle zur Tauglichkeit der Einheitstheorie

Die Stammrechts- oder Einheitstheorie soll als Lösungsansatz für eine Reihe einzelner Rechtsfragen dienen. Sie ist hierfür indessen weitgehend entbehrlich und teilweise wenig hilfreich, wie nachstehend an einigen Einzelproblemen dargestellt wird (vgl zum Folgenden auch eingehend WELTER, Wiederkehrende Leistungen, S 196 ff der zutr aufzeigt, dass sich jeweils eine sachgerechte Lösung auch ohne diese Theorie mit den allgemeinen methodischen Mitteln der Auslegung, Analogie und teleologischen Reduktion erzielen lässt). **26**

aa) Beweislast für das Erlöschen der Leibrente

Aus der *Einheitstheorie* soll sich ergeben, dass die **Beweislast** für den Tod der Person, von deren Lebensdauer die Leibrente abhängt, den Schuldner treffe. Verstehe man nämlich die Leibrente als einheitlichen Gesamtanspruch, so sei der Tod der Bezugsperson eine **rechtsvernichtende Tatsache**, die der Schuldner zu beweisen habe. Bestehe dagegen die Leibrente aus einer **Vielzahl von Einzelansprüchen**, so sei das Fortleben der Bezugsperson eine **rechtsbegründende Tatsache**, die der Gläubiger beweisen müsse. Die praktische Bedeutung der Beweislastfrage ist allerdings gering; sie zeigt sich meist nur dann, wenn die Leibrente auf das Leben einer anderen Person als des Klägers oder des Beklagten gestellt ist (vgl ECCIUS 22). Da in solchen Fällen der Tod der Bezugsperson normalerweise leichter zu beweisen ist als ihr Weiterleben, erscheint es in der Tat zweckmäßig, die **Beweislast** hierfür dem **Schuldner** aufzubürden (SEPP 68 ff; ECCIUS 22; SOERGEL/WELTER § 760 Rn 3; jurisPK-BGB/GEISLER § 759 Rn 89, anders aber Rn 92). Da Vereinbarungen über die **Beweislastverteilung** zulässig sind (vgl ZÖLLER/GREGER, ZPO [31. Aufl 2014] Vorbem 2b zu § 284; jurisPK-BGB/GEISLER § 759 Rn 96; diff MünchKommZPO/PRÜTTING[4] § 286 Rn 166, der diese nur im Rahmen der Dispositionsmöglichkeiten der Parteien für zulässig hält), soweit sie nicht gegen § 309 Nr 12 verstoßen, kann dieses Problem in der Praxis auch durch eine entsprechende Vertragsklausel vermieden werden. Zur Beweislast bei feststehendem Tod, aber ungewissem Todeszeitpunkt s § 760 Rn 4. **27**

bb) Vollstreckbare Ausfertigung ohne Erlebensnachweis

Auf Grund dieser Beweislastverteilung (Rn 27) kann eine **vollstreckbare Ausfertigung** eines auf eine Leibrente lautenden Titels erteilt werden, ohne dass der Gläubiger gemäß § 726 Abs 1 ZPO das Weiterleben der Bezugsperson nachweisen muss (SOERGEL/WELTER § 760 Rn 3; SEPP 71 ff; vgl WOLFSTEINER, Die vollstreckbare Urkunde [3. Aufl 2011] 27. 13). **28**

cc) Insolvenz des Rentenschuldners

Im **Insolvenzverfahren** über das Vermögen des **Rentenschuldners** gilt der Leibrentenanspruch als fällig; der Rentengläubiger erhält den nach der voraussichtlichen Lebensdauer der Bezugsperson geschätzten Kapitalwert der Leibrente als Insolvenzforderung. Dies ergibt sich aus §§ 41, 46 S 2, 45 InsO (vgl jurisPK-BGB/GEISLER § 759 Rn 66; MünchKommInsO/LWOWSKI/BITTER [3. Aufl 2007] § 45 Rn 11; JAEGER/HENCKEL, InsO [2004] § 45 Rn 8; KÜBLER/PRÜTTING/BORK [Nov 2011] § 45 InsO Rn 4 f; LAFRENTZ 145 ff; MünchKomm/HABERSACK[6] § 759 Rn 30; PALANDT/SPRAU § 759 Rn 4; SOERGEL/WELTER Rn 12). Die Stammrechts- oder Einheitstheorie braucht hierzu nicht bemüht zu werden (generell zweifelnd, ob dies zur Lösung der insolvenzrechtlichen Probleme geeignet ist, WELTER, Wieder- **29** kehrende Leistungen, S 199). Nach § 95 Abs 1 InsO kann er allerdings **nicht** mit dieser Forderung – anders als früher nach § 54 KO (übersehen von MünchKomm/Habersack[6] § 759 Rn 30, der sich noch auf RGZ 68, 340 bezieht) – gegen Forderungen des Insolvenzverwalters **aufrechnen** (jurisPK-BGB/Geisler § 759 Rn 66). Zur Berechnung des geschätzten Kapitalwerts der Leibrente s Rn 61 (vgl auch RGZ 170, 280; Sepp 74 ff). Ist die Leibrente mit diesem Wert zur Tabelle festgestellt (§ 178 InsO), so bleibt es dabei, auch wenn der Gläubiger vor Ablauf der mutmaßlichen Lebensdauer stirbt (hM; vgl RGZ 112, 300; 170, 276, 280; Kuhn/Uhlenbruck § 69 KO Rn 7; Soergel/Welter Rn 12 Fn 54; jurisPK-BGB/Geisler § 759 Rn 66; **aM** Sepp 78 ff). Die Feststellung ändert den Inhalt des Leibrentenanspruchs. Sie wirkt über das Insolvenzverfahren hinaus (§ 201 Abs 2) und hindert einen Rückgriff auf die ursprüngliche Leibrentenforderung und auf einen darüber erwirkten Titel (RGZ 93, 213; 112, 297, 300; jurisPK-BGB/Geisler § 759 Rn 66; Kilger/Karsten Schmidt § 69 KO Anm 5; sowie allgemein für nach § 41 Abs 1 InsO behandelte Forderungen Nerlich/Römermann/Andres, InsO [Stand Juni 2014] § 35 Rn 14; Häsemeyer, Insolvenzrecht [4. Aufl 2007] Rn 25. 11 ff; Hess, InsO [2. Aufl 2013] § 178 Rn 28 ff; **aM** für den konkreten Fall Sepp 80 ff).

dd) Insolvenz des Rentengläubigers

30 Im **Insolvenzverfahren** über das Vermögen des **Rentengläubigers** wird über die Annahme des Stammrechts ein insolvenzfreier Neuerwerb abgelehnt. Daher gehören – vorbehaltlich des § 850b Abs 1 Nr 3 ZPO – nach der Einheitstheorie alle Leibrentenleistungen – auch soweit sie erst nach Verfahrenseröffnung fällig werden – zur Insolvenzmasse (vgl für die Einzelvollstreckung § 832 ZPO; Hess/Hess, InsO [2. Aufl 2013] § 36 Rn 360; möglicher Weise anders, weil nur die während des Verfahrens fällig werdenden Raten als dem Insolvenzbeschlag unterliegend bezeichnend: Nerlich/Römermann/Andres, InsO [Stand Juni 2014] § 35 Rn 68; Jaeger/Henckel, § 36 InsO Rn 46; MünchKommInsO/Lwowski/Peters [2. Aufl 2007] § 35 Rn 447; auf diese unterschiedlichen, zT zu wenig beachten Auffassungen weist auch Welter, Wiederkehrende Leistungen, S 198 hin). Dementsprechend kann der Insolvenzverwalter entweder mit Zustimmung des Gläubigerausschusses die Leibrente insgesamt mit allen künftigen Einzelbezügen gemäß §§ 160 Abs 2 Nr 1, 161 InsO veräußern (vgl § 759 Rn 15; jurisPK-BGB/Geisler § 759 Rn 67) oder die jeweils bis zur Aufhebung des Insolvenzverfahrens fällig werdenden Einzelleistungen zur Masse einziehen (Welter, Wiederkehrende Leistungen, S 198 m näheren Ausführungen zur Bedeutung der Stammrechtstheorie in diesem Kontext). Die nach Aufhebung des Verfahrens fällig werdenden Einzelleistungen fallen wieder dem Rentengläubiger zu, kommen also für eine **Nachtragsverteilung** gemäß §§ 203 bis 205 InsO grundsätzlich nicht in Betracht (jurisPK-BGB/Geisler § 759 Rn 67; Sepp 52 ff; Soergel/Welter Rn 12).

ee) Übertragung des Gesamtvermögens

31 Eine **Übertragung des Gesamtvermögens** des Rentenschuldners oder des Rentengläubigers erstreckt sich auf das Rentenstammrecht, damit also auch auf die künftig fälligen Rentenleistungen, während nach der Gegenansicht die Abtretung aller einzelnen künftigen Ansprüche auf Ratenzahlung anzunehmen ist (so etwa MünchKomm/Habersack[6] § 759 Rn 37).

ff) Verjährung, Verwirkung

32 Die Unterscheidung zwischen dem Rentenstammrecht als Gesamtanspruch und dem Anspruch auf die einzelnen Rentenleistungen soll auch eine entsprechend unterschiedliche **Verjährung** rechtfertigen, weil zwischen der Verjährung des einzelnen

Rentenanspruchs und der des Stammrechts differenziert werden kann (eingehend dazu, wenn auch krit und mit anderem Lösungsansatz, Welter, Wiederkehrende Leistungen, S 201 ff).

Nach früherem Recht verjährte *jeder Einzelanspruch* nach §§ 197, 198 S 1, 201 aF auch nach rechtskräftiger Feststellung (§ 218 Abs 2 aF) in 4 Jahren ab dem Schluss des Kalenderjahrs, in dem er fällig wurde (vgl BGHZ 122, 287, 291 f = NJW 1993, 1847, 1848). Ab dem **1. 1. 2002** trat jedoch auf Grund des *Schuldrechtsmodernisierungsgesetzes* an die Stelle dieser Frist die neue regelmäßige Verjährungsfrist von 3 Jahren (§ 195 nF), die gemäß § 199 Abs 1 nF beginnt. Für Ansprüche, die am 1. 1. 2002 noch unverjährt bestehen, gilt die Überleitungsvorschrift in Art 229 § 6 Abs 4 EGBGB.

Die *gesamte Leibrente* einschließlich aller – auch der künftigen und der noch nicht verjährten – Einzelansprüche und dem Stammrecht sollte dagegen nach der *Einheitstheorie* gemäß den §§ 195, 198, 224 aF in 30 Jahren ab Fälligkeit der ersten Rentenleistung (Sepp 85; krit Staudinger/Peters [1995] § 195 Rn 16; **aM** Lafrentz 67 ff) verjähren, wenn nicht in der Zwischenzeit die Verjährung gehemmt oder unterbrochen wurde, zB durch Anerkenntnis, gerichtliche Geltendmachung oder durch eine Einzelleistung (§§ 208 ff aF). Dies sollte auch für den rechtskräftig festgestellten Gesamtanspruch gelten, auf den § 218 Abs 2 aF nicht anzuwenden wäre (vgl RGZ 136, 431 f; BGH VersR 1972, 1078 f; NJW 1973, 1684; Sepp 85 ff; BGB/RGRK/vGamm § 760 Rn 2; Soergel/Welter § 760 Rn 2; **aM** Eccius 24 ff; Enneccerus/Lehmann § 188 II 3). 32a

Solange die regelmäßige Verjährungsfrist dreißig Jahre betrug, mochte dies zu vernünftigen Ergebnissen führen. Unter der ab dem 1. 1. 2002 geltenden wesentlich kürzeren Regelverjährung von drei Jahren (§ 195 nF; vgl dazu jurisPK-BGB/Geisler § 759 Rn 83; Palandt/Sprau § 759 Rn 3; PWW/Brödermann § 759 Rn 3) ergäbe sich daraus jedoch die Konsequenz, dass der Anspruch auf alle künftigen Leibrentenleistungen bereits dann verjähren würde, wenn während drei Jahren keine Einzelleistungen mehr erbracht werden, was bereits aus praktischen Gründen nicht hingenommen werden kann (Amann, in Amann/Brambring/Hertel, Vertragspraxis nach neuem Schuldrecht [2. Aufl 2003] S 278 ff; der hiesigen Kritik daher zust MünchKomm/Habersack[6] § 759 Rn 5; Soergel/Welter Rn 13, iE ebenso jurisPK-BGB/Geisler § 759 Rn 84; wohl auch NK-BGB/Terbrack § 759 Rn 4). Dies lässt sich aber auch systematisch damit begründen, dass nach dem geänderten Verjährungsrecht ein **Anspruch**, und sei es hier auch der Einzelanspruch, **nicht vor** seiner **Fälligkeit** iS des § 199 Abs 1 **entstehen**, damit auch noch **nicht verjähren** kann (Palandt/Ellenberger § 199 Rn 3; MünchKomm/Grohe § 199 Rn 4 mwNw). Ein anderer, bereits zum alten Verjährungsrecht vertretener Ansatz ist, dass das Rentenstammrecht kein Anspruch iS von § 194 Abs 1 sei und deshalb keiner Verjährung unterliege (Enneccerus/Lehmann § 188 II 3). Teilweise wird auch gefordert, dass durch das Entstehen neuer Einzelansprüche eine mögliche Verjährung des Stammrechts durchbrochen werden müsse (Soergel/Welter Rn 13; zust jurisPK-BGB/Geisler [4. Aufl 2008] § 759 Rn 84). Zudem ergibt der kritische **historische Befund**, dass die Existenz und die eigenständige Verjährung eines Stammrechts jedenfalls nicht als dem Willen des Gesetzgebers entsprechend angenommen werden kann (Staudinger/Peters/Jakoby [2014] § 194 Rn 16). 32b

Keine Verlängerung der Einzelansprüche aus der Leibrente ergibt sich aus dem Umstand, dass diese eine Gegenleistung für die **Übertragung eines Grundstücks** 32c darstellen und demnach die Verjährungsfrist von 10 Jahren nach § 196 gelten könnte. Ebenso wie der Erbbauzins (BGH NJW 2010, 224 Rn 9 ff; Palandt/Ellenberger § 196 Rn 4) sollen – nach der vom BGH nicht näher belegten Auffassung – solche Leistungen nach dem Willen des Gesetzgebers der kurzen Verjährung nach § 195 unterliegen (BGH NJW 2014, 1000 Rn 13; zust Staudinger/Peters/Jakoby [2014] § 196 Rn 11, weil der Grund der Verjährungsverlängerung entfiele und man daher zu § 197 Abs 2 gelange). Der BGH weist dabei darauf hin, dass sich dieses Ergebnis auch damit begründen ließe, dass die Gegenleistung für die Grundstücksübertragung nur die Einräumung des *„Stammrechts"* als solches sein könnte, lässt dies aber ausdrücklich offen.

32d Da die **Einzelansprüche** ohnehin der kurzen Verjährung unterliegen (Rn 32), besteht im Regelfall kein Grund dafür, auch bei einer Leibrente mit Versorgungscharakter eine **Verwirkung** anzunehmen (jurisPK-BGB/Geisler [4. Aufl 2008] § 759 Rn 85; **aA** OLG Zweibrücken FamRZ 2008, 513, 514). Etwas anderes kann sich auch nicht aus unterhaltsrechtlichen Kriterien ergeben, zumal Unterhaltsansprüche ohnehin keine Leibrentenansprüche darstellen (s Rn 15; übersehen bei OLG Zweibrücken FamRZ 2008, 513, 514).

gg) Gleichmäßige Leistungshöhe

33 Daneben dient die Vorstellung eines einheitlichen Rentenstammrechts als Begründung für das Erfordernis **gleichmäßiger Höhe** (s dazu Rn 10 ff) der Leibrentenleistungen, weil damit eine erhöhte Zuverlässigkeit in der Entstehung und der Verwirklichung der aus dem Stammrecht fließenden Einzelansprüche gesehen wird (RGZ 67, 210; RGZ 106, 93, 96; vgl auch BFH BStBl e1959 III 463).

hh) Erfüllung des Leibrentenversprechens, Verzug, Leibrente und Dauerschuldverhältnis

34 Die **Rspr** (RGZ 67, 211 ff; 80, 208, 209; 106, 93, 96; BGH NJW-RR 1991, 1035 = DNotZ 1992, 297; OLG Hamburg MDR 1964, 414) und ihr folgend ein Teil der Lit (Enneccerus/Lehmann § 188 II 1; Planck/Oegg Vorbem II 6 c zu § 759; Palandt/Sprau § 759 Rn 3; Sepp 87 ff; PWW/Brödermann Rn 2; **aM** Bamberger/Roth/Litzenburger § 759 Rn 3; Heck § 121 aE; Eccius 26 ff; Larenz SchuldR II § 65 III; Esser/Weyers § 44 IV 2; Erman/H F Müller § 759 Rn 7 ff; MünchKomm/Habersack[6] § 759 Rn 4; abl auch Welter, Wiederkehrende Leistungen, S 206 ff; unklar BGB/RGRK/vGamm § 759 Rn 8; offen lassend NK-BGB/Terbrack § 759 Rn 3 f) haben aus der Einheitstheorie ferner die These hergeleitet, **mit der Bestellung des Rentenstammrechts sei die Leibrentenverpflichtung** nicht nur begründet, sondern auch **bereits erfüllt**. Demnach vollzieht sich das Leibrentengeschäft auf drei Ebenen (vgl etwa anschaulich, wenn auch jeweils ablehnend, Bamberger/Roth/Litzenburger § 759 Rn 1; MünchKomm/Habersack[6] § 759 Rn 3): **(1)** In dem **schuldrechtlichen Grundgeschäft** wird zunächst die Verpflichtung zur Einräumung des (abstrakten) Stammrechts begründet, gegebenenfalls werden auch Gegenleistungspflichten des Leibrentenberechtigten vereinbart, etwa die Überlassung eines Grundstücks oder die Einräumung eines Nießbrauchs. **(2)** In Erfüllung dieser schuldrechtlichen Verpflichtung gibt der Verpflichtete das abstrakte, einseitige, aber formbedürftige (§ 761) Leibrentenversprechen ab, durch welches das **Leibrentenstammrecht** (Grundrecht) begründet wird. **(3)** Aus diesem Stammrecht ergibt sich die einseitige Verpflichtung zur Bezahlung der einzelnen **Leibrentenraten**. Leistungsstörungen auf dieser Ebene schlagen daher nicht mehr unmittelbar auf das schulrechtliche Grundgeschäft und die dort uU vereinbarten Gegenleistungen durch. Denn die einzelnen Rentenzahlungen bilden nicht die Gegenleistung für die vom Rentenberechtigten übernommenen Verpflichtungen auf der ersten Stufe (dem schuldrechtlichen Grundgeschäft), das Rentenversprechen wird vielmehr bereits mit der Bestellung des Rentenstammrechts erfüllt (RGZ 67, 204; 106, 93, 96 ff; BGH WM 1966, 248; WM 1980, 593, 595; NJW-RR 1991, 1035 gegen OLG Celle NJW-RR 1990, 1490).

35 Bei **Verzug des Rentenschuldners** soll deshalb dem Rentengläubiger kein Rücktrittsrecht gemäß § 323 (früher § 326 aF) zustehen, da dieser bereits mit der Bestellung des Stammrechts die ihm gebührende Leistung erhalten habe (RGZ 106, 93, 96 ff; OLG Hamburg MDR 1964, 414; Palandt/Grüneberg § 323 Rn 4; Palandt/Sprau § 759 Rn 4; PWW/Brödermann § 759 Rn 9). Der Rentengläubiger stünden in einem solchen Fall nur Erfüllungs- und Schadenersatzansprüche (§§ 280 Abs 1, 286 ff) zu sowie Verzugszinsen gemäß § 288 (also auf der dritten Ebene); letztere scheitern auch nicht am Zinseszinsverbot des § 289, da die einzelnen Leibrentenleistungen keine Zinsen sind (vgl Erl zu § 246).

35a Um den Rentengläubiger gleichwohl nicht ausschließlich auf solche die einzelnen Ratenzahlung betreffenden Ansprüche zu beschränken, die an seiner weiteren vertraglichen Bindung meist nichts ändern, verwies die Rspr den Rentengläubiger auf die Möglichkeit, seine Leistung gem **§ 812 Abs 1 S 2, 2. Alt** wegen Nichteintritt des bezweckten Erfolges, nämlich den Erhalt der Einzelleistungen bzw Versorgung des Gläubigers, zu kondizieren (RGZ 106, 93, 97 f; OLG Hamburg MDR 1964, 414; Palandt/Sprau § 759 Rn 4; PWW/Brödermann § 759 Rn 10; **aA** RG Gruchot 67, 176, 178; unklar RG BayZ 1923, 17 f). Dadurch wird jedoch die durch die Einheitstheorie geschaffene Abstraktion durchbrochen. Daneben besteht die Möglichkeit, eine **Anfechtung** des schuldrechtlichen Grundgeschäfts nach § 119 Abs 2 wegen Irrtums über die Zahlungs-/Leistungsfähigkeit des Rentenschuldners geltend zu machen (BGH BWNotZ 1961, 220) oder einen **Schenkungswiderruf** nach § 530 bei einer gemischten Schenkung (BGH NJW 1999, 1623, bezüglich der Leibrentenverpflichtung ohne besondere Erörterung). Die sich aus der Anwendung der *Einheitstheorie* in diesen Fällen ergebenden unbilligen Konsequenzen veranlassten sogar den BGH einmal anzunehmen, dass gar keine Leibrentenvereinbarung vorlag. Dies wurde damit begründet, dass im Streitfall nach dem Willen der Vertragschließenden die Verpflichtung des Rentenschuldners zur Zahlung der monatlichen Rentenbeträge Bestandteil eines gegenseitigen Vertrages iS der §§ 320 ff sein sollte und umgekehrt es mit der Natur des Leibrentenversprechens unvereinbar wäre, die Gegenleistung für die vom Rentenberechtigten übernommenen Verpflichtungen in den einzelnen Rentenzahlungen zu sehen (BGH NJW-RR 1991, 1035). Hier liegt ein Zirkelschluss nahe (krit gegen diese BGH-Entscheidung auch Esser/Weyers § 44 IV 2 bei Fn 10). Offenbar möchte die Rspr durch die Fiktion der Erfüllung es dem Rentengläubiger nur erschweren, vom Rentenschuldner nach jahrelanger pünktlicher Leistung der Leibrente wegen späteren Verzugs mit einer Einzelleistung die ganze für die Leibrente erbrachte Gegenleistung (zB ein Grundstück) zurückzufordern (vgl Eccius 27 f; Sepp 88 ff; ähnlich wenn auch mit anderer Begründung Lafrentz 106 ff, 126).

36 Um insoweit die Interessen von Rentengläubiger und -schuldner angemessen auszugleichen, reichen indessen die starre Erfüllungsfiktion und das Bereicherungsrecht nicht aus. Einerseits verwehren sie dem Rentengläubiger den Rücktritt und bürden ihm das Risiko des Wegfalls der Bereicherung des Rentenschuldners auch dann auf, wenn letzterer noch keine einzige Rentenleistung erbracht hat (vgl dagegen vGierke

387) und daher nicht schutzwürdig ist. Andererseits schließen sie eine völlige Rückabwicklung eines gegenseitigen Leibrentenvertrages nicht aus, nachdem dieser über Jahre oder Jahrzehnte ordnungsgemäß erfüllt wurde. Angemessenere Lösungen des Verzugsproblems liefern dagegen die mit Wirkung zum 1. 1. 2002 nunmehr in § 314 nF kodifizierten Regeln über die **Kündigung** von **Dauerschuldverhältnissen** (ebenso Esser/Weyers § 44 IV 2; Erman/H F Müller § 759 Rn 9; Soergel/Welter Rn 15; jetzt auch M Roth, Private Altersvorsorge S 37 f; andeutungsweise BGH WM 1980, 595). Sie verhindern bei einem Verzug, der erst nach jahrelanger ungestörter Vertragserfüllung eintritt, eine kaum mehr durchführbare völlige Rückabwicklung des Vertrages (für Ausschluss eines Rücktrittsrechts wegen unzulässiger Rechtsübung in einem solchen Fall OLG Köln ZMR 1995, 546). Allerdings müssen sie dahingehend ergänzt werden, dass bei einem Zahlungsverzug zu Beginn der Leistungen oder nach kurzer Zeit die Kündigung auf das ganze Vertragsverhältnis erstreckt werden kann und damit Rücktrittswirkungen entfaltet (vgl Leonhard, Schuldrecht II 303; im Ergebnis ebenso BGB/RGRK/vGamm § 759 Rn 8; so ausdrücklich § 307 Abs 4 BGB-KE). Zu ähnlichen Ergebnissen gelangt man, wenn man zwar grundsätzlich den Rücktritt gemäß § 323 nF zulässt, die einzelnen Rentenbeträge aber als Teilleistungen ansieht und daher den Rücktritt vom ganzen Vertrag an die Beachtung der Voraussetzungen des § 323 Abs 5 misst (MünchKomm/Habersack[6] § 759 Rn 27; ebenso iE bereits OLG Celle NJW-RR 1990, 1490, 1491), wobei diese Vorschrift aber nur auf gegenseitige Verträge Anwendung findet. Behandelt man die Leibrente nach diesen Grundsätzen, so stellen Vereinbarungen der Beteiligten über die Folgen des Leistungsverzugs (vgl BGH WM 1980, 595; vGierke 389 Fn 57, 390 f) nicht bereits das begriffliche Vorliegen einer Leibrente in Frage, wie dies die Einheitstheorie mit ihrer Fiktion tut, die Leibrentenverpflichtung sei „wesensmäßig" mit der Begründung des Leibrentenstammrechts erfüllt (vgl auch §§ 635 f, 647 f Teil 1 Titel 11 ALR).

37 Die Erfüllungsfiktion führt insbesondere in den Fällen der besonders „gefährlichen" **Leibrentenschenkung** zu Wertungswidersprüchen: Wird entsprechend der Einheitstheorie die Leibrentenverpflichtung mit der Bestellung des Stammrechts, für die einfache Schriftform genügt, bereits erfüllt, so würde damit der Mangel der notariellen Beurkundung (§ 518 Abs 1) bereits nach § 518 Abs 2 geheilt, was zu einer Verkürzung des Schutzes des Rentenverpflichteten führt (Bamberger/Roth/Litzenburger § 759 Rn 3; Sepp 113; Soergel/Welter Rn 8). Eine **Verarmung** des Schenkers führte ausschließlich zur Rückforderung des Rentenstammrechts gemäß §§ 528, 529 mit der Folge, dass § 519 nicht anwendbar wäre und demgemäß bei einer Besserung der Vermögensverhältnisse des Schenkers die Rentenzahlungen nicht wieder aufgenommen werden müssten (vgl Reinhart 275 f; Soergel/Welter Vor § 759 Rn 8). Die Zehnjahresfrist für **Pflichtteilsergänzungsansprüche** nach § 2325 begänne demnach für die ganze Leibrente schon mit deren Begründung; dadurch bliebe ein mehr als 10 Jahre vor dem Tod des Rentenschuldners geschenktes „Leibrentenstammrecht" insgesamt, also einschließlich der erst nach dem Tod des Leibrentenschuldners fälligen Leistungen, dem Pflichtteilsergänzungsanspruch entzogen (vgl Sepp 113 f). Die Erfüllungsfiktion würde also weitreichende Möglichkeiten zu „Schleichwegen am Erbrecht vorbei" eröffnen und stünde im Widerspruch zu der Entwicklung der Rspr des BGH, der für den Beginn der Ausschlussfrist des § 2325 Abs 3 S 1 nicht nur auf den Eintritt des rechtlichen, sondern auch eines wirtschaftlichen Leistungserfolgs abstellt (vgl Staudinger/Olshausen [2014] § 2325 Rn 54). Entsprechende Probleme würden sich auch für die Gläubigeranfechtung innerhalb und außerhalb des Insolvenzverfahrens (vgl §§ 129 ff InsO, 3 f AnfG) ergeben (dem zuneigend Soergel/Welter Rn 8).

Soweit die Einheitstheorie die **Nutzbarkeit der Leibrente** zum Begriffsmerkmal erhebt, sind gleichermaßen Vorbehalte angebracht. Falls damit nur gesagt sein soll, die Leibrente könne mit einem **Nießbrauch** belastet werden, handelt es sich um kein Spezifikum der Leibrente, sondern um eine gemeinsame Eigenschaft aller abtretbaren Forderungen und vieler sonstiger Vermögensrechte (vgl LEONHARD, Schuldrecht II 302). Soweit dahinter die Aussage steht, mit Bestellung des Leibrentenstammrechts flössen die Einzelleistungen als dessen Nutzungen gleichsam von selbst ohne Zutun des Rentenschuldners dem Rentengläubiger zu, enthält dies letztlich die schon zuvor (Rn 34 ff) abgelehnte Fiktion, der Rentenschuldner habe mit der Bestellung des Leibrentenstammrechts seine Pflichten bereits erfüllt. Auch § 1073 BGB besagt nichts für oder gegen die Einheitstheorie (**aM** RGZ 67, 212; SEPP 64 f). Er ordnet lediglich an, dass dem Nießbraucher einer Leibrentenforderung die einzelnen Rentenleistungen abweichend von den §§ 1075, 1067 endgültig und ohne Pflicht zum Wertersatz verbleiben. Übereinstimmend mit den Materialien (Mot III 543; Prot III 417) besteht kein Anlass, deswegen die Nutzbarkeit als besonderes Unterscheidungsmerkmal der Leibrente von anderen Forderungen hervorzuheben. 38

b) Eigene Stellungnahme

Die aus heutiger Sicht schwer verständliche, gleichsam mystisch anmutende „Einheits- oder Stammrechtstheorie“ (vgl HENLE, Lehrbuch des Bürgerlichen Rechts, Bd II: Schuldrecht [1934] S 162 f: „juristische Mystik“) wurzelt **ideengeschichtlich** offenbar in dem **kanonischen Zinsverbot**, nach dem Kapitalnutzungsentgelte als anstößig empfunden wurden, gegen (isolierte) Fruchtziehungsrechte aller Art aber keine Bedenken bestanden (vgl etwa GERBER, System des Deutschen Privatrechts [17. Aufl 1895] § 171 [zum Rentenkauf]; MünchKomm/HABERSACK[6] § 759 Rn 4; OGRIS HRG II 1801; H-J BECKER HRG V 1719 ff; zur geschichtlichen Entwicklung s auch WELTER, Wiederkehrende Leistungen S 177 ff, 183: „Stammrecht als Relikt eines dinglichen Nutzungsrechts“), und ist von dem Ende des 19. Jahrhunderts besonders ausgeprägten Wunsch nach **Rechtssicherheit durch Abstraktion** (allgemein dazu STADLER, Verkehrsschutz durch Abstraktion [1996]; auf diesen Gesichtspunkt geht auch WELTER, Wiederkehrende Leistungen S 177, 180, 207 f ein) getragen und versteht das „Stammrecht“ als Abstraktion des Rentenkapitals (WELTER, Wiederkehrende Leistungen S 180 f). Zudem entstand diese Theorie zu einer Zeit, als die zivilistische Dogmatik zur Behandlung von Dauerschuldverhältnissen noch kaum ausgeprägt war (MünchKomm/HABERSACK[6] § 759 Rn 4; SOERGEL/WELTER Rn 14; eingehend zu diesem Zusammenhang WELTER, Wiederkehrende Leistungen S 187 ff, bes S 192 ff). Sie ist daher wie jede Theorie Mittel zur Erreichung eines angemessenen Zwecks. Angesichts des Stands, den die **juristische Methodenlehre** heute erreicht hat, kann jedoch auf einen solchen „deduktiven Lösungsansatz“ verzichtet werden. Vielmehr gelangt man zu angemessenen Ergebnissen, indem man die Leibrente den für **Dauerschuldverhältnissen** geltenden Regeln unterstellt, ohne die unerwünschten Folgen der Einheitstheorie übernehmen zu müssen (zust SOERGEL/WELTER Rn 15 mit Fn 65; ebenso M ROTH, Private Altersvorsorge S 37 f). Auftretende Probleme lassen sich im Wege einer einzelfallbezogenen extensiven Interpretation oder gar Analogie lösen, was den Vorzug hat, eine im Ansatz offene und im Ergebnis auch überprüfbare Begründung für die jeweilige Lösung geben zu müssen und sachgerechte Differenzierungen zu ermöglichen (WELTER, Wiederkehrende Leistungen S 176 ff, bes S 196 ff; SOERGEL/WELTER Rn 15). 39

7. Weitere Abgrenzungsfragen: Die Loslösung der Leibrente von sonstigen Beziehungen der Vertragsteile – die sog „Isolierungstheorie"

a) Die Isolierungstheorie zur Begrenzung des Leibrentenbegriffs

40 Die **Rspr** (vgl RGZ 80, 208, 210 [Ruhegehaltszusicherung im Dienstvertrag]; 89, 259, 261 f [Vergleich mit lebenslänglicher Geldrente als Abfindung wegen Schadensersatzanspruchs aus unerlaubter Handlung]; 91, 6, 7 f [Vergleich zwischen Miterben]; RGZ 94, 157, 158 f [Ruhegehaltsanspruch]; 150, 385, 391 [novierende Unterhaltsvereinbarung]; eingehend zur Entwicklung der Rspr Welter, Wiederkehrende Leistungen S 45 ff) und die in Rn 34 aufgeführte, mit ihr übereinstimmende Lit erblicken ein weiteres Begriffsmerkmal der Leibrente darin, dass das Leibrentenstammrecht (vgl Rn 25 ff) und damit auch die Einzelleistungen, iS einer Novation **unabhängig und losgelöst** (abstrakt) seien **von den sonstigen Beziehungen und Verhältnissen der Parteien** (RGZ 94, 157, 158 f mwNw; 89, 259, 262; 150, 385, 391; **aM** die in Rn 34 erwähnten Gegenstimmen sowie Bamberger/Roth/Litzenburger § 759 Rn 7; Reinhart, in: FS Wahl 1973, 269 ff, der auch auf die Entwicklung der Rspr im Einzelnen eingeht). Nach dieser **Isolierungstheorie** unterscheide sich durch die Loslösung vom Grundgeschäft die Leibrente von ähnlichen wiederkehrenden Leistungen. Die mit einer solchen abstrakten Rechtsnatur der Leibrente verbundene größere Gefährdung des Rentenschuldners rechtfertige auch die von § 761 geforderte Schriftform des Rentenversprechens (vgl Enneccerus/Lehmann § 187 I 4; vgl auch Soergel/Welter Rn 3). Dabei muss jedoch hervorgehoben werden, dass die Rspr des Reichsgerichts und des BGH nicht explizit auf diese Theorie abgestellt hat, sondern eine sachgerechte Einzelfalllösung anstrebte, wobei maßgebliches Kriterium idR war, ob die wiederkehrenden Zahlungen nach der **Verkehrsauffassung** als Leibrente anzusehen sind (vgl etwa RGZ 65, 135; 80, 208, 211; 89, 259, 262; 91, 6, 8; BGH WM 1966, 248 = BB 1966, 305; NJW-RR 1989, 866; nicht aber in RGZ 94, 157; 150, 385, 391).

41 Ausgehend von der Rspr, insbesondere des Reichsgerichts, und nach der in der Lit vertretenen Isolierungstheorie ergibt sich, dass folgende wiederkehrende Leistungen **keine Leibrente** sind:

aa) Lebenslängliche Ruhegehälter

42 Lebenslängliche *Ruhegehälter* (RG JW 1919, 184 mit abl Anm Titze; RGZ 80, 208, 211; 94, 157, 159; BGH WM 1966, 248 mwNw = BB 1966, 305; BAG NJW 1959, 1749; MünchKomm/Habersack[6] § 759 Rn 14; Soergel/Welter Rn 4; vgl auch BGH NJW-RR 1994, 357 zur formlosen Ruhegehaltszusage an einen GmbH-Geschäftsführer, wo § 761 gar nicht angesprochen wurde; **aM** Lafrentz 77 ff), unabhängig davon, ob der Dienstberechtigte, eines seiner Kinder (RG JW 1932, 1371) oder ein mit ihm wirtschaftlich eng verflochtener Dritter (RG SeuffA 93 Nr 96) das Ruhegehalt zu Beginn, im Laufe, zur Beendigung oder nach Beendigung eines Dienstverhältnisses (vgl RG JW 1933, 239 mit Anm Hueck; BGH aaO; **aM** Sepp 108), dem Dienstverpflichteten oder seinem überlebenden Ehegatten (vgl RG JW 1927, 1190 mit abl Anm Titze) aufgrund einer bereits bestehenden Rechtspflicht oder freiwillig (vgl RGZ 75, 327; RG JW 1928, 1287) verspricht, sofern nur ein enger Zusammenhang mit dem Dienstverhältnis besteht (weit Nachw Staudinger/Brändl[10/11] Vorbem 6). Erst recht gilt dies für *Gehälter* und sonstiges Entgelt von Dienstleistungen (vgl RG JW 1938, 370; RG HRR 1938 Nr 138).

bb) Renten im rechtlichen Zusammenhang mit wiederkehrenden oder Dauerleistungen

Renten, die in rechtlichem Zusammenhang mit wiederkehrenden oder Dauerleistungen des anderen Vertragsteils stehen, wie zB Rentenzahlungen, die von der fortdauernden Einhaltung eines Wettbewerbsverbots (BFH BStBl 1975 II 630 = BB 1975, 1001), von der Wahrung einer bestimmten beruflichen Position (RGZ 91, 8), von der Mitarbeit in einem Geschäft (RG WarnR 1922 Nr 65) abhängig sind. 43

cc) Schadensersatzrenten

Schadenersatzrenten, insbesondere nach den §§ 843–845 (BFH BB 1965, 736; vgl RGZ 69, 298; 89, 259, 261 f). § 760 ist auf solche Renten nur infolge ausdrücklicher Gesetzesbestimmung anwendbar. 44

dd) Renten aus einem Vergleich, Abfindungen

Renten aus einem Vergleich, zB über Schadenersatzansprüche (RGZ 89, 259; OLG Hamburg OLGE 34, 140; Soergel/Welter Rn 4; s auch OLG Koblenz OLGZ 1978, 245), über eine **gesellschaftsrechtliche Abfindung** (BGH BB 1966, 305; Soergel/Welter vor § 759 Rn 4; krit dazu MünchKomm/Habersack[6] § 759 Rn 16, wonach dem nur zu folgen sei, wenn schon die gesellschaftsrechtliche Beteiligung wirtschaftlich vergleichbare lebenslängliche Ansprüche enthalten habe), über die im Gesellschaftsvertrag vorgesehene Zahlung eines „Vorgewinns" (BGH NJW-RR 1989, 866), über Unterhaltsansprüche (vgl oben 15), über erbrechtliche Verhältnisse (RGZ 91, 6), sofern nicht beim Vergleich durch *Novation* ein völlig neues, vom ursprünglichen Rechtsgrund losgelöstes Schuldverhältnis begründet wird (vgl RGZ 117, 246; 89, 259, 262; 150, 385, 391; OLG Karlsruhe NJW 1962, 1774; MünchKomm/Habersack[6] § 759 Rn 9; weit Nachw Staudinger/Amann[12] Rn 33). 45

ee) Renten als Tilgungsmodus

Renten als Tilgungsmodus einer bereits bestehenden Kapital- oder Naturalschuld aus einem Auseinandersetzungsvertrag (RG Gruchot 71, 614) oder als Tilgungsmodus eines bereits früher gegebenen Darlehens (RG DR 1942, 174; OLG Hamburg OLGE 38, 113 = SeuffA 74 Nr 5). 46

b) Eigene Stellungnahme

Allen vorstehend aufgeführten wiederkehrenden Leistungen ist gemeinsam, dass sie **nicht** die (ursprünglich vereinbarte) **Gegenleistung für die Hingabe eines bestimmten Geldbetrages** oder **für eine sonstige einmalige geldwerte Leistung** (zB die Übereignung eines Grundstücks) sind. In Fällen, in welchen fortlaufend wiederkehrende gleichmäßige Leistungen in Geld oder anderen vertretbaren Sachen auf Lebensdauer gegen Hingabe eines bestimmten Geldbetrages oder gegen eine sonstige einmalige geldwerte Leistung gewährt werden, hat die Rspr nicht darauf abgestellt, ob diese unabhängig von den sonstigen Beziehungen und Verhältnissen der Vertragsteile zu erbringen sind (vgl RGZ 106, 93 ff; RG JW 1938, 2135; BGH NJW 1979, 2038; BGH WM 1980, 595). Dies geschah ersichtlich deshalb, weil der Rechtsverkehr in solchen Fällen ohne weiteres vom Vorliegen einer Leibrente ausgeht (vgl auch Enneccerus/Lehmann § 187 II; Esser/Weyers § 44 IV 2). Dies ist darauf zurückzuführen, dass – historisch betrachtet – die Hingabe eines bestimmten einmalig oder in Teilbeträgen (vgl Enneccerus/Lehmann aaO; Kress 74) zu zahlenden Kapitals oder eine sonstige einmalige geldwerte Leistung zum (häufig so gesetzlich definierten) Leibrentenbegriff gehörte (vgl Teil I Titel 11 §§ 606, 607 ALR; § 1284 ABGB; §§ 1150, 1151 47

SächsBGB; REINHART 277 f mwNw) – sog *Leibrentenkauf*. Müsste die Leibrente schon begrifflich ausnahmslos vom Grundgeschäft losgelöst sein, so wäre, wie LARENZ (SchuldR II § 65 III, zust etwa SOERGEL/WELTER § 761 Rn 2) zu Recht hervorhebt, die Formvorschrift des § 761 überflüssig, weil die Notwendigkeit der Schriftform sich dann bereits aus § 780 ergäbe.

48 In der **Literatur** wird die vorstehend skizzierte *„Isolierungstheorie"* zunehmend abgelehnt. Sachgerechte Lösungen will man vielmehr dadurch erzielen, dass man entweder bestimmte wiederkehrende Leistungen, wie etwa die Versprechen im Zusammenhang mit der **Alters- und Hinterbliebenenversorgung**, auf Grund des „Sprachgebrauchs" oder gar „gewohnheitsrechtlich" nicht der Leibrente zurechnet (so etwa LARENZ SchuldR II § 65 III; MünchKomm/PECHER[3] Rn 10 ff; anders jetzt MünchKomm/HABERSACK[6] § 759 Rn 8 ff) oder eine teleologische Reduktion, insbesondere des Formgebots des § 761 vornimmt (ESSER/WEYERS § 44 IV 2; abl dazu HENSSLER, Risiko als Vertragsgegenstand S 398). Teilweise wird eine Beschränkung des Leibrentenbegriffs auf entgeltliche Leibrenten vorgeschlagen (REINHART 282), was aber einerseits die in Rn 42 aufgeführten wiederkehrenden Bezüge nicht aus dem Leibrentenbegriff auszuscheiden vermag. Andererseits wird dadurch der Anwendungsbereich der §§ 759 ff in Widerspruch zu den Gesetzesmaterialien (Mot II 637) und zur Verkehrsauffassung (RG JR 1926 Nr 2221; BayObLGZ 4, 181; ERMAN/H F MÜLLER § 759 Rn 10; BGB/RGRK/vGAMM § 761 Rn 5; ENNECCERUS/LEHMANN § 187 II 2; KRESS 75; SEPP 112 ff) unnötig verengt, da die Regeln der §§ 759 ff auch auf unentgeltlich bestellte Leibrenten passen (dies räumt REINHART aaO selbst ein).

49 Insgesamt zeigt sich, dass sowohl die „Stammrechtstheorie" wie die „Isolierungstheorie" nicht zwingend und stringent zu sachlogisch richtigen Lösungen führen müssen. Ihre Entstehung verdanken sie aber nicht nur der ausgehenden Pandektistik bei der Schaffung des BGB (überzogen krit etwa ESSER/WEYERS § 44 IV 2: „Verdacht, dass hier eine übersehene Bastion der Begriffsjurisprudenz [erg vor-] liegt"), sondern der vom Gesetzgeber bewusst geübten Zurückhaltung einer exakten Definition des Leibrentenbegriffs (s dazu Rn 2). Vielmehr ist die Leibrente kein eindeutig festgelegter, klar und sachlogisch abgegrenzter Rechtsbegriff, sondern erschließt sich erst auf Grund einer **typologischen Betrachtung** unter Beachtung ihrer historischen Entwicklung (ebenso MünchKomm/HABERSACK[6] § 759 Rn 4; unklare Einordnungsversuche bei M ROTH, Private Altersvorsorge S 39 ff; allgemein zur typologischen Betrachtung bei der Einordnung von Schuldverträgen in das System gesetzlicher Vertragstypen LARENZ, Methodenlehre der Rechtswissenschaft [6. Aufl 1991] S 301 ff) Die Beurteilung, ob ein Schuldverhältnis als Leibrente einzuordnen ist, kann daher nicht im Wege eines rein logisch-deduktiven Verfahrens der Gesetzesanwendung durch Subsumtion geschehen (dazu allg LARENZ 271 f). Vielmehr ist die eine typologische Betrachtung kennzeichnende wertende Beurteilung vorzunehmen, welche die notwendige Flexibilität der verschiedenen, hier anzutreffenden Vertragsgestaltungen ermöglicht (dazu allg LARENZ 303 f). Dies liegt ganz auf der Rspr des Reichsgerichts und des BGH, die – ausgehend von einem noch nicht so klar entwickelten methodischen Verständnis – maßgeblich auf die „Verkehrsauffassung" abstellte (s Rn 40). Bei dieser wertenden Zuordnung kann der historisch gewachsene *Leibrentenkauf* als *„typologischer Modellfall"* dienen (MünchKomm/HABERSACK[6] § 759 Rn 5). Nicht zielführend ist es allerdings, wenn für die typologische Einordnung maßgeblich auf den Zuwendungszweck abgestellt wird (so aber MünchKomm/HABERSACK[6] § 759 Rn 4). Denn wie bereits das Reichsgericht zu Recht hervorgehoben hat, ist

Motiv für eine Leibrente zwar regelmäßig die Sicherung der Versorgung und des Unterhalts des Berechtigten. Dies muss aber noch nicht zur Einordnung als Unterhaltsvereinbarung und damit Verneinung der Leibrente führen (RGZ 150, 385, 391).

Maßgeblich für die Einordnung als Leibrente ist daher, dass die oben bereits aufgezeigten (s Rn 6) **spezifischen Leibrentenrisiken** vorliegen, insbesondere die ungewisse, an die Lebenszeit der Bezugsperson geknüpfte Verpflichtungsdauer. Durch diese unterscheidet sich erst der Leibrentenvertrag von den sonstigen Dauerschuldverhältnissen und durch sie wird in den Leibrentenvertrag die diesem eigentümliche, unbestimmte Dauer erst hingetragen (MünchKomm/Habersack[6] § 759 Rn 9) und daher die Beachtung des Formgebots des § 761 erst gerechtfertigt (Henssler, Risiko als Vertragsgegenstand S 395 ff). Dieses vom Gesetzgeber des BGB als besonders **risikobehaftet** angesehene **Unsicherheitselement** der ungewissen Verpflichtungsdauer kann sich dabei zum einen daraus ergeben, dass dieses **erstmals** rechtsgeschäftlich **begründet** wird. Es kann aber auch daraus resultieren, dass zunächst kraft Gesetzes bereits eine Unterhalts- oder Schadensersatzrente besteht und anstelle derselben nunmehr ein neuer, abstrakter Schuldgrund im Wege der **Novation** vereinbart wird, der durch die lebenszeitbedingte Unsicherheit der Verpflichtungsdauer gekennzeichnet ist (Henssler, Risiko als Vertragsgegenstand S 397 f). Offen bleibt bei dieser Differenzierung noch die Einordnung von **Alters- und Hinterbliebenenversorgungen**, die ebenfalls wiederkehrend gewährt werden und anstelle oder aber kumulativ zu den gesetzlichen Renten- und Sozialversicherungsansprüchen treten. Man könnte nun diese wegen des lebenszeitbedingten Risikos den Leibrenten zurechnen und damit dem Schriftformerfordernis des § 761 unterwerfen, das im heutigen Wirtschaftsleben schon aus Beweissicherungsgründen ohnehin regelmäßig eingehalten wird. Mit der Rechtsprechung des Reichsgerichts und BGH (s Rn 40) gebietet jedoch die typologische Betrachtung, diese Gestaltungen nicht als Leibrente anzusehen, gelten für diese heute doch zahlreiche andere, insbesondere arbeits- und sozialversicherungsrechtliche Besonderheiten. Zudem stehen sie auch in einem unmittelbaren Zusammenhang mit einem Arbeits- oder Dienstverhältnis, sodass sich die Abweichung vom Formgebot des § 761 auch damit begründen lässt, dass das „Schwergewicht der Leistungen … nicht bei den Rentenzahlungen, sondern bei den geschuldeten Diensten liege" (Beitzke, Nichtigkeit, Auflösung und Umgestaltung von Dauerrechtsverhältnissen [1948] S 53; krit dagegen Welter, Wiederkehrende Leistungen S 187, im Hinblick auf die Schutzbedürftigkeit des Versprechenden, jedoch wird man diese bei einem Arbeitgeber im Hinblick auf die an ihn im Geschäftsleben allgemein gestellten Anforderungen heute verneinen können). 50

Dies führt zugleich zu einem für die Abgrenzung von Leibrentenverträgen bislang noch wenig diskutierten Kriterium, dem der **Subsidiarität** (dazu aber bereits Bamberger/Roth/Litzenburger § 759 Rn 7; Soergel/Welter § 761 Rn 3). Angesichts der ausdrücklich konzipierten tatbestandsmäßigen Offenheit des Leibrentenbegriffs und der geringen und vielfach nicht passenden Regelungsdichte seiner gesetzlichen Normen darf dieser außerhalb seines „klassischen Anwendungsbereichs" des *Leibrentenkaufs* nicht schon immer wegen der auf die Lebenszeit des Berechtigten vereinbarten Dauer des Schuldverhältnisses angenommen werden. Eine Leibrente ist vielmehr nur dann zu bejahen, wenn das zu beurteilende Dauerschuldverhältnis nicht einem anderen, überkommenen schuldrechtlichen Vertragstyp zuzuordnen ist, also etwa einer Ruhegehaltszusage, und auch nicht mit einem solchen im engen sachlichen und 51 zeitlichen Zusammenhang steht (so zutr Bamberger/Roth/Litzenburger § 759 Rn 7; ähnlich Soergel/Welter § 761 Rn 3).

IV. Zusammenfassung zum Leibrentenbegriff

52 Nach den vorstehenden Ausführungen ist die Leibrente (vgl auch Henssler, Risiko als Vertragsgegenstand S 399; teilweise abweichend die Definition von MünchKomm/Habersack[6] § 759 Rn 7) ein ein- oder mehrseitig verpflichtendes **Dauerschuldverhältnis**, das auf **wiederkehrende Leistungen** in **Geld** oder anderen vertretbaren Sachen gerichtet ist, die nach Zeitabständen, Art und Höhe **gleichmäßig** zu erbringen sind, insbesondere nicht von den wirtschaftlichen Verhältnissen des Versprechenden oder des Berechtigten abhängen, und auf **Lebenszeit** eines oder mehrerer Menschen bestehen, wobei diese Verpflichtungen entweder rechtsgeschäftlich **erstmalig** oder durch **Novation** einer bereits bestehenden Verbindlichkeit begründet wird und nicht im engen sachlichen und zeitlichen Zusammenhang mit einem anderen Dauerschuldverhältnis steht.

V. Gemischte Verträge

53 Die Erl zum Leibrentenbegriff (oben Rn 47 ff) haben gezeigt, dass die durch abstraktes Rechtsgeschäft begründete Leibrente die Ausnahme, die gegen Entgelt oder unentgeltlich eingeräumte Leibrente die Regel ist (vgl BGH WM 1980, 594 f). Im Regelfall besteht daher ein Zusammenhang des Leibrentenvertrags mit einem anderen Vertragstypus (zB Kauf, Schenkung) in der Form eines sog *gemischten Vertrages* (s Staudinger/Löwisch/Feldmann [2012] § 311 Rn 30 ff). Die Begriffe *„Leibrentenkauf“* (s Rn 1, 47) und *„Leibrentenschenkung“* sind hierfür bezeichnend (vgl auch BGH NJW 1979, 2038; LG Kiel MDR 1968, 669). Wie der Hinweis des § 761 auf andere Formvorschriften zeigt, war sich der Gesetzgeber des Phänomens der Leibrente als Bestandteil eines gemischten Vertrages bewusst, hat es allerdings nur hinsichtlich des Formerfordernisses normiert. Je nachdem, welcher Vertragstyp in welcher Weise mit der Leibrente zusammentrifft, liegt einer der verschiedenen bei Staudinger/Löwisch/Feldmann (2012) § 311 Rn 33 f dargestellten Typen gemischter Verträge vor (vgl Kress 74 f).

54 Wird die **Leibrente als Entgelt** für die Veräußerung oder Belastung eines Gegenstandes eingeräumt (zum Umfang des Schriftformerfordernisses in solchen Fällen s § 761 Rn 6 f), so liegt ein Kaufvertrag oder ein kaufähnlicher Vertrag iSd § 453 nF vor. Die Pflichten des Rentengläubigers (Verkäufers) richten sich nach den §§ 433 ff, 437 ff nF. Die Rechte und Ansprüche des Käufers (Leibrentenschuldners) wegen Rechtsmängeln (§ 435 nF) und Sachmängeln (§ 434 nF) ändern nichts am Leibrentencharakter des Entgelts. Insbesondere berührt eine **Minderung** der sämtlichen Leibrentenleistungen als Folge eines Mangels (§§ 437 Nr 2, 441 nF) die Gleichmäßigkeit der Leibrente nicht (vgl Rn 18; MünchKomm/Habersack[6] § 759 Rn 29). Sie darf aber nicht zu einer völligen Einstellung der Rentenzahlung für einen längeren Zeitraum führen, sondern es müssen vielmehr die einzelnen Raten entsprechend der Minderungsquote herabgesetzt werden (Henssler, Risiko als Vertragsgegenstand S 400 Fn 33). Falls der Rentenschuldner (Käufer) erst **nach längerer Vertragsdurchführung** wegen einer Pflichtverletzung des Rentengläubigers (Verkäufers) vom Vertrag zurücktreten will und der Rücktritt nicht bereits durch die Verjährungsfrist des § 438

Abs 1, Abs 4 S 1 nF iVm § 218 nF ausgeschlossen ist, wird man das Interesse an einem Rücktritt einerseits und die Rückabwicklungsschwierigkeiten andererseits ähnlich wie bei Leistungsstörungen auf Seiten des Leibrentenschuldners (Rn 36) gegeneinander abwägen müssen. Mit zunehmender Dauer der Vertragsdurchführung und zunehmender Schwierigkeit der Vertragsrückabwicklung können daher nur noch Pflichtverletzungen des Leibrentengläubigers (Verkäufers) von entsprechend großem Gewicht einen Rücktritt des Käufers bzw eine Kündigung des ganzen Vertrags mit Rücktrittswirkungen (vgl Rn 36) rechtfertigen. Zum Kauf einer Apotheke gegen Rente s BGH NJW 1997, 3091.

Auch **schenkweise** kann eine Leibrente bestellt werden. Die **Leibrentenschenkung** 55
bedarf nach § 518 Abs 1 notarieller Beurkundung. Der Formmangel wird (auch hinsichtlich einer etwa nicht eingehaltenen Schriftform) jeweils insoweit geheilt, als Einzelleistungen bewirkt sind (vgl § 761 Rn 14 mwNw). Die durch Schenkung eingeräumte Leibrente zur Unterstützung des Beschenkten erlischt im Zweifel nicht nur nach § 759 Abs 1 beim Tod des Beschenkten, sondern gemäß § 520 auch beim Tod des Schenkers. Die Zehnjahresfrist des § 2325 für **Pflichtteilsergänzungsansprüche** und die Fristen für eine **Gläubigeranfechtung** innerhalb und außerhalb des Insolvenzverfahrens sind jeweils getrennt für jede einzelne Leibrentenleistung zu berechnen (vgl Rn 37). Für den **Widerruf der Leibrentenschenkung** gelten die §§ 530 ff. Eine Verarmung des Schenkers während der Laufzeit der Rente berechtigt zur Notbedarfseinrede gemäß § 519 (vgl Rn 37), nach Ablauf der Laufzeit zur Rückforderung gemäß §§ 528, 529, wobei auch im Rahmen des § 529 Abs 1 für jede Einzelleistung eine eigene Zehnjahresfrist läuft. Bei einer Übergabe gegen Leibrente sind ein Widerruf gemäß § 530 (BGH NJW 1999, 1623, NJW-RR 1999, 1063) oder eine Rückforderung nach § 528 (BGH NJW 1994, 256) nicht ausgeschlossen.

VI. Ähnliche Rechtsverhältnisse

1. Leibrentenversicherung

Bei der Leibrentenversicherung wird der Anspruch auf Zahlung einer Leibrente bei 56
einem Versicherungsunternehmen gegen einmalige oder laufende Prämien erworben (vgl Sepp 37 ff; RGZ 28, 313 ff). Es handelt sich hierbei um eine Art der Lebensversicherung, sog Rentenversicherung auf den Erlebensfall (vgl Bruck/Möller, VVG 8 [1988] Anm G 248 ff; zur steuerlichen Behandlung s I Hess in Beck'sches Steuerlexikon [Edition 1/2008] Stichwort „Lebensversicherung" Rn 13 ff mit Beispielen und ausführlich Treisch BB 1997, 708), für welche die Sonderregelungen des VAG und des VVG (vgl §§ 1 Abs 1 S 2, 2–48, 150–171 VVG nF) sowie die Bestimmungen des Versicherungsvertrags gelten. Häufig wird daher die Leibrentenversicherung auch alle Merkmale eines Leibrentenvertrags aufweisen (vgl RGZ 28, 315 ff), und die von Sepp (39 ff) vorgeschlagene Abgrenzung nach der subjektiven wirtschaftlichen Zweckbestimmung keine zuverlässige Unterscheidung ermöglichen (vgl Eccius 28). Praktische Schwierigkeiten entstehen daraus nicht, da stets die Schriftform des § 761 gewahrt (vgl § 3 VVG) und die in den §§ 759 f normierten Fragen durch den Versicherungsvertrag speziell geregelt sein wird. Zur Begrenzung der mit einem *Kauf gegen Leibrente* verbundenen Risiken (vgl Rn 6) hat die Versicherungswirtschaft die **Leibrentenversicherung mit Prämienrückgewähr** bei einem vorzeitigen Tod der Bezugsperson entwickelt (vgl Bruck/Möller Anm G 255). Hierbei übernimmt ab einem bestimmten Zeitpunkt oder Le-

bensalter der Bezugsperson die Versicherung ganz oder teilweise die Leibrentenzahlung. Dafür zahlt der Käufer schon zuvor (neben der an den Verkäufer zu entrichtenden Leibrente) der Versicherung eine einmalige oder laufende Prämie. Stirbt die Bezugsperson, bevor die Versicherung die Rentenzahlung aufzunehmen hat oder innerhalb eines bestimmten Zeitraums danach, so werden die Prämien (abzüglich etwa von der Versicherung schon entrichteter Rentenleistungen und etwa sonst vereinbarter Abschläge) ohne Zinsen zurückgezahlt (dazu BGH NJW-RR 1996, 1047; PETZOLDT 29). Hierdurch bleiben dem Käufer die wirtschaftlichen Vorteile eines frühen Todes der Bezugsperson weitgehend erhalten. Umgekehrt hat der Käufer sein Risiko einer ungewöhnlich langen Lebensdauer der Bezugsperson auf ein kalkulierbares Maß begrenzt. Die Versicherung kann außerdem bei langfristigen Leibrenten die Auswirkungen einer **Insolvenz** des **Käufers** (vgl Rn 29) mildern, indem die Beteiligten durch den Versicherungsvertrag oder durch eine Abtretung dem Rentengläubiger unmittelbare Ansprüche gegen die Versicherung verschaffen. Grundsätzlich sind jedoch der Kauf gegen Leibrente und die zur **Risikobegrenzung** abgeschlossene Leibrentenversicherung selbstständige, in ihrem rechtlichen Schicksal voneinander unabhängige Rechtsverhältnisse (vgl KG VersR 1951, 41 – zu weiteren Einzelheiten s HASE DNotZ 1961, 387 ff; Betrieb 1961, 1413 sowie Nr 49 Beilage 18/61; LAUX Betrieb 1961, 1593).

57 **Unterschiede** zwischen Leibrente und Leibrentenversicherung ergaben sich bei der Währungsumstellung – s dazu STAUDINGER/BRÄNDL[10/11] Vorbem 25, 27 mwNw.

2. Leibgeding s STAUDINGER/J MAYER (2009) Einl 72 ff zu §§ 1105 ff; STAUDINGER/ALBRECHT (2012) Erl zu Art 96 EGBGB.

3. Verpfründung s STAUDINGER/KANZLEITER (2013) § 2295 Rn 1.

4. Zinsen s Erl STAUDINGER/K SCHMIDT (1997) § 246.

5. Zeitrente s Rn 23.

6. Dauernde Last s Rn 58.

7. Wiederkehrende Bezüge s Rn 58 ff.

VII. Leibrente und wiederkehrende Bezüge im Einkommensteuerrecht

1. Frühere Rechtslage

58 Im Einkommensteuerrecht hatte die Unterscheidung zwischen Leibrenten und sonstigen wiederkehrenden Bezügen bis zum **31. 12. 2007** eine große Bedeutung (eingehend dazu STAUDINGER/AMANN [2002] Rn 40 ff; SOERGEL/WELTER Rn 16 ff; MünchKomm/HABERSACK[6] § 759 Rn 17 ff). **Leibrenten**, die zu keiner besonderen Einkunftsart iS von § 2 Abs 1 Nr 1 bis 6 EStG gehörten, waren nach § 22 Nr 1 Satz 3 Buchstabe a nur mit ihrem sog **Ertragsanteil** steuerpflichtig, dessen Höhe sich nach dem Alter des Berechtigten bei Beginn der Leistungen bestimmte. Demgegenüber unterlagen **andere wiederkehrende Bezüge** auch bei einer lebenslänglichen Verpflichtung nach § 22 Nr 1 EStG als sonstige Einkünfte im vollen Umfang der Einkommensteuerbesteuerung.

Damit korrespondierend war die volle **Abzugsfähigkeit** derartiger Leistungen als Werbungskosten (§ 9 Abs 1 Nr 1 EStG) oder als Sonderausgaben (§ 10 Abs 1 Nr 1 a EStG) ausgestaltet. Da im Generationenverbund einer Familie idR meist die Einkommensteuerbelastung der Kinder höher als die der Eltern ist, ergaben sich hieraus interessante Gestaltungsmöglichkeiten zur Reduzierung der Steuerbelastung im Rahmen der vorweggenommenen Erbfolge, die daher einer nicht unberechtigten Kritik ausgesetzt waren (vgl etwa FISCHER DStZ 2000, 885, 892; PAUS DStZ 2002, 21, 26 zum „Steuersparmodell" der selbstgenutzten Wohnung). Als **Abgrenzungskriterium** zwischen den (nur beschränkt) abziehbaren Leibrenten und den voll abziehbaren sonstigen wiederkehrenden Leistungen (dauernden Lasten) wurde dabei uU darauf abgestellt, ob die wiederkehrenden Leistungen gleichmäßig und grundsätzlich unabänderbar zu erbringen waren. Dabei wurden Versorgungsleistungen bei der Übergabe einer existenzsichernden und ausreichend ertragbringenden Wirtschaftseinheit im Regelfall als beim Empfänger in vollem Umfang steuerpflichtige wiederkehrende Bezüge und beim Verpflichteten in vollem Umfang als Sonderausgaben abziehbar angesehen, da sie wegen der Rechtsnatur des Versorgungsvertrages als abänderbar galten (Rn 47 des sog III. Rentenerlasses, BMF Schreibens vom 16. 9. 2004, IV C 3 – S 2255 – 354/04, BStBl I 2004, 922 = DStR 2004, 1696 unter Bezug auf BFH vom 11. 3. 1992, X R 141/141/88, BStBl II 499 = DStR 1992, 644). Dagegen waren die Versorgungsleistungen auch bei Übergabe einer solchen Wirtschaftseinheit nur eine mit dem Ertragsanteil steuerpflichtige und als Sonderausgaben ebenso nur eine beschränkt abziehbare Leibrente, wenn und soweit die Vertragsteile ihre Abänderbarkeit ausdrücklich ausschlossen. Bei der bloßen Vereinbarung einer Wertsicherungsklausel war dies aber noch nicht der Fall (Rn 48 des III. Rentenerlasses).

2. Aktuelle Rechtslage

Durch das Jahressteuergesetz **2008** vom 20. 12. 2007 (BGBl I 2007, 3150) ergibt sich **59**
eine grundlegende Änderung der früheren einkommensteuerrechtlichen Behandlung wiederkehrender Leistungen, die im Zusammenhang mit der vorweggenommenen Erbfolge vereinbart werden (vgl etwa WÄLZHOLZ MittBayNot 2008, 93; MELCHIOR DStR 2007, 2233, 2234; EVERTS ZEV 2007, 571; FLEISCHER ZEV 2007, 475; MünchKomm/HABERSACK[6] § 759 Rn 18 f; den alten Rechtszustand gegeben noch wieder NK-BGB/TERBRACK § 759 Rn 13 f und jurisPK-BGB/GEISLER § 759 Rn 33 ff). Danach sind bei der **Einkommensteuer** als **Sonderausgaben** nach § 10 Abs 1 Nr 1a EStG nF bezüglich der ab dem 1. 1. 2008 getroffenen Vereinbarungen in **voller Höhe** beim Verpflichteten nur noch solche lebenslangen wiederkehrenden Versorgungsleistungen abziehbar – und dementsprechend beim Leistungsempfänger voll steuerpflichtig –, die

– im Zusammenhang stehen mit der Übertragung eines **Betriebs**, Teilbetriebs oder eines **Mitunternehmeranteils** an einer Personengesellschaft, die eine Tätigkeit iS von § 13 EStG (land- und forstwirtschaftliches Vermögen), § 15 Abs 1 Satz 1 Nr 1 EStG (Gewerbebetrieb) oder § 18 Abs 1 EStG (selbstständige Tätigkeit) ausübt oder

– im Zusammenhang stehen mit der Übertragung eines mindestens **50%** betragenden Anteils an einer **GmbH**, wenn der Übergeber Geschäftsführer war und der Übernehmer diese Tätigkeit nach der Übertragung übernimmt.

Handelt es sich um begünstigte **Versorgungsleistungen** in diesem Sinne, dann **entfällt** nunmehr die **Unterscheidung** zwischen einer **Leibrente**, bei der lediglich der Ertragsanteil der Zahlungen beim Leistenden steuerlich abzugsfähig und beim Leistungsberechtigten steuerpflichtig war, **und einer dauernden Last**, bei der die vollen Leistungsbeträge als Sonderausgaben abzugsfähig und beim Leistungsberechtigten nach §§ 22 Nr 1 b EStG aF steuerpflichtig waren. Maßgeblich ist allein, dass Versorgungsleistungen in diesem Sinne vorliegen (BR-Drucks 544/07, 86; MünchKomm/Habersack[6] § 759 Rn 18). Liegen keine derartigen Versorgungsleistungen vor, insbesondere weil die laufenden Leistungen des Übernehmers für die Übertragung von nicht privilegierten Vermögen erfolgen, dann kann dies bei Übertragung von Betriebsvermögen, die nicht unter diese Vergünstigung fällt, zu einer einkommensteuerlich unerwünschten Veräußerung mit **Realisierung stiller Reserven** führen (Wälzholz DStR 2008, 273, 277, 278 aE; Röder DB 2008, 146, 151 f; entgegen MünchKomm/Habersack[6] § 759 Rn 18 ist diese keine ungeklärte Frage), bei Übertragung von **Privatvermögen** zu seiner Spekulationssteuer nach § 23 EStG und bezüglich des Zinsanteils, der in den wiederkehrenden Leistungen enthalten ist, von Anfang an zu einkommensteuerpflichtigen Einnahmen nach § 20 Abs 1 Nr 7 EStG oder § 22 Nr 1 S 3 lit a bb EStG (Fleischer ZEV 2007, 475, 477 f; Tz 75 und 78 des BMF Schr vom 11. 3. 2010, IV C 3 – S 2221/09/10004, BStBl I 2010, 227). Andererseits **entfällt** durch das Jahressteuergesetz 2008 der **Sonderausgabenabzug** für die Übertragung von reinem Grund-, Geld- oder Wertpapiervermögen iS einer Kapitalanlage. Auch bei der Übertragung eines **vermieteten (Mehrfamilien-) Wohnhauses** besteht kein Sonderausgabenabzug mehr, wenn nicht eine gewerbliche Vermietung vorliegt. Das Gesetz enthält eine Übergangsregelung für die vor dem 31. 12. 2007 getroffenen Vereinbarungen.

59a Die Finanzverwaltung hat im **Rentenerlass IV**, BMF Schr vom 11. 3. 2010, IV C 3 – S 2221/09/10004 (BStBl I 2010, 227 = ZEV 2010, 212 = DStR 2010, 545) zur „einkommensteuerrechtlichen Behandlung von wiederkehrenden Leistungen im Zusammenhang mit der Übertragung von Privat- und Betriebsvermögen“ zahlreiche Einzel- und Zweifelsfragen hierzu geregelt (zu den Auswirkungen auf die Beratungspraxis etwa Geck ZEV 2010, 161).

60 Bei der Versteuerung von **Sozialversicherungsrenten** ergab sich gegenüber der Besteuerung von Beamtenpensionen für Rentner bislang der Vorteil, dass ihre Renten nur mit dem Ertragsanteil der Besteuerung unterlagen, da sie als Leibrente iS von § 22 Nr 1 Satz 3 Buchst a) angesehen wurden. Jedoch wird diese Besserstellung der Rentner auf Grund des **Alterseinkünftegesetzes** schrittweise bis zum Jahre 2040 abgebaut und damit die bereits vom BVerfG (BVerfGE 54, 11; 86, 369) beanstandete verfassungswidrige Ungleichbehandlung beseitigt (dazu etwa I Hess in Beck'sches Steuerlexikon [Edition 1/2008] Stichwort „nachgelagerte Besteuerung“ mit Beispielen; Überblick zu diesem Gesetz Melchior DStR 2004, 1061; übersehen bei Soergel/Welter Rn 23).

VII. Kapitalisierung und Verrentung

61 Die **Kapitalisierung** von Renten und umgekehrt die **Verrentung** von Kapitalschulden ist bei Leibrenten (wie auch bei anderen Renten und wiederkehrenden Zahlungen) häufig erforderlich, und zwar aus den verschiedensten Gründen:

– Die **Kapitalisierung** zB zur steuerlichen, verfahrens- oder kostenrechtlichen Bewertung oder zur vereinbarten oder als Schadenersatz geschuldeten (vgl § 843 Abs 3) Abgeltung einer (Leib-)Rente oder zu deren Übernahme durch einen neuen Schuldner;

- die **Verrentung** zB zur Ermittlung der als Gegenleistung für ein Kapital bzw für einen sonstigen geldwerten Gegenstand oder zur Abdeckung eines Schadens zu zahlenden Rente.

Sowohl bei der Kapitalisierung als auch bei der Verrentung müssen zukünftige, im Kapitalisierung-/Verrentungszeitpunkt noch ungewisse, mehr oder weniger wahrscheinliche Umstände zugrunde gelegt werden, insbes die *Lebenserwartung* der Bezugsperson(en) und der **Zinssatz** für die mit jeder Rentenzahlung verbundenen Stundung. Während das Steuer-, Verfahrens- und Kostenrecht hierfür zwingende gesetzliche Vorschriften (zB § 14 BewG, § 52 GNotKG, § 9 ZPO, § 17 GKG) bereithalten, die den jeweiligen Verhältnissen des Einzelfalls nur beschränkt Rechnung tragen (vgl Heitmann BB 1972, 1356), überlässt es das BGB grundsätzlich den Beteiligten bzw dem entscheidenden Gericht, die Kapitalisierung oder Verrentung den jeweils wahrscheinlichen konkreten Verhältnissen anzupassen (vgl BGH NJW 1980, 2525), zB der jeweils in einem bestimmten Alter bestehenden Lebenserwartung, der Dauer der einzelnen Zahlungsperioden (monatlich, halbjährlich, jährlich), vorschüssiger oder nachschüssiger Zahlungsweise, dem für angemessen erachteten Zinsfuß, einer eventuell vorgesehenen Wertsicherungsklausel usw (Beispiel einer misslungenen Berechnung in OLG Frankfurt NJW-RR 1995, 79). Da solche Faktoren das Ergebnis der Verrentung oder Kapitalisierung erheblich beeinflussen, kommt es maßgeblich auf die zutreffende Herausarbeitung der Verhältnisse des Einzelfalls und ihre rechnerische Umsetzung an (vgl Henssler 40 f; Kiethe MDR 1993, 1034, 1155 mwNw). Unentbehrliche Hilfsmittel hierfür sind **Kapitalisierungs- und Verrentungstabellen** und Erläuterungswerke hierzu – (Versicherungsbarwerte von Leibrenten nach der Sterbetafel 2003/2005 mit einer Verzinsung von 1 % bis 12 % sind im Internet abrufbar beim Statistischen Bundesamt, www.destatis.de/themen/d/thm-bevoelkerung; s auch Vogels, Verrentung von Kaufpreisen – Kapitalisierung von Renten [2. Aufl 1992]; Schneider/Haas, Kapitalisierungs- und Verrentungstabellen [3. Aufl 2008]; Heubeck/Heubeck DNotZ 1978, 643 ff; 1985, 469, 606, 1996, 761; Schöner/Stöber, Grundbuchrecht, Rn 3241 f jeweils mwNw; Geiger/Haag, Haftpflichtprozess [26. Aufl 2011] Anhang I Kapitalisierungstabellen; zum Unterhaltsrecht: Pauling, in: Wendl/Staudigl, Das Unterhaltsrecht in der familienrichterlichen Praxis [7. Aufl 2008] Rn 614–629, 699). Um Rechenfehler und Missverständnisse auszuschließen, empfiehlt es sich, die Berechnungsgrundlagen einer vereinbarten Kapitalisierung oder Verrentung in der entsprechenden Urkunde offenzulegen. UU kann eine wirtschaftlich grob fehlerhafte Verrentung zur Unwirksamkeit des Vertrags gemäß § 138 führen (s unten Rn 67). 62

IX. Euro-Umstellung

Wegen der **Umstellung** von Leibrenten von DM auf **Euro** s Kopp/Heidinger, Notar und Euro (2. Aufl 2001) 62 ff. 63

X. Sicherungsmöglichkeiten

Die verschiedenen Leibrententheorien sind für die praktische Ausgestaltung des Leibrentenvertrags ohne größere Bedeutung (vgl auch Welter, Wiederkehrende Leistun- 64 gen S 59). Da der Leibrentenvertrag ein lange währendes Dauerschuldverhältnis ist, ist auf die Absicherung der Leibrentengläubigers bei der Vertragsgestaltung besondere Sorgfalt zu verwenden (s etwa RIPFEL DNotZ 1969, 84; BAMBERGER/ROTH/LITZENBURGER § 759 Rn 9 ff). In Betracht kommen verschiedene Sicherungsmöglichkeiten:

(1) Hinsichtlich der Verpflichtung zur Erbringung der einzelnen Leibrentenleistungen ist eine **Zwangsvollstreckungsunterwerfung** des Leibrentenschuldners in einer notariellen Urkunde nach § 794 Abs 1 Nr 5 ZPO idR immer angezeigt. Diese ermöglicht eine Zwangsvollstreckung in das **gesamte Vermögen** des Leibrentenschuldners. Der BGH hat nunmehr geklärt, dass diese Zwangsvollstreckungsunterwerfung auch hinsichtlich der Beträge erfolgen kann, die sich in Anwendung einer Wertsicherungsklausel bei einer entsprechenden Erhöhung des vom Statistischen Bundesamt festgestellten Verbraucherpreisindex (s Rn 13) ergeben (BGH NJW-RR 2004, 649 = DNotZ 2004, 644; NJW-RR 2005, 366 = FamRZ 2005, 437; ZÖLLER/STÖBER § 794 ZPO Rn 26b; BAMBERGER/ROTH/LITZENBURGER § 759 Rn 9). Die Feststellung der genauen Höhe des zu vollstreckenden Anspruchs, die sich Anwendung dieser Wertsicherungsklausel ergibt, erfolgt dann durch das Vollstreckungsorgan, nicht durch den Notar, der die Vollstreckungsklausel erteilt.

(2) Weiter kann der Leibrentengläubiger seine Ansprüche auch durch eine **Leibrentenversicherung** (Rn 54) sichern, was aber in der Praxis kaum geschieht (NK-BGB/TERBRACK § 759 Rn 12).

65 **(3)** Da die Stammrechtstheorie dem Leibrentengläubiger ein **Rücktrittsrecht bei Verzug oder Zahlungsunfähigkeit** des Schuldners versagt und ihn allenfalls auf Bereicherungsansprüche mit den Risiken der Saldotheorie verweist (s Rn 35), sollte daher für diese Fälle ein **vertragliches Rückforderungsrecht** vereinbart werden. Diesem ist gegenüber dem gesetzlichen (§ 346) grundsätzlich der Vorzug zu geben, da dadurch nicht nur der Rückerwerbsgrund, sondern auch die Rückerwerbsmodalitäten entsprechend den Besonderheiten des Einzelfalls sachgerecht geregelt werden können. So müsste etwa der Leibrentengläubiger nach der gesetzlichen Regelung die erhaltenen Leistungen von Anfang an verzinsen (dazu etwa SOERGEL/WELTER Rn 8; KOENEN MittRhNotK 1994, 329, 339; unklar BAMBERGER/ROTH/LITZENBURGER § 759 Rn 10, der teilweise einerseits von einem „Vorbehalt des Rückforderungsrechts" spricht, dann aber ein Rücktrittsrecht empfiehlt, sich aber zu Unrecht auf KOENEN bezieht). Soweit für die Zusage der Leibrente ein Grundstück übertragenen wurde, ist der Rückerwerbsanspruch durch eine **Auflassungsvormerkung**, die im Grundbuch an erster Rangstelle vor etwaigen Grundpfandrechten einzutragen ist, gegen beeinträchtigende Verfügungen, Maßnahmen der Zwangsvollstreckung (§ 883 Abs 2) und Insolvenz (§ 106 InsO) zu sichern.

66 **(4)** Weiter ist eine **dingliche Absicherung** der Ansprüche aus dem Leibrentenversprechen durch Eintragung einer **Reallast** (§§ 1105 ff) im Grundbuch an ausreichender Rangstelle dringend angezeigt. Gegenüber der Rentenschuld (§§ 1199 ff) hat sie den Vorteil, dass die dadurch gesicherten Ansprüche nicht genau bestimmt, sondern nur bestimmbar sein müssen (eingehend dazu BAMBERGER/ROTH/LITZENBURGER § 759 Rn 11 f; s auch NK-BGB/TERBRACK § 759 Rn 12). Dabei können auch die sich in Folge einer Wertsicherungsklausel ergebenden Erhöhungsbeträge durch die Reallast mit deren Rang im Grundbuch dinglich gesichert werden (§ 1105 Abs 1 S 2; BGHZ 111,

324 = NJW 1990, 2380; BAMBERGER/ROTH/LITZENBURGER § 759 Rn 12; PALANDT/BASSENGE § 1105 Rn 6). Die sich aus der Reallast ergebenden Ansprüche sind gegenüber denen aus der Leibrente nach Entstehung, Übertragung und Fortbestand grundsätzlich unabhängig, da die Reallast kein akzessorisches Verwertungsrecht ist. Daher muss die **Aufgabe** der dinglichen Sicherung noch kein Verzicht auf die Leibrente bedeuten (OLGR München 1997, 147). Die Verknüpfung mit den Ansprüchen aus der Leibrente ergibt sich vielmehr – wie bei einer Sicherungsgrundschuld – erst aus einer entsprechenden Sicherungsabrede (vgl etwa OLG Hamm MittBayNot 1998, 348; NK-BGB/TERBRACK § 759 Rn 12; BAMBERGER/ROTH/LITZENBURGER § 759 Rn 12), die allerdings auch konkludent vereinbart sein kann. Aus der Reallast hat der Berechtigte einen **dinglichen Anspruch** auf **Duldung der Zwangsvollstreckung** gegen den jeweiligen Eigentümer des belasteten Grundstücks (§§ 1105, 1107, 1147) und einen persönlichen Anspruch auf Zahlung der während der Dauer seines Eigentums fällig werdenden Einzelleistungen (§ 1108 Abs 1). Zu den Einzelheiten der Geltendmachung s die Erl zur Reallast, §§ 1105 ff (s auch BAMBERGER/ROTH/LITZENBURGER § 759 Rn 12; AMANN DNotZ 1993, 222, 223 ff; LANGENFELD/GÜNTHER, Grundstückszuwendungen zur lebzeitigen Vermögensnachfolge [5. Aufl 2005] Rn 477 ff). Alternativ käme auch eine dingliche Absicherung im Grundbuch durch eine **Höchstbetragssicherungshypothek** in Betracht, was jedoch zur erforderlichen Angabe des Höchstbetrags eine entsprechende Berechnung des Kapitalwerts der Leibrentenverpflichtungen voraussetzt (WELTER, Wiederkehrende Leistungen, S 62).

(5) Bei einer **Veräußerung** des belasteten Grundstücks wird der Schuldner des Leibrentenversprechens von seiner schuldrechtlichen Verpflichtung nur dann befreit, wenn auch eine privative **Schuldübernahme** nach den §§ 414 f erfolgt (MünchKomm/HABERSACK[6] § 759 Rn 36; zum Ausgleichsverhältnis zwischen dem persönlichen Schuldner und dem haftendem Eigentümer s BGHZ 58, 191 = NJW 1972, 814; BGH NJW 1991, 2899; BGHZ 123, 178 = NJW 1993, 2617). 66a

XI. Inhaltskontrolle von Leibrentenverträgen

Angesichts der langen Laufzeit und der sich hieraus ergebenden weitreichenden Verpflichtungen stellt sich auch bei der Leibrente wie bei Gesellschafts- und Eheverträgen sowie Dienstbarkeiten die Frage nach einer richterlichen Inhaltskontrolle solcher Vereinbarungen. Deren bedarf es zunächst nicht, soweit eine Anpassung des Vertrags nach den Grundsätzen der Störung oder des **Wegfalls der Geschäftsgrundlage** (§ 313) zu einer sachgerechten Lösung führt (eingehend dazu § 759 Rn 7 ff). Im Übrigen verortet die Rspr derartige Eingriffe in die privatautonom geschlossenen Verträge bei § 138, während die Inhaltskontrolle nach den §§ 307 ff bei Leibrentenverträgen keine praktische Bedeutung besitzt, da diese ausschließlich individuell ausgehandelt werden und allgemeine Geschäftsbedingungen daher keine Anwendung finden (HENSSLER, Risiko als Vertragsgegenstand S 412). Aber auch die auf § 138 gestützte Inhaltskontrolle wird nur selten zu einer Vertragskorrektur führen. Denn zum einen steht den Vertragsteilen bei der Bewertung des durch den Leibrentenvertrag übernommenen Risikos, das sich durch das Abstellen auf die **Lebenszeit** einer **Bezugsperson** ergibt, grundsätzlich empirisches Material zur Einschätzung der Laufzeit zur Verfügung, etwa durch das Jahrbuch des Statistischen Bundesamts (HENSSLER, Risiko als Vertragsgegenstand S 412). Allerdings bestehen bei der Vereinbarung einer Leibrente noch zahlreiche andere Fehlerquellen, die jedoch bei sach- 67 kundiger Beratung weitgehend vermieden werden können (eingehend dazu Kiethe MDR 1993, 1034, 1155). Zum anderen ist bei der Beurteilung nach § 138 auf die Verhältnisse im Zeitpunkt des Vertragsschlusses abzustellen (MünchKomm/Habersack[6] § 759 Rn 40; allgemein hierzu Staudinger/Sack/Fischinger [2011] § 138 Rn 92 ff). Daher führt eine für den einen Vertragsteil später eintretende ungünstige Entwicklung des vertragstypischen Risikos (s dazu Rn 6) nicht zu einer Nichtigkeit des Vertrags nach § 138 (MünchKomm/Habersack[6] § 759 Rn 40).

68 Im Übrigen ist zur Inhaltskontrolle von Leibrentenverträgen **kaum Rechtsprechung** vorhanden. Das KG hat in einem Fall, in dem eine fast 80-jährige Eigentümerin ihren Haus- und Grundbesitz gegen eine Leibrente und Kapitalzahlung übertrug, die nur etwa 44% ihrer Zuwendung ausmachten, eine Sittenwidrigkeit verneint (KG OLGZ 1981, 124; krit dazu Henssler, Risiko als Vertragsgegenstand S 412 ff). Der BGH hat in einem anderen Fall (NJW-RR 1993, 198), in dem eine 78-jährige, die dem Erwerber im besonderen Maß vertraute und sich von ihm auch rechtlich beraten ließ, eine Sittenwidrigkeit angenommen. In diesem Fall betrug nach den damaligen Vorstellungen der Vertragsteile der Wert des übertragenen Grundbesitzes ca 300 000 DM (objektiv lag der Wert offenbar viel höher), während der Wert der Gegenleistung (insbesondere Wohnungsrecht und Leibrente) mit 125 000 DM anzusetzen war. Das **BVerfG** hat anlässlich der Überprüfung von Bürgschafts- und Eheverträgen die Formel geprägt, dass es bei einer besonders einseitigen Aufbürdung von vertraglichen Lasten und einer erheblichen ungleichen Verhandlungsposition der Vertragsteile zur Wahrung der Grundrechtsposition beider Vertragsteile nach Art 2 Abs 1 GG Aufgabe der Zivilgerichte ist, durch eine vertragliche Inhaltskontrolle und gegebenenfalls durch Korrektur mit Hilfe der zivilrechtlichen Generalklauseln zu verhindern, dass sich für einen Vertragsteil die Selbstbestimmung in eine Fremdbestimmung verkehre (zum Ehevertrag BVerfG NJW 2001, 957 = FamRZ 2001, 343 mAnm Schwab; NJW 2001, 2248; zur aktuellen Entwicklung im Bereich des Ehevertrags und der Folgerechtsprechung des BGH s Bamberger/Roth/J Mayer § 1408 Rn 14). Diese Grundsätze wird man auch für den Bereich der Leibrente zu übernehmen haben (abl aber LG Kleve vom 12. 9. 2003, 1 O 174/02). Allerdings ist auch hier, wie bei den Fällen des Wegfalls der Geschäftsgrundlage (§ 759 Rn 7 ff), danach zu differenzieren, ob es sich um eine angemessene **Veräußerungsrente** handeln sollte oder um eine solche Leibrente, die nur zur Versorgung des Berechtigten diente. Bei der erstgenannten Fallgruppe kann gerade die unterlegene Verhandlungsposition den Leibrentengläubiger davon abhalten, sich über die leibrentenspezifischen Risiken klar zu werden. Steht aber der Versorgungscharakter im Vordergrund, so kommt es auf die Äquivalenz von Leistung und Gegenleistung gerade nicht an. Dies ist für den Fall der **vorweggenommenen Erbfolge** typisch (J Mayer, in: Mayer/Geck, Der Übergabevertrag § 8 Rn 5 mwNw).

69 In den Fällen der **vorweggenommenen Erbfolge** ist daher die Angemessenheit der Leibrentenleistung zu der vom Leibrentenberechtigten erbrachten Leistung unerheblich. Auch ist für die Anwendung des § 138 ohne Bedeutung, wenn die anderen Abkömmlinge des Übergebers als weichende Erben nicht ausreichend berücksichtigt werden sollten. Denn deren Rechte bestimmen sich systemkonform nur nach dem Pflichtteilsrecht, insbesondere nach dem ohnehin nur schwach ausgestalteten Pflichtteilsergänzungsanspruch des § 2325. In besonderen Fällen kann eine solche Übertragung aber deswegen sittenwidrig sein, weil damit angesichts einer bestehenden oder konkret drohenden Sozialhilfebedürftigkeit Vermögen dem Zugriff des

Sozialhilfeträgers entzogen werden soll (s dazu SCHWARZ JZ 1997, 545; MünchKomm/ARMBRÜSTER § 138 Rn 45; KRAUSS MittBayNot 1992, 77, 80 f; OVG Münster NJW 1989, 2834; vgl auch VGH Mannheim NJW 1993, 2953).

§ 759
Dauer und Betrag der Rente

(1) Wer zur Gewährung einer Leibrente verpflichtet ist, hat die Rente im Zweifel für die Lebensdauer des Gläubigers zu entrichten.

(2) Der für die Rente bestimmte Betrag ist im Zweifel der Jahresbetrag der Rente.

Materialien: E I §§ 660, 662, 663; II §§ 701, 703; III § 746; Mot II 635 ff, insbes 638 ff; Prot II 2548 ff.

Systematische Übersicht

Alphabetische Übersicht

I. Begriff der Leibrente

1 Ausführlich zu dem vielschichtigen Begriff der Leibrente s Vorbem 7 ff, 52.

II. Die Entstehung der Leibrentenverpflichtung

1. Vertrag

2 Am häufigsten entsteht die Leibrentenverpflichtung durch (gegenseitigen, einseitigen oder auch gemischten – vgl Vorbem 53 zu §§ 759–761) **Vertrag** (§§ 311, 145 ff), wobei für das Leibrentenversprechen die **Formvorschrift** des § 761 gilt (s Erl dort). Der *Vormund, Betreuer* (§ 1908) und der *Pfleger* (§ 1915 Abs 1) bedürfen zu einer vertraglichen Leibrentenverpflichtung regelmäßig der Genehmigung des Familien- oder Betreuungsgerichts gemäß § 1822 Nr 5 (s Erl dort). Auch die **Eltern** bedürfen einer Genehmigung, allerdings durch das Familiengericht (§§ 1643 Abs 1, § 1822 Nr 5). Fehlt diese, so ist es Auslegungsfrage, ob die Verpflichtung wirksam ist, solange der Verpflichtete die Volljährigkeit noch nicht um 1 Jahr überschritten hat (vgl BGH

DNotZ 1969, 421), oder insgesamt unwirksam ist, wie zB bei solchen gegenseitigen Verträgen, bei welchen sich die Gegenleistung nicht in einzelne Teile oder Zeitabschnitte aufspalten lässt (vgl RG JW 1933, 240). Der **Betreuer** benötigt die Genehmigung des Betreuungsgerichts gemäß § 1907 Abs 3, wenn sich der Betreute zu wiederkehrenden Leistungen verpflichtet und das Vertragsverhältnis länger als vier Jahre dauern soll. Zur Veräußerung eines Nachlassgrundstücks gegen Leibrente durch den **Vorerben** BayObLG DNotZ 1958, 89; OLG Hamm OLGZ 1991, 137 = FamRZ 1991, 113.

Die Eingehung einer Leibrentenverpflichtung durch eine **Gemeinde** oder eine sons- 3
tige *kommunale Gebietskörperschaft* ist nur gemäß den Bestimmungen des jeweiligen Kommunalrechts zulässig und kommt in den zulässigen Fällen wirtschaftlich einer Kreditaufnahme durch die Gebietskörperschaft gleich (vgl Masson/Samper/M Bauer/Böhle/Ecker, Bayerische Kommunalgesetze [Stand Januar 2008] Art 72 GO Rn 2; vgl auch Bayer IMBek über das Kreditwesen der Kommunen vom 5. 5. 1983, MABl S 408). Daher ist hierfür regelmäßig die Genehmigung der Rechtsaufsichtsbehörde erforderlich (vgl zB Art 72 Abs 1 BayGO, Art 66 Abs 1 BayLKrO).

Die Leibrente kann auch durch **Vertrag zugunsten eines Dritten** begründet werden 4
(Soergel/Welter Rn 9). § 330 bestätigt dies und bestimmt, dass dann im Zweifel der Dritte unmittelbar das Recht erwirbt, die Leibrente zu fordern (Staudinger/Jagmann [2009] § 328 Rn 59, § 330 Rn 55). Nach § 335 (MünchKomm/Habersack[6] Rn 41; Staudinger/Jagmann [2009] § 335 Rn 5) kann in solchen Fällen im Zweifel auch der Versprechensempfänger die Leistung an den Dritten verlangen; dieser Anspruch ist abtretbar, zumindest an den Dritten selbst (RGZ 150, 133). Im **Valutaverhältnis** bedarf es zwischen dem Drittbegünstigten und dem Versprechensempfänger eines Rechtsgrundes (MünchKomm/Habersack[6] Rn 42; Soergel/Welter Rn 9; allgemein dazu Staudinger/Jagmann § 328 Rn 45 ff). Von den **Umständen des Einzelfalls** hängt es ab, ob dem **Drittbegünstigten** bis zum Tode des Versprechensempfängers der Leibrentenanspruch wieder entzogen werden kann (BGH WarnR 1970 Nr 52, S 116 f). Zur Absicherung einer Leibrente zugunsten eines Dritten durch Reallast s § 1105 Rn 13 f; zu ihrer Behandlung in der **Insolvenz** s Kuhn/Uhlenbruck § 1 KO Rn 73, § 32 KO Rn 16; zur Anwendung der Auslegungsregel des § 759 Abs 1 bei einer Leibrente zugunsten eines Dritten s. Rn 22. Wenn die Leibrente erst nach dem Tod des Versprechensempfängers an den Dritten zu entrichten ist, gilt § 331 (s Erl dort und BayObLGZ 5, 595).

2. Einseitiges Rechtsgeschäft

Die Leibrentenverpflichtung kann auch durch **einseitiges Rechtsgeschäft** unter Le- 5
benden (Auslobung gemäß § 657, Stiftung gemäß §§ 80 ff) oder durch **Verfügung von Todes wegen**, insbesondere durch *Vermächtnis* (vgl BGH LM Nr 1 zu DevG; BFH BB 1975, 1422), begründet werden (allgM, Erman/H F Müller Rn 10; NK-BGB/Terbrack Rn 11; Bamberger/Roth/Litzenburger Rn 8). Die Formvorschrift des § 761 ist hierauf zwar nicht unmittelbar anwendbar. Soweit nicht anderweitig (zB durch § 81 Abs 1) Schriftform vorgeschrieben ist, gebietet der Normzweck des § 761 jedoch dessen entsprechende Anwendung auf einseitige Rechtsgeschäfte unter Lebenden (Erman/H F Müller § 761 Rn 1; MünchKomm/Habersack[6] § 761 Rn 2; Soergel/Welter § 761 Rn 5; **aM** Palandt/Sprau § 761 Rn 1; Kress 76; Enneccerus/Lehmann § 187 III Fn 6). Bei Verfügungen von Todes wegen gehen dagegen die hierfür geltenden besonderen Formvorschriften

einer analogen Anwendung des § 761 vor (MünchKomm/Habersack[6] Rn 2; Soergel/Welter § 761 Rn 6). Die §§ 759, 760 finden auf Leibrenten der vorgenannten Art ebenfalls Anwendung (vgl Prot V 201; Planck/Oegg Vorbem I zu § 759).

3. Bedingung, Befristung

6 Die Entstehung der *gesamten* Leibrentenverpflichtung kann an eine aufschiebende **Bedingung** (§ 158) oder an eine **Zeitbestimmung** (§ 163) geknüpft werden (Bamberger/Roth/Litzenburger Rn 4), während eine Abhängigkeit der *Einzelleistungen* von einer Bedingung oder Zeitbestimmung sich mit dem Erfordernis der Gleichmäßigkeit der einzelnen Leistungen regelmäßig nicht vereinbaren lässt (vgl RGZ 67, 210 f; 91, 8 f; 106, 96; Kress 75). Zur **auflösenden Bedingung** und Zeitbestimmung s Vorbem 22 zu §§ 759–761.

III. Die Änderung der Leibrentenverpflichtung

1. Wegfall der Geschäftsgrundlage

a) Grundsätzliches

7 Obwohl die Leibrentenleistungen durch ihre Wiederkehr in regelmäßigen Zeitabständen (Vorbem 8 zu §§ 759–761) und vor allem in gleichmäßiger Höhe (Vorbem 10 ff zu §§ 759–761) gekennzeichnet sind, schließt dies ihre Änderung bei **Fehlen, Wegfall oder der Änderung der Geschäftsgrundlage** nicht grundsätzlich aus. Denn solche Änderungen beruhen auf dem auch für die Leibrente geltenden Grundsatz von Treu und Glauben, § 242 (OLG Düsseldorf NJW 1972, 1137, 1138 mwNw; LG Lübeck NJW 1976, 427 f [„Roggenklausel"]; LG Berlin FamRZ 2005, 364, 365; MünchKomm/Habersack[6] Rn 31 ff; Palandt/Sprau Rn 6; Welter, Wiederkehrende Leistungen S 55 f; Soergel/Welter Rn 7; eingehend Henssler, Risiko als Vertragsgegenstand S 399 ff mwNw, auch aus der Rspr; für Pensionszusage auch BGH NJW 1974, 273, 274; zurückhaltender Amann MittBayNot 1979, 219, Staudinger/Amann [2002] Rn 6: „nur selten anzuwenden"; die Anwendbarkeit grds bezweifelnd LG Karlsruhe Die Justiz 1967, 120; vgl auch RG DJ 1938, 1561 f). Dabei ist auf die Entstehung der Leibrentenverpflichtung und ihren Zweck abzustellen (OLG Schleswig FamRZ 1991, 1203, 1204; LG Berlin aaO). Jedoch können solche Umstände **nicht** berücksichtigt werden, die das **vertragsspezifische Risiko der Leibrente** ausmachen; hierzu gehören vor allem Fehlvorstellungen hinsichtlich der Dauer der Leistungspflicht (Henssler, Risiko als Vertragsgegenstand S 400; MünchKomm/Habersack[6] Rn 31).

b) Störungen hinsichtlich der Verwendungsabsicht des Berechtigten

8 Demgemäß ist bei der Beurteilung von **Störungen der Verwendungsplanung** des Gläubigers die Ungewissheit der eigenen Lebenserwartung unerheblich (Henssler, Risiko als Vertragsgegenstand S 399). Im Übrigen ist bezüglich solcher Fehlentwicklungen zu unterscheiden zwischen Leibrenten, welche der Unterhaltssicherung dienen und Veräußerungsrenten (Henssler, Risiko als Vertragsgegenstand S 409 ff; MünchKomm/Habersack[6] Rn 32 ff; Palandt/Sprau Rn 6; vgl auch OLG Zweibrücken FamRZ 2008, 513, 514), wobei wegen der starken Einzelfallbezogenheit derartiger Beurteilungen nur gewisse Leitlinien herausgearbeitet werden können, die bei der konkreten Falllösung allenfalls im Wege eines Regel-/Ausnahmeverhältnisses die Beweislastverteilung beeinflussen (MünchKomm/Habersack[6] Rn 31; zur Beweislast s auch BGH WM 1973, 1176).

(1) Veräußerungsrenten: Bei diesen steht das Äquivalenzverhältnis im Vordergrund. Sieht man von der Unsicherheit ab, die sich durch die lebenszeitbedingte Laufzeit ergeben, so handelt es sich hier bei wirtschaftlicher Betrachtungsweise um die Umwandlung einer Kaufpreis- in eine Darlehensschuld, die im Wege einer Annuitätenzahlung beglichen wird (Henssler, Risiko als Vertragsgegenstand S 410). Aus dieser Parallelität zur Darlehensgewährung ergibt sich zugleich, dass Wertsteigerungen wie Wertminderungen des Verkaufsobjekts grundsätzlich für die Erbringung der Leibrentenzahlungen unerheblich sind (RG JW 1938, 2135; RGZ 140, 167, 173 [Erbverzicht gegen Leibrente]; OLG Düsseldorf FamRZ 1996, 1302, 1303 [Vermächtnisrente]; MünchKomm/Habersack[6] Rn 34; Henssler aaO). Etwas anderes ergibt sich nur, wenn dem Vertrag ein **partiarischer Charakter** inne wohnt (Henssler aaO) oder die Vertragsteile der Rente einen Versorgungszweck beigelegt haben (MünchKomm/Habersack[6] Rn 33). Enthält die Vereinbarung keine Wertsicherungs- (Preis-) Klausel, so hat das Risiko, das sich aus der **allgemeinen Geldentwertung** in Folge der langen Laufzeit ergibt, wie auch sonst im Wirtschaftsleben grundsätzlich der Gläubiger zu tragen (MünchKomm/Habersack[6] Rn 33, 34; Soergel/Welter Rn 7; Henssler aaO). Etwas anderes gilt, wenn nach dem Vertragsinhalt die Versorgung des Rentenberechtigten bezweckt war (MünchKomm/Habersack[6] Rn 34; Henssler aaO; Soergel/Welter Rn 7; zurückhaltend OLG Düsseldorf NJW 1972, 1137 mit Anm Krause-Ablass NJW 1972, 1674: Berücksichtigung erst, wenn die Versorgung des Gläubigers insgesamt gefährdet, nicht bei bloßer Verschlechterung der Lebensstandards). 8a

(2) Unterhaltssicherung. Hier ist zunächst bezüglich Unterhaltsrenten zu beachten, dass es sich nur dann um eine Leibrente handelt, wenn gesetzliche Unterhaltsansprüche auf Grund einer besonderen Vereinbarung durch eine **Novation** auf eine neue Grundlage gestellt werden (s oben Vorbem 50 zu §§ 759–761; RGZ 150, 385, 391; Henssler, Risiko als Vertragsgegenstand S 411; Soergel/Welter Rn 7; zu wenig deutlich wird dies bei MünchKomm/Habersack[6] Rn 32). Dadurch erfolgt gerade eine Abkoppelung von den unterhaltsrechtlichen Determinanten der Leistungsfähigkeit des Verpflichteten und der Bedürftigkeit des Berechtigten. Während daher eine laufende Anpassung ein unzulässiger Eingriff in die privatautonom getroffene Vereinbarung ist, kommt eine solche bei **atypischen Entwicklungen** durchaus in Betracht (vgl etwa bei einer im gerichtlichen Vergleich getroffenen Unterhaltsvereinbarung und späteren, wiedervereinigungsbedingten erheblichen Veränderung der wirtschaftlichen Verhältnisse BGHZ 128, 320, 329 = NJW 1995, 1345). Auf solche wird sich auch ein umfassender Anpassungsverzicht regelmäßig nicht erstrecken (BGH VersR 1968, 450, 451 [Erhöhung]; RG WarnR 1923/1924 Nr 115–117; RG JW 1935, 2619 [Herabsetzung]; MünchKomm/Habersack[6] Rn 32; Henssler aaO), zumal gerade dem Charakter solcher Vereinbarungen eine Verantwortungsübernahme für die Versorgung des Gläubigers zu entnehmen ist (Soergel/Welter Rn 7). Die individuelle Sicherung des Unterhaltsberechtigten und der Gemeinwohlbezug der Unterhaltssicherung im Allgemeinen erfordern daher die Berücksichtigung solcher nicht vorhersehbaren Entwicklungen (Henssler aaO). Wegen dieser gegenüber allgemeinen Unterhaltsverpflichtungen nur eingeschränkten Anpassungsmöglichkeit hat die Unterscheidung zu den Leibrenten nach wie vor noch erhebliche praktische Bedeutung, während viele vertragliche Unterhaltsregelungen der Schriftform des § 761 entsprechen, sodass es in diesem Kontext bei vielen Abgrenzungsfragen oftmals nur noch um diese Frage der Anpassungsmöglichkeit geht (Soergel/Welter Rn 7). Wurde mit der Leibrentenzusage eine Unterhaltssicherung für einen **Lebenspartner** erstrebt, so kann die Geschäftsgrundlage hierfür ent- 9 fallen, wenn die Vertragsteile später **heiraten** und dadurch eine ausreichende finanzielle Absicherung erfolgt, die vorher durch die Leibrentenzusage gewährleistet werden sollte (LG Berlin FamRZ 2005, 364, 365).

c) Unvorhergesehene Entwicklungen bezüglich des Umfangs der Leistungspflicht

10 Verringert sich die **Leistungsfähigkeit des Rentenschuldners**, so ist zu unterscheiden: **(1)** Bei **entgeltlichen Veräußerungsrenten** ist eine nachträgliche Verschlechterung seiner Leistungsfähigkeit genauso unbeachtlich, wie eine bei Vertragsabschluss bereits bestehende Leistungsunfähigkeit (RG JW 1938, 2135 f; LG Kiel MDR 1968, 669; LEHMANN, Anm zu RG JW 1935, 2620; STAUDINGER/AMANN [2002] Rn 6; HENSSLER, Risiko als Vertragsgegenstand S 401). **(2)** Wurde das Leibrentenversprechen **schenkungsweise** begründet, so begrenzt zum einen die in § 519 normierte Möglichkeit der Einrede des **„Notbedarfs“** die Leistungspflicht des Rentenschuldners. Zum anderen könnte zumindest nach der Stammrechtstheorie der Schenker bei seiner **Verarmung** das Leibrentenversprechen nach §§ 528, 812 zurückfordern. Darüber hinaus hat die Rspr den Grundsatz entwickelt, dass bei einem nicht entgeltlichen Leibrentenvertrag der Rentenverpflichtete stets berechtigt ist, eine Abänderung des Rentenbetrags zu verlangen, wenn ihm und seinen Angehörigen ansonsten kein angemessener Lebensunterhalt mehr verbleibt (RG JW 1935, 2619 mAnm LEHMANN; JW 1939, 345 mAnm LINDEMANN; STAUDINGER/AMANN [2002] Rn 6). Dies ist aber dann problematisch, wenn die Vertragsteile – wie in solchen Fällen üblich – beiderseits auf eine über die üblichen Wertsicherungsklauseln hinausgehende Anpassung verzichtet haben. Denn dann wird durch die Rspr in einseitiger, und damit unzulässiger Weise in das vertragliche Risikoverteilungskonzept eingegriffen, in dem dadurch nur der Rentenschuldner bei seiner wirtschaftlichen Verschlechterung entlastet wird, während er umgekehrt bei einer Verbesserung seiner wirtschaftlichen Verhältnisse nicht zu einer höheren Rentenleistung verpflichtet ist (zutr die Kritik von HENSSLER, Risiko als Vertragsgegenstand S 402 f).

11 Probleme ergeben sich auch, wenn der Rentenschuldner sich bei Vertragsschluss unzutreffende Überlegungen über die **künftige Entwicklung** seiner Rentenzahlung machte. IdR sind dies Fällen, bei denen sich die gewählte **Wertsicherungsklausel** später als für ihn sehr nachteilig herausstellte. Auch hier muss auf die geschäftstypische Risikoverteilung abgestellt werden und nicht auf allgemeine Billigkeitserwägungen. Dabei zeigt eine genauere Analyse, dass es oftmals um eine an sich **messbare Risikoentwicklung** geht, wobei das mangelnde Kalkulationsvermögen des einen Vertragsteils nicht über § 313 oder die Grundsätze von Treu und Glauben korrigiert werden darf (ausf HENSSLER, Risiko als Vertragsgegenstand S 403 ff zu den Fällen von OLG Celle VersR 1978, 644; OLG Celle WM 1980, 747 mAnm AHRENS; iE ebenso gegen eine Korrektur für den Regelfall MünchKomm/HABERSACK[6] Rn 35; abweichend OLG Hamm DB 1975, 542, 543: Reduzierung, wenn sich der Leibrentenbetrag auf ein Vielfaches erhöht hat). Dies würde zu einem richterlichen Eingriff in die vertragliche Gestaltungsfreiheit führen, die nur nach den Grundsätzen einer Inhaltskontrolle (dazu Vorbem 67 ff zu §§ 759–761), insbesondere nach § 138 möglich ist (zutr HENSSLER, Risiko als Vertragsgegenstand S 409).

2. Ersatzansprüche anstelle der Leibrente

12 An die Stelle der Leibrentenforderung kann unter bestimmten Voraussetzungen ein **Ersatzanspruch** treten:

a) Verzug

13 Bei **Verzug** des Leibrentenschuldners wandelt eine Kündigung aus wichtigem Grund die Rentenverpflichtung in einen einmaligen Schadenersatzanspruch um, vgl Vorbem 35 zu §§ 759–761.

b) Tod des Bezugsberechtigten

14 Bei Tötung der **Bezugsperson**, an deren Leben die Dauer der Leibrente geknüpft ist, erlischt der Leibrentenanspruch – außer bei der verlängerten Leibrente (Vorbem 22 f zu §§ 759–761). **Ersatzansprüche** wegen des Schadens, der durch den Wegfall der Leibrente entsteht, können idR weder aus § 823 (vgl BGH NJW 1962, 911; Kress 72 Fn 12, **aM** Sepp 98 ff; Eccius 23; Mot II 641), noch aus § 844 und auch nicht aus Drittschadensliquidation oder aus § 812 Abs 1 (**aM** Josef Gruchot 56, 87) und nur ausnahmsweise aus § 852 Satz 1 oder aus § 826 hergeleitet werden (vgl iE Staudinger/Amann[12] Rn 7). Eine sachgerechte Problemlösung will eine überkommene Ansicht durch eine **analoge Anwendung** des in **§§ 162 Abs 2, 163** enthaltenen Rechtsgedankens suchen und dadurch einen Ersatzanspruch in bestimmten Fällen begründen (Staudinger/Amann [2002] Rn 7; Soergel/Welter Rn 5). Da für § 162 ein Verstoß gegen Treu und Glauben genügt, könne demnach auch eine fahrlässige Tötung einen Ersatzanspruch auslösen (Staudinger/Amann [2002] Rn 7; **aM** Sepp 100: nur vorsätzliche Tötung). Damit werde die nötige Elastizität zur Berücksichtigung aller Umstände des Einzelfalls, nicht aber rein poenaler Erwägungen (vgl Mot II 641), gewonnen. Tötung der Bezugsperson durch einen Dritten und **Selbstmord** des Schuldners bei einer Leibrente, die auf dessen Leben vereinbart wird, würden demnach nur ausnahmsweise die analoge Anwendung des § 162 rechtfertigen (vgl Soergel/Welter Rn 5; **aM** Staudinger/Brändl[10/11] Rn 5; Sepp 103 f). Tötung der Bezugsperson **durch** den **Schuldner** selbst wird jedenfalls bei Vorsatz regelmäßig dazu führen, dass der Schuldner die Leibrente auf die mutmaßliche Lebensdauer der Bezugsperson (vgl Sepp 103 ff; Eccius 23; bereits bei Verschulden Soergel/Welter Rn 5) fortentrichten muss (vgl zum Ganzen Planck/Oegg Anm 2c). Jedoch ist zu bedenken, dass es bei § 162 nicht um die Sanktionierung für treuwidriges Verhalten geht, sondern um die sachgerechte Durchsetzung des ursprünglichen rechtsgeschäftlichen Willens der Vertragsteile. Daher ist vorrangig zu prüfen, ob diese Probleme nicht durch eine **sachgerechte Vertragsauslegung** gelöst werden können (Staudinger/Bork [2010] § 162 Rn 15 ff, § 163 Rn 7). Dies macht den Weg frei für die adäquate Berücksichtigung der mit dem Leibrentenvertrag verfolgten **wirtschaftlichen Interessen**, die anstelle einer wie immer gearteten „Vorwerfbarkeit" zu berücksichtigen sind; deshalb handelt es sich bei diesen Fällen nur um solche, die nach den allgemeinen Kriterien über die Änderung oder den Wegfall des Geschäftsgrundlage (§ 313) zu lösen sind (dazu ausf Rn 7 ff). Wenn daher die Leibrente als **wirtschaftliche Überbrückung** an das Leben der Bezugsperson nur deshalb geknüpft war, weil der Gläubiger bzw dessen Erben mit dem – wie immer eingetretenen – Tod der Bezugsperson ohnehin anderweitige vergleichbare Leistungen erhalten, spricht dies gegen zusätzliche Ersatzansprüche wegen Wegfalls der Leibrente.

IV. Abtretbarkeit; Überleitung auf Sozialleistungsträger; Aufrechnung

15 Für die **Abtretung** des Anspruchs auf die Leibrente gelten die allgemeinen Bestimmungen der §§ 398 ff. Danach sind die Leibrente insgesamt (das sog Stammrecht – vgl Vorbem 25 ff zu §§ 759–761) sowie auch der Anspruch auf die einzelnen Leibrentenleistungen grundsätzlich abtretbar (vgl Erman/H F Müller Rn 12; Kress 73; Sepp 52, 114; Soergel/Welter Rn 11; jurisPK-BGB/Geisler § 759 Rn 45; zum Einzelanspruch auch MünchKomm/Habersack[6] Rn 37; **aM** Staudinger/Brändl[10/11] Vorbem 19 zu §§ 759–761 mwNw; BGB/RGRK/vGamm Rn 10 hinsichtlich des Stammrechts; die Abtretung des Stammrechts müssen diejenigen ablehnen, die ein solches nicht anerkennen, und nehmen daher die Abtretung aller künftigen Einzelansprüche an, so MünchKomm/Habersack[6] Rn 37, wobei eine solche „Generalabtretung" zulässig ist, vgl RGZ 140, 60, 64). Die im Zweifel anzunehmende Unvererblichkeit (§ 759 Abs 1) der Leibrente schließt ihre Abtretbarkeit nicht aus (vgl Staudinger/Kaduk[12] § 399 Rn 128; jurisPK-BGB/Geisler § 759 Rn 46). Die Abtretbarkeit ergibt sich vielmehr mittelbar aus § 1073, der sonst wegen § 1069 Abs 2 gegenstandslos wäre. Daraus allein, dass eine Leibrente häufig (aber nicht immer) dem Unterhalt des Berechtigten dient, kann noch nicht ihre generelle Unabtretbarkeit nach § 399 1. Alt hergeleitet werden (vgl Larenz, SchuldR I § 34 II 2), zumal für Leibrentenansprüche und gesetzliche Unterhaltsansprüche abweichende Regeln gelten (vgl Vorbem 15 zu §§ 759–761; Eccius 18).

15a Nur weitere **besondere Umstände** (vgl RGZ 140, 60, 63; KG HRR 1935 Nr 723), wie zB die Unentgeltlichkeit der Leibrente und/oder ihre Einbettung in ein Leibgeding (vgl Staudinger/Mayer [2009] Einl 72 ff zu § 1105), **können zur Unabtretbarkeit** führen; so kann die Abtretung durch konkludente Vereinbarung ausgeschlossen sein, wenn sie im konkreten Einzelfall den Unterhalt des Berechtigten sicherstellen soll (Soergel/Welter Vorbem 11 zu § 759). Aber auch dies steht einer **Überleitung** auf den **Sozialhilfeträger** nach § 93 Abs 1 Satz 4 SGB XII (früher § 90 Abs 1 Satz 4 BSHG) nicht entgegen (BGH NJW 1995, 2790, 2791; NJW 1992, 566; jurisPK-BGB/Geisler § 759 Rn 45), die zwar nicht das Stammrecht erfasst (BVerwGE 34, 219, 225), wohl aber Nebenrechte (vgl § 401), wie die Geltendmachung einer Erhöhung der Leibrente auf Grund der vereinbarten **Wertsicherungsklausel** (jurisPK-BGB/Geisler § 759 Rn 47; BGH NJW 1995, 2790, 2791 = DNotZ 1996, 645, wobei es dort an sich um ein Leibgedingsrecht ging).

16 Soweit die Leibrente übertragbar ist, kann sie grundsätzlich auch durch **Verpfändung** (§ 1274 Abs 2), **Pfändung** (§§ 832, 851 ZPO) oder Bestellung eines **Nießbrauchs** (§§ 1073, 1069 Abs 2) **belastet** werden (RGZ 110, 306; KG JW 1937, 2974 Nr 19). Auf Grund des besonderen Charakters der Leibrente fällt diese auch nicht unter den **bedingten Pfändungsschutz** nach **§ 850b ZPO**: Abs 1 Nr 2 dieser Vorschrift ist deshalb nicht anwendbar, weil Leibrentenansprüche keine Unterhaltsrenten sind, die auf gesetzlichen Vorschriften beruhen. Leibrentenfähig werden solche Ansprüche erst durch eine **Novation** (s Vorbem 15 zu §§ 759–761), verlieren dadurch aber diesen Pfändungsschutz (Musielak/Becker[11] § 850b Rn 3; BGB NJW-RR 2002, 1513, 1514 f; nicht klar unterschieden bei MünchKomm/Habersack[6] Rn 38 f). Auch ein Pfändungsschutz nach § 850b Abs 1 Nr 2 ZPO scheidet bei der Leibrente aus, da diese gerade nicht auf einem *Leibgedingsvertrag* beruht (s Vorbem 17 zu §§ 759–761); während *Kaufpreisrenten,* die zwar Leibrenten darstellen, nicht unter § 850b ZPO fallen (KG MDR 1960, 234; OLG Hamm OLGZ 1970, 49 = DNotZ 1970, 659; Musielak/Becker[11] § 850b ZPO Rn 6; Stein/Jonas/Brehm § 850b ZPO Rn 16; Zöller/Stöber § 850b Rn 8).

17 Bei der **Aufrechnung** sind Besonderheiten zu beachten: Zum einen kann eine Aufrechnung gegen die Leibrente nach § 394 ausgeschlossen sein, soweit die Leibrentenforderung einer Pfändung nicht unterworfen ist. Jedoch ist dies relativ selten der Fall (zu undifferenziert SOERGEL/WELTER Rn 8): Dem bedingten Pfändungsschutz nach § 850b ZPO unterliegt die Leibrente idR nicht (s Rn 16). Weitere Einschränkungen ergeben sich aus **§ 387**: Der **Leibrentenschuldner** kann mit seiner **fälligen Forderung** nur gegen erfüllbare Leibrentenforderungen aufrechnen; wegen § 271 Abs 2 wird sich hieraus jedoch idR keine Beschränkung der Aufrechenbarkeit ergeben; soweit die Rspr hinsichtlich künftiger *Ruhegehaltsraten* und Versorgungsrenten hierfür Einschränkungen macht (vgl etwa BGH NJW-RR 2006, 1185; PALANDT/GRÜNEBERG § 387 Rn 12 mwNw) unterfallen diese nicht dem Leibrentenbegriff (s Vorbem 42 zu §§ 759–761; übersehen bei MünchKomm/HABERSACK[6] Rn 39 und jurisPK-BGB/GEISLER § 759 Rn 48). Der **Gläubiger** der Leibrente kann nur mit den bereits fälligen Einzelansprüchen aufrechnen.

V. Schuldner der Leibrente

18 Dieser kann eine natürliche oder juristische Person (vgl auch §§ 124 Abs 1, 161 Abs 2 HGB) sein. Die Rechtsformen, in denen **Schuldnermehrheiten** denkbar sind, ergeben sich aus den §§ 420 ff (s Erl dort). Bei einer vertraglich begründeten Leibrente sind mehrere Schuldner gemäß § 427 im Zweifel **Gesamtschuldner**. Die Frage, in welcher Rechtsform eine Schuldnermehrheit vorliegt, und die Frage, ob die Dauer der Leibrente von der Lebensdauer eines, mehrerer oder aller Leibrentenschuldner abhängt, sind auseinander zu halten. Nur solange und soweit aufgrund der getroffenen Vereinbarungen die Fortdauer der Leibrentenverpflichtung trotz des Todes eines oder mehrerer Schuldner zu bejahen ist, kommt es darauf an, inwieweit der einzelne Leibrentenschuldner (oder dessen Erbe/n) gemäß den §§ 420 ff für die fortbestehende Leibrentenverpflichtung haftet. Deshalb besagt der Umfang der Haftung des einzelnen Leibrentenschuldners oder seiner Erben nichts darüber, bei wessen Tod die Leibrente erlischt oder sich ermäßigt. Gesamtschuld (§ 421) hinsichtlich einer Leibrente, die bereits beim Tod des ersten Schuldners erlischt, ist ebenso möglich wie Teilschuld (§ 420) hinsichtlich einer Leibrente, die bis zum Tod des letztversterbenden Schuldners zu entrichten ist und daher anteilig die Erben der vorverstorbenen Schuldner trifft (ebenso bei Gläubigermehrheit Mot II 639 – vgl Rn 21; **aM** STAUDINGER/BRÄNDL[10/11] Rn 4 mwNw; BGB/RGRK/vGAMM Rn 11). Zur Abhängigkeit der Dauer einer Leibrente von der **Existenz einer juristischen Person** s Rn 19.

VI. Berechtigte der Leibrente

19 Gläubiger der Leibrente kann eine natürliche oder juristische Person (vgl auch §§ 124 Abs 1, 161 Abs 2 HGB) sein. Ist eine **juristische Person** Gläubigerin, so liegt nach herkömmlichem Begriffsverständnis eine Leibrente nur vor, wenn die Dauer der Leistungen durch das Leben einer oder mehrerer natürlicher Personen begrenzt ist (so etwa NK-BGB/TERBRACK § 759 Rn 5). Das Gesetz verbietet indessen nicht die Vereinbarung wiederkehrender Leistungen, welche an die Existenzdauer einer juristischen Person gekoppelt sind. Sofern solche Leistungen im Übrigen alle Merkmale der Leibrente aufweisen, passen hierfür die Regeln der §§ 759, 760. Außerdem ist in solchen Fällen das für die Leibrente typische Risiko der schweren Abschätzbarkeit der Dauer der Leistungen meist noch größer, sodass der Schuldner auch den

Schutz des § 761 benötigt. Deshalb sind im Wege der **Analogie** bei der Leibrente die juristischen Personen den natürlichen Personen gleichzustellen (zust Soergel/Welter Rn 4). Einer ausufernden Dauer von Leibrenten, die von der Existenz juristischer Personen abhängig sind, kann über die §§ 138, 242 sowie uU mittels der Inhaltskontrolle (dazu Vorbem 67 ff zu §§ 759–761) begegnet werden.

20 Eine Leibrente kann **mehreren Berechtigten** eingeräumt werden, und zwar nebeneinander jeweils als selbstständiges Recht, zeitlich gestaffelt („Sukzessivberechtigung") oder aber in einer Rechtsgemeinschaft, und zwar je nach den getroffenen Vereinbarungen gemäß den §§ 420, 428 (vgl BGH NJW 1979, 2038) oder § 432 (vgl Mot II 639; ausf dazu, auch zu steuer- und sozialrechtlichen Folgen, J Mayer, in: Mayer/Geck, Der Übergabevertrag, § 7 Rn 19 ff). Des Weiteren kann einem Hauptgläubiger ein Bestimmungsrecht vorbehalten bleiben (MünchKomm/Habersack[6] Rn 23). Möglich ist auch eine **Verkoppelung** der Berechtigungen, etwa dass der Anspruch des einen Berechtigten bei Vorliegen bestimmter Voraussetzungen zu Gunsten des anderen ruhen oder gar erlöschen soll (BGH NJW 1979, 2088; einschränkend Tiedtke NJW 1980, 2496). Über die Anwendung des § 759 Abs 1 bei mehreren Gläubigern s Rn 25; zur Leibrente **zugunsten eines Dritten** s Rn 4.

VII. Die Auslegungsregel des § 759 Abs 1

21 Die **Auslegungsregel des § 759 Abs 1** beruht darauf, dass die Leibrente typischerweise dem Rentengläubiger und nicht (unmittelbar) dessen Erben zugutekommen soll. Sie lässt erkennen, dass die Leibrente nicht oder nicht ausschließlich an die Lebensdauer des Gläubigers gekoppelt sein muss, sondern ebenso von der Lebensdauer des Schuldners (vgl § 520) oder eines Dritten (vgl Vorbem 22 zu §§ 759–761) abhängig sein kann, letzteres zB dann, wenn ab dem Tod des Leibrentenschuldners oder eines Dritten dem Rentengläubiger anderweitige (zB öffentliche) Leistungen zustehen, die für den Gläubiger wirtschaftlich an die Stelle der Leibrente treten (vgl Eccius 18). Die Unvererblichkeit gehört daher nicht zum Wesen der Leibrente (vgl Rn 15).

22 Soweit überhaupt nicht bestimmt, von wessen Leben die Dauer der Leibrente abhängt, so erklärt § 759 Abs 1 ausschließlich die **Lebensdauer des Gläubigers** für maßgeblich (vgl RGZ 67, 204, 210). Bei einem echten **Leibrentenvertrag zugunsten eines Dritten** (§ 330) kann zwar im Zweifel auch der Versprechensempfänger die Leistung der Rente an den Dritten fordern (§ 335 – vgl oben Rn 4), Gläubiger iSd Auslegungsregel des § 759 Abs 1 ist indessen nur der Dritte, denn nur diesem soll letztlich die Leibrente zukommen.

23 Ist die Leibrente (wie bei der Leibrentenschenkung gemäß § 520, wenn diese als Unterstützung gedacht ist) an die **Lebensdauer des Schuldners oder eines Dritten** gekoppelt, führt dies allein noch nicht zur Unanwendbarkeit des § 759 Abs 1. Vielmehr erlischt die Leibrentenverpflichtung im Zweifel nicht nur beim Tod des Schuldners oder des Dritten, sondern auch bei einem früheren Tod des Gläubigers (vgl Mot II 638; RGZ 67, 204, 209; Eccius 18; Palandt/Sprau Rn 9 – anders Art 516 Abs 3 SchwOR und Soergel/Welter Rn 1). Dies gilt selbstverständlich nicht, wenn die getroffenen Bestimmungen erkennen lassen, dass die Leibrente **ausschließlich** von der Lebensdauer des Schuldners oder eines Dritten abhängen soll, oder wenn ihre **Vererblichkeit** vereinbart ist (vgl Mot II 638 f) bzw sich aus dem wirtschaftlichen Zweck

der Leibrente ergibt. Dies ist etwa der Fall, wenn die an das Leben eines Dritten X gekoppelte Leibrente dem Rentengläubiger A Leistungen an den X ermöglichen soll, welche nach dem Tod des A auch noch dessen Erben zu erbringen haben (vgl Eccius 18).

§ 759 Abs 1 schließt die Geltendmachung **rückständiger Leistungen** nach dem Tod der Bezugsperson gemäß § 760 Abs 3 (s dort) nicht aus. 24

Sind mehrere Gläubiger vorhanden, so ergibt sich aus dem zwischen ihnen bestehenden Gemeinschaftsverhältnis (Rn 20) grundsätzlich noch nicht, ob die Leibrente beim Tod eines Gläubigers erlischt bzw sich ermäßigt oder in unveränderter Höhe bis zum Tod des letztversterbenden Gläubigers weiter zu leisten ist (vgl Mot II 639 und – für den Fall einer Schuldnermehrheit – Rn 18). Nur in den seltenen Fällen, in denen die Forderungen der einzelnen **Gläubiger teilbar** und rechtlich völlig selbstständig sind, wird man aus § 759 Abs 1 einen Wegfall des Anspruchs des verstorbenen Gläubigers herleiten dürfen (vgl Staudinger/Brändl[10/11] Rn 3 mwNw; missverständlich BGB-RGRK/vGamm Rn 11). Im Übrigen stellt § 759 Abs 1 nur eine Vermutung dahingehend auf, dass die Leibrente nicht den Erben der verstorbenen Gläubiger zusteht; er lässt aber die Frage offen, ob und inwieweit die Leibrente dem/den restlichen Gläubiger/n verbleibt (sog **Tontine**, vgl Staudinger/Brändl[10/11] Rn 3; Dernburg, Das bürgerliche Recht II [4. Aufl 1915] § 201 IX; zur geschichtlichen Entwicklung der mit diesem Namen verbundenen Gewinnverteilungssysteme s Ogris HRG V 276 f). Diese Frage kann nicht allgemein, sondern nur nach den getroffenen Vereinbarungen (vgl Mot II 639; RTK Bericht 92; Soergel/Welter Rn 5), hilfsweise nach den gesamten Umständen des Einzelfalls beantwortet werden. Wenn die Leibrente nach einer **Verrentungstabelle** (s Vorbem 62 zu §§ 759–761) ermittelt wurde, kann sich die Antwort uU aus deren Prämissen ergeben. Gehört die Leibrente zu einem mit der Überlassung eines Grundstücks in Verbindung stehenden **Leibgeding** (Staudinger/Mayer [2009] Einl 72 ff zu §§ 1105–1112; Staudinger/Albrecht [2012] Art 96 EGBGB Rn 20), so enthält das auf Art 96 EGBGB beruhende Landesrecht in manchen Ländern (allgemein hierzu Staudinger/Albrecht [2012] Art 96 EGBGB Rn 37 ff) hierzu nähere Regelungen. 25

VIII. Die Auslegungsregel des § 759 Abs 2

Die **Auslegungsregel des § 759 Abs 2** kommt nicht nur dann nicht zur Anwendung, wenn eine **ausdrückliche Bestimmung** des Zeitraums, für den der Rentenbetrag bestimmt ist, vereinbart wurde. Auch **sonstige Umstände** können Zweifel iS des § 759 Abs 2 ausschließen, zB ein Vergleich zwischen Leibrentenbetrag und Gegenleistung, ein Rückgriff auf sonstige Voraussetzungen der Verrentung, vor allem auf die dabei verwendete Rententabelle (vgl Vorbem 62 zu §§ 759–761) oder eine besonders enge Verknüpfung von Rentenbetrag und Zeitfolge der einzelnen Leistungen (**aM** Sepp 16 f; BGB-RGRK/vGamm Rn 12). Abweichend von § 759 Abs 2 wird heute in der **Praxis** der Betrag der Leibrente idR als Monatsbetrag angegeben. 26

IX. Prozessuales

1. Zuständigkeit

Hinsichtlich der Geltendmachung der Leibrentenansprüche finden grds die **allge-** 27

meinen Regelungen zur **sachlichen Zuständigkeit** der Zivilgerichte Anwendung (§§ 23 Abs 1 Nr 1, 71 Abs 1 GVG). Die **besondere Zuständigkeit** der **Amtsgerichte** für Grundstücksüberlassungen im Zusammenhang mit **Leibgedings-** oder Altenteils**verträgen** iS des Art 96 EGBGB nach § 23 Abs 1 Nr 2 g GVG gelten nur dann, wenn ausnahmsweise eine Leibrente zu einem Leibgeding gehört (Vorbem 17 zu §§ 759–761; zu undifferenziert jurisPK-BGB/Geisler § 759 Rn 86).

2. Streitwert

28 Werden Rechte auf **wiederkehrende Leistungen** geltend gemacht ist, so ist der Zuständigkeits- und Rechtsmittelstreitwert nach § 9 ZPO mit dem dreieinhalbfachen Wert des einjährigen Bezugs zu bestimmen (MünchKommZPO/Wöstmann[4] § 9 Rn 4; Zöller/Herget[31] § 9 ZPO Rn 4; jurisPK-BGB/Geisler § 759 Rn 87). Dies gilt aber nur, wenn das Stammrecht selbst Streitgegenstand ist und nicht nur einzelne Leistungen eingeklagt werden (MünchKommZPO/Wöstmann[4] § 9 Rn 7; Zöller/Herget[31] § 9 ZPO Rn 1). Eine volle Geltendmachung des Stammrechts liegt nach hM auch bei einer negativen Feststellungsklage vor, nicht aber bei einer positiven Feststellungsklage, bei der ein Abschlag von 20% gemacht wird (Stein/Jonas/Roth § 9 ZPO Rn 11; Zöller/Herget[31] § 9 ZPO Rn 1 mwNw; krit dazu Musielak/Heinrich[11] § 9 ZPO Rn 4; MünchKommZPO/Wöstmann[4] § 9 Rn 8, 10). Darüber hinaus kann sich bei einer **Feststellungsklage** (§ 256 ZPO) über künftige Leibrentenzahlungen wegen des hohen Alters des Berechtigten der Streitwert entsprechend verringern (BGHR ZPO § 9 Leibrente 1 bei einem 84-jährigen).

Für den **Gebührenstreitwert** gilt § 9 ZPO nur, soweit nicht **§ 42 GKG** eine abweichende Regelung enthält (Zöller/Herget[4] § 9 ZPO Rn 1; dazu auch MünchKommZPO/Wöstmann[4] § 9 Rn 13 ff). Demnach sind gem § 42 Abs 3 S 1 GKG bei Klageeinreichung rückständige Beträge hinzuzurechnen (Musielak/Heinrich[11] § 9 ZPO Rn 8). Ansonsten ist § 9 ZPO aufgrund des § 48 Abs 1 S 1 GKG auch für die Berechnung der Gerichtsgebühren und über § 23 Abs 1 S 1 RVG im gerichtlichen Verfahren auch für die **Rechtsanwaltsgebühren** maßgebend (Musielak/Heinrich[11] § 9 ZPO Rn 2).

3. Klage auf künftige Leistungen

29 Eine Klage auf erst künftig fällig werdende einzelne Leibrentenbeträge ist auf alle Fälle nach **§ 259 ZPO** zulässig, wenn der Schuldner den geltend gemachten Anspruch **ernstlich bestreitet** (BGHZ 5, 342, 343 f; Zöller/Greger[31] § 259 ZPO Rn 3). Aber selbst wenn ein solches Bestreiten nicht vorliegt, kann nach **§ 258 ZPO** auch wegen der erst nach dem Erlass des Urteils fällig werdenden Leistungen eine Klage auf künftige Entrichtung erhoben werden. Allerdings ist diese Vorschrift nur dann anwendbar, wenn die Ansprüche auf die wiederkehrenden Leistungen von **keiner Gegenleistungen** abhängig sind (BGH NJW 2003, 1395 = MDR 2003, 452; NZM 2003, 912, 913; NJW 1986, 3142; Schreiber Jura 2009, 754, 755 m Fn 18; Both DWW 2010, 82, 83, 84 [zum monatlichen Mietzinsanspruch]; Peter JuS 2011, 322, 323; MünchKommZPO/Becker-Eberhard[4] § 258 Rn 8; Zöller/Greger[31] § 258 ZPO Rn 1; bei jurisPK-BGB/Geisler §§ 759–761 Rn 88 werden die Unterschiede zwischen § 258 ZPO und § 259 ZPO unzulässig vermischt). Aber nach der hM ist davon auszugehen, dass die Einzelleistungen bei der Leibrente nicht mehr von einer Gegenleistung abhängen (ausf Vorbem 34 ff zu §§ 759–761), weshalb auch bei der Leibrente die Klage auf wiederkehrende Leistungen ausdrücklich bejaht wird (MünchKommZPO/Becker-Eberhard[4] § 258 Rn 6; für Rentenpflichten allgemein Musielak/

Foerste[11] § 258 ZPO Rn 2; Zöller/Greger § 258 ZPO Rn 1). Deshalb ist eine **Feststellungsklage nicht** erforderlich (jurisPK-BGB/Geisler § 759 Rn 88).

30 Hieraus ergeben sich weitere Konsequenzen: Der **Schuldner** kann Einwendungen, welche auf Gründen beruhen, die erst nach dem Schluss der mündlichen Verhandlungen, in welcher die Einwendungen nach der ZPO spätestens hätten geltend gemacht werden müssen, entstanden sind im Wege der **Vollstreckungsgegenklage** (§ 767 ZPO) geltend machen (Musielak/Foerste[11] § 258 ZPO Rn 5 iVm § 257 Rn 7; jurisPK-BGB/Geisler § 759 Rn 88; zum Verhältnis von § 323 ZPO und § 767 ZPO s MünchKomm-ZPO/Gottwald[4] § 323 Rn 32 ff). Der **Gläubiger** kann eine Zusatz- oder Nachforderungsklage nur unter den Voraussetzungen und in dem Umfang des § 323a ZPO, bei Unterhaltsansprüchen des § 238 FamFG, geltend machen (BGH NJW 1986, 3142; MünchKommZPO/Becker-Eberhard[4] § 258 Rn 19 ff mit weiteren Details).

4. Beweislast

31 Die Darlegungs- und Beweislast dafür, dass das nach hM erforderliche **Leibrentenstammrecht entstanden** ist sowie für die **Fälligkeit** der Einzelleistungen trägt der **Leibrentenberechtigte**. Demgegenüber hat der Schuldner der Leibrente das Erlöschen des Rentenrechts oder der Einzelansprüche zu beweisen (ausf Vorbem 27 zu §§ 759–761; jurisPK-BGB/Geisler § 759 Rn 89, jedoch anders in Rn 93 für die Einzelansprüche). Diese Beweislastverteilung hat ihren Grund darin, dass der Tod des Leibrentengläubiger idR leichter zu beweisen ist, als dessen Weiterleben (jurisPK-BGB/Geisler § 759 Rn 89). Zur Beweislast bei feststehendem Tod, aber ungewissem **Todeszeitpunkt** s § 760 Rn 4.

32 Wer eine von den **Auslegungsregeln** der Abs 1 und 2 **abweichende Abrede** behauptet, trägt hierfür die Darlegungs- und Beweislast (jurisPK-BGB/Geisler § 759 Rn 95).

33 Wer sich auf einen **Wegfall der Geschäftsgrundlage** (§ 313) beruft, hat dies auch zu beweisen (allgemein hierzu BGHZ 128, 125, 134 f = NJW 1995, 1082; MünchKomm/Finkenauer[6] § 313 Rn 135). Ist demgegenüber dieser Wegfall bereits festgestellt, so hat der Rentengläubiger zu beweisen, in welchem Umfang seine Leibrente noch fortbesteht (jurisPK-BGB/Geisler § 759 Rn 98).

§ 760
Vorauszahlung

(1) Die Leibrente ist im Voraus zu entrichten.

(2) Eine Geldrente ist für drei Monate vorauszuzahlen; bei einer anderen Rente bestimmt sich der Zeitabschnitt, für den sie im Voraus zu entrichten ist, nach der Beschaffenheit und dem Zwecke der Rente.

(3) Hat der Gläubiger den Beginn des Zeitabschnitts erlebt, für den die Rente im Voraus zu entrichten ist, so gebührt ihm der volle auf den Zeitabschnitt entfallende Betrag.

Materialien: E I § 661; II § 702; III § 747; Mot II 639; Prot II 2548.

I. Dispositive Norm

1 **§ 760** enthält **kein zwingendes Recht** (RGZ 69, 296, 297; NK-BGB/Terbrack Rn 1; Bamberger/Roth/Litzenburger Rn 1; Palandt/Sprau Rn 1; PWW/Brödermann Rn 1; Soergel/Welter Rn 1). Insbesondere kann festgelegt werden, dass die Rente im Nachhinein zu zahlen ist. Auf solche *nachschüssige Renten* finden die Bestimmungen der §§ 760 Abs 2 und 3 keine (entsprechende) Anwendung (vgl Heubeck/Heubeck DNotZ 1978, 645). Abweichungen von § 760 können sich vor allem aus der Rententabelle (vgl Vorbem 62 zu §§ 759–761) ergeben, welche die Beteiligten der Verrentung zugrunde gelegt haben.

II. Grundsatz der Vorausentrichtung

2 **Leibrenten** sind bei Fehlen abweichender Vereinbarungen im Voraus zu entrichten (Abs 1), also bei monatlich zu erbringenden Leistungen am ersten Tag des entsprechenden Kalendermonats, bei jährlichen am ersten Tag des Kalenderjahres. Dies gilt **unabhängig** vom **Gegenstand der Leistung** (NK-BGB/Terbrack Rn 2) und entspricht ihrem regelmäßigen Zweck, dem Unterhalt des Berechtigten zu dienen (Mot II 639; MünchKomm/Habersack[6] Rn 1), hängt von diesem Zweck aber nicht ohne weiteres ab und entspricht der gängigen Praxis (Bamberger/Roth/Litzenburger Rn 1; PWW/Brödermann Rn 1).

3 Demgegenüber legt bei einer monatlich zu erbringenden **Geldrente** § 760 Abs 2 HS 1 den Vorauszahlungszeitraum auf **drei Monate** fest und weicht damit nicht nur von einer Reihe von gesetzlichen Vorschriften ab (§§ 1361 Abs 4 S 2, 1585 Abs 1 S 2, 1612 Abs 3 S 1), sondern wird auch in der Rechtspraxis häufig abbedungen (Bamberger/Roth/Litzenburger Rn 1; PWW/Brödermann Rn 1). Bei **anderen Renten** bestimmt sich der Zeitraum, für den sie im Voraus zu erbringen sind, nach der Beschaffenheit (Gegenstand) und Zweck der Rente (§ 760 Abs 2 HS 2), zB bei landwirtschaftlichen Produkten nach der Erntezeit (vgl Sepp 16). Auf *Vorauszahlungen für spätere Zeitabschnitte* findet, sofern die Bezugsperson deren Beginn erlebt, § 813 Abs 2 (s Staudinger/S Lorenz [2007] § 813 Rn 16 ff) Anwendung (vgl Rn 4), nicht dagegen § 1614 Abs 2, weil es bei der Leibrente auf die Bedürftigkeit gerade nicht ankommt.

III. Erlöschen (Abs 3)

4 **§ 760 Abs 3** will die **Abrechnung bei Erlöschen** einer Leibrente erleichtern (Mot II 639; NK-BGB/Terbrack Rn 4). Die Bestimmung räumt daher in Fällen, in welchen die Leibrente an das Leben des Gläubigers gekoppelt ist, dessen Erben das Recht ein, die Leibrente für den vollen (vereinbarten oder aus § 760 Abs 2 zu entnehmenden) Zeitabschnitt, in den der Tod des Gläubigers fällt, noch zu fordern und/oder zu behalten (vgl §§ 1361 Abs 4 S 3, 1585 Abs 1 S 3, 1612 Abs 3 S 2; Mot II 639; NK-BGB/Terbrack Rn 4; Bamberger/Roth/Litzenburger Rn 2; MünchKomm/Habersack[6] Rn 1). Da § 760 Abs 3 die Schlussabrechnung vereinfachen soll (vgl Mot II 639), ist die Be-

stimmung **entsprechend** zugunsten des Gläubigers anzuwenden, falls die Leibrente nicht von dessen Lebensdauer abhängt (vgl Kress 72 Fn 10) oder bereits vorzeitig bei einem anderen Ereignis, etwa der Wiederverheiratung, erlischt (OLG Colmar Recht 1910 Nr 681; NK-BGB/Terbrack Rn 4; Bamberger/Roth/Litzenburger Rn 2; Erman/H F Müller Rn 3; MünchKomm/Habersack[6] Rn 2; PWW/Brödermann Rn 2; Soergel/Welter Rn 2). Lediglich etwaige **Vorauszahlungen** für spätere Leistungszeitabschnitte, die erst nach dem Tod des Gläubigers beginnen, sind trotz § 813 Abs 2 (vgl Staudinger/S Lorenz [2007] § 813 Rn 16 ff) zurückzugewähren. § 760 Abs 3 ändert nichts daran, dass der **Beweis des Todes** der Bezugsperson dem Leibrentenschuldner obliegt (vgl Vorbem 27 zu §§ 759–761; jurisPK-BGB/Geisler § 760 Rn 8 f). Steht der Tod der Bezugsperson dagegen fest und bleibt **nur ungeklärt, in welchem Zeitabschnitt** er eingetreten ist, so trifft gleichwohl nach § 760 Abs 3 den Gläubiger bzw dessen Erben die Beweislast dafür, dass die Bezugsperson den Beginn des Zeitabschnitts noch erlebt hat (NK-BGB/Terbrack Rn 5; **aM** MünchKomm/Habersack[6] Rn 1: Gläubiger muss beweisen, dass bei Beginn des Leistungszeitraums der Berechtigte noch am Leben war; ohne Erörterung dieses Problems jurisPK-BGB/Geisler § 760 Rn 8 f).

IV. Entsprechende Anwendung

5 Die auf den §§ 843, 844 Abs 2, 845, auf § 8 HPflG, § 13 Abs 2 StVG, § 9 ProdHaftG, § 14 UmweltHG, § 38 LuftVG und ähnlichen Vorschriften über die Gefährdungshaftung beruhenden **gesetzlichen Schadenersatzrenten** sowie den Wertersatzanspruch gemäß § 528 an den verarmten Schenker sind **keine Leibrenten**, da sie grundsätzlich nicht auf Lebensdauer eines Menschen zu entrichten sind (vgl Eccius 19 f; Erl zu § 843). Die vorgenannten Bestimmungen erklären freilich den § 760 für entsprechend anwendbar; zur entsprechenden Anwendung auf Leibgedingsleistungen s Staudinger/Amann (2002) Einl 39 zu § 1105. *Keine Anwendung* findet § 760 dagegen auf sonstige gesetzliche Unterhaltsrenten, zB nach den §§ 1361, 1585, 1587 g (vgl Reinartz DNotZ 1978, 292) und nach § 1612. Zur Berücksichtigung einer Leibrente bei der Unterhaltsbemessung und beim Versorgungsausgleich s BGH NJW 1994, 935 und BGH DNotZ 1994, 257.

V. Verjährung

6 Zur **Verjährung** s Vorbem 32 ff zu §§ 759–761.

§ 761
Form des Leibrentenversprechens

Zur Gültigkeit eines Vertrags, durch den eine Leibrente versprochen wird, ist, soweit nicht eine andere Form vorgeschrieben ist, schriftliche Erteilung des Versprechens erforderlich. Die Erteilung des Leibrentenversprechens in elektronischer Form ist ausgeschlossen, soweit das Versprechen der Gewährung familienrechtlichen Unterhalts dient.

Materialien: E I –; II –; III –; Mot II 638.

I. Zweck des Formgebots

1 Im Gegensatz zu manchen früheren Kodifikationen (vgl Mot II 638) sahen die *Entwürfe* zum BGB keinen hinreichenden Grund dafür, das für das BGB grundsätzlich geltende Prinzip der **Formfreiheit** von Rechtsgeschäften beim Leibrentenvertrag zu durchbrechen. Erst die RTK (Bericht 92) hielt Schriftform des Leibrentenversprechens (nicht auch der Annahme und des sonstigen Vertragsinhalts) für geboten, um im Hinblick auf die Tragweite und schwer abschätzbare Dauer der Leibrente einer **Übereilung** des Schuldners (vgl BGH NJW 1978, 1577 = DNotZ 1978, 541; MünchKomm/HABERSACK[6] Rn 2; M ROTH, Private Altersvorsorge S 42; zweifelnd HENSSLER, Risiko als Vertragsgegenstand S 397, der den Schutz des Risikoträgers als nicht systemgerecht ansieht) und auch Zweifeln an seinem Verpflichtungswillen vorzubeugen (vgl ZG VI, 48). Angesichts der Formfreiheit anderer auf Lebensdauer versprochener Leistungen (vgl Vorbem 15 ff zu §§ 759–761) kann diese Begründung das Schriftformerfordernis kaum rechtfertigen (zutr SOERGEL/WELTER Rn 1 f; **aM** – ohne Begr – MünchKomm/HABERSACK[6] Rn 1; ERMAN/H F MÜLLER Rn 1). Die **besondere Gefahr** des Leibrentenversprechens liegt indessen in der Kombination zwischen ungewisser Dauer und weitgehend fehlender Anpassungsmöglichkeit der Leibrentenhöhe an veränderte Verhältnisse (vgl dazu Vorbem 6 zu §§ 759–761). Das die Leibrente charakterisierende Zusammentreffen dieser beiden Risikofaktoren rechtfertigt die in § 761 vorgeschriebene Schriftform (zust NK-BGB/TERBRACK Rn 1; SOERGEL/WELTER Rn 2; PWW/BRÖDERMANN Rn 1). Dabei ist weiter zu berücksichtigen, dass durch den **aleatorischen Charakter** des Leibrentenvertrages (s Vorbem 6 zu §§ 759–761) eine oftmals starke Verlockung besteht, solche Rechtsgeschäfte ohne sorgfältige Kalkulation abzuschließen. Und dies, obgleich es durchaus praktikable und handhabbare Möglichkeiten gibt, die leibrentenspezifischen Risiken zu begrenzen (HENSSLER, Risiko als Vertragsgegenstand [1994] 395 ff).

II. Anwendungsbereich

2 **§ 761 gilt nur für Leibrentenverträge** iSd Vorbem 7 ff, 52 zu §§ 759–761. Auf andere und ähnliche Verpflichtungen zu wiederkehrenden Leistungen ist die Formvorschrift auch nicht entsprechend anzuwenden. Die einengende Definition des Leibrentenbegriffs soll gerade einem Ausufern des Schriftformerfordernisses entgegenwirken.

3 Die (noch) herrschende Stammrechts- oder **Einheitstheorie** unterscheidet zwischen dem abstrakten Leibrentenversprechen (Stammrecht) und dem diesem zugrunde liegenden (kausalen und schuldrechtlichen) Verpflichtungsgeschäft. Dabei wendet die Rspr § 761 auf die Begründung des **Rentenstammrechts** unmittelbar und auf das **zugrunde liegende Rechtsverhältnis** entsprechend an (RGZ 67, 204, 211; RG JW 1911, 449; ebenso PALANDT/SPRAU Rn 1; BGB/RGRK/vGAMM Rn 1; krit hiergegen zu Recht WELTER, Wiederkehrende Leistungen S 44 f). Nach hiesiger Auffassung ist die Annahme eines abstrakten Stammrechts abzulehnen (Vorbem 38, 52 zu §§ 759–761), sodass nur das im kausalen, **schuldrechtlichen Rechtsgeschäft enthaltene Versprechen** des Lebenrentenschuldners zur Erbringung der **Leibrentenleistungen** formbedürftig ist (NK-BGB/TERBRACK Rn 2; BAMBERGER/ROTH/LITZENBURGER § 759 Rn 1; MünchKomm/HABERSACK[6] Rn 3). Entsprechend dem Normzweck, den Versprechenden vor der unüberlegten Abgabe der weitreichenden Leibrentenverpflichtung zu schützen (Warnzweck) ist § 761 auch auf entsprechende *Vorverträge* (allgM, vgl RGZ 67, 204, 211; zum Parallelproblem bei § 311b Abs 1

Satz 1 s etwa Staudinger/Schumacher [2011] § 311b Abs 1 Rn 98 ff; Soergel/J Mayer § 311b Rn 89), *Wahlschuldverhältnisse* (zum Parallelproblem bei § 311b Abs 1 Satz 1 vgl Staudinger/Schumacher [2011] § 311b Abs 1 Rn 102; Soergel/J Mayer § 311b Rn 91), *Vergleiche* (vgl zum Parallelproblem bei § 311b Abs 1 Satz 1 Staudinger/Schumacher [2011] § 311b Abs 1 Rn 78; Soergel/J Mayer § 311b Rn 86), *Schuldübernahmen* (vgl zum Parallelproblem bei § 311b Abs 1 Satz 1 Staudinger/Schumacher [2011] § 311b Abs 1 Rn 74; Soergel/J Mayer § 311b Rn 19) und *Vertragsbestätigungen* bzw -wiederherstellungen (vgl zum Parallelproblem bei § 311b Abs 1 Satz 1 Staudinger/Schumacher [2011] § 311b Abs 1 Rn 97) entsprechend anzuwenden.

Während nachträgliche **Einschränkungen** oder bloße **Erläuterungen** der Leibrenten- 4
verpflichtung nicht dem Formerfordernis unterliegen, fordert der durch die Schriftform erstrebte Schuldnerschutz (Rn 1) auch die Erstreckung auf spätere **Erhöhungen** einer bereits wirksam begründeten Leibrente (MünchKomm/Habersack[6] Rn 3; PWW/Brödermann Rn 1; ebenso für die Änderung des Schenkungsversprechens Staudinger/Chiusi [2013] § 518 Rn 8; zur Parallelproblematik bei § 311b Abs 1 weitergehend vgl Staudinger/Schumacher [2011] § 311b Abs 1 Rn 198 ff, wonach jede Änderung formbedürftig ist, die Rechtswirkungen entfalten sollen; eingehend zur Rechtslage bei § 311b Abs 1 Soergel/J Mayer § 311b Rn 203 ff). Falls das Leibrentenversprechen *Handelsgeschäft* ist, bedarf es gleichwohl der Schriftform, da die Leibrente nicht zu dem Kreis der in § 350 HGB aufgezählten Rechtsgeschäfte gehört (für analoge Anwendung dieser Ausnahmebestimmung aber Heck, Schuldrecht § 121 VI aE; für Befreiung vom Formgebot hier auch M Roth, Private Altersvorsorge S 42 f). Selbst wenn die Leibrente einmal auf einem abstrakten Schuldversprechen oder Schuldanerkenntnis beruht, behält § 761 als nicht von § 350 HGB erfasste Sonderregelung Vorrang vor den unter die Formerleichterung des § 350 HGB fallenden §§ 780 f. Bei einem **Leibrentenvertrag zugunsten eines Dritten** (dazu RGZ 150, 129, 133) richtet sich das Formerfordernis bezüglich des Leibrentenversprechens nach dem zwischen Schuldner und Versprechensempfänger bestehenden Rechtsverhältnis, da es hier um das sog „Deckungsverhältnis" geht, und nicht nach dem sog „Valutaverhältnis" zwischen dem Versprechensempfänger und dem Dritten (BayObLGZ 5, 595 f), jedoch sind auch diesbezüglich bestehende Formvorschriften, etwa § 518, einzuhalten, da der Dritte auch im Verhältnis zum Versprechensempfänger eines wirksamen Schuldgrunds bedarf (vgl hierzu MünchKomm/Habersack[6] § 759 Rn 42).

Falls die Leibrente nicht durch **Vertrag**, sondern durch **einseitiges Rechtsgeschäft** 5
unter Lebenden, wie zB Auslobung oder Stiftung, begründet wird, gilt § 761 entsprechend (str, s § 759 Rn 5 mwNw). Bei Zuwendung durch Vermächtnis finden die strengeren Formvorschriften für die Verfügung von Todes wegen Anwendung (s unten Rn 11 und § 759 Rn 5).

III. Schriftform

1. Wahrung der Schriftform

Die Beachtung der äußeren Erfordernisse der Schriftform (genügend ist auch das Schrei- 6
ben auf einem „Bierdeckel", LG Berlin FamRZ 2005, 364) gemäß § 126 wird lediglich für das **Versprechen** der Leibrente gefordert, nicht auch für dessen Annahme und für sonstige Abreden (MünchKomm/Habersack[6] Rn 3; vgl auch zur Parallelproblematik bei § 518 Staudinger/Chiusi [2013] § 518 Rn 7), die nur einer Form bedürfen, soweit das Gesetz eine

solche an anderer Stelle für das ganze Rechtsgeschäft vorschreibt (zB durch die in Rn 11 aufgeführten Bestimmungen). Aus der schriftlichen Urkunde muss sich der **wesentliche Inhalt** der Pflicht zur Gewährung der Leibrente vollständig und unmittelbar ergeben (vgl BGHZ 57, 53, 59 = NJW 1971, 2227; RGZ 67, 204, 214; MünchKomm/Habersack[6] Rn 5). **Erforderlich** ist daher die Angabe von Gläubiger und Schuldner, eines bestimmten wiederkehrend zu zahlenden Betrags oder der sonstigen wiederkehrend zu erbringenden vertretbaren Leistungen, die ausdrückliche Bezeichnung der Schuld als Leibrente oder die Verwendung einer anderen Zeitangabe, aus der das typische Vertragsrisiko des Leibrentenschuldners hinreichend deutlich wird. Dagegen ist die nähere Angabe der Zahlungsmodalitäten nicht erforderlich, soweit dadurch nicht Bedingungen vereinbart werden, die von den gesetzlichen Bestimmungen zum Nachteil des Schuldners abweichen (MünchKomm/Habersack[6] Rn 6).

7 Trotz der vorstehenden Anforderungen an die Wahrung der Schriftform ist eine erläuternde **Auslegung** möglich. Denn die Grenzen, innerhalb derer dies zulässig ist, dürfen nicht zu eng gezogen werden (vgl RGZ 67, 204, 214). Vielmehr gelten insoweit für das formgebundene Leibrentenversprechen die allgemeinen Grundsätze der sog **Andeutungstheorie** (so wohl auch Staudinger/Amann [2002] Rn 3; strenger uU MünchKomm/Habersack[6] Rn 5; allgem zu den Anforderungen der Andeutungstheorie vgl Staudinger/Hertel [2012] § 125 Rn 87 ff; MünchKomm/Einsele[6] § 125 Rn 37 f). Bei Beachtung dieser Kriterien reicht für die Wahrung des Leibrentenversprechens aus, wenn sich dieses aus einem Brief des Schuldners ergibt (vgl RGZ 67, 204, 214; Soergel/Welter Rn 7).

2. Ersetzung der Schriftform

8 Die Schriftform nach § 126 wird ersetzt durch die **notarielle Beurkundung** (§ 126 Abs 4) oder bei einem **Prozessvergleich** durch Aufnahme der Erklärung in ein nach den Vorschriften der Zivilprozessordnung errichtetes **Protokoll** (§ 127a).

9 Grundsätzlich wird die nach § 761 zu beachtende Schriftform auch durch die **elektronische Form** (§ 126a) gewahrt (§ 126 Abs 3). Hiervon macht der durch Art 1 Nr 8 a des G zur Anpassung der Formvorschriften des Privatrechts und anderer Vorschriften an den modernen Rechtsverkehr vom 13. 7. 2001 (BGBl I 1542) eingefügte § 761 Satz 2 eine Ausnahme: Danach ist die Erteilung eines Leibrentenversprechens in elektronischer Form ausgeschlossen, soweit das Versprechen der Gewährung **familienrechtlichen Unterhalts dient**. Diese Bestimmung ist unklar, da familienrechtliche Unterhaltspflichten gerade keinen Leibrentencharakter haben (s oben Vorbem 15 zu §§ 759–761; diesbezüglich krit daher zu Recht Soergel/Welter Rn 8 iVm Vorbem 9 zu § 759), was offenbar bei der Gesetzesänderung nicht bedacht wurde. Die wohl hM lässt im Wege einer „extensiven Interpretation" (oder bereits Analogie?) bereits genügen, wenn das Versprechen auch nur teilweise der Unterhaltssicherung dienen kann und dass die Vertragsteile nach den gesetzlichen Vorschriften zum Unterhalt verpflichtet sein können, also insbes ein entsprechendes, die Unterhaltspflicht begründendes Verwandschafts-, Ehe- oder Lebenspartnerschaftsverhältnis besteht. Dass im konkreten Einzelfall ein Unterhalt zu leisten ist, soll dagegen unerheblich sein (NK-BGB/Terbrack Rn 4; Bamberger/Roth/Litzenburger Rn 4; MünchKomm/Habersack[6] Rn 4; wohl auch – ohne Problemdiskussion – Erman/H F Müller Rn 2; PWW/Brödermann Rn 1; die praktische Relevanz der Streitfrage leugnet Soergel/Welter Rn 8, jedoch liegen hierzu keine empirischen Daten vor und angesichts des Siegesmarsches der neuen Medien wird diese Frage praktische

Bedeutung erlangen). Demgegenüber ist mit STAUDINGER/AMANN (2002) Rn 3 daran festzuhalten, dass familienrechtliche Unterhaltspflichten wegen ihrer Veränderlichkeit durch die Bedürftigkeit des Berechtigten und die Leistungsfähigkeit des Verpflichteten grundsätzlich keine Leibrenten sind (eingehend Vorbem 15 zu §§ 759–761). Dementsprechend wird der Ausschluss der elektronischen Form nach Satz 2 nur bedeutsam, wenn solche Pflichten durch **Novation** oder in anderer Weise rechtsgeschäftlich in eine Leibrente umgestaltet werden.

IV. Erteilung des Versprechens

10 Das vertragliche Leibrentenversprechen ist eine **empfangsbedürftige** Willenserklärung. Es wird daher erst wirksam, wenn es auch dem Vertragspartner in schriftlicher Form entweder unter Anwesenden übergeben wird oder unter Abwesenden zugeht (§ 130 Abs 1 S 2; vgl iE STAUDINGER/HERTEL [2004] § 126 Rn 159 ff). Für letzteres ist erforderlich, dass sich der Schuldner der Urkunde in der Absicht entäußert, sie in die tatsächliche Verfügungsmacht des Gläubigers gelangen zu lassen, und sie auch dorthin gelangt (PWW/BRÖDERMANN Rn 5; MünchKomm/HABERSACK⁶ Rn 7). Die Übermittlung einer bloßen Abschrift genügt nur, wenn weitere besondere Umstände hinzutreten (vgl RAGE 11, 331 = JW 1933, 240; BGH LM Nr 1 zu § 766; **aA** SOERGEL/WELTER Rn 7: nie genügend).

V. Verhältnis zu anderen Formvorschriften

11 Die Schriftform des Leibrentenversprechens genügt nur, **soweit nicht** für dieses oder für den ganzen Vertrag, in dem dieses enthalten ist, **eine andere, strengere Form vorgeschrieben ist** (NK-BGB/TERBRACK § 759 Rn 1; BAMBERGER/ROTH/LITZENBURGER Rn 2; ERMAN/H F MÜLLER Rn 3; MünchKomm/HABERSACK⁶ Rn 2; SOERGEL/WELTER Rn 11). Insofern handelt es sich bei § 761 nur um eine **subsidiäre Formvorschrift**, was der allgemeinen Subsidiarität der Leibrentenvorschriften entspricht (dazu Vorbem 51 zu §§ 759–761). So erfordert § 518 eine notarielle Beurkundung des Leibrenten*versprechens* bei der Leibrentenschenkung (beachte aber bei Vertrag zugunsten Dritter Rn 4), die notarielle Beurkundung des *ganzen Vertrags* verlangen insbes die §§ 311b Abs 1 Satz 1, 311b Abs 3, 1410, 1491 Abs 2 S 2, 1501 Abs 2 S 2, 2033, 2348, 2371, 2385 und § 15 GmbHG. Wird ein **Leibrentenvermächtnis** angeordnet, so sind die besonderen Vorschriften für die Verfügungen von Todes wegen einzuhalten, §§ 2247, 2233, 2274 (BAMBERGER/ROTH/LITZENBURGER Rn 2; MünchKomm/HABERSACK⁶ Rn 2).

VI. Rechtsfolgen der Verletzung des Formgebots

1. Formmängel

12 Wird die erforderliche Form nicht eingehalten, so ist der ganze Leibrentenvertrag nichtig, § 125 S 1 (allgM, NK-BGB/TERBRACK Rn 6; MünchKomm/HABERSACK⁶ Rn 8; SOERGEL/WELTER Rn 9; PWW/BRÖDERMANN Rn 6). Inwieweit die Nichtigkeit sich auch auf die nicht die Leibrente betreffenden Vertragsteile erstreckt, bestimmt sich nach **§ 139** (allg hierzu STAUDINGER/HERTEL [2012] § 125 Rn 101 mwNw). Ist die Leibrente in das Synallagma eines gegenseitigen Vertrags eingebettet, so führt der Formmangel grundsätzlich zur Nichtigkeit des ganzen Vertrags (vgl SEPP 42). Auch die **Bestätigung** nach § 141 bedarf der Schriftform (RGZ 150, 385, 391).

2. Heilung

13 Eine **Heilung** durch Erfüllung des Leibrentenversprechens sieht das Gesetz nicht ausdrücklich vor. Jedoch kommt die Heilung ausnahmsweise unter folgenden Gesichtspunkten in Betracht:

(1) Sind beim gegenseitigen Vertrag **alle Leibrentenleistungen und die Gegenleistung vollständig erbracht**, so entfällt das dem § 761 zugrunde liegende Schutzbedürfnis des Leibrentenschuldners. Soweit eine Rückforderung der erbrachten Leistungen nicht bereits an § 814 scheitert (s Staudinger/S Lorenz [2007] § 814 Rn 5), stellen ihr deshalb manche den Grundsatz entgegen, dass zwar nicht (wie bei den §§ 311b Abs 1 Satz 2, 518 Abs 2, 766 Satz 2) schon die Teilerfüllung, wohl aber die **vollständige Erfüllung** des gegenseitigen Vertrags den Formmangel heile, falls die Heilung keine Dritt- oder Allgemeininteressen berühre (vgl Staudinger/Dilcher[12] § 125 Rn 35 mwNw; Larenz/Wolf AT § 21 I b Fn 2 mwNw). Unabhängig davon, ob dieser Grundsatz als allgemeines Prinzip Anerkennung verdient, was von der Rspr abgelehnt wird (vgl Staudinger/Hertel § 125 Rn 108 mwNw; MünchKomm/Einsele § 125 Rn 48 ff; Pohlmann, Die Heilung formnichtiger Verpflichtungsgeschäfte durch Erfüllung [1992] 178 ff, 203 ff), wird er jedenfalls den Besonderheiten des gegenseitigen Leibrentenvertrags gerecht, insbes dessen meist langer Durchführungsdauer, der mit der Erfüllung entfallenden (das Formerfordernis tragenden) Ungewissheit hierüber und der Tatsache, dass der Leibrentenschuldner typischerweise bis zum Erlöschen der Leibrente über die an ihn erbrachte Gegenleistung längst disponiert hat (iE ebenso MünchKomm/Habersack[6] Rn 8; PWW/Brödermann Rn 6; Soergel/Welter Rn 10; weitergehend Enneccerus/Lehmann § 187 II 2; Siber JherJb 70, 242; Enneccerus/Nipperdey § 154 Fn 16; **aM** im Anschluss an RGZ 67, 204, 208 die hM, vgl OLG München SeuffA 67 Nr 34 S 58 f; jurisPK-BGB/Geisler § 759 Rn 13 f; NK-BGB/Terbrack Rn 6; Bamberger/Roth/Litzenburger Rn 5; Staudinger/Brändl[10/11] Rn 5 mwNw; Eccius 12; Palandt/Sprau Rn 1; Erman/H F Müller Rn 4; BGB/RGRK/vGamm Rn 4; Pohlmann 207). Selbst bei einem unerwartet frühen Tod der Bezugsperson braucht dieser Grundsatz nicht aufgegeben zu werden, da § 761 nur den Leibrentenschuldner schützen, nicht dagegen den Leibrentengläubiger vor dem durch frühes Erlöschen der Leibrente entstehenden wirtschaftlichen Ungleichgewicht zwischen Leistung und Gegenleistung bewahren soll (vgl Enneccerus/Lehmann § 187 II 3 Fn 5; MünchKomm/Habersack[6] Rn 9; **aM** Siber JherJb 70, 241 f). Dagegen tritt keine Heilung ein, wenn nur **einzelne Leibrentenleistungen** erbracht sind (MünchKomm/Habersack[6] Rn 8 f; PWW/Brödermann Rn 6; Reichel AcP 104 [1909], 1, 34 f; Soergel/Welter Rn 10; **aM** Reinhart, in: FS Wahl S 261, 280). Denn man muss die Schwierigkeiten berücksichtigen, welche entstünden, wenn die einheitliche Gegenleistung – wie die Leibrente – in einen wirksamen und einen unwirksamen Teil aufzuspalten wären (vgl Siber JherJb 70 [1921] 223, 241; MünchKomm/Habersack[6] Rn 9; vgl auch oben Vorbem 36 zu §§ 759–761).

14 **(2)** Unterliegt das Leibrentenversprechen im Einzelfall einer **strengeren Formvorschrift**, die aber eine **Heilungsmöglichkeit** vorsieht (so etwa §§ 311b Abs 1 Satz 2, 518 Abs 2 sowie § 15 Abs 4 Satz 2 GmbHG) so stellt sich die Frage, ob durch die **Heilung dieser strengeren Formvorschriften** auch der Formmangel des § 761 überwunden wird, also etwa durch § 311b Abs 1 Satz 2 mit der Auflassung und der Eintragung im Grundbuch auch ein als Gegenleistung hierzu mündlich abgegebenes Leibrentenversprechen wirksam wird (so BGH NJW 1978, 1577 mwNw = DNotZ 1978, 539; Bamberger/Roth/Litzenburger Rn 2; jurisPK-BGB/Geisler § 761 Rn 15; Lafrentz S 96 ff; Münch-

Komm/Kanzleiter[6] § 311b Rn 84; Planck/Oegg Anm 6a; BGB-RGRK/vGamm Rn 4; Palandt/Sprau Rn 1; PWW/Brödermann Rn 6; **aM** Erman/H F Müller Rn 4; Heinrich Lange AcP 144 [1937/38] 149, 163 f; Häsemeyer, Die gesetzliche Form der Rechtsgeschäfte [1971] S 261; MünchKomm/Habersack[6] Rn 10; Pohlmann 165 f, 207; Soergel/Welter Rn 12). Da § 761 keine weitreichenderen Zwecke verfolgt als die §§ 311b Abs 1 Satz 1, 518 und § 15 GmbHG, nämlich den **Übereilungsschutz**, hinsichtlich des Zwecks des Normgebots im Übrigen sogar dahinter zurückbleibt, besteht kein Grund, die Leibrentenvereinbarung von der Heilungswirkung der §§ 311b Abs 1 Satz 2, 518 Abs 2 und des § 15 Abs 4 Satz 2 GmbHG, die sich auf alle Vereinbarungen erstreckt, auszunehmen (BGH NJW 1978, 1577 mwNw = DNotZ 1978, 539; **aM** MünchKomm/Habersack[6] Rn 10 mwNw). Die **Gegenauffassung** nimmt demgegenüber an, dass die Formvorschrift des § 311b Abs 1 Satz 1 durch § 761 verdrängt werde. Dies wird zum einen damit begründet, dass § 311b Abs 1 Satz 1 nur den Schutz des Verkäufers bezwecke (Soergel/Welter Rn 12), was aber seit der Beurkundungspflicht einer Erwerbsverpflichtung auf Grund der Gesetzesänderung zum 1. 7. 1973 nicht mehr haltbar ist (statt aller Staudinger/Schumacher [2011] § 311b Abs 1 Rn 2). Zum anderen wird für den Vorrang des § 761 angeführt, dass dieser hinsichtlich seiner Rechtsfolgen strenger sei, da keine Heilungswirkung angeordnet werde (Pohlmann 165 f), oder dass der von § 761 bezweckte Schutz vor einer Verbindlichkeit mit unübersehbarer Dauer sich durch die Heilung des anderweitigen Formmangels noch nicht erledigt habe (so etwa MünchKomm/Habersack[6] Rn 10). Dabei wird jedoch verkannt, dass § 761 bereits nach dem eindeutigen Wortlaut der Norm („soweit nicht eine andere Form vorgeschrieben ist") gar nicht mehr anwendbar ist, wenn das die Leibrente enthaltende Rechtsgeschäft aus einem anderen Grund formbedürftig ist. Daher wird § 761 bereits nach der ausdrücklichen gesetzgeberischen Grundsatzentscheidung durch anderweitige Formvorschriften aufgrund des Grundsatzes der **Subsidiarität** vollständig verdrängt und kann auch nicht als „Mindestformvorschrift" in Fällen einer Konvaleszenz Geltung beanspruchen (zutr Bamberger/Roth/Litzenburger Rn 2; Keller ZEV 2005, 229, 235). Deshalb wird die **mangelnde Form** des mündlich erteilten Leibrentenversprechens bei der **Leibrentenschenkung geheilt**, soweit die einzelnen Leistungen erbracht sind (BAGE 8, 38, 46 = NJW 1959, 1746; Soergel/Welter Rn 4; vgl Staudinger/Cremer [1995] § 518 Rn 11; auch MünchKomm/Habersack[6] Rn 9, im [nicht erkannten Widerspruch] zu seiner Auffassung zu § 311b Abs 1 Satz 1; **aM** Erman/H F Müller Rn 3; anders möglicherweise Staudinger/Wimmer-Leonhardt [2005] § 518 Rn 25, wo diese Frage aber nicht ausdrücklich angesprochen wird), im Falle des **§ 311b Abs 1 Satz 2** durch Auflassung und Eintragung (BGH aaO; Staudinger/Schumacher [2011] § 311b Abs 1 Rn 301; Palandt/Sprau Rn 1) und im Rahmen des § 15 GmbHG durch den dinglichen Abtretungsvertrag (vgl Scholz/Seibt, GmbHG [11. Aufl 2012] § 15 GmbHG Rn 69 ff mwNw).

(3) *Folgt dem* mündlich abgeschlossenen *kausalen Leibrentenvertrag* noch **ein schriftliches abstraktes Leibrentenversprechen**, so heilt dies den Formmangel des ganzen ursprünglichen Vertrags nur dann, wenn über ihn noch Willensübereinstimmung besteht (vgl zur Parallelfrage bei § 311b Abs 1 Staudinger/Schumacher [2011] § 311b Abs 1 Rn 265), nochmals auf ihn Bezug genommen wird, um ihn hierdurch zu bestätigen bzw zu wiederholen (vgl Eccius 13; Sepp 42; Soergel/Welter Rn 3; allgemein hierzu Staudinger/H Roth [2010] § 141 Rn 20 ff) oder um die durch den ursprünglichen Formverstoß ausgelösten Folgen zu beseitigen (vgl allgemein hierzu Staudinger/S Lorenz [2007] § 812 Rn 17). **(4)** Nach den Vertretern der sog *„Stammrechtstheorie"* heilt auch die **formwirksame Begründung des Stammrechts** den ebenfalls nach § 761 form- 15 bedürftigen Verpflichtungsvertrag (lediglich referierend SOERGEL/WELTER Rn 10; BGB/RGRK/vGAMM Rn 4; **aA** RGZ 67, 204, 208).

16 **(5)** Bei Vorliegen besonderer Umstände kann die Berufung auf die Formunwirksamkeit mit dem Grundsatz von **Treu und Glauben unvereinbar** sein, wenn die Nichtigkeitsfolge für den betroffenen Vertragsteil nicht bloß hart, sondern **schlechthin untragbar** ist (MünchKomm/HABERSACK[6] Rn 11; allgem hierzu MünchKomm/EINSELE[6] § 125 Rn 57 ff; PALANDT//ELLENBERGER § 125 Rn 16; STAUDINGER/HERTEL [2011] § 125 Rn 110 ff je mwNw; im Zusammenhang mit Grundstücksgeschäften SOERGEL/J MAYER § 311b Rn 188 ff).

VII. Beweislast

17 Nach den allgemeinen Grundsätzen trägt die Darlegungs- und Beweislast dafür, dass die erforderliche Form des Leibrentenversprechens eingehalten wurde, derjenige, der aus dieser Vereinbarung **Rechte geltend** macht (jurisPK-BGB/GEISLER § 761 Rn 15).

Titel 19
Unvollkommene Verbindlichkeiten

Vorbemerkungen zu §§ 762–764

Schrifttum

1. Älteres Schrifttum

Aubin/Kummer/Schroth, Die rechtliche Regelung der Glücksspiele und Spielautomaten in europäischen Ländern (1981)

Arnheim, Über Spiel und Wette (Diss Greifswald 1898)

Astl/Rathleff, Das Glücksspiel (1965)

Elster, Über den Begriff der Spielverträge, ArchBürgR 26, 34

ders, Stichwort „Spiel", Handwörterbuch der Rechtswissenschaft (1928) Bd 5, 569

Falkenberg, Spielschulden, KGBl 1919, 73

Fisch, Verträge mit Spielcharakter nach schweizerischem Obligationenrecht (Diss Bern 1936)

Henssler, Risiko als Vertragsgegenstand (1994)

Kern, Neue Formen erlaubter und unerlaubter Ausspielungen (1925)

Kriegsmann, Das Glücksspiel, Vergleichende Darstellung des deutschen und ausländischen Strafrechts (1907) Bd 6, 375

Lehmann, Leistung und Gegenleistung im Rahmen gewagter Verträge, JW 1934, 2006

Lorenz, Stichwort „Spiel und Wette", in: Schlegelbergers Rechtsvergleichendes Handwörterbuch (1938) Bd 6, 423

Nussbaum, Der Spieleinwand, ArchBürgR 24, 325

Pepperhoff, Glücksspiel und Lotterie in Rechtsprechung und Literatur (Diss Göttingen 1922)

vSeeler, Der Spieleinwand, ArchBürgR 24, 1

Sieghardt, Die öffentlichen Glücksspiele (1899) (volkswirtschaftlich)

Schuster, Das Spiel. Seine Entwicklung und Bedeutung im deutschen Recht (Wien 1878)

Tettinger/Ennuschat, Grundstrukturen des deutschen Lotterierechts (1999).

2. Schrifttum ab 2000

Bahr, Gewinn- und Glückspielrecht (2007)

Bloss, Die wettbewerbsrechtliche Zulässigkeit von Preisausschreiben und Gewinnspielen (Diss Erlangen-Nürnberg 2004)

Bosch, Glücksspiele, Chancen und Risiken (2000)

Diegmann/Hoffmann/Ohlmann, Praxishandbuch für das gesamte Spielrecht (2008)

Dietlein/Hecker/Ruttig, Glücksspielrecht (2013)

Duderstadt, Spiel, Wette und Differenzgeschäft (§§ 762–764 BGB) in der Rechtsprechung des Reichsgerichts und in der zeitgenössischen Literatur (Diss Kiel 2006)

Ennuschat (Hrsg), Aktuelle Probleme des Rechts der Glücksspiele (2008)

Gebhardt/Grüsser-Sinopoli, Glücksspiel in Deutschland (2008)

Haltern, Gemeinschaftsrechtliche Aspekte des Glücksspiels (2007)

Höxter/Bahr, Deutsche Glücksspielgesetze. Gesetzessammlung zum neuen deutschen Glücksspielrecht (2008)

Kessler/Heda, Wahrnehmung von Chancen als Glücksspiel, WM 2004, 1812

Korte, Das staatliche Glücksspielwesen (2004)

Servatius, „Ball im Netz ist Geld von der Bank" Die zivilrechtliche Behandlung einer an sportliche Erfolge geknüpften Verzinsung von Sparguthaben, WM 2004, 1804

Schulze, Die Naturalobligation. Rechtsfigur und Instrument des Rechtsverkehrs einst und heute – zugleich Grundlegung einer zivilrecht-

lichen Forderungslegung (Jus privatum134) (2008)
PAGENKOPF, Der neue Glücksspielstaatsvertrag: neue Ufer, alte Gewässer, NJW 2012, 2918
VOLK, Glücksspiel im Internet (2006).

3. Zum ausländischen Recht

BernerKommentar/GIOVANOLI, Das Obligationenrecht, 2. Abt 7. Teilbd (Bern 1978)
DIXON, From prohibition to regulation; bookmaking, anti-gambling, and the law (Oxford 1991)
FERID/SONNENBERGER, Das französische Zivilrecht, Bd 2 (2. Aufl 1986) § 2 Risikoverträge
HELM, A breed apart; the horses and the players (New York 1991)
SCHWARTZ, Strukturfragen und ausgewählte Probleme des österreichischen Glücksspielrechts (Wien 1998)
Schweizer Institut für Rechtsvergleichung, Study of Gambling Services in the internal Market of the European Union (2006).

Systematische Übersicht

I. Regelung des Titels

1. Inhalt

1 Der Titel 19 behandelt unter der Überschrift „Unvollkommene Verbindlichkeiten" einige Formen der so genannten **„aleatorischen Verträge"** (Glücksverträge). Der Titel enthält keine Regelungen für alle Arten der aleatorischen Verträge, da sich diese insgesamt einer gesetzlichen Definition entziehen und kein Bedürfnis für eine umfassende Regelung sämtlicher aleatorischen Verträge angenommen wurde (Mot II 643). Die Regelung beschränkt sich auf die wichtigsten Formen: **Spiel, Wette** (§ 762); **Lotterie- und Ausspielvertrag** (§ 763); und früher das **Differenzgeschäft** (§ 764). Auch für diese geregelten Formen gibt das Gesetz keine Begriffsbestimmung, sondern überlässt sie Wissenschaft und Rechtsprechung (Mot II 643). Die Regelungen sind auch im Übrigen fragmentarisch. Es wird lediglich die zurückgesetzte Rechtswirksamkeit (Rn 4 ff) für Spiel und Wette (§ 762) und nicht staatlich genehmigte Lotterie- und Ausspielverträge (§ 763 S 2) angeordnet. Diese wurde

früher auf das Differenzgeschäft ausgedehnt (§ 764). Verträgen im Rahmen staatlich genehmigter Lotterien und Ausspielungen wird dagegen ausdrücklich die Verbindlichkeit zuerkannt (§ 763 S 1), ebenso den Finanztermingeschäften des § 37e S 2 WpHG.

2. Spiel und Wette als eigenständige Vertragstypen

Die im Titel 19 geregelten aleatorischen Verträge stellen **eigenständige Vertragstypen** dar (hM Palandt/Sprau § 762 Rn 1; Erman/Terlau § 762 Rn 1, MünchKomm/Habersack § 762 Rn 1). Sie erfüllen trotz äußerlicher Ähnlichkeiten nicht alle Tatbestandsmerkmale anderer Vertragstypen. So fehlt bei Kartenspielen und Roulette für die Annahme eines Gesellschaftsvertrags der gemeinsame Zweck. Beim Lotterievertrag fehlt trotz des „Kaufs des Loses" für die Annahme eines Kaufs die Übereignungsverpflichtung als Hauptpflicht. (Häufig bleibt Eigentümer des „Loses" der Lotterieunternehmer, bzw der Spielabschnitt gilt lediglich als Quittung für den Spieleinsatz [vgl § 763 Rn 27]; aber auch soweit das Los übereignet wird [vgl § 763 Rn 20 bei der Klassenlotterie], ist nicht die Übereignung die Hauptpflicht des Vertrages, sondern die Einräumung der Gewinnmöglichkeit.) Ein Sonderproblem stellte das Differenzgeschäft des § 764 dar, weil in diesem ausdrücklich von einem „auf Lieferung … lautenden Vertrag" gesprochen wurde, der nur wegen einer anders gerichteten Absicht als Spiel anzusehen ist. Aber auch in diesem Fall ist von einem eigenständigen Vertragstyp auszugehen, der eben nur üblicherweise eine andere Bezeichnung trägt (aM Henssler, Risiko 572: § 764 kein eigenständiger Vertragstyp, sondern ein Unwirksamkeitsgrund für verschiedene Arten von Rechtsgeschäften). **2**

Auch aleatorische Verträge können sich **missbräuchlich** der Form anderer Verträge bedienen. Dieser Fall ist nach § 117 Abs 2 zu behandeln, er spricht nicht gegen einen besonderen Vertragstyp. Gerade diesen Verträgen fehlt stets ein Merkmal des missbräuchlich verwendeten Vertragstyps (zB beim Differenzgeschäft die Übergabe- und Übereignungsverpflichtung des „Verkäufers"; vgl Schlütter/Lüer Betrieb 1976, 1253). Soweit aleatorische Verträge mit anderen Verträgen verbunden sind (Heuer- oder Promessengeschäft als Pacht an einem Lotterierecht; Spielgemeinschaft als Gesellschaft zur Teilnahme an einer Lotterie), wird dadurch der Charakter des Grundgeschäfts nicht berührt (vgl zur Behandlung solcher Nebengeschäfte § 762 Rn 40 ff; § 763 Rn 16). **2a**

Das Gesetz **verzichtet** bewusst auf eine **Definition** für die geregelten Verträge und überlässt die Begriffsbestimmung der Wissenschaft und der Rechtsprechung und unterwirft auch sonst diese Verträge keiner umfassenden Regelung. Deshalb wurde im älteren Schrifttum teilweise die Meinung vertreten, es handle sich bei diesen Verträgen nicht um einen besonderen Vertragstyp, sondern der Titel 19 regele lediglich eine *besondere Einwendung,* die die Rechtswirksamkeit verschiedener Verträge einschränken könne (Heck, Grundriss des Schuldrechts § 138; Palandt/Thomas § 762 Anm 1 in älteren Aufl). Diese Auffassung wird heute nicht mehr vertreten (MünchKomm/Habersack § 762 Rn 3; Erman/Müller § 762 Rn 1; Soergel/Häuser § 762 Rn 1). Nachdem der Gesetzgeber bewusst nur einzelne Vertragstypen der aleatorischen Verträge im Titel 19 geregelt hat, ist eine analoge Anwendung dieser Vorschriften auf nicht geregelte Formen solcher Verträge nur sehr eingeschränkt möglich. In jedem Fall ist zu prüfen, ob die Regelungsgründe für die im Titel 19 geregelten Formen (s unten **2b**

Rn 4) auf die nicht geregelten Fälle zutreffen. Diese Feststellung wird vor allem dadurch erschwert, dass die Regelungsgründe nur unscharf erkennbar sind.

3. Die Behandlung als unvollkommene Verbindlichkeit

3 Die Verträge des Titels 19 sind grundsätzlich **nicht verboten** oder an sich verwerflich, auch soweit sie um finanziellen Gewinns abgeschlossen werden. § 762 Abs 1 ist somit nicht ein normierter Anwendungsfall des § 138, § 762 Abs 1 S 2 nicht des § 817 S 2 (Soergel/Häuser § 762 Rn 3; Servatius WM 2004, 1804, 1808; **aA** Henssler, Risiko 483 und wohl Fikentscher, Schuldrecht [8. Aufl 1991] Rn 5). Sonst wäre nicht zu begründen, dass die Regelung im Vertragsrechtsteil des BGB stünde und auch kaum einzusehen, dass die staatliche Genehmigung einen Lotterie- oder Ausspielvertrag wirksam macht (Fuchs, in: FS Medicus [1999], Naturalobligation und unvollkommene Verbindlichkeit im BGB 140). Auch soweit die Literatur von eigenständigen Vertragstypen ausgeht (so Rn 2) sieht eine verbreitete Meinung in den Forderungen aus aleatorischen Verträgen lediglich einen *vom Recht anerkannten Erwerbsgrund (causa acquirendi)*. Dieser würde den Spieler berechtigen, die erhaltene Leistung zu behalten, ohne dass daraus ansonsten rechtliche Folgerungen zu ziehen wären (Henssler, Risiko 434; MünchKomm/Habersack § 762 Rn 3; Enneccerus/Lehmann § 3 II 1 a; Esser I § 7 I 3; Flume, AllgT des BGB 95; Jauernig/Vollkommer § 762 Rn 6; Palandt/Grüneberg Einl vor § 241 Rn 12; zweifelhaft Palandt/Sprau § 762 Rn 1 und 5, der zwar § 762 nur als Rechtsgrund für Erfüllungsleistungen ansieht, dies aber dann als sog unvollkommene Verbindlichkeit bezeichnet). Diese Meinung stützt sich besonders auf den Gesetzeswortlaut (*„… wird eine Verbindlichkeit nicht begründet“)*. Diese Formulierung ist aus dem terminologischen Verständnis der Verfasser des BGB zu verstehen, das unter einem „Schuldverhältnis“ grundsätzlich die klagbare Obligation verstanden hat (Mugdan, Die gesamten Materialien zum Bürgerlichen Gesetzbuch, Bd 2, 2; Staudinger/Olzen [2005] § 241 Rn 25). Ein Schuldverhältnis in diesem (klagbaren) Sinne will das Gesetz durch Spiel und Wette nicht begründen. Daraus kann nicht geschlossen werden, dass der Gesetzgeber damit jegliches Forderungsrecht ausschließen wollte; denn an gleicher Stelle (Mugdan aaO) hat er ausgeführt: „Nur in wenigen Fällen erkennt der Entwurf das Bestehen einer unvollkommenen Obligation an, indem durch positive Bestimmung eine Obligation, welche nach allgemeinen Grundsätzen begründet sein würde, nur in unvollkommener Weise reprobiert ist.“ Dabei werden ausdrücklich die Vorschriften über Spiel und Wette genannt (Fuchs, aaO 130).

3a Mit der Formulierung des § 762 Abs 1 hat der Gesetzgeber ein Regelungsmodell gewählt, das vom Typus des schuldrechtlichen Vertrags ausgeht, den daraus resultierenden **Verbindlichkeiten** die **Rechtswirksamkeit** aber bis auf einen geringen Rest **versagt**, insbesondere die Durchsetzbarkeit. Die anerkannte rechtliche Relevanz des geschlossenen Vertrages kommt darin zum Ausdruck, dass das dennoch Geleistete nicht zurückgefordert werden kann (Fuchs aaO 139). Dieser rechtliche Gehalt des § 762 wird in der Literatur mit verschiedenen Begriffen bezeichnet: zB „erfüllbare Nichtforderung“ (Fikentscher, Schuldrecht Rn 55), „Konventionalschuld“ (Larenz, Schuldrecht I § 2 III), besonders aber „Naturalobligation“ und „unvollkommene Verbindlichkeit“, Verträge mit „verminderter Wirksamkeit“ (BeckOK/Janoschek Rn 1). Die Begriffe werden teilweise synonym verwendet (Staudinger/Engel [1995] Rn 3, vgl auch Staudinger/Olzen [2005] Vorbem 244 ff zu §§ 241 ff). Deshalb wird die Meinung vertreten, auf eine begriffliche Festlegung ganz zu verzichten (Henssler, Risiko 434;

Staudinger/Schmidt [1995] Vorbem 288 zu § 241, der bei jeder Verbindlichkeit von einem Bündel von Befugnissen ausgeht und für § 762 daraus die Befugnis zum Behalten der empfangenen Leistung als verbleibende Befugnis sieht). Am sinnvollsten ist die Bezeichnung der Rechtsnatur des § 762 Abs 1 als **unvollkommene Verbindlichkeit**. Diesen Begriff enthält jetzt auch die Überschrift des 19. Titels des BGB. Damit wird deutlich gemacht, dass – abgesehen von der mangelnden Durchsetzbarkeit der Forderung – das Schuldverhältnis voll wirksam ist (so auch in Abgrenzung zur „Naturalobligation" Fuchs, aaO 139; wie hier auch Planck/Oegg § 762 Anm 3; BGB-RGRK/Seibert § 762 Rn 1, 6; eingehend zur historischen Entwicklung und zur dogmatischen Einordnung der Naturalobligation: Schulze, Die Naturalobligation [2008]). Die Streitfrage ist ohne große praktische Bedeutung; denn auch die Vertreter des „anerkannten Erwerbsgrund" nehmen ohne besondere Begründung an, dass aus Spiel und Wette auch Verpflichtungen (aus cic, pVV) bestehen können.

4. Gründe für die Behandlung als unvollkommene Verbindlichkeit

Angesichts der fragmentarischen Regelungen ist die **Feststellung der Gründe** für diese gesetzliche Entscheidung erforderlich, um die geregelten Gestaltungen von ähnlichen Rechtsinstituten abzugrenzen (s unten Rn 7) und um ihre Auswirkungen zu begrenzen oder zu erweitern. Dabei besteht die Schwierigkeit, dass die Gesetzesmaterialien wenig aufschlussreich sind und auf ihre noch bestehende Relevanz überprüft werden müssen. Die Bestimmungen des Gesetzes über die zurückgesetzte Rechtswirksamkeit beruhen nicht auf dem Gedanken, dass der Abschluss solcher Verträge unsittlich oder verbotswürdig wäre und die Rechtsordnung deshalb solchen Geschäften ihren Schutz versagen müsse (hM; insoweit differenziert Tettinger/Ennuschat, Grundstrukturen des deutschen Lotterierechts S 59, der in der zurückgesetzten Verbindlichkeit den Ausdruck einer „grundsätzlichen Missbilligung des Spiels" sieht). 4

Darüber hinaus bestehen über den Gesetzeszweck die **unterschiedlichsten Auffassungen**. Zur Deutung der Regelungsmotive muss auf das Wesen der im Titel 19 geregelten aleatorischen Verträge abgestellt werden. Dieses besteht darin, dass bei diesen Geschäften die *Unsicherheitsfaktoren nicht nur in Kauf genommen werden,* wie es bei vielen riskanten Geschäften der Fall ist (zB spekulative Geschäfte; Versicherungsverträge; Leibrentenverträge), sondern der *Unsicherheitsfaktor (also eine Zufallseinwirkung)* **Kernpunkt und Wesensmerkmal des Vertrages** ist und dessen Ausnutzung die Absicht der Parteien (Servatius WM 2004, 1804). Deshalb ist die weitgehende Verbindlichkeit von Finanztermingeschäften, die als Spielgeschäfte nach dem objektiven Tatbestand zu betrachten sind, logisch. In diesen Fällen ist davon auszugehen, dass die Zufallseinwirkung zumindest von dem gewerblichen Finanzdienstleister nur in Kauf genommen wird. Auch der andere Handelnde nimmt in der Regel an, dass er nicht allein dem Zufall ausgeliefert ist. Bei den geregelten aleatorischen Geschäften wird demgegenüber ohne anerkennenswerte wirtschaftliche Motive ein greifbarer Einsatz für eine Gewinnchance geopfert, deren Eintreten nicht in der Hand eines Vertragspartners liegt. Das moderne Recht mit seinem Abstellen auf soziale Werte und seiner zweckrationalen Auffassung steht solchen Verträgen gleichgültig gegenüber (Esser II § 93 I 1); es will sie weder grundsätzlich verbieten noch sie durch die Gewährung von rechtlichem Schutz fördern. In den Motiven ist deshalb auch ausdrücklich die zurückgesetzte Rechtswirksamkeit mit der Rechtsauffassung der Gegenwart begründet worden (Mot II 643, 644). Die aleatorischen Verträge liegen in einem Bereich außerhalb der nüchternen Wert- 4a maßstäbe des staatlichen Rechts; sie folgen besonderen Regeln der Gesellschaft und Sitte und sind deshalb konsequenterweise nicht mit staatlichen Zwangsmitteln durchsetzbar (Prot II 797). Außerdem legen die mit diesen aleatorischen Geschäften verbundenen wirtschaftlichen und sittlichen Gefahren (Spielsucht) es nahe, solchen Geschäften nicht durch Gewährung richterlicher Hilfe Vorschub zu leisten. Daneben spielte eine zum Zeitpunkt der Gesetzesfassung bestehende spielfeindliche Einstellung der Gesellschaft wohl eine Rolle (vgl Rn 7).

4b Die beiden maßgeblichen gesetzgeberischen Gründe für die zurückgesetzte Rechtswirksamkeit der in diesem Titel geregelten aleatorischen Verträge sind:

- der **Mangel** *eines von der staatlichen Rechtsordnung geförderten* **ernsten sittlichen** *und* **wirtschaftlichen Zwecks** und
- die mit *solchen Verträgen verbundenen* **wirtschaftlichen und sittlichen Gefahren**.

Diese Gesichtspunkte sind für die Abgrenzung der Vertragstypen (und ggf für eine analoge Anwendung der Vorschriften auf nicht umfasste Vertragstypen) und für die Anwendung der Unklagbarkeit auf Hilfs- und Nebengeschäfte zu beachten (§ 762 Rn 34 ff). Wieweit diese Gründe für die Regelung der Geschäfte des Titel 19 **noch passend** sind, ist **zweifelhaft**; denn der moderne Gesetzgeber und die gesellschaftliche Entwicklung haben diese Geschäfte in immer weiterem Maße der Unverbindlichkeit entzogen. Die wirtschaftliche Bedeutung dieser Geschäfte ist inzwischen sehr groß geworden (vgl dazu unten Rn 8). Der größte Teil dieser Verträge unterliegt aufgrund Sonderregelungen (§ 763; § 37e WpHG) und der neueren Rechtsprechung (vgl die analoge Anwendung des § 763 auf staatlich genehmigte Spiele und Wetten [s unten § 762 Rn 6]; Ausweitung des Begriffs Finanztermingeschäftes durch Art 1 des Gesetzes zur Umsetzung der Richtlinie über Märkte für Finanzinstrumente und der Durchführungsrichtlinie der Kommission [Finanzmarktrichtlinie-Umsetzungsgesetz vom 16. 7. 2007, BGBl I 1330]) nicht mehr der zurückgesetzten Rechtswirksamkeit. Trotzdem hat diese Regelung ihre Berechtigung, die die Einschränkung der Privatautonomie auch verfassungsrechtlich unbedenklich erscheinen lässt (Soergel/Häuser § 762 Rn 1).

4c Die im Hinblick auf die **Rechtswegegarantie** erhobenen Bedenken (Selle/Kretschmer ZfWG 2006, 294 unter Hinweis auf BVerfGE 88, 118; 116, 135) sind nicht durchschlagend, weil die Ausgestaltung als unvollkommene Verbindlichkeit auf sachlichen Erwägungen beruht, die mit der Natur und dem besonderen Charakter des Spiel- und Wettvertrages zusammenhängen (vgl dazu bezüglich des Ehemäklervertrages als unvollkommene Verbindlichkeit BVerfGE 20, 31).

4d Die bei **Glücksspielen** bestehenden **Gefahren** sind in den letzten Jahren mit der Ausweitung dieser Betätigungen verstärkt in das öffentliche Blickfeld getreten. Inzwischen ist das Bestehen eines Krankheitsbildes „Spielsucht“ allgemein anerkannt. Dieses Suchtpotential besteht besonders bei den „echten Glücksspielen“ (Spielbanken und Glückspielautomaten); es ist auch im Bereich der „Sportwetten“ (Oddset-Wetten, Fußballtoto) gegeben. Das Suchtpotential bei den Lotterien mit einer verzögerten Gewinnermitteilung (Lotto, Klassenlotterien) ist als geringer einzuschätzen, aber nicht zu vernachlässigen. Das unterschiedliche Gefahrpotential von

Glücksspielen einerseits und Lotterien andererseits besteht insbesondere wegen der sehr viel höheren Spielfrequenz bei Glücksspielen, zB bei Geldspielautomaten 15 Sekunden pro Spiel. Diese hohe Frequenz führt dazu, dass der neue Einsatz im Zeitraum der durch einen Gewinn hervorgerufenen Euphorie bzw dem durch einen Verlust hervorgerufenen Missbehagen geleistet wird und damit weniger stark rational gesteuert ist (vgl MEYER, Pathologisches Glücksspiel – Erscheinungsbild und Erklärungsansätze, Universität Trier, Fachbereich IV 1991 mit weiteren Nachweisen). Auf diese Gefahren der Spielverträge als Grund für die gesetzlich festgelegte Einschränkung der Verbindlichkeit der Geschäfte weist vor allem HENSSLER (Risiko 429 ff) hin. Die Erkenntnisse über die Gefahren der Glücksspielsucht haben – über § 762 hinaus – Bedeutung für die Gesetzgebung, besonders für die verbindlichen Spiel- und Lotterieverträge (vgl DIEGMANN/HOFFMANN/OHLMANN, Praxishandbuch für das gesamte Spielrecht Rn 366 ff; MEYER/BACHMANN, Spielsucht – Ursachen und Therapie [2000]; MEYER, Glücksspiel – Zahlen und Fakten, in: Jahrbuch Sucht [2014] 120 ff; BECKER/DITTMANN, Gefährdungspotentiale von Glücksspielen und regulatorischer Spielraum des Gesetzgebers, in: ENNUSCHAT, Aktuelle Probleme des Rechts der Glücksspiele 113; PETRY/FÜCHTENSCHNIEDER-PETRY/VOGELGESANG/BRÜCK, Pathologisches Glücksspielen [2013]).

5. Bedeutung des Rechts der Europäischen Gemeinschaften

Auf Grund des durch den AEUV eröffneten europäischen Binnenmarktes stellt sich die Frage, inwieweit die (deutschen) Regelungen über Spiel und Lotterie mit europäischem Recht vereinbar sind. Unbeschadet der Tatsache, dass nach deutschem Rechtsverständnis Spiel und Lotterie dem Recht der öffentlichen Sicherheit unterliegen, sieht die Rspr des EuGH Spiel- und Lotterierecht als Recht der Wirtschaft an. Die Beschränkung der Veranstaltung und der Vermittlung von Spielen, Wetten und Lotterien stellt dem entsprechend eine Beschränkung der Niederlassungsfreiheit und des freien Dienstleistungsverkehrs nach Art 49 und 56 AEUV dar (EuGH NJW 2007, 1515 mit Anm HALTERN; EuGH EuZW 2000, 151 mit Anm STEIN; EuGH NJW 2004, 139). Allerdings können solche Beschränkungen aufgrund der in Art 51 und 56 f AEUV vorgesehenen Ausnahmeregelungen zulässig oder aus zwingenden Gründen des Allgemeininteresses gerechtfertigt sein. 5

Als zwingende Gründe des Allgemeininteresses hat der EuGH anerkannt: den Verbraucherschutz, die Betrugsvorbeugung, die Vermeidung von Anreizen für die Bürger zu überhöhten Ausgaben für das Spielen, sowie die Verhütung von Störungen der sozialen Ordnung im Allgemeinen. Diesen Zielen dienen die Beschränkungen des deutschen Glücksspiel- und Lotterierechts nach § 1 GlüStV (MünchKomm/HABERSACK § 762 Rn 1 Fn 5). Diesem Rechtsrahmen entsprechend ist auch das Verbot der Werbung für ausländische Lotterien europarechtlich zulässig (EuGH NJW 1994, 2013, vgl dazu: HATTIG, Untersuchung der Vereinbarkeit von nationalem Glücksspielrecht mit dem Europäischen Gemeinschaftsrecht am Beispiel Schwedens [Diss Hamburg 1999]; SURA, Die grenzüberschreitende Veranstaltung von Glücksspielen im Europäischen Binnenmarkt [Diss Saarbrücken 1994]; ders, Die gemeinschaftsrechtliche Beurteilung eines Lotterieverbots, NJW 1995, 1470). Bei der Beurteilung der Erfordernisse für die Erreichung der Ziele steht den staatlichen Stellen ein Ermessen zu (EuGH NJW 2000, 139), ihre Regelungen müssen aber den Anforderungen der Verhältnismäßigkeit genügen, insbesondere dürfen sie nicht über das Erforderliche hinausgehen oder diskriminierend angewandt werden (EuGH NJW 1996, 576; 2004, 139; EuGHE 2003, I 13519). Mit Entscheidungen vom 8. 9. 2010 5a

(NVwZ 2010, 1409, 1419, 1422) hat der EuGH das staatlich Monopol bei den Lotterien als gemeinschaftskonform bestätigt, bei den Sportwetten dagegen Ausnahmen gefordert. Dies führte unter anderem zur Neufassung des Glücksspielstaatsvertrags (Glücksspielstaatsvertrag vom 15. 12. 2011).

II. Begriffsbestimmungen

1. Merkmale der Verträge des Titels 19

6 Die Verträge des Titels 19 sind *gegenseitig verpflichtende Verträge,* durch die die Vertragspartner sich unter ungewissen Bedingungen vermögenswerte Leistungen versprechen. Auf diese Ausnutzung der Unsicherheit muss die Absicht der Parteien gerichtet sein. Zusätzlich muss der Vertrag ohne darüber hinausgehenden wirtschaftlich oder sozial berechtigten Hauptzweck geschlossen werden.

Es können *zwei oder mehr Vertragsparteien* vorhanden sein. Die gegenseitigen Verpflichtungen können, müssen aber nicht gleich sein. Einer Partei kann eine *größere Leistung,* eine *schwerere Bedingung* auferlegt sein. Es kann eine Partei eine *unbedingte,* die andere eine *bedingte Leistung* zu erbringen haben (so stets bei Lotterie- und Ausspielung).

Spiel und Wette unterscheiden sich durch den mit ihnen verfolgten *subjektiven Zweck:* Beim *Spiel: Unterhaltung und Gewinn;* bei der *Wette: Die Bekräftigung einer Überzeugung,* dh die entgegengesetzten Bedingungen, die über die vermögenswerte Leistung entscheiden, müssen Behauptungen sein (dazu § 762 Rn 2 ff).

6a Der Lotterie- und Ausspielvertrag (und früher das Differenzgeschäft) sind als Unterarten des Spiels zu betrachten (allgM Staudinger/Brändl[10/11] Vorbem 4 zu § 762; Planck/Oegg § 763 Anm 1; BGB-RGRK/Seibert § 762 Rn 1, § 763 Rn 1; Soergel/Häuser Vorbem 1 zu § 762; BeckOK/Janoschek § 762 Rn 3; MünchKomm/Habersack § 762 Rn 5;; Schlund, Das Zahlenlotto 71 f; Henssler, Risiko 512; BGHSt 34, 179; **aA** Staudinger/Engel [2008]; auch die Gesetzesmotive gingen von unterschiedlichen Vertragstypen aus [Mot II 643]). Deshalb ist auf nicht staatlich genehmigte Lotterien und Ausspielungen nach § 763 S 2 der § 762 anzuwenden und umgekehrt auf staatlich genehmigtes Spiel und Wette § 763 S 1 analog (s unten § 762 Rn 6). Diese Auffassung liegt auch dem GlüStV zugrunde.

> *§ 3 Abs 1 S 1 GlüStV*
> *Ein Glücksspiel liegt vor, wenn im Rahmen eines Spiels für den Erwerb einer Gewinnchance ein Entgelt verlangt wird und die Entscheidung über den Gewinn ganz oder überwiegend vom Zufall abhängt.*
>
> *§ 3 Abs 3 GlüStV*
> *Ein Glücksspiel im Sinne des Abs 1, bei dem einer Mehrzahl von Personen die Möglichkeit eröffnet wird, nach einem bestimmten Plan gegen ein bestimmtes Entgelt die Chance auf einen Geldgewinn zu erlangen, ist eine Lotterie.*

2. Abgrenzung von ähnlichen Verträgen

7 **Nicht** unter die im 19. Titel geregelten aleatorischen Verträge fallen *Verträge, die*

ernsten sozialen oder wirtschaftlichen Interessen dienen (BeckOK/Janoschek Rn 5 gegen dieses – ungeschriebene – Tatbestandsmerkmal der aleatorischen Verträge: Servatius WM 2004, 1804). Deshalb wurden die *Sicherungsgeschäfte,* dh die mit einem effektiven Hauptgeschäft verbundenen Finanztermingeschäfte nicht als Spiel betrachtet (s unten Rn 9 und die Bemerkung zu dem aufgehobenen § 764). **Nicht** als aleatorische Verträge des Titels 19 sind die *Lebensversicherungsverträge,* zu betrachten. Ihnen liegt nicht das Motiv zu Grunde, aus dem Risiko Gewinn zu erzielen, sondern für den Versicherungsnehmer ist gerade die Ausschaltung des Verlustrisikos das Ziel (allgM mit im Einzelnen unterschiedlichen Begründungen vgl Henssler, Risiko 459). Dies gilt auch für die – der Lebensversicherung ähnliche – Form der *Tontinenverträge.* Tontinenverträge umfassen die Bildung von Gemeinschaften, in denen sich Teilhaber vereinigen, um ihre Beiträge gemeinsam zu kapitalisieren und das so gebildete Vermögen entweder auf die Überlebenden oder die Rechtsnachfolger der Verstorbenen zu verteilen (Begründung zu Art 1 Nr 81 des Dritten Durchführungsgesetzes EWG zum VAG, BT-Drucks 12/6959 vom 4. 3. 1994). Auch wenn beim Tontinenvertrag die Nähe zu einem aleatorischen Vertrag größer als bei üblichen Lebensversicherungen ist (vgl die Bedenken des Gesetzgebers in der Gesetzesbegründung [aaO]), ist er doch als Versicherungsvertrag einzustufen, wie es auch in der Gesetzesbegründung ausdrücklich festgelegt wurde (aaO; vgl VAG Anl A Nr 22). In Deutschland werden gegenwärtig keine Tontinenverträge angeboten (Prölss/Präwe, Versicherungsaufsichtsgesetz § 1 VAG Rn 14 ff; RGZ 129, 142). Die Sonderregelung der *Leibrentenverträge* in §§ 759 ff überlagert die spielerischen Elemente dieses Rechtsinstituts (Henssler, Risiko 460). Nicht als Spielverträge sind demnach auch die Kapitalmarktprodukte mit „Sportkomponente“ (FC-Bayern Sparkarte uÄ) oder sonstigen Zufallskomponenten (DAX-Sparbuch der Postbank) anzusehen (Sparverträge, bei denen sich aufgrund sportlicher Erfolge oder Indexsteigerungen eine höhere Verzinsung ergibt), weil insoweit, jedenfalls auf Seiten der Bank, ein ernsthafter wirtschaftlicher Grund (Werbung um Sparkapital) vorliegt (Servatius WM 2004, 1804; Kessler/Heda WM 2004, 1812).

Nach einer früher vertretenen Meinung fallen *sportliche Kampfspiele* generell nicht **7a**
unter den Begriff des „Spiels“, da sie der körperlichen Ertüchtigung dienen, die ein Gegenstand öffentlicher Fürsorge ist (Staudinger/Brändl[11] Vorbem 5 zu § 762; BGB-RGRK/Fischer[11] § 762 Anm 2), und da der Sprachgebrauch zwischen Spiel und Sport unterscheidet (Heck, Schuldrecht § 138 Anm 5 b; Enneccerus/Lehmann § 189 I 1) und auch frühere und ausländische Rechte gewisse Kampfspiele bevorzugt haben (vgl § 762 Rn 1). Diese Begründungen sind nicht mehr zur Rechtfertigung geeignet. Die besondere Abhebung des Sports von sonstigen Unterhaltungstätigkeiten ist durch die Entwicklung des modernen Sports und die wertneutrale Betrachtung der heutigen Gesellschaft nicht mehr gegeben. Nach heutiger Auffassung sind *Spiele, die auf sportliche Gewandtheit abstellen, in gleicher Weise als Spiele iSd § 762 zu betrachten* wie andere Geschicklichkeitsspiele oder gemischte Geschicklichkeits- und Glücksspiele wie Kartenspiele, Kegeln uÄ (vgl § 762 Rn 6).

Allerdings fallen ein großer Teil der sportliche Spiele aus anderen Gründen nicht **7b**
unter die Regelung der §§ 762 ff. **Nicht** unter den Begriff des Spiels fallen *Pferderennverträge,* bei denen sich der Rennveranstalter verpflichtet, dem Rennteilnehmer, der vor seinen Konkurrenten unter Einhaltung der gegebenen Regeln am Ziel ankommt, eine bestimmte Geldsumme oder einen bestimmten Ehrenpreis zu geben, während dieser einen Einsatz leistet, den er bei Nichtteilnahme oder Unterliegen

des Pferdes verliert. Diese Verträge sind keine aleatorischen Verträge des Titels 19, *weil sie ernsthaften wirtschaftlichen Zwecken,* der Förderung der Pferdezucht, *dienen* (OLG Karlsruhe DJZ 1906, 436; Soergel/Häuser § 762 Rn 2). **Nicht** zu den im 19. Abschnitt geregelten Verträgen zählen auch die Prämienversprechen für besondere Leistungen, besonders für den Gewinner von Turnieren, soweit sie zu wichtigen wirtschaftlichen Zwecken – über den gesellschaftlich – unverbindlichen Bereich hinausgehend – erfolgen, wie Boxen, Tennis, Ski, Reiten (Praxis Handbuch SportR/Fritz-Weiler Teil 3 Rn 17, 38). Diese Geschäfte dienen der Werbung, dem Erzielen von Eintrittsgeldern und Einnahmen aus Fernsehübertragungen. Alle diese Geschäfte sind unzweifelhaft verbindlich und erfordern den Einsatz von hohen wirtschaftlichen Mitteln. Damit dienen die im Annex dazu stehenden Prämienversprechen ernsten sozialen und wirtschaftlichen Zwecken. Rechtsdogmatisch ist als ungeschriebenes Tatbestandsmerkmal der Verträge des 19. Abschnitts der Mangel an ernsten wirtschaftlichen und sozialen Interessen und die Gefährlichkeit anzusehen. Soweit Geschäfte dieses Tatbestandsmerkmal nicht enthalten, aber die anderen Merkmale von Spiel und Wette, Lotterievertrag und Differenzgeschäft aufweisen, sind sie als nicht geregelte atypische Verträge (§ 305) anzusehen (ähnlich auch MünchKomm/Habersack Rn 7; Henssler, Risiko 463 f).

III. Wirtschaftliche Bedeutung der Spiel- und Lotterieverträge; rechtliche Behandlung von Spielgewinnen

1. Wirtschaftliche Bedeutung der Spiel- und Lotterieverträge

8 Im Gegensatz zur Zeit beim Erlass der Vorschriften haben die aleatorischen Verträge heute eine *erhebliche wirtschaftliche Bedeutung* erlangt, besonders Glücksspielautomaten, Lotterien und Spielbanken, aber auch die Spekulationsgeschäfte, die früher von § 764 umfasst waren. Seit dessen Aufhebung unterfallen sie dem 19. Titel nur noch soweit sie Spielgeschäfte sind. Diese Geschäfte haben in der Form der Finanztermingeschäfte eine immense Bedeutung erlangt. Wetten und Geschicklichkeitsspiele dagegen sind kaum wirtschaftlich beachtlich.

Der **Gesamtumsatz** des Glücksspiels in Deutschland (nur legales: beim illegalen Glücksspiel lassen sich die Umsätze nicht beziffern, sie dürften aber eine beachtliche Höhe haben) betrug 2012: 33.111 Mio € (Meyer, Glücksspielzahlen und Fakten, in: Deutsche Hauptstelle für Suchtfragen [Hrsg], Jahrbuch Sucht [2014]).

Den wirtschaftlich bedeutsamsten Bereich stellen die **Geldspielautomaten** dar. Mit den in Spielhallen und Gaststätten aufgestellten Geldspielautomaten wurde im Jahr 2012 ein Gesamtumsatz von ca 19.213 Mio € erzielt (§ 762 Rn 46). Der Gesamtumsatz in *Spielbanken* betrug im Jahr 2012 ca 5.935 Mio € (§ 762 Rn 47); obwohl die Umsätze durch die Konkurrenz der Spielhallen rückläufig war. Bei Erlass des BGB waren Spielbanken und öffentliche Glücksspiele *generell verboten.*

Von Lotterien war **1900** lediglich die Klassenlotterie als Staatslotterie (§ 763 Rn 19) geduldet, sowie einige unbedeutende gemeinnützige Ausspielungen. Die im Deutschen Lotto-Toto Block vereinigten staatlichen Lotterien erzielten 2012 einen Spielertrag von ca 6.413 Mio €, besonders aus der Veranstaltung von Lotto, Fußballtoto, Oddset Wetten und der Glücksspirale. Die weiterhin bestehenden *Klassenlotterien,* private Lotterien (besonders *Fernsehlotterien)* und *„Pferdewetten"* teilen sich den Rest des Umsatzes.

Insgesamt stellen Glücksspiele und Lotterien einen **Wirtschaftszweig** mit weit über 100 000 Beschäftigten dar, mit dem fast jeder Bürger ständig in Berührung kommt (vgl Lammers, Stellung und Bedeutung des Lotteriewesens in der heutigen Gesellschaft, in: 200 Jahre Zahlenlotterie in Deutschland [1965]; Schlund, Das Zahlenlotto [1972] Kap 3; Sieghardt, Die öffentlichen Glücksspiele [1899]; Staatl Lotterieverwaltung [Hrsg], 50 Jahre Bayerische Staatslotterie [1996]). Ganz davon abgesehen, dass die meisten Finanztermingeschäfte als die heute wichtigste Spekulationsform den objektiven Tatbestand des § 762 erfüllen und nur wegen der fehlenden „Spielabsicht" oder wegen der Sondervorschrift des § 37e WpHG nicht von der Rechtsfolge des § 762 (unvollkommene Verbindlichkeit) getroffen werden. Ihr wirtschaftlicher Umfang lässt sich kaum schätzen, beträgt aber sicher mehrere hundert Milliarden Euro. Trotz ihrer wirtschaftlichen Bedeutung werden die Verträge des Titels 19 in der zivilrechtlichen juristischen Literatur nur sehr knapp abgehandelt; dies beruht vor allem darauf, dass sie nur selten den BGH (bei den Fällen von Differenzgeschäften, die dem BGH häufig vorlagen, war jeweils der Termineinwand vorrangig) beschäftigt haben, während die Untergerichte sich häufig mit ihnen befassen mussten. Die Befassung mit diesen Verträgen durch die Rechtswissenschaft ist auch deshalb so gering, weil die Beschäftigung mit Spiel und Wette als nicht ernsthaft, möglicherweise auch nicht wissenschaftlich genug, erscheint (vgl Henssler, Risiko 420, dessen Arbeit insoweit eine große Ausnahme darstellt). 8a

2. Rechtliche Behandlung von Spielgewinnen im Zugewinnausgleich

Lotteriegewinne sind im Rahmen eines Zugewinnausgleichs nicht dem Anfangsvermögen nach § 1374 Abs 2 zuzurechnen (BGH NJW 2013, 3645; BGHZ 68, 43); auch dass der Gewinn längere Zeit nach der Trennung erzielt wurde, rechtfertigt nicht die Annahme einer groben Unbilligkeit iSv § 1381 Abs 1 (BGH NJW 2013, 3645). 9

IV. Gesetzliche Regelungen außerhalb des BGB

1. Übersicht

Mit der wachsenden wirtschaftlichen Bedeutung solcher Geschäfte machte sich die Lückenhaftigkeit der Regelungen der aleatorischen Verträge bald nach dem Erlass des BGB bemerkbar. Dies führte dazu, dass Regelungen in Spezialgesetzen getroffen wurden und die Unternehmer die vertraglichen Beziehungen durch umfangreiche Allgemeine Geschäftsbedingungen regelten (§ 763 Rn 26). Die Notwendigkeit einer spezialgesetzlichen Regelung ergab sich zunächst im Bereich der Wetten bei Pferderennen (vgl Rennwett- und Lotteriegesetz vom 8. 4. 1922; zur Entwicklung bis zu dieser Regelung Staudinger/Brändl[11] Vorbem 6 zu § 762; dazu § 763 Rn 13). Weitere gesetzliche Regelungen betreffen die Staatslotterien (§ 763 Rn 19), die Spielbanken (§ 762 Rn 47) und die Spielautomaten (§ 762 Rn 46). Bezüglich der Finanztermingeschäfte trifft das WpHG Sonderregelungen (vgl dazu die Anmerkung zu dem aufgehobenen § 764 und § 762 Rn 48). 10

2. Straf- und verwaltungsrechtliche Regelungen

11 Diese Gesetze treffen nur in geringem Umfang zivilrechtliche Regelungen; in der Hauptsache enthalten sie Straf- und Ordnungswidrigkeitenregelungen zur Verhinderung der übermäßigen Ausnutzung des Spieltriebs der Bürger. Daneben werden verwaltungsrechtliche Schranken für die Veranstaltung von Spielen (gewerberechtlicher Art [vgl § 762 Rn 46]; baurechtliche Beschränkungen, zB § 2a BauGBMaßnG idF vom 28. 4. 1993 [BGBl I 622] sowie die Vierte Verordnung zur Änderung der BauNVO vom 27. 1. 1990 [BGBl I 132]) und Lotterien errichtet. Insbesondere ist dies durch den GlüStV erfolgt, der zwischen allen Bundesländern, mit Wirkung vom 1. 1. 2008 in Kraft getreten ist (veröffentlicht in den Gesetzblättern aller Bundesländer, zB Bay GVBl 2007, 906). Er enthielt Beschränkungen für Glücksspiele und Lotterien. Die damit verbundenen Eingriffe in die Berufsfreiheit sind verfassungsrechtlich nicht zu beanstanden (BVerfG Nichtannahmebeschluss vom 14. 10. 2008, Az 1 BvR 928/08). Dieser Staatsvertrag wurde durch den Ersten Staatsvertrag zur Änderung des Staatsvertrages zum Glücksspielwesen in Deutschland – Erster Glücksspieländerungsstaatsvertrag – ErsterGlüÄndStV vom 15. 12. 2011 geändert. Die geänderte Fassung trat am 1. 7. 2012 in Kraft (veröffentlicht in den Gesetzblättern aller Bundesländer, zB Baden-Württemberg GBl 2012, 385). Dieser Staatsvertrag enthält in seinen §§ 24 bis 26 einschränkende Regelungen für Spielhallen, die durch das Kohärenzgebot erforderlich sind (zu den Regelungen des GlüStV: Dietlein/Hecker/Ruttig, Glücksspielrecht). Auf der Grundlage dieses Staatsvertrages haben alle Bundesländer Glücksspielgesetze und Spielhallengesetze erlassen, die die Regelungen des Staatsvertrages präzisieren und zum Teil verschärfen.

3. Steuerrecht

12 **a)** Das Rennwett- und Lotteriegesetz vom 8. 4. 1922 (RGBl I 393) zuletzt geändert durch G vom 29. 6. 2012 (BGBl I 1424; BGBl 2013 I 2236) enthält im I. Abschnitt unter Teil 2 (§§ 10–16) die Steuervorschriften für Totalisatoren und Buchmacher, im II. Abschnitt (§§ 17–23) die Steuervorschriften für Lotterien, Ausspielungen und Sportwetten. Das Steuererhebungsverfahren ist in den AusfBest vom 16. 6. 1922 (ZblDR 351), zuletzt geändert durch G vom 21. 8. 2002 (BGBl I 3322), geregelt.

Die *Totalisator- und Buchmachersteuer* beträgt 5 % des Wetteinsatzes (§ 10 Abs 1, § 11 Abs 1 RennwLottG). Der gleiche Steuersatz von 5 % gilt für Sportwetten (§ 17 Abs 2 RennwLottG). Die Lotteriesteuer beträgt 20 % des planmäßigen Preises (des Nennwertes) sämtlicher Lose ausschließlich der Steuer. Der *Lotteriesteuer* unterliegen im Inland veranstaltete öffentliche Lotterien und Ausspielungen (§ 17 Abs 1 RennwLottG). Die dem RennwLottG unterliegenden Umsätze sind umsatzsteuerfrei (§ 4 Nr 9b UStG). Die Steuerschuld entsteht mit der Genehmigung, spätestens aber im Zeitpunkt, in dem die Genehmigung hätte eingeholt werden müssen, bei Sportwetten zu dem Zeitpunkt, an dem die Wette verbindlich geworden ist. Ausländische Lose unterliegen beim Absatz im Inland einer Steuer von 25 % vom Preis. Bestimmte Lotterien mit geringem Spielkapital sind unter verschiedenen Bedingungen lotteriesteuerfrei (§ 18 RennwLottG), unterliegen aber der Umsatzsteuer. Die Steuer wird vom Veranstalter, der Steuerschuldner ist, auf die Spieler überwälzt, indem der zur Ausschüttung an die Gewinner verwendete Teil des Spielkapitals entsprechend gekürzt wird (vgl im Einzelnen PLÜCKEBAUM/MALITZKI, UStG § 4 Nr 9 Rn 66–106; KAHLE, Glücksspiele im Steuerrecht, DStZ 2011, 520).

b) Bei der *Besteuerung der Spielbanken* ist Steuergegenstand der *„Bruttospielertrag“*. Von ihm wird die *Spielbankabgabe* als Landessteuer erhoben (idR 80 %); mit diesem Abzug sind sämtliche Bundes- und Landessteuern und idR auch Gemeindesteuern abgegolten. Durch Art 2 Nr 1 des Gesetzes zur Eindämmung missbräuchlicher Steuergestaltungen ist die bis dahin geltende Umsatzsteuerbefreiung aufgehoben worden. Seit dem Inkrafttreten des Gesetzes am 6. 5. 2006 unterliegen die Umsätze mithin der Umsatzsteuer. Im Hinblick auf die dadurch eingetretene, wirtschaftlich nicht sinnvolle Doppelbelastung, findet eine Anrechnung der USt auf die Spielbankabgabe statt. Die Sitzgemeinden erhalten aus der Spielbankabgabe einen, nach Bundesland unterschiedlichen, Anteil zum Ausgleich der Gemeindesteuern (vgl bezüglich der USt PLÜCKEBAUM/MALITZKI, UStG § 4 Nr 9 Rn 107–124). 12a

c) Die Umsätze der Geldspielautomaten unterliegen *der Umsatzsteuer.* Die USt ist nach dem Kasseninhalt zu ermitteln (BStBl 1994 I 465). Die *Spielautomaten* unterliegen daneben der *Vergnügungssteuer* als Gemeindesteuer nach verschiedenen landesgesetzlichen Regelungen und ergänzenden gemeindlichen Satzungen. Im Allgemeinen wird eine *Pauschalsteuer* in der Höhe eines Prozentsatzes des Wertes des Automaten erhoben. Eine Steuer allein nach Stückzahl ist nicht mehr zulässig, da seit 1997 alle Spielautomaten mit einem automatischen Zählwerk der Einspielergebnisse ausgestattet sein müssen und damit eine Möglichkeit besteht, den „Vergnügungsaufwand“ als sachgerechten Maßstab besser abzubilden (BVerwG vom 13. 4. 2005, DVBl 2005, 1208); gegen die Zulässigkeit der Automatensteuer bestehen keine rechtlichen Bedenken (BVerwG NVwZ 2008, 89). Die Steuer wird, ihrer Zielsetzung entsprechend, auf die Spieler überwälzt, indem die Gewinnchancen entsprechend niedriger angesetzt sind (BFHE 14, 76 ff). 12b

d) Die *Gewinne* aus Spiel-, Wett- und Lotterieverträgen sind *einkommensteuerfrei,* soweit sie privat erzielt werden; sie können bei Berufsspielern steuerpflichtig sein (SCHMIDT, Einkommensteuergesetz, Kommentar [31. Aufl 2012] § 22 Rn 150). Gewinne aus Termingeschäften unterliegen nach § 20 Abs 2 Nr 3 EStG in der ab 1. 1. 2009 geltenden Fassung als Einkünfte aus Kapitalvermögen der Einkommenssteuer; diese sind aber keine Spielgeschäfte (vgl die Regelung im WpHG). Die Einkünfte der Lotterieunternehmen sind in normalem Umfang steuerpflichtig; für staatliche Lotterieunternehmen bestehen Steuerbefreiungen bezüglich der Körperschaftsteuer und der Gewerbesteuer (§§ 4 Abs 1 Nr 1 KStG, 3 Nr 1 GewStG). Die Einkünfte der Lotterieeinnehmer sind Einkünfte aus selbstständiger Arbeit oder aus Gewerbebetrieb, wenn er zum Absatz der Lose einen kaufmännisch eingerichteten Geschäftsbetrieb unterhält. Die Lotterieeinnehmer der *staatlichen* Lotterieunternehmen sind von der Gewerbesteuer befreit, auch soweit ihr Einkommen als gewerblich gilt (§ 13 GewStDV); stets als gewerblich tätig gelten die Bezirksvertreter einer staatlichen Lotterie; für sie gilt die Gewerbesteuerbefreiung nicht (BFHE 106, 336). Einkünfte aus Gewerbebetrieb (§ 15 Abs 1 Nr 1 EStG) erzielen auch die Lotto-Toto-Annahmestellen und die gewerblichen Spielvermittler. 12c

§ 762
Spiel, Wette

(1) Durch Spiel oder durch Wette wird eine Verbindlichkeit nicht begründet. Das auf Grund des Spieles oder der Wette Geleistete kann nicht deshalb zurückgefordert werden, weil eine Verbindlichkeit nicht bestanden hat.

(2) Diese Vorschriften gelten auch für eine Vereinbarung, durch die der verlierende Teil zum Zwecke der Erfüllung einer Spiel- oder einer Wettschuld dem gewinnenden Teil gegenüber eine Verbindlichkeit eingeht, insbesondere für ein Schuldanerkenntnis.

Materialien: E I § 664; II § 704; III § 748; Mot II 643; Prot II 794.

Schrifttum

BUFF, Spiel und Wette (1912)
BERBERICH, Das Internet-Glücksspiel: Ein Beitrag zur systematischen Fortentwicklung des deutschen Glücksspielrechts (2004)
HUFEN, Die Einschränkung des gewerblichen Geld-Gewinnspiels: verfassungsrechtliche Maßstäbe und Grenzen (2012)
KLAMM, Die rechtliche Problematik von Glücksspielen im Internet (2002)
KOHER, Auslobung und Wette, ArchBürgR 25, 1
MARIZY, Die rechtliche Natur von Spiel und Wette (Diss Berlin 1938)
MAJERT, Spiel und Glücksspiel (Diss Heidelberg 1904)
MÜHLBERT/BÖHMER, Ereignisbezogene Finanzprodukte. Zivil-, Kapitalmarkt-, Wertpapier-, Straf- und Öffentliches Recht, WM 2006, 937 und 985
PETERS, Die „Eigensperre" des Glückspielers, ZfWG 2007, 321
ders, Die Selbstsperre des Glücksspielers, JR 2002, 177
REUBER, Der begriffliche Unterschied von Spiel und Wette (1903)
WAGNER VON PAPP, Die privatautonome Beschränkung der Privatautonomie. Gewillkürte Formerfordernisse und Sperrverträge in Spielbanken als Ausprägung des Freiheitsparadoxons, AcP 205 (2005) 342
ZIEMER, Der juristische Unterschied zwischen Spiel und Glücksspiel (Diss Greifswald 1922)
Vgl auch das Schrifttum der Vorbem zu §§ 762–764.

Systematische Übersicht

I. Regelung nach früherem und nach ausländischem Recht

1 Nach älterem *römischen* Recht waren *Spielgeschäfte* um Geld oder Geldeswert nichtig, das Geleistete konnte zurückgefordert werden. Eine Ausnahme bestand zugunsten gewisser Kampfspiele um geringen Einsatz (quod virtutis causa fiat, vgl Dig 11, 5 de aleatoribus; Cod 3, 43). Das *gemeine Recht* dehnte die Unklagbarkeit auf alle Spielschulden aus, schloss das Rückforderungsrecht jedoch aus. *Wetten* waren nach römischem und gemeinem Recht klagbar (Windscheid/Kipp, Lehrbuch des Pandektenrechts [9. Aufl 1906] Bd 2 §§ 419, 420; RGZ 39, 163; 61, 156; RGSt 40, 34). Nach dem **ALR** (Teil 1 Titel 11 §§ 577–579) waren *Spielschulden* unklagbar; die Zurückforderung des Gezahlten war ausgeschlossen. *Wetten* waren klagbar, wenn der Einsatz bei Gericht oder einem Dritten hinterlegt war (RGZ 40, 259; RGSt 40, 37). Die *ausländischen Rechte* haben meist ähnliche Regelungen wie das BGB (Mot II 643; Lorenz, Stichwort „Spiel und Wette", Rechtsvergleichendes Handwörterbuch Bd 6, 423). Das *französische* Recht (Art 1965–1967 cc) versagt die Klage aus Spiel und Wette, schließt aber die Rückforderung des Geleisteten aus. Klagbar sind grundsätzlich Geschicklichkeitsspiele um niedrige Einsätze und gewisse Pferdewetten (Ferid/Sonnenberger, Das französische Zivilrecht, Bd 2 [2. Aufl 1986] § 2 Risikoverträge). Das *italienische* Recht (Art 1933–1935 cc) erklärt ebenfalls Spiel und Wette für unklagbar, schließt aber die Rückforderung der Leistung aus. Klagbar sind genehmigte Lotterien und sportliche Wettspiele, bei denen aber der Richter bei übermäßigem Einsatz die Klage abweisen oder die Forderung herabsetzen kann (Patti, Italienisches Zivilgesetzbuch – Codice Civile [2007]). Das *schweizerische Recht* enthält in §§ 513, 514 SchwOR eine dem BGB entsprechende Regelung, schließt darüber hinaus ausdrücklich die Klagbarkeit für Darlehen aus, die für Spielzwecke gegeben werden. Das österreichische ABGB enthält unter den Bestimmungen über die sog Glücksverträge (§§ 1267–1292 ABGB) Regelungen zu Spiel und Wette. Redliche Spiele und Wetten sind verbindlich, wenn der bedungene Preis nicht nur versprochen, sondern entrichtet oder hinterlegt worden ist (§ 1271 ABGB). Die gerichtliche Klagbarkeit ist ausgeschlossen (zu den wichtigsten europäischen Kodifikationen im Vergleich zum deutschen Recht HENSSLER, Risiko 424).

II. Begriffsbestimmung von Spiel und Wette

2 **1.** § 762 BGB stellt Spiel und Wette vollständig gleich. Dadurch hat die Abgrenzung zwischen beiden, die früher außerordentlich umstritten war (vgl RGSt 6, 175, 423; 7, 24; WINDSCHEID/KIPP, Lehrbuch des Pandektenrechts [9. Aufl 1906] Bd 2 § 419), nur noch insofern Bedeutung, als das *Glücksspiel* als Unterart des Spiels nach § 284 StGB verboten und damit nichtig ist, nicht aber die Wette (vgl Rn 44).

3 **2.** **Spiel** iS des § 762 ist ein Vertrag zwischen zwei oder mehr Parteien, nach dem der Ausgang einer nach bestimmten Regeln vorgenommenen Tätigkeit oder der Eintritt, bzw die Existenz einer vom Zufall abhängigen Tatsache, über einen vermögenswerten Gewinn oder Verlust jeder Partei entscheidet, und der um einen Gewinn zu erzielen oder um sich die Zeit zu vertreiben, geschlossen wird (HENSSLER, Risiko 427).

a) Das Spiel ist *gegenseitiger Vertrag.* Das Risiko des Gewinns und Verlustes muss weder gleichartig noch gleich hoch sein. Es muss aber jeder Mitspieler das Risiko eines Verlustes tragen (inzwischen überwiegende Meinung: ERMAN/TERLAU Rn 2; SOERGEL/HÄUSER Rn 12; MünchKomm/HABERSACK Rn 5, der allerdings keinen Vertrag iSd § 320 annimmt, da kein Leistungsaustausch beabsichtigt sei, sondern stets *zwei einseitig verpflichtende Verträge* mit noch ungewisser Verteilung der Schuldner – Gläubigerstellung; FIKENTSCHER, Schuldrecht Rn 998; LARENZ, Schuldrecht II § 55; HENSSLER, Risiko 440; PALANDT/SPRAU Rn 1; ERMAN/SAILER Rn 2 sowie für den strafrechtlichen Begriff RGSt 64, 355, 360; 38, 204, 206). Allerdings sind auch Falschspiele als Spiele zu betrachten, obwohl insoweit ein Spieler kein Risiko trägt (RGSt 61, 12; BayObLG 1993, 2820; LAMPE JuS 1994, 737). Spiel können bestimmte Börsengeschäfte, insbesondere Finanztermingeschäfte sein; beachte insoweit die Regelungen des 4. FinMFöG, die den Spieleinwand in der Regel nicht zulässt, ihn nur in bestimmten Fällen nicht ausschließt (vgl Anmerkung zu dem aufgehobenen § 764).

b) Der Gewinn oder Verlust muss von *entgegengesetzten Bedingungen* abhängen. Der Begriff des Spieles umfasst sowohl die *Glücksspiele* als auch die *reinen Geschicklichkeitsspiele* (hM; PLANCK/OEGG Vorbem III 1 a zu § 762; BGB-RGRK/SEIBERT Rn 3; PALANDT/SPRAU Rn 2; SOERGEL/HÄUSER Vorbem 2 zu § 762; MünchKomm/HABERSACK Rn 7; RGSt 40, 30, 41), da der Begriff vom Gesetz allgemein verwendet wird. Die Unterscheidung von Glücksspielen und Geschicklichkeitsspielen ist für die Unverbindlichkeit ohne Bedeutung. Sie wirkt sich über §§ 284 ff StGB zivilrechtlich aus; denn nach diesen Vorschriften sind Glücksspiele, nicht aber Geschicklichkeitsspiele verboten und damit nach § 134 nichtig. Bei **Glücksspielen** ist die Entscheidung über Gewinn und Verlust allein oder vorwiegend vom Zufall abhängig. Bei **Geschicklichkeitsspielen** können die Spieler das Ergebnis durch körperliche oder geistige Fähigkeiten beeinflussen. Die Beurteilung, ob Glücksspiele oder Geschicklichkeitsspiele vorliegen, hat nach den Fähigkeiten des Publikums zu erfolgen, das das Spiel betreibt und nicht nach dem Maßstab geübterer oder besonders geübter Teilnehmer (vgl KRETSCHMER, Poker – Ein Glücksspiel, ZfWG 2007, 93; BGH JZ 2003, 858; zur Abgrenzung im Übrigen vgl die Kommentierungen zu §§ 284 ff StGB).

c) *Nicht erforderlich* ist die Entfaltung einer Tätigkeit seitens der Teilnehmer, worin von einer älteren Auffassung (Thöl, Deutsches Handelsrecht [6. Aufl 1897] § 304) das Unterscheidungsmerkmal zwischen Spiel und Wette gesehen wurde.

d) *Zweck des Spiels* ist vermögenswerter Gewinn oder Unterhaltung oder beides; diese „Spielabsicht" muss bei beiden Parteien gegeben sein (Henssler, Risiko 440). Auch in dem Fall, dass Hauptzweck des Spiels Unterhaltung ist, muss es daneben um einen Gewinn gehen, der einen Vermögenswert verkörpert.

3. Die Wette ist ein Vertrag zweier oder mehrerer Parteien, durch den sich die Parteien, zur Bekräftigung von gegensätzlichen Behauptungen für den Fall, dass sich ihre Behauptung als unrichtig erweist, einem Vermögensnachteil unterwerfen. 4

a) Die Wette ist *ein gegenseitiger Vertrag,* dh jede Partei setzt einen Wetteinsatz ein; der entsprechende Gewinn fällt idR dem Sieger zu, kann aber auch zugunsten eines Dritten (zB einer gemeinnützigen Anstalt) ausbedungen werden (sog *noble Wette).* Der Wetteinsatz braucht nicht für alle Parteien gleich zu sein (sog *ungleiche Wette),* es genügt aber nicht, wenn nur eine Partei sich zur Bekräftigung ihrer Behauptung einem Vermögensnachteil unterwirft (sog *einseitige oder halbe Wette).* Bei dieser Gestaltung handelt es sich nicht um eine Wette, sondern um Auslobung oder eventuell ein bedingtes Schenkungsversprechen (Erman/Terlau Rn 4; Bamberger/Roth/Janoschek Rn 4; Enneccerus/Lehmann § 189 I 2 aE, § 159 II 3 a; Fikentscher, Schuldrecht Rn 999, 4; Henssler, Risiko 440; MünchKomm/Habersack Rn 5; **aM** Soergel/Häuser Rn 13; Planck/Oegg, Anm III 2b; BGB-RGRK/Fischer[11] Anm 4; Jauernig/Vollkommer Rn 5; diese Meinung stützt sich auf die Reichsgerichtsentscheidung RGZ 61, 156, die aber einen Ausnahmefall betraf und richtiger als Auslobung oder bedingter Kaufvertrag [Henssler, Risiko 457] behandelt worden wäre).

b) *Zweck der Wette* ist die Bekräftigung der eigenen Behauptung, die gegen eine andere Behauptung steht.

c) *Behauptung ist die Erklärung einer Tatsache* aufgrund der Überzeugung von ihrer Richtigkeit. Tatsachen sind in erster Linie objektiv feststellbare vergangene oder gegenwärtige Geschehnisse oder Zustände. *Zukünftige* Geschehnisse oder Zustände können Inhalt einer ernsthaften Meinungsverschiedenheit sein, wenn ihr Eintreten im Zeitpunkt der Wette nach Meinung der Wettenden bereits feststeht, zB ob ein Komet erscheinen wird (allgM; zB Enneccerus/Lehmann § 189 I 2; BGB-RGRK/Fischer[11] Anm 1; Planck/Oegg Vorbem III 2 c zu § 762).

d) *Keine Wette* trotz des abweichenden Sprachgebrauchs (vgl zB die „Sportwette Oddset-Wette"), sondern Spiel liegt vor (vgl dazu die Definition in § 3 Abs 1 S 3 GlüStV; Vorbem 6 zu §§ 762–764), wenn die Aufstellung widerstreitender Behauptungen nicht Ausfluss eines auf *ungleicher Überzeugung beruhenden Meinungsstreites* ist, sondern nur ein *Mittel, um Gewinn oder Verlust* von einer *Zufallsentscheidung abhängig* zu machen. Bei Behauptungen über künftige Ereignisse, wie den Ausgang von Wettkämpfen, wird es in der Regel an einem ernstlichen Meinungsstreit fehlen; in diesem Fall liegt keine Wette, sondern Spiel vor (sog *Spielwette).* Hierher gehören insbesondere Pferdewetten und die sonstigen Wetten auf den Ausgang von Sportwettkämpfen und sonstigen Sportereignissen (vgl § 763 Rn 13 und Vorbem 7 zu §§ 762–764).

5 **4.** Die **Abgrenzung von Spiel und Wette von der Auslobung (§ 657) und ihrer Unterform dem Preisrätsel** (§ 661). Sie ergibt sich daraus, dass Spiel und Wette gegenseitige Verträge (so Rn 3 und 4), die Auslobung und das Preisausschreiben dagegen einseitige Rechtsgeschäfte (einseitig bindendes Versprechen; hM; vgl dazu Fundstellen bei Staudinger/Bergmann [2006] § 657 Rn 11) sind. Dies zeigt sich darin, dass bei der Auslobung (und dem Preisausschreiben) der Handelnde keinen Einsatz leisten muss (Brandenburgisches OLG vom 27. 1. 2012, ZfWG 2012, 144). Zusätzlich wird als ein Kriterium herangezogen, dass die Auslobung nicht (überwiegend) vom Zufall abhängig sein darf (OLG Köln Beschluss vom 10. 4. 2014 – I-11 W 64/13, juris). Nach der Gegenauffassung, die in der Auslobung lediglich eine besondere Form des Zustandekommens eines vertraglichen Kausalgeschäfts sieht (Staudinger/Bergmann [2006] § 657 Rn 13 ff), kann auch ein Spiel- oder Wettvertrag in der Form einer Auslobung stattfinden (Staudinger/Bergmann [2006] § 657 Rn 41 ff; so wohl OLG Dresden Urteil vom 16. 11. 2010 – 8 11 210/10, juris, das aber im entschiedenen Fall ein Spiel verneint, weil ein ernsthafter wirtschaftlicher Zweck mit dem „Gewinnspiel" verfolgt wurde). Diese Auffassung geht davon aus, dass eine einseitige Wette bzw ein einseitiges Spiel möglich ist (dazu, dass dies nicht der Fall ist, s Rn 3 und 4). Richtigerweise handelt es sich bei den genannten Beispielen um öffentliche Schenkungsversprechen bzw um Werkverträge in der Form der Auslobung. Bei Preisausschreiben kann allerdings ein Spiel vorliegen, wenn die Teilnahme von Geldzahlungen (Startgeld; Teilnehmergebühren) abhängig gemacht wird (Staudinger/Bergmann [2006] § 661 Rn 15). Außerdem unterscheiden sich Wette und Auslobung *durch ihren Zweck:* Der Auslobende will zu einer bestimmten Tätigkeit anspornen, mag auch sein Wunsch dahin gehen, dass der Erfolg, an dessen Herbeiführung die Belohnung geknüpft ist, nicht eintritt. Der Wettende hat kein Interesse an der Vornahme einer Tätigkeit, will vielmehr seiner Überzeugung von der Wahrheit der aufgestellten Behauptung Ausdruck geben (zu dieser früher sehr strittigen Abgrenzung vgl Staudinger/Brändl[10/11] Rn 5 und 6, Fall Hoensbroech/Dasbach). Keine Auslobung, sondern ein Preisrätsel liegt vor, wenn keine wirkliche Leistung gefordert wird, sondern die gestellte Aufgabe von jedermann ohne Mühe gelöst werden kann (Kornblum, „Die verflixte schwebende Jungfrau", JuS 1981, 801, 802; OLG Karlsruhe Die Justiz 1980, 436). Ein Spiel liegt vor, wenn ein Spieleinsatz, eventuell verdeckt, geleistet wird (vgl § 763 Rn 10; zu der Abgrenzung allgemein ausführlich Kohler ArchBürgR 25, 1 mwNw; Abgrenzung der „Internetauktionen" als Auslobung oder Spiel vgl BGH 149, 129; OLG Hamm NJW 2001, 1142, 1145, mit Anm Ulrici NJW 2001, 1112; Sester CR 2001, 98, 103 f; Spindler ZIP 2001, 809; Abgrenzung „Telefonquiz" OLG Minden NJW-RR 2005, 1401; Ernst, Das TV-Zuschauerquiz zwischen Auslobung und Spiel, NJW 2006, 186).

5. Wettspiele

6 Keine Wette, sondern Spiel liegt bei sportlichen oder sonstigen „Wettspielen" im Verhältnis der Teilnehmer zueinander vor, wenn sie **sich gegenseitig** einen Preis für den Gewinnenden bzw mehrere Gewinnende aussetzen. Dabei ist es nur für die Abgrenzung zwischen „Glücksspiel" und „Geschicklichkeitsspiel" von Bedeutung, ob und wie stark der Ausgang von der Geschicklichkeit, Kraft oder Ausdauer abhängig ist.

Kein Spiel liegt vor, wenn die Wettbewerber nicht untereinander kontrahieren, sondern mit einem „Spielunternehmen", dem sie einen bestimmten Einsatz zu leisten haben und der die Gewinne und die Bedingungen für ihre Erlangung festsetzt.

Es fehlt das Risiko eines Verlustes für den „Spielunternehmer". Zudem haben sie, zumindest für diesen „Spielunternehmer", in der Regel einen wirtschaftsernsten Zweck. Deshalb sind die **Pferderennverträge** klagbar. Bei anderen Wettspielen gilt dies, wenn sie über die Unterhaltung der Teilnehmer hinausgehenden wirtschaftlichen Zwecken (Werbung; Erzielung von Lizenzerträgen uÄ) dienen.

Ist *kein Einsatz* zu leisten, so liegt kein Spiel, sondern *Auslobung* (§§ 657, 661) vor. Soweit die Spielteilnehmer unabhängig vom Spielausgang *für ihre Teilnahme* entlohnt werden, wie etwa Fußball-Vertrags- und Lizenzspieler (vgl BAG AP § 138 Nr 29; Schmid RdA 1972, 84) oder Berufsringkämpfer, liegt kein Spiel-, sondern ein *Arbeitsvertrag* vor; im Rahmen solcher Arbeitsverträge versprochene Vergütungen wie Handgeld, Siegprämie uÄ sind zusätzlicher Arbeitslohn (vgl BAG NJW 1971, 855; OLG Köln NJW 1971, 1367).

6. Auf **staatlich genehmigte Spiel- oder Wettverträge** ist nicht § 762 sondern § 763 Abs 1 analog anzuwenden. Sie sind – wie staatlich genehmigte Lotterie- und Ausspielverträge – verbindlich (allgM RGZ 93, 348; BGH NJW 1974, 821; BGH NJW 1999, 54; BGH NJW 2008, 2026; Henssler, Risiko 520; Jauernig/Vollkommer Rn 3; Palandt/Sprau § 763 Rn 1; MünchKomm/Habersack § 763 Rn 7; für Sportwetten: OLG Hamm NJW-RR 1997, 1008; LG Bonn vom 8. 11. 2007 – 13 O 479/06 juris). Die analoge Anwendung gilt insbesondere für staatlich konzessionierte Spielbanken (s unten Rn 47), bei behördlich zugelassenen Spielautomaten (s unten Rn 4), bei staatlich genehmigten Sportwetten (s oben Vorbem 7) und bei von staatlichen Unternehmen betriebenen Sportwetten (Oddset-Wetten), soweit diese nicht als Lotterien zu betrachten sind. Die analoge Anwendung des § 763 ist berechtigt, weil dem § 763 der Rechtsgedanke zu Grunde liegt, dass die staatliche Genehmigung eine sichere Kontrolle des Spielwesens gewährleistet und den Spielbetrieb in geordnete Bahnen lenkt. Außerdem ist wie bei Lotterien bei Glücksspielen das Vertrauen des Publikums auf die Wirksamkeit der Einzelverträge, die im Rahmen staatlich genehmigter Veranstaltungen geschlossen werden, schutzwürdig.

Durch den **Ausschluss des Widerrufsrechts bei Fernabsatzverträgen** über Wett- und Lotteriedienstleistungen, es sei denn, dass der Verbraucher seine Vertragserklärung telefonisch abgegeben hat (§ 312d Abs 4 Nr 4) wird die Unverbindlichkeit des abgeschlossenen Geschäfts nicht berührt. Der Verbraucher ist zur Leistung nicht verpflichtet. Sofern er geleistet hat und das Spiel bzw die Lotterieziehung abgeschlossen ist, wird der Widerruf nach 312d Abs 4 auch bei den unverbindlichen Verträgen ausgeschlossen sein, und damit der Ausschluss des Rückforderungsrechts nach § 762 Abs 1 S 2 gelten (MünchKomm/Wendehorst § 312d Rn 19). Bedeutung hat § 312d Abs 4 Nr 4 bei verbindlichen Lotterie und Wettverträgen (Staudinger/Thüsing [2013] § 312d Rn 68; Palandt/Heinrichs § 312d Rn 12). Nach Sinn und Zweck ist er auch auf verbindliche Spielverträge anwendbar (OLG Karlsruhe CR 2002, 682; Staudinger/Thüsing [2013] § 312d Rn 67). Da sich durch den Ausschlusses des Widerrufsrechts bei telefonischen Vertragsabschlüssen Missbräuche zeigten, wurde insoweit der Widerruf im Jahr 2009 wieder zugelassen.

7. **§ 762 ist nicht anwendbar**, wenn weder der Spielzweck (Rn 3 unter d) noch der Wettzweck (Rn 4 unter b) vorliegt, so beim *Fluchthilfevertrag* (BGHZ 69, 295 = NJW 1977, 2356; BGH NJW 1980, 1574, KG NJW 1976, 197 und 1211, Crezelius NJW 1976, 1639; Jauernig/ 7

Otto JuS 1977, 108, 110; Liesegang JZ 1977, 88). Dies gilt auch, wenn die verabredete Vermögensverschiebung von der Entscheidung einer Ungewissheit abhängig ist. Es kann in diesen Fällen ein gegenseitiger *Versicherungs- oder Gewährleistungsvertrag* vorliegen (zB RGZ 66, 222). Die *analoge Anwendung des § 762* ist in diesen Fällen nur in sehr *eingeschränktem Maße zulässig* (vgl Vorbem 4 zu §§ 762–764).

III. Die Regelung des § 762 Abs 1 S 1

8 **1.** Durch Spiel und Wette wird gem § 762 Abs 1 S 1 eine Verbindlichkeit der Hauptpflichten des Vertrages nicht begründet. Die Vertragspartner sind *weder zur Bezahlung des verlorenen Betrages* noch zur Zahlung des *Einsatzes* noch zur *Entfaltung irgendwelcher* zum Spiel oder zur Wette erforderlichen *Tätigkeit* verpflichtet; die Unklagbarkeit bezieht sich auch auf Sekundärpflichten aus den Hauptpflichten (Schadensersatz wegen Nichterfüllung, Verzug uÄ). Die Unklagbarkeit bezieht sich dagegen nicht auf vertragliche Nebenpflichten (Roessner/Weber BB 1979, 1055). Trotz der fehlenden Klagbarkeit stellt (wegen des Ausschlusses der Rückforderung) der Erwerb einer Gewinnchance gegen Hingabe von Geld einen verselbstständigten Wirtschaftswert dar (BGH NJW 1980, 2184).

a) Daraus ergeben sich folgende Konsequenzen: Ein *Schadensersatz wegen Nichterfüllung* kann nicht verlangt werden, wenn die andere Partei die Erfüllung des Vertrages verhindert (BGHZ 25, 124, 126). *Nicht ausgeschlossen* ist dagegen ein Anspruch aus *positiver Vertragsverletzung,* insbesondere bei Verletzung von Verkehrssicherungspflichten, Aufklärungspflichten und ähnlichen Nebenpflichten (OLG München NJW 1980, 788; BGH NJW 1981, 1267; Roessner/Weber BB 1979, 1055). Den Vertragspartner von Schadensersatzansprüchen wegen positiver Vertragsverletzungen zu befreien, würde unlautere Geschäfte in diesem Bereich begünstigen; dies ist durch den Zweck des § 762 Abs 1 nicht gerechtfertigt (OLG München NJW 1980, 788; BGH NJW 1981, 1266, 1440; Roessner/Weber BB 1979, 1055; vgl auch BGHZ 25, 124, 126 für den Ehemäklervertrag).

9 **b)** Eine Forderung aus Spiel oder Wette kann vom Gewinner nicht *einseitig zur Aufrechnung* verwendet werden (BGH NJW 1981, 1897; RGZ 38, 238; 44, 55; OLG Dresden LZ 1914, 1920; vgl aber § 764 Rn 34 aE). Dagegen kann der *Verlierende* eine wirksame Forderung gegen die Spiel- oder Wettforderung aufrechnen. Auch ein förmlicher Aufrechnungsvertrag möglich ist (Rn 19).

10 **c)** Die Geltendmachung eines *Zurückbehaltungsrechts* ist ausgeschlossen (RG JW 1897, 311; MünchKomm/Habersack Rn 18; Planck/Oegg Anm 3 b; BGB-RGRK/Seibert Rn 6).

d) Die *Eingehung von Verbindlichkeiten* zum Zwecke der Erfüllung ist unwirksam (Rn 31 ff);

e) unwirksam ist die *Vereinbarung einer Vertragsstrafe* (RGZ 69, 12; Planck/Oegg Anm 3 c; BGB-RGRK/Seibert Rn 6; Soergel/Häuser Rn 3).

11 **f)** Da ein Erfüllungsanspruch nicht besteht, kann er auch *nicht gesichert werden. Bürgschaft* (RGZ 52, 39, 40, 364) und *Pfandrecht* (RGZ 47, 48, 52; 52, 364) sind schon

wegen ihres *akzessorischen Charakters* unverbindlich. Das Gleiche gilt für eine *fiduziarische Rechtsübertragung (Sicherungsübereignung, Sicherungszession)* zur Sicherung einer Spiel- oder Wettschuld (Enneccerus/Lehmann § 189 II 2; Planck/Oegg Anm 2 d; BGB-RGRK/Seibert Rn 6; vgl auch Rn 23). Eine *Hypothek* steht gem § 1162 Abs 1 S 1 dem Eigentümer des Grundstücks zu (RGZ 47, 48; 68, 103). Einer *Sicherungsgrundschuld* kann nach § 812 Abs 1 S 1 der Spieleinwand entgegengesetzt werden (vgl Rn 23). Der *Bürge,* der die Spiel- oder Wettschuld *freiwillig* begleicht, bringt die *Schuld zum Erlöschen,* hat aber *keinen Rückgriff* nach § 774 Abs 1 S 1 (vgl RGZ 38, 251), möglicherweise aber aus dem Innenverhältnis (Auftragsbürge; vgl RGZ 52, 364; Rn 38; vgl auch Erläuterungen zu § 765).

g) Ein *gerichtlicher oder außergerichtlicher Vergleich* ist bindend, wenn er allein über die Frage entscheiden soll, ob ein Spiel- oder Wettvertrag vorliegt. Bestand zwischen den Parteien *überhaupt kein* Streit oder keine Ungewissheit darüber und sollte der Vergleich nur die gesetzliche Unklagbarkeit umgehen, ist er unverbindlich (RGZ 49, 193; RG HRR 1929 Nr 1311). Unverbindlich ist der Vergleich, wenn der Streit oder die Ungewissheit *nur andere Punkte* als die Rechtsnatur der Spielschuld betrifft, wie das *Zustandekommen* des Vertrages, die *Höhe der Schuld,* die *Art der Erfüllung* oder ähnliches (stRspr RGZ 37, 416; 49, 192; RG JW 1901, 621; 1902 Beil 255, 264; 1905, 689; Gruchot 47, 932; SeuffA 83 Nr 186; HRR 1929 Nr 1311; OLG Stuttgart OLGE 2, 211; OLG Hamburg OLGE 4, 234; Planck/Oegg 3 e; Soergel/Häuser Rn 3; MünchKomm/Habersack Rn 25; s auch Erläuterungen zu § 779). 12

h) *Unverbindlich* sind die in einem Spiel- oder Wettvertrag enthaltenen *Vereinbarungen über den Gerichtsstand* (RG JW 1901, 285; 1915, 791) und über einen *Rechtsmittelverzicht* (RGZ 36, 423). Die Vereinbarung eines *Schiedsgerichts* ist in gleicher Weise zu behandeln wie der Abschluss eines Vergleichs (§ 1025 Abs 1 ZPO). Sie ist (so Rn 12) nur verbindlich, wenn dem Schiedsgericht lediglich die Entscheidung darüber übertragen ist, *ob der Hauptvertrag wirksam ist,* oder ob ein – unverbindlicher – Spiel- oder Wettvertrag vorliegt (RGZ 27, 378; 31, 397; 36, 248; 56, 20; 58, 155; RG WarnR 1926 Nr 141; Stein/Jonas, ZPO [21. Aufl 1994] § 1025 Rn 28). Ein nach einem solchen Schiedsvertrag gefällter Schiedsspruch ist wirksam (zB über die Frage, ob ein Darlehen mit einem Spielvertrag zusammenhängt), selbst wenn er auf unzutreffenden tatsächlichen oder rechtlichen Erwägungen beruht. Ein Schiedsvertrag, nach dem die Schiedsrichter entscheiden sollen, als wären Ansprüche aus Spielgeschäften unbeschränkt klagbar (RG WarnR 1914, Nr 309) ist unverbindlich; ein Schiedsspruch, der unter Außerachtlassung des § 762 Abs 1 eine Forderung aus einem Spiel- oder Wettvertrag für verbindlich erklärt, ist nach § 1041 Abs 1 Nr 2 ZPO wegen Verstoßes gegen die öffentliche Ordnung aufzuheben. 13

2. a) Die **Unklagbarkeit** ist der Parteidisposition entzogen. Der Richter hat sie **von Amts wegen** zu berücksichtigen, selbst wenn der Beklagte sich nicht darauf beruft; denn die beschränkte Wirksamkeit der unvollkommen Verbindlichkeit hindert bereits das Entstehen einer klagbaren Verbindlichkeit und stellt nicht erst eine Einrede gegen die eingeklagte Forderung dar (Planck/Oegg Anm 3 f; BGB-RGRK/Seibert Rn 6 aE). Trotz eines gerichtlichen Anerkenntnisses darf der Richter kein Anerkenntnisurteil erlassen (Soergel/Häuser Rn 3; Stein/Jonas, ZPO [21. Aufl 1998] § 307 Rn 22). Bei einem Rechtsgeschäft, das äußerlich nicht als Spiel- oder Wettvertrag erkennbar ist, muss der Anspruchsgegner den **sog Spieleinwand** erheben. In diesem Fall trifft ihn 14 die *Beweislast* für die Spielnatur des Geschäftes, da er daraus eine günstige Rechtsfolge herleiten will (diese Frage stellte sich insbesondere früher bei Börsengeschäften des § 764: RG JW 1900, 157; 1907, 278; WarnR 1933 Nr 98; BankArch XIII 224; KG JW 1925, 643; ROSENBERG, Beweislast [5. Aufl 1965] § 18 II 1).

15 **b)** Die *Erhebung des Spieleinwandes*, dh die Verweigerung der Erfüllung, stellt nur unter ganz besonderen Umständen eine Verstoß gegen *Treu und Glauben* dar, in aller Regel ist sie die Berufung auf ein gesetzliches Recht (BGB-RGRK/SEIBERT Rn 6; SOERGEL/HÄUSER Rn 16 aE; die Möglichkeit der Berufung auf § 242 generell abgelehnt wird von WACLAWIK, Die Verbindlichkeit von Devisenterminvereinbarungen S 343). In der Rechtsprechung und der Literatur wurde die Möglichkeit, die Erhebung des Spieleinwandes nach § 242 auszuschließen, insbesondere bei Fällen des Differenzeinwands nach dem früheren § 764 behandelt (BGH WM 1972, 148; RGZ 144, 242; RGJW 1935, 927). Die bereits bei Abschluss des Spielvertrages bestehende Absicht, im Verlustfall sich auf die Unverbindlichkeit zu berufen, reicht allein für eine Anwendung des § 242 BGB nicht aus. Es müssen weitere Voraussetzungen hinzutreten.

IV. Die Regelung des § 762 Abs 1 S 2

16 **1.** Nach § 762 Abs 1 S 2 kann das aufgrund des Spieles oder der Wette Geleistete nicht deshalb zurückgefordert werden, *weil eine Verbindlichkeit nicht bestanden hat.* Ähnliche Bestimmungen, dass das aufgrund des unverbindlichen Geschäfts Geleistete nicht oder nur beschränkt zurückgefordert werden kann, enthalten die §§ 55, 64 Abs 2, 66 Abs 2 BörsG.

17 **2.** Die **Rückforderung des Geleisteten** ist, **weitergehend als nach § 814** ausgeschlossen, wenn (zB seitens der Erben des Verlierenden) in Unkenntnis des Umstandes geleistet worden ist, dass es sich um eine Spielschuld handelte (Mot II 644; RGZ 147, 153; RG JW 1919, 568 Nr 1; CANARIS ZIP 1985, 592, 594). Darin zeigt sich, dass nicht eine *„Nichtschuld"*, sondern eine in ihrer *Durchsetzbarkeit eingeschränkte unvollkommene Verbindlichkeit vorliegt* (vgl Vorbem 3 zu §§ 762–764). Dies ist, soweit es sich um einen *Rechtsirrtum* des Leistenden handelt, der Leistende also wusste, dass er auf Grund eines Spiels leistete und sich nur über die Unverbindlichkeit im Unklaren war, allgemeine Meinung (BGB-RGRK/SEIBERT Rn 7; SOERGEL/HÄUSER Rn 5; MünchKomm/HABERSACK Rn 17; HENSSLER, Risiko 489). Bezüglich des *Sachverhaltsirrtums*, das heißt, wenn der Leistende irrtümlich davon ausging, dass ein anderer, verbindlicher Rechtsgrund für die Leistung vorlag, wird teilweise ein Rückforderungsanspruch gegeben, wenn der Irrtum unverschuldet war. Diese Auffassung ergibt sich konsequent aus der (oben abgelehnten, s Vorbem 3 zu §§ 762–764) Meinung, § 762 Abs 1 regele nicht die Befugnis zum Behalten des Geleisteten, sondern nur den Ausschluss des Rückforderungsrechts, wenn der Leistende freiwillig geleistet hat). Diese Auffassung ist abzulehnen, weil sie gerade der gesetzlichen Intention widerspricht, Beweisschwierigkeiten in dann denkbaren Rückforderungsprozessen zu vermeiden (HENSSLER, Risiko 489; Mot II 833; Prot I 1489, 2639). Auch die Anerkennung, dass die ausgezahlten Gewinne dem Gewinner nicht zugestanden hätten, kann nicht verlangt werden (RGZ 79, 389).

18 **3.** **Erfüllungsleistung** ist jede zur Erfüllung einer bestehenden – nicht notwendig fälligen – Spielschuld erbrachte Leistung, durch die der Anspruch zumindest teil-

weise, *endgültig und unwiderruflich* zum Erlöschen gebracht wird, sodass in diesem Umfang keine persönliche Verpflichtung mehr übrig bleibt (RGZ 47, 52; RG JW 1904, 124 Nr 31; WarnR 1915 Nr 177; BankArch XIV 418). Dies ist nicht nur *Zahlung* (Erfüllung nach § 362), sondern sind auch die ihr gleichstehenden *Erfüllungssurrogate.* Keine Erfüllungsleistung ist die Sicherung (so Rn 11).

a) Leistung ist die *einseitige Aufrechnung des Schuldners* (Rn 9) und die *vereinbarte Aufrechnung nach dem Entstehen* der Schuld (RG JW 1905, 187 Nr 39; OLGE 34, 72 Fn 1; OLG Hamburg Recht 1918, Nr 779; PLANCK/OEGG 4 c ß; SOERGEL/HÄUSER Rn 3; Rn 9). Über die Bedeutung des Saldoanerkenntnisses im Kontokorrent s unten Rn 30. 19

b) Leistung ist ferner die Hingabe *an Erfüllungs statt* (§ 364), wenn dadurch das Schuldverhältnis endgültig erledigt wird (RGZ 47, 52; 77, 279). Die Hingabe von Forderungen und sonstigen Rechten stellt eine Erfüllungsleistung dar, wenn der Gläubiger dadurch einen anderen Vermögenswert als lediglich einen neuen Anspruch gegen denselben Schuldner erhält (vgl § 762 Abs 2, nach dem auch die Gewährleistung des Spielschuldners für die Einbringlichkeit einer an Erfüllungs statt abgetretenen Forderung unverbindlich wäre; vgl Rn 28 ff). Leistung ist die Hingabe von Kundenwechseln, wenn sie an Erfüllungs statt, nicht nur – wie regelmäßig und im Zweifel – (vgl § 364) erfüllungshalber gegeben werden. Die Gegenmeinung (ERMAN/TERLAU, Rn 8; SOERGEL/HÄUSER Rn 3; HENSSLER, Risiko 497 der wegen der Rückforderungsmöglichkeit des Indossaments des Schuldners nach § 762 Abs 2 nie eine endgültige Erfüllung für gegeben hält) übersieht die Bedeutung der Übergabe und Indossierung des Wechsels, der als Erfüllung (Erfüllungs statt) übergeben und übereignet wird. Das Indossament des Verlierers ist in diesem Fall unverbindlich (vgl unten Rn 21). Das Gleiche gilt für die Abtretung von Hypotheken auf einem fremden Grundstück (RGZ 47, 52; 68, 103), und die Bestellung einer Grundschuld ohne persönliche Verpflichtung (RGZ 73, 144; 147, 153; BGB-RGRK/SEIBERT Rn 7; HENSSLER, Risiko 498; vgl Rn 11 für Sicherungsgrundschuld). Nicht als Erfüllung ist die Hingabe eines Gutscheins für eine Reise anzusehen, wenn diese Reise nicht zustande kommt; denn erst die tatsächlich durchgeführte Reise kann als Erfüllung des Gewinnanspruchs angesehen werden; davor liegt lediglich eine schriftliche Bestätigung des Anspruchs vor (**aM** Amtsgericht Dortmund MDR 1995, 1209 und ihm folgend, SOERGEL/HÄUSER Rn 14). 20

c) Ein vom Spieler gegebener **eigener Wechsel** stellt keine Erfüllung dar; bei der Hingabe von Kundenwechseln ist stets das eigene Indossament unverbindlich. Gegen die *persönliche Inanspruchnahme aus dem Wechsel* (ebenso aus dem *Scheck)* kann der Schuldner dem Spielgläubiger den *Spieleinwand* (Art 17 WG bzw Art 22 ScheckG) entgegenhalten (BGH NJW 1992, 316), natürlich nur in Höhe der unverbindlichen Schuld (RGZ 51, 156; 52, 39). Die Diskontierung oder Weiterbegebung des Wechsels, auch mit Zustimmung des Spielschuldners, und die Gutschrift des Erlöses ist keine Leistung (RG WarnR 1935 Nr 136); dagegen stellt die *freiwillige Einlösung durch den Schuldner am Verfalltag* auch gegenüber einem Dritten eine Erfüllung dar. Löst der Spielschuldner den Wechsel am Verfalltag einem Wechselgläubiger unfreiwillig ein, dem der Spieleinwand nach Art 17 WG nicht entgegengehalten werden kann, so kann er von dem Spielgläubiger den gezahlten Betrag nach § 812 zurückverlangen. Die *Behauptungs- und Beweislast* für die unfreiwillige Zahlung trifft den Spielschuldner (RGZ 138, 124). Die *Unfreiwilligkeit der Einlösung* kann sich insbesondere daraus ergeben, dass der Spielschuldner den Wechsel, wenn auch erst nach 21 der Weiterbegebung durch den Spielgläubiger, von diesem zurückgefordert hat (RGZ 51, 359; 52, 39; 77, 280; unzutreffend insoweit: RGZ 47, 50; 35, 196; wie hier: PLANCK/OEGG Anm 4 c; STAUB/HEINICHEN Anh 53, 191 zu § 376 HGB). Der Spielgläubiger darf das Akzept des Spielschuldners weiter begeben, solange der Spielschuldner ihm gegenüber den Spieleinwand nicht erhoben hat. Wenn und sobald der Spielschuldner dem *Spielgläubiger gegenüber* den Spieleinwand erhoben hat, ist der Spielgläubiger verpflichtet, den Wechsel nach § 812 Abs 1 S 1 zurück zu verschaffen und den Spielschuldner von seiner Verpflichtung gegenüber dem Dritterwerber zu befreien (RGZ 51, 361; 77, 280). Eine Weiterbegebung des Wechsels durch den Spielgläubiger, nachdem der Spielschuldner den Spieleinwand erhoben hat, macht den Spielgläubiger nach § 826 schadensersatzpflichtig (RGZ 51, 360; 56, 321 auch RG JW 1929, 39 Nr 12). Dem *Dritterwerber* des Wechsels kann der Spielschuldner den Spieleinwand nur im Rahmen des Art 17 WG (Art 22 ScheckG) entgegenhalten. Der Dritterwerber handelt nicht schon arglistig, wenn er beim Erwerb des Wechsels weiß, dass der Wechsel zur Deckung einer Spielschuld gegeben wurde. Arglist liegt vor, wenn er den Wechsel *in der Absicht erwirbt,* dem Spielschuldner den Spieleinwand abzuschneiden (RGZ 57, 391; 96, 191; RG WarnR 1917 Nr 278; 1921 Nr 13; BankArch XXXIII 195; XXXV 222).

22 **d)** Die *gerichtliche Hinterlegung* (§§ 372 ff), die nach Entstehen der Spielschuld erfolgt (sonst: Rn 23), stellt bei Ausschluss der Rücknahme – gleichgültig aus welchem Grund (vgl §§ 376 Abs 2, 378) – Erfüllung dar (vgl PLANCK/OEGG Anm 4c mwNw). Ohne den Verzicht auf das Rückforderungsrecht entsteht lediglich eine vorläufige Schuldbefreiung (§ 379), welche die Anwendung des § 762 Abs 1 S 2 nicht rechtfertigt.

23 **e)** Die *Bestellung einer Sicherheit* (vgl Rn 11) stellt *keine* Erfüllungsleistung dar. Eine *Sicherheitsleistung* liegt idR vor, wenn vor Entscheidung des Spiels eine Vorauszahlung auf *künftige Spielverluste* erfolgt. Gleichgültig ist dabei die Bezeichnung: Einschuss, Nachschuss, Marge, Deckung uä. Erfüllungsleistung ist dagegen der als *unbedingte Vorleistung erbrachte Einsatz,* der – wie bei einer Lotterie – bei zahlreichen Gesellschaftsspielen und beim Roulette (vgl Rn 47) vorkommt. Er kann nach Beendigung des Spiels nicht zurückverlangt werden (RGZ 38, 232; 56, 23; 79, 408; RG SeuffA 91 Nr 84; OLG Hamburg SeuffA 67 Nr 115 und Nr 176; 73 Nr 29; wie hier: PLANCK/OEGG Anm 4 b; BGB-RGRK/SEIBERT Rn 7, insoweit vgl BGHZ 37, 363; 47, 393, der ohne weiteres von einer unbedingten Vorleistung ausgeht). Dieser Einsatz kann nach §§ 812 ff zurückgefordert werden, wenn das Spiel – aus was für Gründen auch immer – nicht beendet wird (MünchKomm/HABERSACK Rn 23; vgl unten Rn 27).

24 **f)** Durch die *Befriedigung aus der Sicherheit* tritt keine Erfüllung ein. Eine darüber im *Voraus getroffene* Vereinbarung ist unwirksam (RG Recht 1907, 712 Nr 1588); die Rückforderung ist nicht ausgeschlossen. Dagegen liegt eine Erfüllung vor, wenn der Spielschuldner **nach** Feststellung des Verlustes der Verwertung der Sicherheit zustimmt (OLG Dresden LZ 1914, 1920 Nr 10; OLG Hamburg BankArch XIV 87; RG JW 1896, 661 Nr 19; 1897, 609 Nr 26; BankArch XXXV 249; aber RG WarnR 1931 Nr 43).

25 **g)** Gleichgültig ist, ob der Verlierer selbst oder *ein Dritter* die Spielschuld erfüllt. Übergibt der Spielschuldner einem Dritten einen Betrag mit der Bestimmung, ihn dem Gewinner als Spielgewinn auszuhändigen, so kann er den Betrag zurückverlangen, *solange er noch nicht ausbezahlt ist.*

4. a) § 762 Abs 1 S 2 versagt die Rückforderung des Geleisteten lediglich, soweit sie auf den *Spiel- oder Wettcharakter gestützt wird.* Die *Rückforderung* aus einem anderen Rechtsgrund bleibt unberührt (Mot II 645; RG JW 1919, 568). So bleibt das Rückforderungsrecht aus *unerlaubter Handlung* (§ 823 Abs 2, zB beim Falschspiel). Es bleibt auch aus *ungerechtfertigter Bereicherung* (§ 812 Abs 1 S 1), wenn der Spiel- oder Wettvertrag nichtig (zB wegen Geschäftsunfähigkeit eines Teilnehmers; wegen Verstoßes gegen Gesetz oder gute Sitten, Rn 44 ff) oder anfechtbar und angefochten ist (zB wegen Irrtums oder arglistiger Täuschung; vgl RG JW 1919, 568 Nr 1; RGZ 90, 254; RGZ 70, 5 für Spieldarlehen). In Fall der Anfechtung kann die Rückforderung nach § 817 S 2 ausgeschlossen sein. 26

b) *Einzelfälle:* Wenn bei einer Wette der eine Teil über die behauptete Tatsache besondere, dem Gegner verschwiegene Kenntnis besaß (sog *Wette à coup sûr* Mot II 646), so ist die Wette wegen Irrtums über die Geschäftsgrundlage anfechtbar (§ 119). Dasselbe gilt für die noch fehlende Kenntnis vom Ausgang des Wettspiels bei der Spielwette (Rn 6). Dagegen ist im Regelfall keine Anfechtung wegen arglistiger Täuschung möglich, da es an einer ausdrücklichen Erklärung des Nichtwissens und an einer Rechtspflicht zur Offenbarung des Wissens fehlt (BGHSt 16, 120 gegen RGSt 62, 415; **aM** Henssler, Risiko 471; Wersdörfer JZ 1962, 450; BGB-RGRK/Seibert Rn 10 aE). Die Anfechtung wegen arglistiger Täuschung ist gegeben, wenn der Wettende beim Abschluss der (Spiel-)Wette verschweigt, dass er durch Bestechung das Wettrisiko zu seinen Gunsten vermindert hat (BGH NJW 1980, 793; 2007, 782). Erfordert ein Spielvertrag eine Tätigkeit beider Spieler und leistet ein Spieler *unter aufschiebender Bedingung voraus,* so steht ihm ein Rückforderungsrecht nach § 812 Abs 1 S 2 zu, auch wenn er – natürlich auch wenn der Partner – durch Verweigerung seiner Tätigkeit den Erfolgseintritt vereitelt. § 815 steht nicht entgegen, da die Verweigerung der Mitwirkung wegen § 762 Abs 1 S 1 nicht als Vereitelung des Erfolges wider Treu und Glauben angesehen werden kann. 27

V. Die Regelung des § 762 Abs 2

1. Zur Verhütung einer Umgehung des § 762 Abs 1 gilt nach Abs 2 das Gleiche wie für Spiel und Wette für die Vereinbarungen, durch die der Verlierende dem Gewinner gegenüber zum Zwecke der Erfüllung einer Spiel- oder Wettschuld eine Verbindlichkeit eingeht (übereinstimmend dazu früher §§ 59, 69 BörsG für Börsentermingeschäfte; dazu RGZ 77, 277). Eine solche Verbindlichkeit entsteht – trotz der Abstraktheit dieser Rechtsinstitute – nur als unvollkommene Verbindlichkeit, ist also nicht klagbar (Henssler, Risiko 494). 28

2. Das Gesetz nennt ausdrücklich das **Schuldanerkenntnis** (§ 781); für das abstrakte *Schuldversprechen* (§ 780), für die Eingehung einer **Wechselverbindlichkeit** (unbeschadet der Rechtsscheinhaftung nach Art 17 WG, RGZ 52, 39; Rn 21) und für die Hingabe eines **Schecks** (für Euroscheck vgl Rn 38) gilt das gleiche. Wird der Wechsel oder der Scheck an einen Gutgläubigen weitergegeben, greift der Spieleinwand nach § 16 Abs 2 WG, § 21 ScheckG nicht durch. Der Spielschuldner hat allerdings gegen den Gläubiger Anspruch auf Herausgabe des Erlangten nach § 818 Abs 2 (RGZ 51, 357; 138, 122). Unverbindlich ist ein *gerichtliches Anerkenntnis* (vgl Rn 14). Bei der Umwandlung einer Spielschuld in eine *Darlehensschuld* (§ 607 Abs 2), ist diese unverbindlich, selbst wenn ein geringfügiger Restbetrag an den Schuldner gezahlt 29 wird. Dies gilt auch, wenn gleichzeitig für die Darlehensschuld eine Hypothek bestellt wird (RGZ 35, 286, 289; 147, 153; RG JW 1902, 369 Nr 34; 1924, 43 Nr 2; 1936, 1531; WarnR 1915, 177; HRR 1934 Nr 1105; BankArch XXXV 286; OLG Hamburg Recht 1907 Nr 1241). Die Umbuchung eines aus Spiel (Differenzgeschäften) herrührenden Giroguthabens auf ein Festgeldkonto bei derselben Bank erzeugt keine klagbare Verbindlichkeit (BGH NJW 1980, 390). Die Schuldurkunde kann zurückgefordert werden.

30 **3.** Unwirksam ist auch die **Anerkennung** eines auf der Passivseite Spielschulden enthaltenden **Kontokorrentsaldos**. Dies gilt auch, wenn eine Bank, die Gewinne aus Spielgeschäften schuldet, diese dem bei ihr geführten Girokonto des Gläubigers gutschreibt und auch dieses Saldo anerkennt (BGH NJW 1980, 390). Nach der seit RGZ 132, 218 stRspr (zur früheren Rspr vgl Staudinger/Brändl[10/11] Rn 30; RGZ 56, 19; 59, 192; 82, 175) ist das *gesamte Abrechnungsgeschäft* unwirksam, mit der Folge, dass bei der Berufung des Saldoschuldners auf die Klaglosigkeit gewisser mit verrechneter Geschäfte die ganze Verrechnung als nicht vollzogen anzusehen ist und alle unwirksamen Geschäfte auf beiden Seiten des Kontokorrents zu streichen sind (RGZ 140, 315; 144, 311; RG HRR 1935 Nr 28; 1936 Nr 1051; JW 1937, 1245; 1939, 566 Nr 28; SeuffA 91 Nr 84; BankArch XXXIV 258; XXXVII 132 vgl auch Rn 23). Ausnahmsweise liegt, wenn der Schuldner eine Barzahlung auf eine *bestimmte* unverbindliche Spielschuld leistet, trotz Verbuchung im Kontokorrent eine Erfüllungsleistung vor, die nicht rückforderbar ist (RG HRR 1936 Nr 1051). In der Literatur ist diese Rechtsprechung umstritten (vgl Schlegelberger/Hefermehl, HGB [5. Aufl 1976] § 355 Rn 83 ff; Canaris, in: Großkomm HGB § 355 Anm 83 ff; Göppert ZHR 102, 161; ders 103, 318).

31 **4.** Dass eine Verbindlichkeit *zum Zwecke* der Erfüllung einer Spiel- oder Wettschuld eingegangen wurde, ist von dem darzulegen und ggf zu beweisen, der die Klagbarkeit bestreitet. Dies gilt besonders bei Wechselverbindlichkeiten (RG JW 1900, 157 Nr 20).

32 **5.** § 762 Abs 2 ist *entsprechend* auf den Fall anzuwenden, dass ein **Dritter dem Gewinner gegenüber** eine Verbindlichkeit zwecks Erfüllung der Spielschuld eingeht. Im Falle der Schuldübernahme bleibt die Spielschuld unverbindlich, die Unverbindlichkeit kann nach § 417 Abs 1 S 1 von dem neuen Schuldner geltend gemacht werden. Der Erstattungsanspruch des leistenden Schuldübernehmers ist wirksam (RG WarnR 1916 Nr 68; RGZ 52, 39; BayObLGZ 5, 357). Entsprechendes wie für die Schuldübernahme gilt für den Schuldbeitritt und die Garantie (BGH NJW 1984, 2037).

33 **6.** Die Verbindlichkeit muss **von dem Verlierenden gegenüber dem Gewinnenden** eingegangen sein. Ein Rechtsgeschäft (Darlehen), durch das der Spielschuldner (auch auf Veranlassung des Gewinners) eine Verbindlichkeit *gegenüber einem Dritten* übernimmt, ist grundsätzlich gültig (vgl RGZ 85, 380; BGHZ 101, 296). Dies gilt auch für ein vom Verlierenden einem Dritten gegenüber abgegebenem Schuldanerkenntnis (BGH NJW 1988, 1086). Eine Ausnahme liegt vor, wenn die Verpflichtung gegenüber dem Dritten in einer allen Beteiligten bekannten Umgehungsabsicht geschlossen wird (vgl Mot II 643). Wenn sich der Spielschuldner nur nach § 328 zur *Leistung an einen Dritten* verpflichtet, besteht der Spieleinwand bis zur Erfüllung auch dem Dritten gegenüber (§ 334).

VI. Einfluss des § 762 auf Hilfs- und Nebengeschäfte

1. Allgemeines

§ 762 regelt Hilfs- und Nebengeschäfte von Spiel- und Wettverträgen nicht. Die Aufnahme von solchen Regelungen wurde während der Beratungen abgelehnt (Mot II 646; Prot II 794 f; RTK 93), weil Umgehungsgeschäfte von der Rspr ausgeschlossen würden. Für die Ausdehnung der Unklagbarkeit nach § 762 auf Hilfs- und Nebengeschäfte ist von dem Grundgedanken des Gesetzes auszugehen, dass Spiel und Wette nicht durch die Gewährung gerichtlicher Hilfe gefördert werden sollen und die Erfüllung einer Spiel- und Wettschuld auch nicht mittelbar erzwungen werden darf (vgl BGH NJW 1974, 1821). Soweit sich solche Neben- oder Hilfsgeschäfte auf einen verbotenen oder nichtigen Spiel- oder Wettvertrag beziehen, ist zusätzlich zu prüfen, ob sich die Nichtigkeit auch auf sie erstreckt, was idR der Fall ist. **34**

2. Auftrag und ähnliche Rechtsgeschäfte

a) In Frage kommen **Auftrag** (§ 662), *Geschäftsbesorgung* (§ 675) sowie *Makler- und Handelsvertretervertrag* (§ 652; §§ 84 ff HGB) vor allem früher beim Differenzgeschäft des aufgehobenen § 764. Gleich zu behandeln sind etwaige Ansprüche aus *Geschäftsführung ohne Auftrag* (§§ 677 ff). **35**

b) Der *Auftraggeber* (im in Rn 35 definierten weiteren Sinn) hat gegen den Beauftragten *keinen* Anspruch auf Ausführung des Auftrags und folglich auch nicht auf Schadensersatz wegen Nichterfüllung (hM; vgl RGZ 40, 256; 93, 348; BGH NJW 1974, 1705; OLG Hamburg OLGE 4, 232; 10, 187; 14, 30; Soergel/Häuser Rn 7; BGB-RGRK/Seibert Rn 9; BGB-RGRK/Fischer[11] Anm 18). Der Beauftragte haftet persönlich für die Rückzahlung des Einsatzes, wenn er bei Vertragsabschluss dem Auftraggeber Umstände verschweigt, die diesen vom Geschäft abgehalten hätten (BGH NJW 1980, 403; 1981, 1266, 1440). Der Auftraggeber hat gegen den Auftragnehmer nach § 667 Anspruch auf Herausgabe des zur Ausführung des Auftrages Erhaltenen, wenn dieser es nicht bestimmungsgemäß verbraucht hat, also, wenn dieser den Vertrag anders als vereinbart ausgeführt hat oder die zur Ausführung des Geschäfts erhaltenen Mittel nicht weitergeleitet hat (OLG Düsseldorf NJW 1980, 1966). *Nach Ausführung des Auftrages* hat der Auftraggeber Anspruch auf Herausgabe des aus der Geschäftsführung Erlangten, insbesondere *des Gewinns,* wenn er dem Beauftragten die zur Teilnahme am Spiel erforderlichen Mittel zur Verfügung gestellt hat. Hat der Auftragnehmer diese Aufwendungen aus dem eigenen Vermögen verauslagt, steht ihm der erzielte Gewinn zu; denn da durch die Zuteilung des Gewinns das beendete Spiel nicht mehr gefördert werden kann, muss der Gewinn demjenigen zugeführt werden, dem er gebührt. Dabei muss nach dem Grundsatz von Treu und Glauben demjenigen der Gewinn belassen bleiben, der auch das Risiko getragen hat (Henssler, Risiko 506; **aM** [stets der Auftraggeber] die hM Staudinger/Engel [1995]; RGZ 40, 258; 51, 156; 58, 280; OLG Hamburg OLGE 4, 232; 14, 31; OLG Dresden OLGE 12, 276; zweifelnd BGH NJW 1980, 1957; Heck, Schuldrecht § 138). **36**

c) Der *Beauftragte* kann seine *Aufwendungen* (§ 670) und die vereinbarte *Vergütung* (Provision) vom Gewinn abrechnen; weitere klagbare Ansprüche hat er nicht. Im Verlustfall hat er keinen Anspruch auf Erstattung seiner Aufwendungen, **37**

soweit er sie im Voraus erhalten hat, allerdings keine Rückzahlungsverpflichtung (allgM RGZ 51, 156; RG Gruchot 47, 932; 50, 957; JW 1906, 228; 1935, 927 Nr 4; 1936, 2067).

38 **d)** Der *Auftrag zur Bezahlung* einer *bereits entstandenen* Spielschuld ist verbindlich, aber bis zur Ausführung widerruflich. Der Ersatzanspruch ist bei rechtzeitigem Widerruf ausgeschlossen (RGZ 45, 158; RG BankArch XV 98; vgl Rn 32, 33). Der Widerruf ist nicht rechtzeitig, wenn der Auftragnehmer die Zahlung nicht mehr verhindern kann, etwa wenn er auf Grund einer Garantieverpflichtung leisten muss. Streitig war, ob ein solcher Fall bei der Begleichung einer Spielschuld mit *Euroscheck* vorliegt, wenn der Spieler seiner Bank gegenüber die Verweigerung der Einlösung des Schecks fordert. Entscheidend dafür ist die Bedeutung der Scheckkarten-Garantie. Nach hM erwarb der Schecknehmer einen gegenüber dem Deckungs- und Valutaverhältnis unabhängigen Einlösungsanspruch (Baumbach/Hefermehl, Wechsel- und Scheckgesetz, Art 4 ScheckG, Anh Rn 8 f). Deshalb könne sich die Bank nicht der Zahlung mit dem Spieleinwand entziehen (so OLG Nürnberg NJW 1978, 2513; Staudinger/Engel[12]). Dem kann nicht gefolgt werden. Auf eine entsprechende Weisung des Scheckausstellers muss die Bank dem Einlöser Schecks den Spieleinwand entgegenhalten. Die Hereinnahme eines garantierten Schecks für Spielschulden ist ein typischer Fall funktionswidrigen Missbrauchs, bei dem es eines Schuldvorwurfs nicht bedarf (MünchKomm/Habersack Rn 21; Soergel/Häuser Rn 3; Jauernig/Schlechtriem § 762 Anm 4). Der Auftragsbürge, der nach Entstehung der Schuld an den Spielgläubiger leistet, hat einen Ersatzanspruch, wenn der Spielschuldner nach der Entstehung der Schuld der Leistung zugestimmt hat. Leistet er ohne eine solche Zustimmung *freiwillig,* so steht ihm kein Anspruch zu. Auch wenn er zur Leistung gezwungen ist (zB weil er im Ausland eine Sicherheit geleistet hat, die nach dort maßgeblichem Recht nicht zurückgefordert werden kann), hat er keinen Ersatzanspruch (entgegen RGZ 52, 362). Denn sonst wäre der Auftrag, entgegen der gesetzlichen Intention, ohne Vorleistung des Auftraggebers verbindlich (vgl oben Rn 36, 37).

3. Gesellschaft und sonstige Vereinigungen

39 Die Klagbarkeit von Ansprüchen unter den Teilnehmern richtet sich nach denselben Grundsätzen wie beim Auftrag. Es besteht **kein klagbarer Anspruch** auf Mitwirkung und auf Schadensersatz wegen unterlassener oder fehlerhafter Mitwirkung; auf Zahlung von Beiträgen und Ersatz von Auslagen (RGZ 147, 117; RG JW 1935, 1545; anders noch RGZ 43, 148; BGH NJW 1974, 1705; Planck/Oegg Anm 7 d; Enneccerus/Lehmann, Schuldrecht § 189 II 1; Soergel/Häuser Rn 7). Auf die Auszahlung des anteiligen Gewinns (§ 721) besteht ein Anspruch der Teilnehmer, die ihren Einsatz vor dem Spiel geleistet haben. Soweit der geschäftsführende Gesellschafter oder ein anderer Mitspieler den Einsatz eines Teilnehmers verauslagt hat, steht diesem dagegen kein Anspruch zu. Dadurch erhält derjenige den Gewinn, der auch das Risiko getragen hat (Henssler, Risiko 509, vgl Rn 36). Die Gegenauffassung, dass der Gewinn, abzüglich der Spielauslagen und Spieleinsätze jedenfalls dem Teilnehmer zusteht (RGZ 58, 280; Lehmann JW 1935, 1548), überzeugt nicht. Vorausgeleistete Einlagen für Zwecke des Spieles können, solange sie nicht verbraucht sind, frei zurückgefordert werden; sobald sie beim Spiel verbraucht wurden, ist ihre Rückforderung ausgeschlossen (vgl BGH NJW 1974, 1821. Zu den *„Spielgemeinschaften"* zur Teilnahme an einer staatlich genehmigten Lotterie oder Ausspielung s unten § 763 Rn 25). Nicht dem Spieleinwand ausgesetzt sind Gesellschaftsverhältnisse zur Beteiligung am Betrieb eines nicht verbotenen

oder zumindest geduldeten ausländischen Spielclubs; denn ein solcher Gesellschaftsvertrag steht nicht mit den Spielverträgen in Zusammenhang und enthält nicht die besondere Gefährlichkeit des Spielvertrages (OLG Düsseldorf NJW-RR 1987, 483; **aM** HENSSLER, Risiko 509).

4. Darlehen

a) Nach manchen früheren und ausländischen Rechten können auch Darlehen zu Spiel- und Wette *nicht zurückgefordert* werden (vgl WINDSCHEID/KIPP, Lehrbuch des Pandektenrechts [9. Aufl 1906] Bd 2 §§ 419, 420; ALR Teil 1 Titel 11, § 581; Art 513 Abs 2 SchwOR). Der Gesetzgeber sah von einer solchen Regelung ab, da die Abgrenzung zu unklar erschien (Mot II 646; Prot II 794, 797). **40**

b) Eine *kreditierte Spielschuld* und damit eine direkte Anwendbarkeit des § 762 liegt vor, wenn ein Spieler einem Mitspieler ein „Darlehen" zum Spiel vorschießt und er oder ein anderer Mitspieler dem Vorschussnehmer diese Summe abgewonnen hat. Eine aufgelaufene Spielschuld kann nicht wirksam in ein Darlehen umgewandelt werden (vgl Rn 29). Dies gilt nur, wenn Spielverträge zwischen dem Darlehensgeber und dem Darlehensnehmer vorliegen, nicht wenn sie, jeder für sich, mit einem Dritten spielen, zB beim Roulette in der Spielbank (BGH NJW 1974, 1821; RG JW 1902, 369 Nr 34; OLG Stettin OLGE 8, 83; OLG Köln OLGE 18, 34; ROHGE 25, 290; OLG Celle NdsRpfl 1961, 172; **aM** OLG Marienwerder OLGE 5, 103; KG OLGE 12, 93; 20, 272; 40, 335). Nicht um Darlehen zu Spielzwecken handelt es sich bei der Übergabe von Münzgeld durch Spielbankkassen gegen die Hingabe von Euroschecks, auch wenn dieses Geld anschließend an Automaten verspielt wird. Die Kasse kauft in diesem Fall lediglich Schecks gegen Bargeld an (BGH NJW 1996, 20). Der Kauf von Spielmarken (Chips) unter Stundung des Kaufpreises ist als Darlehen zu Spielzwecken zu behandeln (RG WarnR 1914 Nr 74; 1921 Nr 11, 12).

c) Dagegen sind *Darlehen einer dritten, am Spielbetrieb nicht beteiligten Person, im Allgemeinen gültig* (zur Unsittlichkeit solcher Darlehen bei besonderen Fallgestaltungen s unten Rn 42), auch wenn sie zu Spielzwecken gegeben und vom Darlehensnehmer dazu verwendet werden. Unerheblich ist, ob er durch das Spiel gewinnt oder das erhaltene Geld verliert (BGH NJW 1974, 1821; NJW 1961, 1204; RGZ 67, 335; 70, 1; 85, 380; KG JW 1926, 924; PLANCK/OEGG Anm 7 a; BGB-RGRK/SEIBERT Rn 10; SOERGEL/HÄUSER Rn 7; MünchKomm/HABERSACK Rn 37). Der Spieleinwand greift ein, wenn im engen Zusammenhang mit dem Spiel, etwa durch den Wirt, in dessen Gaststätte der Darlehensnehmer an Spielautomaten spielt, ein Darlehen gegeben wird, um diesem das weitere Spielen zu ermöglichen (AG Rendsburg NJW 1990, 916). In diesen Fällen liegt häufig auch Nichtigkeit nach § 138 vor (dazu Rn 42). **41**

d) Darlehen, die zur Förderung des Spieles gegeben werden, sind unter *besonderen Umständen wegen Verstoßes gegen die guten Sitten nichtig* (§ 138; vgl auch die Erläuterungen zu § 138 Rn 90). **Einzelfälle**: Nichtig sind insbesondere Darlehen zu *verbotenem Spiel* (Mot II 646; OLG Marienwerder OLGE 5, 103; vgl auch BGH NJW 1974, 1821; OLG Celle vom 29. 4. 1987, 9. 11. 84/86 unveröffentlicht). Nichtig sind Darlehen, die in *besonders eigennütziger Absicht* gegeben werden. So sind Darlehen des verbotswidrige Spiele duldenden Wirts (OLG Posen OLGE 6, 448) nichtig. Nichtig sind Darlehen eines Mitspielers, des Inhabers, des Kassiers des Spielbetriebs oder einer sonstigen **42**

interessierten Person während des Spiels, um die Spiellust anzustacheln oder bei Verlust die Fortsetzung des Spiels zu ermöglichen und dadurch den eigenen Gewinn zu vergrößern (BGH NJW 1961, 1204; RGZ 70, 1; RG WarnR 1914 Nr 74; 1921 Nr 11, 12; JW 1920, 961; Gruchot 65, 681; OLG Frankfurt OLGE 18, 35). Größere Darlehen, die der Inhaber einer staatlich konzessionierten Spielbank gewährt, um den Spieler zum Weiterspielen zu veranlassen (BGH NJW 1991, 816) sind nichtig. Darlehen, mit denen der Gastwirt dem Gast die Möglichkeit eröffnet, an den in der Gastwirtschaft aufgestellten Spielautomaten weiter zu spielen, sind nichtig (AG Rendsburg NJW 1990, 916; LG Leipzig MDR 2012, 402). Nichtig sind Darlehen, die unter *Ausnützung des Leichtsinns* des Spielers gegeben werden und *außergewöhnlich hohe Darlehen* (RGZ 70, 1), nicht aber schon jedes höhere Darlehen (RGZ 67, 355). Die Begebung eines Wechsels zur Sicherung dieser Forderung ist ebenfalls nach § 138 nichtig; der Wechsel ist dem Akzeptanten iSd § 16 Abs 2 WG abhandengekommen (BGH NJW 1991, 816). *Unsittlich* ist die *eigennützige Gewährung* von ungewöhnlich hoch verzinsten Darlehen zur Gründung, Einrichtung und Ausstattung eines Spielklubs (RG WarnR 1922 Nr 23; LZ 1921, 14 und 450), wobei die behördliche Erlaubnis des Spielklubs die Unsittlichkeit nicht ausschließt (RG JW 1924, 43; Gruchot 65, 213).

43 **e)** Ist das Darlehensgeschäft nach § 138 nichtig, so kann, anders als beim wucherischen Darlehen (dazu BGH NJW 1979, 2089; RGZ 161, 52; § 817 Rn 12 mwNw) auch die *Darlehenssumme selbst* nicht nach § 812 zurückgefordert werden, wenn auch dem Darlehensgeber ein Verstoß gegen die guten Sitten zur Last fällt (§ 817 S 2; RGZ 70, 4). Dies wird regelmäßig der Fall sein. Bei diesen Darlehen verstößt nicht nur die Kapitalnutzung auf Zeit gegen § 138, sondern bereits die Kapitalüberlassung (BGH MDR 1961, 494; OLG Nürnberg MDR 1978, 669; vgl § 817 Rn 12 aE). Dies gilt nur, wenn der Darlehensnehmer das Darlehen verspielt hat, also nicht mehr bereichert ist. Solange er den Darlehensbetrag noch in seinem Vermögen hat oder wenn er mit dem Darlehen einen Gewinn erzielt hat, fehlt für den Ausschluss der Rückforderung jeder überzeugende Grund (BGH NJW 1995, 1152, 1153; MünchKomm/Habersack § 762 Rn 40; Erman/Westermann § 817 Rn 22). Hat der Darlehensnehmer das Darlehen durch unwahre Angaben erschlichen, so wird der Schadensersatzanspruch aus §§ 823 Abs 2, 826 weder durch § 762 noch durch § 817 S 2 ausgeschlossen. Der Anspruch kann an § 254 scheitern (RGZ 70, 1, 4; WarnR 1914 Nr 74; KG JW 1926, 1241).

VII. Nichtige Spiel- und Wettverträge

1. Wirkung von Verboten

44 Die Regelung des § 762 greift nur ein, soweit ein *wirksamer* Spiel- oder Wettvertrag vorliegt. Ein Spiel- oder Wettvertrag, der gegen ein gesetzliches Verbot oder die guten Sitten verstößt ist nach § 134, 138 *nichtig* (BGH NJW 1974, 1821; OLG Bamberg NJW-RR 2002, 1494). Für solche Verträge gelten die allgemeinen Regeln; § 762 Abs 1 S 2 ist nicht anwendbar. Bei nichtigem Spielvertrag gilt die Verfügung über den Spieleinsatz als *unentgeltlich* iS des § 816 Abs 1 S 2, sofern der Spieleinsatz zu keinem entsprechenden Gewinn geführt hat. Derjenige, der durch diese unentgeltliche Verfügung das Eigentum an dem Spieleinsatz verloren hat, kann den Spieleinsatz vom Gewinner direkt zurückfordern (str, vgl Schosser JuS 1963, 141; Wiethölter JZ 1963, 286; BGHZ 37, 363; dazu weiter die Erläuterung zu § 816).

2. Strafbarkeit nach §§ 284 ff StGB

Nichtig sind nach § 134 Spielgeschäfte, die gegen ein gerade diese Betätigung betreffendes Verbot verstoßen (BGHZ 47, 393). Verbote dieser Art enthalten insbesondere §§ 284, 285 StGB. Danach ist strafbar, wer **ohne behördliche Erlaubnis öffentlich ein Glücksspiel** veranstaltet oder hält oder die Einrichtungen hierzu bereitstellt, sowie wer für eine Lotterie wirbt (§ 287 Abs 2 StGB). Als öffentlich veranstaltet gelten auch Glücksspiele in Vereinen oder geschlossenen Gesellschaften, in denen Glücksspiele gewohnheitsmäßig veranstaltet werden. Nach § 284 Abs 4 StGB ist auch die Werbung für ein öffentliches Glücksspiel strafbar. Außerdem wird bestraft, *wer sich an einem solchen öffentlichen Glücksspiel beteiligt* (§ 285 StGB). Da auch die Beteiligung an einem nicht erlaubten öffentlichen Glücksspiel verboten ist, das Verbot sich also gegen den *Spieler* wie gegen den *Spielhalter* richtet, ist jeder hiergegen vorstoßende Spielvertrag *nichtig* (allgM Soergel/Häuser Rn 6; Palandt/Sprau Rn 10; BGB-RGRK/Seibert Rn 10). Die Rückforderung des aufgrund eines solchen Vertrages Geleisteten ist idR nach § 817 S 2 ausgeschlossen. Nichtig sind auch betrügerische Spiele (§ 263 StGB), wie das Falschspiel. Bei Falschspiel steht dem Spieler ein Schadensersatzanspruch aus §§ 823, 826 zu. Sittenwidrig und damit nach § 139 nichtig sind Spielgeschäfte, die unter Ausnutzung der Unerfahrenheit, des Leichtsinns oder einer Zwangslage eines Beteiligten zustande kommen (RGZ 70, 1; Hensler S 477; MünchKomm/Habersack § 762 Rn 17). Auftrag, Gesellschaft und Darlehen zu *verbotenem Spiel* verstoßen gegen die guten Sitten und sind ebenfalls nichtig (vgl Rn 42). 45

VIII. Sonderformen des Spielbetriebs

1. a) Nach § 33c Abs 1 S 1 GewO (idF der Bek vom 22. 2. 1999, BGBl I 202, zuletzt geändert durch Art 2 des Gesetzes vom 6. 9. 2013, BGBl I 3556) bedarf das **gewerbsmäßige Aufstellen eines Spielgeräts**, das mit einer den Spielausgang beeinflussenden mechanischen Vorrichtung ausgestattet ist und die Möglichkeit eines Gewinns bietet, der Erlaubnis. Sie berechtigt nur zur Aufstellung von Automaten, deren Bauart zugelassen ist (§§ 11 ff SpielV). 46

b) Das Gleiche wie für das Aufstellen von Spielautomaten gilt für das Veranstalten von anderen Spielen mit Gewinnmöglichkeit (§ 33d GewO; erfasst sind nur Geschicklichkeitsspiele, nicht aber Glücksspiele [vgl § 33h GewO]). Voraussetzung für die Erlaubnis ist eine Unbedenklichkeitsbescheinigung für den Antragsteller. Eine Anzahl harmloser Spiele (Geschicklichkeitsspiele mit niedrigen Einsätzen und Gewinnen) ist erlaubnisfrei (§ 33g Nr 1 GewO iVm § 5a SpielV und der Anlage zu § 5a SpielV).

c) Die Erlaubnis wird (nach Vorliegen der Bauartzulassung bzw der Unbedenklichkeitsbescheinigung) nach der VO über Spielgeräte und andere Spiele mit Gewinnmöglichkeiten **(SpielV)** vom 27. 8. 1971 (BGBl I 1441, idF vom 27. 1. 2006, BGBl I 280) erteilt, wenn kein Versagungsgrund des § 33c Abs 2 bzw 33 d Abs 3 GewO und der SpielV vorliegt. Ein Verstoß gegen die Erlaubnispflicht oder gegen angeordnete Auflagen ist nach §§ 144 Abs 2 Nr 1 und 3, 148 Nr 1 und 2 GewO eine Ordnungswidrigkeit bzw ein Vergehen. Bei den Vorschriften der §§ 33c ff GewO handelt es sich um Ordnungsvorschriften, die nur die eine Partei (Veranstalter; Aufsteller) unter Strafe stellen. Deshalb sind Spielverträge mit einem Unternehmer, dem die Erlaubnis fehlt, nicht nach § 134 nichtig (aM Henssler, Risiko 477 für die Vorschriften, die neben dem Schutz der Allgemeinheit auch speziell den Schutz der Gäste [Spieler] beabsichtigen; zu den Regelungen der §§ 33c ff GewO vgl im Übrigen die Kommentierungen bei Friauf, Kommentar zur Gewerbeordnung [Loseblattausgabe] Stand Mai 2014). Ein solches Spiel (ebenso ein Spiel an einem außerhalb seiner Zulassung betriebenen Spielgerät) ist nicht von der Privilegierung des § 763 S 1 umfasst, da es insoweit nicht staatlich genehmigt ist. Wird der Anschein eines genehmigten Spieles erweckt, kommen Schadensersatzansprüche (nur auf den Spieleinsatz) in Frage (OLG Brandenburg vom 4. 9. 2013, 7 U 155/12, juris).

d) Durch die Herausnahme des Rechts der Spielhallen aus dem Recht der Wirtschaft durch die Föderalismusreform (Gesetz zur Änderung des Grundgesetzes vom 28. 8. 2006, BGBl I 2034) wurde insoweit eine Länderkompetenz geschaffen. Von dieser haben die Länder durch die §§ 24–26 GlüStV und landesrechtliche Glücksspielgesetze Gebrauch gemacht. Durch diese Regelungen ist die Erlaubnis für Spielhallen nach § 33i GewO nur noch zu erteilen, wenn die Voraussetzungen des GlüStV und des entsprechenden (landesrechtlichen) Glücksspielgesetzes vorliegen (Pagenkopf, Der neue Glücksspielstaatsvertrag, NJW 2012, 2918, 2921).

47 **2.** Nach dem **Gesetz über die Zulassung öffentlicher Spielbanken (SpielbG)** vom 14. 7. 1933 (RGBl I 480) finden die §§ 284, 285 StGB auf zugelassene Spielbanken keine Anwendung (vgl zu den Rechtsfragen von Spielbanken besonders Lauer, Staat und Spielbanken, Rechtsfragen des Staatshandelns in einem Spannungsfeld zwischen Erwerbswirtschaft und Gefahrenabwehr [1993]). Das G galt als Landesrecht weiter, da das Spielbankenrecht als Recht der öffentlichen Sicherheit und Ordnung kein Bundesrecht geworden ist (BVerfGE 28, 119). Die Bundesländer haben das Gesetz inzwischen durchgehend geändert bzw neue Gesetze erlassen (vgl Erbs/Kohlhaas, Strafrechtliche Nebengesetze, Registerband, Stichwort „Spielbanken"). Durch die staatliche Zulassung ist auf Spiele in diesen Spielbanken § 763 S 1 analog anzuwenden. Die Verpflichtungen aus diesen Spielen sind verbindlich (so Rn 6). Durch die aufgrund des SpielbG erlassene VO (VO über öffentliche Spielbanken vom 27. 7. 1938, RGBl I 955, geändert durch VO vom 31. 1. 1944, RGBl I 60; inzwischen in allen Bundesländern geändert oder ersetzt. Vgl Erbs/Kohlhaas, Strafrechtliche Nebengesetze, Registerband Stichwort „Spielbanken") ist das Spiel zum Teil Personen unter 21 Jahren und Personen, die am Spielort wohnen, untersagt. Des Weiteren ist durch diese Vorschriften das Spiel an bestimmten Tagen und entgegen den in der Spielordnung getroffenen Regelungen (Spielstunden; zugelassene Spiele) verboten. Verstöße gegen diese Vorschriften sind bußgeldbedroht. Spielverträge von Personen, denen das Spielen aus in der Person liegenden Gründen durch das SpielbG oder die SpielbVO untersagt ist (unter 21 Jahren; am Spielbankort wohnhaft), sind nach § 134 nichtig (BGHZ 37, 363; 47, 393); die verlorenen Spieleinsätze können vom Spieler zurückgefordert werden. Verstöße gegen die Spielordnungen oder Ordnungsvorschriften in der SpielbVO: Spielzeiten (BGHZ 37, 366), Vorschriften über Festlegung eines Limits bei Internetspielbanken (BGH NJW 2008, 2026) machen die Verträge nicht nichtig (BGHZ 47, 393). Bei der Veranstaltung nicht zugelassener Spiele kommt es auf den Einzelfall an; soweit die Spielregeln geringfügig von denen zugelassener Spiele abweichen, tritt keine Nichtigkeit ein; dagegen ist die Veranstaltung völlig anderer Spiele nicht mehr von der Erlaubnis umfasst und damit nach §§ 284, 285 StGB strafbar, mit der

Wirkung der Nichtigkeit (vgl Rn 44). Auch bei erlaubtem Spiel an einer zugelassenen Spielbank kann sich aus dem Verhalten der Geschäftsführung der Spielbank in Bezug auf einen Spieler, der unter verdächtigen Umständen laufend hohe Summen verspielt, für denjenigen, dessen Gelder der Spieler für seine Einsätze veruntreut hat, ein Schadensersatzanspruch aus § 826 gegen die Spielbank ergeben (LG Konstanz vom 5. 8. 1965 – III O 100/64 – unveröffentlicht). Unterschlägt ein Angestellter der Spielbank Geld, so entsteht der Spielbank in voller Höhe ein (auszugleichender) Schaden, auch wenn das Geld sofort anschließend in der Spielbank wieder verspielt wird (BGH NJW 1980, 2183); zu Darlehen der Spielbank an einen Spieler vgl Rn 40, 42. Früher war nach den verschiedenen SpielbVO der Länder eine Spielbank berechtigt, Personen ohne Angabe von Gründen vom Spiel auszuschließen. Durch diese Regelung war ein Kontrahierungszwang der Spielbanken ausgeschlossen; die Spielbanken konnten frei entscheiden, welche Personen sie zum Spiel zulassen. Dies verstieß weder gegen die von der Rspr entwickelten Grundsätze über den Kontrahierungszwang noch gegen die Berufsfreiheit eines Berufsspielers (BGH WM 1994, 1670). Dies galt auch, wenn der Ausschluss nicht nur eine Spielbank betraf, sondern – wie bei Spielbanken üblich – von dieser anderen Spielbanken mitgeteilt und auch von diesen der Betroffene ausgeschlossen wird (insoweit offengelassen vom BGH WM 1994, 1670). Inzwischen sind die Regelungen über die Sperren in den §§ 2 iVm § 8 GlüStV enthalten. Diese verpflichten die Spielbanken an dem übergreifenden Sperrsystem (§ 8 Abs 6 iVm § 23 GlüStV) mitzuwirken. Die frühere Rechtsprechung sah bei der Eigensperre keine Pflicht der Spielbank, die Sperre zu überwachen und ließ keine Ersatzansprüche zu, selbst wenn die Spielbank sein weiteres Spielen kennen konnte (vgl BGHZ 131, 136; LG Baden-Baden WM 1998, 1685; LG Leipzig NJW-RR 2000, 1343). Sie wurde in der Literatur einhellig kritisiert (Weiss, Die Sperre des Glücksspielers [Diss Hamburg 1999]; Grunsky, EWiR § 157 BGB 1/96, 11; Peters JR 2002, 177) und inzwischen auch vom BGH aufgegeben (BGHZ 174, 225; 165, 276; mAnm Lorenz LMK 2006, 166, 228 und Anm Schimmel NJW 2006, 958; OLG Hamm NJW-RR 2003, 971). Sie ist überholt. Mit der Annahme eines Antrags eines Spielers auf Eigensperre geht die Spielbank eine vertragliche Bindung gegenüber dem Antragsteller ein, die gerade sein Vermögensinteresse vor zu befürchtenden wirtschaftlichen Schäden seiner Spielsucht schützt (BGHZ 165, 276). Diese Sperre hat sie zu überwachen, auch im sog „Kleinen Spiel" (BGHZ 174, 225). Verletzt die Spielbank schuldhaft diese Überwachungspflicht, so haftet sie nach § 280 Abs 1 BGB (zu den rechtlichen und praktischen Folgen für die Spielbanken vgl Peters, Die „Eigensperre" des Glücksspielers, ZfWG 2007, 321 noch zur Rechtslage vor Inkrafttreten der §§ 20, 8 GlüStV). Bei der Aufhebung der Eigensperre auf Antrag des Gesperrten, hat die Spielbank die Verpflichtung, sich vor der Aufhebung durch geeignete Erkundungen davon zu überzeugen, dass der Schutz des Spielers vor sich selbst der Aufhebung nicht mehr entgegensteht. Dabei genügen Erkundigungen über die wirtschaftlichen Verhältnisse nicht. Sofern der Spieler nach Aufhebung der Sperre durch das Spiel Geld verliert, haftet die Spielbank auf Schadensersatz (BGHZ 191, 205). Für die Fremdsperre ging die Rechtsprechung länger davon aus, dass aus der Fremdsperre dem Gesperrten keinerlei Rechte entstehen (BGHZ 131, 136; ausdrücklich aufrechterhalten in BGHZ 165, 276). Auch diese Rechtsprechung ist durch den GlüStV überholt. Nach § 20 GlüStV dürfen gesperrte Spieler am Spielbetrieb in Spielbanken nicht teilnehmen. Die Durchsetzung des Verbots ist durch Kontrolle des Ausweises oder eine vergleichbare Identitätskontrolle und Abgleich mit der Sperrdatei zu gewährleisten. Bei § 20 GlüStV handelt es sich um ein Verbotsgesetz, das auch dem Schutz des Einzelnen bezweckt. Dies ergibt sich aus dem Zusammenhang mit den in § 1 GlüStV definierten Zielen des Vertrages (Schaffen der Voraussetzungen für eine wirksame Suchtbekämpfung, Gewährleistung des „Spielerschutzes"). Bei Fremdsperre besteht deshalb eine Schadensersatzpflicht nach § 823 Abs 2. Unabhängig davon sind die unter Verstoß gegen § 20 Abs 2 GlüStV abgeschlossene Verträge wegen Verstoßes gegen § 134 nichtig, da die Verbotsnorm auch generalpräventiv wirken soll. Der Spieler hat keinen Anspruch auf Auszahlung des Gewinns (so auch KG NJW RR 2003, 1359). Bei sog Internetcasinos handelt es sich um unerlaubtes Glücksspiel (§ 4 Abs 4 GlüStV; § 284 StGB). Dabei wird das Glücksspiel dort veranstaltet, wo dem Spieler die Möglichkeit zur Teilnahme eröffnet wird (§ 3 Abs 4 GlüStV). Die Behandlung der „Internetcasinos" entspricht der Behandlung des ohne Genehmigung veranstalteten Glücksspiels (s Rn 45). Umgekehrt handelte es sich bei den zeitweise von deutschen Spielbanken mit behördlicher Genehmigung veranstalteten Internetcasinos um erlaubte Glücksspiele, die nach § 763 Abs 1 S 1 analog verbindlich waren (vgl BGH NJW 2008, 2026; vgl zum Glücksspiel im Internet allg Volk, Glücksspiel im Internet [2006]; Dietlein/Woessler, KSR 2003, 458; Berberich, Das Internet-Glücksspiel: Ein Beitrag zur systematischen Fortentwicklung des deutschen Glücksspielrechts).

3. Finanztermingeschäfte

48 Nach der Aufhebung des § 764 (s unten) gewinnt die Frage an Bedeutung, inwieweit Differenzgeschäfte und Termingeschäfte als Spiel zu betrachten sind; dies gilt insbesondere für ereignisbezogene Finanzprodukte. Bei diesen Finanzprodukten handelt es sich darum, dass Gewinn oder Verlust von einem in der Zukunft liegenden Ereignis (Höhe eines Indexes, Klima- oder andere physikalischen Variablen, Inflationsraten oder andere volkswirtschaftliche Variablen usw) abhängig ist (vgl § 2 Abs 2 WpHG). Bei diesen Verträgen sind die objektiven Voraussetzungen des Spiels: gegenseitiger Vertrag, Gewinn oder Verlustentscheidung vom Eintreten einer vom Zufall abhängigen Tatsache, in der Regel gegeben. Zweifelhaft ist das Vorliegen der Spielabsicht, dh des ausschließlichen Ziels durch die entgegenstehenden Erwartungen einen finanziellen Gewinn zu erzielen, ohne einen wirtschaftlich berechtigten Zweck zu verfolgen. Für alle diese Verträge schließt § 37e WpHG den Einwand des § 762 aus, wenn mindestens ein Vertragsteil ein Unternehmen ist, das gewerbsmäßig oder in einem Umfang, der einen in kaufmännischer Weise eingerichteten Geschäftsbetrieb erfordert, Finanztermingeschäfte abschließt oder deren Abschluss vermittelt oder die Anschaffung, Veräußerung oder Vermittlung von Finanztermingeschäften betreibt. Diese Geschäfte unterfallen also dem Spieleinwand, wenn sie von beiden Seiten mit Spielabsicht betrieben werden und nicht der Definition des Finanztermingeschäfts in § 37e S 2 iVm § 2 Abs 2 WpHG unterfallen oder (auch wenn es sich um Finanztermingeschäfte handelt) nicht wenigstens einer der Vertragspartner ein Unternehmen ist, der gewerbsmäßig Finanztermingeschäfte betreibt (Begründung zum Gesetzentwurf für das 4. FinMFöG, BT-Drucks 14/8017, 96). Soweit diese Voraussetzungen vorliegen, handelt es sich bei diesen Geschäften nicht um unerlaubtes Glücksspiel iSd § 284 StGB. Die Verträge sind deshalb nicht nach § 134 nichtig, aber als Spiel unverbindlich (zu den einzelnen Formen der Finanztermingeschäfte, besonders der ereignisbezogenen Finanzprodukte, vgl Mülbert/Böhmer WM 2006, 937, 985).

IX. Internationales Privatrecht

49 Wegen der Vorbehaltsklausel des Art 6 EGBGB muss der Spieleinwand zugelassen werden, auch wenn nach dem anzuwendenden ausländischen Recht die Verbindlichkeit klagbar wäre (BayObLGZ 5, 357; BGHZ 58, 1; BGH NJW 1975, 1600; 1979, 488).

§ 763
Lotterie- und Ausspielvertrag

Ein Lotterievertrag oder ein Ausspielvertrag ist verbindlich, wenn die Lotterie oder die Ausspielung staatlich genehmigt ist. Anderenfalls findet die Vorschrift des § 762 Anwendung.

Materialien: E I § 665; II § 705; III § 749; Mot II 648; Prot II 804.

Schrifttum

Vgl zunächst das Schrifttum in der Vorbem zu §§ 762–764.
Bender, Die Lotterie (1832)
Bosch, Glücksspiele, Chancen und Risiken (2000)
Endemann, Beiträge zur Geschichte der Lotterie und zum heutigen Lotterierecht (Diss Bonn 1882)
Fruhmann, Das Spiel im Spiel – Strafbarkeit gewerblicher Spielgemeinschaften, MDR 1993, 822
Gebhardt, Die Fußballwette (Diss Würzburg 1955)
Hamann, Der Fußballtoto (Diss Köln 1950)
Hohlmann, Lotterien in der Bundesrepublik Deutschland. Der kooperative Lotterieföderalismus und seine praktischen Rechtswirkungen, WRP 1998, 1043
Klenk, Der Lotteriebegriff in straf- und steuerrechtlicher Sicht, GA 76, 361
Leonhard, Der deutsche Toto-Lotto-Block (1994)
Madeja, Versicherung und Lotterie (Diss Köln 1954)
Ohlmann, Lotterien und Glücksspiele in Deutschland. Schlaglichter der rechtshistorischen Entwicklung vom 18. zum 20. Jahrhundert, ZfWG 2007, 101
ders, Lotterien, Sportwetten, der Lotteriestaatsvertrag und Gambelli, WRP 2005, 48
Peters, Die Sperre des Glücksspielers nach dem Glücksspielstaatsvertrag der Länder, NJOZ 2010, 1197
Plander, Lottospielgemeinschaft und Rechtsbindungswille, AcP 176, 423
Pfister (Hrsg), Rechtsprobleme der Sportwette (1989)
Schlund, Das Zahlenlotto (1972)
Sura, Die grenzüberschreitende Veranstaltung von Glücksspielen im Europäischen Binnenmarkt (1995)
Tettinger/Ennuschat, Grundstrukturen des deutschen Lotterierechts (1999)
Winterstein, Lotterien im System der aleatorischen Verträge (Diss Hamburg 1959).

Systematische Übersicht

I. Begriff von Lotterie und Ausspielung

1. Rechtsentwicklung

1 Für Lotterien und Ausspielungen als Unterformen des Spiels hat sich ein Sonderrecht entwickelt, weil die Staaten in Deutschland seit dem 16. Jahrhundert selbst Lotterien veranstalteten oder konzessionierten, um daraus Einnahmen zu erzielen. Um diese Lotterien attraktiv zu machen, wurden sie nicht den einschränkenden Regelungen des Spiels unterworfen, insbesondere wurden sie stets als *bürgerlichrechtlich voll wirksam behandelt* (vgl ALR Teil 1 Titel 11 §§ 547 ff). Diese unterschiedliche Behandlung ist inzwischen weitgehend aufgehoben (vgl Rn 3). Das ausländische Recht entspricht weitgehend der Regelung des § 763 (zum früheren Recht: vGierke, Deutsches Privatrecht § 208 [Bd 3 in: Bindings Handbuch der deutschen Rechtswissenschaft]; Schlund, Das Zahlenlotto 4 ff; Endemann, Beiträge zur Geschichte der Lotterie und zum heutigen Lotterierecht; zum ausländischen Recht: Lorenz, Stichwort „Spiel und Wette", Rechtsvergleichendes Handwörterbuch für das Zivil- und Handelsrecht Bd 6, sowie die in Vorbem zu §§ 762–764 aufgeführte Literatur zum ausländischen Recht).

2. Allgemeine Begriffsbestimmung

2 **a)** Auch für Lotterie und Ausspielung enthält das G (wie für Spiel und Wette) keine Begriffsbestimmung. Inzwischen enthält der GlüStV in seinem § 3 Abs 3 eine Definition der Lotterie. *„Ein Glücksspiel im Sinne des Abs 1, bei dem einer Mehrzahl von Personen die Möglichkeit eröffnet wird, nach einem bestimmten Plan gegen ein bestimmtes Entgelt die Chance auf einen Geldgewinn zu erlangen, ist eine Lotterie".* § 287 StGB verwendet die Begriffe „Lotterie" und „Ausspielung beweglicher und unbeweglicher Sachen" ohne Definition und stellt sie neben die in §§ 284, 285 StGB gesondert geregelten Glücksspiele. *Lotterie und Ausspielung sind Veranstaltungen, bei denen nach Maßgabe eines vom Unternehmer aufgestellten Spielplans durch eine Losziehung oder ein anderes, im Wesentlichen auf den Zufall abgestelltes Verfahren unter einer Mehrzahl Einsatz leistender Teilnehmer entschieden wird, auf welche Einsätze ein Gewinn entfällt* (RGSt 25, 256; 27, 47; 34, 142, 447; 60, 385; 77, 384). Der Gegenauffassung, dass das Merkmal des Zufalls nicht zwingend vorliegen muss (Henssler, Risiko 512) kann nicht gefolgt werden. Bei dem Abstellen des Gewinnplans auf ein vom Aufstellenden oder dem Spieler zu beeinflussendes Ereignis wäre die Gefahr der Manipulation zu hoch, unabhängig davon, dass eine solche Gestaltung nur schwer vorstellbar wäre. Das Zufallselement schließt nicht aus, dass besondere Kenntnisse des Spielers seine Gewinnchance erhöhen (zB bei Lotterien, deren

Ausgang vom Ergebnis sportlicher Veranstaltungen abhängig ist, wie Toto, Oddset Wetten uÄ). *Lotterie- und Ausspielverträge sind* die einzelnen, meist gleichartigen Verträge, die der Unternehmer mit den einzelnen Teilnehmern schließt. *Die Teilnehmer untereinander stehen in keinen Vertragsbeziehungen.*

b) Die unterschiedliche Behandlung von Lotterien und Ausspielungen einerseits, Spiel und Wette andererseits erklärt sich daraus, dass die Lotterien schon früh *vom Staat als Einnahmequelle monopolisiert wurden* (Rn 1). Sie erschienen geeignet, den Spieltrieb des Volkes vom – als gefährlicher angesehenen – Glücksspiel auf die *harmloseren Lotterien abzulenken.* Zweck war auch der *Schutz vor Betrügern,* weil die Überwachung von Lotterien einfacher ist als die von Glücksspielen (vgl dazu die Kommentierungen zu § 286 StGB zB Bubnoff, LK [10. Aufl] § 286 Rn 1 und Vorbem von § 284 Rn 3 ff; Schönke/Schröder/Esser, StGB § 286 Rn 1). Die Lotterien und Ausspielungen sind weniger gefährlich, weil die Gewinnaussichten durch den Spielplan fest begrenzt sind, die Spielteilnehmer nicht in Fühlung miteinander stehen und die Gewinnermittlung von den Teilnehmern zeitlich und örtlich entfernt vorgenommen wird und die Spielfrequenz niedriger ist (vgl Vorbem 4 aE). Diese Unterschiede schließen nach der Rspr und hM die analoge Anwendung des § 763 S 1 auf staatlich genehmigte Spiel- und Wettverträge nicht aus, dh auch diese werden als verbindlich behandelt (so § 762 Rn 6). 3

3. Die einzelnen Merkmale

a) Der *Veranstalter der Lotterie* muss bereit sein, mit einer *Mehrzahl von Personen* Lotterieverträge abzuschließen; nicht notwendig ist der *tatsächliche Abschluss* von mehr als einem Lotterievertrag. Bei einer nach dem Spielplan festliegenden Zahl von Losen (zB Klassenlotterie, Rn 19 ff) nimmt der Veranstalter mit den Losen, die er nicht absetzt, an der Lotterie teil. Die Lotterie muss nicht öffentlich sein und der Veranstalter braucht nicht bereit zu sein, mit jedem Interessenten einen Lotterievertrag abzuschließen. Der Veranstalter trägt zwar im Rahmen des einzelnen Lotterievertrages ein Verlustrisiko, regelmäßig aber nicht im Rahmen der gesamten Lotterie. In Ausnahmefällen kann ein Verlustrisiko entstehen, wenn bei einer im Spielplan fest bestimmten Anzahl von Losen und Gewinnen nur ein geringer Teil der Lose abgesetzt wird (RGSt 38, 206; 64, 360). 4

b) Der *Spielplan* wird vom Veranstalter der Lotterie einseitig aufgestellt und muss die Spielbedingungen für alle Teilnehmer enthalten (vgl OLG Braunschweig NJW 1954, 1717; RGZ 77, 344; RGSt 55, 271; BGHSt 3, 104). Die Spielbedingungen müssen nicht für alle Teilnehmer gleich sein. Der Spielplan muss insbesondere die Festlegung des Einsatzes (dazu Rn 7) und der Ermittlung der Gewinne (dazu Rn 6) enthalten. Der Spielplan muss darüber hinaus die Zahl und Höhe der Gewinne enthalten; diese müssen nicht von vornherein bestimmt, aber bestimmbar sein; insbesondere können sie vom Umfang der Beteiligung abhängig gemacht werden (zB bei Lotto, bei dem lediglich der Anteil der Ausschüttung auf die einzelnen Gewinnklassen festgelegt ist). 5

c) Die Ermittlung der Gewinner muss nach einem *Verfahren* erfolgen, das *wesentlich auf den Zufall abstellt,* also auf einen unberechenbaren, dem Einfluss der Teilnehmer entzogenen Ursachenverlauf (BGHSt 2, 140). Dabei können die Gewinner 6 durch eine Auslosung (Klassenlotterie; Lotto), durch die Ziehung eines Loses in einer anderen Lotterie, das Ergebnis von Spielen dritter Personen (Fußballspiele, Pferderennen) oder auch der Teilnehmer selbst (BGHSt 2, 139) bestimmt werden. Dabei darf in diesem Fall körperliche Geschicklichkeit und geistige Berechnung den Erfolg mit beeinflussen. Ist der Gewinn überwiegend von der Geschicklichkeit der Teilnehmer abhängig, liegt keine Lotterie vor (RGSt 12, 390; 25, 256; 34, 142; 40, 21; LG Marburg NJW 1955, 346; BayObLGSt 32, 45; RFHE 17, 33; 20, 205; BFHE 55, 335). Diese Abhängigkeit des Gewinns vom Zufall muss auch *den Teilnehmern erkennbar sein* (RGSt 18, 342, 345; 60, 385, 387).

7 **d)** Schließlich ist die *Leistung eines Einsatzes* durch die Teilnehmer notwendig (RGZ 60, 381; 77, 344; **aM** Ehrlich, Über den Begriff und die rechtliche Natur der Lotterie und Ausspielung [Diss Leipzig 1922] 49, der einen unbedingten Einsatz nicht für notwendig hält). Nicht ausgeschlossen ist, dass die Lose unentgeltlich den Teilnehmern ausgegeben werden, der Einsatz also vom Lotterieveranstalter, etwa aus Werbegründen, den Teilnehmern geschenkt wird (FG Köln EFG 2014, 296; RGZ 60, 381). Der Einsatz wird meist offen (zB durch Loskauf) geleistet; er kann aber auch versteckt in einem Warenkaufpreis (RGZ 115, 326; RG JW 1931, 1926; BGHSt 2, 83), Eintrittsgeld, Vereinsbeitrag, Inseratenpreis geleistet werden. Dabei ist nicht erforderlich, dass der *gewöhnliche Preis* dieses Gegenstandes oder dieser Leistung im Hinblick auf die Gewinnaussicht *erhöht ist.* Es muss aber ein erheblicher Anteil der Teilnehmer den Gegenstand zumindest auch *wegen der damit verbundenen Gewinnchance erwerben* und einen Teil des Preises als Einsatz für die Gewinnchance ansehen (BFHE 55, 289; 60, 409; BayObLGSt 30, 7). So liegt kein Einsatz bei Erwerb einer Zeitschrift, in der bisweilen Preisausschreiben veranstaltet werden oder bei Prämierung jedes 500sten Besuchers einer Veranstaltung vor. Eine solche Förderung des Absatzes kann einen Verstoß gegen das UWG darstellen (vgl Rn 9).

8 **4. Die Ausspielung** ist eine *Sach- oder Warenlotterie;* die ausgesetzten Gewinne bestehen hier nicht in Geld, sondern in anderen Gegenständen; *abgesehen von dem Gewinngegenstand gilt für die Ausspielung das Gleiche wie für die Lotterie.* Bezüglich Sach- und Rechtsmängel der ausgespielten Gewinne sowie der Gefahrtragung sind die Grundsätze des Kaufrechts entsprechend anzuwenden. Das Aussetzen von Sachgewinnen unter Angabe eines bestimmten Wertes schließt die bindende Zusage ein, dass der betreffende Gewinn diesen Wert nach redlicher Schätzung des Verkehrs auch erreicht (OLG Nürnberg OLGZ 1966, 278). Auch bei *Ausspielung eines Grundstücks* bedarf der Ausspielvertrag nicht der notariellen Beurkundung. Weigert sich der Dritte, das Grundstück dem Gewinner zu übereignen, weil sein Angebot nicht notariell beurkundet ist, hat der Lotterieunternehmer Schadensersatz zu leisten (OLG Nürnberg OLGZ 1966, 278).

5. Sonderformen

9 **a)** Als Lotterie bzw Ausspielung werden teilweise die *Geschäfte mit progressiver Kundenwerbung* (sog Schneeball-, Lawinen-, Hydra-, Gella-, Multiplex-, Admira-Systeme; RGZ 60, 379; 115, 319; RGSt 34, 140, 321; BGHSt 2, 79, 139; BGHZ 15, 356; OLG Köln OLGZ 1971, 392) behandelt. Diese Systeme bestehen im Grundzug darin, dass ein Unternehmer Verbraucher zur Abnahme von Waren, Dienstleistungen oder Rechten veranlasst mit dem Versprechen besonderer Vorteile für den Fall, dass sie

Abnehmer zum Abschluss gleichartiger Geschäfte gewinnen, denen wiederum derartige Vorteile für eine entsprechende Werbung weiterer Abnehmer versprochen werden (LEHMLER, Kommentar zum Wettbewerbsrecht § 16 UWG Rn 29 ff). Die Behandlung dieser Geschäfte als Ausspielungen ist nicht möglich. Es fehlt zum einen an der Abhängigkeit vom Zufall ist. Besonders bei Waren des täglichen Gebrauchs kann von Zufallsergebnissen kaum gesprochen werden (zB BGHZ 15, 356: Verkauf von Kaffee pfundweise). Auch in den übrigen Fällen spielt die Geschicklichkeit, auch bei bereits eingetretener Marktverengung eine größere Rolle als der Zufall. Es fehlt vor allem an dem – für alle Verträge des Titels 19 erforderlichen – Merkmal, dass diese Verträge Verlustrisiken für beide Beteiligten aufweisen müssen. Die Geschäfte mit progressiver Kundenwerbung enthalten für den Veranstalter keinerlei Verlustrisiko; der Schutz der Teilnehmer an solchen Veranstaltungen wird deshalb vom Regelungszweck des § 763 S 2, 762 nicht umfasst (HENSSLER, Risiko 517). Er wird von anderen Normen gewährleistet. Bei solchen Verträgen liegt in der Regel Sittenwidrigkeit vor (zB Missbrauch des Franchise-Systems für eine schneeballartige Werbung neuer Geschäftspartner, BGH NJW 1986, 1880). Ansonsten sind diese Verträge im Regelfall nach § 16 Abs 2 UWG verboten und strafbar und damit nach § 134, jedenfalls aber nach § 138 nichtig (OLG Karlsruhe GR 1989, 615, 616). Wettbewerbsrechtlich sind solche Verkaufssysteme regelmäßig eine unerlaubte Werbung iSd § 3 UWG, weil der Interessent durch Ausnützung der Spielleidenschaft in der Freiheit des Kaufentschlusses beeinflusst wird (BGHZ 15, 356, 360; RGZ 115, 330; BGHSt 2, 139; OLG München NJW 1986, 1880).

b) Streitig ist die Beurteilung von *Kettenbriefaktionen.* Bei diesen erwirbt der Mitspieler eine Teilnahmeberechtigung durch den Erwerb eines – die Anleitung zur Teilnahme enthaltenden – Briefs und die Zahlung eines Betrages an einen Mitspieler. Durch die Weitergabe des Briefs gegen Entgelt an von ihm zu werbende Mitspieler erhält er seinen Einsatz zurück und eröffnet sich eine Gewinnmöglichkeit, da er nach einer Reihe von Weitergaben derjenige ist, der den zu zahlenden Betrag erhält. Der BGH sieht in diesen Systemen im strafrechtlichen Sinn kein „Glücksspiel" iSd § 284 StGB und keine unerlaubte Lotterie iSd § 287 StGB, da es an einem Einsatz und an einem Gewinn fehlt (BGHSt 34, 171; 43, 270, 273 zu Pyramidensystemen; OLG Stuttgart NJW 1972, 365; **aA** OLG Karlsruhe NJW 1972, 1963). Unabhängig von der strafrechtlichen Beurteilung sind solche Kettenbriefaktionen zivilrechtlich Lotterien; dabei sind die Zahlungen für den Brief an den festgelegten Mitspieler als „Einsatz" zu betrachten. Zweifelhaft könnte das Merkmal des Zufalls bei der Gewinnermittlung sein; auch dies ist gegeben. Der einzelne Mitspieler hat keinen Einfluss darauf, ob die in der Kette folgenden Personen sich spielgerecht verhalten und wieweit die Sättigung des Marktes bereits fortgeschritten ist (vgl dazu oben a). Die Zahlungen des „Einsatzes" sind demnach nicht klagbar; es besteht kein Anspruch an die folgenden Mitspieler, dass diese Tätigkeiten entfalten. Geleistete Zahlungen sind nicht rückforderbar (§§ 763 S 2, 762 S 2). Soweit Kettenbriefaktionen im Rahmen des geschäftlichen Verkehrs mit Wettbewerbsabsicht eingesetzt werden, verstoßen sie gegen § 4 Nr 1 UWG (PIPER/OHLY, UWG § 4 Nr 1 Rn 132 ff). § 16 Abs 2 UWG ist allerdings auf solche Systeme nicht anwendbar (BGHSt 43, 270; 34, 179; BayObLG NJW 1990, 1862). Im Übrigen wird häufig Nichtigkeit wegen Sittenwidrigkeit vorliegen, besonders bei höheren Einsätzen (vgl OLG Celle NJW 1996, 2660, das allerdings das Schneeballsystem als Spiel ansah). Sofern diese Vereinbarungen nichtig sind, scheitert die Rückforderung des Geleisteten nicht an § 817 S 2. Zwar trifft auch den Leistenden der Vorwurf, gegen die guten Sitten verstoßen zu haben; in diesem Falle widerspricht aber die Kondiktionssperre dem Schutzzweck der Nichtigkeitssanktion, wenn die Initiatoren eines solchen „Spiels" die durch sittenwidrige Methoden erlangten Gelder behalten dürften (BGH NJW 2006, 45; **aM** OLG Celle, aaO)

10 **c)** *Preisrätsel und Preisausschreiben* sind keine Preisausschreiben nach § 661, sondern Lotterie oder Ausspielung, wenn ein Einsatz (auch versteckt s oben Rn 7) zu leisten ist oder der Teilnehmer bei einem negativen Ausgang vermögenswerten Ansprüchen ausgesetzt ist und das Rätsel so leicht zu lösen ist, bzw die Preisleistung so leicht zu erbringen ist, dass es jedem ohne Mühe möglich ist und deshalb das Los über die Gewinner entscheiden muss (RGSt 25, 256; 60, 385; BFHE 60, 409; Tetzner NJW 1953, 1171; Bussmann NWB Fach 20, S 29; zur Abgrenzung von der Auslobung vgl § 762 Rn 5 und die Erläuterungen zu § 657 und zu § 661 zB Staudinger/Bergmann [2006] § 661 Rn 10, „unechtes Preisausschreiben"). Soweit solche Preisrätsel und Preisausschreiben zu Reklamezwecken veranstaltet werden, können sie sich als unlautere Werbung iSd §§ 3, 4 Nr 1 UWG darstellen (BGH NJW 1976, 520; 1973, 621; Müller NJW 1972, 273). Nachdem eine Genehmigung solcher Ausspielungen nicht möglich ist (vgl §§ 12 ff GlüStV), kann nur eine unverbindliche Ausspielung (§ 763 S 2) vorliegen (Henssler, Risiko 520). Dies gilt insbesondere für die Koppelung des Preisrätsels oder Gewinnspiels mit dem Erwerb einer Ware (§ 4 Nr 6 UWG; vgl dazu im Einzelnen Hecker, Gekoppeltes Gewinnspiel oder naturgemäße Verbindung, in: FS Kurt Bartenbach 483).

11 **d)** Keine Lotterie bzw Ausspielung liegt vor, soweit kein Einsatz, auch kein verdeckter (vgl Rn 7) erbracht wird. *Gratisausspielungen und Gratisauslosungen* (auch in der Form leicht lösbarer Preisrätsel und Preisausschreiben) sind zu Werbezwecken sehr beliebt. Sie verstoßen im geschäftlichen Bereich nicht von vornherein gegen Grundsätze des lauteren Verkehrs, sondern nur bei Hinzutreten besonderer Umstände. Solche Veranstaltungen stellen, insbesondere in den ausdrücklich in § 4 und 5 UWG geregelten Fällen, sowie bei Koppelung mit dem Erwerb einer Ware oder Dienstleistung (§ 4 Nr 6 UWG) einen Verstoß gegen den lauteren Wettbewerb dar. Das Bestehen dieser Sonderregelungen schließt die Wertung anderer aleatorischer Veranstaltungen als wettbewerbswidrig nach § 4 Nr 1 UWG nicht aus, insbesondere wenn sie einen psychologischen Kaufzwang herbeiführen (Piper/Ohly, UWG § 4 Nr 1 Rn 132 ff; § 4 Nr 5 Rn 1 ff; § 4 Nr 6 Rn 1 ff).

12 **e)** Eine besondere Lotterieform ist das *Gewinnsparen (Prämiensparen)*. Ein bestimmter Teil des Sparbeitrages der Gewinnsparer und der Zinsen wird dabei in einem Auslosungsstock gesammelt und unter den Gewinnsparern nach einem festen Spielplan verlost (BFHE 57, 55); der andere Teil der Sparbeiträge wird als normale Spareinlage behandelt. Das Prämiensparen wird in § 12 Abs 1 S 2 GlüStV von der Erlaubnisvoraussetzung für sonstige Lotterien, dass mit der Veranstaltung keine wirtschaftlichen Zwecke verfolgt werden dürfen, die über den mit dem Hinweis auf die Bereitstellung von Gewinnen verbundenen Werbeeffekte hinausgehen, ausdrücklich freigestellt. Nach § 30 Abs 2 GlüStV muss der Reinertrag mindestens 25 % betragen und muss für gemeinnützige, kirchliche oder mildtätige Zwecke verwendet werden. Das Prämiensparen bedarf der Genehmigung und ist bei Vorliegen dieser Genehmigung verbindlich. Auch die Teilnahme am Gewinnsparen ist Minderjährigen nicht erlaubt (§ 4 Abs 3 S 2 GlüStV); allerdings dürfen sie als Begünstigte des

Gewinnsparens bestimmt werden, da wegen des Fehlens eines eigenen Einsatzes keine Teilnahme vorliegt (VG Bremen ZfWG 2010, 273).

f) Die *„Pferdewetten"* bei öffentlichen Pferderennen stellen eine Lotterie dar, die sondergesetzlich geregelt ist (Rennwett- und Lotteriegesetz vom 8. 4. 1922; vgl Vorbem 10 zu §§ 762–764). Das Betreiben eines Totalisators (mechanische Wettmaschine) bedarf der Erlaubnis; der Buchmacher, der gewerbsmäßig Wetten annimmt, bedarf behördlicher Zulassung. Über die Wette ist ein Wettschein auszustellen; bei Buchmachern genügt stattdessen die Eintragung ins Wettbuch. Ist der Wettschein ausgehändigt oder die Wette in das Wettbuch eingetragen, so ist sie für das Unternehmen bzw den Buchmacher verbindlich; der Einsatz kann nicht zurückverlangt werden (§ 4 Abs 2 Rennwett- und Lotteriegesetz). Der Wettende und der Unternehmer können eine abweichende vertragliche Regelung (Hinausschieben der Verbindlichkeit) treffen (LM BGH Nr 17 zu § 278; RG JW 1926, 2283 mit Anm Titze; vgl Rn 29). Ist der Einsatz gestundet, so kann der Unternehmer oder Buchmacher ihn von einem etwaigen Gewinn desselben Rennens (RG JW 1926, 2283) einbehalten; einen weitergehenden Anspruch hat er nicht (zur Rechtsentwicklung der Pferderennwette vgl Staudinger/Brändl[10/11] Vorbem 7 zu §§ 762–764). 13

II. Rechtliche Behandlung von Lotterie und Ausspielung

1. Allgemeines

Das Gesetz stellt Lotterie und Ausspielung gleich und unterscheidet die Rechtswirksamkeit danach, ob die Veranstaltung staatlich genehmigt ist oder nicht (Rn 15). Bei Vorliegen der *staatlichen Genehmigung* sind die einzelnen Verträge *in vollem Umfang für beide Parteien verbindlich.* Die Rechte und Pflichten aus einem verbindlichen Lotterievertrag bestimmen sich nach dem Inhalt des Vertrages, insbesondere nach dem Spielplan. Der Teilnehmer hat einen (klagbaren) Anspruch gegen den Unternehmer auf ordnungsgemäße Vornahme der Veranstaltung, insbesondere zur Gewinnermittlung zur im Spielplan bestimmten Zeit, soweit dies nicht vertraglich abbedungen ist. Die allgemeinen Vorschriften über das Zustandekommen von Verträgen, ihre Auslegung und über den Einfluss von Willensmängeln sind anwendbar. Bei Fehlen der staatlichen Genehmigung sind die Lotterie- und Ausspielverträge wie Spiel und Wette zu behandeln, dh sie erzeugen keine klagbare Verbindlichkeit (§ 762 Rn 8 ff). Das aufgrund des Vertrages Geleistete (insbes der unbedingte Einsatz, § 762 Rn 23) kann nicht deshalb zurückverlangt werden, weil der Vertrag unverbindlich ist (§ 762 Rn 16 ff), aber aus anderen Rechtsgründen (§ 762 Rn 26; zur Behandlung von verbotenen Veranstaltungen vgl Rn 17 f). 14

2. a) Die staatliche Genehmigung soll nicht nur die Teilnehmer vor Übervorteilung schützen (RGSt 5, 433), sondern auch einer Übersättigung des Lotteriemarktes und einer ungesunden Anheizung des Spieltriebs vorbeugen. Die Befugnis zur Regelung der Genehmigung haben die Länder, da es sich dabei um den Bereich der öffentlichen Sicherheit und Ordnung handelt (Art 70, 73, 74 GG). Die Regelungen der *Lotterieverordnung vom 6. 3. 1937* (RGBl I 283) galten zunächst in allen Bundesländern als Landesrecht weiter. Inzwischen ist die Lotterieverordnung in allen Bundesländern durch den GlüStV und eigenständige Landesgesetze ersetzt worden. Diese enthalten keine zivilrechtlichen Regelungen, sondern regeln die Veranstal- 15 tung, die Durchführung und die Vermittlung von öffentlichen Glücksspielen (§ 2 Abs 1 GlüStV; dazu s oben Vorbem 16 zu §§ 762–764; die einzelnen Glücksspielgesetze sind abgedruckt bei Höxter/Bahr, Deutsche Glücksspielgesetze).

b) Ist die staatliche Genehmigung durch die *nach Landesrecht zuständige Behörde erteilt,* so sind die aufgrund dieser genehmigten Lotterie abgeschlossenen Verträge für die gesamte Bundesrepublik Deutschland verbindlich; das ergibt sich aus der Geltung des BGB als Bundesgesetz (RGZ 48, 178; RG Gruchot 46, 1184; Planck/Oegg Anm 6 b).

c) Für das Spielen in *ausländischen Lotterien* gilt ausländisches Recht (RG Gruchot 46, 1182; RGZ 58, 277; EuGH vom 6. 11. 2003, NJW 2004, 139). Soweit ihr Vertrieb im Inland genehmigt wurde, kann eine Forderung im Inland eingeklagt werden. Soweit es an einer *Genehmigung zum Vertrieb* im Inland fehlt, kann eine Leistung im Inland nicht erzwungen werden, auch soweit die Forderung nach dem maßgeblichen ausländischen Recht verbindlich ist (Art 30 EGBGB). Die Genehmigung in einem ausländischen Staat (auch einem EU-Staat) ist ohne Bedeutung; die Veranstaltung im Inland bleibt nach § 287 StGB strafbar. Die Neufassung des § 287 StGB (durch das 6. StrRG, BGBl I 1998, 180) hat klargestellt, dass als „Veranstalten" auch das Anbieten zum Abschluss von Spielverträgen für eine öffentliche Lotterie oder Ausspielung und das Annehmen von darauf gerichteten Angeboten anzusehen ist. Deshalb ist ein im Inland abgeschlossener Vertrag nach deutschem Recht nichtig (§ 134). Deshalb kann die Vornahme der Leistung durch den Lotterieteilnehmer nicht erzwungen werden. Gewinnansprüche gegen das Unternehmen sind dagegen einklagbar, soweit es das maßgebliche Auslandsrecht zulässt. Dies gilt auch, soweit in einem EU-Staat die Genehmigung zur Lotterieveranstaltung in der EU erteilt worden ist (vgl Konzession der „EURO-LOTTO-LIMITED" durch die Regierung von Gibraltar; dabei kann unberücksichtigt bleiben, ob die Erteilung einer solchen Konzession nicht gegen EU-Recht verstößt und damit für den Bereich außerhalb Gibraltars unwirksam ist). Dieses Verbot stellt keinen Verstoß gegen Art 55 EGV dar (vgl EuGHE 1994, 1039 mit Anm Stein EuZW 1994, 311; Sura NJW 1995, 1470; vgl auch Vorbem 9 zu §§ 762–764), da Beschränkungen von Lotterien durch das Anliegen der Betrugsbekämpfung und der Sozialpolitik gerechtfertigt sind.

3. Hilfs- und Nebengeschäfte

16 § 763 **unmittelbar** findet nur auf die Lotterie- und Ausspielverträge selbst Anwendung; die *Hilfs- und Nebengeschäfte* werden aber *bezüglich ihrer Verbindlichkeit gleich behandelt;* dh alle Nebengeschäfte, die mit einem wirksamen Lotterie- und Ausspielvertrag im Zusammenhang stehen, sind voll verbindlich (BGH NJW 1974, 1706; RGZ 93, 348; OLG Hamburg SeuffA 76 Nr 83; **aA** zum Teil MünchKomm/Habersack § 762 Rn 29, 30). Sonderfragen stellen sich bei der Behandlung von Spielgemeinschaften (dazu s unten Rn 25). Die Nebengeschäfte eines unverbindlichen Lotterie- oder Ausspielvertrages sind wie solche eines Spiels oder einer Wette zu behandeln (§ 762 Rn 34 ff), sofern nicht die Lotterie oder Ausspielung verboten (§ 287 StGB) ist und damit auch die Nebengeschäfte nach § 134 als nichtig zu behandeln sind.

III. Verbots- und Strafbestimmungen

1. Bundesrechtliche Vorschriften

Nach § 287 StGB wird bestraft, wer *ohne behördliche Erlaubnis* öffentliche Lotterien oder Ausspielungen beweglicher oder unbeweglicher Sachen veranstaltet, namentlich den Abschluss von Spielverträgen für eine öffentliche Lotterie oder Ausspielung anbietet oder auf den Abschluss solcher Spielverträge gerichtete Angebote annimmt. Die Einzelverträge einer gegen § 287 StGB verstoßenden Lotterie oder Ausspielung sind nicht nur unverbindlich, sondern nach § 134 nichtig (hM RGZ 115, 325; BGB-RGRK/Seibert Rn 18; Palandt/Sprau Anm 3 b; Planck/Oegg Anm 10). Die Gegenmeinung, dass diese Spielverträge nicht nichtig seien, da *nur die Veranstaltung* einer nicht genehmigten öffentlichen Lotterie oder Ausspielung verboten ist, *nicht aber das Spielen* in einer solchen (vgl dazu Kern JW 1927, 1990) ist abzulehnen. Es wäre mit dem Sinn und Zweck der Strafbarkeit des Abschlusses von Spielverträgen für nicht genehmigte Lotterie- und Ausspielverträge nicht vereinbar, wenn die missbilligte Rechtsfolge des Vertrags bestehen bliebe (vgl Staudinger/Sack [2003] § 134 Rn 57 ff). Nach §§ 148 Abs 1, 56 Abs 2, 56 a Abs 1, 56 c, 42 a GewO ist der Verkauf von Lotterielosen im Umherziehen und auf öffentlichen Wegen verboten; diese Strafbestimmungen haben nicht nur gewerbepolizeilichen Charakter, sondern dienen auch dem Verbraucherschutz. Da der Schutzzweck dieser Normen nicht durch die sonstigen Sanktionen allein erreicht werden kann, sind dagegen verstoßende Geschäfte nichtig (vgl BGH NJW 1978, 1970; **aM** Staudinger/Brändl[10/11] Rn 29). Nach §§ 5–8 Rennwett- und Lotteriegesetz ist das Veranstalten eines Totalisators oder das Tätigwerden als Buchmacher ohne behördliche Erlaubnis sowie das Wetten bei diesen strafbar. Die entgegen diesen Vorschriften abgeschlossenen Lotterieverträge sind nach § 134 nichtig (Rn 13). **17**

2. Landesrechtliche Vorschriften

Durch landesrechtliche Verbotsgesetze war früher häufig das Spielen in auswärtigen (dh in dem betreffenden Land nicht zugelassenen) Lotterien unter Strafe gestellt (vgl Nachweise bei Dreher/Tröndle, StGB § 286 Rn 1; Astl/Rathleff, Das Glücksspiel; Erbs/Kohlhaas, Strafrechtliche Nebengesetze, Register L 515). Diese Strafvorschriften waren nicht durch § 763 in ihrem Bestand berührt; sie hatten lediglich fiskalischen und polizeilichen Charakter. Ein entgegen diesen Bestimmungen abgeschlossener Lotterievertrag ist zwar *strafbar bzw eine Ordnungswidrigkeit,* aber nach Maßgabe des § 763 trotzdem *verbindlich, wenn die Lotterie durch das zuständige Land genehmigt ist* (RG Gruchot 46, 1182; JW 1901, 479; RGZ 17, 299; 58, 277). Durch die in Ausführung des GlüStV vorgenommene Änderung der lotterierechtlichen Regelungen der Länder sind die Vorschriften ausnahmslos aufgehoben worden. **18**

Das Recht des öffentlichen Glückspiels berührt in seinen verschiedenartigen Erscheinungsweisen sowohl wirtschaftliche als auch Schutzgüter der öffentlichen Sicherheit und Ordnung. Es ist vom Bundes- und Landesgesetzgeber teils unter wirtschaftsrechtlichen (Gewerbeordnung, Recht der Rennwetten) teils unter ordnungsrechtlichen Gesichtspunkten (Spielbankrecht, BVerfGE 28, 119; Lotterierecht) geregelt worden (Badura, in: Ennuschat, Aktuelle Probleme des Rechts der Glücksspiele; Ohlmann, WRP 2005, 48). Die Bundesländer haben zur Ausfüllung ihrer Kompetenz zunächst einen Lotteriestaatsvertrag (Lotteriestaatsvertrag vom 1. 7. 2004) geschlossen, in dem weitgehend nur ein Monopol für die staatlichen Lotterien festgeschrieben war. Das Bundesverfassungsgericht hat dieses staatliche Lotteriemonopol für verfassungsgemäß bewertet, wenn es konsequent dem ordnungsrechtlichen Ziel der Bekämpfung der Wett- und Glücksspielsucht dient (BVerfGE 115, 276) und dabei eine konsistente Politik gefordert. In einem Staatsvertrag mit Wirkung ab 1. 1. 2008 (GlüStV, s Vorbem 10 zu §§ 762–764) wurden Regelungen nicht nur für staatliche Lotterien (einschließlich der „Sportwetten"), private Lotterien, gewerbliche Spielvermittlung, sondern auch Spielbanken getroffen. Um eine konsistente Regelung des gesamten Glücksspielwesens zu schaffen, wurde der GlüStV, obwohl er den verfassungsrechtlichen Anforderungen genügte (BVerfG Beschluss vom 14. 10. 2008, Az 1 BvR 928/08) nochmals mit Wirkung vom 1. 7. 2012 geändert und dabei auch Regelungen für Spielhallen getroffen. Kernpunkte dieses Staatsvertrages sind die in § 1 GlüStV festgeschriebene Ziele.

§ 1 GlüStV
Ziele des Staatsvertrages

Ziele des Staatsvertrages sind gleichrangig

1. das Entstehen von Glücksspielsucht und Wettsucht zu verhindern und die Voraussetzungen für eine wirksame Suchtbekämpfung zu schaffen,
2. durch ein begrenztes, eine geeignete Alternative zum nicht erlaubten Glücksspiel darstellendes Glücksspielangebot den natürlichen Spielbetrieb der Bevölkerung in geordnete und überwachte Bahnen zu lenken sowie der Entwicklung und Ausbreitung von unerlaubten Glücksspielen in Schwarzmärkten entgegenzuwirken,
3. den Jugend- und den Spielerschutz zu gewährleisten,
4. sicherzustellen, dass Glücksspiele ordnungsgemäß durchgeführt, die Spieler vor betrügerischen Machenschaften geschützt und die mit Glücksspielen verbundene Folge- und Begleitkriminalität abgewehrt werden und
5. Gefahren für die Integrität des sportlichen Wettbewerbs beim Veranstalten und Vermitteln von Sportwetten vorzubeugen.

Zur Förderung dieser Ziele legt der GlüStV Werbebeschränkungen (§ 5 GlüStV), Aufklärungspflichten (§ 7 GlüStV) und die staatliche Verpflichtung zur Sicherstellung eines ausreichenden Glücksspielangebots (§ 10) fest (zu dem GlüStV im Einzelnen: Dietlein/Hecker/Ruttig, Glücksspielrecht, Abschnitt GlüStV). Eine zentrale Regelung für den Spielerschutz ist die Schaffung eines übergreifenden Sperrsystems für Spielbanken und Lotterien mit erhöhtem Suchtpotential (§ 8 GlüStV). Das Sperrsystem beruht auf den beiden Säulen der Eigensperre und der Fremdsperre. Die Eigensperre ist ein Vertrag zwischen dem Gesperrten und der Stelle, die die Sperre veranlasst. Durch diesen Vertrag ergeben sich für die sperrende Stelle, aber auch für anderen am übergreifenden Sperrsystem beteiligten Unternehmen, Rechtspflichten zum Schutz der Vermögensinteressen des gesperrten Spielers (BGHZ 165, 276; 174, 225). Bezüglich des Abschlusses eines solchen Sperrvertrages besteht für das Unternehmen, das den Antrag auf Eigensperre entgegennimmt, ein Kontrahierungszwang (Peters ZfWG 2007, 321). Dieser ergibt sich aus den Regelungen des GlüStV (§ 8; iVm § 1 Nr 3, § 20 GlüStV). Zu den Rechtsfolgen der Fremdsperre hatte die Rechtsprechung bei einer Spielbank (BGHZ 131, 136) entschieden, dass die Fremdsperre lediglich im eigenen Interesse der Spielbank erklärt und dem Gesperrten daraus keine Rechte erwachsen würden. Diese Auffassung ist durch den GlüStV überholt. Diese

Regelungen schützen ausdrücklich auch den Einzelnen. Zu den Wirkungen einer Sperre auf die Lotterie- und Wettverträge vgl Rn 34. Die Fremdsperre ist ein einseitiges Gestaltungsrecht des Lotterieunternehmens bzw der Spielbank, das durch einseitige, empfangsbedürftige Willenserklärung ausgeübt wird. Sofern der Spieler im Anhörungsverfahren der Sperre zustimmt, ist auch in diesen Fällen von einem privatrechtlichen Sperrvertrag auszugehen (Schmitt, in: Dietlein/Hecker/Ruttig, Glücksspielrecht § 8 GlüStV Rn 22). Die Unternehmen sind zur Vornahme einer Sperre verpflichtet, wenn eine der Voraussetzungen des § 5 Abs 2 GlüStV vorliegt. Dieses Gestaltungsrecht (Medicus, Allgemeiner Teil des BGB Rn 81) ist damit durch den GlüStV zugelassen. Der GlüStV sieht für die der Fremdsperre unterworfene Person keinen Schutz vor Unbilligkeit vor. Für einen solchen Schutz besteht eine zwingende Notwendigkeit (Medicus Rn 89). Dem Gesperrten muss eine rechtliche Überprüfung möglich sein (VG Berlin vom 18. 5. 2012, Az VG 35 K 199.10 für eine Aufhebung der Sperre: Rechtsweg zu den ordentlichen Gerichten); denn wegen des weitgehenden Eingriffs in seine Handlungsfreiheit kann das Fehlen einer solchen Überprüfungsmöglichkeit nicht mehr mit dem fehlenden Kontrahierungszwang begründet werden. Die Lotterieunternehmen versuchen, diese Lücke durch eine Anhörung des zu Sperrenden zu schließen. Für die Unternehmen besteht jedenfalls die Obliegenheit, den Schutz der persönlichen Daten der gesperrten Personen zu wahren. Eine Verletzung dieser Obliegenheit führt zu Schadensersatzansprüchen.

IV. Das Staatslotteriewesen

Der praktisch bedeutsamste Bereich innerhalb des gesamten Lotteriewesens sind heute die staatlichen Lotterien ein (Vorbem 7 zu §§ 762–764), vor allem die vom *Deutschen Lotto-Toto-Block veranstalteten Lotterien* und die *Klassenlotterien.* 19

1. a) Die **Klassenlotterie** ist eine Lotterieform, die durch eine im Voraus *festgelegte Losauflage,* einen *festen Gewinnplan* und eine *garantierte Zahl von Gewinnen* (die durch Ziehungen in mehreren aufeinander folgenden Klassen ermittelt werden) gekennzeichnet ist (zu Klassenlotterien eingehend: Rombach, in: Gebhardt/Grüsser-Sinopoli, Glücksspiel in Deutschland § 23 Rn 1 ff). Die Höhe und die Zahl der Gewinne steigen in den Klassen an. Der Spieler ist berechtigt (aber nicht verpflichtet), das von ihm in der 1. Klasse erworbene Los jeweils zu demselben Preis auch für die höheren Klassen zu erwerben, soweit dieses Los nicht durch einen Gewinn aus der Lotterie ausscheidet.

Klassenlotterien dürfen nach § 10 Abs 3 GlüStV nur von einer Anstalt des öffentlichen Rechts aller Bundesländer veranstaltet werden. Die Länder haben dazu durch Staatsvertrag die *GKL-Gemeinsame Klassenlotterie der Länder* gegründet (Staatsvertrag über die Gründung der GKL- Gemeinsame Klassenlotterie der Länder – GKL-StV vom 15. 12. 2011, in allen Ländern im Gesetzblatt veröffentlicht, zB Baden-Württemberg, GBl 2012, 515). Die Süddeutsche Klassenlotterie und die Norddeutsche Klassenlotterie werden als Spielangebote unter dem Dach der GKL weitergeführt.

b) Der Lotterievertrag wird *durch den Kauf des Loses geschlossen;* der Lotterievertrag ist *privatrechtlicher Natur* (BayVerfGH BB 1964, 326). Das Los ist eine *Inhaberschuldverschreibung* (§ 793) (RG JW 1912, 861; JW 1929, 362); falls es an der Unter- 20 zeichnung fehlt, kann zumindest ein *Inhaberverpflichtungszeichen* (§ 807) darin gesehen werden. Für den Abschluss des Lotterievertrages ist davon auszugehen, dass das Angebot eines Loses nur bis zur Ziehung angenommen werden kann (RGZ 48, 178; 50, 193; 59, 298). IdR ist weiterhin Voraussetzung, dass das Los vor der Ziehung bezahlt wurde (insbes bei entsprechenden vertraglichen Vereinbarungen, vgl § 3 der Amtlichen Lotteriebestimmungen der Klassenlotterie; RG WarnR 1914 Nr 3; DJZ 1902, 428; SeuffA 94 Nr 34). Besondere Umstände können eine andere Beurteilung rechtfertigen (RGZ 48, 178; 50, 191; RG JW 1929, 362; BGH NJW 1957, 1105). Die Amtlichen Lotteriebestimmungen enthalten Haftungsbeschränkungen, die sich an die früheren Rahmenteilnahmebedingungen des Lotto-Toto-Blocks anlehnen (vgl dazu STAUDINGER/ENGEL [2008] Rn 32).

21 **c)** Der *Vertrieb der Lose* der Klassenlotterien erfolgt durch *Lotterieeinnehmer,* die die Lotterieverträge *im Namen und für Rechnung des Lotterieunternehmens abschließen.* Die vom Lotterieeinnehmer vermittelten Verträge mit den Spielern sind für das Unternehmen nur verbindlich, wenn sie sich im Rahmen der Planbestimmungen halten. Weichen sie davon ab, so gelten sie als Verträge des Lotterieeinnehmers mit dem jeweiligen Loskäufer (RG JW 1929, 362; vgl auch BGHZ 59, 87). Der Lotterieeinnehmer ist *nicht* nach der Verkehrssitte *verpflichtet,* dem Loskäufer für jede Klasse rechtzeitig ein Erneuerungslos anzubieten (RG JW 1927, 2411); *eine solche Verpflichtung besteht aber nach den Lotteriebestimmungen* (§ 1 Abs 8 Amtliche Lotteriebestimmungen der Klassenlotterie). Die Lotterieeinnehmer sind Handelsvertreter (§ 84 HGB; für die Süddeutschen Klassenlotterie: OLG München vom 29. 6. 2006, AZ: U[K] 3913/05: unveröffentlicht); ein ausbedungenes jederzeitiges Kündigungsrecht unterliegt den Beschränkungen von Treu und Glauben.

22 **d)** Bei Kauf eines Loses *durch eine Spielgesellschaft* oder Spielgemeinschaft werden die Beteiligten Miteigentümer der auf gemeinsame Rechnung gespielten Lose (§§ 705 f bzw 741 f; vgl RGZ 58, 280; 77, 344). Für denjenigen, der den Gewinn ausbezahlt erhält, besteht die Verpflichtung zur Auszahlung des anteiligen Gewinns an die Mitglieder (RG Gruchot 48, 797; 46, 1184). Dagegen liegt die Veranstaltung einer selbstständigen, nicht genehmigten Lotterie vor, wenn jemand die Gewinnaussicht eines bestimmten Lotterieloses durch Anteilscheine anteilmäßig weiterveräußert, *ohne dass die Erwerber Miteigentümer des Loses werden* (sog *Promessen- oder Heuergeschäft;* vgl RGZ 77, 344; auch schon 14, 5; 18, 79; sowie RGSt 27, 237; 37, 438).

2. Die im deutschen Lotto-Toto-Block veranstalteten Lotterien

23 **a)** Bei diesen Lotterien (vgl Vorbem 8 zu §§ 762–764; zu den einzelnen Formen und Bedingungen: BOSCH, Glücksspiele. Chancen und Risiken) handelt es sich um Zahlen- (Lotto; Toto sowie Oddset-Wetten mit festen Gewinnquoten) und Ziehungslotterien (Spiel 77, Glücksspirale), die von den staatlichen bzw staatlich konzessionierten Lotterieunternehmen (verschiedener Rechtsform, vgl SCHLUND, Das Zahlenlotto Kap 6; LEONHARDT, Der deutsche Toto-Lotto-Block; DIEGMANN/HOFFMANN/OHLMANN, Praxishandbuch für das gesamte Spielrecht, Anhang 9 Nr 6) der Bundesländer mit gemeinsamer Gewinnermittlung betrieben werden. Die Gewinnermittlung erfolgt durch Ziehung von Gewinnzahlen (Lotto), von Losnummern (Spiel 77; Glücksspirale) oder nach dem Ergebnis von sportlichen Wettspielen (Fußball-Toto; Oddset Wette vgl § 762 Rn 6). Trotz der gemeinsamen Gewinnermittlung sind die einzelnen Lotterieunternehmen rechtlich und wirtschaft-

lich unabhängig; die Lotterieverträge werden mit dem einzelnen Unternehmen, nicht mit dem Block abgeschlossen. Die Organisation der Lotterien sowie die Verwendung des erzielten Zweckertrages ist in den Bundesländern durch Landesgesetze geregelt (vgl Astl/Rathleff, Das Glücksspiel; zur Entwicklung dieser gesetzlichen Regelungen, Staudinger/Engel[12] Vorbem 7 zu § 762); gleichgültig in welcher Form die Lotterieunternehmen betrieben werden, sind Rechtsbeziehungen zwischen Unternehmen, Spielern und Vertriebsorganen privatrechtlicher Natur (Beziehungen Lotterieunternehmen – Staatslotteriebezirksstelle vgl BGHZ 107, 273, 277).

b) Zum *Abschluss der Lotterieverträge* bedienen sich die Unternehmen einer *Vertriebsorganisation,* die aus Annahmestellen und Bezirksstellen besteht. Die rechtliche Situation der Bezirksstellenleiter ist in den einzelnen Bundesländern verschieden (selbstständiger Handelsvertreter oder abhängig Beschäftigter vgl BGHZ 56, 290; 59, 87 ff; BGH WM 1975, 931; BSG SozR Nr 39 zu § 537 RVO aF; Nr 34 zu § 539 RVO; Nr 10 zu § 2 AVG; BGH GRUR 1989, 774 ff: Bezirksstelle in Bayern privatrechtlich). Die Annahmestellen sind stets selbstständige Handelsvertreter (BGHZ 43, 108; Stein RIW 1993, S 840, Fn 16) iS des § 84 HGB, die mit der Vermittlung von Lotterieverträgen mit dem jeweiligen Unternehmen beauftragt sind. 24

c) In beachtlichem Maße erfolgt die Teilnahme an staatlichen und staatlich genehmigten Lotterien durch Spielgemeinschaften, die sich zur Streuung des Risikos, zur Verbesserung von Gewinnchancen und aus gesellschaftlichen Gründen zusammenschließen. Die *nicht gewerblichen Spielgemeinschaften* sind im Allgemeinen als Gesellschaften bürgerlichen Rechts anzusehen. Entfällt auf eine solche Spielgemeinschaft ein Gewinn, so hat der, der im Auftrag an der Ausspielung teilgenommen hat, die Rechtspflicht zur Verteilung auf die Mitglieder. Dies gilt auch, wenn einzelne Mitglieder ihren Beitrag im Zeitpunkt der Gewinnfeststellung noch nicht geleistet haben (BGH LM Nr 19 zu § 266 StGB; BGH WM 1968, 376; vgl auch BGH NJW 1974, 1705; BGHZ 56, 204). Dies gilt nach Auflösung der Gesellschaft auch für den Abfindungsanspruch gegen den allein nach außen in Erscheinung tretenden Gesellschafter (OLG Düsseldorf DB 1982, 536). Das einzelne Mitglied ist verpflichtet, den vereinbarten Spieleinsatz zu leisten, soweit er eingesetzt worden ist. Sofern der Beauftragte für seine Tätigkeit kein oder ein geringes Entgelt erhält, wird ihn ein *Schadensersatzanspruch* wegen fehlerhaften oder unterlassenen Spieles *idR nicht treffen* (BGH NJW 1974, 1705; für entgeltliche Beauftragung dagegen: RGZ 93, 348; OLG Hamburg SeuffA 76 Nr 83). Der Ausschluss eines Schadensersatzes wird idR mit dem Fehlen einer rechtsgeschäftlichen Verpflichtung begründet (zB BGH aaO). Diese Begründung passt nur schwer zu den Verpflichtungen auf Zahlung der Beiträge und Verteilung der Gewinne. Das Ergebnis ist mit einer entsprechenden Anwendung des § 762 auf solche Gemeinschaften begründet. Die Gründe für die *Verbindlichkeit der staatlich genehmigten* Lotterie (s Rn 3) treffen nämlich auf das Innenverhältnis dieser Gemeinschaften nicht zu, sondern vielmehr die Gründe für die Unverbindlichkeit des Spiels. Bei diesen Gemeinschaften besteht die Gefahr von Unregelmäßigkeiten. Durch die persönliche Fühlung der Teilnehmer besteht ein gewisser gesellschaftlicher Druck zur Teilnahme an der Lotterie und für den Beauftragten die Gefahr eines hohen Verlustes, wenn er fahrlässig die Teilnahme am Spiel versäumt oder dabei Fehler macht. Konsequenterweise sollen deshalb solche Forderungen innerhalb einer solchen Gemeinschaft nicht mit staatlichen Zwangsmitteln durchsetzbar sein (vgl Prot II 797; Plander AcP 176, 423, 434; in diesem Sinne auch die Argumentation in 25

BGH NJW 1974, 1705, 1706; ähnlich MünchKomm/Habersack Rn 29, 30; Henssler, Risiko 524). Der einzelne Mitspieler hat das Recht, jederzeit aus der Spielgemeinschaft auszuscheiden und ab diesem Zeitpunkt keinen Beitrag mehr zu leisten, weil insoweit in analoger Anwendung des § 762 eine Verpflichtung zu einer weiteren Teilnahme nicht anzuerkennen ist.

d) Die *gewerbliche Spielgemeinschaften* sind zum Teil in der Form organisiert, dass die Teilnehmer keinen Gewinnanspruch gegen den Veranstalter der Lotterie erwerben, sondern bei einem etwaigen Gewinn auf eine Forderung gegen den Organisator der Spielgemeinschaft verwiesen sind. In diesen Fällen handelt es sich bei der Spielgemeinschaft um eine unerlaubte Lotterie (BGH vom 18. 1. 1977, ZfWG 2007, 216; Frühmann MDR 1993, 822, MünchKommStGB/Groeschke/Hohmann § 287 Rn 23; Schönke/Schröder/Eser, StGB § 286 Rn 14). Veranstalter einer Lotterie ist auch derjenige, der zwar die Spielverträge mit der Lotteriegesellschaft im Namen der Spieler abschließt, die Gewinne einzelner Spielklassen aber durch „Umverteilung" unter allen Mitgliedern der Spielgemeinschaft aufteilt (MünchKommStGB/Groeschke/Hohmann aaO; OLG München NStZ-RR 1997, 327). Sie sind nicht erlaubnisfähig. Dies hat die Folge der Nichtigkeit der internen Vereinbarungen (so Rn 17). Auch die Verträge dieser Gemeinschaften mit dem Lotterieunternehmen sind unwirksam. Deshalb kann das Lotterieunternehmen diese Form der gewerblichen Spielgemeinschaften vom Abschluss von Lotterieverträgen ausschließen. Falls trotzdem eine Annahme von Spielscheinen erfolgt ist, kann sie den Abschluss des Vertragen ablehnen oder Rücktritt vom Vertrag erklären (Rn 29; vgl Nr 13 Abs 7 ATB). In diesem Fall kann der Spielteilnehmer nur die Erstattung seines Spieleinsatzes verlangen (Nr 13 Abs 10 ATB 2014), einen Gewinnanspruch hat er nicht.

e) Eine andere rechtliche Beurteilung ist bei den gewerblichen Spielgemeinschaften gegeben, bei denen der Organisator als Vermittler auftritt, dh die Spielverträge der einzelnen Teilnehmer in deren Namen mit dem Veranstalter abschließt und die Gewinne den einzelnen Spielteilnehmern zukommen lässt. Die zwischen dem gewerblichen Spielvermittler (und Organisator der Spielgemeinschaft) und den Teilnehmern bestehenden Verträge sind als Nebengeschäfte einer genehmigten Lotterie verbindlich. Der Organisator vermittelt lediglich den Einsatz im Rahmen eines Geschäftsbesorgungsvertrages. Er bietet dem Spieler für seine Leistung keine Gewinnchance, sondern lediglich den Anspruch auf die Weiterleitung seines Auftrages an das Lotterieunternehmen (OLG Karlsruhe WRP 2002, 849). Auch diese Spielgemeinschaften waren umstritten, weil sie durch eine intensive Werbung zu Gefahren für Spielsüchtige oder Gefährdete führten. Inzwischen sind diese Spielgemeinschaften im GlüStV anerkannt (§ 19 GlüStV; gesetzliche Definition in § 3 Abs 6 GlüStV). Die gewerblichen Spielvermittler sind auch an die Werbebeschränkungen des § 5 GlüStV gebunden. Dafür ist diesen Vermittlern die offizielle Möglichkeit zur Beteiligung an den Staatslotterien eingeräumt worden (s unten Rn 34).

Die Organisatoren gewerblicher Spielgemeinschaften (und Vermittler einzelner Spielverträge) bedürfen nach § 4 Abs 1 GlüStV einer Erlaubnis. Diese darf nur erteilt werden, wenn der Spielvermittler

- mindestens zwei Drittel der von den Spielern vereinnahmten Beträge für die Teilnahme am Spiel an den Veranstalter weiterleitet,

– den Spielern auf den weiterzuleitenden Betrag in Textform hinweist,

– den Veranstalter unverzüglich nach der Vermittlung des Spielvertrages dem Spieler mitteilt,

– dem Veranstalter die Vermittlung offen legt,

– einen Treuhänder zur Verwahrung der Spielquittungen und zur Geltendmachung der Gewinnansprüche einschaltet,

– dem Spieler ein Einsichtsrecht in die Spielquittungen der vermittelten Spiele gewährleistet

– (vgl § 19 GlüStV).

Zusätzlich hat er die Einhaltung des Jugendschutzes, der Spielersperren und die Begrenzung der Werbung zu gewährleisten. Insgesamt handelt es sich bei diesen Regelungen um zulässige Regelungen für die Berufsausübung (Ohlmann WRP 2005, 48, 65 ff; BVerfG Beschluss vom 14. 10. 2008, Az 1 BvR 928/08). Soweit der gewerbliche Spielevermittler die Voraussetzungen erfüllt, hat er einen Anspruch auf die Erlaubnis (VG Wiesbaden Urteil vom 6. 1. 2011 – 5 K 9/11 Wi, juris).

3. Die allgemeinen (amtlichen) Teilnahmebedingungen

a) Praktisch sämtliche staatlichen oder staatlich genehmigten Lotterien bedienen sich ausführlicher AGB, die vor allem der Haftungsbeschränkung dienen. Insbesondere nehmen die Veranstalter in diesen AGB die Regelung des § 309 Nr 7 letzter Halbsatz in Anspruch. Nach diesem gilt für staatlich genehmigte Lotterieverträge oder Ausspielverträge das Verbot des Haftungsausschlusses für grob fahrlässige Pflichtverletzungen des Verwenders und für vorsätzliche oder grob fahrlässige Pflichtverletzungen eines gesetzlichen Vertreters oder Erfüllungsgehilfen (§ 309 Nr 7 b) nicht. Die Formulierung des § 309 Nr 7 letzter Halbsatz: *„Buchstabe b gilt nicht für die Haftungsbeschränkungen für staatlich genehmigte Lotterie- oder Ausspielverträge“* ist missverständlich; selbstverständlich sind nicht die einzelnen Lotterie- und Ausspielverträge staatlich genehmigt, sondern die Lotterie oder die Ausspielung selbst (vgl die Formulierung des § 763 S 1). Der Ausschluss des § 309 Nr 7 letzter Halbsatz ist ausdrücklich für Lotterie- und Ausspielverträge vorgesehen. Er gilt für ähnliche Veranstaltungen analog, insbesondere für staatlich genehmigte Wetten, die nicht ohne weiteres unter den Begriff der Lotterie gefasst werden können (vgl Fußballwette: BGH NJW 1999, 54; Oddset-Wette; – insoweit jetzt Glücksspielstaatsvertrag und neue Fassung des Rennwett- und Lotteriegesetzes). Bei diesen Veranstaltungen sind die Motive, die den Gesetzgeber zur Zulassung der Haftungsbeschränkung veranlassten, nämlich dass er das Risiko, dass im Einzelfall ein erzielter Gewinn nicht ausgezahlt wird, im Verhältnis zur Gefahr von Fälschungen und Betrügereien als gering ansah (BT-Drucks 7/5422, 14) in gleicher Weise gegeben. Die Bedingungen der verschiedenen Lotterien bzw „Wetten“ stimmen in den wichtigsten Regelungen mit den Rahmenteilnahmebedingungen des Deutschen Lotto- und Toto-Blocks 2014 (s Rn 27) überein. Besonders gilt dies bezüglich des hinausgeschobenen Abschlusses des Vertrags (Nr 13 Teilnahmebedingungen 2014, vgl zB § 27 Abs 3 der Vorschriften für den Wettbetrieb des Direktoriums für Vollblutzucht und Rennen eV), und der Haftungsbeschränkungen (Nr 14 Teilnahmebedingungen 2014). Diese Regelungen 26 sind einmal durch die Notwendigkeiten des modernen Massenglücksspiels bedingt. Sie sind nicht als einseitig zu Gunsten des Verwenders der AGB anzusehen, weil Gewinnmanipulationen nicht zu seinen Lasten, sondern zu Lasten der anderen Teilnehmer gehen würden. Insoweit ist er als „Treuhänder" der Spieler zu sehen (PFISTER, Zivilrechtliche Probleme der Sportwette 78; ders [Hrsg], Rechtsprobleme der Sportwette).

b) Die insoweit wichtigsten Teilnahmebedingungen sind die „Teilnahmebedingungen" der Veranstalter des Deutschen Lotto-Toto-Blocks. Für sämtliche im Rahmen des Deutschen Lotto-Toto-Blocks veranstalteten Lotterien (Rn 23) gelten bei allen Lotterieunternehmen identische *Teilnahmebedingungen,* die auf Rahmenteilnahmebedingungen des Blocks beruhen. Auf Grund des am 1. 7. 2012 in Kraft getretenen Glücksspielstaatsvertrages (vgl Vorbem 10 zu §§ 762–764; s Rn 18) wurden die Teilnahmebedingungen des Deutschen Lotto-Toto-Blocks überarbeitet. Die Blockpartner haben sich verpflichtet, diese in ihrem materiellen Gehalt zu übernehmen. Bei diesen Teilnahmebedingungen handelt es sich um privatrechtliche AGB, auch soweit sie von staatlichen Behörden genehmigt oder veröffentlicht werden. Die staatliche Genehmigung dient einer Vorkontrolle, auch im Interesse der Spielteilnehmer. Sie macht die Teilnahmebedingungen aber nicht zu Rechtsnormen (PFEIFFER, in: WOLF/LINDACHER/PFEIFFER, AGB-Recht § 305 Rn 8). Diese Ansicht wird auch vom G bestätigt, indem in § 309 Nr 7 ein Haftungsausschluss in AGB der Lotterieunternehmen zugelassen ist, wobei die Gesetzesbegründung ausdrücklich auf die Teilnahmebedingungen verweist (vgl Begründung zum Entw des AGBG, BT-Drucks VII/5422, 14; **aA** [zum früheren Rechtsstand] BACHOF JZ 1956, 342; OLG Celle vom 17. 10. 1966 – 10 W 63/63 – unveröffentlicht).

c) Mit Wirkung ab Ende 2014 haben die Unternehmen ihre Teilnahmebedingungen entsprechend der Rahmen-Teilnahmebedingungen zur Anpassung an den mit dem 1. Juli 2012 in Kraft getretenen GlüStV abgeändert. Die Änderungen sind in den einzelnen Erläuterungen unten mit aufgenommen. Sie unterscheiden sich bei den einzelnen Unternehmen nur teilweise in der Nummerierung. Der Erläuterung sind die ATB Bayern (Zitiert: ATB) zu Grunde gelegt.

27 **d)** Auszug aus den Teilnahmebedingungen (in der ab Ende 2014 gültigen Fassung am Beispiel der ATB Lotto Bayern):

Präambel

Ziele des staatlichen Glücksspielwesens sind:

1. das Entstehen von Glücksspielsucht und Wettsucht zu verhindern und die Voraussetzungen für eine wirksame Suchtbekämpfung zu schaffen,
2. durch ein begrenztes, eine geeignete Alternative zum nicht erlaubten Glücksspiel darstellendes Glücksspielangebot den natürlichen Spielbetrieb der Bevölkerung in geordnete und überwachte Bahnen zu lenken sowie der Entwicklung und Ausbreitung von unerlaubten Glücksspielen in Schwarzmärkten entgegenzuwirken,
3. den Jugend- und den Spielerschutz zu gewährleisten,
4. sicherzustellen, dass Glücksspiele ordnungsgemäß durchgeführt, die Spieler vor betrügerischen Machenschaften geschützt und die mit Glücksspielen verbundene Folge- und Begleitkriminalität abgewehrt werden.

I. Allgemeines

1. Organisation

2. Verbindlichkeit der Teilnahmebedingungen

Für die Teilnahme an den Veranstaltungen sind allein die Teilnahmebedingungen des Unternehmens einschließlich eventuell ergänzender Bedingungen maßgebend.

Der Spielteilnehmer erkennt sie mit Abgabe des Spielscheins oder der Spielquittung bei der Annahmestelle bzw. mit der Erklärung, mittels eines Quicktipps teilnehmen zu wollen, als verbindlich an. Gleiches gilt bei Teilnahme mittels Kundenkarte.

Die Teilnahmebedingungen sind in den Annahmestellen einzusehen bzw erhältlich. Dies gilt auch für etwaige Änderungen und Ergänzungen der Teilnahmebedingungen sowie für Sonderbedingungen. Das Unternehmen behält sich eine andere Form der Bekanntgabe vor.

3. Teilnahmezeitpunkt und Gegenstand der Veranstaltungen …

4. Spielgeheimnis

Das Unternehmen wahrt das Spielgeheimnis, insbesondere darf der Name des Spielteilnehmers nur mit dessen ausdrücklicher Einwilligung bekannt gegeben werden. Gesetzliche Auskunftsverpflichtungen des Unternehmens bleiben hiervon unberührt.

II. Spielvertrag

Ein Spielteilnehmer kann an der Lotterie teilnehmen, indem er mittels der vom Veranstalter bereit gehaltenen Medien ein Angebot auf Abschluss eines Spielvertrages abgibt.

Er erhält als Beleg für die Abgabe seines Angebots eine Spielquittung.

Der Spielvertrag kommt dann nach Maßgabe der Bestimmungen in diesem Abschnitt zwischen dem Spielteilnehmer und dem Unternehmer zustande.

5. Spielteilnahme

Die Spielteilnahme wird von den zugelassenen Annahmestellen des Veranstalters vermittelt.

Die Spielteilnahme Minderjähriger ist gesetzlich unzulässig.

Die Inhaber und das in den Annahmestellen, einschließlich der Versandstellen, beschäftigte Personal sind von der dortigen Spielteilnahme an den Glücksspielen ausgeschlossen.

Ist die Teilnahme an der Veranstaltung infolge von Herstellungsmängeln des Spielscheins nicht möglich, erhält der Spielteilnehmer den Spieleinsatz und die Bearbeitungsgebühr zurück. Ein weitergehender Anspruch besteht nicht.

6. Teilnahme mittels Spielschein, Spielquittung und/oder mit den mittels Kundenkarte in der Zentrale gespeicherten Spielvoraussagen.

7. Quicktipp

Beim Quicktipp werden auf Wunsch des Spielteilnehmers Voraussagen mittels eines Zufallszahlengenerators durch das Unternehmen vergeben.

Mit einem einzelnen Quicktipp können höchstens so viele Spiele gespielt werden, wie auf einem Spielschein der gewählten Spielart möglich sind.

Bei Spielteilnahme mittels Quicktipp ohne Spielschein wird eine Losnummer durch das Unternehmen vergeben.

8. Anteilscheine/Anteilsystem

9. Spieleinsatz und Bearbeitungsgebühr …

10. Annahmeschluss

11. Kundenkarte

12. Spielquittung

Nach Einlesen des Spielscheines bzw der Spielquittung, nach Abgabe eines Spielauftrags per Kundenkarte bzw. nach Abgabe des Quicktipps und der Übertragung der vollständigen Daten zur Zentrale des Unternehmens wird mit der Abspeicherung sämtlicher Daten in der Zentrale von dieser eine Spielquittungsnummer vergeben.

Die Spielquittungsnummer dient der Zuordnung der Spielquittung zu den in der Zentrale gespeicherten Daten.

In Verbindung damit erfolgt der Ausdruck einer Spielquittung in der Annahmestelle. Die Spielquittung enthält als wesentliche Bestandteile

- die jeweiligen Voraussagen des Spielteilnehmers sowie die Losnummer,

- die Art und den Zeitraum der Teilnahme einschließlich der Angabe über die Teilnahme oder Nichtteilnahme an den Zusatzlotterien,

- den Spieleinsatz einschließlich der Bearbeitungsgebühr,

- die von der Zentrale des Unternehmens vergebene Spielquittungsnummer und

- bei einer Spielteilnahme mittels Kundenkarte, die Kundenkartennummer sowie den Namen des Spielteilnehmers.

Der Spielteilnehmer hat auf der Spielquittung seinen Namen und seine Anschrift einzutragen.

Der Spielteilnehmer hat sofort nach Erhalt die Spielquittung dahingehend zu prüfen, ob

- die auf der Spielquittung abgedruckten Voraussagen unter Berücksichtigung eventueller Korrekturen, die Superzahl und die Losnummer vollständig und lesbar denen des Spielscheines entsprechen,

- die für die Spielteilnahme mittels Quicktipp erforderlichen Voraussagen und die Losnummer vollständig und lesbar abgedruckt sind,

- die Art und der Zeitraum der Teilnahme einschließlich der Angabe über die Teilnahme oder Nichtteilnahme an den Zusatzlotterien vollständig und richtig wiedergegeben sind,

- der Spieleinsatz einschließlich der Bearbeitungsgebühr richtig ausgewiesen ist,

- die Spielquittung eine Spielquittungsnummer aufweist, die zudem lesbar und nicht offensichtlich unvollständig ist.

Ist die Spielquittung in einem der vorstehenden Punkte fehlerhaft, enthält die Spielquittung insbesondere keine, eine nicht lesbare oder eine unvollständige Spielquittungsnummer, ist der Spielteilnehmer berechtigt, sein Angebot auf Abschluss des Spielvertrages zu widerrufen bzw. vom Spielvertrag zurückzutreten.

Ein Widerruf bzw. ein Rücktritt ist jedoch, je nachdem, welcher Zeitpunkt früher eintritt,

- nur am Tag der Abgabe innerhalb einer Frist von 15 Minuten nach Erfassung des Vertragsangebotes in der Zentrale des Unternehmens und Ausdruck der Spielquittung

- oder bis Geschäftsschluss der Annahmestelle

- längstens bis 5 Minuten nach dem Annahmeschluss der ersten Ziehung des Spielzeitraumes

möglich.

Der Widerruf bzw. der Rücktritt hat in der Annahmestelle zu erfolgen, in der das Angebot abgegeben worden ist.

Im Falle des Widerrufs bzw. des Rücktritts erhält der Spielteilnehmer gegen Rückgabe der Spielquittung seinen Spieleinsatz nebst Bearbeitungsgebühr zurück.

Macht der Spielteilnehmer von dieser Möglichkeit keinen Gebrauch, sind für den Inhalt des Spielvertrages die auf dem durch Verschluss gesicherten sicheren Speichermedium aufgezeichneten Daten maßgebend.

Im Übrigen gelten die Haftungsregelungen des Abschnittes III.

13. Abschluss und Inhalt des Spielvertrages

Der Spielvertrag wird zwischen dem Unternehmen und dem Spielteilnehmer abgeschlossen, wenn der Unternehmer das vom Spielteilnehmer unterbreitete Angebot auf Abschluss eines Spielvertrages nach Maßgabe des Abs. 3 Satz 1 annimmt.

Der Spielteilnehmer verzichtet auf den Zugang der Erklärung, dass sein Vertragsangebot durch das Unternehmen angenommen wurde.

Der Spielvertrag ist abgeschlossen, wenn die übertragenen Daten und/oder die Daten des Quicktipps sowie die von der Zentrale vergebenen Daten in der Zentrale des Unternehmens aufgezeichnet und auf dem sicheren Speichermedium abgespeichert sind, die auf dem sicheren Speichermedium abgespeicherten Daten auswertbar sind und das sichere Speichermedium durch digitalen oder physischen Verschluss rechtzeitig (d. h. vor Beginn der Ziehung der Gewinnzahlen) gesichert ist. Fehlt diese Voraussetzung, so kommt der Spielvertrag nicht zustande.

Für den Inhalt des Spielvertrages sind ausschließlich die auf dem durch digitalen oder physischen Verschluss gesicherten sicheren Speichermedium aufgezeichneten Daten maßgebend.

Die Spielquittung dient zur Geltendmachung des Gewinnanspruches sowie als Nachweis für einen geleisteten Spieleinsatz und die entrichtete Bearbeitungsgebühr.

Das Recht des Unternehmens bei der Gewinnauszahlung nach Nr. 22 Abs. 4 zu verfahren, bleibt unberührt.

Das Unternehmen ist berechtigt, ein bei der Zentrale eingegangenes Angebot auf Abschluss eines Spielvertrages bei Vorliegen eines wichtigen Grundes abzulehnen. Darüber hinaus kann aus wichtigem Grund der Rücktritt vom Vertrag erklärt werden.

Ein wichtiger Grund liegt u.a. vor, wenn

- der Verdacht einer strafbaren Handlung besteht,
- gegen eine Teilnahmeausschluss verstoßen wurde,
- insbesondere die Teilnahme über einen gewerblichen Spielvermittler erfolgte, der die gesetzlichen Anforderungen nicht erfüllt, d. h. insbesondere …

Der Spielteilnehmer verzichtet auf den Zugang der Erklärung, dass sein Angebot auf Abschluss des Spielvertrages vom Unternehmen abgelehnt wurde bzw das Unternehmen vom Spielvertrag zurückgetreten ist.

Die Ablehnung eines Angebotes auf Abschluss eines Spielvertrages bzw. der Rücktritt vom Spielvertrag durch das Unternehmen ist – unbeschadet des Zugangsverzichts – in der Annahmestelle bekannt zu geben, in der der Spielteilnehmer sein Vertragsangebot abgegeben hat.

Ist kein Spielvertrag zustande gekommen oder wurde vom Spielvertrag zurückgetreten, so kann der Spielteilnehmer die Rückerstattung des Spieleinsatzes und der Bearbeitungsgebühr gegen Rückgabe der Spielquittung geltend machen.

Im Übrigen gelten die Haftungsregelungen des Abschnitts III.

III. Haftungsbestimmungen

14. Umfang und Ausschluss der Haftung

Die Haftung des Unternehmens für Schäden, die von ihm fahrlässig (auch grob fahrlässig) oder von seinen gesetzlichen Vertretern von seinen Erfüllungsgehilfen, insbesondere auch von Annahmestellen und sonstigen mit der Weiterleitung der Daten zur Zentrale des Unternehmens beauftragten Stellen, schuldhaft verursacht werden, wird gemäß § 309 Nr. 7 b) BGB für spieltypische Risiken ausgeschlossen. Spieltypische Risiken liegen insbesondere vor, wenn die Gefahr einer betrügerischen Manipulation im Rahmen des Spielgeschäfts für das Unternehmen und/oder für die Spielteilnehmer besteht.

Abs. 1 findet keine Anwendung auf Schäden, die auf einer Verletzung von Pflichten beruhen, die nicht im Zusammenhang mit spieltypischen Risiken stehen.

Bei der Verletzung von Pflichten, die nicht unmittelbar auf spieltypischen Risiken im Zusammenhang stehen, haftet das Unternehmen dem Spielteilnehmer sowohl für eigenes schuldhaftes Handeln als auch für das schuldhafte Handeln ihrer gesetzlichen Vertreter oder Erfüllungsgehilfen, sofern es sich um die Verletzung solcher Pflichten handelt, deren Erfüllung die ordnungsgemäße Durchführung des Vertrages überhaupt erst ermöglicht und auf deren Einhaltung der Vertragspartner regelmäßig vertrauen darf (Kardinalpflichten).

Handelt es sich bei den verletzten Pflichten nicht um solche Kardinalpflichten, haftet das Unternehmen nur für Vorsatz und grobe Fahrlässigkeit.

Die Haftungsbeschränkungen der Abs. 1 bis 4 gelten nicht für Schäden, die in den Schutzbereich einer von dem Unternehmen gegebenen Garantie oder Zusicherung fallen, sowie für die Haftung für Ansprüche aufgrund des Produkthaftungsgesetzes und Schäden aus der Verletzung des Lebens, des Körpers, der Gesundheit.

In Fällen von unverschuldeten Fehlfunktionen und Störungen von technischen Einrichtungen, derer sich das Unternehmen zum Verarbeiten (z. B. Einlesen, Übertragen und Speichern) der Daten bedient, haftet das Unternehmen nicht. Ebenso ist jede Haftung für Schäden ausgeschlossen, die durch strafbare Handlungen dritter Personen entstanden sind. Das Unternehmen haftet weiterhin nicht für Schäden, die durch höhere Gewalt, insbesondere durch Feuer, Wasser, Streiks, innere Unruhe oder aus sonstigen Gründen, die es nicht zu vertreten hat, hervorgerufen werden.

In den Fällen, in denen eine Haftung des Unternehmens und seiner Erfüllungsgehilfen nach Abs. 6 ausgeschlossen wurde, werden der Spieleinsatz und die Bearbeitungsgebühr auf Antrag gegen Rückgabe der Spielquittung erstattet.

Die Haftungsregelungen gelten auch für eigenes Handeln der Annahmestellen und Bezirksleiter des Unternehmens im Zusammenhang mit dem Spielvertrag.

Vereinbarungen Dritter sind für das Unternehmen nicht verbindlich.

Mitglieder von Spielgemeinschaften müssen ihre Rechtsverhältnisse ausschließlich unter sich regeln.

Die Haftungsregeln gelten auch für die Fälle, in denen eine Haftung bereits vor Vertragsschluss entstanden ist.

Die Haftung des Unternehmens ist auf den Ersatz des bei Vertragsschluss vorhersehbaren vertragstypischen Schadens beschränkt.

IV. Gewinnermittlung

15. Ziehung der Gewinnzahlen …

16. Auswertung …

17. Gewinnplan, Gewinnklassen …

18. Gewinnermittlung, Gewinnausschüttung, Gewinnwahrscheinlichkeit …

Von den Spieleinsätzen werden 50 % nach Maßgabe der folgenden Regelungen an die Spielteilnehmer ausgeschüttet.

Unabhängig von der Gewinnausschüttung besteht bei jeder Spielteilnahme das Risiko des vollständigen Verlusts des Spieleinsatzes und der Bearbeitungsgebühr.

Diese Gewinnsumme verteilt sich auf die Gewinnklassen wie folgt:

…

19. Verteilung der Gewinne bei Anteilsscheinen/Anteilsystemen

V. Gewinnauszahlung

20. Fälligkeit des Gewinnanspruchs

21. Gewinnbenachrichtigung

22. Gewinnauszahlung

Gewinnansprüche sind unter Vorlage der gültigen Spielquittung geltend zu machen. Ist die Spielquittungsnummer der Spielquittung bei der Vorlage nicht vorhanden, nicht vollständig oder unlesbar und ist deshalb keine eindeutige Zuordnung zu den in der Zentrale gespeicherten Daten möglich, besteht kein Anspruch auf Gewinnauszahlung.

….

Das Unternehmen kann mit befreiender Wirkung an den Vorlegenden der Spielquittung leisten, es sei denn, dem Unternehmen ist die fehlende Anspruchsberechtigung des Vorlegenden der Spielquittung bekannt oder grob fahrlässig unbekannt. Im Übrigen besteht keine Verpflichtung, die Berechtigung des Vorlegenden der Spielquittung zu prüfen.

….

VI. Erlöschen von Ansprüchen

Alle Ansprüche aus der Spielteilnahme auf Auszahlung von Gewinnen erlöschen, wenn sie nicht innerhalb von 13 Wochen nach der letzten Ziehung des Spielzeitraumes gerichtlich geltend gemacht werden.

Ebenfalls erlöschen alle Schadensersatzansprüche, die an Stelle eines Gewinnanspruchs geltend gemacht werden können und die auf der Verwirklichung spieltypischer Risiken beruhen sowie

alle Ansprüche auf Rückerstattung von Spieleinsätzen oder Bearbeitungsgebühren gegen das Unternehmen sowie seine Bezirks- und Annahmestellen,

soweit die jeweiligen Ansprüche nicht innerhalb von 13 Wochen nach der letzten Ziehung des Spielzeitraumes gerichtlich geltend gemacht werden.

Abs. 2 gilt nicht für Schadensersatzansprüche aufgrund vorsätzlichen Handelns.

VII. Spielteilnahme über gewerbliche Spielvermittler

...

Zu diesen Teilnahmebedingungen ist auf folgende Punkte hinzuweisen:

Die ATB 2014 (im Folgenden nur ATB) enthalten als Präambel die in § 1 GlüStV festgelegten Ziele dieses Vertrages. Die Rechtsbedeutung dieser Präambel ist unklar. Nach der allgM über die Rechtsnatur von AGB handelt es sich bei diesen um Vertragsbestandteile (vgl zu der früheren Diskussion über die Frage Vertragstheorie gegen Normentheorie Ulmer/Brandner/Hensen, AGB-Recht, Einl Nr 39 ff). Als Vertragsbestimmung ist die Präambel ungeeignet. Mit der Aufnahme der Ziele des GlüStV sollen diese Ziele für die Auslegung der Bestimmungen der AGB Bedeutung bekommen. Sie zeigen insbesondere, welche Interessen für bestimmte, die Kunden belastende Regelungen, Berücksichtigung bei der Abwägung in der Inhaltskontrolle nach § 307 Abs 1 finden sollen (vgl Staudinger/Coester [2006] § 307 Rn 156 ff). Ihre rechtliche Wirkung ist gering.

e) Nr 2 regelt die Form der *Einbeziehung der ATB* in den Einzelvertrag. Nach den bis 31. 12. 1980 gültigen Teilnahmebedingungen wurde davon ausgegangen, dass die Einbeziehung durch den Abschluss des Spielvertrages mit einem Spielschein erfolgt, auf dem auf die ATB hingewiesen ist, von denen der Teilnehmer auch Kenntnis nehmen kann (Schlund, Das Zahlenlotto Kap 9 Nr 2). Problematisch war die Geltung in den Fällen, in denen nach Nr 13 der Spielvertrag nicht zustande kommt (vgl Rn 30). Nr 2 Abs 2 ATB regelt, dass der Spielteilnehmer mit der Abgabe des Spielscheins, bzw den entsprechenden anderen Vertragsangebotsmöglichkeiten, die ATB anerkennt. Nachdem zu diesem Zeitpunkt noch kein Spielvertrag besteht, soll damit die Geltung der Haftungsbeschränkungen der ATB erreicht werden, auch wenn kein Vertrag zu Stande kommt. Dies ist durch das Hinausschieben des Abschlusses des Vertrages durch Nr 13 Abs 3 ATB eine möglicherweise längere Frist. Gerade in diesem Zeitraum liegen die haftungsrechtlich am meisten problematischen Fälle. So wenn der Spielschein wegen Verschulden des Unternehmens, der 28

Annahmestelle oder eines sonstigen Erfüllungsgehilfen des Unternehmens nicht rechtzeitig oder nicht richtig gesichert wird. In diesen Fällen würde die Haftungsbeschränkung (Abschnitt III) leerlaufen. Die Regelung des Nr 2 Abs 2 ATB ist rechtlich so zu bewerten, dass es mit der Einreichung eines Spielscheins zu einer rechtsgeschäftlichen Ausgestaltung des vorvertraglichen Schuldverhältnisses im Sinne einer „Enthaftungsvereinbarung" kommt. (Staudinger/Coester-Waltjen [2006] § 309 Nr 7, Rn 18). In diesem Sinne ist die Regelung in Nr 14 Abs 12 ATB eingefügt. Das Gesetz sieht die Möglichkeit solcher Absprachen in § 305 Abs 3 durch Abschluss einer Rahmenvereinbarung vor (Ulmer/Brandner/Hensen, AGB-Recht § 305 Rn 122a). In gleicher Weise bestehen gegen die Wirksamkeit einer solchen „Enthaftungsvereinbarung" keine durchgreifenden Bedenken, wenn auf sie auf den Spielscheinen deutlich hingewiesen wird (§ 305 Abs 2 Nr 1) und dem Spielteilnehmer die Möglichkeit verschafft wird, von diesem Inhalt in zumutbarer Weise Kenntnis zu erhalten (§ 305 Abs 2 Nr 2). Diese Form der Einbeziehung ist inzwischen allgM (MünchKomm/Basedow § 309 Nr 7 Rn 17 f; Paland/Grüneberg § 305; OLG Celle aaO; insoweit auch KG NJW 1981, 2822; Ulmer/Brandner/Hensen, AGB-Recht § 309 Nr 7 BGB Rn 22). Bei einer Teilnahme an den Lotterien ohne Spielschein (sog Quicktipp) ist in Nr 2 Satz 1 HS 2 ATB geregelt, dass der Spielteilnehmer die ATB mit der Erklärung gegenüber der Annahmestelle, mittels Quicktipp an der Lotterie teilnehmen zu wollen, als verbindlich anerkennt. Damit soll dieser Erklärung die Zustimmung zur Haftungsbeschränkung unterstellt werden. Hier fehlt es an einem deutlichen Hinweis auf einem Teilnahmeschein, auf dem diese Regelungen, bzw wenigstens ihr wichtigster Inhalt abgedruckt sind. Der Hinweis auf der Quittung kann nicht ausreichen, da die Ausgabe der Quittung erst nach Vertragsabschluss erfolgt. In diesen Fällen kann von einer Zustimmung ausgegangen werden, wenn in der Annahmestelle durch Aushang deutlich auf die Bedingungen hingewiesen ist Das Vorliegen dieser Voraussetzung muss im Einzelfall gegeben sein (MünchKomm/Basedow § 309 Nr 7 Rn 18, der mit Recht darauf hinweist, dass diese Voraussetzung von der Rechtsprechung nicht problematisiert wird). Ein ausdrücklicher Hinweis bei Vertragsabschluss ist wegen der Art des Vertragsabschlusses im Sinne des § 305 Abs 2 Nr 1 nur unter unverhältnismäßigen Schwierigkeiten möglich, und deshalb entbehrlich. Jeder Teilnehmer weiß, gerade bei dem besonderen Charakter des Massenglückspiels, dass er mit der Teilnahme die ATB akzeptiert. Ein bewusstes Sich Verschließen vor der Kenntnisnahme ist unbeachtlich (Staudinger/Schlosser [2013] § 305 Rn 163).

29 Nr 4 ATB verpflichtet das Unternehmen zur *Geheimhaltung des Namens des Spielteilnehmers.* Diese Pflicht besteht nur im Rahmen der allgemeinen Gesetze, dh nicht, wenn das Unternehmen gesetzlich zur Offenbarung (zB im Rahmen einer Strafverfolgung) verpflichtet ist. Dies ist in der Neufassung der ATB ausdrücklich erwähnt. Eine Verletzung der Geheimhaltungspflicht verpflichtet das Unternehmen zum Schadensersatz; die Haftungsbeschränkung auf Vorsatz für Erfüllungsgehilfen ist insoweit unwirksam (Rn 32).

Nr 5 der ATB legt fest, dass die Spielteilnahme von den zugelassenen Annahmestellen vermittelt wird und nur mit den vom Unternehmen zugelassenen Medien erfolgen kann. Diese zwingende Verwendung der vom Veranstalter angegebenen Spielscheine (bzw Medien) ist nicht an § 309 Nr 13 zu messen, da es sich nicht um Erklärungen im Rahmen der Vertragsabwicklung, sondern um das Angebot zum

Vertragsabschluss handelt. Er regelt weiterhin den Ausschluss von Personen von der Spielteilnahme und zwar

- Minderjährige
- Inhaber und Beschäftigte der Annahmestellen bei ihrer Annahmestelle.

Die *Spielteilnahme Minderjähriger* ist nach § 4 Abs 3 S 2 GlüStV unzulässig. Die Veranstalter haben den Ausschluss sicherzustellen (§ 4 Abs 3 S 3 GlüStV). Diese Verpflichtung ist durch die Landesglücksspielgesetze bußgeldbewehrt und kann bei mehrfachem Verstoß zum Anlass für den Widerruf der Erlaubnis führen. Bei dieser Regelung handelt es sich um die deklaratorische Wiedergabe eines gesetzlichen Verbots. Entgegen diesem Verbot abgeschlossene Verträge sind nach § 134 nichtig. Ein Anspruch auf Auszahlung eines entstandenen Gewinns besteht nicht; denn die Regelung des GlüStV soll auch generalpräventiv wirken (vgl Staudinger/Sack [2003] § 134 Rn 62). Zu dieser Auslegung ist das in der Präambel übernommene Ziel des GlüStV, der Jugendschutz heranzuziehen. Nach Nr 13 Abs 7 ATB kann das Unternehmen in diesem Fall den Abschluss des Spielvertrages ablehnen, bzw vom Vertrag zurücktreten. Der Spielteilnehmer hat lediglich den Anspruch auf Rückerstattung des Spieleinsatzes und der Bearbeitungsgebühr. Ein Gewinnanspruch steht ihm nicht zu. Diese Regelung ist wegen der grundsätzlich gegebenen Nichtigkeit entbehrlich.

Der *Ausschluss des Annahmestelleninhabers und des Annahmestellenpersonals* von der Spielteilnahme in ihrer Annahmestelle soll der Gefahr von Manipulationsversuchen vorbeugen. Ein gesetzliches Verbot der Teilnahme besteht insoweit nicht. Ein entgegen dieser Bestimmung abgeschlossener Vertrag ist wirksam. Insoweit liegt ein wichtiger Grund für die Ablehnung des Abschlusses des Spielvertrages vor, bzw kann das Unternehmen nach Nr 13 Abs 7 ATB vom Vertrag zurücktreten. Wieweit das Unternehmen darüber hinaus den Annahmestellenvertrag kündigen kann (wohl zumindest bei mehrfachem Verstoß), muss sich aus den Regelungen des Annahmestellenvertrages ergeben. Für das Personal stellt die unzulässige Teilnahme einen Verstoß gegen ihre arbeitsvertragsrechtlichen Verpflichtungen dar, mit den entsprechenden arbeitsvertraglichen Sanktionsmöglichkeiten. Auch zu der alten Fassung der Teilnahmebedingungen, die kein Verbot der Teilnahme des Annahmestellenleiters enthielt, ist eine Fürsorgepflicht des Lotterieunternehmens den Annahmestellenleiter vor einer Schädigung durch seine Spielsucht zu bewahren, nicht gegeben (OLGE Frankfurt 2008, 909). Dies gilt auch nach Aufnahme des Verbots, weil dies nicht dem Schutz des Annahmestellenleiters vor diesen Gefahren dient.

Nr 6 stellt klar, dass das *Angebot zum Spielvertrag vom Spielteilnehmer ausgeht,* unabhängig davon, in welcher Form dieser den Spielschein abgibt. Dies gilt auch, wenn der Spielteilnehmer die gespielten Zahlen beim Quicktipp durch den Zufallsgenerator des Veranstalters bestimmen lässt, und auch, wenn auf Wunsch des Spielteilnehmers mangelhafte Eintragungen durch die Annahmestelle automatisch oder manuell ausgebessert werden.

f) Im früheren Teilnahmebedingungen war ein Kontrahierungszwang des Unternehmens ausgeschlossen. Diese Regelung war unwirksam und wurde deshalb gestrichen. Da das Lotteriewesen monopolisiert ist und durch die gesellschaftliche Entwicklung zu einem anerkannten Freizeitvergnügen geworden ist (nach Schätzungen spielen ca 25 Mio Deutsche im Lotto), ist die Ablehnung eines Spielwilligen nur aus sachlichen Gründen zulässig (vgl Eidenmüller NJW 1991, 1441; so jetzt Nr 13 Abs 7 ATB bei „wichtigem Grund"). Dieser Kontrahierungszwang wird nicht durch die Möglichkeit, an anderen Lotterien teilzunehmen, beseitigt; denn die staatlichen Lotterien haben eine solche umfassende Stellung auf dem relevanten Markt (auf Grund des weitgehenden Verbots anderer Lotterien), dass der einzelne praktisch auf sie angewiesen ist (vgl BGH NJW 1980, 186). Die Teilnahme an Lotterien ist – anders als das Spielen in Spielbanken – eine Tätigkeit im Rahmen der normalen Lebensführung eines Durchschnittsmenschen. Die gegen einen Kontrahierungszwang bei Spielbanken bestehenden Gründe (BGH WM 1994, 1670; so § 762 Rn 47) treffen auf Lotterien nicht zu. Ein Ausschluss vom Spiel ist deshalb nur auf Grund eines anerkennenswerten sachlichen Grundes möglich. Ein solcher sachlicher Grund ist jedenfalls unmäßiges Spiel. Die voraussetzungslose Ablehnung eines Teilnahmewunsches ist aus der in der Präambel festgelegten Zielvorstellung (Präambel Nr 2: „... den natürlichen Spielbetrieb der Bevölkerung in geordnete und überwachte Bahnen zu lenken ...") widersprüchlich. Zulässige Ausschlussgründe sind in den Ziffern 5 und 13 aufgeführt.

30 **g)** Nr 12 regelt die *Bedeutung und Behandlung der Spielquittung.* Unter den früheren technischen Gegebenheiten (Verbringen des Spielscheins zur Zentrale des Veranstalters und dortige Mikroverfilmung) waren für den Inhalt des Spielvertrages ausschließlich die übereinstimmenden Voraussagen auf dem Spielabschnitt und dem von ihm erstellten Mikrofilm maßgebend. Nicht geregelt war ein Abweichen dieser beiden Medien. Wenn auf Grund technischer Fehler der Mikrofilm nicht leserlich ist oder vom (gesicherten) Spielabschnitt abwich, wären nicht ohne weiteres die Rechtsfolgen der Unwirksamkeit des Spielvertrages eingetreten. Wenn eine (auch abstrakte) Manipulationsmöglichkeiten ausgeschlossen war, muss die Voraussage auf dem Spielabschnitt maßgeblich sein; denn für diesen Fall enthielten die ATB 95 keine klare Regelung; die Unklarheit ging zu Lasten des Verwenders (§ 305e Abs 2). (Vgl zu dem ähnlichen Fall, dass nach den Bedingungen eines Rennwett-Veranstalters die Computerspeicherung der Wette, die auf dem Wettschein dokumentiert war, maßgeblich sein sollte, das Urteil des Amtsgerichts Hannover [NJW-RR 1995, 1013]. Danach war bei Nicht-Übereinstimmen – was in dem Fall immerhin in 0,2 Prozent der Fälle auftreten konnte – die Voraussage auf dem Wettschein verbindlich, der Ausschluss des Gewinnanspruchs nach § 9 Abs 1, Abs 2 Nr 2 AGBG unwirksam, schon weil dem Wettenden keine Möglichkeit der Kontrolle gegeben war; die Quittungsdaten waren nur verschlüsselt ausgedruckt.)

Durch die Online-Verbindungen der Annahmestellen mit der Zentrale des Unternehmens werden seit Dezember 2000 die Spielscheine sofort eingelesen und an die Zentrale des Unternehmens übertragen. Gleichzeitig wird eine Spielquittung ausgedruckt, die über eine Spielquittungsnummer die gespeicherten Voraussagen zuordnet. Die Regelung der Nr 12 Abs 5 ATB verpflichtet den Spielteilnehmer, die Spielquittung auf die Richtigkeit der ausgedruckten Daten (insbesondere die richtige Wiedergabe der von ihm gewählten Voraussagen) zu überprüfen. Falls er dabei Fehler feststellt, kann er sein Angebot – allerdings nur innerhalb einer sehr kurzen Frist (15 Minuten) – widerrufen. Trotz dieser Prüfungspflicht des Spielteilnehmers für die Spielquittung sind nach den ATB für den Inhalt des Lotterievertrages ausschließlich die gespeicherten Daten maßgeblich. Diese Regelung ist wirksam. Sie wäre überraschend im Sinne des § 305e und unangemessen im Sinne des § 307 Abs 1, wenn die Spielquittung wegen ihrer (verschlüsselten) Form nicht ohne weiteres verständlich ist (MünchKomm/Basedow § 309 Nr 7 Rn 18). Die Spielquittungen der Unternehmen des Lotto-Toto-Blocks sind nicht verschlüsselt und enthalten alle relevanten Daten (Nr 12 Abs 3 ATB): dem Spielteilnehmer ist eine Kontrolle unbeschränkt möglich. Eine Abweichung zwischen dem Quittungsabschnitt und den gespeicherten Daten ist technisch nicht denkbar. Die Regelung dient zur Verhinderung von Betrugsversuchen. Diese Absicht – auch in Verbindung mit den Notwendigkeiten des modernen Massenglücksspiels – rechtfertigt die Regelung.

h) Nach Nr 13 Abs 3 ATB kommt **der Spielvertrag erst zustande**, wenn die von der 31
Annahmestelle übertragenen Daten vor der Spielentscheidung beim Unternehmen ankommen und unter gewissen Vorkehrungen gesichert sind. Der Abschluss des Vertrages wird *dadurch zu Gunsten des Unternehmens hinausgeschoben.* Die Regelung ist durch die Besonderheiten des Massenglücksspiels bedingt. Sie verstößt deshalb nicht gegen die guten Sitten (BGH NJW 1965, 1583; OLG Celle NJW-RR 1986, 833; BVerwG NJW 1956, 235; Hamann, Der Fußballtoto [Diss Köln 1950] 64; Gebhardt, Die Fußballwette [Diss Würzburg 1955] 67, 68; Schlund, Das Zahlenlotto Kap 11; s Rn 28; Palandt/Grüneberg § 305 Rn 44; zweifelnd Ehmann AcP 1974, 552, 554). Die Regelung von Voraussetzungen für das Zustandekommen des Vertrags in AGB ist möglich (dagegen aber wohl KG NJW 1981, 2822); denn dem AGBG-Recht liegt die Vorstellung zugrunde, dass auch Vertragsregelungen, die sich mit der Art und Weise des Vertragsabschlusses befassen, nicht der Inhaltskontrolle entzogen sein sollen (vgl zB früher § 10 Nr 1 AGBG; § 308 Nr 1 BGB). Dementsprechend ist Nr 13 Abs 3 ATB wirksam (vgl besonders Grunewald, Die Anwendung des AGB-Gesetzes auf Bestimmungen über den Vertragsabschluss, ZIP 1987, 353 mwNw; Staudinger/Coester-Waltjen [2006] § 308 Nr 1 Rn 6).

i) Nr 14 ATB enthält die Regelungen über **Umfang und Ausschluss der Haftung**. 32
Er stützt sich auf die Ausnahmevorschrift im § 309 Nr 7 b. Danach gilt das Verbot des Haftungsausschlusses oder der Haftungsbegrenzung für Schäden, die nicht Schäden von Leben, Körper und Gesundheit sind, die auf einer grob fahrlässigen Pflichtverletzung des Verwenders oder auf einer vorsätzlichen oder grob fahrlässigen Pflichtverletzung eines gesetzlichen Vertreter oder Erfüllungsgehilfen des Verwenders beruhen, *nicht* für Haftungsbeschränkungen für staatlich genehmigte Lotterie- und Ausspielverträge. Grund für diese Ausnahme ist das Bedürfnis nach Haftungsausschluss wegen Schäden bei der Annahme von Spielen, der Weiterleitung oder der Sicherung von Daten, die von Annahmestellen oder Beschäftigten des Unternehmens verschuldet werden. Durch die Regelung soll verhindert werden, dass mit Hilfe fingierter Spielquittungen die Auszahlung vorgetäuschter Gewinne zu Lasten der wirklichen Gewinner erreicht wird. Diese Ausnahme war bereits in § 23 Abs 2 Nr 4 AGBG enthalten. Nach Auffassung des Gesetzgebers überwogen bei dieser Freizeichnung ausnahmsweise die Vorteile die Nachteile. Die Formulierung der Ausnahmeregelung ging über dieses begrenzte Ziel hinaus. Deshalb wurde die Regelung von der Rechtsprechung und der Literatur teleologisch auf ihre Zielsetzung reduziert. Bei der Aufnahme der Regelung in § 309 Nr 7 b schlug der Regierungsentwurf ausdrücklich eine Einschränkung durch die Worte „soweit sie dem Schutz des Verwenders und der Mitspieler vor betrügerischen Manipulationen dienen" vor (BT-Drucks 14/6857 S 53). Diese Formulierung wurde in der Beschluss-

empfehlung des Rechtsausschusses gestrichen, da die Besorgnis bestand, die vorgeschlagene Neufassung verpflichte den Verwender, im Einzelfall nachzuweisen, dass eine betrügerische Manipulation stattgefunden habe. Dies sei häufig nicht möglich und gerade in diesen Fällen sei der Haftungsausschluss notwendig (BT-Drucks 14/7052, 188 f). Dennoch bezieht sich der Anwendungsbereich der Ausnahmevorschrift zu § 309 Nr 7 b nur auf die Haftungsgründe, die sich aus der besonderen Risikosituation der Lotterieveranstaltung ergeben (Ulmer/Brandner/Hensen, AGB-Recht § 309 Nr 7 BGB Rn 21 mwNw; Bamberger/Roth/Becker § 309 Nr 7 Rn 35). Die Haftungsbeschränkungen der Nr 14 ATB tragen diesem eingeschränkten Anwendungsbereich Rechnung. Der Haftungsausschluss für (auch) grobe Fahrlässigkeit des Unternehmens und für jedes schuldhafte Verhalten (einfache und grobe Fahrlässigkeit und Vorsatz) der gesetzlichen Vertreter und von Erfüllungsgehilfen ist auf spieltypische Risiken begrenzt. Die spieltypischen Risiken werden durch Nr 13 Abs 1 Satz 2 ATB dahingehend definiert, dass sie insbesondere vorliegen, wenn die Gefahr einer betrügerischen Manipulation im Rahmen des Spielgeschäfts besteht. Diese Definition entspricht dem gesetzgeberischen Ziel. Die Regelung ist deshalb wirksam. Sie findet nach Abs 2 ausdrücklich keine Anwendung auf die Verletzung nicht spieltypischer Risiken. Abs 3 regelt, dass das Unternehmen unbeschränkt für die Verletzung von Kardinalpflichen (außerhalb spieltypischer Risiken) haftet. Diese Kardinalpflichten sind im Sinne der Rechtsprechung zu Pflichten, bei denen ein Ausschluss der Haftung für einfache Fahrlässigkeit nicht möglich ist, definiert (BGHZ 89, 367; 93, 48; NJW 1993, 335). Es sind Pflichten, „deren Erfüllung die ordnungsgemäße Durchführung des Vertrages überhaupt erst ermöglicht und auf deren Einhaltung der Vertragspartner regelmäßig vertrauen darf" (Nr 14 Abs 3 Halbsatz 2 ATB). Problematisch ist die Abgrenzung zwischen Kardinalpflichten und den sonstigen Pflichten beim Lotterievertrag. Bei diesen sonstigen Pflichten (dh außerhalb von Kardinalpflichten und außerhalb von spieltypischen Risiken) ist eine Beschränkung der Haftung des Unternehmens auf grobe Fahrlässigkeit und Vorsatz geregelt (Nr 14 Abs 4 ATB). Der Ausschluss der Haftung für leichte Fahrlässigkeit ist grundsätzlich zulässig (Umkehrschluss aus § 309 Nr 7; Staudinger/Coester-Waltjen [2006] § 309 Nr 7 Rn 38). Die Freizeichnungsklausel ist aber an § 307 zu messen. Durch die Beschränkung auf Pflichten, die keine Kardinalpflichten sind, sind die Grenzen, die die Rechtsprechung für die Zulässigkeit der Freizeichnung für leichte Fahrlässigkeit setzt, eingehalten. Die Klausel der Nr 14 Abs 4 ATB mit ihrer Freizeichnung auch von leichter Fahrlässigkeit hält einer Inhaltskontrolle stand (vgl zu den Grenzen von Freizeichnungsklauseln für leichte Fahrlässigkeit: Staudinger/Coester [2006] § 307 Rn 434 ff). Der völlige Haftungsausschluss für Fälle „unverschuldeter Fehlfunktionen und Störungen von technischen Einrichtungen …" (Nr 14 Abs 6 ATB) ist nach § 305c wegen Unklarheit unwirksam. Soweit hierdurch eine Haftung wegen Zufalls ausgeschlossen werden soll, ist sie rein deklaratorisch. Eine verschuldensunabhängige Haftung ist nicht begründet. Das Gleiche gilt für den Ausschluss der Haftung für Schäden durch höhere Gewalt und strafbare Handlungen dritter Personen (vgl dazu Staudinger/Coester [2006] § 307 Rn 431). Die Regelung in Abs 9, dass die Haftungsregelungen auch für eigenes Handeln der Annahmestellen und der Bezirksleiter im Zusammenhang mit dem Spielvertrag gilt, ist § 309 Nr 7 b gerechtfertigt. Da sie insoweit nicht als Erfüllungsgehilfen handeln, gilt die Haftungsbeschränkung der Annahmestellen und der Bezirksleiter insoweit nicht für Vorsatz.

33 **k)** Kapitel VI der ATB enthält eine *Ausschlussfrist für die gerichtliche Geltend-*

machung von Gewinnen und eventuelle Schadensersatzansprüche, die an Stelle eines Gewinnanspruchs geltend gemacht werden. Gegen diese Frist (13 Wochen für die gerichtliche Geltendmachung) bestehen erhebliche Bedenken. Sie werden damit gerechtfertigt, dass sie wegen der Struktur der Lotterie notwendig und deshalb nicht als überraschend iSd § 305c Abs 2 auszusehen sind. Da ein bestimmter Prozentsatz der Spieleinsätze auf die einzelnen Gewinnklassen verteilt wird, könne die endgültige Gewinnberechnung erst erfolgen, wenn alle Gewinnansprüche feststehen; dementsprechend haben alle Spielteilnehmer ein Interesse, dass möglichst kurzfristig ein endgültiger Abschluss getroffen wird. Auch das Lotterieunternehmen habe ein besonderes Interesse daran, die jeweilige Lotterie und die aus ihr her rührenden Ansprüche möglichst schnell abzuwickeln (BGH NJW 1991, 1745; OLG Celle NJW-RR 1986, 833; auch noch Staudinger/Engel [1996] Rn 32; Pfister, Zivilrechtliche Probleme der Sportwette 81 ff; ders [Hrsg], Rechtsprobleme der Sportwette; zweifelnd Schlund, Das Zahlenlotto Kap 14 II; Ehmann AcP 1974, 552). Schließlich wird die Zulässigkeit dieser knappen Frist mit der breiten Publizität der Gewinnzahlen begründet, die es dem Gewinner gestattet, seine Rechte sofort geltend zu machen. Diese Begründungen sind nicht durchschlagend. Die Lotterieunternehmen berechnen die Gewinnquoten nach den bei ihnen vorliegenden Gewinnvorhersagen, unabhängig von der Geltendmachung der Gewinnansprüche. Die erzielten, nicht abgeholten bzw nicht geltend gemachten Gewinne erhöhen den Ertrag der Lotterie (bzw werden in Rücklagen eingestellt). Dem Lotterieunternehmen ist zuzumuten, diese Gewinne bis zum Ablauf der Verjährungsfrist in der Rücklage zu belassen. Sofern Gewinne nach der Berechnung der Gewinnquoten angemeldet werden, die bei der Quotenberechnung nicht berücksichtigt wurden, aber trotzdem berechtigt sind (was nur in extrem seltenen Fällen möglich sein dürfte), ist es den Lotterieveranstaltern zumutbar, diese aus dem Ertrag zu finanzieren. Die entsprechend lange Speicherung der Teilnehmerdaten kann im Hinblick auf die modernen Speichermöglichkeiten für Daten keine andere Beurteilung rechtfertigen. Für die extreme Verkürzung der Verfallsfristen ist kein Grund ersichtlich; sie sind zu kurz und deshalb nach den §§ 305c Abs 1, 308 Nr 3 unwirksam (MünchKomm/Basedow § 309 Nr 7 Rn 18; Bahr, Glücks- und Gewinnspielrecht Rn 282). Maßgeblich ist die allgemeine Verjährungsfrist des § 196 von drei Jahren. Die Anerkennung der Verfallsfrist der ATB könnte das absurde Ergebnis herbeiführen, dass das Lotterieunternehmen noch Einsätze einklagen könnte, die damit erzielten Gewinne aber nicht mehr auszahlen müsste.

l) Der über den Spieleinsatz ausgegebene **Quittungsabschnitt** wird nach Nr 22 Abs 3 und 4 ATB als Legitimationspapier behandelt; das Unternehmen kann an den Inhaber mit befreiender Wirkung zahlen, es sei denn, die fehlende Berechtigung ist dem Unternehmen bekannt oder grob fahrlässig unbekannt. Diese Gestaltung ist problematisch, wenn der Spielteilnehmer Name und Anschrift eingetragen hat, wozu er nach Nr 12 Abs 4 ATB verpflichtet ist. Zwar ist auch bei der Auszahlung von Gewinnen die notwendige Vereinfachung für die Durchführung von Massenglücksspielen zu beachten. Die vollkommene Freizeichnung von der Pflicht, die Berechtigung des Inhabers des Quittungsabschnitts zu prüfen ist, zumindest bei größeren Gewinnen unangemessen; dies führt zur Unwirksamkeit dieser Klausel nach § 307 Abs 1 (Wolf/Horn/Lindacher ABGB § 23 Rn 229). Zumindest handelt das Unternehmen grob fahrlässig, wenn es bei der Vorlage der Spielquittung durch einen anderen als den Eingetragenen nicht dessen Berechtigung prüft. Die Unternehmen versuchen, dieses Problem durch die Schaffung einer Kundenkarte zu verringern; beim

Spielen mit einer Kundenkarte wird stets an den registrierten Inhaber der Karte geleistet (Nr 22 ATB).

m) Regelungen über Spielersperren

34 Die ATB für Lotterien, die ein besonderes Gefährdungspotential aufweisen (§ 22 GlüStV), insbesondere Lotterien mit täglicher Gewinnausspielung (Keno-Lotterie; Lotterie „Plus 5") und für Sportwetten (§ 21 GlüStV, wie Fußballtoto, Oddset-Wette) sind durch zusätzliche Regelungen über Spielersperren ergänzt. In diesen Regelungen wird mitgeteilt, dass der Veranstalter sich an dem Sperrsystem beteiligt und die Voraussetzungen der Sperre nach § 8 GlüStV definiert. Als Ergänzung der Nr 5 ATB wird das gesetzliche Verbot der Teilnahme (§ 21 Abs 5 bzw § 22 Abs 2 GlüStV) wiedergegeben und festgelegt, dass Angebote gesperrter Personen auf Abschluss von Spielverträgen nicht angenommen werden. Nachdem die Veranstalter mit dieser Regelung lediglich eine gesetzliche Verpflichtung erfüllen, bestehen gegen diese Regelung keine Bedenken. Der Ausschluss von der Teilnahme betrifft in gleicher Weise die Sperren auf Grund Eigensperre und auf Grund Fremdsperre. Sofern der Gesperrte trotzdem Verträge abschließt, sind diese unwirksam (auch Nr 5 Abs 5 ATB). Er hat dementsprechend keinen Anspruch auf Auszahlung des Gewinns (vgl für Spielvertrag des gesperrten Spielers in der Spielbank: KG NJW-RR 2003, 1359). Sofern der Veranstalter seiner Pflicht, die Sperre zu überwachen, schuldhaft nicht nachkommt, haftet er dem Spieler nach § 280 BGB. Dies gilt auch, wenn der Unternehmer die Eigensperre auf Antrag des Gesperrten aufhebt, ohne zu prüfen, ob der Schutz des Spielers vor sich selbst der Aufhebung nicht mehr im Wege steht (vgl BGHZ 191, 205 für die Eigensperre bei Spielbanken). Die Haftungsbeschränkung der Nr 14 Abs 4 ATB greift in diesem Fall nicht. Der Veranstalter hat hier seine Kardinalpflicht (Nr 14 Abs 3), die Einhaltung der Spielersperre zu überwachen, verletzt hat. Von dieser Haftung kann er sich nach § 307 Abs 2 Nr 2 nicht freizeichnen (vgl BGHZ 165, 276). Die Ausnahmeregelung in § 309 Nr 2 b greift nicht, weil es sich um kein lotteriespezifisches Risiko handelt (s Rn 32). Auch bei der Fremdsperre ist ein trotzdem abgeschlossener Vertrag nach der Regelung der Nr 5 Abs 4 ATB unwirksam. Da die §§ 20, 8 Abs 1 GlüStV ein Verbotsgesetz iSd § 134 darstellen, sind entgegen dieser Vorschrift abgeschlossene Verträge nichtig (Peters NJW 2010, 2250). Auch bei der Fremdsperre haftet der Veranstalter, der schuldhaft die Sperre nicht überwacht, für den daraus entstandenen Schaden des Gesperrten nach § 823 Abs 2, da es sich bei § 8 Abs 1 GlüStV um ein Schutzgesetz handelt. Soweit der Veranstalter Hinweise darauf erhält, dass die Voraussetzungen für eine Fremdsperre vorliegen, hat er diesen nachzugehen und bei Vorliegen dieser Voraussetzungen die Sperre vorzunehmen. Die Voraussetzung des § 8 Abs 2 GlüStV „Personen, die Spieleinsätze riskieren, die in keinem Verhältnis zu ihrem Einkommen stehen" ist auch gegeben bei einem Einsatz von 50 € eines Empfängers von Arbeitslosengeld II (vgl OLG Köln vom 5. 8. 2011; LG Köln, Urteil vom 5. 5. 2011 – 81 O 18/11, juris). Auch insoweit greift die Haftungsbeschränkung der Nr 14 Abs 1 und 2 ATB nicht. Wegen dieses hohen Haftungsrisikos sind die Veranstalter interessiert, das Sperrsystem möglichst effektiv zu gestalten. So ist bei einem Teil der Veranstalter die Teilnahme an solchen Spielen nur mit „Kundenkarte" möglich (zB Staatliche Lotterieverwaltung Bayern), die als Chipkarte mit Passfoto vom Veranstalter ausgegeben wird und bei Vorliegen einer Spielersperre nicht ausgegeben bzw nach Ausgabe automatisch gesperrt wird.

§ 764
(weggefallen)

§ 764 enthielt die Regelung über das so genannte Differenzgeschäft; danach war als Spiel (mit der Wirkung der Behandlung als unvollkommene Verbindlichkeit) ein Vertrag anzusehen, bei dem trotz einem auf Lieferung lautenden Vertrag lediglich ein Differenzausgleich zwischen dem vereinbarten Preis und dem Preis zum Lieferzeitpunkt gezahlt werden sollte. § 764 wurde durch Art 9 des Vierten Finanzmarktförderungsgesetzes (FinMFöG; BGBl 2002 I, 2010) mit Wirkung vom 1. 7. 2002 aufgehoben. Auf neue Verträge ab diesem Zeitpunkt ist er daher nicht mehr anwendbar. Die weitere Anwendbarkeit auf vor diesem Zeitpunkt abgeschlossene Verträge ergibt sich aus Art 229 § 5 EGBGB (Staudinger/Löwisch [2003] Art 229 § 5 EGBGB Rn 41). Wegen der Rechtsfragen zu vor dem 1. 7. 2002 abgeschlossenen Verträgen, auf die § 764 noch anwendbar ist, vergleiche die Erläuterungen bei Staudinger/Engel (2002) § 764. Die von § 764 geregelten Verträge waren zu einem beachtlichen Teil als Spielgeschäfte zu betrachten, sofern bei beiden Vertragspartnern die Spekulationsabsicht vorlag; § 764 dehnte den Anwendungsbereich auf die Fälle aus, in denen lediglich ein Teil die Spekulationsabsicht hatte, der andere Teil sie aber kannte oder kennen musste. Die Unverbindlichkeit solcher Verträge nach § 762 ist durch § 37e WpHG aufgehoben, soweit es sich insoweit um Finanztermingeschäfte mit mindestens einem gewerblichen Finanzdienstleister (§ 37e S 2 WpHG iVm § 2 Abs 2 WpHG) handelt (s § 762 Rn 48). Insbesondere durch die Ausweitung des vom Begriff der Finanztermingeschäfte umfassten Bereichs durch das Finanzmarktrichtlinie-Umsetzungsgesetz vom 16. 7. 2007 (BGBl I 1330) sind diese Geschäfte weitestgehend für verbindlich erklärt, obwohl es sich in der Sache häufig um Glücksspiel handelt. Insoweit ist hier eine Tendenz des Gesetzgebers gegeben, die der im Glücksspiel und Lotterierecht im engeren Sinn verfolgten Richtung (vgl § 1 GlüStV) konträr zuwiderläuft. Wieweit dies der vom Bundesverfassungsgericht geforderten kohärenten Politik noch entspricht, ist zweifelhaft. 1

Sachregister

Die fetten Zahlen beziehen sich auf die Paragrafen, die mageren Zahlen auf die Randnummern.

J. von Staudingers
Kommentar zum Bürgerlichen Gesetzbuch
mit Einführungsgesetz und Nebengesetzen

Übersicht vom 1. 6. 2015
Die Übersicht informiert über die Erscheinungsjahre der Kommentierungen in der 13. Bearbeitung und deren Neubearbeitungen (= Gesamtwerk Staudinger). *Kursiv* geschrieben sind die geplanten Erscheinungsjahre.

Die Übersicht ist für die 13. Bearbeitung und für deren Neubearbeitungen zugleich ein Vorschlag für das Aufstellen des „Gesamtwerk Staudinger" (insbesondere für solche Bände, die nur eine Sachbezeichnung haben). Es wird empfohlen, die Austauschbände chronologisch neben den überholten Bänden einzusortieren, um bei Querverweisungen auf diese schnell Zugriff zu haben. Bei Platzmangel sollten die ausgetauschten Bände an anderem Ort in gleicher Reihenfolge verwahrt werden.

		Neubearbeitungen			
Buch 1. Allgemeiner Teil					
Einl BGB; §§ 1–14; VerschG	1995	2004	2013		
§§ 21–89; 90–103 (1995)	1995				
§§ 21–79		2005			
§§ 80–89		2011			
§§ 90–103 (2004); 104–133; BeurkG	2004	2004			
§§ 90–124; 130–133			2012		
§§ 90–124; 130–133			2012		
§§ 134–163	1996	2003			
§§ 134–138			2011		
§§ 139–163			2010	2015	
§§ 164–240	2001	2004	2009	2014	
Buch 2. Recht der Schuldverhältnisse					
§§ 241–243	1995	2005	2009	2014	
§§ 244–248	1997				
§§ 249–254	1998	2005			
§§ 255–292	1995				
§§ 293–327	1995				
§§ 255–314		2001			
§§ 255–304		2004	2009	2014	
AGBG	1998				
§§ 305–310; UKlaG		2006		2013	
§§ 311, 311a, 312, 312a–i			2005	2013	
§§ 311b, 311c			2006	2012	
§§ 313, 314	*2015*				
§§ 315–327		2001	2004	2009	2015
§§ 328–361b	1995	2001			
§§ 328–359			2004		
§§ 328–345				2009	
§§ 346–361				2012	
§§ 362–396	1995	2000	2006	2011	
§§ 397–432	1999	2005	2012		
§§ 433–534	1995				
§§ 433–487; Leasing		2004			
§§ 433–480			2013		
Wiener UN-Kaufrecht (CISG)	1994	1999	2005	2013	
§§ 488–490; 607–609		2011			
VerbrKrG; HWiG; § 13a UWG	1998				
VerbrKrG; HWiG; § 13a UWG; TzWrG	1998	2001			
§§ 491–512		2004	2012		
§§ 516–534		2005	2013		
§§ 535–563 (Mietrecht 1)	1995				
§§ 564–580a (Mietrecht 2)	1997				
2. WKSchG; MÜG (Mietrecht 3)	1997				
§§ 535–562d (Mietrecht 1)		2003	2006	2011	
§§ 563–580a (Mietrecht 2)		2003	2006	2011	
§§ 535–555f (Mietrecht 1)					2014
§§ 556–561; HeizkostenV; BetrKV (Mietrecht 2)					2014
§§ 562–580a; Anh zum Mietrecht: AGG (Mietrecht 3)					2014
Leasing			2014		
§§ 581–606	1996	2005	2013		
§§ 607–610 (siehe §§ 488–490; 607–609)	./.				
§§ 611–615	1999	2005			
§§ 611–613			2011		
§§ 613a–619a			2011		
§§ 616–619	1997				
§§ 616–630		2002			
§§ 620–630			2012		
§§ 631–651	2000	2003	2008	2013	
§§ 651a–651m	2001	2003	2011		
§§ 652–704	1995				
§§ 652–656		2003	2010		
§§ 657–704		2006			
§§ 675c–676c			2012		
§§ 677–704			2015		
§§ 705–740	2003				
§§ 741–764	1996	2002	2008		
§§ 765–778	1997	2013			
§§ 779–811	1997	2002	2009	2015	
§§ 812–822	1994	1999	2007		
§§ 823–825	1999				
§§ 823 E-I, 824, 825		2009			
§§ 826–829; ProdHaftG	1998	2003	2009	2013	
§§ 830–838	1997	2002	2008	2012	
§§ 839, 839a	2002	2007	2013		
§§ 840–853	2002	2007	2015		

	Neubearbeitungen			
Buch 3. Sachenrecht				
§§ 854–882	1995	2000	2007	2012
§§ 883–902	1996	2002	2008	2013
§§ 903–924; UmweltHR	1996			
§§ 903–924		2002		
§§ 905–924			2009	
UmweltHR		2002	2010	
§§ 925–984; Anh §§ 929 ff	1995	2004	2011	
§§ 985–1011	1993	1999	2006	2013
ErbbVO; §§ 1018–1112	1994	2002		
ErbbauRG; §§ 1018–1112			2009	
§§ 1113–1203	1996	2002	2009	2014
§§ 1204–1296; §§ 1–84 SchiffsRG	1997	2002	2009	
§§ 1–64 WEG	2005			
Buch 4. Familienrecht				
§§ 1297–1320; Anh §§ 1297 ff; §§ 1353–1362	2000	2007		
§§ 1297–1352			2012	2015
LPartG		2010		
§§ 1353–1362			2012	
§§ 1363–1563	1994	2000	2007	
§§ 1564–1568; §§ 1–27 HausratsVO	1999	2004		
§§ 1564–1568; §§ 1568 a+b			2010	
§§ 1569–1586b	2014			
§§ 1587–1588; VAHRG	1998	2004		
§§ 1589–1600d	1997	2000	2004	2011
§§ 1601–1615o	1997	2000		
§§ 1616–1625	2000	2007	2014	
§§ 1626–1633; §§ 1–11 RKEG	2002	2015		
§§ 1638–1683	2000	2004	2009	
§§ 1684–1717	2000	2006	2013	
§§ 1741–1772	2001	2007		
§§ 1773–1895; Anh §§ 1773–1895 (KJHG)	1999	2004		
§§ 1773–1895			2013	
§§ 1896–1921	1999	2006	2013	
Buch 5. Erbrecht				
§§ 1922–1966	1994	2000	2008	
§§ 1967–2086	1996			
§§ 1967–2063		2002	2010	
§§ 2064–2196		2003	2013	
§§ 2087–2196	1996			
§§ 2197–2264	1996	2003		
§§ 2197–2228			2012	
§§ 2229–2264			2012	
§§ 2265–2338a	1998			
§§ 2265–2338		2006		
§§ 2265–2302			2013	
§§ 2303–2345			2014	
§§ 2339–2385	1997	2004		
§§ 2346–2385			2010	
EGBGB				
Einl EGBGB; Art 1, 2, 50–218	1998	2005	2013	
Art 219–222, 230–236	1996			
Art 219–245		2003		
EGBGB/Internationales Privatrecht				
Einl IPR; Art 3–6	1996	2003		
Einl IPR			2012	
Art 3–6			2013	
Art 7, 9–12, 47, 48	2000	2007	2013	
IntGesR	1993	1998		
Art 13–18	1996			
Art 13–17b		2003	2011	
Art 18; Vorbem A + B zu Art 19		2003		
Vorbem C–H zu Art 19		2009		
IntVerfREhe	1997	2005		
IntVerfREhe 1			2014	
Kindschaftsrechtl Ü; Art 19	1994			
Art 19–24		2002	2008	2014
Art 20–24	1996			
Art 25, 26	1995	2000	2007	
Art 27–37	2002			
Art 1–10 Rom I VO		2011		
Art 11–29 Rom I-VO, Art 46b, c		2011		
Art 38	1998			
Art 38–42		2001		
IntWirtschR	2000	2006	2010	
Art 43–46	1996	2014		
Eckpfeiler des Zivilrechts	2008	2011	2012	2014
Demnächst erscheinen				
§§ 139–163				2015
§§ 328–345		2009	2015	
§§ 488–490; 607–609		2011	2015	

oHG Dr. Arthur L. Sellier & Co. KG – Walter de Gruyter GmbH, Berlin
Postfach 30 34 21, D-10728 Berlin, Telefon (030) 2 60 05-0, Fax (030) 2 60 05-222